EINFÜHRUNG IN DIE AUTOMATENTHEORIE, FORMALE SPRACHEN UND KOMPLEXITÄTSTHEORIE

INTERNATIONALE COMPUTER-BIBLIOTHEK

Herausgeber: **Prof. Hans Zima**

Compilerbau *A. Aho / R. Sethi / J. D. Ullmann*
Das UNIX System *S. R. Bourne*
Das UNIX System V *S. R. Bourne*
Vom Mythos des Mann-Monats *F. P. Brooks*
UNIX für Super-User *E. Foxley*
Einführung in die Automatentheorie, Formale Sprachen und Komplexitätstheorie *J. E. Hopcroft / J. D. Ullmann*
C – Grundlagen und Anwendungen *A. Kelley / I. Pohl*
Das SQL-Lehrbuch *R. F. van der Lans*
MODULA-2 *A. Sale*
Software Engineering *I. Sommerville*
Die C++ Programmiersprache *B. Stroustrup*
Datenmodelle, Datenbanksprachen und Datenbankmanagement-Systeme *G. Vossen*
Das SQL/DS-Handbuch *G. Vossen / K. U. Witt*
Transaktionen in Datenbanksystemen *G. Weikum*

EINFÜHRUNG IN DIE AUTOMATENTHEORIE, FORMALE SPRACHEN UND KOMPLEXITÄTSTHEORIE

JOHN E. HOPCROFT
JEFFREY D. ULLMAN

ADDISON-WESLEY PUBLISHING COMPANY

Bonn · München · Reading, Massachusetts · Menlo Park, California · New York
Don Mills, Ontario · Wokingham, England · Amsterdam · Sydney · Singapore
Tokyo · Madrid · San Juan

Die englische Originalausgabe ist erschienen unter dem Titel:
Introduction to automata theory, languages and computation

CIP-Titelaufnahme der Deutschen Bibliothek

Hopcroft, John E.:
Einführung in die Automatentheorie, formale Sprachen und Komplexitätstheorie / John E. Hopcroft; Jeffrey D. Ullmann. – 2. Aufl. – Bonn; München; Reading, Mass.; Menlo Park, Calif.; New York; Don Mills, Ontario; Wokingham, England; Amsterdam; Sydney; Singapore; Tokyo; Madrid; San Juan: Addison-Wesley, 1990

(Internationale Computer-Bibliothek)
Einheitssacht.: Introduction to automata theory, languages and computation <dt.>
ISBN: 3-89319-181-x

NE: Ullmann, Jeffrey D.;

Belichtung: Botho Jung Computersatz, Berlin
Druck und Bindearbeiten: Bercker Graph. Betrieb, Kevelaer
Umschlaggestaltung: Ulrich Carthaus Alfter b. Bonn, Bearbeitung eines amerikanischen Originals

ISBN 3-89319-181-x

VORWORT

Vor zehn Jahren machten sich die Autoren an die Aufgabe, ein Buch zu schreiben, das das bekannte Material zu formalen Sprachen, Automaten-Theorie und Komplexität von Berechnungen enthalten sollte. Rückblickend konnten wir sagen, daß auf diesen 237 Seiten nur wenige signifikante Ergebnisse fehlten. Heute, da wir ein neues Buch über dieses Gebiet schreiben, müssen wir feststellen, daß sich das Gebiet in so vielen neuen Richtungen erweitert hat, daß eine einheitliche, verständliche Übersicht nicht mehr möglich ist. Statt nun nach allumfassender Darstellung zu streben, haben wir das Material gnadenlos bearbeitet und lediglich die zentralen Punkte der theoretischen Entwicklung dieses Gebietes bzw. solche mit Bedeutung für die Praxis ausgewählt.

Im Zuge der letzten zehn Jahre waren zwei Forschungsrichtungen von überragender Bedeutung. Zum einen war dies die Benutzung der sprachentheoretischen Konzepte — wie Nichtdeterminismus und Komplexitätshierarchien — zum Beweis unterer Schranken der gewissen praktischen Problemen innewohnenden Komplexität. Zum zweiten war dies die Anwendung der Ideen der Sprachen-Theorie — wie reguläre Ausdrücke und kontextfreie Grammatiken — beim Entwurf von Software, wie etwa Compilern und Text-Prozessoren. Beide dieser Entwicklungen haben zum Aufbau dieses Buches beigetragen.

BENUTZUNG DES BUCHES

Beide Autoren haben die Kapitel 1 bis 8 für eine weiterführende Vorlesung benutzt, wobei nur das Material zur ererbten Mehrdeutigkeit in Kapitel 4 und Teile von Kapitel 8 ausgelassen wurden. Die Kapitel 7, 8, 12 und 13 bilden den Kern eines Kurses über die Komplexität von Berechnungen. Ein fortgeschrittene Vorlesung zur Sprachen-Theorie könnte aus den Kapiteln 2 bis 7, 9 bis 11 und 14 aufgebaut werden.

ÜBUNGEN

Die schwierigsten Übungen sind mit einem doppelten Stern, Übungen mittlerer Schwierigkeit mit einem Stern versehen. Für mit einem L markierte Übungen ist am jeweiligen Ende des Kapitels eine Lösung zu finden. Wir haben nicht versucht, ein Lösungsbuch zusammenzustellen, sondern stattdessen einige Übungen ausgewählt, deren Lösungen besonders lehrreich sind.

DANKSAGUNG

Wir möchten uns bei folgenden Leuten für ihre scharfsinnigen Kommentare und ihren Rat bedanken: Al Aho, Nissim Francez, Jon Goldstine, Juris Hartmanis, Dave Maier, Fred Springsteel und Jacobo Valdes.

Ithaca, New York J.E.H.
Princeton, New Yersey J.D.U.

INHALT

Kapitel 1

VORBEMERKUNGEN

In diesem Kapitel geben wir einen Überblick über die grundlegenden mathematischen Ideen, die für das Verständnis des in diesem Buch behandelten Stoffes nötig sind. Zu diesen Konzepten gehören Graphen, Bäume, Mengen, Relationen, Zeichenketten, abstrakte Sprachen und vollständige Induktion. Wir geben ebenfalls eine kurze Einführung — und Motivation — für das gesamte Werk. Der Leser mit Grundwissen in den mathematischen Bereichen kann zum Abschnitt 1.6 mit den motivierenden Bemerkungen übergehen.

1.1 ZEICHENKETTEN, ALPHABETE UND SPRACHEN

Ein "Symbol" ist eine abstrakte Einheit, die wir nicht formal definieren werden, so wie "Punkt" und "Gerade" in der Geometrie nicht definiert werden. Buchstaben und Ziffern sind Beispiele für häufig benutzte Symbole. Eine *Zeichenkette* (oder ein *Wort*) ist eine endliche Folge von Symbolen, die ohne Zwischenraum hintereinander geschrieben werden. So sind z.B. a, b und c Symbole, und $abcb$ ist eine Zeichenkette. Die *Länge* einer Zeichenkette w, die wir mit $|w|$ bezeichnen, ist die Anzahl der Symbole, aus denen sich die Zeichenkette zusammensetzt; z.B. hat $abcb$ die Länge 4. Die leere Zeichenkette, die wir mit ϵ bezeichnen, ist die Zeichenkette, die aus null Symbolen besteht; daher gilt $|\epsilon| = 0$.

Ein *Präfix* einer Zeichenkette ist eine beliebige Anzahl von führenden Symbolen dieser Zeichenkette, und ein *Suffix* ist eine Folge von Symbolen am Ende einer Zeichenkette. Z.B. hat die Zeichenkette abc die Präfixe ϵ, a, ab, abc; ihre Suffixe sind ϵ, c, bc, abc. Ein von der Zeichenkette verschiedenes Präfix bzw. Suffix wird als *echtes* Präfix bzw. Suffix bezeichnet.

Die *Konkatenation* zweier Zeichenketten ist die Zeichenkette, die sich ergibt, wenn auf die erste folgend direkt — ohne Zwischenraum — die zweite Zeichenkette dahinter geschrieben wird. So ergeben *zusammen* und *kommen* nach Konkatenation das Wort *zusammenkommen*. Diese Form des direkten Hintereinanderschreibens wird als Konkatenationsoperator verwendet, d.h. wenn w und x Zeichenketten sind, dann ist wx die Konkatenation dieser beiden Zeichenketten. Die leere Zeichenkette ist das neutrale Element der Konkatenation, d.h. $\epsilon w = w\epsilon = w$ für jede Zeichenkette w.

Ein *Alphabet* ist eine endliche Menge von Symbolen. Eine *(formale) Sprache* ist eine Menge von Zeichenketten, die aus den Symbolen eines beliebigen Alphabets aufgebaut sind. Die leere Menge $\emptyset$ und die Menge $\{\epsilon\}$, die nur die leere Zeichenkette enthält, sind Sprachen. Beachten Sie, daß diese verschieden sind, da die letztere ein Element beinhaltet, wogegen das bei der ersteren nicht der Fall ist. Die Menge der *Palindrome* (Zeichenketten, die vorwärts und rückwärts gelesen dasselbe ergeben) über dem Alphabet $\{0, 1\}$ ist eine unendliche Sprache. Einige Elemente dieser

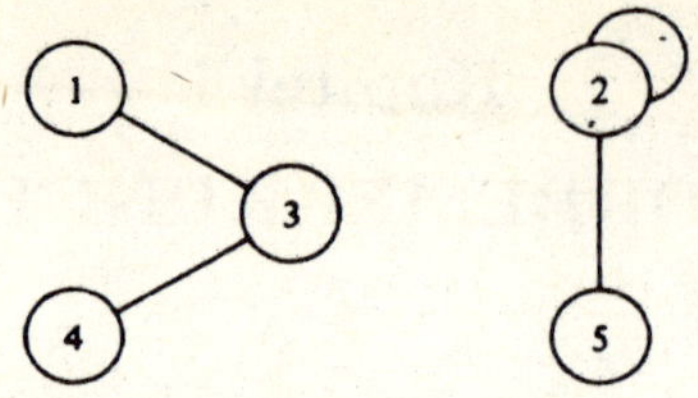

Abb. 1.1: Beispiel für einen Graph.

Sprache sind $\epsilon, 0, 1, 00, 11, 010$ und 1101011. Beachten Sie, daß die Menge aller Palindrome über einer unendlichen Symbolmenge technisch gesehen keine Sprache darstellen, da die Zeichenketten nicht aus einem gemeinsamen Alphabet gebildet werden.

Eine weitere Sprache ist die Menge aller Zeichenketten über einem festen Alphabet Σ. Wir bezeichnen diese Sprache mit Σ^*. Falls z.B. $\Sigma = \{a\}$ ist, dann ist $\Sigma^* = \{\epsilon, a, aa, aaa, ...\}$; ist $\Sigma = \{0, 1\}$, so ist $\Sigma^* = \{\epsilon, 0, 1, 00, 01, 10, 11, 000, ...\}$.

1.2 GRAPHEN UND BÄUME

Ein *Graph* — geschrieben als $G = (Kn, Ka)$ — besteht aus einer endlichen *Knotenmenge* Kn und einer Menge Ka von Knotenpaaren, die *Kanten* genannt werden. Abbildung 1.1 zeigt ein Beispiel eines Graphen mit $Kn = \{1, 2, 3, 4, 5\}$ und $Ka = \{(n, m) \mid n + m = 4 \text{ oder } n + m = 7\}$.

Ein *Pfad* in einem Graph ist eine Folge von Knoten $v_1, v_2, ..., v_k$ mit $k \geq 1$, so daß es eine Kante (v_i, v_{i+1}) für jedes i mit $1 \leq i < k$ gibt. Die *Länge* des Pfades ist dann $k - 1$. Im Graph aus Abbildung 1.1 ist 1,3,4 z.B. ebenso ein Pfad wie 5 für sich alleine. Gilt $v_1 = v_k$, so ist der Pfad ein *Zyklus*.

Gerichtete Graphen

Ein *gerichteter Graph* — ebenfalls mit $G = (Kn, Ka)$ bezeichnet — besteht aus einer endlichen Knotenmenge Kn und einer Menge Ka von geordneten Knotenpaaren, die man als *Pfeile* bezeichnet. Ein Pfeil von v nach w wird als $v \rightarrow w$ geschrieben. Ein Beispiel für einen gerichteten Graphen ist in Abbildung 1.2 gegeben.

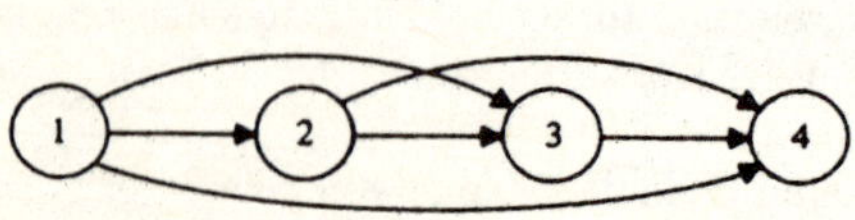

Abb. 1.2: Der gerichtete Graph $(\{1, 2, 3, 4\}, \{i \rightarrow j \mid i < j\})$.

Ein Pfad in einem gerichteten Graph ist eine Knotenfolge $v_1, v_2, ..., v_k$ mit $k \geq 1$, so daß $v_i \rightarrow v_{i+1}$ für jedes i mit $1 \leq i < k$ ein Pfeil ist. Wir sagen dann, daß der Pfad *von* v_1 *nach* v_k geht. Also ist $1 \to 2 \to 3 \to 4$ ein Pfad von 1 nach 4 im gerichteten Graphen aus Abbildung 1.2. Wenn $v \to w$ ein Pfeil ist, so wird v als *Vorgänger* von w und w als *Nachfolger* von v bezeichnet.

Bäume

Ein *Baum* (genau genommen ein *geordneter gerichteter Baum*) ist ein gerichteter Graph mit folgenden Eigenschaften:

1) Es gibt einen Knoten — den man als *Wurzel* bezeichnet — der keine Vorgänger besitzt und von dem aus ein Pfad zu jedem Knoten existiert.
2) Jeder Knoten außer der Wurzel hat genau einen Vorgänger.
3) Die Nachfolger eines jeden Knotens sind "von links nach rechts" geordnet.

Wir werden Bäume so zeichnen, daß sich die Wurzel zu oberst befindet und alle Pfeile nach unten zeigen. Die Pfeile, die die Richtung der Kanten anzeigen, werden daher nicht benötigt und folglich nicht dargestellt. Die Nachfolger jedes Knotens werden von links nach rechts gezeichnet. Abbildung 1.3 zeigt einen Baums, der das Diagramm des englischen Satzes "The quick brown fox jumped over the lazy dog" darstellt. Die Knoten in diesem Beispiel haben keine Namen, sind aber mit Wörtern oder Sprachkomponenten markiert.

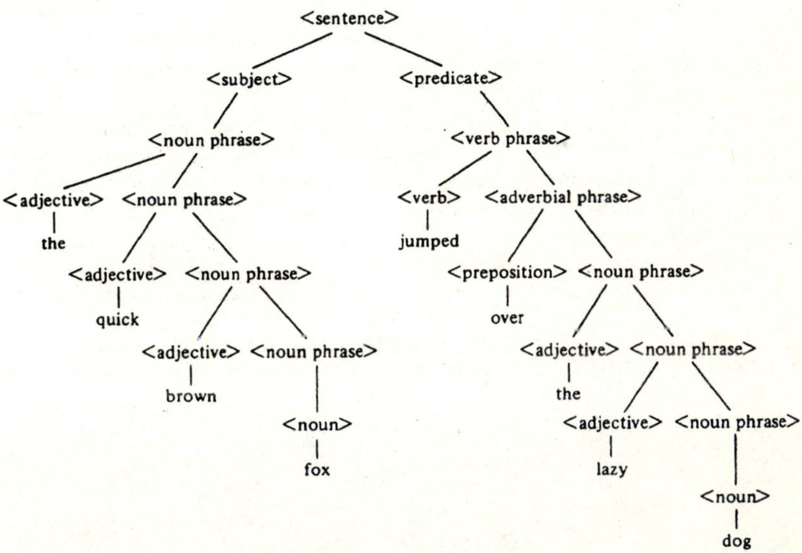

Abb. 1.3: Ein Baum.

Es gibt eine spezielle Terminologie für Bäume, die sich von der allgemeinen Terminologie gewöhnlicher Graphen unterscheidet. Ein Nachfolger eines Knotens wird als *Sohn* bezeichnet, der Vorgänger als *Vater*. Gibt es einen Pfad vom Knoten v_1 zum Knoten v_2, so heißt v_1 *Vorfahr* von v_2, und v_2 heißt *Nachkomme* von v_1. Beachten Sie, daß der Fall $v_1 = v_2$ nicht ausgeschlossen ist, d.h. jeder Knoten ist Vorfahr und Nachkomme von sich selbst. Ein Knoten ohne Söhne heißt *Blatt*, die übrigen Knoten werden als *innere* Knoten bezeichnet. So ist z.B. der in Abbildung 1.3 mit <verb> gekennzeichnete Knoten ein Sohn des mit <verb phrase> bezeichneten Knotens; des weiteren ist der letztere der Vater des ersteren. Der mit "dog" bezeichnete Knoten ist ein Nachkomme der Knoten, die mit <verb phrase> bzw. <sentence> bezeichnet sind, sowie von sechs weiteren Knoten; außerdem ist er noch ein Nachkomme von sich selbst. Die mit englischen Wörtern bezeichneten Knoten sind die Blätter des Baumes; bei den Knoten, die mit Sprachkomponenten (zwischen spitzen Klammern) bezeichnet sind, handelt es sich um innere Knoten.

1.3 INDUKTIONSBEWEISE

Viele Sätze in diesem Buch werden durch vollständige Induktion bewiesen. Sei etwa eine Aussage $P(n)$ über eine nichtnegative ganze Zahl n zu beweisen. Ein oft für $P(n)$ gewähltes Beispiel ist

$$\sum_{i=0}^{n} i^2 = \frac{n(n+1)(2n+1)}{6} \tag{1.1}$$

Das Prinzip der vollständigen Induktion besagt dann, daß $P(n)$ aus

a) $P(0)$, und

b) $P(n-1)$ impliziert $P(n)$ für $n \geq 1$.

folgt. Die Bedingung (a) des Induktionsbeweises wird als *Induktionsanfang*, die Bedingung (b) als *Induktionsschritt* bezeichnet. Die linke Seite von (b) — also $P(n-1)$ — heißt *Induktionsannahme*.

Beispiel 1.1

Wir wollen (1.1) durch vollständige Induktion beweisen. Teil (a) wird gezeigt, indem in (1.1) für n der Wert 0 eingesetzt wird; damit lassen sich beide Seiten zu 0 berechnen. Um (b) zu beweisen, ist $n-1$ für n in (1.1) zu setzen. Aus dem daraus folgenden Ergebnis ist (1.1) abzuleiten. Dazu ist für $n \geq 1$ zu zeigen, daß

$$\sum_{i=0}^{n-1} i^2 = \frac{(n-1)n(2n-1)}{6} \quad \text{impliziert} \quad \sum_{i=0}^{n} i^2 = \frac{n(n+1)(2n+1)}{6}$$

Da neben

$$\sum_{i=0}^{n} i^2 = \sum_{i=0}^{n-1} i^2 + n^2,$$

auch die Induktionsannahme

$$\sum_{i=0}^{n-1} i^2 = \frac{(n-1)n(2n-1)}{6},$$

gilt, brauchen wir nur zu zeigen, daß

$$\frac{(n-1)n(2n-1)}{6} + n^2 = \frac{n(n+1)(2n+1)}{6}$$

gilt. Die letzte Gleichung folgt aus einfachen algebraischen Umformungen, womit (1.1) bewiesen wäre.

1.4 MENGEN-NOTATION

Wir gehen davon aus, daß der Leser mit der Notation einer *Menge*, also einer Zusammenfassung von Objekten — nämlich den *Elementen* der Menge — ohne Wiederholung, vertraut ist. Endliche Mengen können durch Auflisten ihrer Elemente zwischen geschweiften Klammern spezifiziert werden. So haben wir das Alphabet der Symbole 0 und 1 durch $\{0,1\}$ bezeichnet. Mengen können aber auch durch eine *Mengen-Vorschrift*, wie

$$\{x \mid P(x)\}, \tag{1.2}$$

oder

$$\{x \in A \mid P(x)\}. \tag{1.3}$$

angegeben werden. (1.2) ist zu lesen als "die Menge der Objekte x, für die $P(x)$ wahr ist", wobei $P(x)$ eine Aussage über Objekte x ist. Mit (1.3) ist "die Menge der x aus der Menge A spezifiziert, für die $P(x)$ wahr ist", was äquivalent zu $\{x \mid P(x) \text{ und } x \in A\}$ ist. Mittels

$$\{i \mid i \text{ ist eine ganze Zahl und es gibt eine ganze Zahl } j, \text{ so daß } i = 2j\}$$

werden beispielsweise die geraden ganzen Zahlen spezifiziert.

Ist jedes Element von A auch Element von B, so schreiben wir $A \subseteq B$ und sagen, daß A eine *Teilmenge* von B ist; synonym zu $B \subseteq A$ wird auch $A \supseteq B$ verwendet. Gilt $A \subseteq B$ und $A \neq B$, d.h. jedes Element von A ist in B enthalten, und es gibt Elemente in B, die nicht in A enthalten sind, so schreiben wir $A \subsetneq B$. Die Mengen A und B sind *gleich*, wenn sie die gleichen Elemente beinhalten, d.h. $A = B$ genau dann, wenn $A \subseteq B$ und $B \subseteq A$.

Operationen auf Mengen

Folgende Operationen sind gewöhnlich auf Mengen definiert:

1) $A \cup B$, die *Vereinigung* von A und B, ist definiert als

$$\{x \mid x \in A \text{ oder } x \in B\}.$$

2) $A \cap B$, der *Schnitt* von A und B, ist definiert als

$$\{x \mid x \in A \text{ und } x \in B\}.$$

3) $A - B$, die *Differenzmenge* von A und B, ist definiert als

$$\{x \mid x \in A \text{ und } x \notin B\}.$$

4) $A \times B$, das *Kartesische Produkt* von A und B, ist definiert als die Menge der geordneten Paare (a, b), so daß $a \in A$ und $b \in B$ ist.
5) 2^A, die *Potenzmenge* von A, ist definiert als die Menge aller Teilmengen von A.

Beispiel 1.2
Sei $A = \{1, 2\}$ und $B = \{2, 3\}$. Dann gilt

$$A \cup B = \{1, 2, 3\}, \qquad A \cap B = \{2\}, \qquad A - B = \{1\},$$

$$A \times B = \{(1, 2), (1, 3), (2, 2), (2, 3)\},$$

und

$$2^A = \{\emptyset, \{1\}, \{2\}, \{1, 2\}\}.$$

Beachten Sie, daß, falls A und B n bzw. m Elemente haben, nm Elemente in $A \times B$ und 2^n Elemente in 2^A enthalten sind.

Unendliche Mengen

Bei der Betrachtung unendlicher Mengen kann unsere aus den endlichen Mengen gewonnene Intuition irreführend sein. Zwei Mengen S_1 und S_2 haben die gleiche *Kardinalität* (Anzahl von Elementen), wenn es eine bijektive Abbildung der Elemente aus S_1 auf die Elemente aus S_2 gibt. Wenn S_1 eine echte Teilmenge von S_2 ist, so haben S_1 und S_2 für endliche Mengen verschiedene Kardinalität. Dies muß für zwei unendlichen Mengen S_1 und S_2 jedoch nicht der Fall sein: Sei etwa S_1 die Menge der geraden ganzen Zahlen und S_2 die Menge aller ganzen Zahlen. Dann ist S_1 natürlich eine echte Teilmenge von S_2. S_1 und S_2 haben jedoch auch die gleiche Kardinalität, da die Funktion f, definiert durch $f(2i) = i$, eine bijektive Abbildung der geraden ganzen Zahlen in die ganzen Zahlen ist.

Nicht alle unendlichen Mengen haben dieselbe Kardinalität. Betrachten Sie dazu die Menge aller ganzen Zahlen sowie die Menge aller reellen Zahlen. Nehmen wir nun an, daß eine bijektive Abbildung zwischen diesen beiden Mengen bestehe: Bilden wir nun eine reelle Zahl, deren i-te Ziffer hinter dem Dezimalkomma die i-te Ziffer der i-ten reellen Zahl plus 5 mod 10 ist. Diese reelle Zahl kann zu keiner ganzen Zahl in Beziehung stehen, da sie sich von jeder reellen Zahl unterscheidet, die auf eine ganze Zahl abgebildet wurde. Daraus schließen wir, daß keine bijektive Abbildung zwischen den reellen und den ganzen Zahlen konstruiert werden kann. Intuitiv gesehen gibt es dafür zu viele reelle Zahlen. Die obige Konstruktion wird *Diagonalisierung* genannt und ist ein wichtiges Werkzeug in der Informatik.

Mengen, zu denen eine bijektive Abbildung in die ganzen Zahlen existiert, heißen *abzählbar unendlich* oder *abzählbar*. Die rationalen Zahlen und die Menge Σ^* der Zeichenketten endlicher Länge über einem Alphabet Σ sind abzählbar unendlich. Die Menge aller Teilmengen von Σ^* und die Menge aller Funktionen, die die ganzen Zahlen auf $\{0, 1\}$ abbilden, haben die gleiche Kardinalität wie die reellen Zahlen und sind nicht abzählbar.

1.5 RELATIONEN

Eine (binäre) *Relation* ist eine Menge von Paaren, deren erste Komponente aus einer Menge — dem sogenannten *Definitionsbereich* — und deren zweite Komponente aus einer möglicherweise anderen Menge — dem sogenannten *Wertebereich* — stammt. Wir werden hauptsächlich Relationen verwenden, bei denen es sich beim Definitions- und Wertebereich um die gleiche Menge S handelt. In diesem Fall bezeichnen wir die Relation als Relation *auf* S. Ist R eine Relation und (a, b) ein Paar in R, dann schreiben wir häufig aRb.

Eigenschaften von Relationen

Wir sagen, daß eine Relation R auf der Menge S

1) *reflexiv* ist, wenn aRa für alle a aus S gilt;
2) *irreflexiv* ist, wenn aRa für alle a aus S falsch ist;
3) *transitiv* ist, wenn aRc aus aRb und bRc folgt;
4) *symmetrisch* ist, wenn bRa aus aRb folgt;
5) *asymmetrisch* ist, wenn aRb impliziert, daß bRa nicht gilt.

Beachten Sie, daß jede asymmetrische Relation irreflexiv sein muß.

Beispiel 1.3

Die Relation $<$ auf der Menge der ganzen Zahlen ist transitiv, weil $a < c$ aus $a < b$ und $b < c$ folgt. Sie ist asymmetrisch — und daher irreflexiv — da $a < b$ impliziert, daß $b < a$ falsch ist.

Äquivalenzrelationen

Eine Relation R, die reflexiv, symmetrisch und transitiv ist, wird eine *Äquivalenzrelation* genannt. Eine wichtige Eigenschaft einer Äquivalenzrelation R auf einer Menge S ist, daß S durch R in disjunkte nichtleere Äquivalenzklassen unterteilt wird (siehe Übung 1.8 und ihre Lösung). Folglich ist $S = S_1 \cup S_2 \cup ...$, wobei für jedes i und j mit $i \neq j$ gilt:

1) $S_i \cap S_j = \emptyset$;
2) für jedes a und b aus S_i ist aRb wahr;
3) für jedes a aus S_i und b aus S_j ist aRb falsch.

Die S_i werden *Äquivalenzklassen* genannt. Beachten Sie, daß die Zahl der Äquivalenzklassen unendlich sein kann.

Beispiel 1.4

Ein typisches Beispiel einer Äquivalenzrelation ist die Kongruenz modulo einer ganzen Zahl m. Wir schreiben $i \equiv_m j$ oder $i = j \bmod m$, falls i und j ganze Zahlen mit der Eigenschaft sind, daß $i - j$ durch m teilbar ist. Der Leser kann leicht beweisen, daß $\equiv_m$ reflexiv, transitiv und symmetrisch ist. Die Relation $\equiv_m$ besitzt die folgenden m Äquivalenzklassen:

$$\{..., -m, 0, m, 2m, ...\},$$

$$\{..., -(m-1), 1, m+1, 2m+1, ...\},$$

$$\vdots$$

$$\{\dots, -1, m-1, 2m-1, 3m-1, \dots\}.$$

Hüllen von Relationen

Sei nun $\mathcal{P}$ eine Menge von Eigenschaften von Relationen. Die *$\mathcal{P}$-Hülle* einer Relation R ist die kleinste Relation R', die alle Paare von R enthält und die Eigenschaften aus $\mathcal{P}$ besitzt. Beispielsweise ist die *transitive Hülle* von R, bezeichnet mit R^+, definiert durch:

1) Falls (a,b) in R ist, so ist auch (a,b) in R^+.
2) Falls (a,b) in R^+ und (b,c) in R ist, so ist (a,c) in R^+.
3) Nichts ist in R^+, außer es folgt aus (1) und (2).

Es sollte einsichtig ein, daß jedes Paar, das durch Regel (1) oder (2) in R^+ gesetzt wurde, dorthin gehört; andernfalls würde R^+ entweder nicht R enthalten oder nicht transitiv sein. Auch zeigt ein einfacher Induktionsbeweis, daß R^+ tatsächlich transitiv ist. Also ist R^+ transitiv, beinhaltet R und enthält genau die Mindestzahl von Paaren, die eine Relation, die R umfaßt und transitiv ist, besitzen muß.

Die *reflexive und transitive Hülle* von R, bezeichnet mit R^*, ist offensichtlich $R^+ \cup \{(a,a) \mid a \in S\}$.

Beispiel 1.5

Sei $R = \{(1,2),(2,2),(2,3)\}$ eine Relation auf der Menge $\{1,2,3\}$. Dann ist

$$R^+ = \{(1,2),(2,2),(2,3),(1,3)\}$$

und

$$R^* = \{(1,1),(1,2),(1,3),(2,2),(2,3),(3,3)\}.$$

1.6 ÜBERSICHT ÜBER DAS BUCH

Informatik ist ein systematisiertes Wissensgerüst betreffend Berechnungen. Ihre Anfänge können bis zur Erstellung von Algorithmen durch Euklid und der Benutzung von asymptotischer Komplexität und Reduzierbarkeit durch die Babylonier zurückverfolgt werden (Hogben [1955]). Heutzutage ist das Interesse von zwei wichtigen Ereignissen geprägt: der Einführung von modernen digitalen Computern, die viele Millionen Operationen pro Sekunde ausführen können, und der Formalisierung des Prozedurkonzepts mit der Konsequenz, daß es beweisbar ist, daß es nicht berechenbare Funktionen gibt.

Die Informatik hat zwei Hauptzweige: Dies sind zum einen die fundamentalen Ideen und Modelle, die Berechnungen zugrundeliegen, und zum anderen Techniken zur Entwicklung von Rechensystemen — sowohl was die Hardware als auch was die Software betrifft — insbesondere durch Anwendung der Theorie auf den Systementwurf. Dieses Buch ist als eine Einführung in den ersten Bereich, also den der fundamentalen, den Berechnungen zugrundeliegenden Ideen gedacht, obwohl wir auch kurz auf die wichtigsten Anwendungen eingehen werden.

Die Anfänge der theoretischen Informatik lagen in verschiedensten Bereichen: Biologen untersuchten Modelle für Neuronen-Netze, Elektroingenieure entwickelten die Schaltkreistheorie als ein Werkzeug für den Hardware-Entwurf, Mathematiker arbeiteten an den Grundlagen der Logik und Linguisten untersuchten die Grammatiken für natürliche Sprachen. Aus diesen Studien heraus entwickelten sich Modelle, die grundlegend für die theoretische Informatik sind.

Die Begriffe der endlichen Automaten und regulären Ausdrücke (siehe Kapitel 2 und 3) wurden ursprünglich im Hinblick auf Neuronen-Netze und Schaltkreise entwickelt. In jüngerer Vergangenheit haben sie sich als nützliche Werkzeuge zur Entwicklung von lexikalischen Analysern erwiesen, also der Teile eines Compilers, die Zeichen in Token — unteilbare Einheiten wie Variablen-Namen und Schlüsselwörter — zusammenfassen. Eine Reihe von Compiler-Generatoren formt automatisch reguläre Ausdrücke in endliche Automaten um, um diese als lexikalische Analyser zu benutzten. Eine Vielzahl anderer Anwendungsmöglichkeiten für reguläre Ausdrücke und endliche Automaten gibt es bei Text-Editoren, Muster-Erkennung, verschiedenen Textverarbeitungs- und Such-Programmen sowie bei mathematischen Konzepten, die in anderen Gebieten — wie beispielsweise der Logik — Anwendung finden. Am Ende von Kapitel 2 werden wir einige Anwendungsgebiete dieser Theorie skizzieren.

Der Begriff einer kontextfreien Grammatik und der dazugehörenden Kellerautomaten (siehe Kapitel 4 bis 6) hat außerordentlich viel zur Spezifikation von Programmiersprachen und Entwicklung von Parsern (einer anderen wichtigen Compiler-Komponente) beigetragen. Die formale Spezifikation von Programmiersprachen ist an die Stelle umfangreicher und häufig unvollständiger oder mehrdeutiger Sprachbeschreibungen getreten. Das Verständnis der Fähigkeiten eines Kellerautomaten hat die Syntaxanalayse wesentlich vereinfacht. Es ist interessant zu beobachten, daß bei den frühen Compilern der Entwurf eines Parsers ein schwerwiegendes Problem darstellte, und daß viele der ersten Parser recht ineffizient und unnötig restriktiv waren. Dank der weitgefächerten Kenntnis vielfältiger Techniken im Zusammenhang mit kontextfreien Grammatiken ist die Entwicklung eines Parsers heutzutage kein Problem mehr, und die Syntaxanalyse beansprucht nur noch einen kleinen Prozentsatz der für eine typische Compilation benötigten Zeit. In Kapitel 10 wird die Methode skizziert, gemäß der effiziente Parser, die sich wie Kellerautomaten verhalten, aus bestimmten Formen kontextfreier Grammatiken erzeugt werden können.

In Kapitel 7 befassen wir uns mit Turing-Maschinen; außerdem stehen wir einem der grundlegenden Probleme der Informatik gegenüber, nämlich daß es mehr Funktionen als Namen für Funktionen bzw. als Algorithmen zur Berechnung von Funktionen gibt. Folglich sind wir mit der Existenz von Funktionen konfrontiert, die tatsächlich nicht berechenbar sind, d.h. es ist nicht möglich, ein Programm zu schreiben, das zu einem der Funktion übergebenen Argument den zugehörigen Funktionswert berechnet, und das für alle möglichen Argumente korrekt arbeitet.

Unter der Annahme, daß es für jede berechenbare Funktion ein Programm bzw. einen Algorithmus zu ihrer Berechnung gibt, und daß jedes Programm bzw. jeder Algorithmus eine endliche Spezifikation besitzt, sind Programme nichts weiter als endliche Zeichenketten über einem endlichen Alphabet. Daraus folgt, daß die Menge aller Programme abzählbar unendlich ist. Betrachten wir nun alle Funktionen, die die ganzen Zahlen auf 0 und 1 abbilden: Nehmen wir an, daß die Menge dieser Funktionen abzählber unendlich sei, und daß daher eine bijektive Abbildung in die ganzen Zahlen existiert. Sei also f_i die Funktion, die der ganzen Zahl i entspricht. Dann kann zu der Funktion

$$f(n) = \begin{cases} 0 & \text{falls } f_n(n) = 1 \\ 1 & \text{sonst} \end{cases}$$

keine zugehörige ganze Zahl existieren, was ein Widerspruch ist. [Falls $f(n) = f_j(n)$, dann haben wir den Widerspruch $f(j) = f_j(j)$ und $f(j) \neq f_j(j)$.] Diese Argumentation wird in den Kapiteln 7 und 8 noch formalisiert, wo wir auch sehen werden, daß einige einfach zu beschreibende Probleme nicht auf einem Computer gelöst werden können, obwohl sie auf den ersten Blick für Berechnungen zugänglich zu sein scheinen.

Allerdings sind wir mit der Feststellung, ob ein Problem durch einen Computer gelöst werden kann, noch nicht am Ende. Die Tatsache, daß ein Problem lösbar ist, besagt noch nicht, daß es einen praktikablen Algorithmus zu seiner Lösung gibt. In Kapitel 12 werden wir sehen, daß es abstrakte, durch einen Computer lösbare Probleme gibt, die jedoch zu ihrer Lösung unbeschränkt viel Zeit und/oder Raum benötigen. In Kapitel 13 werden wir dann zudem noch entdecken, daß es viele realistische und bedeutende Probleme gibt, die in diese Kategorie fallen. Die im Entstehen begriffene Theorie der "hartnäckigen Probleme" ist dazu bestimmt, grundlegenden Einfluß darauf zu nehmen, wie wir über Probleme denken.

ÜBUNGEN

1.1 Betrachten Sie den Baum aus Abbildung 1.4:

a) Welche Knoten sind Blätter und bei welchen handelt es sich um innere Knoten?

b) Welche Knoten sind die Söhne von 5?

c) Welcher Knoten ist der Vater von 5?

d) Bestimmen Sie die Länge des Pfades von 1 nach 9.

e) Welcher Knoten ist die Wurzel?

1.2 Beweisen Sie durch Induktion über n, daß

$$\text{a)} \quad \sum_{i=0}^{n} i = \frac{n(n+1)}{2} \qquad \text{b)} \quad \sum_{i=0}^{n} i^3 = (\sum_{i=0}^{n} i)^2$$

***L 1.3** Ein Palindrom kann als eine Zeichenkette, die vorwärts und rückwärts gelesen gleich lautet, definiert werden oder aber durch folgende Definition:

1) ϵ ist ein Palindrom.

2) Ist a ein beliebiges Symbol, so ist a ein Palindrom.

3) Ist a ein beliebiges Symbol und x ein Palindrom, so ist axa ein Palindrom.

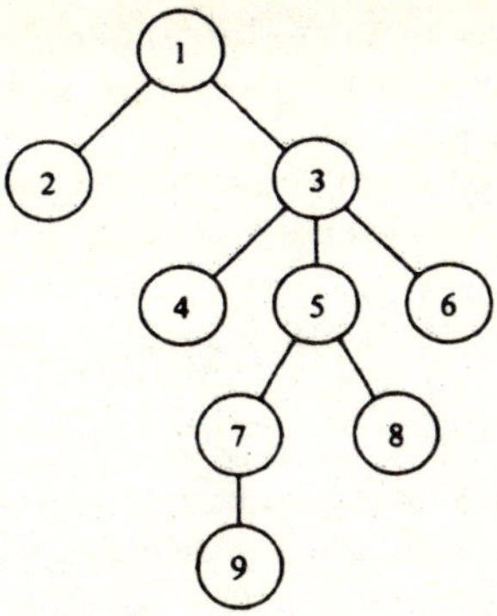

Abb. 1.4: Ein Baum.

4) Keine Zeichenkette ist ein Palindrom, falls sie sich nicht aus (1), (2) oder (3) ergibt.

Beweisen Sie durch Induktion, daß die beiden Definitionen äquivalent sind.

*** 1.4** Die Zeichenketten von korrekten Klammerausdrücken können zumindest auf zwei Arten definiert werden:

1) Eine Zeichenkette w über einem Alphabet $\{(,)\}$ ist genau dann ein korrekter Klammerausdruck, wenn
   a) w die gleiche Anzahl von (wie von) enthält und
   b) jedes Präfix von w mindestens so viele (wie) beinhaltet.
2) a) ϵ ist ein korrekter Klammerausdruck.
   b) Ist w ein korrekter Klammerausdruck, so ist auch (w) ein korrekter Klammerausdruck.
   c) Sind w und x korrekte Klammerausdrücke, so auch wx.
   d) Nichts sonst ist ein korrekter Klammerausdruck.

Beweisen Sie durch Induktion über die Länge einer Zeichenkette, daß die Definitionen (1) und (2) die gleiche Klasse von Zeichenketten definieren.

*** 1.5** Was stimmt nicht am folgenden "Beweis", daß jeweils alle Elemente einer Menge identisch sein müssen? Für Mengen mit einem Element ist die Aussage trivialerweise richtig. Sei nun die Aussage wahr für Mengen mit $n-1$ Elementen, und betrachten wir eine Menge S mit n Elementen. Sei a ein Element dieser Menge S. Wir können $S = S_1 \cup S_2$ schreiben, wobei S_1 und S_2 jeweils $n-1$ Elemente haben und jeweils a enthalten. Wegen der Induktionsannahme sind alle Elemente in S_1 identisch zu a, und ebenso sind alle Elemente in S_2 identisch zu a. Also sind alle Elemente in S identisch zu a.

1.6 Zeigen Sie, daß die folgenden Relationen Äquivalenzrelationen sind, und geben Sie ihre Äquivalenzklassen an:

a) Die Relation R_1 über den ganzen Zahlen, die definiert ist durch iR_1j genau dann, wenn $i = j$.

b) Die Relation R_2 über der Menge aller Menschen, die definiert ist durch pR_2q genau dann, wenn p und q zur gleichen Stunde und am gleichen Tag eines Jahres geboren sind.

c) Die gleiche Relation wie unter (b), wobei "eines Jahres" durch "desselben Jahres" zu ersetzen ist.

1.7 Bestimmen Sie die transitive Hülle, die reflexive und transitive Hülle und die symmetrische Hülle der Relation

$$\{(1,2),(2,3),(3,4),(5,4)\}.$$

***L 1.8** Beweisen Sie, daß jede Äquivalenzrelation R über einer Menge S diese Menge in disjunkte Äquivalenzklassen unterteilt.

*** 1.9** Geben Sie ein Beispiel für eine Relation an, die symmetrisch und transitiv, aber nicht reflexiv ist. [*Hinweis:* Beachten Sie, wo die Reflexivität einfließt, um zu zeigen, daß eine Äquivalenzrelation Äquivalenzklassen definiert; siehe Lösung zu Übung 1.8.]

*** 1.10** Beweisen Sie, daß jede Teilmenge einer abzählbar unendlichen Menge entweder endlich oder abzählbar unendlich ist.

*** 1.11** Beweisen Sie, daß die Menge aller geordneten Paare ganzer Zahlen abzählbar unendlich ist.

1.12 Ist die Vereinigung von abzählbar unendlich vielen abzählbar unendlichen Mengen abzählbar unendlich? Und wie steht es mit dem kartesischen Produkt?

Lösungen zu ausgewählten Übungen

1.3 Natürlich lautet jede Zeichenkette, die der zweiten Definition genügt, vorwärts und rückwärts gelesen gleich. Laute nun x vorwärts und rückwärts gelesen gleich: Wir beweisen durch Induktion über die Länge von x, daß aus den Regeln (1) bis (3) folgt, daß x ein Palindrom ist. Gilt $|x| \leq 1$, so ist x entweder ϵ oder ein einzelnes Symbol, und die Regeln (1) bzw. (2) sind anwendbar. Gilt $|x| > 1$, so beginnt und endet x mit einem Symbol a. Also gilt $x = awa$, wobei w vorwärts und rückwärts gelesen gleich lautet und kürzer als x ist. Gemäß der Induktionsannahme implizieren die Regeln (1) bis (3), daß w ein Palindrom ist. Also ist nach der Regel (3) auch $x = awa$ ein Palindrom.

1.8 Sei R eine Äquivalenzrelation auf S, seien a und b Elemente von S, und seien C_a und C_b die Äquivalenzklassen, die a bzw. b enthalten, d.h. $C_a = \{c \mid aRc\}$ und $C_b = \{c \mid bRc\}$. Wir zeigen im folgenden, daß entweder $C_a = C_b$ oder $C_a \cap C_b = \emptyset$ gilt. Angenommen $C_a \cap C_b \neq \emptyset$, womit dann ein d in $C_a \cap C_b$ liegt. Nun sei e ein beliebiges Element aus C_a. Also gilt aRe. Da d in $C_a \cap C_b$ ist, haben wir aRd und bRd. Aus der Symmetrie folgt dRa und nach zweimaliger Anwendung der Transitivität auch bRa und bRe. Also ist e in C_b und also $C_a \subseteq C_b$. Ein analoger Beweis zeigt $C_b \subseteq C_a$, so daß wir $C_a = C_b$ erhalten. Daraus folgt, daß verschiedene Äquivalenzklassen disjunkt sein müssen. Um zu zeigen, daß die Klassen eine Partition bilden, ist lediglich festzustellen, daß durch die Reflexivität jedes a in seiner Äquivalenzklasse C_a liegt, so daß die Vereinigung der Äquivalenzklassen S ergibt.

Kapitel 2

ENDLICHE AUTOMATEN UND REGULÄRE AUSDRÜCKE

2.1 SYSTEME MIT ENDLICHER ZUSTANDSMENGE

Der endliche Automat ist ein mathematisches Modell eines Systems mit diskreten Ein- und Ausgaben. Das System befindet sich in einem aus einer endlichen Anzahl von internen Konfigurationen — sogenannten "Zuständen". Der Zustand eines Systems umfaßt die Informationen, die sich aus bisherigen Eingaben ergeben haben und die benötigt werden, um die Reaktion des Systems auf noch folgende Eingaben zu bestimmen. Der Kontrollmechanismus eines Aufzugs ist ein gutes Beispiel für ein System mit einer endlichen Zustandsmenge. Dabei werden nicht alle vorhergehenden Anfragen, sondern nur das augenblickliche Stockwerk, die Richtung der Bewegung (aufwärts oder abwärts) und alle noch nicht bearbeiteten Anfragen gespeichert.

In der Informatik finden wir viele Beispiele für Systeme mit endlichen Zustandsmengen, und die Theorie der endlichen Automaten ist ein nützliches Werkzeug zum Entwurf solcher Systeme. Ein erstes Beipiel ist ein Schaltkreis wie die Kontrolleinheit eines Computers. Ein Schaltkreis besteht aus einer endlichen Zahl von Gattern, wovon sich jedes in einem von zwei Zuständen befinden kann, die gewöhnlich mit 0 und 1 bezeichnet werden. Diese Zustände können — im elektrotechnischen Sinn — zwei verschiedene Spannungsniveaus am Ausgang des Gatters darstellen. Der Zustand eines Schaltnetzes mit n Gattern ist dann eine von 2^n Zuweisungen der Werte 0 und 1 an die beteiligten Gatter. Obwohl die Spannung an den Gattern jeden aus einer unendlichen Menge von Werten annehmen kann, ist der elektronische Schaltkreis so konzipiert, daß nur die zwei Spannungen, die 0 und 1 entsprechen, stabil sind und sich alle anderen Spannungen fast augenblicklich auf diese Spannungen einstellen. Schaltkreise werden absichtlich so entwickelt, daß sie als Systeme mit endlichen Zustandsmengen angesehen werden können. Dadurch wird der logische Entwurf eines Computers von der elektronischen Implementation getrennt.

Bestimmte häufig benutzte Programme — wie Text-Editoren und lexikalische Analyser, wie sie in dem meisten Compilern vorhanden sind — werden oft als Systeme mit endlichen Zustandsmengen entworfen. Ein lexikalischer Analyser verarbeitet z.B. die Symbole eines Computer-Programms, um die Zeichenketten zu finden, die Bezeichnern, numerischen Konstanten, reservierten Wörtern usw. entsprechen. Bei diesem Vorgang muß sich der lexikalische Analyser nur eine endliche Menge von Informationen merken, beispielsweise wie lang das bisher gefundene Präfix eines reservierten Wortes ist. Die Theorie der endlichen Automaten wird im großen Umfang zur Entwicklung effizienter Algorithmen zur Verarbeitung solcher und anderer Zeichenketten verwendet. Einige dieser Anwendungen werden noch in Abschnitt 2.8 auftauchen.

Der Computer selbst kann als ein System mit einer endlichen Zustandsmenge angesehen werden; allerdings stellt sich heraus, daß dies nicht so nützlich ist, wie es scheinen mag. Theoretisch befindet sich die Zentraleinheit, der Hauptspeicher und der Hilfsspeicher zu jedem Zeitpunkt in einem aus einer sehr großen, aber endlichen Menge von Zuständen. Wir nehmen natürlich an, daß es eine feste Zahl von Platten, Bändern usw. gibt, die für den Gebrauch zur Verfügung stehen, und daß der Speicher nicht unendlich vergrößert werden kann. Die Betrachtung des Computers als ein System mit einer endlichen Zustandsmenge ist jedoch sowohl mathematisch als auch in natura nicht befriedigend. Die Speicherkapazität wird künstlich begrenzt, wodurch verhindert wird, daß das wahre Wesen der Berechenbarkeit zum Vorschein kommt. Um den Begriff der Berechenbarkeit richtig zu erfassen, benötigen wir einen potentiell unendlichen Speicher, auch wenn tatsächlich jede Computer-Installation endlich ist. Unendliche Modelle von Computern werden in Kapitel 7 und 8 diskutiert.

Es ist ebenfalls verführerisch, das menschliche Gehirn als ein System mit einer endlichen Zustandsmenge anzusehen. Die Zahl der Gehirnzellen oder *Neuronen* ist begrenzt — wahrscheinlich höchstens 2^{35}. Es ist vorstellbar — obwohl es Anhaltspunkte dafür gibt, daß dies nicht der Fall ist — daß der Zustand jedes Neurons mit einer kleinen Anzahl von Bits beschrieben werden kann. Wäre dies der Fall, so ließe sich die Theorie der endlichen Zustandsmengen auf das Gehirn anwenden. Die Zahl der Zustände wäre jedoch so groß, daß es unwahrscheinlich ist, daß dieser Ansatz zu nützlichen Beobachtungen über das menschliche Gehirn führen könnte, ebensowenig wie Annahmen über endliche Zustandsmengen uns helfen, große, aber endliche Computer-Systeme zu verstehen.

Der vielleicht wichtigste Grund für die Untersuchung von Systemen mit endlichen Zustandsmengen ist die Natürlichkeit des Konzepts, die etwa durch die Tatsache angedeutet wird, daß dieses Konzept in verschiedensten Gebieten auftritt. Dies ist ein Indiz dafür, daß wir hier den Begriff einer fundamentalen Systemklasse gewonnen haben — einer Klasse, die reich an Struktur und Anwendungen ist.

Ein Beispiel

Bevor wir formal ein System mit endlichen Zuständen definieren, wollen wir ein Beispiel betrachten: Ein Mann steht mit einem Wolf, einer Ziege und einem Kohlkopf am linken Ufer eines Flusses, den er überqueren will. Er hat ein Boot, das groß genug ist, ihn und ein weiteres Objekt zu transportieren, so daß er immer nur einen der drei mit sich hinübernehmen kann. Falls der Mann allerdings den Wolf und die Ziege unbewacht an einem der Ufer zurückläßt, so wird der Wolf sicherlich die Ziege fressen. Genauso wird, wenn die Ziege und der Kohlkopf unbewacht zurückbleiben, die Ziege den Kohlkopf fressen. Ist es möglich, den Fluß zu überqueren, ohne daß die Ziege oder der Kohlkopf gefressen werden?

Zur Umsetzung des Problems ist festzustellen, daß die aktuelle Information darin besteht, wer nach jedem Überqueren an den beiden Ufern steht. Es gibt 16 Teilmengen mit den Elementen Mann (M), Wolf (W), Ziege (Z) und Kohlkopf (K). Ein Zustand entspricht der Teilmenge, die sich am linken Ufer befindet. Zustände werden durch mit einem Bindestrich verbundene Paare dargestellt, wie z.B. durch $MZ - WK$, wobei die Symbole links des Bindestrichs die Teilmenge am linken Ufer und die Symbole rechts des Bindestrichs die Teilmenge am rechten Ufer bezeichnen. Einige der 16 Zustände — wie z.B. $ZK - MW$ — sind verhängnisvoll und sollten vom System nie angenommen werden.

Die "Eingaben" für das System sind die durchgeführten Aktionen. Der Mann kann den Fluß alleine überqueren (Eingabe m), mit dem Wolf (Eingabe w), mit der Ziege (Eingabe z) oder mit dem Kohlkopf (Eingabe k). Der Anfangszustand ist $MWZK - \emptyset$, und der Endzustand ist $\emptyset - MWZK$. Das Transitionsdiagramm ist in Abbildung 2.1 gezeigt.

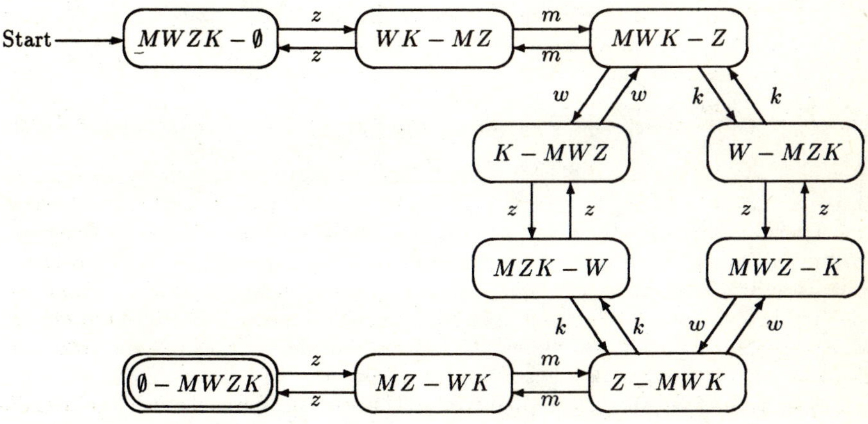

Abb. 2.1: Transitionsdiagramm für das Mann/Wolf/Ziege/Kohl-Problem.

Es gibt zwei gleichermaßen kurze Lösungen für das Problem, die man durch Suche nach Pfaden vom Anfangszustand zum Endzustand (das ist der mit dem Doppelkreis) finden kann. Es gibt unendlich viele Lösungen für das Problem, von denen alle, bis auf zwei, nutzlose Zyklen enthalten. Das System mit endlicher Zustandsmenge kann als Definition einer unendlichen Sprache, nämlich der Menge aller Zeichenketten, die die Markierungen der Pfade vom Anfangszustand zum Endzustand bilden, angesehen werden.

Bevor wir fortfahren, sollten wir anmerken, daß das obige Beispiel in mindestens zwei Punkten atypisch für Systeme mit endlicher Zustandsmenge ist: Erstens gibt es nur einen Endzustand — im allgemeinen sind es mehrere — und zweitens gibt es hier zufällig für jede Transition eine Transition in umgekehrter Richtung, die mit dem gleichen Symbol markiert ist, was im allgemeinen auch nicht der Fall zu sein braucht. Beachten Sie auch, daß der — traditionelle — Begriff "Endzustand" nicht besagt, daß die Berechnung bei Erreichen eines solchen Zustands zwangsweise stoppt. Wir können durchaus mit der Ausführung von Transitionen fortfahren, z.B. um im obigen Beispiel in den Zustand $MZ - WK$ zu gelangen.

2.2 GRUNDLEGENDE DEFINITIONEN

Ein *endlicherAutomat* (EA) besteht aus einer endlichen Menge von Zuständen und einer Menge von Transitionen, die auf einem Eingabesymbol aus einem Alphabet Σ arbeiten und einen Zustand in einen anderen überführen. Für jedes Eingabe-Symbol existiert genau ein Zustandsübergang — möglicherweise zurück in den gleichen Zustand. Ein Zustand, der gewöhnlich mit q_0 bezeichnet wird, ist der Anfangszustand, in dem der Automat startet. Einige Zustände sind ausgezeichnet als akzeptierende bzw. Endzustände.

Ein gerichteter Graph — *Transitionsdiagramm* genannt — wird wie folgt mit einem EA assoziiert: Die Knoten im Graph entsprechen den Zuständen des EA. Gibt es bei Eingabe von a einen Übergang vom Zustand q in den Zustand p, dann existiert ein mit a markierter Pfeil vom Zustand q in den Zustand p im Transitionsdiagramm. Der EA akzeptiert eine Zeichenkette x, wenn die Transitionsfolge, die den Symbolen in x entspricht, den Anfangszustand in einen akzeptierenden Zustand überführt.

Beispiel 2.1

Das Transitionsdiagramm eines EA ist in Abbildung 2.2 dargestellt. Der Anfangszustand q_0 ist durch den mit "Start" markierten Pfeil angegeben. Es gibt einen Endzustand, in diesem Fall ebenfalls q_0, der durch den doppelten Kreis markiert ist. Der EA akzeptiert alle aus Nullen und Einsen bestehenden Zeichenketten, in denen sowohl die Anzahl der Nullen als auch die Anzahl der Einsen gerade ist. Um dies zu sehen, stelle man sich eine "Kontrolle" vor, die im Diagramm von Zustand zu Zustand wandert. Die Kontrolle startet im Zustand q_0 und muß auch im Zustand q_0 enden, wenn die Eingabe-Folge akzeptiert werden soll. Jede 0-Eingabe veranlaßt die Kontrolle, die horizontale Linie a-b zu überqueren, während eine 1-Eingabe dies nicht tut. Also befindet sich die Kontrolle genau dann in einem Zustand oberhalb der Linie a-b, wenn die bis dahin gesehene Eingabe eine gerade Anzahl von Nullen enthält. Ebenso befindet sich die Kontrolle genau dann links der vertikalen Linie c-d, wenn die Eingabe eine gerade Anzahl von Einsen enthält. Also befindet sich die Kontrolle genau dann im Zustand q_0, wenn es in der Eingabe sowohl eine gerade Anzahl von Nullen als auch eine gerade Anzahl von Einsen gibt. Beachten Sie, daß der EA seine Zustände nur benutzt, um die Gleichheit bzw. Ungleichheit der Anzahl der Nullen und der Anzahl der Einsen zu speichern — nicht deren genaue Zahl, was eine unendliche Anzahl von Zuständen erfordern würde.

Wir definieren einen *endlichen Automaten* formal als ein Quintupel $(Q, \Sigma, \delta, q_0, F)$, wobei Q eine endliche Menge von *Zuständen*, Σ ein endliches *Eingabealphabet* und δ die *Übergangsfunktion* ist, die $Q \times \Sigma$ auf Q abbildet, d.h. $\delta(q, a)$ ist ein Zustand für jeden Zustand q und jedes Eingabe-Symbol a.

Bildlich gesehen ist ein EA eine *endliche Kontrolle*, die sich in einem Zustand aus Q befindet und eine Folge von Symbolen aus Σ liest, die — wie in Abbildung 2.3 gezeigt — auf einem Band geschrieben stehen. In einem Schritt geht der EA,

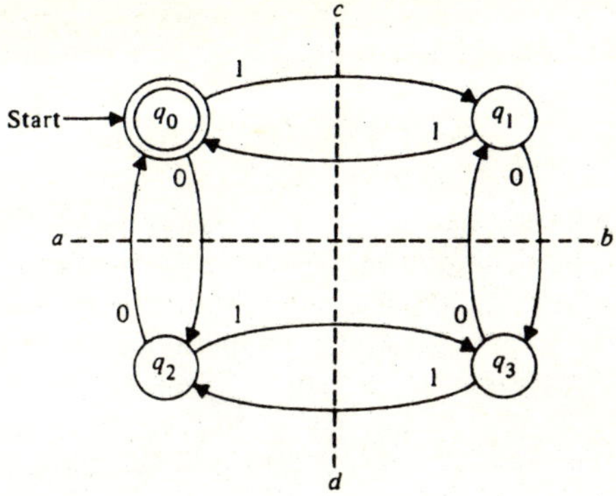

Abb. 2.2: Das Transitionsdiagramm für einen endlichen Automaten.

der sich im Zustand q befindet und das Symbol a bearbeitet, in den Zustand $\delta(q, a)$ über und bewegt seinen Kopf um ein Symbol nach rechts. Ist $\delta(q, a)$ ein akzeptierender Zustand, so hat der EA die Zeichenkette akzeptiert, die auf dem Band bis zu der Position steht, auf die sich der Kopf gerade bewegt hat, aber nicht einschließlich dieser. Hat sich der Kopf über das rechte Ende des Bandes hinausbewegt, so akzeptiert er den gesamten Bandinhalt. Beachten Sie, daß ein EA bei der Bearbeitung einer Zeichenkette viele verschiedene Präfixe akzeptieren kann.

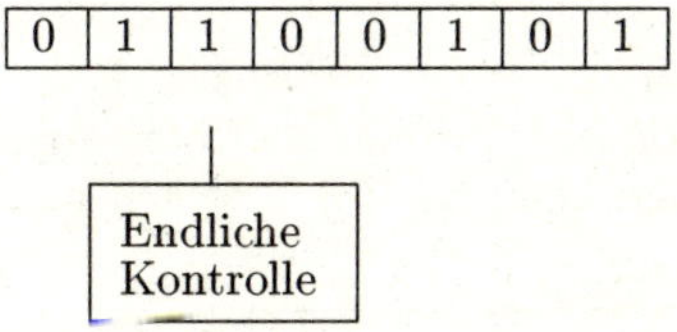

Abb. 2.3: Ein endlicher Automat.

Um das Verhalten eines EA auf einer Zeichenkette formal zu beschreiben, müssem wir unsere Übergangsfunktion δ so erweitern, daß wir sie auf einen Zustand und eine Zeichenkette anstatt nur auf einen Zustand und eine Symbol anwenden können. Wir definieren eine Funktion $\hat{\delta}$ von $Q \times \Sigma^*$ nach Q. Der Hintergedanke dabei ist, daß $\hat{\delta}(q, w)$ der Zustand ist, in dem sich der EA nach Lesen von w befindet, wenn er im Zustand q begonnen hat. Anders gesagt ist $\hat{\delta}(q, w)$ genau der Zustand p, für den es einen Pfad im Transitionsdiagramm von q nach p gibt, der mit w markiert ist. Formal läßt sich das folgendermaßen definieren:

1) $\hat{\delta}(q, \epsilon) = q$
2) Für alle Zeichenketten w und alle Eingabe-Symbole a gilt

$$\hat{\delta}(q, wa) = \delta(\hat{\delta}(q, w), a).$$

(1) besagt, daß der EA seinen Zustand nicht ändern kann, ohne ein Eingabe-Symbol zu lesen, und (2) gibt an, wie er den Zustand nach Lesen einer nichtleeren Zeichenkette wa findet, also indem er zunächst den Zustand $p = \hat{\delta}(q, w)$, nach Lesen von w bestimmt und daraus dann den Zustand $\delta(p, a)$ berechnet.

Da $\hat{\delta}(q, a) = \delta(\hat{\delta}(q, \epsilon), a) = \delta(q, a)$ gilt — dazu ist $w = \epsilon$ in Regel (2) zu setzen — müssen δ und $\hat{\delta}$ für Argumente, für die beide definiert sind, übereinstimmen. Daher werden wir aus Gründen der Bequemlichkeit von jetzt an δ statt $\hat{\delta}$ benutzen.

Konvention: Wir werden bemüht sein, im Zusammenhang mit endlichen Automaten durchweg dieselben Symbole für identische Dinge zu verwenden. Insbesondere kann der Leser — falls nicht anders angegeben — von Folgendem ausgehen:

1) Q ist ein Zustandsmenge. Die Symbole q und p, mit oder ohne Index, sind Zustände, und q_0 ist der Anfangszustand.
2) Σ ist ein Eingabealphabet. Die Symbole a und b, mit oder ohne Index, und die Ziffern sind Eingabe-Symbole.
3) δ ist eine Übergangsfunktion.
4) F ist eine Menge von Endzuständen.
5) w, x, y und z, mit oder ohne Index, sind Zeichenketten über dem Eingabealphabet.

Eine Zeichenkette x heißt von einem endlichen Automaten $M = (Q, \Sigma, \delta, q_0, F)$ *akzeptiert*, falls $\delta(q_0, x) = p$ für einen Zustand p aus F gilt. Die *von M akzeptierte Sprache*, bezeichnet mit $L(M)$, ist die Menge $\{x \mid \delta(q_0, x) \in F\}$. Eine Sprache ist eine *reguläre Menge* — bzw. heißt *regulär* — wenn sie die Menge ist, die durch einen endlichen Automaten akzeptiert wird.[1] Der Leser sollte beachten, daß wir uns, wenn wir von einer von einem endlichen Automaten M akzeptierten Sprache sprechen, auf die spezifische Menge $L(M)$ beziehen und nicht auf jede beliebige Menge von Zeichenketten, die gerade zufällig von M akzeptiert werden.

Beispiel 2.2

Betrachten Sie nochmals das Transitionsdiagramm aus Abbildung 2.2. In unserer formalen Notation wird dieser EA durch $M = (Q, \Sigma, \delta, q_0, F)$ beschrieben, wobei $Q = \{q_0, q_1, q_2, q_3\}$, $\Sigma = \{0, 1\}$, $F = \{q_0\}$ und δ in Abbildung 2.4 beschrieben ist.

Sei nun 110101 die Eingabe für M. Zu bemerken ist, daß $\delta(q_0, 1) = q_1$ und $\delta(q_1, 1) = q_0$ gilt. Folglich gilt

$$\delta(q_0, 11) = \delta(\delta(q_0, 1), 1) = \delta(q_1, 1) = q_0.$$

---

[1] Der Term "regulär" stammt vom "regulären Ausdruck" ab, einem Formalismus, den wir in Abschnitt 2.5 einführen werden, und der die gleiche Sprachklasse wie die EA definiert.

Zustände	Eingaben 0	1
q_0	q_2	q_1
q_1	q_3	q_0
q_2	q_0	q_3
q_3	q_1	q_2

Abb. 2.4: $\delta(q, a)$ für den EA aus Abbildung 2.2

Daraus läßt sich schließen, daß 11 in $L(M)$ enthalten ist; doch wir sind ja an 110101 interessiert. Wir fahren fort, indem wir aus $\delta(q_0, 0) = q_2$ folgern, daß

$$\delta(q_0, 110) = \delta(\delta(q_0, 11), 0) = \delta(q_0, 0) = q_2$$

gilt. So erhalten wir sukzessive, daß

$$\delta(q_0, 1101) = q_3, \qquad \delta(q_0, 11010) = q_1$$

gilt und schließlich

$$\delta(q_0, 110101) = q_0.$$

Die gesamte Folge von Zuständen ist

$$q_0 \overset{1}{} q_1 \overset{1}{} q_0 \overset{0}{} q_2 \overset{1}{} q_3 \overset{0}{} q_1 \overset{1}{} q_0.$$

Also ist 110101 in $L(M)$ enthalten. Wir wir schon erwähnt haben, ist $L(M)$ die Menge der Zeichenketten mit einer geraden Anzahl von Nullen und einer geraden Anzahl von Einsen.

2.3 NICHTDETERMINISTISCHE ENDLICHE AUTOMATEN

Wir führen nun den Begriff eines nichtdeterministischen endlichen Automaten ein. Es wird sich herausstellen, daß jede von einem nichtdeterministischen endlichen Automaten akzeptierte Menge auch von einem deterministischen endlichen Automaten akzeptiert werden kann. Der nichtdeterministische endliche Automat ist jedoch ein nützliches Konzept für den Beweis von Sätzen. Auch spielt das Konzept des Nichtdeterminismus sowohl in der Sprachentheorie als auch in der Berechenbarkeitstheorie eine zentrale Rolle, und es ist sehr hilfreich, diesen Begriff anfangs in einem einfachen Kontext vollständig zu verstehen. Später werden wir noch Automaten kennenlernen, von denen bekannt ist, daß die deterministischen und die nichtdeterministischen Versionen nicht äquivalent sind, und andere, bei denen die Äquivalenz eine tiefgehende und erhebliche, aber noch ungelöste Frage ist.

Betrachten Sie das Modell des endlichen Automaten und modifizieren Sie es so, daß für einen Zustand bei demselben Eingabe-Symbol null, eine oder mehr Transitionen erlaubt sind. Dieses neue Modell wird *nichtdeterministischer endlicher*

Automat (NEA) genannt. Ein Transitionsdiagramm für einen nichtdeterministischen endlichen Automaten ist in Abbildung 2.5 gezeigt. Beachten Sie, daß es zwei mit 0 markierte Kanten gibt, die vom Zustand q_0 ausgehen und von denen die eine zurück in den Zustand q_0 und die andere in den Zustand q_3 übergeht.

Eine Eingabe-Folge $a_1 a_2 ... a_n$ wird von einem nichtdeterministischen endlichen Automaten akzeptiert, wenn es eine zugehörige Transitionsfolge gibt, die den Anfangszustand in einen Endzustand überführt. Beispielsweise wird 01001 von dem NEA aus Abbildung 2.5 akzeptiert, da es eine Transitionsfolge gibt, die über die Zustände $q_0, q_0, q_0, q_3, q_4, q_4$ führt und mit 0,1,0,0,1 markiert ist. Dieser besondere NEA akzeptiert alle Zeichenketten, die entweder zwei aufeinanderfolgende Nullen oder zwei aufeinanderfolgende Einsen enthalten. Beachten Sie, daß der EA aus dem vorhergehenden Abschnitt (zur besseren Unterscheidung *deterministischer* EA oder DEA) ein Spezialfall des NEA ist, wobei es je Zustand eine einzige Transition für jedes Symbol gibt. Also wird es in einem DEA für eine gegebene Eingabe-Zeichenkette w und einen gegebenen Zustand q genau einen mit w markierten Pfad geben, der in q beginnt. Um zu bestimmen, ob eine Zeichenkette von einem DEA akzeptiert wird, genügt es, diesen einen Pfad zu überprüfen. In einem NEA kann es viele Pfade geben, die mit w markiert sind, und zur Feststellung, ob einer oder mehrere in einem Endzustand enden, sind alle zu überprüfen.

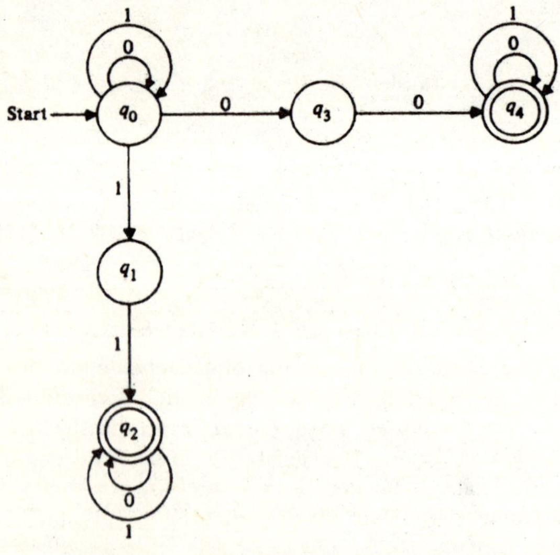

Abb. 2.5: Das Transitionsdiagramm eines NEA.

Gemäß der Vorstellung von Abbildung 2.3 mit einer endlichen Kontrolle, die ein Eingabe-Band liest, können wir einen NEA ebenfalls als ein Eingabe-Band lesend betrachten. Die endliche Kontrolle kann sich jedoch zu jedem Zeitpunkt in einer beliebigen Anzahl von Zuständen befinden. Wenn der nächste Zustand aus verschiedenen auszuwählen ist — so wie in Abbildung 2.5 im Zustand q_0 bei Eingabe 0 — können wir uns vorstellen, daß jeweils Kopien des Automaten gemacht werden. Für jeden möglichen Folgezustand wird eine Kopie des Automaten erzeugt, dessen endliche Kontrolle sich gerade in diesem Zustand befindet. Diese Vermehrung ist in Abbildung 2.6 für den NEA aus Abbildung 2.5 mit der Eingabe 01001 dargestellt.

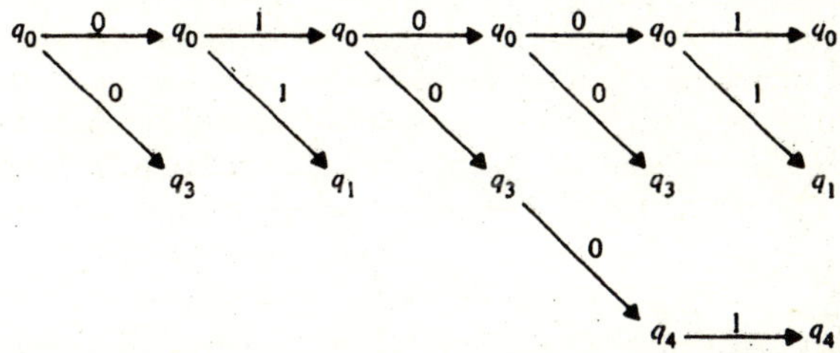

Abb. 2.6: Vermehrung von Zuständen eines NEA.

Formal ist ein *nichtdeterministischer endlicher Automaten* durch ein Quintupel $(Q, \Sigma, \delta, q_0, F)$ definiert, wobei Q, Σ, q_0 und F (Zustände, Eingaben, Anfangszustand und Endzustände) die gleiche Bedeutung wie bei einem DEA haben. δ ist jedoch eine Abbildung von $Q \times \Sigma$ nach 2^Q. (Erinnern Sie sich daran, daß 2^Q die Potenzmenge von Q ist, also die Menge aller Teilmengen von Q.) Dabei soll $\delta(q, a)$ die Menge aller solchen Zustände p sein, für die es einen mit a markierten Übergang von q nach p gibt.

Beipiel 2.3
Die Funktion δ für den NEA aus Abbildung 2.5 ist in Abbildung 2.7 dargestellt.

Zustände	Eingaben	
	0	1
q_0	$\{q_0, q_3\}$	$\{q_0, q_1\}$
q_1	$\emptyset$	$\{q_2\}$
q_2	$\{q_2\}$	$\{q_2\}$
q_3	$\{q_4\}$	$\emptyset$
q_4	$\{q_4\}$	$\{q_4\}$

Abb. 2.7: Die Abbildung δ für den NEA aus Abbildung 2.5.

Die Funktion δ kann folgendermaßen auf eine Funktion $\hat{\delta}$, die von $Q \times \Sigma^*$ in 2^Q abbildet und auf Eingabefolgen arbeitet, ausgedehnt werden:

1) $\hat{\delta}(q, \epsilon) = \{q\}$,

2) $\hat{\delta}(q, wa) = \{p \mid$ es gibt einen Zustand r in $\hat{\delta}(q, w)$, für den p in $\delta(r, a)$ ist$\}$.

Bedingung (1) verbietet den Wechsel des Zustands ohne Eingabe. Bedingung (2) besagt, daß wir nach Start im Zustand q und Lesen der Zeichenkette w gefolgt vom Eingabe-Symbol a genau dann im Zustand p sein können, wenn r einer der möglichen Zustände ist, die nach Lesen von w eingetreten sein können; danach ist noch bei Lesen von a ein Übergang von r nach p notwendig.

Achten Sie darauf, daß $\hat{\delta}(q, a) = \delta(q, a)$ für ein Eingabe-Symbol a gilt. Also können wir wiederum δ anstelle von $\hat{\delta}$ benutzen. Es ist auch nützlich, δ auf Argumente aus $2^Q \times \Sigma$ mittels

3) $\delta(P, w) = \bigcup_{q \in P} \delta(q, w)$

für jede Menge von Zuständen $P \subseteq Q$ auszudehnen. Falls M ein NEA $(Q, \Sigma, \delta, q_0, F)$ ist, dann gilt $L(M) = \{w \mid \delta(q_0, w)$ enthält einen Zustand aus $F\}$.

Beispiel 2.4

Betrachten Sie erneut den NEA aus Abbildung 2.5, dessen Übergangsfunktion δ in Abbildung 2.7 dargestellt worden ist. Die Eingabe sei 01001.

$$\delta(q_0, 0) = \{q_0, q_3\}.$$

$$\delta(q_0, 01) = \delta(\delta(q_0, 0), 1) = \delta(\{q_0, q_3\}, 1) = \delta(q_0, 1) \cup \delta(q_3, 1) = \{q_0, q_1\}.$$

Entsprechend berechnen wir

$$\delta(q_0, 010) = \{q_0, q_3\}, \qquad \delta(q_0, 0100) = \{q_0, q_3, q_4\}$$

und

$$\delta(q_0, 01001) = \{q_0, q_1, q_4\}.$$

Die Äquivalenz von DEA und NEA

Da jeder DEA ein NEA ist, ist es klar, daß die Sprachklasse, die von NEA akzeptiert wird, die regulären Mengen (also die von DEA akzeptierten Sprachen) einschließt. Es stellt sich zudem heraus, daß dies die einzigen Mengen sind, die von NEA akzeptiert werden. Zum Beweis ist zu zeigen, daß NEA von DEA simuliert werden können, d.h. für jeden NEA ist ein *äquivalenter* DEA zu konstruieren (einer, der dieselbe Sprache akzeptiert). Zu diesem Zweck ist den Zuständen des DEA zu erlauben, Mengen von Zuständen des NEA zu entsprechen. Der konstruierte DEA speichert in seiner endlichen Kontrolle alle Zustände, in denen sich der NEA befinden kann, nachdem er die gleiche Eingabe wie der DEA gelesen hat. Die formale Konstruktion ist im folgenden Satz zu finden:

Satz 2.1

Sei L eine Menge, die von einem nichtdeterministischen endlichen Automaten akzeptiert wird. Dann gibt es einen deterministischen endlichen Automaten, der L akzeptiert.

Beweis:
Sei $M = (Q, \Sigma, \delta, q_0, F)$ ein NEA, der L akzeptiert. Wir definieren nun einen DEA $M' = (Q', \Sigma, \delta', q_0', F')$, der als Zustände alle Teilmengen der Zustandsmenge von M besitzt, d.h. $Q' = 2^Q$. M' speichert in seinen Zuständen jeweils alle Zustände, in denen sich M zu einem Zeitpunkt befinden kann. F' ist die Menge aller Zustände aus Q', die einen Endzustand aus M enthalten. Ein Element aus Q' wollen wir mit $[q_1, q_2, ..., q_i]$ bezeichnen, wobei die $q_1, q_2, ..., q_i$ aus Q sind. Dabei ist zu beachten, daß $[q_1, q_2, ..., q_i]$ ein einziger Zustand des DEA ist, der einer Menge von Zuständen des NEA entspricht; es gilt außerdem $q_0' = [q_0]$.

Wir definieren

$$\delta'([q_1, q_2, ..., q_i], a) = [p_1, p_2, ..., p_j]$$

genau dann, wenn

$$\delta(\{q_1, q_2, ..., q_i\}, a) = \{p_1, p_2, ..., p_j\}.$$

D.h. δ' angewandt auf ein Element $[q_1, q_2, ..., q_i]$ aus Q' wird berechnet, indem δ auf jeden Zustand aus Q, der durch $[q_1, q_2, ..., q_i]$ dargestellt wird, angewendet wird. Durch Anwendung von δ auf jeden Zustand aus $q_1, q_2, ..., q_i$ und Bilden der Vereinigung erhalten wir eine neue Menge von Zuständen $p_1, p_2, ..., p_j$. Diese neue Menge von Zuständen hat einen Repräsentant der Form $[p_1, p_2, ..., p_j]$ in Q', und dieses Element ist der Wert von $\delta'([q_1, q_2, ..., q_i], a)$.

Durch Induktion über die Länge der Eingabe-Zeichenkette x läßt sich leicht zeigen, daß

$$\delta'(q_0', x) = [q_1, q_2, ..., q_i]$$

genau dann gilt, wenn

$$\delta(q_0, x) = \{q_1, q_2, ..., q_i\}.$$

Induktionsanfang: Das Ergebnis ist trivialerweise richtig für $|x| = 0$, da $q_0' = [q_0]$ und $x = \epsilon$ gelten muß.

Induktionsschritt: Die Induktionsannahme besagt, daß die Aussage für Eingaben der Länge kleiner oder gleich m gilt. Sei xa eine Zeichenkette der Länge $m + 1$ mit a aus Σ. Dann gilt

$$\delta'(q_0', xa) = \delta'(\delta'(q_0', x), a).$$

Nach Induktionsannahme gilt

$$\delta'(q_0', x) = [p_1, p_2, ..., p_j]$$

genau dann, wenn

$$\delta(q_0, x) = \{p_1, p_2, ..., p_j\}$$

gilt. Nach der Definition von δ' gilt aber

$$\delta'([p_1, p_2, ..., p_j], a) = [r_1, r_2, ..., r_k]$$

genau dann, wenn

$$\delta(\{p_1, p_2, ..., p_j\}, a) = \{r_1, r_2, ..., r_k\}$$

gilt. Also gilt

$$\delta'(q_0', xa) = [r_1, r_2, ..., r_k]$$

genau dann, wenn

$$\delta(q_0, xa) = \{r_1, r_2, ..., r_k\}$$

gilt, was zu zeigen war.

Zur Vervollständigung des Beweises ist lediglich hinzuzufügen, daß $\delta'(q_0', x)$ genau dann in F' ist, wenn $\delta(q_0, x)$ einen Zustand aus Q enthält, der in F ist. Also gilt $L(M) = L(M')$. □

Da deterministische und nichtdeterministische Automaten die gleichen Mengen akzeptieren, werden wir — falls nicht unbedingt nötig — zwischen diesen nicht unterscheiden, sondern uns einfach auf beide als endliche Automaten beziehen.

Beispiel 2.5
Sei $M = (\{q_0, q_1\}, \{0, 1\}, \delta, q_0, \{q_1\})$ ein NEA, wobei folgendes gilt:

$$\delta(q_0, 0) = \{q_0, q_1\}, \qquad \delta(q_0, 1) = \{q_1\}, \qquad \delta(q_1, 0) = \emptyset, \qquad \delta(q_1, 1) = \{q_0, q_1\}.$$

Wir können einen DEA $M' = (Q, \{0, 1\}, \delta', [q_0], F)$ konstruieren, der $L(M)$ wie folgt akzeptiert: Q besteht aus allen Teilmengen von $\{q_0, q_1\}$, und die Elemente werden mit $[q_0], [q_1], [q_0, q_1]$ und $\emptyset$ bezeichnet. Da $\delta(q_0, 0) = \{q_0, q_1\}$ gilt, folgt

$$\delta'([q_0], 0) = [q_0, q_1].$$

Ebenso gilt

$$\delta'([q_0], 1) = [q_1], \qquad \delta'([q_1], 0) = \emptyset \qquad \text{und} \qquad \delta'([q_1], 1) = [q_0, q_1].$$

Natürlich gilt $\delta'(\emptyset, 0) = \delta'(\emptyset, 1) = \emptyset$. Schließlich gilt noch

$$\delta'([q_0, q_1], 0) = [q_0, q_1],$$

wegen

$$\delta(\{q_0, q_1\}, 0) = \delta(q_0, 0) \cup \delta(q_1, 0) = \{q_0, q_1\} \cup \emptyset = \{q_0, q_1\},$$

und

$$\delta'([q_0, q_1], 1) = [q_0, q_1],$$

wegen

$$\delta(\{q_0, q_1\}, 1) = \delta(q_0, 1) \cup \delta(q_1, 1) = \{q_1\} \cup \{q_0, q_1\} = \{q_0, q_1\},$$

Die Menge F der Endzustände ist $\{[q_1], [q_0, q_1]\}$.

In der Praxis stellt sich oft heraus, daß viele Zustände vom Anfangszustand $[q_0]$ aus nicht erreichbar sind. Daher ist es vorteilhaft, mit dem Zustand $[q_0]$ zu beginnen und nur dann Zustände zum DEA hinzuzufügen, wenn sie Ergebnis einer Transition sind, die von einem bereits hinzugefügten Zustand ausgeht.

2.4 ENDLICHE AUTOMATEN MIT ϵ-ÜBERGÄNGEN

Wir können unser Modell des nichtdeterministischen endlichen Automaten durch Hinzunahme von Transitionen auf der leeren Eingabe ϵ erweitern. In Abbildung 2.8 ist das Transitionsdiagramm eines NEA gezeigt, der die Sprache akzeptiert, die aus einer beliebigen Anzahl (einschließlich null) Nullen, gefolgt von einer beliebigen Anzahl Einsen, gefolgt von einer beliebigen Anzahl Zweien besteht. Wie gewöhnlich sagen wir, daß ein NEA eine Zeichenkette w akzeptiert, wenn es einen mit w markierten Pfad vom Anfangszustand zu einem Endzustand gibt. Selbstverständlich können mit ϵ markierte Kanten im Pfad enthalten sein, auch wenn ein ϵ nicht ausdrücklich in w auftaucht. So wird z.B. das Wort 002 in dem NEA aus Abbildung 2.8 durch den Pfad $q_0, q_0, q_0, q_1, q_2, q_2$ akzeptiert, wobei die Pfeile mit 0,0,ϵ,ϵ,2 markiert sind.

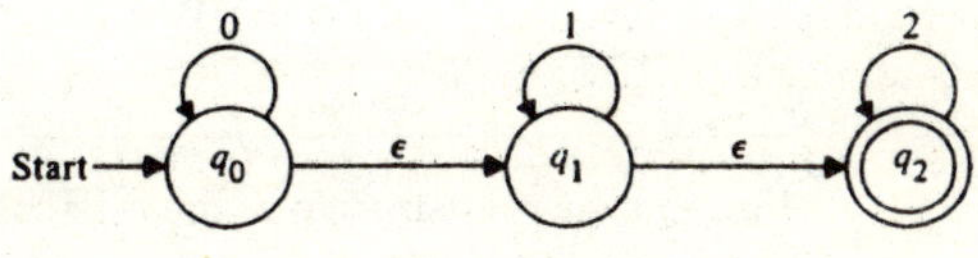

Abb. 2.8: Endlicher Automat mit ϵ-Übergängen.

Formal definieren wir einen *nichtdeterministischen endlichen Automaten mit ϵ-Bewegungen* als ein Quintupel $(Q, \Sigma, \delta, q_0, F)$, wobei alle Komponenten außer der Übergangsfunktion δ wie üblich definiert sind, wohingegen δ eine Abbildung von $Q \times (\Sigma \cup \{\epsilon\})$ nach 2^Q ist. Dabei soll $\delta(q, a)$ aus allen Zuständen p bestehen, für die es eine mit a markierte Transition von q nach p gibt, wobei a entweder ϵ oder ein Symbol aus Σ ist.

Beispiel 2.6
Die Übergangsfunktion für den NEA aus Abbildung 2.8 ist in Abbildung 2.9 dargestellt.

Zustände	Eingaben			
	0	1	2	ϵ
q_0	$\{q_0\}$	$\emptyset$	$\emptyset$	$\{q_1\}$
q_1	$\emptyset$	$\{q_1\}$	$\emptyset$	$\{q_2\}$
q_2	$\emptyset$	$\emptyset$	$\{q_2\}$	$\emptyset$

Abb. 2.9: $\delta(q, a)$ für den NEA aus Abbildung 2.8.

Wir werden nun die Übergangsfunktion δ zu einer Funktion $\hat{\delta}$ erweitern, die von $Q \times \Sigma^*$ in 2^Q abbildet. Dabei soll $\hat{\delta}(q,w)$ alle Zustände p enthalten, für die man einem mit w markierten Pfad von q nach p finden kann, der unter Umständen mit ϵ markierte Kanten einschließt. Bei der Konstruktion von $\hat{\delta}$ ist es wichtig, die Menge von Zuständen zu berechnen, die von einem gegebenen Zustand q aus mit ϵ-Transitionen erreichbar sind. Dieses Problem ist äquivalent zu der Frage, welche Knoten von einem gegebenen (*Quell-*) Knoten aus in einem gerichteten Graph erreichbar sind. Der Quellknoten ist der dem Zustand q entsprechende Knoten im Transitionsdiagramm, und der fragliche gerichtete Graph besteht aus genau den mit ϵ markierten Pfeilen. Wir benutzen den Begriff *ϵ-HÜLLE(q)* zur Bezeichnung der Menge aller Knoten p, für die es einen mit ϵ markierten Pfad von q nach p gibt.

Beispiel 2.7

In Abbildung 2.8 gilt ϵ-HÜLLE(q_0) $= \{q_0, q_1, q_2\}$: Der Pfad, der nur aus q_0 besteht ist ein Pfad von q_0 nach q_0, wobei alle — an sich nicht existenten — Pfeile mit ϵ markiert sind.[2] Der Pfad q_0, q_1 zeigt, daß q_1 in der ϵ-HÜLLE(q_0) ist, und der Pfad q_0, q_1, q_2 zeigt, daß q_2 in der ϵ-HÜLLE(q_0) ist.

Es ist naheliegend, daß wir für eine Zustandsmenge P die ϵ-HÜLLE(P) als $\bigcup_{q \in P}$ ϵ-HÜLLE(q) definieren. Wir definieren nun $\hat{\delta}$ folgendermaßen:

1) $\hat{\delta}(q,\epsilon) = \epsilon$-HÜLLE($q$).
2) Für w aus Σ^* und a aus Σ gilt $\hat{\delta}(q,wa) = \epsilon$-HÜLLE($P$), wobei $P = \{p \mid$ es existiert ein r in $\hat{\delta}(q,w)$ mit p ist in $\delta(r,a)\}$.

Bequemerweise erweitern wir δ und $\hat{\delta}$ auf Zustandsmengen R:

3) $\delta(R,a) = \bigcup_{q \in R} \delta(q,a)$;
4) $\hat{\delta}(R,w) = \bigcup_{q \in R} \hat{\delta}(q,w)$.

Beachten Sie, daß in diesem Fall $\hat{\delta}(q,a)$ nicht notwendigerweise gleich $\delta(q,a)$ ist: $\hat{\delta}(q,a)$ enthält alle Zustände, die von q aus durch mit a markierte Pfade (einschließlich mit ϵ markierten Pfeilen) erreichbar sind; dagegen beinhaltet $\delta(q,a)$ nur die von q aus durch mit a markierte Pfeile erreichbaren Zustände. Genauso ist $\hat{\delta}(q,\epsilon)$ nicht notwendigerweise gleich zu $\delta(q,\epsilon)$. Daher ist es notwendig bei NEA mit ϵ-Transitionen, zwischen δ und $\hat{\delta}$ zu unterscheiden.

Wir definieren $L(M)$ — die *von* $M = (Q, \Sigma, \delta, q_0, F)$ *akzeptierte Sprache* — als $\{w \mid \hat{\delta}(q_0,w)$ enhält einen Zustand aus $F\}$.

Beispiel 2.8

Betrachten Sie wiederum den NEA aus Abbildung 2.8. Es gilt

$$\hat{\delta}(q_0,\epsilon) = \epsilon\text{-HÜLLE}(q_0) = \{q_0, q_1, q_2\}.$$

Also gilt

---

[2] Denken Sie daran, daß ein Pfad der Länge null keine Pfeile hat und deshalb trivialerweise alle seine Pfeile mit ϵ markiert sind.

$$\begin{aligned}\hat{\delta}(q_0,0) &= \epsilon\text{-HÜLLE}(\delta(\hat{\delta}(q_0,\epsilon),0))\\ &= \epsilon\text{-HÜLLE}(\delta(\{q_0,q_1,q_2\},0))\\ &= \epsilon\text{-HÜLLE}(\delta(q_0,0)\cup\delta(q_1,0)\cup\delta(q_2,0))\\ &= \epsilon\text{-HÜLLE}(\{q_0\}\cup\emptyset\cup\emptyset)\\ &= \epsilon\text{-HÜLLE}(\{q_0\}) = \{q_0,q_1,q_2\}.\end{aligned}$$

Weiter gilt

$$\begin{aligned}\hat{\delta}(q_0,01) &= \epsilon\text{-HÜLLE}(\delta(\hat{\delta}(q_0,0),1))\\ &= \epsilon\text{-HÜLLE}(\delta(\{q_0,q_1,q_2\},1))\\ &= \epsilon\text{-HÜLLE}(\{q_1\}) = \{q_1,q_2\}.\end{aligned}$$

Äquivalenz von NEA mit und ohne ϵ-Übergängen

Wie schon der Nichtdeterminismus erlaubt auch die Fähigkeit, ϵ-Übergänge durchzuführen, dem NEA nicht, mehr als reguläre Mengen zu akzeptieren. Wir zeigen dies, indem wir einen NEA mit ϵ-Transitionen durch einen NEA ohne ϵ-Transitionen simulieren.

Satz 2.2

Falls L von einem NEA mit ϵ-Transitionen akzeptiert wird, dann wird L auch von einem NEA ohne ϵ-Transitionen akzeptiert.

Beweis:

Sei $M = (Q,\Sigma,\delta,q_0,F)$ ein NEA mit ϵ-Transitionen. Wir konstruieren ein $M' = (Q,\Sigma,\delta',q_0,F')$, wobei

$$F' = \begin{cases} F\cup\{q_0\} & \text{falls die } \epsilon\text{-HÜLLE}(q_0) \text{ einen Zustand aus } F \text{ enthält,}\\ F & \text{sonst}\end{cases}$$

und $\delta'(q,a)$ für q aus Q und a aus Σ gleich $\hat{\delta}(q,a)$ ist. Beachten Sie, daß M' keine ϵ-Transitionen hat. Also können wir δ' anstelle von $\hat{\delta}'$ benutzen; doch wir müssen weiterhin zwischen δ und $\hat{\delta}$ unterscheiden.

Wir zeigen durch Induktion über $|x|$, daß $\delta'(q_0,x) = \hat{\delta}(q_0,x)$ gilt. Da diese Aussage jedoch für $x=\epsilon$ nicht wahr sein kann — wegen $\delta'(q_0,\epsilon) = \{q_0\}$, während $\hat{\delta}(q_0,\epsilon) = \epsilon$-HÜLLE$(q_0)$ gilt — beginnen wir die Induktion bei 1.

Induktionsanfang: Sei $|x| = 1$. Dann ist x ein Symbol a, und es gilt $\delta'(q_0,a) = \hat{\delta}(q_0,a)$ auf Grund der Definition von δ'.

Induktionsschritt: Sei $|x| > 1$, d.h. $x = wa$ für ein Symbol a aus Σ. Dann gilt

$$\delta'(q_0,wa) = \delta'(\delta'(q_0,w),a).$$

Nach Induktionsannahme gilt $\delta'(q_0,w) = \hat{\delta}(q_0,w)$. Sei $\hat{\delta}(q_0,w) = P$. Zu zeigen ist, daß $\delta'(P,a) = \hat{\delta}(q_0,wa)$. Es gilt aber

$$\delta'(P,a) = \bigcup_{q\in P}\delta'(q,a) = \bigcup_{q\in P}\hat{\delta}(q,a).$$

Wegen $P = \hat{\delta}(q_0, w)$ erhalten wir

$$\bigcup_{q \in P} \hat{\delta}(q, a) = \hat{\delta}(q_0, wa)$$

nach Regel (2) der Definition von $\hat{\delta}$. Also gilt

$$\delta'(q_0, wa) = \hat{\delta}(q_0, wa).$$

Zur Vervollständigung des Beweises ist zu zeigen, daß $\delta'(q_0, x)$ genau dann einen Zustand aus F' enthält, wenn $\hat{\delta}(q_0, x)$ einen Zustand aus F enthält. Ist $x = \epsilon$, so folgt diese Aussage direkt aus der Definition von F': $\delta'(q_0, \epsilon) = \{q_0\}$, und q_0 wird immer dann in F' gesetzt, wenn $\hat{\delta}(q_0, \epsilon)$ — also die ϵ-HÜLLE(q_0) — einen Zustand (möglicherweise q_0) aus F enthält. Gilt $x \neq \epsilon$, dann gilt $x = wa$ für ein Symbol a. Wenn $\hat{\delta}(q_0, x)$ einen Zustand aus F enthält, dann enthält $\delta'(q_0, x)$ mit Sicherheit den gleichen Zustand aus F'. Umgekehrt gilt, wenn $\delta'(q_0, x)$ einen von q_0 verschiedenen Zustand aus F' enthält, so enthält $\hat{\delta}(q_0, x)$ einen Zustand aus F. Falls q_0 in $\delta'(q_0, x)$, aber nicht in F enthalten ist, dann muß — da $\hat{\delta}(q_0, x) = \epsilon$-HÜLLE($\delta(\hat{\delta}(q_0, w), a)$) — der Zustand aus der ϵ-HÜLLE(q_0) und aus F auch in $\hat{\delta}(q_0, x)$ sein. □

Beispiel 2.9
Wir wollen die Konstruktion aus Satz 2.2 auf den NEA aus Abbildung 2.8 anwenden. In Abbildung 2.10 ist $\hat{\delta}(q, a)$ zusammengefaßt, was auch als Übergangsfunktion δ' des NEA ohne ϵ-Transitionen, der in Satz 2.2 konstruiert wurde, betrachtet werden kann. Die Menge F' der Endzustände beinhaltet q_2 — da dieser Zustand in F ist — und q_0, da die ϵ-HÜLLE(q_0) und F einen Zustand q_2 gemeinsam haben. Das Transitionsdiagramm für M' ist in Abbildung 2.11 zu sehen.

Zustände	Eingaben		
	0	1	2
q_0	$\{q_0, q_1, q_2\}$	$\{q_1, q_2\}$	$\{q_2\}$
q_1	$\emptyset$	$\{q_1, q_2\}$	$\{q_2\}$
q_2	$\emptyset$	$\emptyset$	$\{q_2\}$

Abb. 2.10: $\hat{\delta}(q, a)$ zu Abbildung 2.8.

2.5 REGULÄRE AUSDRÜCKE

Die von endlichen Automaten akzeptierten Sprachen lassen sich durch einfache Ausdrücke beschreiben, die als reguläre Ausdrücke bezeichnet werden. In diesem Abschnitt führen wir die Operationen Konkatenation und Hüllenbildung auf Mengen

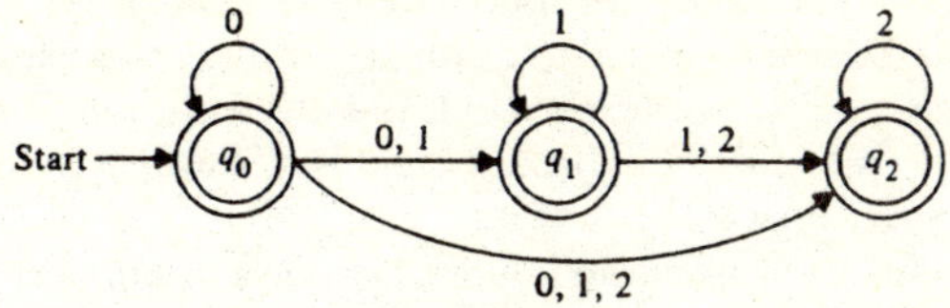

Abb. 2.11: NEA ohne ϵ-Transitionen.

von Zeichenketten ein, definieren reguläre Ausdrücke und beweisen, daß die Sprachklasse, die durch endliche Automaten akzeptiert wird, genau die Sprachklasse ist, die durch reguläre Ausdrücke beschreibbar ist.

Sei Σ eine endliche Menge von Symbolen und seien L, L_1 und L_2 Mengen von Zeichenketten aus Σ^*. Die *Konkatenation* von L_1 und L_2 — geschrieben als L_1L_2 — ist die Menge $\{xy \mid x \text{ ist aus } L_1 \text{ und } y \text{ ist aus } L_2\}$. Die Zeichenketten in L_1L_2 werden gebildet, indem man an eine aus L_1 gewählte Zeichenkette eine Zeichenkette aus L_2 anhängt und das in allen möglichen Kombinationen. Wir definieren nun $L^0 = \{\epsilon\}$ und $L^i = LL^{i-1}$ für $i \geq 1$. Die *Kleene'sche Hülle* (oder einfach *Hülle*) von L — geschrieben als L^* — ist die Menge

$$L^* = \bigcup_{i=0}^{\infty} L^i,$$

und die *positive Hülle* von L — geschrieben als L^+ — ist die Menge

$$L^+ = \bigcup_{i=1}^{\infty} L^i.$$

L^* bezeichnet also die Wörter, die durch die Konkatenation einer beliebigen Anzahl von Wörtern aus L entstehen. Für L^+ gilt das gleiche, nur daß der Fall von null Wörtern, deren "Konkatenation" als ϵ definiert ist, ausgeschlossen ist. Beachten Sie, daß L^+ genau dann ϵ enthält, wenn ϵ auch in L enthalten ist.

Beispiel 2.10
Sei $L_1 = \{10, 1\}$ und $L_2 = \{011, 11\}$. Dann ist $L_1L_2 = \{10011, 1011, 111\}$. Ebenso gilt

$$\{10, 11\}^* = \{\epsilon, 10, 11, 1010, 1011, 1110, 1111, \ldots\}.$$

Wie wir bereits gesehen haben, bezeichnet Σ^* alle Zeichenketten, die aus aus einem Alphabet Σ stammenden Symbolen gebildet werden können. Beachten Sie, daß wir nicht zwischen Σ als Alphabet und Σ als Sprache von Zeichenketten mit der Länge 1 unterscheiden.

Sei Σ ein Alphabet. Die regulären Ausdrücke über Σ und die von ihnen beschriebenen Mengen werden wie folgt rekursiv definiert:

1) $\emptyset$ ist ein regulärer Ausdruck und bezeichnet die leere Menge.
2) ϵ ist ein regulärer Ausdruck und bezeichnet die Menge $\{\epsilon\}$.
3) Für jedes a aus Σ ist $\mathbf{a}$ ein regulärer Ausdruck[3] und bezeichnet die Menge $\{a\}$.
4) Wenn r und s reguläre Ausdrücke sind, die die Sprachen R und S bezeichnen, so sind $(r + s)$, (rs) und (r^*) ebenfalls reguläre Ausdrücke und bezeichnen die Mengen $R \cup S$, RS bzw. R^*.

Beim Schreiben regulärer Ausdrücke können wir viele Klammern sparen, wenn wir festlegen, daß $*$ eine höhere Priorität als die Konkatenation oder $+$ hat, sowie daß die Konkatenation eine höhere Priorität als $+$ hat. So kann etwa $((\mathbf{0}(\mathbf{1}^*)) + \mathbf{0})$ als $\mathbf{01}^* + \mathbf{0}$ geschrieben werden. Wir können auch den Ausdruck rr^* durch r^+ abkürzen. Falls es erforderlich ist, zwischen einem regulären Ausdruck r und der Sprache, die durch r bezeichnet wird, zu unterscheiden, benutzen wir $L(r)$ für die letztere. Wenn keine Verwechslungen möglich sind, verwenden wir r sowohl für den regulären Ausdruck als auch für die durch ihn beschriebene Sprache.

Beispiel 2.11
$\mathbf{00}$ ist ein regulärer Ausdruck, der $\{00\}$ darstellt. Der Ausdruck $(\mathbf{0} + \mathbf{1})^*$ bezeichnet alle Zeichenketten aus Nullen und Einsen. Also bezeichnet $(\mathbf{0}+\mathbf{1})^*\mathbf{00}(\mathbf{0}+\mathbf{1})^*$ alle Zeichenketten aus Nullen und Einsen, die mindestens zwei aufeinanderfolgende Nullen enthalten. Der reguläre Ausdruck $(\mathbf{1} + \mathbf{10})^*$ bezeichnet alle aus Nullen und Einsen bestehenden Zeichenketten, die mit einer Eins beginnen und keine zwei aufeinanderfolgenden Nullen enthalten. Durch einen einfachen Beweis mittels vollständiger Induktion über i, läßt sich zeigen, daß $(\mathbf{1} + \mathbf{10})^i$ keine zwei aufeinanderfolgenden Nullen beinhaltet.[4] Weiterhin kann man eine gegebene, mit Eins beginnende Zeichenkette ohne aufeinanderfolgende Nullen in Zeichenketten aus einer Eins, gegebenenfalls gefolgt von einer Null, aufteilen. Z.B. wird die Zeichenkette 1101011 aufgeteilt in 1-10-10-1-1. Diese Aufteilung zeigt, daß jede Zeichenkette dieser Form in $(\mathbf{1}+\mathbf{10})^i$ enthalten ist, wobei i die Anzahl der Einsen ist. Der reguläre Ausdruck $(\mathbf{0}+\epsilon)(\mathbf{1}+\mathbf{10})^*$ bezeichnet alle beliebigen Zeichenketten aus Nullen und Einsen, die keine zwei aufeinanderfolgenden Nullen beinhalten.

Einige weitere Beispiele sind die folgenden: $(\mathbf{0} + \mathbf{1})^*\mathbf{011}$ spezifiziert alle Zeichenketten aus Nullen und Einsen, die mit 011 enden. $\mathbf{0}^*\mathbf{1}^*\mathbf{2}^*$ bezeichnet eine beliebige Anzahl Nullen, gefolgt von einer beliebigen Anzahl Einsen, gefolgt von einer beliebigen Anzahl Zweien. Dies ist die Sprache des NEA aus Abbildung 2.8. $\mathbf{00}^*\mathbf{11}^*\mathbf{22}^*$ bezeichnet die Zeichenketten in $\mathbf{0}^*\mathbf{1}^*\mathbf{2}^*$, die wenigstens aus einem von jedem Symbol bestehen. Wir können die Abkürzung $\mathbf{0}^+\mathbf{1}^+\mathbf{2}^+$ für $\mathbf{00}^*\mathbf{11}^*\mathbf{22}^*$ benutzen.

Äquivalenz von endlichen Automaten und regulären Ausdrücken

Wir wollen uns nun der Tatsache zuwenden, daß die von endlichen Automaten akzeptierten Sprachen genau die Sprachen sind, die durch reguläre Ausdrücke spe-

[3] Um den Leser darauf aufmerksam zu machen, daß ein Symbol Teil eines regulären Ausdrucks ist, werden wir es fettschreiben. Wir betrachten jedoch $\mathbf{a}$ und a als dasselbe Symbol.

[4] Falls r ein regulärer Ausdruck ist, steht r^i für $rr...r$ (i-mal).

zifiziert werden können. Auf Grund dieser Äquivalenz werden die Sprachen der endlichen Automaten reguläre Mengen genannt. Wir beabsichtigen durch Induktion über die *Größe* eines regulären Ausdrucks — d.h. die Anzahl der in ihm enthaltenen Operatoren — zu zeigen, daß es einen NEA mit ϵ-Transitionen gibt, der genau diese Sprache akzeptiert. Schließlich zeigen wir, daß es für jeden DEA einen regulären Ausdruck zur Bezeichnung seiner Sprache gibt. Diese Konstruktionen zeigen im Zusammenhang mit den Sätzen 2.1 und 2.2, daß alle vier in diesem Kapitel diskutierten Möglichkeiten der Sprachdefinition dieselbe Klasse von Sprachen bezeichnen, nämlich die regulären Mengen. Abbildung 2.12 zeigt die durchzuführenden Konstruktionen, wobei ein Pfeil von A nach B besagt, daß für jede Beschreibung vom Typ A eine Konstruktion zu einer äquivalenten Beschreibung vom Typ B führt.

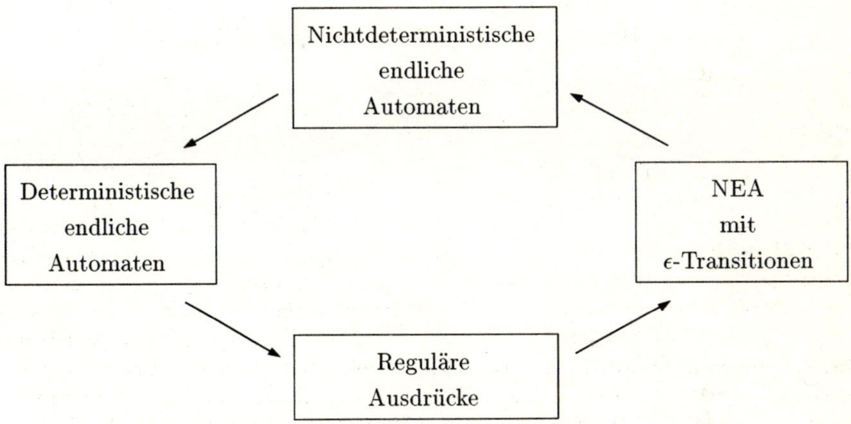

Abb. 2.12: Konstruktionen in diesem Kapitel.

Wir fahren mit dem Beweis fort, daß es zu jedem regulären Ausdruck einen äquivalenten NEA mit ϵ-Transitionen gibt.

Satz 2.3
Sei r ein regulärer Ausdruck. Dann gibt es einen NEA mit ϵ-Transitionen, der $L(r)$ akzeptiert.

Beweis:
Wir zeigen durch Induktion über die Anzahl der Operatoren im regulären Ausdruck, daß es einen NEA M mit ϵ-Transitionen und einen Endzustand, aus dem keine Transitionen hinausführen, gibt, so daß $L(M) = L(r)$.

Induktionsanfang (null Operatoren): Der Ausdruck r muß ϵ, $\emptyset$ oder $\mathbf{a}$ für ein a aus Σ sein. Es ist offensichtlich, daß die NEA aus Abbildung 2.13(a), (b) und (c) den gestellten Bedingungen genügen.

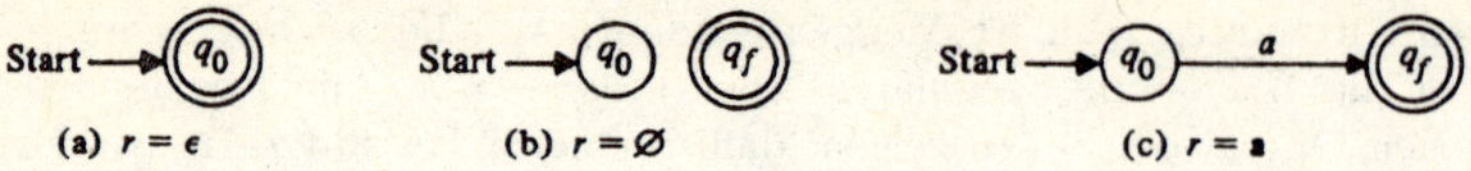

Abb. 2.13: Endliche Automaten für den Induktionsanfang zu Satz 2.3.

Induktionsschritt (einer oder mehrere Operatoren): Der Satz gelte für reguläre Ausdrücke mit weniger als i Operatoren für $i \geq 1$, und r habe i Operatoren. Es gibt drei Fälle, die vom Aufbau von r abhängen.

ERSTER FALL: $r = r_1 + r_2$. Sowohl r_1 als auch r_2 müssen weniger als i Operatoren haben. Also gibt es einen NEA $M_1 = (Q_1, \Sigma_1, \delta_1, q_1, \{f_1\})$ und einen NEA $M_2 = (Q_2, \Sigma_2, \delta_2, q_2, \{f_2\})$ mit $L(M_1) = L(r_1)$ und $L(M_2) = L(r_2)$. Nach Umbenennung der Zustände können wir annehmen, daß Q_1 und Q_2 disjunkt sind. Sei q_0 ein neuer Anfangszustand und f_0 ein neuer Endzustand. Wir konstruieren nun

$$M = (Q_1 \cup Q_2 \cup \{q_0, f_0\}, \Sigma_1 \cup \Sigma_2, \delta, q_0, \{f_0\}),$$

wobei δ definiert ist durch
i) $\delta(q_0, \epsilon) = \{q_1, q_2\}$
ii) $\delta(q, a) = \delta_1(q, a)$ für q aus $Q_1 - \{f_1\}$ und a aus $\Sigma_1 \cup \epsilon$,
iii) $\delta(q, a) = \delta_2(q, a)$ für q aus $Q_2 - \{f_2\}$ und a aus $\Sigma_2 \cup \epsilon$,
iv) $\delta(f_1, \epsilon) = \delta(f_2, \epsilon) = \{f_0\}$.

Erinneren Sie sich daran, daß es nach Induktionsannahme in M_1 und M_2 keine Transitionen aus f_1 bzw. f_2 hinaus gibt. Also sind alle Bewegungen aus M_1 und M_2 in M repräsentiert.

Die Konstruktion von M ist in Abbildung 2.14(a) dargestellt. Jeder Pfad von q_0 nach f_0 im Transitionsdiagramm von M muß damit beginnen, daß ein ϵ-Übergang nach q_1 oder q_2 stattfindet. Geht der Pfad nach q_1, folgt ein beliebiger Pfad in M_1 zu f_1 und dann mit ϵ nach f_0. Analog folgt nach q_2 ein beliebiger Pfad in M_2 nach f_2, worauf ein ϵ-Übergang nach f_0 stattfindet. Diese beiden sind die einzigen Pfade von q_0 nach f_0. Es folgt unmittelbar, daß es genau dann in M einen mit x markierten Pfad von q_0 nach f_0 gibt, wenn in M_1 ein mit x markierter Pfad von q_1 nach f_1 oder in M_2 ein ebensolcher von q_2 nach f_2 existiert. Also gilt wie gewünscht $L(M) = L(M_1) \cup L(M_2)$.

ZWEITER FALL: $r = r_1 r_2$. Seien M_1 und M_2 wie im ersten Fall; dann konstruieren wir

$$M = (Q_1 \cup Q_2, \Sigma_1 \cup \Sigma_2, \delta, \{q_1\}, \{f_2\}),$$

wobei δ gegeben ist durch
i) $\delta(q, a) = \delta_1(q, a)$ für q aus $Q_1 - \{f_1\}$ und a aus $\Sigma_1 \cup \epsilon$,
ii) $\delta(f_1, \epsilon) = \{q_2\}$,
iii) $\delta(q, a) = \delta_2(q, a)$ für q aus Q_2 und a aus $\Sigma_2 \cup \epsilon$.

Die Konstruktion von M ist in Abbildung 2.14(b) zu sehen. Jeder Pfad in M von q_1 nach f_2 besteht aus einem Pfad von q_1 nach f_1, der mit x markiert ist, gefolgt

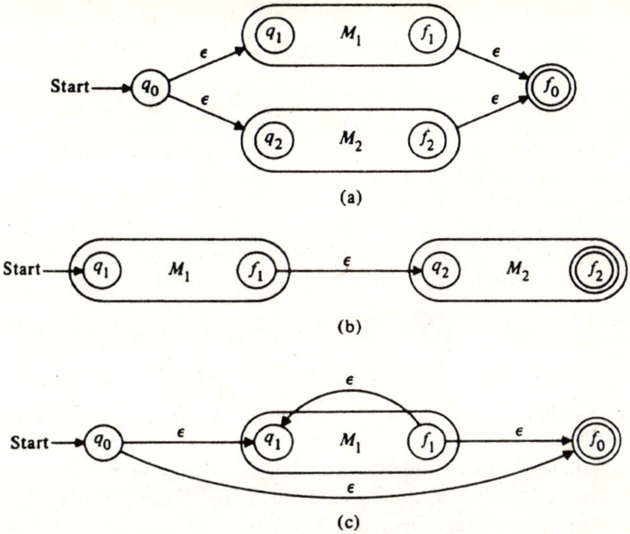

Abb. 2.14: Konstruktionen, die im Induktionsschritt von Satz 2.3 benutzt wurden: (a) für Vereinigung, (b) für Konkatenation, (c) für Hüllenbildung.

von der Kante von f_1 nach q_2, die mit ϵ markiert ist, gefolgt von einem mit einer Zeichenkette y markierten Pfad von q_2 nach f_2. Also ist $L(M) = \{xy \mid x$ ist aus $L(M_1)$ und y ist aus $L(M_2)\}$ und $L(M) = L(M_1)L(M_2)$ wie gewünscht.

DRITTER FALL: $r = r_1^*$. Sei $M_1 = (Q_1, \Sigma_1, \delta_1, q_1, \{f_1\})$ und $L(M_1) = L(r_1)$. Wir konstruieren nun

$$M = (Q_1 \cup \{q_0, f_0\}, \Sigma_1, \delta, q_0, \{f_0\}),$$

wobei δ definiert ist durch

i) $\delta(q_0, \epsilon) = \delta(f_1, \epsilon) = \{q_1, f_0\}$,

ii) $\delta(q, a) = \delta_1(q, a)$ für q aus $Q_1 - \{f_1\}$ und a aus $\Sigma_1 \cup \{\epsilon\}$.

Die Konstruktion von M ist in Abbildung 2.14(c) dargestellt. Jeder Pfad von q_0 nach f_0 besteht entweder aus einem direkten ϵ-Übergang oder aus einem Pfad, der aus folgenden Komponenten besteht: einem ϵ-Übergang von q_0 nach q_1, beliebig vielen (eventuell null) mit Elementen aus $L(M_1)$ markierten Übergängen nach f_1 und mit ϵ nach q_1 zurück, einem weiteren Übergang nach f_1 sowie einem ϵ-Übergang von f_1 nach f_0. Also gibt es genau dann in M einen mit x markierten Pfad von q_0 nach f_0, wenn $x = x_1 x_2 ... x_j$ für ein $j \geq 0$ gilt ($j = 0$ bedeutet $x = \epsilon$), wobei jedes x_i aus $L(M_1)$ ist. Also ist $L(M) = L(M_1)^*$ wie gewünscht. □

Beispiel 2.12

Wir wollen einen NEA für den regulären Ausdruck $\mathbf{01}^* + \mathbf{1}$ konstruieren. Nach unseren Prioritätsregeln ist dies eigentlich $(\mathbf{0}(\mathbf{1}^*)) + \mathbf{1}$, so daß der Ausdruck von der Form $r = r_1 + r_2$ ist, wobei $r_1 = \mathbf{01}^*$ und $r_2 = \mathbf{1}$ ist. Der Automat für r_2 ist einfach der folgende:

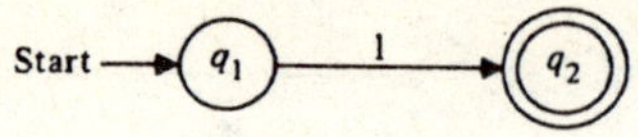

r_1 läßt sich als $r_3 r_4$ ausdrücken, wobei $r_3 = \mathbf{0}$ und $r_4 = \mathbf{1}^*$ gilt. Der Automat für r_3 ist ebenfalls einfach:

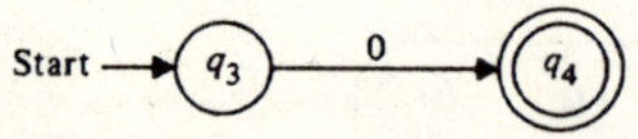

Des weiteren ist r_4 nun r_5^*, wobei $r_5 = \mathbf{1}$ ist. Ein NEA für r_5 ist

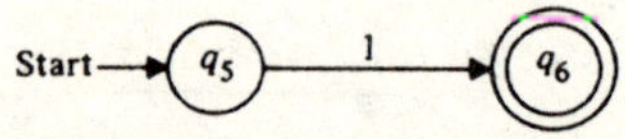

Beachten Sie, daß die Notwendigkeit, die Zustandsmengen verschiedener Automaten disjunkt zu halten, uns davon abhält, den gleichen NEA für r_2 und r_5 zu benutzen, obwohl es sich um denselben Ausdruck handelt.

Um einen NEA für $r_4 = r_5^*$ zu konstruieren, benutzen wir die Konstruktion aus Abbildung 2.14(c). Zunächst sind Zustände q_7 und q_8 zu erzeugen, die die Rollen von q_0 bzw. f_0 übernehmen. Der resultierende NEA für r_4 wird in Abbildung 2.15(a) gezeigt. Dann wird die Konstruktion aus Abbildung 2.14(b) für $r_1 = r_3 r_4$ verwendet; das Ergebnis ist in Abbildung 2.15(b) zu sehen. Schließlich findet noch die Konstruktion aus Abbilung 2.14(a) für $r = r_1 + r_2$ Verwendung. Zwei Zustände q_9 und q_{10} werden erzeugt, um die Rollen von q_0 und f_0 in dieser Konstruktion zu spielen, und das Ergebnis ist in Abbildung 2.15(c) gezeigt.

Der Beweis von Satz 2.3 ist im wesentlichen ein Algorithmus zur Konvertierung eines regulären Ausdrucks in einen endlichen Automaten. Der Algorithmus geht jedoch davon aus, daß der reguläre Ausdruck vollständig geklammert ist. Für reguläre Ausdrücke ohne redundante Klammern ist zu bestimmen, ob der Ausdruck von der Form $p + q$, pq oder p^* ist. Dies ist äquivalent zur Erkennung einer Zeichenkette einer kontextfreien Sprache; daher wird ein solcher Algorithmus erst in Kapitel 5 angegeben, wo uns elegantere Methoden zur Verfügung stehen.

Nun müssen wir zeigen, daß jede von einem endlichen Automaten akzeptierte Menge durch einen regulären Ausdruck beschrieben werden kann. Dieses Ergebnis wird den in Abbildung 2.12 gezeigten Ring vervollständigen.

Satz 2.4
Wenn L von einem DEA akzeptiert wird, dann wird L durch einen regulären Ausdruck beschrieben.

Beweis:
Sei L die Menge, die durch den DEA

$$M = (\{q_1, ..., q_n\}, \Sigma, \delta, q_1, F)$$

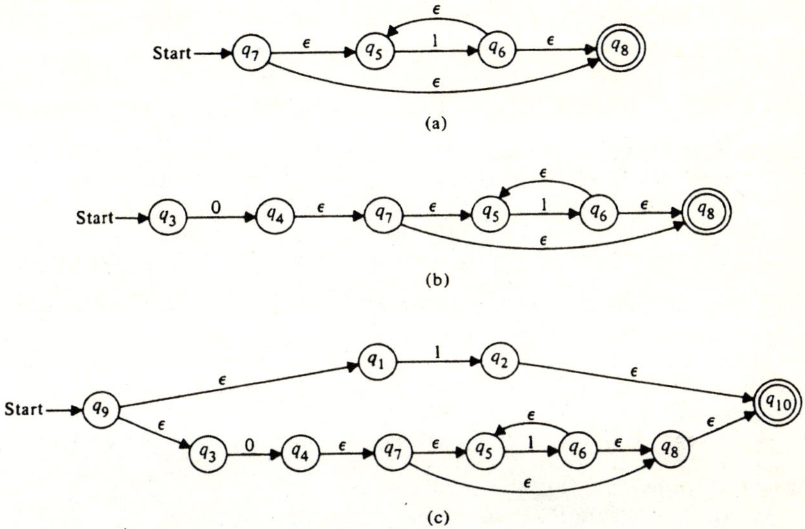

Abb. 2.15: Konstruktion eines NEA aus einem regulären Ausdruck: (a) für $r_4 = \mathbf{1}^*$, (b) für $r_1 = \mathbf{01}^*$, (c) für $r = \mathbf{01}^* + \mathbf{1}$.

akzeptiert wird. R_{ij}^k bezeichne die Menge aller Zeichenketten x, für die $\delta(q_i, x) = q_j$ gilt, und — wenn $\delta(q_i, y) = q_l$ für ein beliebiges von x und ϵ verschiedenes Präfix y von x gilt — dann gilt $l \leq k$. R_{ij}^k ist also die Menge aller Zeichenketten, die den endlichen Automaten vom Zustand q_i in den Zustand q_j bringen, ohne durch einen Zustand zu gehen, der mit etwas größeren als k numeriert ist. Beachten Sie, daß wir mit "durch einen Zustand gehen" sowohl das Betreten als auch das Verlassen eines Zustands meinen; also könnte sowohl i als auch j größer als k sein. Da es keinen Zustand gibt, der eine höhere Nummer als n trägt, bezeichnet R_{ij}^n alle Zeichenketten, die q_i in q_j überführen. Wir können R_{ij}^k rekursiv definieren:

$$R_{ij}^k = R_{ik}^{k-1}(R_{kk}^{k-1})^* R_{kj}^{k-1} \cup R_{ij}^{k-1}, \tag{2.1}$$

$$R_{ij}^0 = \begin{cases} \{a \mid \delta(q_i, a) = q_j\} & \text{falls } i \neq j \\ \{a \mid \delta(q_i, a) = q_j\} \cup \{\epsilon\} & \text{falls } i = j. \end{cases}$$

Informell bedeutet obige Definition von R_{ij}^k, daß die Eingaben, die M veranlassen, von q_i nach q_j überzugehen, ohne einen höher als k numerierten Zustand zu passieren, entweder

1) in R_{ij}^{k-1} liegen (d.h. sie passieren niemals einen so hoch wie q_k numerierten Zustand), oder
2) zusammengesetzt sind aus folgenden Komponenten: einer Zeichenkette aus R_{ik}^{k-1} (die M zum ersten Mal nach q_k bringt), beliebig vielen — eventuell

null — Zeichenketten in R_{kk}^{k-1} (die M von q_k zurück zu q_k bringen, ohne durch q_k oder einen höher numerierten Zustand zu gehen) sowie einer Zeichenkette in R_{kj}^{k-1} (die M vom Zustand q_k in den Zustand q_j bringt).

Wir müssen zeigen, daß es für alle i, j und k einen regulären Ausdruck r_{ij}^k gibt, der die Sprache R_{ij}^k beschreibt; dazu verwenden wir vollständige Induktion über k:

Induktionsannahme ($k = 0$): R_{ij}^0 ist eine endliche Menge von Zeichenketten, von denen jede entweder ϵ ist oder aus einem einzelnen Symbol besteht. Also kann r_{ij}^0 als $a_1 + a_2 + ... + a_p$ (oder $a_1 + a_2 + ... + a_p + \epsilon$, falls $i = j$) geschrieben werden, wobei $\{a_1, a_2, ..., a_p\}$ die Menge aller Symbole a ist, für die $\delta(q_i, a) = q_j$ gilt. Gibt es keine solchen a_i, dann erfüllt $\emptyset$ (bzw. ϵ für den Fall $i = j$) seinen Zweck als r_{ij}^0.

Induktionsschritt: Die in (2.1) angegebene rekursive Formel für R_{ij}^k beinhaltet natürlich nur die Operatoren für reguläre Ausdrücke, also die Vereinigung, Konkatenation und Hüllenbildung. Nach Induktionsannahme existiert für jedes l und m ein regulärer Ausdruck r_{lm}^{k-1}, so daß $L(r_{lm}^{k-1}) = R_{lm}^{k-1}$. Also können wir für r_{ij}^k den regulären Ausdruck

$$(r_{ik}^{k-1})(r_{kk}^{k-1})^*(r_{kj}^{k-1}) + r_{ij}^{k-1}$$

wählen, womit die Induktion vollständig wäre.

Um den Beweis zum Ende zu führen, ist noch festzustellen, daß

$$L(M) = \bigcup_{q_j \text{ aus } F} R_{1j}^n$$

gilt, da R_{1j}^n die Markierungen aller Pfade von q_1 nach q_j beschreibt. Also wird $L(M)$ durch den regulären Ausdruck

$$r_{1j_1}^n + r_{1j_2}^n + ... + r_{1j_p}^n$$

beschrieben, wobei $F = \{q_{j_1}, q_{j_2}, ..., q_{j_p}\}$ gilt. □

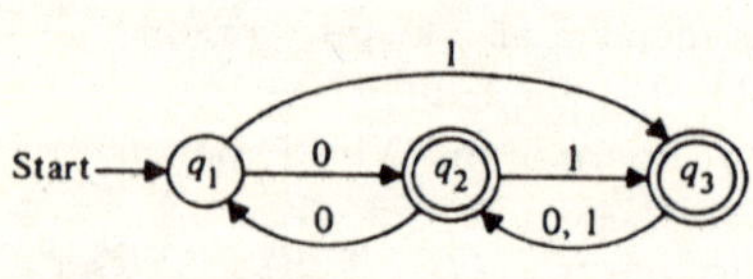

Abb. 2.16: EA für Beispiel 2.13.

Beispiel 2.13

M sei der in Abbildung 2.16 gezeigte EA. Die Werte der r_{ij}^k für alle i und j und für $k = 0, 1, 2$ sind in Abbildung 2.17 angegeben. Gewisse Äquivalenzen zwischen regulären Ausdrücken — wie $(r + s)t = rt + st$ und $(\epsilon + r)^* = r^*$ — wurden zur Vereinfachung der Ausdrücke verwendet (siehe dazu Übung 2.16). So ist z.B. der Ausdruck für r_{22}^1 genau genommen durch

$$r_{22}^1 = r_{21}^0(r_{11}^0)^* r_{12}^0 + r_{22}^0 = \mathbf{0}(\epsilon)^*\mathbf{0} + \epsilon.$$

	$k=0$	$k=1$	$k=2$
r_{11}^k	ϵ	ϵ	$(\mathbf{00})^*$
r_{12}^k	$\mathbf{0}$	$\mathbf{0}$	$\mathbf{0}(\mathbf{00})^*$
r_{13}^k	$\mathbf{1}$	$\mathbf{1}$	$\mathbf{0}^*\mathbf{1}$
r_{21}^k	$\mathbf{0}$	$\mathbf{0}$	$\mathbf{0}(\mathbf{00})^*$
r_{22}^k	ϵ	$\epsilon+\mathbf{00}$	$(\mathbf{00})^*$
r_{23}^k	$\mathbf{1}$	$\mathbf{1}+\mathbf{01}$	$\mathbf{0}^*\mathbf{1}$
r_{31}^k	$\emptyset$	$\emptyset$	$(\mathbf{0}+\mathbf{1})(\mathbf{00})^*\mathbf{0}$
r_{32}^k	$\mathbf{0}+\mathbf{1}$	$\mathbf{0}+\mathbf{1}$	$(\mathbf{0}+\mathbf{1})(\mathbf{00})^*$
r_{33}^k	ϵ	ϵ	$\epsilon+(\mathbf{0}+\mathbf{1})\mathbf{0}^*\mathbf{1}$

Abb. 2.17: Tabelle der r_{ij}^k für den EA aus Abbildung 2.16.

gegeben.

Entsprechend gilt

$$r_{13}^2 = r_{12}^1(r_{22}^1)^*r_{23}^1 + r_{13}^1 = \mathbf{0}(\epsilon+\mathbf{00})^*(\mathbf{1}+\mathbf{01})+\mathbf{1}.$$

Aus der Tatsache, daß $(\epsilon+\mathbf{00})^*$ äquivalent zu $(\mathbf{00})^*$ und $\mathbf{1}+\mathbf{01}$ äquivalent zu $(\epsilon+\mathbf{0})\mathbf{1}$ ist, erhalten wir

$$r_{13}^2 = \mathbf{0}(\mathbf{00})^*(\epsilon+\mathbf{0})\mathbf{1}+\mathbf{1}.$$

Achten Sie darauf, daß $(\mathbf{00})^*(\epsilon+\mathbf{0})$ äquivalent ist zu $\mathbf{0}^*$: Also ist $\mathbf{0}(\mathbf{00})^*(\epsilon+\mathbf{0})\mathbf{1}+\mathbf{1}$ äquivalent zu $\mathbf{00}^*\mathbf{1}+\mathbf{1}$, und also zu $\mathbf{0}^*\mathbf{1}$.

Zur Vervollständigung der Konstruktion des regulären Ausdrucks $r_{12}^3+r_{13}^3$ für M schreiben wir

$$\begin{aligned} r_{12}^3 &= r_{13}^2(r_{33}^2)^*r_{32}^2 + r_{12}^2 \\ &= \mathbf{0}^*\mathbf{1}(\epsilon+(\mathbf{0}+\mathbf{1})\mathbf{0}^*\mathbf{1})^*(\mathbf{0}+\mathbf{1})(\mathbf{00})^*+\mathbf{0}(\mathbf{00})^* \\ &= \mathbf{0}^*\mathbf{1}((\mathbf{0}+\mathbf{1})\mathbf{0}^*\mathbf{1})^*(\mathbf{0}+\mathbf{1})(\mathbf{00})^*+\mathbf{0}(\mathbf{00})^* \end{aligned}$$

und

$$\begin{aligned} r_{13}^3 &= r_{13}^2(r_{33}^2)^*r_{33}^2 + r_{13}^2 \\ &= \mathbf{0}^*\mathbf{1}(\epsilon+(\mathbf{0}+\mathbf{1})\mathbf{0}^*\mathbf{1})^*(\epsilon+(\mathbf{0}+\mathbf{1})\mathbf{0}^*\mathbf{1})+\mathbf{0}^*\mathbf{1} \\ &= \mathbf{0}^*\mathbf{1}((\mathbf{0}+\mathbf{1})\mathbf{0}^*\mathbf{1})^*. \end{aligned}$$

Also gilt

$$r_{12}^3+r_{13}^3 = \mathbf{0}^*\mathbf{1}((\mathbf{0}+\mathbf{1})\mathbf{0}^*\mathbf{1})^*(\epsilon+(\mathbf{0}+\mathbf{1})(\mathbf{00})^*)+\mathbf{0}(\mathbf{00})^*.$$

2.6 ZWEISEITIGE ENDLICHE AUTOMATEN

Wir haben den endlichen Automaten bisher als eine Kontroll-Einheit angesehen, die ein Band liest und ihren Kopf bei jeder Bewegung um ein Feld nach rechts bewegt. Wir haben dann das Modell um den Nichtdeterminismus erweitert, was die Existenz mehrerer "Kopien" der Kontroll-Einheit und das gleichzeitige Bearbeiten des Bandes erlaubt. Als nächstes haben wir das Modell um ϵ-Transitionen erweitert, wodurch sich der Zustand zu ändern vermag, ohne ein Eingabe-Symbol zu lesen oder den Lesekopf zu bewegen. Eine weitere interessante Erweiterung ist, dem Lesekopf zu erlauben, sich ebenso wie nach rechts auch nach links zu bewegen. Ein derartiger endlicher Automat wird *zweiseitiger endlicher Automat* genannt. Er akzeptiert eine Eingabe-Zeichenkette, wenn er seinen Lesekopf über das rechte Bandende hinaus bewegt und gleichzeitig in einen akzeptierenden Zustand übergeht. Wir werden sehen, daß sogar diese Verallgemeinerung die Mächtigkeit des endlichen Automaten nicht erhöht; zweiseitige EA akzeptieren ebenfalls nur reguläre Mengen. Wir geben nur für den Spezialfall des zweiseitigen deterministischen EA, dessen Lesekopf sich bei jeder Bewegung nach links oder rechts bewegen muß (also nicht stehen bleiben darf), einen Beweis an. Ein allgemeineres Modell wird in den Übungen betrachtet.

Ein *zweiseitiger deterministischer endlicher Automat* (2DEA) ist ein Quintupel $M = (Q, \Sigma, \delta, q_0, F)$, wobei Q, Σ, q_0 und F wie üblich definiert sind und δ eine Abbildung von $Q \times \Sigma$ nach $Q \times \{L, R\}$ ist. Wenn $\delta(q, a) = (p, L)$ ist, dann geht der 2DEA, der sich im Zustand q befindet und das Symbol a bearbeitet, in den Zustand p über und bewegt seinen Kopf um ein Feld nach links. Ist $\delta(q, a) = (p, R)$, so geht der 2DEA in den Zustand p über und bewegt seinen Kopf um ein Feld nach rechts.

Bei der Beschreibung des Verhaltens eines einseitigen EA haben wir δ auf $Q \times \Sigma^*$ erweitert. Dieses Vorgehen entspricht der Vorstellung, daß der EA ein Symbol in einem Eingabe-Kanal erhält, das Symbol verarbeitet und das nächste Symbol anfordert. Diese Vorstellung ist für den zweiseitigen EA ungenügend, da der 2DEA sich nach links bewegen kann. Also ist die Vorstellung von einer auf dem Band stehenden Eingabe entscheidend. Anstatt δ zu erweitern, führen wir den Begriff der *Zustandsbeschreibung* (engl. *instantaneous description)* eines 2DEA ein, die die Eingabe-Zeichenkette, den gegenwärtigen Zustand und die momentane Position des Lesekopfes beschreibt. Dann führen wir die Relation $\vdash_{\overline{M}}$ auf den Zustandsbeschreibungen ein, so daß $I_1 \vdash_{\overline{M}} I_2$ genau dann gilt, wenn M in einer Bewegung von der Zustandsbeschreibung I_1 zu der Zustandsbeschreibung I_2 gehen kann.

Eine Zustandsbeschreibung von M ist eine Zeichenkette in $\Sigma^* Q \Sigma^*$. Die Zustandsbeschreibung wqx, wobei w und x aus Σ^* und q aus Q ist, besagt, daß

1) wx die Eingabe-Zeichenkette ist,
2) q der gegenwärtige Zustand ist und
3) der Lesekopf das erste Symbol von x bearbeitet.

Gilt $x = \epsilon$, so hat sich der Lesekopf über das rechte Bandende hinausbewegt.

Wir definieren die Relation $\vdash_{\overline{M}}$ — oder einfach $\vdash$, wenn offensichtlich M gemeint ist — durch

1) $a_1 a_2 \ldots a_{i-1} q a_i \ldots a_n \quad \vdash \quad a_1 a_2 \ldots a_{i-1} a_i p a_{i+1} \ldots a_n$ genau dann, wenn $\delta(q, a_i) = (p, R)$, und
2) $a_1 a_2 \ldots a_{i-2} a_{i-1} q a_i \ldots a_n \quad \vdash \quad a_1 a_2 \ldots a_{i-2} p a_{i-1} a_i \ldots a_n$ genau dann, wenn $\delta(q, a_i) = (p, L)$ und $i > 1$.

Die Bedingung $i > 1$ verhindert, daß während der Abarbeitung eine Aktion ausgeführt wird, durch die sich der Lesekopf über das linke Ende des Bandes hinaus bewegen würde. Beachten Sie, daß für $i = n + 1$ (Lesekopf jenseits des rechten Bandendes) keine Bewegung möglich ist. Sei $\overset{*}{\vdash}$ die reflexive und transitive Hülle von $\vdash$; es gilt $I \overset{*}{\vdash} I$ für alle Zustandsbeschreibungen I, und $I_1 \overset{*}{\vdash} I_k$ genau dann, wenn $I_1 \vdash I_2 \vdash ... \vdash I_k$ für $I_2, ..., I_k$.

Wir definieren

$$L(M) = \{w \mid q_0 w \overset{*}{\vdash} wp \text{ für ein } p \text{ in } F\}.$$

Damit wird w von M akzeptiert, wenn M — gestartet im Zustand q_0 mit w auf dem Eingabe-Band und dem Kopf links von w — schließlich im selben Moment in einen Endzustand übergeht, in dem er über das rechte Bandende hinausgeht.

Beispiel 2.14

Betrachten Sie den 2DEA M, der sich folgendermaßen verhält: Beginnend im Zustand q_0 wiederholt M eine Reihe von Bewegungen, bei denen sich der Lesekopf nach rechts bewegt, bis zwei Einsen gelesen worden sind, und sich dann nach links bewegt, bis er auf eine Null trifft. Nach diesen Bewegungen ist der Zustand q_0 wieder erreicht, und die Schleife wird wiederholt. Genauer gesagt hat M drei Zustände, die alle Endzustände sind; δ ist in Abbildung 2.18 angegeben.

	0	1
q_0	(q_0, R)	(q_1, R)
q_1	(q_1, R)	(q_2, L)
q_2	(q_0, R)	(q_2, L)

Abb. 2.18: Die Übergangsfunktion für den 2DEA aus Beispiel 2.14.

Tabelle 2.1

$$\begin{aligned} q_0 101001 &\vdash 1q_1 01001 \\ &\vdash 10q_1 1001 \\ &\vdash 1q_2 01001 \\ &\vdash 10q_0 1001 \\ &\vdash 101q_1 001 \\ &\vdash 1010q_1 01 \\ &\vdash 10100q_1 1 \\ &\vdash 1010q_2 01 \\ &\vdash 10100q_0 1 \\ &\vdash 101001q_1 \end{aligned}$$

Betrachten Sie die Eingabe 101001: Da q_0 der Anfangszustand ist, ist die erste Zustandsbeschreibung $q_0 101001$. Um die zweite Zustandsbeschreibung zu erhalten, ist zu beachten, daß das Symbol direkt rechts vom Zustand q_0 in der ersten Zustandsbeschreibung 1 ist, und daß $\delta(q_0, 1)$ gerade gleich (q_1, R) ist. Also ist die zweite Zustandsbeschreibung $1q_1 01001$. Wenn wir auf diese Weise fortfahren, erhalten wir das in Tabelle 2.1 gezeigte Ergebnis. Also bewegt sich M schließlich über das rechte Bandende hinaus in einen akzeptierenden Zustand. Damit ist 101001 in $L(M)$.

Kreuzungsfolgen

Eine nützliche Vorstellung vom Verhalten eines 2DEA besteht aus der Eingabe, dem Pfad, den der Kopf entlangwandert, und dem jeweiligen Zustand zu dem Zeitpunkt, an dem die Grenze zwischen zwei Bandfeldern überschritten wird; dabei wird angenommen, daß die Kontrolle in ihren neuen Zustand übergeht, bevor sie den Kopf bewegt. Z.B. ist das Verhalten des 2DEA M aus Beispiel 2.14 auf der Eingabe 101001 in Abbildung 2.19 gezeigt.

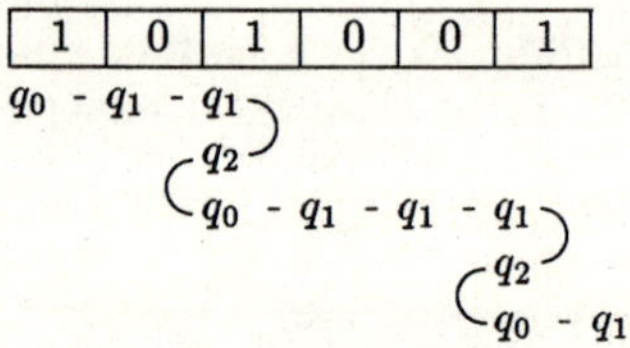

Abb. 2.19: Verhalten des 2DEA aus Beispiel 2.14.

Die jeweils unter einer Feldgrenze stehenden Zustände werden als *Kreuzungsfolge* (engl. *crossing sequence*) bezeichnet. Beachten Sie, daß — falls der 2DEA seine Eingabe akzeptiert — kein Zustand mehrfach mit der Kopfbewegung in dieselbe Richtung in einer Kreuzungsfolge auftreten darf; andernfalls würde sich der 2DEA, da er deterministisch ist, in einer Schleife befinden und könnte niemals über das rechte Ende hinausgelangen.

Eine weitere wichtige Beobachtung über Kreuzungsfolgen ist, daß der Kopf sich nach rechts bewegen muß, wenn eine Grenze zum ersten Mal überschritten wird. Nachfolgende Kreuzungen müssen in alternierenden Richtungen geschehen. Daher repräsentieren ungerade numerierte Elemente einer Kreuzungsfolge Bewegungen nach rechts, und gerade numerierte Elemente Bewegungen nach links. Wenn die Eingabe akzeptiert wird, folgt, daß alle Kreuzungsfolgen ungerade Längen haben.

Eine Kreuzungsfolge $q_1, q_2, \ldots, q_k$ heißt *gültig*, wenn sie von ungerader Länge ist, und wenn keine zwei ungerade numerierten und keine zwei gerade numerierten Elemente identisch sind. Die Kreuzungsfolgen eines 2DEA mit s Zuständen können höchstens die Länge $2s$ haben; daraus folgt, daß die Anzahl der gültigen Kreuzungsfolgen endlich ist.

Um zu zeigen, daß jede von einem 2DEA akzeptierte Menge regulär ist, muß ein äquivalenter NEA zu konstruiert werden, dessen Zustände gültige Kreuzungsfolgen von M sind. Um die Übergangsfunktion für den NEA zu konstruieren, untersuchen wir zuerst die Relation zwischen benachbarten Kreuzungsfolgen.

Es seien ein isoliertes Bandfeld mit dem Symbol a und Kreuzungsfolgen q_1, q_2, ..., q_k und $p_1, p_2, ..., p_l$ am linken bzw. rechten Bandende gegeben. Beachten Sie, daß es links und rechts vom Symbol a keine Eingabe-Zeichenketten zu geben braucht, die diese beiden Kreuzungsfolgen tatsächlich erzeugen. Dennoch können wir diese beiden Folgen wie folgt auf lokale Kompatibilität testen: Wenn der Bandkopf im Zustand q_i das Feld, das das Symbol a enthält, nach links verläßt, ist der Automat im Zustand q_{i+1} neu in dem Feld, das das Symbol a enthält, zu starten. Falls sich der Bandkopf dagegen im Zustand p_i nach rechts vom Feld bewegt, ist der Automat im Zustand p_{i+1} neu auf diesem Feld zu starten. Mit dieser Methode können wir zwei Kreuzungsfolgen auf lokale Konsistenz testen. Diese Ideen werden im weiteren noch präzisiert.

Wir definieren *rechtsmatchende* und *linksmatchende* Paare von Kreuzungsfolgen rekursiv durch (i) bis (v) (siehe unten). Die Idee dabei ist, daß $q_1, q_2, ..., q_k$ auf a mit $p_1, p_2, ..., p_l$ rechtsmatcht, falls diese Folgen konsistent sind, wobei wir annehmen, daß wir ursprünglich a im Zustand q_1 mit einer Rechtsbewegung erreicht haben; entsprechend werden die Folgen linksmatchen, falls sie konsistent sind, wobei wir annehmen, daß wir zu Anfang a im Zustand p_1 mit einer Linksbewegung erreichen. In jedem Fall wird $q_1, q_2, ..., q_k$ an der linken Grenze von a und $p_1, p_2, ..., p_l$ an der rechten Grenze von a erscheinen.

i) Die leere Folge ist rechts- und linksmatchend mit der leeren Folge. Wenn wir also niemals das Feld, das a enthält, erreichen, dann ist es konsistent, daß die Grenzen auf keiner der Seiten gekreuzt werden.

ii) Wenn $q_3, ..., q_k$ mit $p_1, ..., p_l$ rechtsmatcht und $\delta(q_1, a) = (q_2, L)$ gilt, dann ist $q_1, ...q_k$ rechtsmatchend mit $p_1, ..., p_l$. D.h. wenn das erste Kreuzen der linken Grenze im Zustand q_1 stattfindet und sich der Kopf sofort nach links in den Zustand q_2 bewegt, dann erhalten wir — falls danach ein beliebiges konsistentes Verhalten durch einen weiteren linksseitigen Grenzübergang folgt — ein konsistentes Folgenpaar mit der ersten Kreuzungsbewegung nach rechts, mit anderen Worten ein rechtsmatchendes Paar.

iii) Wenn $q_2, ..., q_k$ mit $p_2, ..., p_l$ linksmatcht und $\delta(q_1, a) = (p_1, R)$ gilt, dann ist $q_1, ...q_k$ rechtsmatchend mit $p_1, ..., p_l$. D.h. wenn die erste Kreuzung der linken Grenze im Zustand q_1 stattfindet und der Kopf sich sofort nach rechts in den Zustand p_1 bewegt, dann erhalten wir — wenn diesen beiden Kreuzungen ein beliebiges konsistentes Verhalten folgt, indem eine Kreuzung der rechten Seite erfolgt — ein konsistentes Folgenpaar mit der ersten Kreuzungsbewegung von links her, also mit anderen Worten ein rechtsmatchendes Paar. Beachten Sie, daß dieser Fall die Notwendigkeit linksmatchender Folgen begründet, obwohl wir eigentlich nur an rechtsmatchenden Paaren interessiert sind.

iv) Wenn $q_1, ..., q_k$ mit $p_3, ..., p_l$ linksmatcht und $\delta(p_1, a) = (p_2, R)$ gilt, dann ist $q_1, ..., q_k$ linksmatchend mit $p_1, ..., p_l$. Die Argumentation ist ähnlich zu der für Regel (ii).

v) Wenn $q_2, ..., q_k$ mit $p_2, ..., p_l$ rechtsmatcht und $\delta(p_1, a) = (q_1, L)$ gilt, dann ist $q_1, ..., q_k$ linksmatchend mit $p_1, ..., p_l$. Die Argumentation ist ähnlich zu der für Regel (iii).

Beispiel 2.15
Betrachten Sie den 2DEA M aus Beispiel 2.14 und ein Bandfeld, das das Symbol 1 enthält. Die leere Folge ist mit der leeren Folge linksmatchend, und es gilt $\delta(q_0, 1) = (q_1, R)$. Also ist q_0 rechtsmatchend mit q_1 auf 1 nach Regel (iii). Da $\delta(q_1, 1) = (q_2, L)$ gilt, ist q_1, q_2, q_0 rechtsmatchend mit q_1 auf 1 nach Regel (ii). Dies muß der Fall sein, da es in der Tat eine akzeptierende Berechnung gibt, in der dieses Folgenpaar tatsächlich links und rechts eines Feldes erscheint, das eine Eins enthält. Beachten Sie aber auch, daß ein Folgenpaar matchen kann, auch wenn es keine Berechnung gibt, in der sie benachbart auftauchen; es kann nämlich unmöglich sein, Zeichenketten zu finden, die sich links und rechts anfügen lassen, und die die Berechnung in die korrekten Zustände führt.

Äquivalenz von ein- und zweiseitigen endlichen Automaten

Satz 2.5
Wenn L von einem 2DEA akzeptiert wird, dann ist L eine reguläre Menge.

Beweis:
$M = (Q, \Sigma, \delta, q_0, F)$ sei ein 2DEA. Der Beweis besteht darin, einen NEA M' zu konstruieren, der $L(M)$ akzeptiert. Wir definieren M' als $(Q', \Sigma, \delta', q_0', F')$, wobei folgendes gilt:

1) Q' besteht aus allen gültigen Kreuzungsfolgen für M.
2) q_0' ist die Kreuzungsfolge, die nur aus q_0 alleine besteht.
3) F' ist die Menge aller Kreuzungsfolgen der Länge eins, die nur aus einem Zustand aus F bestehen.
4) $\delta'(c, a) = \{d \mid d$ ist eine gültige Kreuzungsfolge, die rechtsmatchend zu c auf der Eingabe a ist$\}$. Beachten Sie, daß d von ungerader Länge sein muß, da d gültig sein soll.

Die intuitive Idee dabei ist, daß M' Stücke der Berechnung von M zusammenfügt, wenn er die Eingabe-Zeichenkette bearbeitet. Dies wird durch Raten von aufeinanderfolgenden Kreuzungsfolgen bewerkstelligt. Wenn M' geraten hat, daß c die Kreuzungsfolge an einer Grenze und a das nächste Eingabe-Symbol ist, dann kann M' jede gültige Kreuzungsfolge raten, die auf Eingabe a mit c rechtsmatcht. Wenn die geratene Berechnung dazu führt, daß M über das rechte Ende der Eingabe hinausgeht und in einen akzeptierenden Zustand übergeht, so akzeptiert M'.

Wir zeigen nun, daß $L(M) = L(M')$ gilt. Sei w aus $L(M)$. Betrachten Sie die Kreuzungsfolge, die durch eine akzeptierende Berechnung von M auf w erzeugt wird. Jede Kreuzungsfolge ist rechtsmatchend mit der an der nächsten Grenze, so daß M' die richtigen Kreuzungsfolgen (unter anderen Versuchen) raten kann und akzeptiert.

Umgekehrt sind für w aus $L(M')$ die Kreuzungsfolgen $c_0, c_1, ..., c_n$ von M zu betrachten, die den Zuständen von M' entsprechen, wenn $w = a_1 a_2 ... a_n$ von M' abgearbeitet wird. Für jedes i mit $0 \leq i < n$ ist c_i rechtsmatchend mit c_{i+1} auf a_i. Wir können eine akzeptierende Berechnung von M auf der Eingabe w konstruieren, indem wir bestimmen, wann der Kopf seine Richtung ändert. Im einzelnen beweisen wir durch Induktion über i, daß M' beim Lesen von $a_1a_2...a_i$ nur dann in den Zustand $c_i = [q_1, ..., q_k]$ übergehen kann, wenn

1) M, gestartet im Zustand q_0 auf $a_1a_2...a_i$, sich zuerst von der Position i im Zustand q_1 nach rechts bewegt, und
2) für $j = 2, 4, ...$ — falls M in Position i im Zustand q_j startet — sich M schließlich nach rechts von Position i im Zustand q_{j+1} bewegt (dies impliziert, daß k ungerade sein muß).

Induktionsanfang ($i = 0$): Da $c_0 = [q_0]$ gilt, ist (1) erfüllt, weil nämlich M seine Berechnungen durch eine "Bewegung nach rechts" von Position 0 im Zustand q_0 beginnt. Bedingung (2) gilt, ist aber belanglos.

Induktionsschritt: Die Induktionsannahme gelte für $i - 1$. Nehmen wir nun an, daß M' beim Lesen von $a_1a_2..., a_n$ vom Zustand $c_{i-1} = [q_1, ...q_k]$ in den Zustand $c_i = [p_1, ..., p_l]$ übergehen kann. Da k und l ungerade sind und c_{i-1} mit c_i auf a_i rechtsmatcht, muß es ein ungerades j so geben, daß M sich im Zustand q_j auf der Eingabe a_i nach rechts bewegt. Sei j_1 das kleinste dieser j. Aus der Definition von "rechtsmatchend" folgt, daß $\delta(q_{j_1}, a_1) = (p_1, R)$ gilt. Damit ist (1) bewiesen. Ebenfalls aus der Definition von "rechtsmatchend" (Regel (iii)) folgt, daß $[q_{j_1+1}, ..., q_k]$ linksmatchend mit $[p_2, ..., p_l]$ ist. Nun folgt (2) sofort, falls $\delta(p_j, a_i) = (p_{j+1}, R)$ für alle geraden j gilt. In dem Fall, daß $\delta(p_{j_2}, a_i) = (q, L)$ für ein kleinstes gerades j_2 gilt, muß nach der Definition von "linksmatchend" (Regel (v)) q gleich q_{j_1+1} sein und $[q_{j_1+2}, ..., q_k]$ rechtsmatchen mit $[p_{j_2+1}, ..., p_l]$. Die Argumentation wird dann mit den letzteren Folgen anstelle von c_{i-1} und c_i wiederholt.

Nachdem wir die Induktionsannahme für alle i untermauert haben, impliziert die Tatsache, daß $c_n = [p]$ für ein p aus F gilt, daß $a_1a_2...a_n$ von M akzeptiert wird.
□

Beispiel 2.16

Betrachten Sie die Konstruktion eines NEA M', der äquivalent zu dem 2DEA M aus Beispiel 2.14 ist: Da q_2 nur durch eine Linksbewegung erreicht werden kann, und da in q_1 und q_3 nur durch Rechtsbewegungen übergegangen werden kann, müssen alle gerade numerierten Elemente von gültigen Kreuzungsfolgen gleich q_2 sein. Da alle gültigen Kreuzungsfolgen ungerade Längen haben und weder zwei ungerade numerierte Zustände noch zwei gerade numerierte Zustände gleich sein können, gibt es nur vier Kreuzungsfolgen, die von Interesse sind. Diese sind in Abbildung 2.20 zusammen mit ihren rechtsmatchenden Folgen aufgelistet.

Wir können direkt feststellen, daß der Zustand $[q_0, q_2, q_1]$ aus dem konstruierten NEA M' entfernt werden kann, da es zu ihm keine rechtsmatchenden Folgen gibt. Der resultierende M' ist in Abbildung 2.21 gezeigt. Beachten Sie, daß $L(M') = (\epsilon + \mathbf{1})(\mathbf{0} + \mathbf{01})^*$ gilt; das sind alle Zeichenketten aus Nullen und Einsen ohne zwei aufeinanderfolgende Einsen.

Betrachten Sie die Eingabe 1001, die durch M' durch die Zustandsfolge $[q_0]$, $[q_1]$, $[q_1]$, $[q_1, q_2, q_0]$, $[q_1]$ akzeptiert wird. Wir können uns die Kreuzungsfolgen wie in Abbildung 2.22 dargestellt vorstellen. Dabei ist zu beachten, daß $\delta(q_0, 1) = (q_1, R)$ die erste und $\delta(q_1, 0) = (q_1, R)$ die zweite und dritte Bewegung rechtfertigt. Da $\delta(q_1, 1) = (q_2, L)$ gilt, ist die vierte Bewegung begründet, die die

Gültige Kreuzungsfolgen	rechts-matchend mit 0	rechts-matchend mit 1
$[q_0]$	$[q_0]$	$[q_1]$
$[q_1]$	$[q_1], [q_1, q_2, q_0]$	—
$[q_0, q_2, q_1]$	—	—
$[q_1, q_2, q_0]$	—	$[q_0]$

Abb. 2.20: Gültige Kreuzungsfolgen zusammen mit ihren rechtsmatchenden Zustandsfolgen.

Bewegungsrichtung umkehrt. Dann kehrt $\delta(q_2, 0) = (q_0, R)$ die Bewegungsrichtung erneut um, und schließlich ist mit $\delta(q_0, 1) = (q_1, R)$ die letzte Bewegung erklärt.

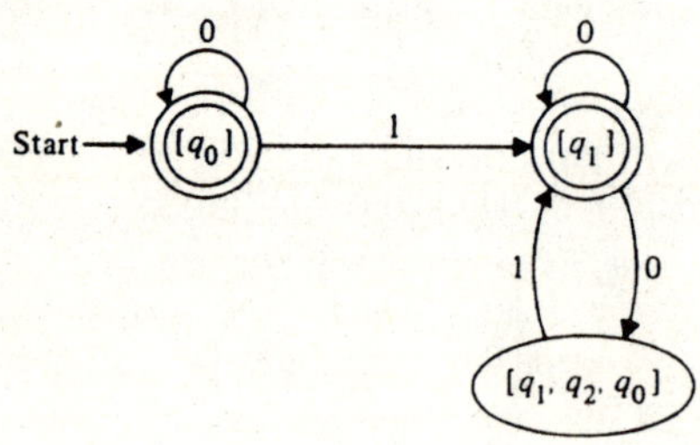

Abb. 2.21: Der NEA M', der aus dem 2DEA M konstruiert wurde.

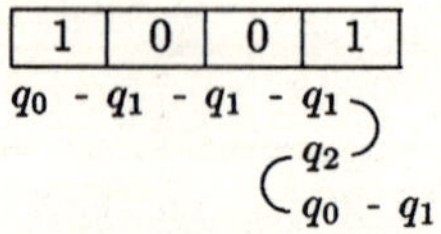

Abb. 2.22: Kreuzungsfolgen des 2DEA auf der Eingabe 1001.

2.7 ENDLICHE AUTOMATEN MIT AUSGABE

Die endlichen Automaten, so wie wir sie hier definiert haben, sind darauf beschränkt, lediglich eine binäre Ausgabe "akzeptiere"/"akzeptiere nicht" zu leisten. Es gibt auch Modelle, bei denen die Ausgabe aus einem anderen Alphabet gewählt ist. Es gibt zwei verschiedene Ansätze: Die Ausgabe kann mit dem Zustand (*Moore-Maschine*) oder mit der Transition (*Mealy-Maschine*) assoziiert werden. Wir werden beide formal definieren und dann zeigen, daß die beiden Typen dieselben Abbildungen zwischen Eingabe und Ausgabe produzieren.

Moore-Maschinen

Eine Moore-Maschine ist ein Sechstupel $(Q, \Sigma, \Delta, \delta, \lambda, q_0)$, wobei Q, Σ, δ und q_0 wie bei einem DEA gegeben sind. Δ ist das *Ausgabe-Alphabet*, und λ ist eine Abbildung von Q nach Δ und spezifiziert die mit jedem Zustand verknüpfte Ausgabe. Die *Ausgabe* von M als Antwort auf die Eingabe $a_1a_2...a_n$ mit $n \geq 0$ ist $\lambda(q_0)\lambda(q_1)...\lambda(q_n)$, wobei $q_0, q_1, ..., q_n$ die Zustandsfolge ist, für die $\delta(q_{i-1}, a_i) = q_i$ für $1 \leq i \leq n$ gilt. Beachten Sie, daß jede Moore-Maschine bei der Eingabe ϵ die Ausgabe $\lambda(q_0)$ liefert. Der DEA kann als Spezialfall einer Moore-Maschine angesehen werden, bei dem das Ausgabe-Alphabet $\{0, 1\}$ ist und der Zustand q genau dann ein akzeptierender Zustand ist, wenn $\lambda(q) = 1$.

Beispiel 2.17

Wir wollen den Rest modulo 3 für jede binäre Zeichenkette — interpretiert als binäre ganze Zahl — bestimmen. Zunächst stellen wir fest, daß, wenn auf i in der Binärdarstellung eine Null folgt, die resultierende Zeichenkette den Wert $2i$ hat, und daß, wenn auf i in der Binärdarstellung eine Eins folgt, die resultierende Zeichenkette den Wert $2i + 1$ hat. Ist p der Rest von $i/3$, so ist $2p$ mod 3 der Rest von $2i/3$. Ist $p = 0, 1$ oder 2, so ist $2p$ mod 3 gerade 0, 2 bzw. 1. Genauso ist der Rest von $(2i + 1)/3$ gerade 1, 0 bzw. 2.

Es genügt deshalb, eine Moore-Maschine mit drei Zuständen q_0, q_1 und q_2 zu erstellen, wobei genau dann q_j erreicht wird, wenn die bis dahin gesehene Eingabe den Rest j hat. Wir definieren $\lambda(q_j) = j$ für $j = 0, 1$ und 2. In Abbildung 2.23 zeigen wir das Transitionsdiagramm, wobei die Zustände mit den Ausgaben markiert sind. Die Übergangsfunktion δ ist so erstellt, daß sie die Regeln in bezug auf die Restbildung wie oben beschrieben wiedergibt.

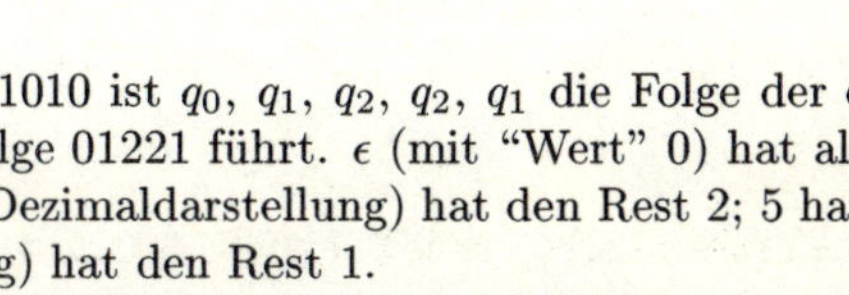

Abb. 2.23: Eine Moore-Maschine, die Restklassen berechnet.

Bei der Eingabe 1010 ist q_0, q_1, q_2, q_2, q_1 die Folge der erreichten Zustände, was zu der Ausgabefolge 01221 führt. ϵ (mit "Wert" 0) hat also den Rest 0, 1 hat den Rest 1 und 2 (in Dezimaldarstellung) hat den Rest 2; 5 hat den Rest 2, und 10 (in Dezimaldarstellung) hat den Rest 1.

Mealy-Maschinen

Eine Mealy-Maschine ist ebenfalls ein Sechstupel $M = (Q, \Sigma, \Delta, \delta, \lambda, q_0)$, wobei alles wie bei den Moore-Maschinen ist, bis auf die Tatsache, daß λ eine Abbildung von $Q \times \Sigma$ nach Δ ist. D.h. $\lambda(q, a)$ liefert die Ausgabe in Verbindung mit der Transition im Zustand q bei Eingabe a. Die *Ausgabe* von M als Antwort auf die Eingabe $a_1a_2...a_n$ ist $\lambda(q_0, a_1)\lambda(q_1, a_2)...\lambda(q_{n-1}, a_n)$, wobei $q_0, q_1, ..., q_n$ die Folge von Zuständen ist, so daß $\delta(q_{i-1}, a_i) = q_i$ für $1 \leq i \leq n$ gilt. Beachten Sie, daß diese Folge die Länge n — statt $n+1$ bei Moore-Maschinen — hat, und auf die Eingabe ϵ liefert eine Mealy-Maschine die Ausgabe ϵ.

Beispiel 2.18

Sogar wenn das Ausgabe-Alphabet nur aus zwei Symbolen besteht, kann die Mealy-Maschine — im Vergleich mit endlichen Automaten — Zustände retten. Betrachten wir etwa die Sprache $(\mathbf{0}+\mathbf{1})^*(\mathbf{00}+\mathbf{11})$ aller aus Nullen und Einsen bestehenden Zeichenketten, deren letzte beiden Symbole gleich sind. Im nächsten Kapitel werden wir die Werkzeuge entwickeln, die nötig sind, um zu zeigen, daß diese Sprache von keinem DEA mit weniger als fünf Zuständen akzeptiert werden kann. Wir können jedoch eine Mealy-Maschine mit drei Zuständen definieren, die ihren Zustand benutzt, um das letzte gelesene Symbol zu speichern, und die Ausgabe y liefert, wenn die aktuelle Eingabe mit der vorhergehenden übereinstimmt, sowie andernfalls n ausgibt. Die Folge von y und n, die die Mealy-Maschine liefert, entspricht der Folge von akzeptierenden und nicht akzeptierenden Zuständen, in die der DEA während der Eingabe übergeht; die Mealy-Maschine macht jedoch keine Ausgabe bevor nicht eine Eingabe stattgefunden hat, während der DEA auch die Zeichenkette ϵ verwirft, da der erste Zustand kein Endzustand ist.

Die Mealy-Maschine $M = (\{q_0, p_0, p_1\}, \{0, 1\}, \{y, n\}, \delta, \lambda, q_0)$ ist in Abbildung 2.24 gezeigt. Wir benutzen die Markierung a/b für einen Pfeil vom Zustand p in den Zustand q, um anzuzeigen, daß $\delta(p, a) = q$ und $\lambda(p, a) = b$ ist. Die Antwort von M auf die Eingabe 01100 ist $nnyny$, wobei die durchlaufene Zustandsfolge $q_0p_0p_1p_1p_0$ ist. Beachten Sie, wie sich p_0 eine Null und p_1 eine Eins merkt. Der Zustand q_0 ist der Anfangszustand und "erinnert sich", daß bisher noch keine Eingabe stattfand.

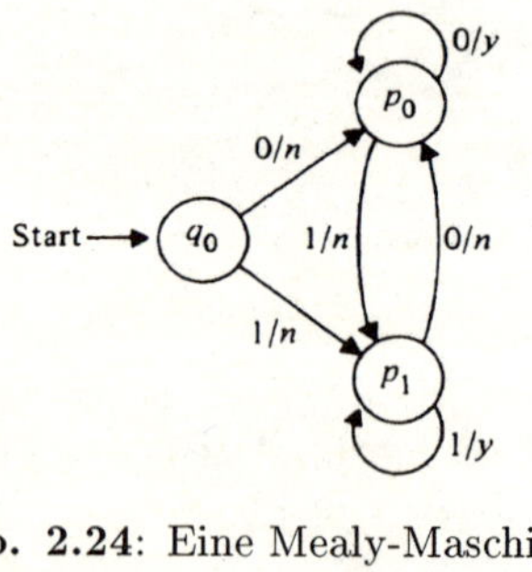

Abb. 2.24: Eine Mealy-Maschine.

Äquivalenz von Moore- und Mealy-Maschinen

M sei eine Mealy- oder Moore-Maschine. Wir definieren $T_M(w)$ für eine Eingabe-Zeichenkette w als die Ausgabe, die von M infolge der Eingabe w produziert wurde. Es kann niemals eine exakte Identität zwischen den Funktionen T_M und $T_{M'}$ geben, falls M eine Mealy-Maschine und M' eine Moore-Maschine ist, da $|T_M(w)|$ für jedes

w um eins kleiner als $|T_{M'}(w)|$ ist. Wir können jedoch die Antwort einer Moore-Maschine auf die Eingabe ϵ vernachlässigen und sagen, daß eine Mealy-Maschine M und eine Moore-Maschine M' *äquivalent* sind, wenn $bT_M(w) = T_{M'}(w)$ für alle Eingaben w gilt, wobei b die Ausgabe von M' für ihren Anfangszustand ist. Durch den Beweis der folgenden Sätze werden die Mealy- und Moore-Modelle gleichgesetzt.

Satz 2.6
Wenn $M_1 = (Q, \Sigma, \Delta, \delta, \lambda, q_0)$ eine Moore-Maschine ist, dann gibt es eine Mealy-Maschine M_2, die äquivalent zu M_1 ist.

Beweis:
Sei $M_2 = (Q, \Sigma, \Delta, \delta, \lambda', q_0)$ und $\lambda'(q, a)$ als $\lambda(\delta(q, a))$ für alle Zustände q und alle Eingabe-Symbole a definiert. Dann gehen M_1 und M_2 auf der gleichen Eingabe in die gleiche Folge von Zuständen über, und mit jeder Transition liefert M_2 die Ausgabe, die M_1 mit dem Zustand, in den sie übergegangen ist, assoziiert. □

Satz 2.7
Sei $M_1 = (Q \times \Delta, \Sigma, \Delta, \delta, \lambda, q_0)$ eine Mealy-Maschine. Dann gibt es eine Moore-Maschine M_2, die äquivalent zu M_1 ist.

Beweis:
Sei $M_2 = (Q \times \Delta, \Sigma, \Delta, \delta', \lambda', [q_0, b_0])$, wobei b_0 ein beliebiges Element aus Δ ist. Die Zustände von M_2 sind also Paare $[q, b]$, die aus einem Zustand von M_1 und einem Ausgabe-Symbol bestehen. Wir definieren nun $\delta'([q, b], a) = [\delta(q, a), \lambda(q, a)]$ und $\lambda'([q, b]) = b$. Die zweite Komponente eines Zustands $[q, b]$ von M_2 ist die Ausgabe, die M_1 bei einem Übergang in den Zustand q liefert. Nur die ersten Komponenten der Zustände von M_2 bestimmen die Bewegungen, die M_2 durchführt. Einfache Induktion über n zeigt, daß dann — wenn M_1 infolge der Eingabe $a_1a_2...a_n$ in die Zustände $q_0, q_1, ..., q_n$ übergeht und die Ausgabe $b_1, b_2, ..., b_n$ liefert — M_2 in die Zustände $[q_0, b_0], [q_1, b_1], ..., [q_n, b_n]$ übergeht und die Ausgabe $b_0, b_1, b_2, ..., b_n$ liefert. □

Beispiel 2.19
Sei M_1 die Mealy-Maschine aus Abbildung 2.24. Die Zustände von M_2 sind $[q_0, y]$, $[q_0, n]$, $[p_0, y]$, $[p_0, n]$, $[p_1, y]$ und $[p_1, n]$. Nach Wahl von $b_0 = n$ wird $[q_0, n]$ zum Anfangszustand von M_2. Die Transitionen und Ausgaben von M_2 sind in Abbildung 2.25 dargestellt. Beachten Sie, daß der Zustand $[q_0, y]$ nicht erreichbar ist und deshalb entfernt werden kann.

2.8 ANWENDUNGEN FÜR ENDLICHE AUTOMATEN

Es gibt eine Vielzahl von Problemen beim Software-Entwurf, die durch die Darstellung als regulärer Ausdruck und die automatische Umwandlung in eine effiziente Computer-Implementation des entsprechenden endlichen Automaten vereinfacht werden. Wir erwähnen hier zwei solche Anwendungen; die Literaturangaben enthalten Hinweise auf einige weitere Anwendungen.

Lexikalische Analyser

Die Token einer Programmiersprache sind fast ausnahmslos als reguläre Mengen darstellbar. Beispielsweise können ALGOL-Bezeichner, die aus Groß- und Klein-

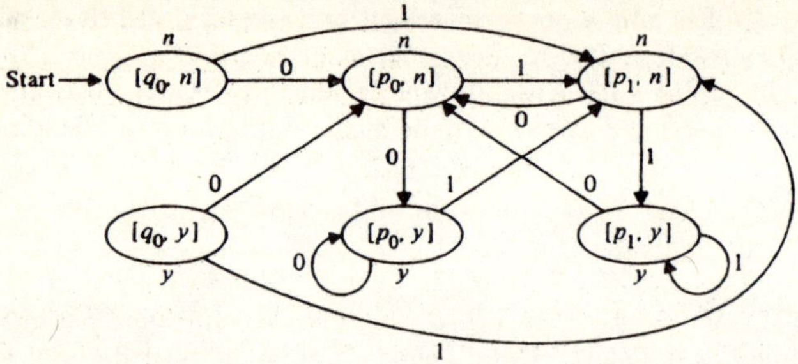

Abb. 2.25: Moore-Maschine, die aus einer Mealy-Maschine konstruiert wurde.

buchstaben, gefolgt von einer beliebigen Folge aus Ziffern und Buchstaben (ohne Längenbegrenzung) bestehen, als

$$(\text{Buchstabe})(\text{Buchstabe} + \text{Ziffer})^*$$

ausgedrückt werden, wobei "Buchstabe" für $\mathbf{A} + \mathbf{B} + \ldots + \mathbf{Z} + \mathbf{a} + \mathbf{b} + \ldots + \mathbf{z}$ und "Ziffer" für $\mathbf{0} + \mathbf{1} + \ldots + \mathbf{9}$ steht. FORTRAN-Bezeichner, deren Länge auf 6 begrenzt ist, und die nur aus Großbuchstaben und dem Symbol \$ bestehen dürfen, können als

$$(\text{Buchstabe})(\epsilon + \text{Buchstabe} + \text{Ziffer})^5$$

ausgedrückt werden, wobei "Buchstabe" jetzt für $\$ + \mathbf{A} + \mathbf{B} + \ldots + \mathbf{Z}$ steht. Arithmetische Konstanten in SNOBOL (für die die in vielen anderen Sprachen verwendete technische Notation nicht erlaubt ist) können als

$$(\epsilon + -)(\text{Ziffer}^+(\cdot\text{Ziffer}^* + \epsilon) + \cdot\text{Ziffer}^+)$$

ausgedrückt werden. Einige *Generatoren lexikalischer Analyser* verarbeiten eine Eingabefolge von regulären Ausdrücken zur Beschreibung der Token und produzieren einen einzigen endlichen Automaten zur Erkennung dieser Token. Normalerweise wandeln sie den regulären Ausdruck in einen NEA mit ϵ-Transitionen um und konstruieren dann Teilmengen von Zuständen zwecks Erzeugung eines DEA, anstatt zuerst die ϵ-Transitionen zu entfernen. Jeder Endzustand zeigt das bestimmte gefundene Token an, so daß der Automat eigentlich eine Moore-Maschine ist. Die Übergangsfunktion des EA wird gemäß einer aus verschiedenen möglichen Methoden kodiert, um weniger Platz zu benötigen als eine Übergangstabelle in Form eines zweidimensionalen Arrays. Der vom Generator erzeugte lexikalische Analyser ist ein festes Programm, das kodierte Tabellen zusammen mit einer den EA zur Token-Erkennung spezifizierenden Tabelle interpretiert; die Token wurden dabei für den Generator lediglich als reguläre Ausdrücke spezifiziert. Dieser lexikalische Analyser kann dann als ein Modul in einem Compiler benutzt werden. Beispiele für Generatoren von lexikalischen Analysern, die dem obigen Ansatz folgen, sind in Johnson *et al.* [1968] und Lesk [1975] zu finden.

Texteditoren

Gewisse Texteditoren und ähnliche Programme erlauben die Substitution einer Zeichenkette durch eine beliebige andere Zeichenkette, die mit einem gegebenen regulären Ausdruck übereinstimmt. So erlaubt etwa der UNIX-Texteditor ein Kommando wie

s/ƀƀƀ*/ƀ/

das die erste aus zwei oder mehr Leerzeichen bestehende Zeichenkette in einer gegebenen Zeile durch ein Leerzeichen substituiert wird. Mit *egal* sei der Ausdruck $a_1 + a_2 + \ldots + a_n$ bezeichnet, wobei durch die a_i der gesamte Zeichensatz eines Computers bis auf das Newline-Zeichen erfaßt sein soll. Wir können einen regulären Ausdruck r in einen DEA umwandeln, der $egal^*r$ akzeptiert. Beachten Sie, daß uns die Gegenwart von $egal^*$ erlaubt, ein Element von $L(r)$ zu erkennen, das an beliebiger Position in der Zeile beginnt. Die Umwandlung eines regulären Ausdrucks in einen DEA benötigt jedoch weit mehr Zeit, als zur Bearbeitung einer einzigen kurzen Zeile durch einen DEA aufzuwenden ist. Die Anzahl der Zustände eines DEA kann exponentiell mit der Länge des regulären Ausdrucks wachsen.

Tatsächlich wird im UNIX-Texteditor der reguläre Ausdruck $egal^*r$ in einen NEA mit ϵ-Transitionen umgewandelt und dieser NEA dann direkt simuliert, wie in Abbildung 2.6 vorgeschlagen. Wenn jedoch eine Spalte, die alle Zustände auflistet, in die der NEA infolge eines bestimmten Präfix der Eingabe übergehen kann, einmal konstruiert ist, wird die vorhergehende Spalte nicht mehr benötigt und daher weggeworfen, um Platz zu sparen. Dieser Ansatz zur Erkennung regulärer Ausdrücke wurde erstmals bei Thompson [1968] beschrieben.

ÜBUNGEN

***L 2.1** Erstellen Sie einen endlichen Automaten, dessen Verhalten dem Schaltkreis in Abbildung 2.26 in dem Sinn entspricht, daß ein Endzustand einer 1-Ausgabe entspricht. Ein Kreis mit einem Punkt stellt ein UND-Gatter dar, dessen Ausgabe genau dann 1 ist, wenn beide Eingaben den Wert 1 haben. Ein Kreis mit einem + stellt ein ODER-Gatter dar, dessen Ausgabe immer dann 1 ist, wenn eine der beiden Eingaben 1 ist. Ein Kreis mit einem ~ stellt einen Inverter dar, dessen Ausgabe 1 für die Eingabe 0 und 0 für die Eingabe 1 ist. Eine Voraussetzung dabei ist, daß zwischen den Änderungen an der Eingabe genügend Zeit verbleibt, damit sich die Signale fortpflanzen und das Netzwerk eine stabile Konfiguration erreichen kann.

2.2 Historisch gesehen wurden endliche Automaten zuerst benutzt, um Neuronen-Netze zu simulieren. Suchen Sie einen endlichen Automaten, dessen Verhalten äquivalent zu dem Neuronen-Netz aus Abbildung 2.27 ist. Endzustände des Automaten entsprechen 1-Ausgaben des Netzwerkes. Jedes Neuron hat anregende (Kreise) und dämpfende (Punkte) Synapsen. Ein Neuron produziert eine 1-Ausgabe, wenn die Anzahl der anregenden Synapsen mit 1-Eingabe die der dämpfenden Synapsen mit 1-Eingabe um wenigstens die Wertigkeit des Neurons (Zahl innerhalb des Dreiecks) übersteigt.

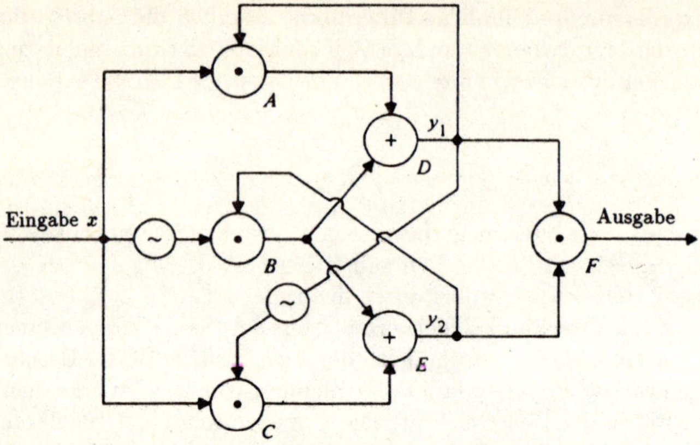

Abb. 2.26: Ein logischer Schaltkreis.

Zwischen der Änderung an der Eingabe verbleibe genügend Zeit für das Fortpflanzen der Signale und das Einpendeln in einen stabilen Zustand. Sie können davon ausgehen, daß die Werte von y_1, y_2 und y_3 zu Beginn alle 0 sind.

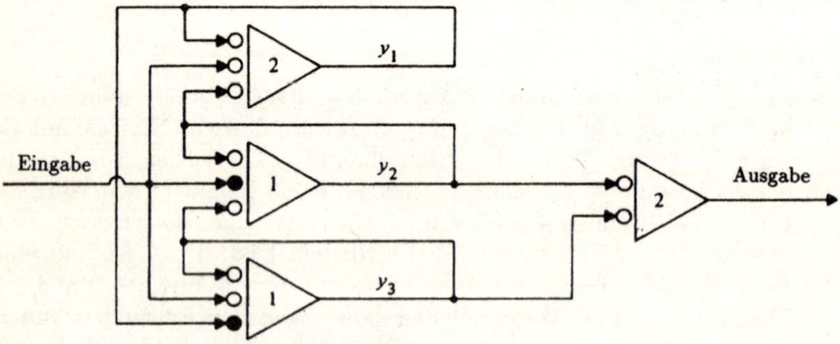

Abb. 2.27: Ein Neuronen-Netz.

2.3 Betrachten Sie das in Abbildung 2.28 gezeigte Spielzeug: Eine Murmel wird in A oder B fallen gelassen. Die Hebel x_1, x_2 und x_3 lassen die Murmel entweder nach rechts oder nach links fallen. Immer wenn eine Murmel auf einen Hebel trifft, veranlaßt sie den Hebel, seinen Zustand zu wechseln, so daß die nächste Murmel, die auf den Hebel trifft, den entgegengesetzen Weg nehmen wird.

a) Modellieren Sie dieses Spielzeug durch einen endlichen Automaten. Bezeichnen Sie eine Murmel in A durch eine 0-Eingabe und eine Murmel in B durch eine 1-Eingabe. Eine Eingabefolge wird akzeptiert, wenn die letzte Murmel bei D herauskommt.

b) Beschreiben Sie die von diesem endlichen Automaten akzeptierte Menge.

c) Modellieren Sie das Spielzeug als eine Mealy-Maschine, deren Ausgabe die Folge der Cs bzw. Ds ist, aus denen die Murmeln hintereinander herausfallen.

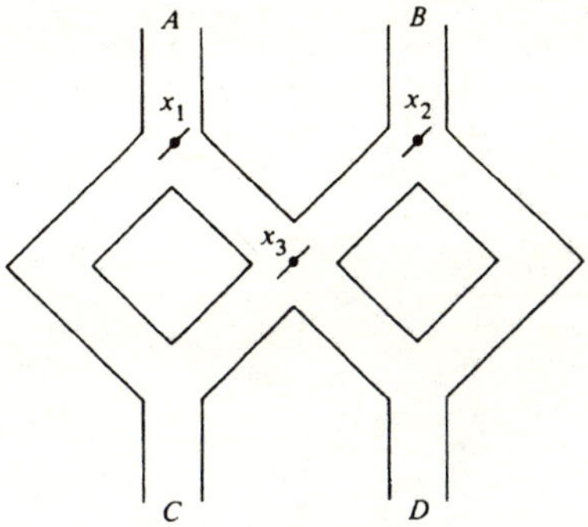

Abb. 2.28: Ein Spielzeug.

2.4 Sei δ die Übergangsfunktion eines DEA. Zeigen Sie, daß für alle Eingabe-Zeichenketten x und y gilt: $\delta(q, xy) = \delta(\delta(q, x), y)$. [*Hinweis:* Führen Sie eine Induktion über $|y|$ durch.]

2.5 Geben Sie deterministische endliche Automaten an, die folgende Sprachen über dem Alphabet $\{0, 1\}$ akzeptieren:

a) Die Menge aller Zeichenketten, die mit 00 enden.

b) Die Menge aller Zeichenketten mit drei aufeinanderfolgenden Nullen.

c) Die Menge aller Zeichenketten, in denen jeder Block von fünf aufeinanderfolgenden Zeichen zumindest zwei Nullen enthält.

d) Die Menge aller mit einer Eins beginnenden Zeichenketten, interpretiert als die binäre Darstellung einer ganzen Zahl, die kongruent ist zu 0 modulo 5.

e) Die Menge aller Zeichenketten, deren zehntletztes Symbol eine Eins ist.

*** 2.6** Beschreiben Sie verbal die Mengen, die durch die endlichen Automaten akzeptiert werden, deren Transitionsdiagramme in Abbildung 2.29(a) bis (c) dargestellt sind.

***L 2.7** Beweisen Sie, daß der EA, dessen Transitionsdiagramm in Abbildung 2.30 angegeben ist, die Menge aller Zeichenketten über dem Alphabet $\{0, 1\}$

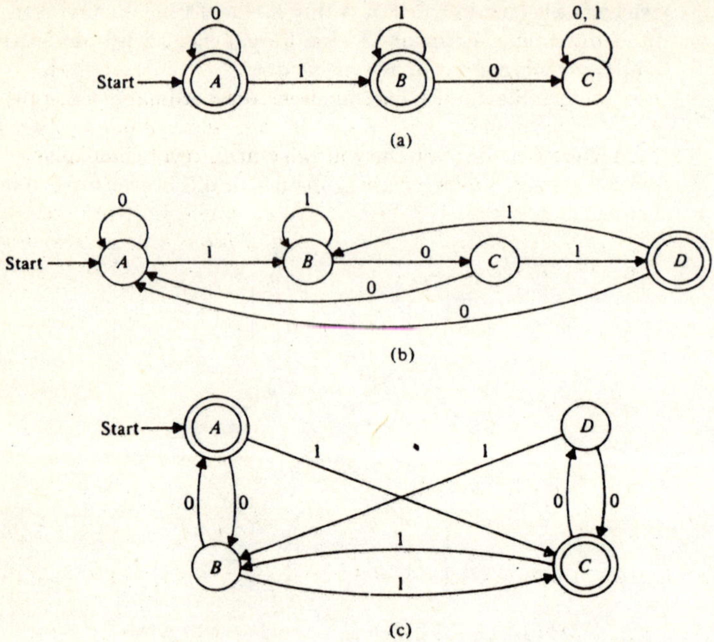

Abb. 2.29: Transitionsdiagramme für endliche Automaten.

akzeptiert, die eine gleiche Anzahl von Nullen und Einsen enthalten und deren jedes Präfix höchstens eine Null mehr als Einsen bzw. eine Eins mehr als Nullen beinhaltet.

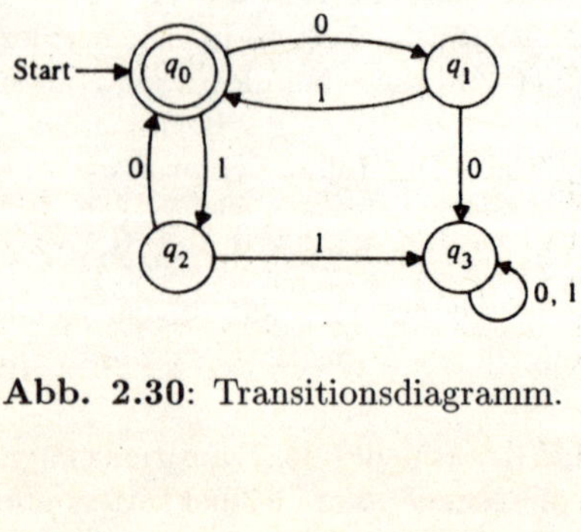

Abb. 2.30: Transitionsdiagramm.

2.8 Geben Sie nichtdeterministische endliche Automaten an, die die folgenden Sprachen akzeptieren:

a) Die Menge aller Zeichenketten in $(\mathbf{0}+\mathbf{1})^*$, so daß je zwei Nullen durch eine Zeichenkette der Länge $4i$ für ein $i \geq 0$ getrennt sind.

b) Die Menge aller Zeichenketten über dem Alphabet $\{a, b, c\}$, die bei Multiplikation entsprechend der Tabelle aus Abbildung 2.31 den gleichen Wert bei Auswertung von links nach rechts wie bei Auswertung von rechts nach links liefern.

c) Die Menge aller Zeichenketten aus Nullen und Einsen, deren zehntletztes Symbol eine Eins ist. Wie verhält sich die Antwort im Vergleich zu dem DEA aus Aufgabe 2.5(e)?

	a	b	c
a	a	a	c
b	c	a	b
c	b	c	a

Abb. 2.31: Nicht-assoziative Multiplikationstabelle

2.9 Konstruieren Sie zu jedem der folgenden NEA einen äquivalenten DEA:

a) $(\{p, q, r, s\}, \{0, 1\}, \delta_1, p, \{s\})$, b) $(\{p, q, r, s\}, \{0, 1\}, \delta_2, p, \{q, s\})$,

Dabei seien δ_1 und δ_2 durch Abbildung 2.32 gegeben.

	0	1
p	p, q	p
q	r	r
r	s	—
s	s	s

δ_1

	0	1
p	q, s	q
q	r	q, r
r	s	p
s	—	p

δ_2

Abb. 2.32: Zwei Übergangsfunktionen.

2.10 Schreiben Sie für jede der folgenden Sprachen über dem Alphabet $\{0, 1\}$ einen reguläre Ausdruck. Erklären Sie, warum die von Ihnen vorgeschlagenen regulären Ausdrücke korrekt sind.

*a) Die Menge aller Zeichenketten mit höchstens einem Paar aufeinanderfolgender Nullen und höchstens einem Paar aufeinanderfolgender Einsen.

b) Die Menge aller Zeichenketten, in denen jedes Paar benachbarter Nullen vor allen Paaren benachbarter Einsen auftritt.

c) Die Menge aller Zeichenketten, die nicht die Teil-Zeichenkette 101 enthalten.

*d) Die Menge aller Zeichenketten mit gleicher Anzahl Nullen und Einsen, die kein Präfix mit zwei Nullen mehr als Einsen oder zwei Einsen mehr als Nullen haben.

2.11 Beschreiben Sie verbal die von den folgenden regulären Ausdrücken bezeichneten Mengen:

a) $(\mathbf{11} + \mathbf{0})^*(\mathbf{00} + \mathbf{1})^*$

b) $(\mathbf{1} + \mathbf{01} + \mathbf{001})^*(\epsilon + \mathbf{0} + \mathbf{00})$

c) $[\mathbf{00} + \mathbf{11} + (\mathbf{01} + \mathbf{10})(\mathbf{00} + \mathbf{11})^*(\mathbf{01} + \mathbf{10})]^*$

2.12 Konstruieren Sie endliche Automaten, die zu den folgenden regulären Ausdrücken äquivalent sind:

a) $\mathbf{10} + (\mathbf{0} + \mathbf{11})\mathbf{0}^*\mathbf{1}$

b) $\mathbf{01}[((\mathbf{10})^* + \mathbf{111})^* + \mathbf{0}]^*\mathbf{1}$

c) $((\mathbf{0} + \mathbf{1})(\mathbf{0} + \mathbf{1}))^* + ((\mathbf{0} + \mathbf{1})(\mathbf{0} + \mathbf{1})(\mathbf{0} + \mathbf{1}))^*$

2.13 Konstruieren Sie reguläre Ausdrücke, die den Zustandsdiagrammen aus Abbildung 2.33 entsprechen.

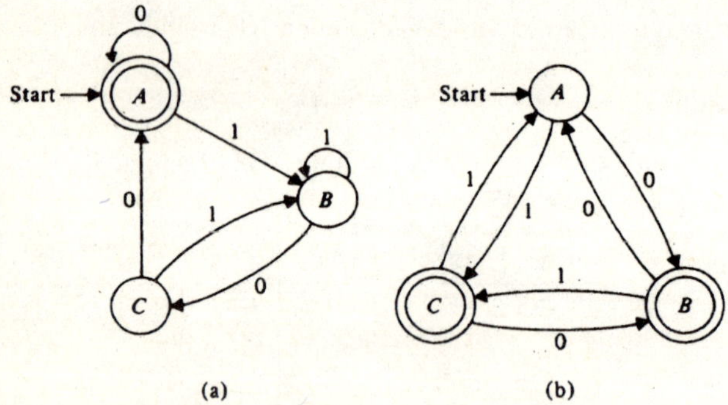

Abb. 2.33: Transitionsdiagramme.

2.14 Verwenden Sie die Ideen aus dem Beweis zu Satz 2.4, um Algorithmen für folgende Probleme zu konstruieren:

a) Bestimmung des Pfades mit den geringsten Kosten zwischen zwei Knoten in einem gerichteten Graphen, dessen Kanten mit nichtnegativen Kosten markiert sind.

b) Bestimmung der Anzahl der Zeichenketten der Länge n, die von einem EA akzeptiert werden.

2.15 Konstruieren Sie einen NEA, der äquivalent zu dem 2DEA $(\{q_0, ..., q_5\}, \{0, 1\}, \delta, q_0, \{q_2\})$ ist, wobei δ in Abbildung 2.34 angegeben ist.

	0	1
q_0	(q_0, R)	(q_1, R)
q_1	(q_1, R)	(q_2, R)
q_2	(q_2, R)	(q_3, L)
q_3	(q_4, L)	(q_3, L)
q_4	(q_0, R)	(q_4, L)

Abb. 2.34: Eine Übergangsfunktion für einen 2DEA.

2.16 Beweisen Sie die folgenden Gleichungen für reguläre Ausdrücke r, s und t ($r = s$ bedeutet hier $L(r) = L(s)$):

a) $r + s = s + r$
b) $(r + s) + t = r + (s + t)$
c) $(rs)t = r(st)$
d) $r(s + t) = rs + rt$
e) $(r + s)t = rt + st$
f) $\emptyset^* = \epsilon$
g) $(r^*)^* = r^*$
h) $(\epsilon + r)^* = r^*$
i) $(r^*s^*)^* = (r + s)^*$

2.17 Beweisen bzw. widerlegen Sie die folgenden Gleichungen für reguläre Ausdrücke r, s und t:

a) $(rs + r)^*r = r(sr + r)^*$
b) $s(rs + s)^*r = rr^*s(rr^*s)^*$
c) $(r + s)^* = r^* + s^*$

2.18 Ein *zweiseitiger nichtdeterministischer endlicher Automat* (2NEA) ist genauso wie der 2DEA definiert, außer daß der 2NEA eine Menge von möglichen Bewegungen für jeden Zustand und jedes Eingabe-Symbol hat. Beweisen Sie, daß die von einem beliebigen 2NEA akzeptierte Menge regulär ist. [*Hinweis:* Die Beobachtung aus Satz 2.5, daß kein Zustand in einer Kreuzungsfolge mit derselben Richtung nochmals auftauchen darf, gilt hier nicht mehr. Wir können jedoch für jede akzeptierte Eingabe eine kürzeste Berechnung betrachten, die zur Akzeptanz führt.]

2.19 Zeigen Sie, daß sich die Sprachklasse, die ein 2NEA akzeptiert, nicht vergrößert, wenn wir dem 2NEA erlauben, seinen Kopf bei einer Bewegung stehen zu lassen (und den Zustand zu ändern).

* **2.20** Ein 2NEA mit *Eingabe-Begrenzung* ist ein 2NEA mit den speziellen Symbolen ¢ und \$, die das linke und das rechte Ende der Eingabe markieren. Wir sagen, daß die Eingabe x, die kein ¢ oder \$ enthält, akzeptiert wird, wenn der 2NEA, der mit ¢x\$ auf seinem Band und dem Lesekopf auf ¢ gestartet ist, irgendwo im Bereich der Eingabe in einen akzeptierenden Zustand übergeht. Zeigen Sie, daß der 2NEA mit Eingabe-Begrenzung nur reguläre Mengen akzeptiert.

2.21 Betrachten Sie einen 2DEA $M = (Q, \Sigma, \delta, q_0, F)$. Konstruieren Sie für jede Zeichenkette x eine Abbildung f von Q nach $Q \cup \{\cent\}$, für die $f(q) = p$ gelten soll, wenn der 2DEA auf dem rechtesten Symbol von x gestartet ist und sich schließlich im Zustand p über das rechte Ende von x hinausbewegt. $f(q) = \cent$ bedeutet, daß der 2DEA, wenn er auf dem rechtesten Symbol von x gestartet ist, entweder x niemals verläßt oder über das linke Ende hinausgeht. Konstruieren Sie einen DEA, der M simuliert, indem er in seiner endlichen Kontrolle eine Tabelle f anstelle einer Kreuzungsfolge speichert.

** **2.22** r und s seien reguläre Ausdrücke. Betrachten Sie die Gleichung $X = rX + s$, wobei rX die Konkatenation von r und X sowie $+$ die Vereinigung bezeichnet. Unter der Annahme, daß die mit r bezeichnete Menge nicht ϵ enthält, ist eine Lösung X zu suchen und zu zeigen, daß sie eindeutig ist. Wie lautet die Lösung, wenn ϵ in $L(r)$ enthalten ist?

** **2.23** Man kann einen regulären Ausdruck aus einem endlichen Automaten konstruieren, indem man das lineare Gleichungssystem

$$\begin{pmatrix} x_1 \\ x_2 \\ \vdots \\ x_n \end{pmatrix} = \begin{pmatrix} a_{11} & a_{12} & \dots & a_{1n} \\ a_{21} & a_{22} & \dots & a_{2n} \\ \vdots & \vdots & \ddots & \vdots \\ a_{n1} & a_{n2} & \dots & a_{nn} \end{pmatrix} \begin{pmatrix} x_1 \\ x_2 \\ \vdots \\ x_n \end{pmatrix} + \begin{pmatrix} c_1 \\ c_2 \\ \vdots \\ c_n \end{pmatrix}$$

löst, wobei a_{ij} und c_i Mengen von Zeichenketten sind, die durch reguläre Ausdrücke bezeichnet werden; $+$ bezeichnet die Mengen-Vereinigung und die Multiplikation die Konkatenation. Geben Sie einen Algorithmus zur Lösung solcher Gleichungssysteme an.

2.24 Geben Sie Mealy- und Moore-Maschinen für die folgenden Prozesse an:

a) Für eine Eingabe aus $(0+1)^*$ ist ein A auszugeben, wenn die Eingabe mit 101 endet; ein B ist auszugeben, wenn die Eingabe mit 110 endet und C sonst.

b) Für eine Eingabe aus $(0+1+2)^*$ ist der Rest modulo 5 der Eingabe, interpretiert als Zahl zur Basis 3, auszugeben.

Lösungen zu ausgewählten Übungen

2.1 Beachten Sie, daß die Gatter-Ausgabe y_1 die Gatter-Ausgabe y_2 (und umgekehrt) beeinflußt. Wir werden Werte für y_1 und y_2 setzen und diese angenommenen Werte zur Berechnung neuer Werte benutzen. Dann wiederholen wir diesen Vorgang mit den neuen Werten, bis wir einen stabilen Zustand des Systems erreichen. Abbildung 2.35 zeigt tabellarisch die stabilen Werte von y_1 und y_2 für alle möglichen Anfangswerte von y_1 und y_2 und die Eingabe-Werte 0 und 1.

Wenn für y_1 und y_2 der Wert 0 vorausgesetzt wird, dann haben die Gatter A und B die Ausgabe 0 und das Gatter C hat eine Ausgabe, die gleich dem Wert der Eingabe x ist. Da für Gatter D beide Eingaben 0 sind, ist die Ausgabe von Gatter D ebenfalls 0. Die Ausgabe von Gatter E hat den Wert der Eingabe x. Also hat die oberste Reihe in Abbildung 2.35(a) die Werte 00 und 01. Die verbleibenden Einträge werden genauso berechnet.

y_1y_2	Eingabe 0	1
00	00	01
01	11	01
11	11	10
10	00	10

(a)

	0	1
q_0	q_0	q_1
q_1	q_2	q_1
q_2	q_2	q_3
q_3	q_0	q_3

(b)

Abb. 2.35: Transitionen für einen Schaltkreis.

Wir können den Schaltkreis modellieren, indem wir jedem Paar von Werten y_1y_2 einen Zustand zuweisen. Dies wird in Abbildung 2.35(b) gemacht. Da $y_1 = y_2 = 1$ eine 1-Ausgabe erzeugt, ist q_2 ein Endzustand. Der Schaltkreis kann so beschrieben werden, daß er die Parität von Impulsen (1-Eingaben) speichert und einen Ausgabe-Impuls für jeden ungerade numerierten Eingabe-Impuls erzeugt.

2.7 Wir sollen beweisen, daß eine verbal beschriebene Menge von dem EA akzeptiert wird. Wir müssen entweder intuitiv argumentieren, daß eine formale Beschreibung der Menge äquivalent zu der verbalen Beschreibung ist und dann den Beweis formal weiterführen, oder einfach einen informellen Beweis angeben. Wir wählen die letztere Methode.

Der Beweis besteht darin, die Eigenschaften von Zeichenketten abzuleiten, die den Automaten in die vier Zustände bringen, und dann durch Induktion über die Länge einer Zeichenkette zu beweisen, daß unsere Interpretation korrekt ist.

Wir nennen eine Zeichenkette x *gültig*, wenn jedes Präfix von x höchstens eine Null mehr als Einsen bzw. eine Eins mehr als Nullen hat. Wir zeigen durch Induktion über die Länge einer Zeichenkette x, daß genau dann

1) $\delta(q_0, x) = q_0$ gilt, wenn x gültig ist und die gleiche Anzahl von Nullen und Einsen enthält;
2) $\delta(q_0, x) = q_1$ gilt, wenn x gültig ist und eine Null mehr als Einsen enthält;
3) $\delta(q_0, x) - q_2$ gilt, wonn x gültig iot und cinc Eins mehr als Nullen enthält,
4) $\delta(q_0, x) = q_0$ gilt, wenn x nicht gültig ist.

Beachten Sie, daß die Induktionsannahme stärker ist als der gewünschte Satz. Die Bedingungen (2), (3) und (4) wurden hinzugefügt, um die Induktion durchführen zu können.

Wir werden zunächst (1) bis (4) beweisen. Der Induktionsanfang mit $|x| = 0$ folgt sofort, da die leere Zeichenkette gleich viele Nullen und Einsen hat und $\delta(q_0, \epsilon) = q_0$ gilt.

Die Induktionsannahme gelte für alle x mit $|x| < n$ und $n \geq 1$. Betrachten Sie eine Zeichenkette y der Länge n, so daß y gültig ist und gleich viele Nullen und Einsen hat. Betrachten Sie zuerst den Fall, daß y in Null endet: Dann gilt $y = x0$, wobei x gültig ist und eine Eins mehr als Nullen hat. Also gilt $\delta(q_0, x) = q_2$. Daher erhalten wir

$$\delta(q_0, y) = \delta(q_0, x0) = \delta(q_2, 0) = q_0.$$

Der Fall, in dem y mit einer Eins endet, läuft analog.

Als nächstes ist eine Zeichenkette y mit $|y| = n$ zu betrachten, so daß y gültig ist und eine Null mehr als Einsen hat. Gilt $y = x0$, dann hat x zwei Nullen mehr als Einsen, was der Tatsache widerspricht, daß y gültig ist. Also gilt $y = x1$, wobei x gültig ist und gleich viele Nullen und Einsen hat. Nach der Induktionsannahme gilt $\delta(q_0, x) = q_0$; also erhalten wir $\delta(q_0, y) = q_1$.

Die Situationen, in denen y gültig ist und eine Eins mehr als Nullen hat bzw. y nicht gültig ist, sind analog zu behandeln.

Wir müssen nun zeigen, daß die Zeichenketten, die zum Erreichen des jeweiligen Zustands führen, die in (1) bis (4) angegebenen Interpretationen haben. Nehmen Sie an, daß $\delta(q_0, y) = q_0$ und $|y| \geq 1$ gilt. Gilt $y = x0$, so ist $\delta(q_0, x) = q_2$, da q_2 der einzige Zustand ist, der eine 0-Transition in den Zustand q_0 hat. Also ist nach Induktionsannahme x gültig und enthält eine Eins mehr als Nullen. Folglich ist y gültig und enthält gleich viele Nullen und Einsen. Der Fall, in dem y mit einer Eins endet, ist genauso wie die Fälle mit $\delta(q_0, y) = q_1$, q_2 oder q_3 zu lösen.

LITERATURHINWEISE

Die ursprüngliche formale Untersuchung von Systemen mit endlichen Zuständen (neurale Netze ähnlich denen aus Übung 2.2) findet sich bei McCulloch und Pitts [1943]. Kleene [1956] betrachtete reguläre Ausdrücke und modellierte die neuralen Netze von McCulloch und Pitts durch endliche Automaten, wodurch die Äquivalenz dieser beiden Konzepte bewiesen wurde. Ähnliche Modelle wurden zu dieser Zeit von Huffman [1954], Moore [1956] und Mealy [1955] betrachtet. Von den beiden letzten rühren die Namen "Moore-Maschine" und "Mealy-Maschine" her. Nichtdeterministische endliche Automaten wurden von Rabin und Scott [1959] eingeführt, die ihre Äquivalenz zu deterministischen Automaten bewiesen. Der Begriff des zweiseitigen endlichen Automaten und seine Äquivalenz zur einseitigen Version war das unabhängige Werk von Rabin und Scott [1959] und Shepherdson [1959].

Der Beweis der Äquivalenz von regulären Ausdrücken und endlichen Automaten, wie er hier vorgestellt wurde (über NEA mit ϵ-Transitionen), wurde nach McNaughton und Yamada [1960] erstellt. Brzozowski [1962,1964] entwickelte die Theorie der regulären Ausdrücke. Die Tatsache, daß die eindeutige Lösung für $X = rX + s$ (Übung 2.22) r^*s ist, wenn $L(r)$ nicht ϵ enthält, ist als Lemma von Arden [1960] bekannt. Floyd [1967] wendet die Idee des Nichtdeterminismus auf Programme an. Salomaa [1966] gibt Axiomatisierungen von regulären Ausdrücken an.

Anwendungen der endlichen Automaten beim Erstellen von Schaltkreisen sind bei Kohavi [1970] und Friedman [1975] zu finden. Die Anwendung der Theorie bei der Erstellung von lexikalischen Analysern wird von Johnson *et al.* [1968] und Lesk [1975] behandelt. Andere Anwendungen der Theorie der endlichen Automaten zur Erstellung von Texteditoren und anderen Textverarbeitungsprogrammen werden in Thompson [1968], Bullen und Millen [1972], Aho und Corasick [1975], Knuth, Morris und Pratt [1977] sowie Aho und Ullman [1977] diskutiert.

Einige weitere Arbeiten über endliche Automaten sind die von Arbib [1970], Conway [1971], Minsky [1967], Moore [1964] und Shannon und McCarthy [1956].

Kapitel 3

EIGENSCHAFTEN VON REGULÄREN MENGEN

Es gibt verschiedene Fragen, die man in bezug auf reguläre Mengen stellen kann. Eine wichtige Frage ist: Ist eine gegebene Sprache L, die auf irgendeine Weise spezifiziert ist, eine reguläre Menge? Wir könnten auch wissen wollen, ob die regulären Mengen, die durch verschiedene reguläre Ausdrücke dargestellt werden, gleich sind, oder welches der endliche Automat mit den wenigsten Zuständen ist, der die gleiche Sprache wie ein gegebener EA bezeichnet.

In diesem Kapitel stellen wir Werkzeuge zur Verfügung, um Fragen wie diese über reguläre Mengen zu behandeln. Wir beweisen ein "Pumping-Lemma", um zu zeigen, daß bestimmte Sprachen nicht regulär sind. Wir untersuchen die "Abgeschlossenheit" regulärer Mengen; die Tatsache, daß Sprachen, die mit bestimmten spezifizierten Methoden aus regulären Mengen konstruiert worden sind, auch regulär sein müssen, kann benutzt werden, um zu beweisen bzw. zu widerlegen, daß gewisse andere Sprachen regulär sind. Die Frage nach Regularität oder Nicht-Regularität kann manchmal auch mit Hilfe des Satzes von Myhill-Nerode in Abschnitt 3.4 gelöst werden. Darüber hinaus geben wir Algorithmen an, um eine Reihe anderer Fragen zu regulären Ausdrücken und endlichen Automaten zu beantworten, so wie beispielsweise, ob ein gegebener EA eine unendliche Sprache akzeptiert.

3.1 DAS PUMPING-LEMMA FÜR REGULÄRE MENGEN

In diesem Abschnitt beweisen wir ein grundlegendes Ergebnis — das sogenannte *Pumping-Lemma* — das ein mächtiges Werkzeug ist, um zu beweisen, daß gewisse Sprachen nicht regulär sind. Es ist ebenfalls nützlich bei der Entwicklung von Algorithmen zur Beantwortung bestimmter Fragen über endliche Automaten, z.B. ob die von einem gegebenen EA akzeptierte Sprache endlich oder unendlich ist.

Wenn eine Sprache regulär ist, wird sie von einem DEA $M = (Q, \Sigma, \delta, q_0, F)$ mit einer bestimmten Anzahl von Zuständen, z.B. n, akzeptiert. Betrachten Sie eine aus n oder mehr Symbolen bestehende Eingabe $a_1a_2...a_m$ mit $m \geq n$; für $i = 1, 2, ..., m$ sei $\delta(q_0, a_1a_2...a_i) = q_i$. Es ist nicht möglich, daß alle $n + 1$ Zustände $q_0, q_1, ..., q_n$ verschieden sind, da es nur n verschiedene Zustände gibt. Also gibt es zwei ganze Zahlen j und k mit $0 \leq j < k \leq n$, so daß $q_j = q_k$. Der mit $a_1a_2...a_m$ markierte Pfad im Transitionsdiagramm von M ist in Abbildung 3.1 dargestellt. Da $j < k$ gilt, hat die Zeichenkette $a_{j+1}...a_k$ mindestens die Länge 1, und da $k \leq n$, ist sie nicht länger als n.

Wenn q_m aus F ist, d.h. $a_1a_2...a_m$ ist in $L(M)$, dann ist $a_1a_2...a_ja_{k+1}a_{k+2}...a_m$ ebenfalls in $L(M)$, da es einen Pfad von q_0 nach q_m gibt, der durch q_j, aber nicht

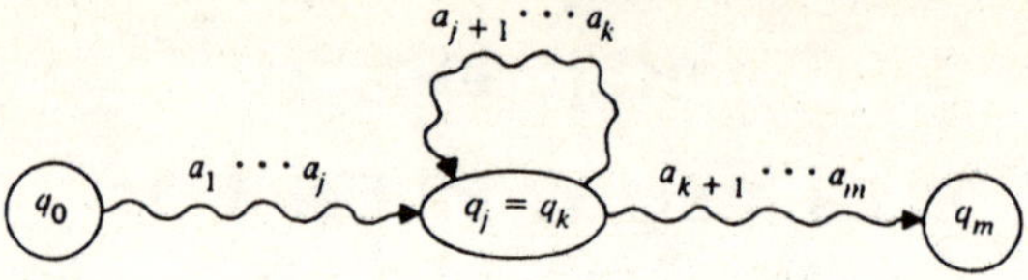

Abb. 3.1: Pfad im Transitionsdiagramm eines DEA M.

durch die mit $q_{j+1}...q_k$ markierte Schleife geht. Formal gilt nach Übungsaufgabe 2.4

$$\begin{aligned} \delta(q_0, a_1...a_j a_{k+1}...a_m) &= \delta(\delta(q_0, a_1...a_j), a_{k+1}...a_m) \\ &= \delta(q_j, a_{k+1}...a_m) \\ &= \delta(q_k, a_{k+1}...a_m) \\ &\doteq q_m. \end{aligned}$$

Genauso können wir mehr als einmal die Schleife aus Abbildung 3.1 durchlaufen — sogar beliebig oft. Also ist $a_1...a_j(a_{j+1}...a_k)^i a_{k+1}...a_m$ in $L(M)$ für jedes $i \geq 0$. Damit haben wir bewiesen, daß — falls der EA eine genügend lange Zeichenkette akzeptiert — eine Teil-Zeichenkette ziemlich am Anfang der Zeichenkette existiert, die "gepumpt" werden kann, d.h. beliebig oft wiederholt werden kann; die resultierende Zeichenkette wird ebenfalls durch den EA akzeptiert. Die formale Beschreibung des Pumping-Lemmas folgt.

Lemma 3.1

L sei eine reguläre Menge. Es gibt eine Konstante n, so daß sich ein Wort z aus L mit $|z| \geq n$ als $z = uvw$ schreiben läßt und für alle $i \geq 0$ gilt, daß uv^iw in L ist. Außerdem ist n nicht größer als die Anzahl der Zustände in dem kleinsten EA, der L akzeptiert.

Beweis:

Nach der der Aufstellung des Lemmas vorausgehenden Diskussion gilt $z = a_1a_2...a_m$, $u = a_1a_2...a_j$, $v = a_{j+1}...a_k$ und $w = a_{k+1}...a_m$. □

Beachten Sie, daß das Pumping-Lemma besagt, daß eine reguläre Menge, wenn sie eine lange Zeichenkette z enthält, unendlich viele Zeichenketten der Form uv^iw enthält. Das Lemma besagt nicht, daß jede genügend lange Zeichenkette in einer regulären Menge von der Form uv^iw für ein großes i ist. Tatsächlich enthält $(\mathbf{0} + \mathbf{1})^*$ beliebig lange Zeichenketten, in denen keine Teil-Zeichenkette dreimal in Folge auftritt. (Der Beweis verbleibt als Übungsaufgabe.)

Anwendungen des Pumping-Lemmas

Das Pumping-Lemma ist außerordentlich nützlich, um zu beweisen, daß gewisse Mengen nicht regulär sind. Im allgemeinen handelt es sich dabei um eine Art Gegenbeweis von folgender Form:

1) Sei L eine Sprache, von der zu zeigen ist, daß sie nicht regulär ist.
2) Der "Gegner" wählt ein n — die im Pumping-Lemma erwähnte Konstante. Sie müssen mit einem beliebigen n rechnen, das sich allerdings — einmal gewählt — nicht mehr ändern kann.

3) Wählen Sie eine Zeichenkette z aus L. Die Wahl darf implizit von der Wahl des n in (2) abhängen.
4) Der Gegner teilt z in u, v und w auf, wobei die Einschränkungen $|uv| \leq n$ und $|v| \geq 1$ zu beachten sind.
5) Wir erhalten einen Widerspruch zum Pumping-Lemma, indem wir zeigen, daß für jedes durch den Gegner bestimmte u, v und w ein i existiert, für das uv^iw nicht in L ist. Wir können dann schließen, daß L nicht regulär ist. Die Wahl von i darf von n, u, v und w abhängen.

Es ist interessant zu bemerken, daß unsere Wahl im obigen "Spiel" dem Allquantor ($\forall$, d.h. "für alle") und die des Gegners dem Existenzquantor ($\exists$, d.h. "es existiert") in der formalen Darstellung des Pumping-Lemmas entspricht:

$$(\forall L)(\exists n)(\forall z)[z \text{ aus } L \text{ und } |z| \geq n$$

$$\text{impliziert, daß}$$

$$(\exists u, v, w)(z = uvw, |uv| \leq n, |v| \geq 1 \text{ und } (\forall i)(uv^iw \text{ ist in } L))].$$

Beispiel 3.1
Die Menge $L = \{0^{i^2} \mid i \text{ ist eine ganze Zahl, } i \geq 1\}$, die aus allen aus Nullen bestehenden Zeichenketten besteht, deren Länge ein perfektes Quadrat ist, ist nicht regulär. Nehmen Sie nun an, L wäre regulär; n sei die ganze Zahl aus dem Pumping-Lemma. Sei $z = 0^{n^2}$. Nach dem Pumping-Lemma kann 0^{n^2} geschrieben werden als uvw, wobei $1 \leq |v| \leq n$ und uv^iw in L ist für alle i. Insbesondere sei $i = 2$. Es gilt jedoch $n^2 < |uv^2w| \leq n^2 + n < (n+1)^2$. D.h. die Länge von uv^2w liegt echt zwischen n^2 und $(n+1)^2$, und ist daher kein perfektes Quadrat. Also liegt uv^2w nicht in L, was ein Widerspruch ist. Daraus folgt, daß L nicht regulär ist.

Beispiel 3.2
Sei L die Menge aller aus Nullen und Einsen bestehenden Zeichenketten, die mit einer Eins beginnen und deren Wert, als Binärzahl betrachtet, eine Primzahl ist. Wir können das Pumping-Lemma benutzen, um zu beweisen, daß L nicht regulär ist. Wir benötigen dazu zwei Ergebnisse aus der Zahlentheorie: Das erste ist, daß die Anzahl der Primzahlen unendlich ist, und daß es deshalb beliebig lange Primzahlen gibt. Das zweite — das auf Fermat zurückgeht — ist, daß $2^{p-1} - 1$ für jede Primzahl $p > 2$ durch p teilbar ist. Mit anderen Worten gilt $2^{p-1} \equiv 1 \mod p$ (siehe Hardy und Wright [1938]).

Wir nehmen nun an, daß L regulär ist, und n sei die ganze Zahl im Pumping-Lemma. Sei z die Binärdarstellung einer Primzahl p, so daß $p > 2^n$. Eine solche Primzahl existiert, da es unendlich viele Primzahlen gibt. Nach dem Pumping-Lemma können wir $z = uvw$ schreiben, wobei $|v| \geq 1$ und uv^iw für alle i die Binärdarstellung einer Primzahl ist. Seien n_u, n_v und n_w die Werte der binär dargestellten u, v und w. Wenn u oder w gleich ϵ sind, so sind n_u bzw. n_w gleich 0. Wir wählen $i = p$. Dann ist uv^pw die Binärdarstellung einer Primzahl q. Der numerische Wert von q ist

$$n_u 2^{|w|+p|v|} + n_v 2^{|w|}(1 + 2^{|v|} + \ldots + 2^{(p-1)|v|}) + n_w.$$

Nach dem Satz von Fermat gilt $2^{(p-1)} \equiv 1 \bmod p$. Wenn wir beide Seiten mit $|v|$ potenzieren, erhalten wir

$$2^{p|v|} = 2^{(p-1)|v|}2^{|v|} \equiv 2^{|v|} \mod p.$$

Sei $s = 1 + 2^{|v|} + ... + 2^{(p-1)|v|}$. Dann gilt

$$(2^{|v|} - 1)s = 2^{p|v|} - 1,$$

was gerade $2^{|v|} - 1 \bmod p$ ist. Also ist $(2^{|v|} - 1)(s - 1)$ durch p teilbar. Es gilt aber $1 \leq |v| \leq n$, und somit $2 \leq 2^{|v|} \leq 2^n < p$. Deshalb kann p nicht $2^{|v|} - 1$ teilen, und teilt daher $s - 1$, d.h. $s \equiv 1 \bmod p$. Es gilt jedoch

$$q = n_u 2^{|w|+p|v|} + n_v 2^{|w|}s + n_w,$$

so daß

$$q \equiv n_u 2^{|w|+|v|} + n_v 2^{|w|} + n_w \mod p. \tag{3.1}$$

Die rechte Seite von (3.1) ist jedoch der numerische Wert von p. Also gilt $q \equiv p \bmod p$, was bedeutet, daß q durch p teilbar ist. Da $q > p > 1$ gilt, kann q keine Primzahl sein. Doch nach dem Pumping-Lemma liegt die Binärdarstellung von q in L, was ein Widerspruch ist. Also ist L nicht regulär.

3.2 ABGESCHLOSSENHEIT REGULÄRER MENGEN

Es gibt viele Operationen auf Sprachen, die reguläre Mengen in dem Sinne erhalten, daß diese Operationen — angewendet auf reguläre Mengen — wieder zu regulären Mengen führen. Z.B. ist die Vereinigung zweier regulärer Mengen eine reguläre Menge; wenn nämlich r_1 und r_2 reguläre Ausdrücke sind, die die regulären Mengen L_1 und L_2 bezeichnen, dann bezeichnet $r_1 + r_2$ gerade $L_1 \cup L_2$, so daß $L_1 \cup L_2$ ebenfalls regulär ist. Genauso ist die Konkatenation regulärer Mengen eine reguläre Menge, und die Kleene'sche Hülle einer regulären Menge ist ebenfalls eine reguläre Menge.

Ist eine Sprachklasse unter einer bestimmten Operation abgeschlossen, so wird dies als *Abgeschlossenheit* bezeichnet. Wir sind insbesondere an *effektiver Abgeschlossenheit* interessiert, wo es bei einer gegebenen Beschreibung für Sprachen einer Klasse einen Algorithmus gibt, der eine Darstellung der aus der Anwendung der Operation resultierenden Sprache liefert. Z.B. haben wir gerade einen Algorithmus angegeben, um einen regulären Ausdruck für die Vereinigung zweier durch reguläre Ausdrücke bezeichneter Sprachen so zu konstruieren, daß die Klasse der regulären Mengen unter der Vereinigung effektiv abgeschlossen ist. Die in diesem Buch auftretende Abgeschlossenheit ist — falls nicht anders gesagt — effektiv.

Beachten Sie, daß die in Kapitel 2 gezeigten Äquivalenzen zwischen den verschiedenen Modellen endlicher Automaten und den regulären Ausdrücken in dem Sinn effektive Äquivalenzen waren, daß wir Algorithmen zur Übersetzung der Darstellungen ineinander angegeben haben. Also können wir für die Beweise von effektiver Abgeschlossenheit die Darstellung wählen, die am besten geeignet ist;

gewöhnlich sind dies reguläre Ausdrücke oder deterministische endliche Automaten. Wir betrachten nun verschiedene Formen von Abgeschlossenheit bei regulären Mengen; zusätzliche Formen von Abgeschlossenheit werden in den Übungen angegeben.

Satz 3.1
Die regulären Mengen sind abgeschlossen unter Vereinigung, Kleene'scher Hüllenbildung und Konkatenation.
Beweis:
Folgt sofort aus der Definition für reguläre Ausdrücke. □

Boolesche Operationen

Satz 3.2
Die Klasse der regulären Mengen ist abgeschlossen unter Komplementbildung. D.h. wenn L eine reguläre Menge ist und $L \subseteq \Sigma^*$, dann ist $\Sigma^* - L$ eine reguläre Menge.
Beweis:
L sei $L(M)$ für einen DEA $M = (Q, \Sigma_1, \delta, q_0, F)$ und es gelte $L \subseteq \Sigma^*$. Als erstes nehmen wir $\Sigma_1 = \Sigma$ an, denn wenn es Symbole in Σ_1 gibt, die nicht in Σ sind, können wir alle Transitionen von M auf Symbolen, die nicht in Σ sind, löschen. Die Tatsache, daß $L \subseteq \Sigma^*$ ist, versichert uns, daß wir dadurch nicht die Sprache von M ändern. Wenn es Symbole in Σ gibt, die nicht in Σ_1 sind, dann taucht keines dieser Symbole in Wörtern von L auf. Wir können daher einen "toten Zustand" d in M einführen mit $\delta(d, a) = d$ für alle a aus Σ und $\delta(q, a) = d$ für alle q aus Q und a aus $\Sigma - \Sigma_1$.

Um nun $\Sigma^* - L$ zu akzeptieren, bilden wir das Komplement der Endzustände von M. D.h. sei $M' = (Q, \Sigma, \delta, q_0, Q - F)$. Dann akzeptiert M' genau dann ein Wort w, wenn $\delta(q_0, w)$ in $Q - F$ liegt, d.h. wenn w in $\Sigma^* - L$ ist. Beachten Sie, daß es für den Beweis wesentlich ist, daß M deterministisch ist und keine ϵ-Übergänge hat. □

Satz 3.3
Die regulären Mengen sind unter Schnittbildung abgeschlossen.
Beweis:
Es gilt $L_1 \cap L_2 = \overline{\overline{L_1} \cup \overline{L_2}}$, wobei die Querstriche die Komplementbildung unter Berücksichtigung eines Alphabets bezeichnet, das die Alphabete von L_1 und L_2 einschließt. Die Abgeschlossenheit unter der Schnittbildung folgt dann aus der Abgeschlossenheit unter Vereinigung und Komplementbildung. □

Bemerkenswert ist, daß auch eine direkte Konstruktion eines DEA für die Schnittbildung zweier regulärer Mengen existiert. Die Konstruktion umfaßt die Bildung des kartesischen Produkts von Zuständen; wir skizzieren sie im folgenden.

Seien $M_1 = (Q_1, \Sigma, \delta_1, q_1, F_1)$ und $M_2 = (Q_2, \Sigma, \delta_2, q_2, F_2)$ zwei deterministische endliche Automaten. Sei

$$M = (Q_1 \times Q_2, \Sigma, \delta, [q_1, q_2], F_1 \times F_2),$$

wobei für alle p_1 aus Q_1, p_2 aus Q_2 und a aus Σ

$$\delta([p_1, p_2], a) = [\delta_1(p_1, a), \delta_2(p_2, a)]$$

gilt. Es ist einfach zu zeigen, daß $T(M) = T(M_1) \cap T(M_2)$ gilt.

Substitutionen und Homomorphismen

Die Klasse der regulären Mengen hat die interessante Eigenschaft, im folgenden Sinne unter der Substitution abgeschlossen zu sein: R_a sei eine bestimmte reguläre Menge zu einem Symbol a aus dem Alphabet einer regulären Menge R. Wir nehmen an, daß wir jedes Wort $a_1 a_2 ... a_n$ aus R durch eine Menge von Wörtern der Form $w_1 w_2 ... w_n$ ersetzen, wobei jedes w_i ein beliebiges Wort in R_{a_i} ist. Das Ergebnis ist immer eine reguläre Menge. Formaler ist eine Substitution f eine Abbildung von einem Alphabet Σ auf Teilmengen von Δ^*, wobei Δ ein Alphabet ist. Also assoziiert f mit jedem Symbol aus Σ eine Sprache. Man kann die Abbildung f wie folgt auf Zeichenketten erweitern:

1) $f(\epsilon) = \epsilon$;
2) $f(xa) = f(x)f(a)$.

Die Abbildung f läßt sich auch durch die Definition

$$f(L) = \bigcup_{x \text{ aus } L} f(x).$$

auf Sprachen erweitern.

Beispiel 3.3

Sei $f(0) = \mathbf{a}$ und $f(1) = \mathbf{b}^*$, d.h. $f(0)$ ist die Sprache $\{a\}$ und $f(1)$ besteht aus allen aus b bestehenden Zeichenketten. Damit ist $f(010)$ die reguläre Menge $\mathbf{ab^*a}$. Wenn L die Sprache $\mathbf{0^*(0+1)1^*}$ ist, dann ist $f(L)$ die Sprache $\mathbf{a^*(a+b^*)(b^*)^* = a^*b^*}$.

Satz 3.4

Die Klasse der regulären Mengen ist unter Substitution abgeschlossen.

Beweis:

$R \subseteq \Sigma^*$ sei eine reguläre Menge und für jedes a aus Σ sei $R_a \subseteq \Delta^*$ eine reguläre Menge. Sei $f : \Sigma \to \Delta^*$ die Substitution, die durch $f(a) = R_a$ definiert ist. Wir wählen reguläre Ausdrücke zur Bezeichnung von R und allen R_a. Ersetzen Sie jedes Auftreten des Symbols **a** im regulären Ausdruck für R durch den regulären Ausdruck für R_a. Um zu beweisen, daß der resultierende reguläre Ausdruck $f(R)$ beschreibt, wird verwendet, daß die Substitution einer Vereinigung, eines Produkts oder einer Hülle gleich der Vereinigung, dem Produkt bzw. der Hülle der Substitution ist. [Es gilt also beispielsweise $f(L_1 \cup L_2) = f(L_1) \cup f(L_2)$.] Eine einfache Induktion über die Anzahl der Operatoren im regulären Ausdruck vervollständigt den Beweis.

□

Beachten Sie, daß wir $f(L)$ in Beispiel 3.3 berechnet haben, indem wir den regulären Ausdruck $\mathbf{0^*(0+1)1^*}$ für L genommen und $\mathbf{0}$ durch $\mathbf{a}$ und $\mathbf{1}$ durch $\mathbf{b^*}$ substituiert haben. Es ist reiner Zufall, daß der resultierende reguläre Ausdruck äquivalent zu dem einfacheren regulären Ausdruck $\mathbf{a^*b^*}$ ist.

Ein besonders interessanter Substitutionstyp ist der Homomorphismus: Ein *Homomorphismus* h ist eine Substitution, bei der $h(a)$ eine einzige Zeichenkette für jedes a enthält. Im allgemeinen betrachtet man $h(a)$ selbst eher als Zeichenkette als als eine Zeichenkette enthaltende Menge. Es ist nützlich, das *Urbild* des Homomorphismus einer Sprache L als

$$h^{-1}(L) = \{x \mid h(x) \in L\}.$$

zu definieren. Für eine Zeichenkette w definieren wir zudem

$$h^{-1}(w) = \{x \mid h(x) = w\}.$$

Beispiel 3.4
Sei $h(0) = aa$ und $h(1) = aba$. Dann gilt $h(010) = aaabaaa$. Wenn L_1 gleich $(\mathbf{01})^*$ ist, dann ist $h(L_1)$ gleich $(\mathbf{aaaba})^*$. Sei $L_2 = (\mathbf{ab} + \mathbf{ba})^*\mathbf{a}$: Dann besteht $h^{-1}(L_2)$ nur aus der Zeichenkette 1. Dies folgt aus der Tatsache, daß eine mit b beginnende Zeichenkette in L_2 nicht $h(x)$ für ein beliebiges x aus Nullen und Einsen sein kann, da $h(0)$ und $h(1)$ jeweils mit einem a beginnen. Wenn also $h^{-1}(w)$ nichtleer und w aus L_2 ist, so beginnt w mit einem a. Nun ist entweder $w = a$ — in diesem Fall ist $h^{-1}(w)$ sicherlich leer — oder w ist abw' für ein w' aus $(\mathbf{ab}+\mathbf{ba})^*\mathbf{a}$. Wir schließen, daß jedes Wort aus $h^{-1}(w)$ mit einer Eins beginnt, und da $h(1) = aba$ gilt, muß w' ebenfalls mit einem a beginnen. Ist $w' = a$, so gilt $w = aba$ und $h^{-1}(w) = \{1\}$. Ist jedoch $w' \neq a$, so ist $w' = abw''$ und somit $w = ababw''$. Es gibt jedoch keine Zeichenkette x aus $(\mathbf{0} + \mathbf{1})^*$, dessen $h(x)$ mit $abab$ beginnt. Daraus schließen wir, daß $h^{-1}(w)$ in diesem Fall leer ist. Also ist die einzige Zeichenkette aus L_2, die unter h ein Urbild hat, gerade aba; folglich gilt $h^{-1}(L_2) = \{1\}$.

Beachten Sie, daß $h(h^{-1}(L_2)) = \{aba\} \neq L_2$. Andererseits ist es einfach zu zeigen, daß $h(h^{-1}(L)) \subseteq L$ und $h^{-1}(h(L)) \supseteq L$ für jede Sprache L gilt.

Satz 3.5
Die Klasse der regulären Mengen ist abgeschlossen unter Homomorphismen und inversen Homomorphismen.

Beweis:
Die Abgeschlossenheit unter Homomorphismen folgt sofort aus der Abgeschlossenheit unter der Substitution, da jeder Homomorphismus eine spezielle Substitution ist, bei der jedes $h(a)$ ein Element hat.

Um die Abgeschlossenheit unter inversen Homomorphismen zu zeigen, sei $M = (Q, \Sigma, \delta, q_0, F)$ ein DEA, der L akzeptiert, und h ein Homomorphismus von Δ nach Σ^*. Wir konstruieren einen DEA M', der $h^{-1}(L)$ akzeptiert, indem er ein Symbol a aus Δ liest und M auf $h(a)$ simuliert. Formal sei $M' = (Q, \Sigma, \delta', q_0, F)$, und wir definieren $\delta'(q, a)$ für q aus Q und a aus Δ als $\delta(q, h(a))$. Beachten Sie, daß $h(a)$ eine lange Zeichenkette oder ϵ sein kann; δ ist jedoch mittels Erweiterung auf allen Zeichenketten definiert. Es ist einfach durch eine Induktion über $|x|$ zu zeigen, daß $\delta'(q_0, x) = \delta(q_0, h(x))$. Daher wird x von M' genau dann akzeptiert, wenn $h(x)$ von M akzeptiert wird. D.h. $L(M') = h^{-1}(L(M))$. □

Beispiel 3.5
Die Wichtigkeit von Homomorphismen und inversen Homomorphismen tritt in der Vereinfachung von Beweisen zutage. Wir wissen beispielsweise, daß $\{0^n1^n \mid n \geq$

$1\}$ nicht regulär ist. Intuitiv ist $\{a^n b a^n \mid n \geq 1\}$ aus dem gleichen Grund nicht regulär. Hätten wir also einen DEA M, der $\{a^n b a^n \mid n \geq 1\}$ akzeptiert, so könnten wir $\{0^n 1^n \mid n \geq 1\}$ akzeptieren, indem wir M auf der Eingabe a für jede Null simulieren. Beim Auftreten der ersten Eins ist M auf ba zu simulieren und danach M auf a für jede auftretende Eins. Genau genommen ist es jedoch nötig, formal zu beweisen, daß $\{a^n b a^n \mid n \geq 1\}$ nicht regulär ist. Zu diesem Zweck zeigen wir, daß $\{a^n b a^n \mid n \geq 1\}$ in $\{0^n 1^n \mid n \geq 1\}$ durch Operationen, die die Regularität erhalten, konvertiert werden kann. Also kann $\{a^n b a^n \mid n \geq 1\}$ nicht regulär sein.

h_1 und h_2 seien die Homomorphismen

$$h_1(a) = a, \qquad h_2(a) = 0,$$

$$h_1(b) = ba, \qquad h_2(b) = 1,$$

$$h_1(c) = a, \qquad h_2(c) = 1.$$

Dann gilt

$$h_2(h_1^{-1}(\{a^n b a^n \mid n \geq 1\}) \cap \mathbf{a^*bc^*}) = \{0^n 1^n \mid n \geq 1\}. \tag{3.2}$$

D.h. $h_1^{-1}(\{a^n b a^n \mid n \geq 1\})$ besteht aus allen Zeichenketten in $\mathbf{(a+c)^*b(a+c)^*}$, für die die Anzahl der dem b vorausgehenden Symbole um 1 größer ist als die Anzahl der dem b folgenden Zeichen. Also gilt

$$h_1^{-1}(\{a^n b a^n \mid n \geq 1\}) \cap \mathbf{a^*bc^*} = \{a^n b c^{n-1} \mid n \geq 1\}.$$

Durch Anwendung des Homomorphismus h_2 folgt dann direkt Zeile (3.2).

Wenn $\{a^n b a^n \mid n \geq 1\}$ regulär wäre, so würde — da Homomorphismen, inverse Homomorphismen und Schnittbildung bei Anwendung auf reguläre Mengen die Regularität erhalten — folgen, daß $\{0^n 1^n \mid n \geq 1\}$ regulär wäre, also ein Widerspruch.

Quotienten von Sprachen

Nun wollen wir uns der letzten in diesem Abschnitt bewiesenen Abgeschlossenheitseigenschaft zuwenden. Weitere sind den Übungen zu entnehmen. Ein *Quotient* zweier Sprachen L_1 und L_2 — geschrieben als L_1/L_2 — sei definiert als

$$\{x \mid \text{ es existiert ein } y \text{ aus } L_2, \text{ so daß } xy \text{ in } L_1 \text{ ist}\}.$$

Beispiel 3.6

Sei L_1 gleich $\mathbf{0^*10^*}$ und L_2 gleich $\mathbf{10^*1}$. Dann ist L_1/L_2 leer. Da jedes y aus L_2 mindestens zwei Einsen und jede Zeichenkette xy aus L_1 nur eine Eins haben kann, gibt es kein x, so daß xy in L_1 und y in L_2 liegt.

Sei L_3 gleich $\mathbf{0^*1}$. Dann ist L_1/L_3 gleich $\mathbf{0^*}$, da $y = 1$ für jedes x aus $\mathbf{0^*}$ gewählt werden kann. Natürlich ist xy in $L_1 = \mathbf{0^*10^*}$ und y in $L_3 = \mathbf{0^*1}$. Da Wörter in L_1 und L_3 je eine Eins haben, ist es nicht möglich, daß Wörter, die nicht in $\mathbf{0^*}$ sind, in L_1/L_3 sind. Ein weiteres Beispiel ist $L_2/L_3 = \mathbf{10^*}$, da wir für jedes x aus $\mathbf{10^*}$ wieder ein $y = 1$ aus L_3 wählen können und xy in $L_2 = \mathbf{10^*1}$ sein wird. Wenn xy aus L_2 und y aus L_3 ist, so ist x offensichtlich in $\mathbf{10^*}$.

Satz 3.6
Die Klasse der regulären Mengen ist abgeschlossen unter Quotientenbildung mit beliebigen Mengen.[1]

Beweis:
Sei $M = (Q, \Sigma, \delta, q_0, F)$ ein endlicher Automat, der eine reguläre Menge R akzeptiert, und L eine beliebige Sprache. Der Quotient R/L wird von einem endlichen Automaten $M' = (Q, \Sigma, \delta, q_0, F')$ erkannt, der sich wie M verhält mit der Ausnahme, daß die Endzustände von M' alle Zustände q von M sind, für die ein y aus L mit $\delta(q, y)$ aus F existiert. Dann ist $\delta(q_0, x)$ genau dann in F', wenn es ein y gibt, so daß $\delta(q_0, xy)$ aus F ist. Also wird R/L von M' akzeptiert. □

Beachten Sie, daß die Konstruktion in Satz 3.6 sich insofern von allen anderen Konstruktionen in diesem Kapitel unterscheidet, als daß sie nicht effektiv ist. Da L eine beliebige Menge ist, braucht es keinen Algorithmus zu geben, der bestimmt, ob es ein y aus L gibt, für das $\delta(q, y)$ in F ist. Sogar wenn wir L auf eine endlich darstellbare Klasse beschränken, müssen wir noch keine effektive Konstruktion haben, es sei denn, es gibt einen Algorithmus zur Überprüfung der Existenz eines solchen y. Tatsächlich behaupten wir, daß es für jedes L mit Sicherheit ein F' gibt, so daß M mit F' als Menge der Endzustände R/L erkennt. Wir können jedoch unter Umständen nicht sagen, welche Teilmenge von Q als F' zu wählen ist. Im nächsten Abschnitt werden wir sehen, daß wir — wenn L eine reguläre Menge ist — F' so bestimmen können, daß die regulären Mengen effektiv abgeschlossen sind unter Quotientenbildung mit einer regulären Menge.

3.3 ENTSCHEIDUNGSALGORITHMEN FÜR REGULÄRE MENGEN

Es ist wichtig, Algorithmen zu haben, um verschiedene Fragen über reguläre Mengen beantworten zu können. Zu den Fragen, mit denen wir uns beschäftigen, gehören z.B.: Ist eine gegebene Sprache leer, endlich oder unendlich? Ist eine reguläre Menge äquivalent zu einer anderen? usw. Bevor wir Algorithmen zur Beantwortung solcher Fragen aufstellen können, müssen wir uns für eine Darstellungsform entscheiden. Für unsere Zwecke wollen wir annehmen, daß die regulären Mengen durch endliche Automaten dargestellt sind. Ebensogut hätten wir reguläre Ausdrücke oder eine beliebige andere Notation wählen können, da sich diese mechanisch in endliche Automaten übersetzen lassen. Man kann sich jedoch Darstellungsformen vorstellen, für die es keine derartigen Übersetzungen gibt, und für solche Darstellungsformen könnte es u.U. keinen Algorithmus zur Entscheidung geben, ob eine bestimmte Sprache leer ist oder nicht.

In diesem Stadium könnte es der Leser für offensichtlich halten, daß entscheidbar ist, ob eine reguläre Menge leer ist. Wir werden jedoch in Kapitel 8 sehen, daß die Frage für viele interessante Sprachklassen nicht beantwortet werden kann.

Leere, Endlichkeit und Unendlichkeit

Algorithmen zur Bestimmung, ob eine reguläre Menge leer, endlich oder unendlich

[1] In diesem Satz ist die Abgeschlossenheit nicht effektiv.

ist, können auf dem folgenden Satz basieren. Wir werden im Anschluß an den Satz effiziente Algorithmen diskutieren.

Satz 3.7

Die Menge von Sätzen, die von einem endlichen Automaten M mit n Zuständen akzeptiert wird, ist genau dann

1) nichtleer, wenn der endliche Automat einen Satz von einer Länge kleiner als n akzeptiert.
2) unendlich, wenn der Automat einen Satz der Länge l akzeptiert, wobei $n \leq l < 2n$ gilt.

Es gibt also einen Algorithmus, um zu bestimmen, ob ein endlicher Automat null, eine endliche Anzahl oder eine unendliche Anzahl von Sätzen akzeptiert.

Beweis:

1) Die Rückrichtung ist offensichtlich. Akzeptiere nun M eine nichtleere Menge. Sei w ein kürzeres als alle anderen akzeptierten Wörter. Nach dem Pumping-Lemma gilt $|w| < n$, denn wenn w das kürzeste Wort wäre und $|w| \geq n$ gelten würde, so wäre $w = uvy$ und uy wäre ein kürzeres Wort aus der Sprache.
2) Wenn w aus $L(M)$ und $n \leq |w| < 2n$ gilt, dann ist $L(M)$ nach dem Pumping-Lemma unendlich: $w = w_1w_2w_3$ und für alle i ist $w_1w_2^iw_3$ in L. Umgekehrt gilt, wenn $L(M)$ unendlich ist, dann gibt es ein w in $L(M)$ mit $|w| \geq n$. Wenn $|w| < 2n$ gilt, so sind wir fertig. Falls kein Wort eine Länge zwischen n und $2n-1$ hat, dann sei w das kürzeste Wort der Länge mindestens $2n$. Wiederum gilt nach dem Pumping-Lemma $w = w_1w_2w_3$ mit $1 \leq |w_2| \leq n$ und w_1w_3 in $L(M)$. Entweder war w nicht ein kürzestes Wort der Länge größer oder gleich $2n$, oder $|w_1w_3|$ liegt zwischen n und $2n-1$, in jedem Fall also ein Widerspruch.

In Teil (1) wird als Algorithmus zur Entscheidung, ob $L(M)$ leer ist, "Überprüfen Sie, ob ein Wort mit einer Länge bis zu n in $L(M)$ ist" verwendet. Natürlich gibt es dafür eine Prozedur, die mit Sicherheit terminiert. In Teil (2) ist der Algorithmus, um zu entscheiden, ob $L(M)$ unendlich ist, der folgende: "Überprüfen Sie, ob ein Wort mit einer Länge zwischen n und $2n-1$ in $L(M)$ ist". Wiederum gibt es natürlich eine entsprechende Prozedur, die unter Garantie terminiert. □

Wir sollten uns darüber bewußt sein, daß die in Satz 3.7 vorgeschlagenen Algorithmen höchst ineffizient sind. Man kann jedoch einfach überprüfen, ob ein DEA die leere Menge akzeptiert, indem man aus seinem Transitionsdiagramm alle Zustände entfernt, die nicht mittels irgendeiner Eingabe vom Anfangszustand aus erreichbar sind. Verbleiben ein oder mehrere Endzustände, so ist die Sprache nichtleer. Dann können wir, ohne die akzeptierte Sprache zu verändern, alle Zustände entfernen, die nicht selbst Endzustände sind und von denen aus auch kein Endzustand erreichbar ist. Der DEA akzeptiert genau dann eine unendliche Sprache, wenn das resultierende Transitionsdiagramm eine Schleife hat. Die gleiche Methode ist für NEA anwendbar, doch ist dabei zu überprüfen, ob es eine Schleife gibt, die mit etwas von ϵ verschiedenem markiert ist.

Äquivalenz

Als nächstes zeigen wir, daß es einen Algorithmus zur Entscheidung gibt, ob zwei endliche Automaten dieselbe Menge akzeptieren.

Satz 3.8
Es gibt einen Algorithmus, um zu entscheiden, ob zwei endliche Automaten äquivalent sind (d.h. ob sie die gleiche Sprache akzeptieren).

Beweis:
Seien M_1 und M_2 EA, die L_1 bzw. L_2 akzeptieren. Aus den Sätzen 3.1, 3.2 und 3.3 folgt, daß $(L_1 \cap \bar{L}_2) \cup (\bar{L}_1 \cap L_2)$ von einem endlichen Automaten M_3 akzeptiert wird. Es ist einfach zu sehen, daß M_3 genau dann ein Wort akzeptiert, wenn $L_1 \neq L_2$. Also gibt es nach Satz 3.7 einen Algorithmus, um zu entscheiden, ob $L_1 = L_2$. □

3.4 DER SATZ VON MYHILL-NERODE UND DIE MINIMIERUNG ENDLICHER AUTOMATEN

Rufen Sie sich unsere Diskussion aus Abschnitt 1.5 über Äquivalenzrelationen und -klassen ins Gedächtnis zurück. Wir können mit einer beliebigen Sprache L eine natürliche Äquivalenzrelation R_L assoziieren: xR_Ly gilt genau dann, wenn für alle z entweder sowohl xz als auch yz in L liegt oder beide nicht. Im ungünstigsten Fall bildet jede Zeichenkette eine eigene Äquivalenzklasse; es kann aber auch weniger Klassen geben. Insbesondere ist der *Index* (die Anzahl der Äquivalenzklassen) immer endlich, wenn L eine reguläre Menge ist.

Es gibt auch eine natürliche Äquivalenzrelation auf Zeichenketten, die mit einem endlichen Automaten assoziiert sind. Sei $M = (Q, \Sigma, \delta, q_0, F)$ ein DEA. Für x und y aus Σ^* gelte xR_My genau dann, wenn $\delta(q_0, x) = \delta(q_0, y)$. Die Relation R_M ist reflexiv, symmetrisch und transitiv, da "=" diese Eigenschaften hat; also ist R_M eine Äquivalenzrelation. R_M teilt die Menge Σ^* in Äquivalenzklassen auf, eine für jeden von q_0 aus erreichbaren Zustand. Nach Übungsaufgabe 2.4 gilt

$$\delta(q_0, xz) = \delta(\delta(q_0, x), z) = \delta(\delta(q_0, y), z) = \delta(q_0, yz).$$

und folglich xzR_Myz für alle z in Σ^*, falls xR_My gilt. Eine Äquivalenzrelation R, so daß $xzRyz$ aus xRy folgt, heißt *rechts-invariant* (unter Berücksichtigung der Konkatenation). Wir sehen, daß jeder endliche Automat zu einer rechts-invarianten Äquivalenzrelation auf seiner Menge von Eingabe-Zeichenketten führt, die wie R_M definiert ist. Dieses Ergebnis ist im folgenden Satz formalisiert:

Satz 3.9
Die folgenden drei Aussagen sind äquivalent:
1) Die Menge $L \subseteq \Sigma^*$ wird von einem endlichen Automaten akzeptiert.
2) L ist die Vereinigung von einigen der Äquivalenzklassen einer rechts-invarianten Äquivalenzrelation mit endlichem Index.
3) Sei die Äquivalenzrelation R_L wie folgt definiert: xR_Ly ist genau dann wahr, wenn — für alle z aus Σ^* — xz genau dann in L ist, wenn yz in L ist. Dann ist R_L von endlichem Index.

Beweis:
(1) → (2) Wir nehmen an, daß L von einem DEA $M = (Q, \Sigma, \delta, q_0, F)$ akzeptiert wird. R_M sei die Äquivalenzrelation mit xR_My gilt genau dann, wenn $\delta(q_0, x) = \delta(q_0, y)$. R_M ist rechts-invariant, da $\delta(q_0, xz) = \delta(q_0, yz)$ für alle z gilt, falls $\delta(q_0, x) = \delta(q_0, y)$ gilt. Der Index von R_M ist endlich, da er höchstens gleich

der Anzahl der Zustände in Q ist. Außerdem ist L die Vereinigung derjenigen Äquivalenzklassen, die eine Zeichenkette x enthalten, für die $\delta(q_0, x)$ in F liegt, d.h. der Äquivalenzklassen, die den Endzuständen entsprechen.

(2) → (3) Wir zeigen, daß jede Äquivalenzrelation E, die (2) genügt, eine *Verfeinerung* von R_L ist; d.h. jede Äquivalenzklasse von E ist vollständig in einer Äquivalenzklasse von R_L enthalten. Also kann der Index von R_L nicht größer sein als der Index von E und ist deshalb endlich. Gelte xEy. Da E rechts-invariant ist, gilt $xzEyz$ für jedes z in Σ^*; daher ist yz genau dann in L, wenn xz in L ist. Also gilt xR_Ly, und daher ist die Äquivalenzklasse von x aus E in der Äquivalenzklasse von x in R_L enthalten. Folglich ist jede Äquivalenzklasse von E in einer Äquivalenzklasse von R_L enthalten.

(3) → (1) Wir müssen zuerst zeigen, daß R_L rechts-invariant ist. Gelte xR_Ly, und sei w in Σ^*. Wir müssen zeigen, daß xwR_Lyw gilt, d.h. für jedes z ist xwz genau dann in L, wenn ywz in L ist. Da jedoch xR_Ly gilt, wissen wir nach der Definition von R_L, daß xv für jedes v genau dann in L liegt, wenn yv in L ist. Sei also $v = wz$, womit gezeigt ist, daß R_L rechts-invariant ist.

Nun sei Q' die endliche Menge von Äquivalenzklassen von R_L und $[x]$ das Element von Q', das x enthält. Definieren Sie $\delta'([x], a) = [xa]$. Die Definition ist konsistent, da R_L rechts-invariant ist. Hätten wir y statt x aus der Äquivalenzklasse $[x]$ gewählt, so hätten wir $\delta'([x], a) = [ya]$ erhalten. Es gilt jedoch xR_Ly, so daß xz genau dann in L ist, wenn yz in L ist. Insbesondere gilt, wenn $z = az'$ ist, daß xaz' genau dann in L liegt, wenn yaz' in L ist; folglich gilt xaR_Lya und $[xa] = [ya]$. Sei $q'_0 = [\epsilon]$ und $F' = \{[x] \mid x \text{ ist in } L\}$. Der endliche Automat $M' = (Q', \Sigma, \delta', q'_0, F')$ akzeptiert L, da $\delta'(q'_0, x) = [x]$; daher ist x genau dann in $L(M')$, wenn $[x]$ in F' ist.

□

Beispiel 3.7

Sei L die Sprache $\mathbf{0^*10^*}$. L wird von dem DEA M aus Abbildung 3.2 akzeptiert. Betrachten Sie die durch M definierte Relation R_M: Da alle Zustände vom Anfangszustand aus erreichbar sind, hat R_M sechs Äquivalenzklassen, nämlich die folgenden:

$$\begin{array}{llll} C_a = (\mathbf{00})^*, & C_d = (\mathbf{00})^*\mathbf{01}, \\ C_b = (\mathbf{00})^*\mathbf{0}, & C_e = \mathbf{0^*100^*}, \\ C_c = (\mathbf{00})^*\mathbf{1}, & C_f = \mathbf{0^*10^*1(0+1)^*}. \end{array}$$

L ist die Vereinigung von drei dieser Klassen, nämlich von C_c, C_d und C_e.

Für die Relation R_L gilt xR_Ly genau dann, wenn entweder

i) x und y keine Einsen enthalten,

ii) x und y jeweils eine Eins enthalten, oder

iii) x und y jeweils mehr als eine Eins enthalten.

Ist z.B. $x = 010$ und $y = 1000$, dann ist xz genau dann in L, wenn z in $\mathbf{0^*}$ ist. Doch yz ist unter genau den gleichen Bedingungen auch in L. Ein weiteres Beispiel: Wenn $x = 01$ und $y = 00$ ist, können wir $z = 0$ wählen, um zu zeigen, daß xR_Ly falsch ist; $xz = 010$ ist zwar aus L, aber $yz = 000$ ist nicht in L.

Die drei Äquivalenzklassen von R_L lassen sich als $C_1 = \mathbf{0^*}$, $C_2 = \mathbf{0^*10^*}$ und $C_3 = \mathbf{0^*10^*1(0+1)^*}$ schreiben. L ist die Sprache, die nur aus einer dieser Klassen besteht, nämlich C_2. Die Beziehung zwischen $C_a, ..., C_f$ und C_1, C_2 und C_3 ist in Abbildung 3.3 dargestellt. Z.B. gilt $C_a \cup C_b = (\mathbf{00})^* + (\mathbf{00})^*\mathbf{0} = \mathbf{0}^* = C_1$.

Aus R_L können wir nun wie folgt einen DEA konstruieren: Wählen Sie Repräsentanten für C_1, C_2 und C_3, etwa ϵ, 1 und 11. Dann sei M' der in Abbildung 3.4 gezeigte DEA. Beispielsweise ist $\delta'([1], 0) = [1]$; falls nämlich w eine beliebige Zeichenkette aus [1] ist (beachten Sie, daß [1] gleich C_2 ist) — z.B. 0^i10^j — dann ist $w0$ gerade 0^i10^{j+1}, was auch in $C_2 = \mathbf{0}^*\mathbf{10}^*$ liegt.

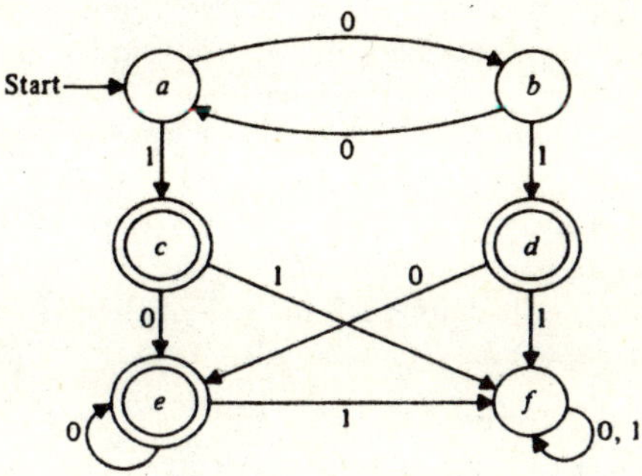

Abb. 3.2: DEA M, der L akzeptiert.

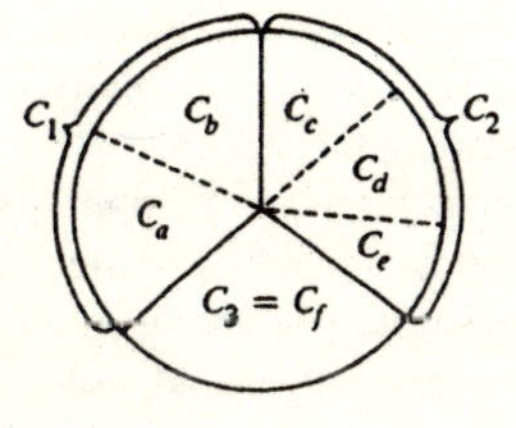

Abb. 3.3: Diagramm, das zeigt, daß R_M eine Verfeinerung von R_L ist.

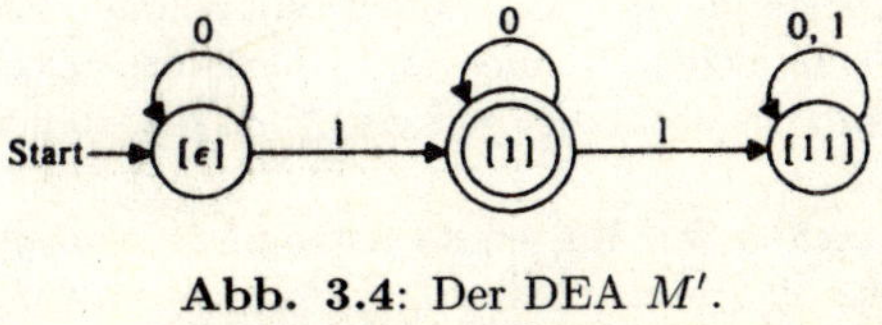

Abb. 3.4: Der DEA M'.

Minimierung endlicher Automaten

Der Satz von Myhill-Nerode hat neben anderen Konsequenzen auch zur Folge, daß es für jede reguläre Menge einen im wesentlichen eindeutigen DEA mit einer minimalen Anzahl von Zuständen gibt — den sogenannten *Minimalautomaten.*

Satz 3.10
Der Minimalautomat, der L akzeptiert, ist eindeutig bis auf Isomorphismen (z.B. Umbenennen der Zustände) und durch M' aus dem Beweis zu Satz 3.9 gegeben.

Beweis:
Im Beweis von Satz 3.9 haben wir gesehen, daß jeder DEA $M = (Q, \Sigma, \delta, q_0, F)$, der L akzeptiert, eine Äquivalenzrelation induziert, die eine Verfeinerung von R_L ist. Also ist die Anzahl von Zuständen in M größer oder gleich der Anzahl von Zuständen in M' aus Satz 3.9. Wenn die Gleichheit gilt, kann jeder der Zustände von M mit einem der Zustände in M' identifiziert werden. Sei also q ein Zustand von M. Es muß ein x in Σ^* geben, so daß $\delta(q_0, x) = q$ gilt; andernfalls könnte q aus Q entfernt und ein kleinerer Automat gefunden werden. Dann ist q mit dem Zustand $\delta'(q_0', x)$ von M' zu identifizieren. Diese Identifikation wird konsistent sein. Falls $\delta(q_0, x) = \delta(q_0, y) = q$ gilt, dann sind, nach dem Beweis von Satz 3.9, x und y in derselben Äquivalenzklasse von R_L. Also gilt $\delta'(q_0', x) = \delta'(q_0', y)$. □

Ein Minimierungsalgorithmus

Es gibt eine einfache Methode, um den Minimalautomaten M' aus Satz 3.9 und 3.10 zu finden, der äquivalent zu einem gegebenen DEA $M = (Q, \Sigma, \delta, q_0, F)$ ist. Sei $\equiv$ eine solche Äquivalenzrelation auf den Zuständen von M, daß $p \equiv q$ genau dann gilt, wenn $\delta(p, x)$ für jede Eingabe-Zeichenkette x genau dann ein akzeptierender Zustand ist, wenn $\delta(q, x)$ auch ein akzeptierender Zustand ist. Beachten Sie, daß es einen Isomorphismus zwischen den Zuständen des Minimalautomaten und denjenigen Äquivalenzklassen von $\equiv$ gibt, die einen von q_0 aus mit einer beliebigen Eingabe-Zeichenkette erreichbaren Zustand enthalten. Also können die Zustände von M' mit diesen Klassen identifiziert werden.

Anstatt einen formalen Algorithmus anzugeben, der die Äquivalenzklassen von $\equiv$ berechnet, wollen wir zuerst ein Beispiel erarbeiten. Als erstes benötigen wir dazu einige Begriffe: $p \equiv q$ heißt, daß p *äquivalent* zu q ist; p ist von q *unterscheidbar*, wenn es ein solches x gibt, daß $\delta(p, x)$ aus F ist, aber $\delta(q, x)$ nicht aus F ist (bzw. umgekehrt).

Beispiel 3.8
M sei der endliche Automat aus Abbildung 3.5. In Abbildung 3.6 haben wir eine Tabelle mit einem Eintrag für jedes Paar von Zuständen konstruiert. Ein X ist dort eingetragen, wo zwei Zustände nicht äquivalent sein können. Zu Anfang steht ein X an jeder Stelle, die einem akzeptierenden und einem nicht akzeptierenden Zustand entspricht. In unserem Beispiel setzen wir ein X an die Stellen (a, c), (b, c), (c, d), (c, e), (c, f), (c, g) und (c, h).

Als nächstes betrachten wir für jedes Paar p und q von Zuständen, von denen wir noch nicht wissen, ob sie unterscheidbar sind, die Zustandspaare $r = \delta(p, a)$ und $s = \delta(q, a)$ für jedes Eingabe-Symbol a. Wenn schon gezeigt wurde, daß die

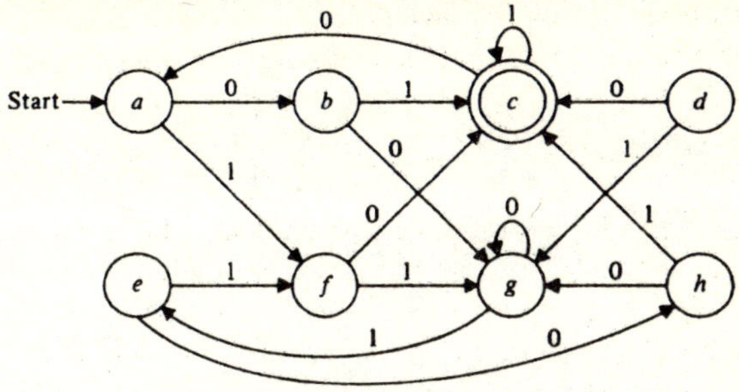

Abb. 3.5: Endlicher Automat.

b	X						
c	X	X					
d	X	X	X				
e		X	X	X			
f	X	X	X		X		
g	X	X	X	X	X	X	
h	X		X	X	X	X	X
	a	b	c	d	e	f	g

Abb. 3.6: Berechnung äquivalenter Zustände.

Zustände r und s durch eine beliebige Zeichenkette x unterscheidbar sind, so sind p und q durch die Zeichenkette ax unterscheidbar. Wenn also der Eintrag (r, s) in der Tabelle ein X hat, erhält auch der Eintrag (p, q) ein X. Wenn der Eintrag für (r, s) dagegen noch kein X hat, so wird das Paar (p, q) auf eine Liste gesetzt, die mit dem (r, s)-Eintrag assoziiert wird. Wenn zu einem späteren Zeitpunkt der (r, s)-Eintrag ein X erhält, dann erhält jedes Paar auf der mit dem (r, s)-Eintrag assoziierten Liste ebenfalls ein X.

Um mit dem Beispiel fortzufahren, setzen wir ein X in den Eintrag (a, b), da der Eintrag $(\delta(b, 1), \delta(a, 1)) = (c, f)$ schon ein X hat. Genauso erhält der (a, d)-Eintrag ein X, da der Eintrag $(\delta(a, 0), \delta(d, 0)) = (b, c)$ ein X hat. Die Betrachtung des (a, e)-Eintrags auf der Eingabe 0 führt dazu, daß das Paar (a, e) auf eine Liste gesetzt wird, die mit (b, h) assoziiert wird. Beachten Sie, daß auf die Eingabe 1 sowohl a als auch e in den Zustand f übergehen und also keine Zeichenkette, die mit einer 1 anfängt, a und e unterscheiden kann. Wegen der 0-Eingabe wird das Paar (a, g) auf die mit (b, g) assoziierte Liste gesetzt. Wenn der (b, g)-Eintrag betrachtet wird, erhält er ein X auf Grund einer 1-Eingabe; daher erhält das Paar (a, g) ein X, da es auf der Liste für (b, g) stand. Die Zeichenkette 01 unterscheidet a von g.

Aus der vervollständigten Tabelle in Abbildung 3.6 schließen wir, daß die äquivalenten Zustände $a \equiv e$, $b \equiv h$ und $d \equiv f$ sind. Der Minimalautomat ist in Abbildung 3.7 gezeigt.

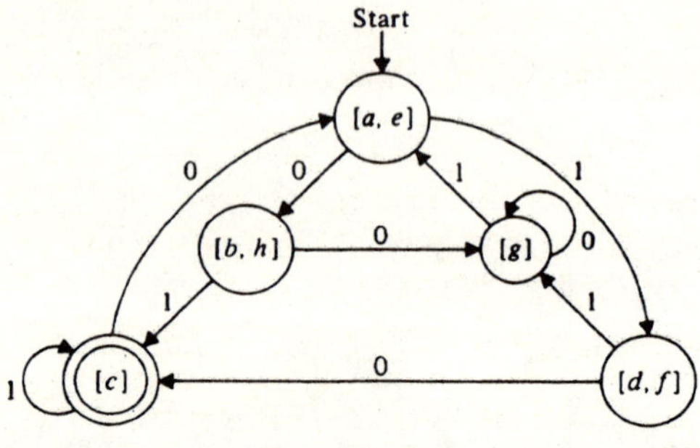

Abb. 3.7: Minimalautomat.

Der formale Algorithmus, um Paare von nicht-äquivalenten Zuständen zu markieren, ist in Abbildung 3.8 gezeigt. Lemma 3.2 beweist, daß die beschriebene Methode tatsächlich alle Paare von nicht-äquivalenten Zuständen markiert.

Lemma 3.2
Sei $M = (Q, \Sigma, \delta, q_0, F)$ ein DEA. Dann ist p genau dann von q unterscheidbar, wenn der zum Paar (p, q) gehörige Eintrag in obiger Prozedur markiert wird.
Beweis:
Sei p von q unterscheidbar und x eine kürzeste Zeichenkette, die p von q unterscheidet. Wir beweisen durch Induktion über die Länge von x, daß der dem Paar (p, q) entsprechende Eintrag markiert wird: Gilt $x = \epsilon$, so ist genau einer von p und q ein Endzustand und wird daher in Zeile (1) markiert. Die Induktionsannahme sei für $|x| < i$ mit $i \geq 1$ wahr; setzen Sie $|x| = i$. Schreiben Sie $x = ay$ und setzen Sie $t = \delta(p, a)$ und $u = \delta(q, a)$. Nun wird t von u durch y unterschieden und es gilt $|y| = i - 1$. Also wird nach der Induktionsannahme der Eintrag, der dem Paar (t, u) entspricht, schließlich markiert. Wenn dies erst nach Betrachtung des Paares (p, q) eintritt, dann ist entweder der (p, q)-Eintrag schon markiert worden, als (t, u) betrachtet wurde, oder das Paar (p, q) ist auf der mit (t, u) assoziierten Liste und wird daher in Zeile (5) markiert. Wenn (p, q) nach (t, u) betrachtet wird, dann wird (p, q) auch zu diesem Zeitpunkt markiert. In jedem Fall wird der Eintrag (p, q) markiert. Eine ähnliche Induktion über die Anzahl der markierten Paare zeigt, daß p und q unterscheidbar sind, wenn der Eintrag (p, q) markiert wird. □

```
    begin
1)    for p in F und q in Q − F do markiere (p, q)
2)    for jedes Paar von unterscheidbaren Zuständen (p, q)
                in F × F oder (Q − F) × (Q − F) do
3)      if für ein Eingabe-Symbol a ist (δ(p, a), δ(q, a)) markiert then
          begin
4)          Markieren von (p, q);
5)          Rekursives Markieren aller nicht markierten Paare auf
              der Liste für (p, q) und auf den Listen der anderen
              Paare, die bei diesem Schritt markiert werden.
          end
        else /* es ist kein Paar (δ(p, a), δ(q, a)) markiert */
6)        for alle Eingabe-Symbole a do
7)          (p, q) ist auf die Liste für (δ(p, a), δ(q, a)) zu setzen,
              falls nicht (δ(p, a) = δ(q, a)) gilt
    end
```

Abb. 3.8: Algorithmus, um Paare von nicht äquivalenten Zuständen zu markieren.

Der Algorithmus aus Abbildung 3.8 ist effizienter als der offensichtliche Algorithmus zur Markierung, obwohl auch er nicht der effizienteste ist. Σ habe k Symbole, und Q habe n Zustände. Zeile 1 benötigt $O(n^2)$ Schritte.[2] Die Schleife von Zeile 2 bis 7 wird $O(n^2)$-mal ausgeführt — genaugenommen höchstens einmal für jedes Paar von Zuständen. Die Gesamtzeit, die für die Zeilen 2 bis 4, 6 und 7 verbraucht wird, ist $O(kn^2)$. Die Zeit, die für Zeile 5 aufgewendet wird, ist gleich der Summe der Längen aller Listen. Doch jedes Paar (r, s) kann in Zeile 7 auf höchstens k Listen gesetzt werden. Also ist die Zeit, die für Zeile 5 benötigt wird, höchstens $O(kn^2)$, so daß die Gesamtzeit ebenfalls $O(kn^2)$ ist.

Satz 3.11
Der im Algorithmus aus Abbildung 3.8 konstruierte DEA, aus dem alle nicht erreichbaren Zustände entfernt wurden, ist der Minimalautomat für seine Sprache.

Beweis:
Sei $M = (Q, \Sigma, \delta, q_0, F)$ der DEA, auf den der Algorithmus angewendet wird, und $M' = (Q', \Sigma, \delta', [q_0], F')$ der konstruierte DEA. D.h.

$$\begin{aligned} Q' &= \{[q] \mid q \text{ ist erreichbar von } q_0\}, \\ F' &= \{[q] \mid q \text{ ist aus } F\} \end{aligned}$$

und

$$\delta'([q], a) = [\delta(q, a)].$$

Es ist einfach zu zeigen, daß δ' konsistent definiert ist, da $\delta(q, a) \equiv \delta(p, a)$ gilt, falls $q \equiv p$ gilt. D.h. wenn $\delta(q, a)$ durch x von $\delta(p, a)$ unterschieden wird, dann wird q

---

[2] Wir sagen, daß $g(n)$ von der Ordnung $O(f(n))$ ist, wenn es Konstanten c und n_0 gibt, so daß $g(n) \leq cf(n)$ für alle $n \geq n_0$ gilt.

durch ax von p unterschieden. Es ist durch Induktion über $|w|$ ebenfalls einfach zu zeigen, daß $\delta'([q_0], w) = [\delta(q_0, w)]$ gilt. Also gilt $L(M') = L(M)$.

Nun müssen wir zeigen, daß M' nicht mehr Zustände als R_L Äquivalenzklassen hat, wobei $L = L(M)$. Für einen Widerspruchsbeweis nehmen wir an, er habe mehr Zustände: Dann gibt es zwei erreichbare Zustände q und p aus Q, so daß $[q] \neq [p]$, obwohl es x und y gibt, so daß $\delta(q_0, x) = q$, $\delta(q_0, y) = p$ und xR_Ly. Wir behaupten, daß $p \equiv q$, da andernfalls p von q durch ein w aus Σ^* unterschieden wird. Doch dann ist xwR_Lyw falsch, denn wir können $z = \epsilon$ setzen, um festzustellen, daß genau eines von xwz und ywz in L ist. Da jedoch R_L rechts-invariant ist, gilt xwR_Lyw. Also können q und p nicht existieren, und M' hat nicht mehr Zustände als der Index von R_L. Also ist M' der Minimalautomat für L. □

ÜBUNGEN

3.1 Welche der folgenden Sprachen sind reguläre Mengen? Beweisen Sie Ihre Antwort.

a) $\{0^{2^n} \mid n \geq 1\}$

b) $\{0^m 1^n 0^{m+n} \mid m \geq 1 \text{ und } n \geq 1\}$

c) $\{0^n \mid n \text{ ist eine Primzahl}\}$

d) Die Menge aller Zeichenketten, die keine drei aufeinanderfolgenden Nullen haben.

e) Die Menge aller Zeichenketten mit einer gleichen Zahl von Nullen und Einsen.

f) $\{x \mid x \text{ in } (\mathbf{0}+\mathbf{1})^* \text{ und } x = x^R\}$. x^R ist die Spiegelung von x; z.B. ist $(011)^R = 110$.

g) $\{xwx^R \mid x, w \text{ in } (\mathbf{0}+\mathbf{1})^+\}$

*h) $\{xx^Rw \mid x, w \text{ in } (\mathbf{0}+\mathbf{1})^+\}$

3.2 Beweisen Sie folgende Erweiterung des Pumping-Lemmas für reguläre Mengen: Sei L eine reguläre Menge. Dann gibt es eine Konstante n, so daß z_2 für jedes z_1, z_2, z_3 mit $z_1z_2z_3$ in L und $|z_2| = n$ als $z_2 = uvw$ geschrieben werden kann, so daß $|v| \geq 1$ und $z_1uv^iwz_3$ für jedes $i \geq 0$ in L ist.

3.3 Verwenden Sie Übung 3.2, um zu beweisen, daß $\{0^i1^m2^m \mid i \geq 1, m \geq 1\}$ nicht regulär ist.

* **3.4** L sei eine reguläre Menge. Welche der folgenden Mengen sind regulär? Begründen Sie Ihre Antworten:

a) $\{a_1a_3a_5...a_{2n-1} \mid a_1a_2a_3a_4...a_{2n} \text{ ist in } L\}$

Lb) $\{a_2a_1a_4a_3...a_{2n}a_{2n-1} \mid a_1a_2...a_{2n} \text{ ist in } L\}$

c) CYCLE(L) $= \{x_1x_2 \mid x_2x_1$ ist in L für Zeichenketten x_1 und $x_2\}$

d) MAX(L) $= \{x$ in $L \mid$ für kein y außer ϵ ist xy in $L\}$

e) MIN(L) $= \{x$ in $L \mid$ kein echtes Präfix von x ist in $L\}$

f) INIT(L) $= \{x \mid$ für ein y ist xy in $L\}$

g) $L^R = \{x \mid x^R \text{ ist in } L\}$

h) $\{x \mid xx^R \text{ ist in } L\}$

* **3.5** Sei Wert(x) das Ergebnis, wenn die Symbole von x von links nach rechts entsprechend der Tabelle aus Abbildung 2.31 multipliziert werden.

a) Ist $L = \{xy \mid |x| = |y| \text{ und Wert}(x) = \text{Wert}(y)\}$ regulär?
b) Ist $L = \{xy \mid \text{Wert}(x) = \text{Wert}(y)\}$ regulär?
Begründen Sie die Antworten.

* **3.6** Zeigen Sie, daß $\{0^i 1^j \mid ggT(i,j) = 1\}$ nicht regulär ist.

** **3.7** Sei L eine beliebige Teilmenge von 0^*. Beweisen Sie, daß L^* regulär ist.

3.8 Eine Menge ganzer Zahlen heißt *linear*, wenn sie von der Form $\{c+pi \mid i = 0, 1, 2, ...\}$ ist. Eine Menge heißt *semilinear*, wenn sie die endliche Vereinigung von linearen Mengen ist. Sei $R \subseteq 0^*$ regulär. Beweisen Sie, daß $\{i \mid 0^i \text{ ist in } R\}$ semilinear ist.

3.9 Ist die Klasse der regulären Mengen abgeschlossen unter unendlicher Vereinigung?

3.10 Welche Beziehung besteht zwischen der Klasse der regulären Mengen und der kleinsten Sprachklasse, die unter Vereinigung, Schnittbildung und Komplementbildung abgeschlossen ist und alle endlichen Mengen enthält?

* **3.11** Geben Sie mit Hilfe eines endlichen Automaten eine Konstruktion an, um zu zeigen, daß die Klasse der regulären Mengen unter Substitution abgeschlossen ist.

** **3.12** Ist die Klasse der regulären Mengen abgeschlossen unter inverser Substitution?

3.13 Sei h der Homomorphismus $h(a) = 01, h(b) = 0$.
a) Suchen Sie $h^{-1}(L_1)$, wobei $L_1 = (\mathbf{10} + \mathbf{1})^*$.
b) Suchen Sie $h^{-1}(L_2)$, wobei $L_2 = (\mathbf{a} + \mathbf{b})^*$.
c) Suchen Sie $h^{-1}(L_1)$, wobei L_3 die Menge aller aus Nullen und Einsen bestehenden Zeichenketten mit gleicher Anzahl Nullen und Einsen ist.

3.14 Zeigen Sie durch Verwendung der in diesem Kapitel entwickelten Abgeschlossenheitseigenschaften, daß der 2DEA mit Eingabe-Begrenzung (siehe Übung 2.20) nur reguläre Mengen akzeptiert.

** **3.15** Die Verwendung von $\cap$ im Zusammenhang mit regulären Ausdrücken erlaubt nicht die Darstellung neuer Mengen. Sie ermöglicht jedoch kompaktere Ausdrücke. Zeigen Sie, daß $\cap$ einen regulären Ausdruck exponentiell verkürzen kann. [*Hinweis:* Wie lautet der kürzeste reguläre Ausdruck, der die aus dem einen Satz $(...((a_0^2 a_1)^2 a_2)^2 ...)^2$ bestehende Menge beschreibt?]

** **3.16** Sei L eine Sprache. Definiere $\frac{1}{2}(L)$ als

$$\{x \mid \text{für ein } y \text{ mit } |x| = |y| \text{ ist } xy \text{ in } L\}.$$

D.h. $\frac{1}{2}(L)$ enthält die ersten Hälften der Zeichenketten aus L. Beweisen Sie für jedes reguläre L, daß $\frac{1}{2}(L)$ regulär ist.

** **3.17** Wenn L regulär ist, ist dann die Menge der ersten Drittel von Zeichenketten in L regulär? Wie steht es mit dem mittleren und dem letzten Drittel? Ist die Menge

$$\{xz \mid \text{für ein } y \text{ mit } |x| = |y| = |z| \text{ ist } xyz \text{ in } L\}$$

regulär?

**** 3.18** Zeigen Sie, daß, wenn L regulär ist, auch

a) $\text{SQRT}(L) = \{x \mid \text{ für ein } y \text{ mit } |y| = |x|^2 \text{ ist } xy \text{ in } L\}$

b) $\text{LOG}(L) = \{x \mid \text{ für ein } y \text{ mit } |y| = 2^{|x|} \text{ ist } xy \text{ in } L\}$

regulär sind.

*** 3.19** Denken Sie sich einen 2DEA mit der zusätzlichen Fähigkeit, ein Bandfeld zu markieren. Die Transitionsfunktion hängt vom gegenwärtigen Zustand, dem bearbeiteten Bandsymbol und dem Vorhandensein oder Fehlen einer Markierung auf dem bearbeiteten Bandfeld ab. Eine Bewegung besteht aus einer Zustandsänderung, einer Kopfbewegung in eine bestimmte Richtung und möglicherweise dem Entfernen oder Setzen einer Markierung auf das gerade bearbeitete Bandfeld. Der Automat "blockiert", wenn er versucht, eine zweite Markierung in die Eingabe zu setzen. Beweisen Sie, daß ein 2DEA mit dieser Markierungsfähigkeit nur reguläre Mengen akzeptiert. [*Hinweis:* Fügen Sie zwei zusätzliche Spuren zum Eingabe-Band hinzu, die Tabellen enthalten, die für jeden Zustand p den Zustand q anzeigen, in den der 2DEA zurückkehrt, wenn er sich vom Bandfeld im Zustand p nach rechts oder nach links bewegt, unter der Annahme, daß keine Markierung angetroffen wird. Beachten Sie, daß der 2DEA mit Markierungsfähigkeit, der auf dem erweiterten Band operiert, niemals seine Markierung zurückläßt. Machen Sie dann Gebrauch von einer homomorphen Abbildung, um die zusätzlichen Spuren zu entfernen.]

*** 3.20** Bei der Konvertierung eines NEA in einen DEA kann die Anzahl der Zustände wesentlich ansteigen. Geben Sie für einen NEA mit n Zuständen obere und untere Grenzen für die Zahl der Zustände bei maximalem Anstieg an. [*Hinweis:* Betrachten Sie die Übungen 2.5(e) und 2.8(c).]

3.21 Geben Sie eine Prozedur an, um zu entscheiden, ob

a) die von einem DEA akzeptierte Menge die Menge aller Zeichenketten über einem gegebenen Alphabet ist;

b) das Komplement einer von einem DEA akzeptierten Menge endlich ist.

**** 3.22** Betrachten Sie einen DEA M. Nehmen Sie an, es wird gesagt, daß der DEA höchstens n Zustände hat, und wir das Transitionsdiagramm von M bestimmen wollen. Gehen Sie des weiteren davon aus, daß der einzige Weg, auf dem man Informationen über M erhalten kann, ist, eine Eingabe-Folge x zur Verfügung zu stellen und zu beobachten, welche Präfixe von x akzeptiert werden.

a) Welche Annahmen müssen in bezug auf das Transitionsdiagramm von M gemacht werden, damit das Transitionsdiagrammm bestimmt werden kann?

b) Geben Sie einen Algorithmus an, der das Transitionsdiagramm von M (bis auf den Anfangszustand) einschließlich der Konstruktion von x unter den in Teil (a) gemachten Annahmen bestimmt.

****L 3.23** Geben Sie eine effiziente Prozedur an, um zu entscheiden, ob x in der durch einen *erweiterten regulären Ausdruck* — ein regulärer Ausdruck mit den

Operatoren $\cup$, $\cdot$ (Konkatenation), $*$, $\cap$ und $\neg$ (Komplement) — bezeichneten Sprache enthalten ist.

3.24 Geben Sie eine effiziente Prozedur an, die entscheidet, ob ein *semi-erweiterter regulärer Ausdruck* r — ein regulärer Ausdruck mit $\cup, \cdot, *, \cap$ — eine nichtleere Menge bezeichnet. [*Hinweis:* Speicher $O(|r|)$ und Zeit $O(2^{|r|})$ genügen.]

3.25 Bestimmen Sie den Minimalautomaten, der äquivalent zu dem durch das Transitionsdiagramm aus Abbildung 3.9 gegebenen EA ist.

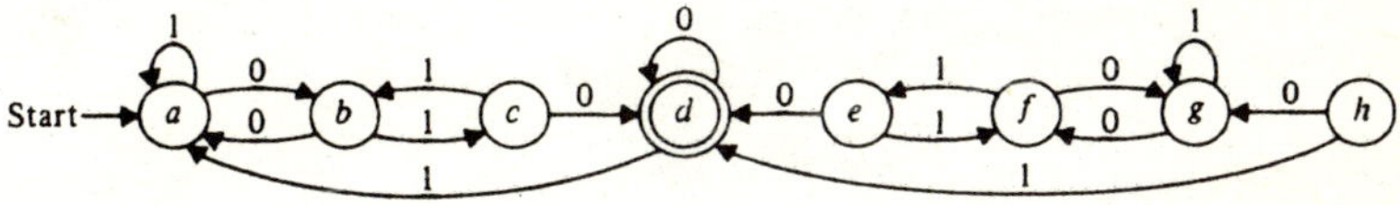

Abb. 3.9: Ein endlicher Automat.

3.26 a) Wie lauten die Äquivalenzklassen von R_L im Satz von Myhill-Nerode (Satz 3.9) für $L = \{0^n 1^n \mid n \geq 1\}$?

b) Verwenden Sie die Antwort aus (a), um zu zeigen, daß $\{0^n 1^n \mid n \geq 1\}$ nicht regulär ist.

c) Wiederholen Sie (a) für $\{x \mid x$ hat die gleiche Anzahl Nullen und Einsen$\}$.

* **3.27** R ist eine *Kongruenz*-Relation, wenn $wxzRwyz$ aus xRy für alle w und z folgt. Beweisen Sie, daß eine Menge genau dann regulär ist, wenn sie die Vereinigung einiger Kongruenz-Klassen einer Kongruenz-Relation mit endlichem Index ist.

* **3.28** Sei M ein endlicher Automat mit n Zuständen. p und q seien unterscheidbare Zustände von M, und x sei eine kürzeste Zeichenkette, die p und q unterscheidet: Wie lang kann die Zeichenkette x als Funktion von n werden?

** **3.29** In einem zweibändigen EA ist in jedem Zustand vermerkt, ob er Band 1 oder Band 2 liest. Ein Paar von Zeichenketten (x, y) wird akzeptiert, wenn der EA mit x und y auf seinen jeweiligen Bändern einen Endzustand erreicht mit dem Bandkopf direkt rechts von x und y. L sei die Menge von Paaren, die durch einen zweibändigen EA M akzeptiert wird. Geben Sie Algorithmen zur Beantwortung folgender Fragen an:

a) Ist L leer?

b) Ist L endlich?

c) Gibt es L_1 und L_2, so daß $L = L_1 \times L_2$?

3.30 a) Beweisen Sie, daß es eine Konstante $c > 0$ gibt, so daß der Algorithmus aus Abbildung 3.8 für unendlich viele DEA eine Zeit größer als cn^2 benötigt; dabei sei n die Anzahl der Zustände, und das Eingabe-Alphabet habe zwei Symbole.

** b) Geben Sie einen Algorithmus an, um die Anzahl der Zustände in einem DEA zu minimieren, dessen Ausführungszeit $O(|\Sigma| n \log n)$ ist. Σ ist hier das Eingabe-Alphabet. [*Hinweis:* Versuchen Sie nicht, für jedes Paar von Zuständen (p, q) und jede Eingabe a festzustellen, ob $\delta(p, a)$ und $\delta(q, a)$ unterscheidbar sind; teilen Sie stattdessen die Zustände in akzeptierende und nicht akzeptierende ein. Verfeinern Sie dann die Aufteilung, indem Sie alle die Zustände betrachten, deren nächster Zustand unter einem Eingabe-Symbol in einem bestimmten Block der Partition liegt. Bei jeder Aufteilung des Blockes, können Sie die Partition durch Benutzung eines kleineren Teilblocks verfeinern. Verwenden Sie Listenverarbeitung, um den Algorithmus so effizient wie möglich zu gestalten.]

Lösungen zu ausgewählten Übungen

3.4(b) $L' = \{a_2a_1a_4a_3...a_{2n}a_{2n-1} \mid a_1a_2...a_{2n} \text{ ist in } L\}$ ist regulär. Sei $M = (Q, \Sigma, \delta, q_0, F)$ ein DEA, der L akzeptiert. Wir konstruieren einen DEA M', der L' akzeptiert. M' wird die Bandsymbole paarweise verarbeiten. Wenn er das erste Symbol a in einem Paar sieht, speichert er dieses in seiner endlichen Kontrolle. Wenn er dann das zweite Symbol b sieht, verhält sich M' wie M bei der Eingabe ba. Etwas formaler gilt

$$M' = (Q \cup Q \times \Sigma, \Sigma, \delta', q_0, F),$$

wobei

i) $\delta'(q, a) = [q, a]$, und

ii) $\delta'([q, a], b) = \delta(q, ba)$.

Um zu beweisen, daß L' von M' akzeptiert wird, zeigen wir durch Induktion über gerade i, daß

$$\delta'(q, a_2a_1a_4a_3...a_ia_{i-1}) = \delta(q, a_1a_2...a_i)$$

gilt. Natürlich gilt $\delta'(q, \epsilon) = q = \delta(q, \epsilon)$ für $i = 0$. Nehmen wir nun an, daß die Behauptung wahr sei für alle geraden $j < i$. Nach der Induktionsannahme gilt

$$\begin{aligned} \delta'(q, a_2a_1...a_{i-2}a_{i-3}) &= \delta(q, a_1a_2...a_{i-2}) \\ &= p \text{ für ein } p. \end{aligned}$$

Also gilt

$$\begin{aligned} \delta'(q, a_2a_1...a_ia_{i-1}) &= \delta'(p, a_ia_{i-1}) \\ &= \delta'([p, a_i], a_{i-1}) \\ &= \delta(p, a_{i-1}a_i) \\ &= \delta(q, a_1a_2...a_i). \end{aligned}$$

Daher ist $a_2a_1a_4a_3...a_ia_{i-1}$ genau dann in $L(M')$, wenn $a_1a_2...a_i$ in $L(M)$ ist, und demnach gilt $L(M') = L'$. □

3.23 Natürlich kann man einen zu R äquivalenten endlichen Automaten konstruieren, indem man endliche Automaten, die den Teilausdrücken von R entsprechen, kombiniert und dann den Automaten auf x simuliert. Wir müssen das Kombinieren untersuchen, um zu sehen, wie dadurch die Größe des resultierenden Automaten beeinflußt wird. Wenn wir mit DEA arbeiten, dann multipliziert sich die Anzahl der Zustände bei einer Vereinigung bzw. Schnittbildung. Die Konkatenation und Hüllenbildung kann jedoch die Anzahl der Zustände exponentiell anwachsen lassen, da wir DEA in NEA konvertieren und dann die Konstruktion über die Teilmengen ausführen müssen. Bei der Arbeit mit NEA addieren sich die Zahlen der Zuständen bei Vereinigung, Konkatenation und Hüllenbildung und multiplizieren sich bei Schnittbildung. Die Komplementbildung verlangt jedoch die Konvertierung eines NEA in einen DEA, wodurch es zu einem exponentiellen Wachstum der Anzahl der Zustände kommt. Da Operatoren verschachtelt werden können, kann die Anzahl der Zustände für einen Ausdruck mit n Operatoren n-fach exponentiell erhöht werden. Daher ist diese Technik nicht unbedingt durchführbar.

Eine effizientere Methode basierend auf einer Technik der dynamischen Programmierung (siehe Aho, Hopcroft and Ullman [1974]) führt zu einem Algorithmus, dessen Ausführungszeit polynomial in der Länge der Eingabe w und der Länge des regulären Ausdrucks s ist. Sei $n = |w| + |s|$. Konstruieren Sie eine Tabelle, die für jeden Teilausdruck r von s und jede Teil-Zeichenkette x_{ij} von w die Antwort auf folgende Frage enthält: Ist x_{ij} — die Teil-Zeichenkette der Länge j, die bei Position i beginnt — in $L(r)$? Die Tabelle hat eine Größe von höchstens n^3, da es höchstens n Teilausdrücke von s und $n(n+1)/2$ Teil-Zeichenketten von w gibt. Beginnen Sie beim Füllen der Tabelle mit Einträgen für kleine Teilausdrücke (solche ohne Operatoren, d.h. a, ϵ oder $\emptyset$). Fügen Sie dann die Einträge für x und r ein, wobei r eine der Formen $r_1 \cap r_2$, $r_1 + r_2$, $r_1 r_2$, r_1^* oder $\neg r_1$ hat. Wir behandeln hier nur den Fall r_1^* und gehen dabei nach der Länge von x vor. Um zu bestimmen, ob x in r_1^* ist — vorausgesetzt für jede echte Teil-Zeichenkette y von x ist schon bekannt, ob y in r_1 oder in r_1^* ist — müssen wir nur für jedes x_1 und x_2 mit $x = x_1 x_2$ und $x_1 \neq \epsilon$ überprüfen, ob x_1 in r_1 und x_2 in r_1^* ist. Also benötigt die Berechnung des Tabellen-Eintrags für x und r $O(|x| + |r|)$ Zeit. Folglich ist die benötigte Zeit, um die gesamte Tabelle zu füllen, $O(n^4)$. Um zu bestimmen, ob w in s ist, brauchen wir nur die Einträge für s und w nachzusehen, wobei $w = x_{1k}$ mit $k = |w|$ zu beachten ist.

LITERATURHINWEISE

Das Pumping-Lemma für reguläre Mengen basiert auf den Formulierungen von Bar-Hillel, Perles und Shamir [1961]. Satz 3.4 über die Abgeschlossenheit unter Substitution stammt auch von dort. Satz 3.5 zur Abgeschlossenheit unter inversen Homomorphismen ist von Ginsburg und Rose [1963b], und Satz 3.6 über Quotienten ist von Ginsburg und Spanier [1963]. Die Sätze 3.7 und 3.8 über Entscheidungsalgorithmen stammen von Moore [1956]. Ginsburg und Rose [1966] geben eine Reihe von weiteren Abgeschlossenheitseigenschaften für reguläre Mengen an.

Satz 3.9, den wir als den Satz von Myhill-Nerode bezeichnen, geht tatsächlich auf Nerode [1958] zurück. Das ähnliche Resultat aus Übung 3.27 über Kongruenz-Relationen geht auf Myhill [1957] zurück. Der Algorithmus zur Minimierung endlicher Automaten geht auf Huffman [1954] und Moore [1956] zurück. Hopcroft [1971] gibt einen effizienteren Algorithmus an.

Beispiel 3.2 — betreffend die Unerkennbarkeit von Primzahlen in Binärdarstellung — wurde von Minsky and Papert [1966] auf eine andere Methode bewiesen. Untersuchungen zu Teillöschungen — wie in Übung 3.16 — wurden unter allgemeinen Gesichtspunkten erstmals von Stearns und Hartmanis [1963] angestellt. Kosaraju [1974] und Seiferas [1974] haben Verallgemeinerungen — wie Übung 3.18 — betrachtet, und die Frage, wieviel — als Funktion der Länge einer Zeichenkette — vom Anfang entfernt werden kann, um einen regulären Ausdruck zu erhalten, wurde vollständig von Seiferas und McNaughton [1976] gelöst. Eine Lösung zu Übung 3.22 wurde zuerst von Hennie [1964] geliefert. Ein Algorithmus zur Bestimmung der Äquivalenz zweibändiger DEA kann bei Bird [1973] gefunden werden.

Kapitel 4

KONTEXTFREIE GRAMMATIKEN

4.1 MOTIVATION UND EINLEITUNG

In diesem Kapitel führen wir kontextfreie Grammatiken und die Sprachen, die sie beschreiben — die kontextfreien Sprachen, kfS — ein. Die kontextfreien Sprachen sind — wie die regulären Mengen — von großer praktischer Bedeutung, vor allem bei der Definition von Programmiersprachen, bei der Formalisierung der Syntaxanalyse, beim Vereinfachen der Übersetzung von Programmiersprachen und in anderen Prozessen, bei denen Zeichenketten verarbeitet werden. Z.B. sind kontextfreie Grammatiken nützlich zur Beschreibung korrekt geklammerter arithmetischer Ausdrücke und der Block-Struktur in Programmiersprachen (d.h. korrekte Klammerung der **begins** und **ends**). Keiner dieser Aspekte von Programmiersprachen kann durch reguläre Ausdrücke dargestellt werden.

Eine *kontextfreie Grammatik* ist eine endliche Menge von Variablen (auch *Nichtterminale* oder *syntaktische Kategorien* genannt), von denen jede eine Sprache repräsentiert. Die Sprachen, die durch die Variablen dargestellt werden, werden rekursiv durch die anderen Variablen und primitiven Symbole — die sogenannten *Terminale* — beschrieben. Die Regeln, die die Variablen untereinander verknüpfen, werden Produktionen genannt. Eine typische Produktion besagt, daß die mit einer gegebenen Variablen verknüpfte Sprache Zeichenketten enthält, die durch Konkatenation von Zeichenketten aus mit anderen Variablen verknüpften Sprachen — möglicherweise zusammen mit einigen Terminalen — gebildet werden.

Die ursprüngliche Motivation für kontextfreie Grammatiken war die Beschreibung natürlicher Sprache. Wir können Regeln wie z.B.

<Satz>	→	<Nominalsatz><Verbalsatz>	
<Nominalsatz>	→	<Adjektiv><Nomial-Satz>	
<Nominalsatz>	→	<Nomen>	
<Nomen>	→	Junge	
<Adjektiv>	→	kleiner	(4.1)

aufstellen, wobei die syntaktischen Kategorien[1] durch spitze Klammern und die Terminale durch ungeklammerte Wörter wie "Junge" und "kleiner" gekennzeichnet sind.

Die Bedeutung von

<Satz> → <Nomialsatz><Verbalsatz>

---

[1] Bedenken Sie, daß der Begriff "syntaktische Kategorie" ein Synonym für "Variable" ist. Er wird bei der Beschäftigung mit natürlichen Sprachen bevorzugt.

ist, daß eine Methode zur Bildung eines Satzes (einer Zeichenkette aus der Sprache der syntaktischen Kategorie <Satz>) darin besteht, einem Nominalsatz einen Verbalsatz folgen zu lassen. Die Bedeutung von

<Nomen> → Junge

ist, daß die aus dem Terminalzeichen "Junge" bestehende Zeichenkette aus der Sprache der syntaktischen Kategorie <Nomen> ist. Beachten Sie, daß "Junge" ein einzelnes Terminalsymbol ist und nicht eine Zeichenkette aus fünf Symbolen.

Aus diversen Gründen werden kontextfreie Grammatiken im allgemeinen nicht als adäquate Beschreibung von natürlichen Sprachen wie Deutsch angesehen. Wenn wir beispielsweise die Produktionen von (4.1) auf die gesamte deutsche Sprache ausdehnen, wären wir in der Lage, "Stein" als Nominalsatz und "läuft" als Verbalsatz abzuleiten. Also wäre "Stein läuft" ein Satz, was aber Unsinn ist. Es werden also semantische Informationen benötigt, um syntaktisch korrekte, aber bedeutungslose Zeichenketten auszuschließen. Noch subtilere Probleme treten bei dem Versuch auf, die Bedeutung des Satzes mit seiner Ableitung zu assoziieren. Trotz allem spielen die kontextfreien Grammatiken auf dem Gebiet der Computer-Linguistik eine wichtige Rolle.

Während die Linguisten kontextfreie Grammatiken untersucht haben, haben Informatiker begonnen, Programmiersprachen durch die *Backus-Naur-Form (BNF)* zu beschreiben, die — bis auf geringfügige Änderungen im Format und einige Abkürzungen — der Notation für kontextfreie Grammatiken entspricht. Diese Anwendung kontextfreier Grammatiken hat die Definition von Programmiersprachen und die Konstruktion von Compilern wesentlich vereinfacht. Der Grund für diesen Erfolg liegt unzweifelhaft teilweise an der natürlichen Art und Weise, in der die meisten Konstrukte der Programmiersprachen durch Grammatiken beschrieben werden können. Betrachten Sie z.B. die Menge der Produktionen

1) <Ausdruck> → <Ausdruck> + <Ausdruck>
2) <Ausdruck> → <Ausdruck> ∗ <Ausdruck>
3) <Ausdruck> → (<Ausdruck>)
4) <Ausdruck> → **id** (4.2)

zur Definition arithmetischer Ausdrücke mit den Operatoren + und ∗ und Operanden, die durch das Symbol **id** dargestellt sind. Hier ist <Ausdruck> die einzige Variable, und die Terminale sind +, ∗, (,) und **id**. Die ersten beiden Produktionen besagen, daß ein Ausdruck aus zwei mit dem Additions- oder Multiplikationszeichen verbundenen Ausdrücken zusammengesetzt sein kann. Die dritte Produktion besagt, daß ein Ausdruck aus einem geklammerten Ausdruck bestehen kann. Die letzte besagt, daß ein einzelner Operand ein Ausdruck ist.

Durch wiederholte Anwendung von Produktionen können wir immer kompliziertere Ausdrücke erhalten, wie z.B.

<Ausdruck> ⇒ <Ausdruck> ∗ <Ausdruck>
⇒ (<Ausdruck>) ∗ <Ausdruck>
⇒ (<Ausdruck>) ∗ **id**

$$\begin{aligned} &\Rightarrow (\text{<Ausdruck>} + \text{<Ausdruck>}) * \mathbf{id} \\ &\Rightarrow (\text{<Ausdruck>} + \mathbf{id}) * \mathbf{id} \\ &\Rightarrow (\mathbf{id} + \mathbf{id}) * \mathbf{id} \end{aligned} \tag{4.3}$$

Das Symbol $\Rightarrow$ bezeichnet die Aktion des Ableitens, d.h. das Ersetzen einer Variablen durch die rechte Seite einer Produktion für diese Variable. Die zweite Produktionsregel liefert die erste Zeile von (4.3). Die zweite Zeile erhält man, indem man den ersten <Ausdruck> in Zeile 1 durch die rechte Seite der dritten Produktion ersetzt. Die verbleibenden Zeilen sind das Ergebnis der Anwendung der Produktionen (4), (1), (4) und (4). Die letzte Zeile, **(id + id) * id**, besteht nur noch aus Terminalsymbolen und ist deshalb ein Wort aus der Sprache von <Ausdruck>.

4.2 KONTEXTFREIE GRAMMATIKEN

Wir werden nun die intuitiven Begriffe, die wir im vorangegangenen Abschnitt eingeführt haben, formalisieren. Eine *kontextfreie Grammatik (kfG* oder einfach *Grammatik)* wird durch $G = (V, T, P, S)$ bezeichnet, wobei V und T endliche Mengen von *Variablen* bzw. *Terminalen* sind. Wir nehmen an, daß V und T disjunkt sind. P ist eine endliche Menge von Produktionen; jede Produktion ist von der Form $A \rightarrow \alpha$, wobei A eine Variable und α eine Zeichenkette von Symbolen aus $(V \cup T)^*$ ist. S ist schließlich eine spezielle Variable, die als *Startsymbol* bezeichnet wird.

Beispiel 4.1

Wir benutzen im folgenden E anstelle von <Ausdruck> für die Variable in Grammatik (4.2). Dann können wir diese Grammtik formal als $(\{E\}, \{+, *, (,), \mathbf{id}\}, P, E)$ beschreiben, wobei P aus

$$\begin{aligned} E &\rightarrow E + E \\ E &\rightarrow E * E \\ E &\rightarrow (E) \\ E &\rightarrow \mathbf{id} \end{aligned}$$

besteht.

In diesem und den beiden folgenden Kapiteln benutzen wir folgende Konventionen in bezug auf Grammatiken:

1) Die Großbuchstaben A, B, C, D, E und S bezeichnen Variablen; S ist — falls nicht anders gesagt — das Startsymbol.
2) Die Kleinbuchstaben a, b, c, d, e, die Ziffern und fettgedruckte Zeichenketten sind Terminale.
3) Die Großbuchstaben X, Y und Z bezeichnen Symbole, die sowohl Terminale als auch Variablen sein können.
4) Die Kleinbuchstaben u, v, w, x, y und z bezeichnen Zeichenketten aus Terminalen.
5) Die griechischen Kleinbuchstaben α, β und γ bezeichnen Zeichenketten aus Variablen und Terminalen.

Wenn wir uns an obige Konventionen halten, können wir die Variablen, Terminale und das Startsymbol einer Grammatik rein aus den Produktionen herleiten. Daher stellen wir eine Grammatik oft einfach durch Angabe ihrer Produktionen dar. Wenn $A \to \alpha_1$, $A \to \alpha_2, ..., A \to \alpha_k$ die Produktionen zur Variablen A einer beliebigen Grammatik sind, so können wir dies durch die Notation

$$A \;\to\; \alpha_1 \mid \alpha_2 \mid ... \mid \alpha_k$$

ausdrücken, wobei die vertikalen Striche als "oder" zu lesen sind. Die gesamte Grammatik aus Beispiel 4.1 kann als

$$E \;\to\; E+E \mid E*E \mid (E) \mid \mathbf{id}$$

geschrieben werden.

Ableitungen und Sprachen

Wir definieren nun formal die Sprache, die von einer Grammatik $G = (V, T, P, S)$ generiert wird: Zu diesem Zweck entwickeln wir eine Notation zur Darstellung einer Ableitung. Zunächst definieren wir zwei Relationen $\underset{G}{\Longrightarrow}$ und $\overset{*}{\underset{G}{\Longrightarrow}}$ zwischen Zeichenketten in $(V \cup T)^*$. Wenn $A \to \beta$ eine Produktion aus P ist, und α und γ Zeichenketten in $(V \cup T)^*$ sind, dann gilt $\alpha A \gamma \underset{G}{\Longrightarrow} \alpha\beta\gamma$. Wir sagen, daß die Produktion $A \to \beta$ auf die Zeichenkette $\alpha A \gamma$ angewendet wird, um $\alpha\beta\gamma$ zu erhalten, bzw. daß $\alpha\beta\gamma$ *direkt* aus $\alpha A\gamma$ in der Grammatik G abgeleitet werden kann. Zwei Zeichenketten stehen genau dann in der Relation $\underset{G}{\Longrightarrow}$, wenn die zweite aus der ersten durch Anwendung einer beliebigen Produktion erhältlich ist.

Nehmen Sie nun an, $\alpha_1, \alpha_2, ..., \alpha_m$ mit $m \geq 1$ seien Zeichenketten aus $(V \cup T)^*$ und daß

$$\alpha_1 \underset{G}{\Longrightarrow} \alpha_2,\;\; \alpha_2 \underset{G}{\Longrightarrow} \alpha_3,\;\; ...,\;\; \alpha_{m-1} \underset{G}{\Longrightarrow} \alpha_m$$

gilt. Dann sagen wir, daß $\alpha_1 \overset{*}{\underset{G}{\Longrightarrow}} \alpha_m$ gilt bzw. α_m ist in Grammatik G aus α_1 *ableitbar.* D.h. $\overset{*}{\underset{G}{\Longrightarrow}}$ ist die reflexive und transitive Hülle von $\underset{G}{\Longrightarrow}$ (siehe Abschnitt 1.5 bezüglich Hüllen und Relationen). Alternativ gilt $\alpha \overset{*}{\underset{G}{\Longrightarrow}} \beta$, wenn β durch Anwendung von null oder mehr Produktionen aus P aus α ableitbar ist. Beachten Sie, daß $\alpha \overset{*}{\underset{G}{\Longrightarrow}} \alpha$ für jede Zeichenkette α gilt. Gewöhnlich werden wir, wenn klar ist, welche Grammatik G gemeint ist, $\Rightarrow$ statt $\underset{G}{\Longrightarrow}$ und $\overset{*}{\Rightarrow}$ statt $\overset{*}{\underset{G}{\Longrightarrow}}$ benutzen. Die Tatsache, daß β in genau i Schritten aus α ableitbar ist, wird durch $\alpha \overset{i}{\Rightarrow} \beta$ bezeichnet.

Die von G *erzeugte Sprache* — also $L(G)$ — ist $\{w \mid w$ ist aus T^* und $S \overset{*}{\underset{G}{\Longrightarrow}} w\}$. Damit ist eine Zeichenkette in $L(G)$, wenn folgendes gilt:

1) Die Zeichenkette besteht nur aus Terminalen.
2) Die Zeichenkette kann aus S abgeleitet werden.

Wir nennen L eine *kontextfreie Sprache (kfS)*, wenn sie $L(G)$ für eine kfG G ist. Eine Zeichenkette aus Variablen und Terminalen α wird *Satzform* genannt, wenn $S \overset{*}{\Rightarrow} \alpha$ gilt. Zwei Grammatiken G_1 und G_2 sind äquivalent, wenn $L(G_1) = L(G_2)$ gilt.

Beispiel 4.2
Betrachten Sie eine Grammatik $G = (V, T, P, S)$, wobei $V = \{S\}$, $T = \{a, b\}$ und $P = \{S \to aSb,\ S \to ab\}$ gilt. Hier ist S die einzige Variable; a und b sind Terminale. Es gibt zwei Produktionen $S \to aSb$ und $S \to ab$. Wendet man die erste Produktion $n-1$ Mal an, gefolgt von einer Anwendung der zweiten Produktion, so liefert dies

$$S \Rightarrow aSb \Rightarrow aaSbb \Rightarrow a^3Sb^3 \Rightarrow \ldots \Rightarrow a^{n-1}Sb^{n-1} \Rightarrow a^nb^n.$$

Außerdem sind a^nb^n für $n \geq 1$ die einzigen Zeichenketten in $L(G)$. Jedesmal, wenn $S \to aSb$ benutzt wird, bleibt die Anzahl der S gleich. Nach Anwendung der Produktion $S \to ab$ ist die Anzahl der S in der Satzform um eins vermindert. Also verbleibt, nachdem $S \to ab$ benutzt wurde, kein S in der resultierenden Zeichenkette. Da beide Produktionen ein S auf der linken Seite haben, besteht die einzige Möglichkeit zur Anwendung der Produktionen darin, zuerst einige Male $S \to aSb$ anzuwenden und dann einmal $S \to ab$. Daher ist $L(G) = \{a^nb^n \mid n \geq 1\}$.

Beispiel 4.2 ist ein einfaches Beispiel einer Grammatik. Es ist relativ einfach zu bestimmen, welche Wörter ableitbar sind und welche nicht. Im allgemeinen Fall kann es aber recht schwierig sein zu bestimmen, was von einer Grammatik erzeugt wird. Im folgenden sehen Sie ein weiteres, etwas komplizierteres Beispiel.

Beispiel 4.3
Betrachten Sie $G = (V, T, P, S)$, wobei $V = \{S, A, B\}$, $T = \{a, b\}$ und P aus folgenden Produktionen besteht:

$$\begin{array}{lllllll} S & \to & aB & \qquad & A & \to & bAA \\ S & \to & bA & & B & \to & b \\ A & \to & a & & B & \to & bS \\ A & \to & aS & & B & \to & aBB \end{array}$$

Die Sprache $L(G)$ ist die Menge aller Wörter in T^+, die gleich viele a und b enthalten. Wir werden diese Aussage durch Induktion über die Länge eines Wortes beweisen.

Behauptung: Für w in T^+ gilt

1) $S \stackrel{*}{\Rightarrow} w$ genau dann, wenn w aus einer gleichen Anzahl von a und b besteht.
2) $A \stackrel{*}{\Rightarrow} w$ genau dann, wenn w ein a mehr als b hat.
3) $B \stackrel{*}{\Rightarrow} w$ genau dann, wenn w ein b mehr als a hat.

Die Behauptung gilt sicherlich für $|w| = 1$, da $A \stackrel{*}{\Rightarrow} a$ und $B \stackrel{*}{\Rightarrow} b$ gilt und keine Terminalzeichenkette der Länge 1 aus S ableitbar ist. Da außerdem alle Produktionsregeln außer $A \Rightarrow a$ und $B \Rightarrow b$ die Länge einer Zeichenkette erhöhen, können keine anderen Zeichenketten außer a und b aus A bzw. B abgeleitet werden. Auch sind keine Zeichenketten der Länge 1 aus S ableitbar.

Als Induktionsannahme gelte die Behauptung für alle w der Länge kleiner oder gleich $k-1$. Wir werden zeigen, daß sie für $|w| = k$ wahr ist. Gilt $S \stackrel{*}{\Rightarrow} w$, so muß die Ableitung entweder mit $S \to aB$ oder $S \to bA$ beginnen. Im ersten Fall ist w

von der Form aw_1, wobei $|w_1| = k - 1$ und $B \overset{*}{\Rightarrow} w_1$. Nach Induktionsannahme ist die Anzahl der b in w_1 um eins größer als die Anzahl der a, so daß w aus einer gleichen Anzahl von a und b besteht. Analoges gilt, wenn die Ableitung mit $S \rightarrow bA$ beginnt.

Wir müssen nun die "Rückrichtung" von (1) beweisen, d.h., wenn $|w| = k$ und w aus gleich vielen a und b besteht, dann gilt $S \overset{*}{\Rightarrow} w$. Entweder ist das erste Symbol von w ein a oder ein b. Sei etwa $w = aw_1$. Nun gilt $|w_1| = k - 1$, und w_1 hat ein b mehr als a. Nach Induktionsannahme gilt $B \overset{*}{\Rightarrow} w_1$. Doch dann gilt $S \Rightarrow aB \overset{*}{\Rightarrow} aw_1 = w$. Analoges gilt, wenn das erste Symbol von w ein b ist.

Unsere Aufgabe ist jedoch noch nicht erledigt. Um den Beweis zu vervollständigen, müssen wir Teil (2) und (3) der Behauptung für w mit der Länge k beweisen. Dies geschieht analog zum Beweis für Teil (1) und wird dem Leser überlassen.

4.3 ABLEITUNGSBÄUME

Es ist nützlich, Ableitungen als Bäume darzustellen. Diese graphische Darstellung, die man als *Ableitungsbaum* (oder *Parse-Baum*) bezeichnet, gibt den Wörtern einer Sprache eine Struktur, die für Anwendungen wie die Compilierung von Programmiersprachen nützlich ist. Die Knoten eines Ableitungsbaums sind entweder mit Terminalen oder Variablen aus der Grammatik oder möglicherweise mit ϵ markiert. Wenn ein innerer Knoten n mit A markiert ist und dessen Söhne mit $X_1, X_2, ..., X_k$ von links her markiert sind, dann muß $A \rightarrow X_1X_2...X_k$ eine Produktion sein. Abbildung 4.1 zeigt den Ableitungsbaum der Ableitung (4.3). Beachten Sie, daß wir, wenn wir die Blätter von links nach rechts lesen, die letzte Zeile von (4.3), nämlich $(\textbf{id} + \textbf{id}) * \textbf{id}$, erhalten.

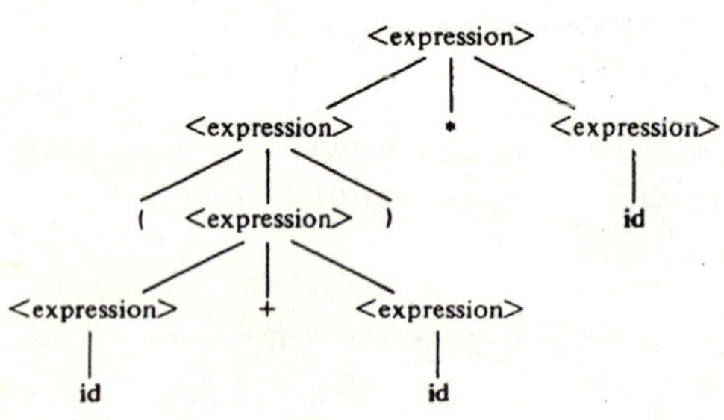

Abb. 4.1: Ableitungsbaum.

In einer formalen Definition sei $G = (V, T, P, S)$ eine kfG. Ein Baum ist ein *Ableitungsbaum* (oder *Parse-Baum*) für G, wenn folgendes gilt:

1) Jeder Knoten hat ein Symbol aus $V \cup T \cup \{\epsilon\}$ als *Markierung*.
2) Die Markierung der Wurzel ist S.
3) Wenn ein innerer Knoten die Markierung A hat, dann muß A aus V sein.

4) Wenn n die Markierung A hat und die Knoten $n_1, n_2, ..., n_k$ dessen Söhne und von links her mit den Markierungen $X_1, X_2, ..., X_k$ versehen sind, dann muß

$$A \rightarrow X_1 X_2 ... X_k$$

eine Produktion in P sein.

5) Wenn der Knoten n die Markierung ϵ hat, dann ist n ein Blatt und der einzige Sohn seines Vaters.

Beispiel 4.4

Betrachten Sie die Grammatik $G = (\{S, A\}, \{a, b\}, P, S)$, wobei P aus den Produktionen

$$\begin{aligned} S &\rightarrow aAS \mid a \\ A &\rightarrow SbA \mid SS \mid ba \end{aligned}$$

besteht.

Für dieses eine Mal stellen wir die Knoten des Baums mit Kreisen anstelle von Punkten dar. Die Knoten werden numeriert, damit wir uns auf sie beziehen können. Die Markierungen stehen neben den Knoten (siehe Abbildung 4.2).

Die inneren Knoten sind 1, 3, 4, 5 und 7. Knoten 1 hat die Markierung S, und seine Söhne haben von links her die Markierungen a, A und S. Beachten Sie, daß $S \rightarrow aAS$ eine Produktion ist. Ebenso hat Knoten 3 die Markierung A, und die Markierungen seiner Söhne von links her sind S, b und A; $A \rightarrow SbA$ ist ebenfalls eine Produktion. Knoten 4 und 5 haben jeweils die Markierung S. Ihre einzigen Söhne haben jeweils die Markierung a, und $S \rightarrow a$ ist auch eine Produktion. Schließlich hat Knoten 7 die Markierung A und seine Söhne haben von links her die Markierungen b und a; $A \rightarrow ba$ ist ebenfalls eine Produktion. Also erfüllt die Abbildung 4.2 die Bedingungen, um ein Ableitungsbaum für G zu sein.

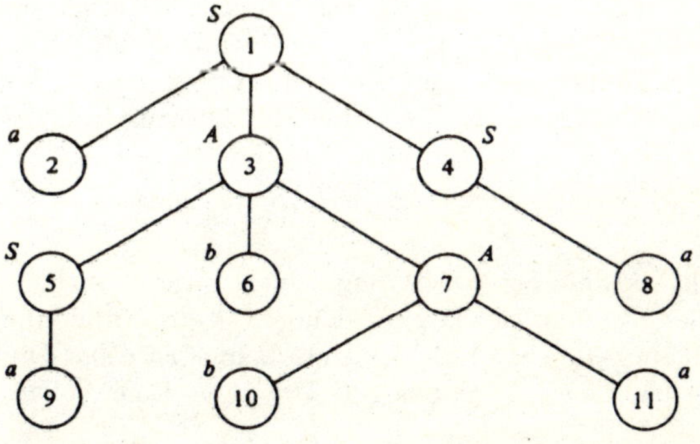

Abb. 4.2: Beispiel für einen Ableitungsbaum.

Wir können das Ordnen der Söhne "von links nach rechts" erweitern, um eine Ordnung "von links nach rechts" für alle Blätter zu erhalten. Tatsächlich steht für zwei beliebige Knoten, von denen keiner Vorfahre des anderen ist, der eine links des anderen. Bei gegebenen Knoten v_1 und v_2 sind die Pfade von diesen Knoten in Richtung auf die Wurzel zu verfolgen, bis die sich bei einem Knoten w treffen. Seien x_1 und x_2 die Söhne von w auf den Pfaden zu v_1 bzw. v_2. Wenn v_1 kein Vorfahre von v_2 ist (und auch nicht umgekehrt), so gilt $x_1 \neq x_2$. Nehmen Sie nun an, daß x_1 links von x_2 in der Ordnung der Söhne von w steht; dann ist v_1 links von v_2. Ansonsten ist v_2 links von v_1. Wenn beispielsweise v_1 und v_2 die Knoten 9 bzw. 11 in Abbildung 4.2 sind, dann ist w der Knoten 3, $x_1 = 5$ und $x_2 = 7$. Da 5 links von 7 steht, folgt, daß 9 links von 11 ist.

Wir werden sehen, daß ein Ableitungsbaum eine natürliche Beschreibung für die Ableitung einer bestimmten Satzform der Grammatik G ist. Wenn wir die Markierungen der Blätter von links nach rechts lesen, so erhalten wir eine Satzform. Wir bezeichnen diese Zeichenkette als *Front* des Ableitungsbaums. Später werden wir sehen, daß $S \overset{*}{\underset{G}{\Longrightarrow}} \alpha$ gilt, wenn α die Front eines Ableitungsbaumes für eine Grammatik $G = (V, T, P, S)$ ist (und umgekehrt).

Wir benötigen noch ein zusätzliches Konzept, nämlich das eines Unterbaums. Ein Unterbaum eines Ableitungsbaums ist ein bestimmter Knoten zusammen mit all seinen Nachkommen, den sie verbindenden Kanten und den Markierungen. Er sieht genauso aus wie ein Ableitungsbaum, bis auf die Tatsache, daß die Markierung der Wurzel nicht das Startsymbol der Grammatik sein muß. Wenn eine Variable A die Wurzel markiert, so bezeichnen wir den Unterbaum als *A-Baum*. Also ist "S-Baum" eine Synonym für "Ableitungsbaum", wenn S das Startsymbol ist.

Beispiel 4.5

Betrachten Sie die Grammatik und den Ableitungsbaum aus Beispiel 4.4. Der Ableitungsbaum aus Abbildung 4.2 ist in Abbildung 4.3(a) nochmals unnumeriert zu sehen. Die Front des Baums aus Abbildung 4.3(a) ist *aabbaa*. Wenn wir uns wieder auf Abbildung 4.2 beziehen, sehen wir, daß die Blätter von links her gerade die Knoten 2, 9, 6, 10, 11 und 8 sind. Diese Knoten haben die Markierungen a, a, b, b, a, a. Beachten Sie, daß in diesem Fall alle Blätter Terminale als Markierungen haben; dies muß jedoch nicht unbedingt der Fall sein: Einige Blätter können mit ϵ oder mit einer Variablen markiert sein. Beachten Sie, daß auf Grund der Ableitung

$$S \Rightarrow aAS \Rightarrow aSbAS \Rightarrow aabAS \Rightarrow aabbaS \Rightarrow aabbaa$$

$S \overset{*}{\Rightarrow} aabbaa$ gilt. Abbildung 4.3(b) zeigt einen Unterbaum des in Teil (a) dargestellten Baumes. Es handelt sich um Knoten 3 aus Abbildung 4.2, zusammen mit seinen Nachkommen. Die Front des Unterbaums ist *abba*. Die Markierung der Wurzel des Unterbaums ist A, und es gilt $A \overset{*}{\Rightarrow} abba$. Eine Ableitung ist in diesem Fall

$$A \Rightarrow SbA \Rightarrow abA \Rightarrow abba.$$

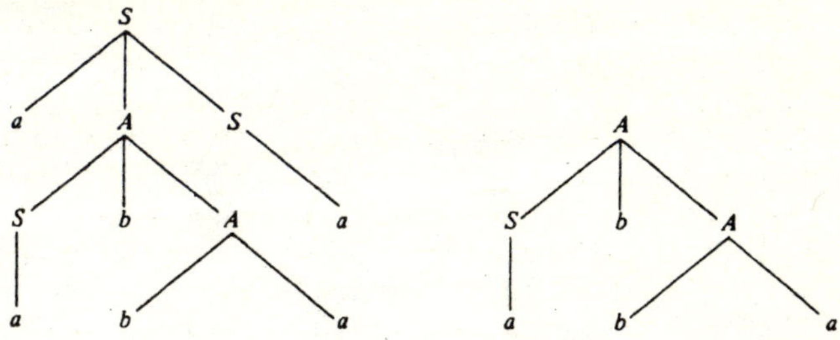

(a) (b)

Abb. 4.3: Ableitungsbaum und Unterbaum.

Die Beziehung zwischen Ableitungsbäumen und Ableitungen

Satz 4.1

Sei $G = (V, T, P, S)$ eine kontextfreie Grammatik. Dann gilt $S \stackrel{*}{\Rightarrow} \alpha$ genau dann, wenn es einen Ableitungsbaum in der Grammatik G mit der Front α gibt.

Beweis:

Es ist einfacher eine Erweiterung dieses Satzes zu beweisen, nämlich daß $A \stackrel{*}{\Rightarrow} \alpha$ für jedes A in V genau dann gilt, wenn es einen A-Baum mit der Front α gibt.

Sei zunächst α die Front des A-Baums: Wir beweisen $A \stackrel{*}{\Rightarrow} \alpha$ durch Induktion über die Anzahl der inneren Knoten im Baum. Wenn es nur einen inneren Knoten gibt, so muß der Baum wie in Abbildung 4.4 aussehen. In diesem Fall muß $X_1X_2...X_k$ gleich α sein, und $A \to \alpha$ muß nach der Definition des Ableitungsbaums eine Produktion aus P sein.

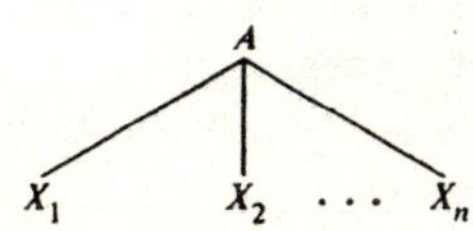

Abb. 4.4: Baum mit einem inneren Knoten.

Das Ergebnis gelte nun für Bäume mit bis zu $k-1$ inneren Knoten. Weiter sei α die Front eines A-Baums mit k inneren Knoten für ein $k > 1$. Betrachten Sie die Söhne der Wurzel: Diese können nicht alle Blätter sein. Die Markierungen der Söhne von links her seien $X_1, X_2, ..., X_n$. Dann ist $A \to X_1X_2...X_n$ sicherlich eine Produktion in P. Beachten Sie, daß n im folgenden eine ganze Zahl größer oder gleich 1 ist.

Wenn der i-te Sohn kein Blatt ist, ist er die Wurzel eines Unterbaums, und X_i muß eine Variable sein. Der Unterbaum muß dann ein X_i-Baum sein und hat die Front α_i. Wenn der Knoten i ein Blatt ist, so sei $\alpha_i = X_i$. Es ist offensichtlich, daß sich für $j < i$ der Knoten j und alle seine Nachkommen links des Knotens i und aller

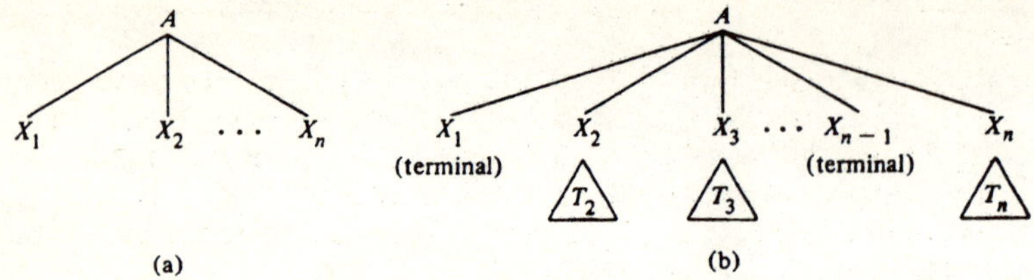

Abb. 4.5: Ableitungsbäume.

seiner Nachkommen befindet. Also gilt $\alpha = \alpha_1\alpha_2...\alpha_n$. Ein Unterbaum hat weniger innere Knoten als der Baum, außer wenn er gleich diesem ist. Nach Induktionsannahme gilt $X_i \overset{*}{\Rightarrow} \alpha_i$ für jeden Knoten i, der kein Blatt ist. Die Zusammenfassung aller dieser Teil-Ableitungen liefert

$$A \Rightarrow X_1X_2...X_n \overset{*}{\Rightarrow} \alpha_1X_2...X_n \overset{*}{\Rightarrow} \alpha_1\alpha_2X_3...X_n \overset{*}{\Rightarrow} \\ ... \overset{*}{\Rightarrow} \alpha_1\alpha_2...\alpha_n = \alpha. \quad (4.4)$$

Also gilt $A \overset{*}{\Rightarrow} \alpha$. Beachten Sie, daß (4.4) nur eine der möglichen Ableitungen ist, die wir aus dem gegebenen Ableitungsbaum erzeugen können.

Nehmen Sie nun an, daß $A \overset{*}{\Rightarrow} \alpha$ gilt. Wir müssen zeigen, daß es einen A-Baum mit der Front α gibt. Wenn $A \overset{*}{\Rightarrow} \alpha$ durch einen einzigen Schritt gilt, so ist $A \rightarrow \alpha$ eine Produktion in P, und es gibt einen Baum mit der Front α von der in Abbildung 4.4 gezeigten Form.

Nehmen Sie weiter an, daß es für jede Variable A einen A-Baum mit der Front α gibt, wenn $A \overset{*}{\Rightarrow} \alpha$ mittels eine Ableitung von weniger als k Schritten gilt. Gelte $A \overset{*}{\Rightarrow} \alpha$ durch eine Ableitung von k Schritten: Der erste Schritt sei $A \rightarrow X_1X_2...X_n$. Es sollte klar sein, daß jedes Symbol in α entweder eines aus $X_1, X_2, ..., X_n$ oder aus diesen abgeleitet sein muß. Ebenso muß — falls $i < j$ gilt — der Teil von α, der aus X_i abgeleitet worden ist, links der Symbole liegen, die aus X_j abgeleitet worden sind. Also können wir α als $\alpha_1\alpha_2...\alpha_n$ schreiben, wobei für jedes i zwischen 1 und n folgendes gilt:

1) $\alpha_i = X_i$, falls X_i ein Terminal ist;
2) $X_i \overset{*}{\Rightarrow} \alpha_i$, falls X_i eine Variable ist.

Wenn X_i eine Variable ist, dann muß die Ableitung von α_i aus X_i weniger als k Schritte benötigen, da die gesamte Ableitung $A \overset{*}{\Rightarrow} \alpha$ genau k Schritte benötigt und der erste Schritt sicherlich nicht Teil der Ableitung $X_i \overset{*}{\Rightarrow} \alpha_i$ ist. Also gibt es nach Induktionsannahme für jedes X_i, das eine Variable ist, eine X_i-Baum mit der Front α_i. Dieser Baum sei T_i.

Wir beginnen durch Konstruktion eines A-Baums mit n Blättern mit den Markierungen X_1, X_2, ..., X_n, der keine weiteren Knoten enthält; der Baum ist in Abbildung 4.5(a) gezeigt. Jeder Knoten mit der Markierung X_i, bei dem X_i kein Terminal ist, wird durch den Baum T_i ersetzt; ist X_i ein Terminal, wird keine Ersetzung durchgeführt. Ein Beispiel ist in Abbildung 4.5(b) zu sehen. Die Front dieses Baums ist α. □

Beispiel 4.6
Betrachten Sie die Ableitung $S \overset{*}{\Rightarrow} aabbaa$ aus Beispiel 4.4: Der erste Schritt ist $S \to aAS$. Wenn wir der Ableitung folgen, sehen wir, daß A schließlich durch SbA, dann durch abA und schließlich durch $abba$ ersetzt wird. Abbildung 4.3(b) ist ein Ableitungsbaum für diese Ableitung. Das einzige Symbol, das aus S in aAS abgeleitet werden kann, ist a. (Diese Ersetzung ist der letzte Schritt.) Abbildung 4.6(a) ist ein Baum für letztere Ableitung.

Abbildung 4.6(b) ist der Ableitungsbaum für $S \to aAS$. Wenn wir den Knoten mit der Markierung A in Abbildung 4.6(b) durch den Baum aus Abbildung 4.3(b) und den Knoten mit Markierung S in Abbildung 4.6(b) durch den Baum aus Abbildung 4.6(a) ersetzen, so erhalten wir den Baum aus Abbildung 4.3(a), dessen Front $aabbaa$ ist.

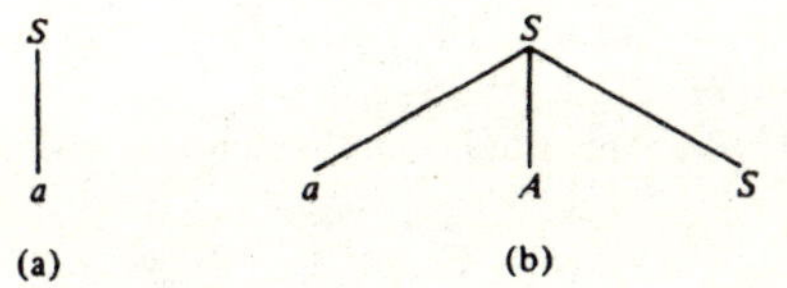

Abb. 4.6: Ableitungsbäume.

Links- und Rechtsableitungen, Mehrdeutigkeit

Wenn bei jedem Schritt einer Ableitung eine Produktion auf die linksstehende Variable angewendet wird, dann heißt die Ableitung eine *Linksableitung*. Entsprechend heißt eine Ableitung, bei der stets die am weitesten rechts stehende Variable ersetzt wird, *Rechtsableitung*. Wenn w in $L(G)$ für eine kfG G ist, dann hat w mindestens einen Ableitungsbaum, und in Verbindung mit einem bestimmten Ableitungsbaum hat w eine eindeutige Links- und eine eindeutige Rechtsableitung. Im Beweis von Satz 4.1 ist die Ableitung von α aus A in Verbindung mit dem fraglichen Ableitungsbaum eine Linksableitung, vorausgesetzt daß die Ableitungen $X_i \overset{*}{\Rightarrow} \alpha_i$ zu Linksableitungen gemacht werden. Wenn wir anstelle der Ableitung (4.4) die Ableitungen $X_i \overset{*}{\Rightarrow} \alpha_i$ (rekursiv) zu Rechtsableitungen machen, und die X_i von rechts her statt von links durch α_i ersetzen, würden wir die Rechtsableitung in Verbindung mit dem Ableitungsbaum erhalten.

Natürlich kann w mehrere Rechts- und/oder Linksableitungen haben, da es mehr als einen Ableitungsbaum für w geben kann. Es ist jedoch einfach zu zeigen, daß aus jedem Ableitungsbaum nur eine Rechts- und eine Linksableitung erhältlich ist. Auch die Konstruktion aus Satz 4.1 erzeugt verschiedene Ableitungsbäume mit verschiedenen Links- oder verschiedenen Rechtsableitungen.

Beispiel 4.7
Die Linksableitung, die dem Baum aus Abbildung 4.3(a) entspricht, ist

$$S \Rightarrow aAS \Rightarrow aSbAS \Rightarrow aabAS \Rightarrow aabbaS \Rightarrow aabbaa.$$

Die entsprechende Rechtsableitung ist

$$S \Rightarrow aAS \Rightarrow aAa \Rightarrow aSbAa \Rightarrow aSbbaa \Rightarrow aabbaa.$$

Eine kontextfreie Grammatik, in der es ein Wort mit mehr als einem Ableitungsbaum gibt, heißt *mehrdeutig*. Aus dem oben Gesagten folgt eine äquivalente Definition von Mehrdeutigkeit, nämlich daß ein Wort mehr als eine Linksableitung oder mehr als eine Rechtsableitung hat. Eine kfS, für die jede kfG mehrdeutig ist, heißt *ererbt mehrdeutige* kfS (*inherently ambiguous*). Wir werden in Abschnitt 4.7 zeigen, daß ererbt mehrdeutige kfS existieren.

4.4 VEREINFACHUNG KONTEXTFREIER GRAMMATIKEN

Es gibt verschiedene Methoden zur Einschränkung des Formats von Produktionen, ohne daß die Fähigkeit zur Erzeugung von Sprachen eingeschränkt wird. Wenn L eine nichtleere kontextfreie Sprache ist, so kann sie durch eine kontextfreie Grammatik G mit den folgenden Eigenschaften erzeugt werden:

1) Jede Variable und jedes Terminal von G erscheint in der Ableitung eines Wortes in L.

2) Es gibt keine Produktionen der Form $A \rightarrow B$, wenn A und B Variablen sind.

Außerdem sind — wenn ϵ nicht in L ist — keine Produktionen der Form $A \rightarrow \epsilon$ nötig. Tatsächlich können wir, wenn ϵ nicht in L ist, verlangen, daß jede Produktion von G eine der Formen $A \rightarrow BC$ oder $A \rightarrow a$ hat, wobei A, B und C beliebige Variablen und a ein beliebiges Terminal ist. Alternativ kann jede Produktion von G in der Form $A \rightarrow a\alpha$ dargestellt werden, wobei α eine (eventuell leere) Zeichenkette von Variablen ist. Diese zwei speziellen Formen werden Chomsky-Normalform bzw. Greibach-Normalform genannt.

Nutzlose Symbole

Wir begeben uns nun an die Aufgabe, nutzlose Symbole aus einer Grammatik zu entfernen. Sei $G = (V, T, P, S)$ eine Grammatik. Ein Symbol X heißt *nützlich*, wenn es eine Ableitung $S \overset{*}{\Rightarrow} \alpha X \beta \overset{*}{\Rightarrow} w$ für ein α, β und w gibt, wobei w aus T^* ist. (Bedenken Sie unsere Konvention in bezug auf Namen von Symbolen und Zeichenketten.) Andernfalls ist X *nutzlos*. Es gibt zwei Aspekte der Nützlichkeit: Erstens muß eine Terminalzeichenkette aus X ableitbar sein, und zweitens muß X in einer Zeichenkette auftauchen, die aus S ableitbar ist. Diese beiden Bedingungen sind jedoch nicht hinreichend, um zu garantieren, daß X nützlich ist; X könnte nur in Satzformen auftreten, die eine Variable enthalten, aus der keine Terminalzeichenkette abgeleitet werden kann.

Lemma 4.1

Zu einer gegebenen kfG $G = (V, T, P, S)$ mit $L(G) \neq \emptyset$ gibt es eine äquivalente kfG $G' = (V', T, P', S)$, so daß es für jedes A aus V' ein w aus T^* gibt, für das $A \overset{*}{\Rightarrow} w$ gilt.

Beweis:

Jede Variable A mit einer Produktion $A \rightarrow w$ in P gehört natürlich zu V'. Wenn $A \rightarrow X_1X_2...X_n$ eine Produktion ist, wobei X_i entweder ein Terminal oder eine

Variable ist, die sich schon in V' befindet, dann kann durch eine Ableitung, die mit $A \rightarrow X_1X_2...X_n$ beginnt aus A eine Terminalzeichenkette abgeleitet werden; folglich gehört A zu V'. Die Menge V' kann durch einen ausschließlich iterativen Algorithmus berechnet werden. P' ist die Menge aller Produktionen, deren Symbole in $V' \cup T$ sind.

Der Algorithmus aus Abbildung 4.7 findet alle Variablen A, die zu V' gehören. Wenn A in Zeile (2) oder (5) zu NEUV hinzugefügt wird, so ist mit Sicherheit aus A eine Terminalzeichenkette ableitbar. Um zu zeigen, daß NEUV nicht zu klein ist, müssen wir zeigen, daß A schließlich auch zu NEUV hinzugefügt wird, wenn aus A eine Terminalzeichenkette w ableitbar ist. Wir zeigen dies durch Induktion über die Länge der Ableitung $A \overset{*}{\Rightarrow} w$.

```
        begin
1)         ALTV := ∅;
2)         NEUV := {A | A → w für ein w in T*};
3)         while ALTV ≠ NEUV do
              begin
4)               ALTV := NEUV;
5)               NEUV := ALTV ∪
                       {A | A → α für ein α in (T∪ ALTV)*};
              end;
6)         V' := NEUV;
        end
```

Abb. 4.7: Berechnung von V'.

Induktionsanfang: Wenn die Länge eins ist, dann ist $A \rightarrow w$ eine Produktion, und A wird in Schritt (2) zu NEUV hinzugefügt.

Induktionsschritt: Es gelte $A \Rightarrow X_1X_2...X_n \overset{*}{\Rightarrow} w$ durch eine Ableitung von k Schritten. Dann können wir $w = w_1w_2...w_n$ schreiben, wobei $X_i \overset{*}{\Rightarrow} w_i$ für $1 \leq i \leq n$ mittels einer Ableitung von weniger als k Schritten gilt. Nach Induktionsannahme werden die X_i, die Variablen sind, schließlich zu NEUV hinzugefügt. Beim Test der *while*-Schleife in Zeile (3) — also nachdem das letzte der X_i zu NEUV hinzugefügt wurde — kann nicht NEUV = ALTV gelten, denn das letzte dieser X_i ist nicht in ALTV. Also wird die *while*-Schleife mindestens noch einmal durchlaufen, wodurch A in Zeile 5 zu NEUV hinzugefügt wird.

Betrachten Sie V' als die Menge, die in Zeile (6) berechnet wird, und P' als die Menge aller Produktionen, deren Symbole in $V' \cup T$ sind. Mit Sicherheit erfüllt $G' = (V', T, P', S)$ die Eigenschaft, daß $A \overset{*}{\Rightarrow} w$ für ein w gilt, falls A in V' ist. Da jede Ableitung in G' auch eine Ableitung in G ist, wissen wir ebenfalls, daß $L(G') \subseteq L(G)$ gilt. Wenn es jedoch ein w in $L(G)$ gibt, daß nicht in $L(G')$ liegt, dann muß jede Ableitung von w in G eine Variable aus $V - V'$ oder eine Produktion aus $P - P'$ mit einbeziehen (was auch impliziert, daß eine Variable aus $V - V'$ benutzt wurde).

Doch dann gibt es eine Variable in $V - V'$, aus der eine Terminalzeichenkette ableitbar ist, was ein Widerspruch ist. □

Lemma 4.2
Zu einer gegebenen kfG $G = (V, T, P, S)$ läßt sich konstruktiv eine äquivalente kfG $G' = (V', T', P', S)$ angeben, so daß für jedes X aus $V' \cup T'$ ein α und β in $(V' \cup T')^*$ existiert, für die $S \overset{*}{\Rightarrow} \alpha X \beta$ gilt.

Beweis:
Die Menge $V' \cup T'$ von Symbolen, die in Satzformen von G auftauchen, wird durch einen iterativen Algorithmus konstruiert. Zunächst ist S in V' zu setzen. Wenn A in V' gesetzt wird und $A \rightarrow \alpha_1 \mid \alpha_2 \mid ... \mid \alpha_n$ gilt, dann sind alle Variablen von $\alpha_1, \alpha_2, ..., \alpha_n$ zu der Menge V' und alle Terminale von $\alpha_1, \alpha_2, ..., \alpha_n$ zu der Menge T' hinzuzufügen. P' ist die Menge der Produktionen von P, die nur Symbole aus $V' \cup T'$ enthalten. □

Wenn wir zuerst Lemma 4.1 und dann Lemma 4.2 anwenden, können wir eine Grammatik in eine äquivalente Grammatik ohne nutzlose Symbole überführen. Es ist beachtenswert, daß durch die Anwendung von Lemma 4.2 und danach erst Lemma 4.1 unter Umständen nicht alle nutzlosen Symbole entfernt werden.

Satz 4.2
Jede nichtleere kfS wird durch eine kfG ohne nutzlose Symbole erzeugt.

Beweis:
Sei $L = L(G)$ eine nichtleere kfS. Sei G_1 das Ergebnis der Anwendung der Konstruktion aus Lemma 4.1 auf G und G_2 das Ergebnis der Anwendung von Lemma 4.2 auf G_1. Wir nehmen nun an, daß G_2 das nutzlose Symbol X enthalte: Nach Lemma 4.2 gibt es eine Ableitung $S \underset{G_2}{\overset{*}{\Longrightarrow}} \alpha X \beta$. Da alle Symbole aus G_2 Symbole von G_1 sind, folgt aus Lemma 4.1, daß $S \underset{G_1}{\overset{*}{\Longrightarrow}} \alpha X \beta \underset{G_1}{\overset{*}{\Longrightarrow}} w$ für eine Terminalzeichenkette w gilt. Deshalb wird kein Symbol in der Ableitung $\alpha X \beta \underset{G_1}{\overset{*}{\Longrightarrow}} w$ durch Lemma 4.2 eliminiert. Also leitet X eine Terminalzeichenkette in G_2 ab; das widerspricht unserer Annahme, daß X nutzlos wäre. □

Beispiel 4.8
Betrachten Sie die Grammatik

$$\begin{array}{lcl} S & \rightarrow & AB \mid a \\ A & \rightarrow & a \end{array} \tag{4.5}$$

Durch Anwendung von Lemma 4.1 stellt sich heraus, daß aus B keine Terminalzeichenkette ableitbar ist. Wir können deshalb B und die Produktion $S \rightarrow AB$ entfernen. Die Anwendung von Lemma 4.2 auf die Grammatik

$$\begin{array}{lcl} S & \rightarrow & a \\ A & \rightarrow & a \end{array} \tag{4.6}$$

liefert, daß nur S und a in Satzformen vorkommen. Also ist $(\{S\}, \{a\}, \{S \rightarrow a\}, S)$ eine äquivalente Grammatik ohne nutzlose Symbole.

Hätten wir zuerst Lemma 4.2 auf (4.5) angewendet, so hätten wir festgestellt, daß alle Symbole in Satzformen auftauchen. Die Anwendung von Lemma 4.1 hätte uns dann zu (4.6) geführt, worin das nutzlose Symbol A enthalten ist.

ϵ-Produktionen

Wir wenden nun unsere Aufmerksamkeit der Eliminierung von Produktionen der Form $A \rightarrow \epsilon$ zu, die wir als *ϵ-Produktionen* bezeichnen. Natürlich können wir, wenn ϵ in $L(G)$ enthalten ist, nicht alle ϵ-Produktionen aus G entfernen; falls allerdings ϵ nicht in $L(G)$ ist, ist dies der Fall. Die Methode ist, für jede Variable A zu bestimmen, ob $A \stackrel{*}{\Rightarrow} \epsilon$. Ist dies der Fall, so nennen wir A *nullierbar*. Wir können jede Produktion $B \rightarrow X_1X_2...X_n$ durch Produktionen ersetzen, die folgendermaßen gebildet werden: Die Teilmenge aller nullierbaren X_i ist herauszustreichen und $B \rightarrow \epsilon$ ist selbst dann nicht hinzuzunehmen, wenn alle X_i nullierbar sind.

Satz 4.3
Wenn $L = L(G)$ für eine kfG $G = (V, T, P, S)$ gilt, dann ist $L - \{\epsilon\}$ die Sprache $L(G')$ für eine kfG G' ohne nutzlose Symbole und ohne ϵ-Produktionen.
Beweis:
Wir können die nullierbaren Symbole von G durch den folgenden iterativen Algorithmus bestimmen: Zu Beginn gilt, wenn $A \rightarrow \epsilon$ eine Produktion ist, dann ist A nullierbar. Wenn $B \rightarrow \alpha$ eine Produktion ist und alle Symbole von α als nullierbar eingestuft worden sind, dann ist B nullierbar. Wir wiederholen diesen Vorgang, bis keine nullierbaren Symbole mehr zu finden sind.

Die Menge der Produktionen P' wird wie folgt konstruiert. Wenn $A \rightarrow X_1X_2...X_n$ in P ist, dann sind alle Produktionen $A \rightarrow \alpha_1\alpha_2...\alpha_n$ zu P' hinzuzufügen, wobei folgendes gilt:

1) wenn X_i nicht nullierbar ist, dann gilt $\alpha_i = X_i$;
2) wenn X_i nullierbar ist, dann ist α_i entweder X_i oder ϵ;
3) nicht alle α_i sind gleich ϵ.

Es sei $G'' = (V, T, P', S)$. Wir behaupten, $A \stackrel{*}{\underset{G}{\Longrightarrow}} w$ gilt für alle A aus V und w aus T^* genau dann, wenn $w \neq \epsilon$ und $A \stackrel{*}{\underset{G''}{\Longrightarrow}} w$ gilt.

Hinrichtung: Sei $A \stackrel{*}{\underset{G}{\Longrightarrow}} w$ und $w \neq \epsilon$. Wir beweisen durch Induktion über i, daß $A \stackrel{*}{\underset{G''}{\Longrightarrow}} w$ gilt. Die Induktionsannahme für $i = 1$ ist trivial, da $A \rightarrow w$ eine Produktion in P sein muß. Da $w \neq \epsilon$ gilt, ist dies auch eine Produktion in P'. Für den Induktionsschritt sei $i > 1$. Dann gilt $A \underset{G}{\Longrightarrow} X_1X_2...X_n \stackrel{i-1}{\underset{G}{\Longrightarrow}} w$. Sei nun $w = w_1w_2...w_n$, so daß $X_j \stackrel{*}{\Rightarrow} w_j$ für jedes j in weniger als i Schritten gilt. Wenn $w_j \neq \epsilon$ gilt und X_j eine Variable ist, so haben wir nach der Induktionsannahme $X_j \stackrel{*}{\underset{G''}{\Longrightarrow}} w_j$. Gilt $w_j = \epsilon$, dann ist X_j nullierbar. Also ist $A \rightarrow \beta_1\beta_2...\beta_n$ eine Produktion in P', wobei $\beta_j = X_j$, falls $w_j \neq \epsilon$, und $\beta_j = \epsilon$, falls $w_j = \epsilon$. Da $w \neq \epsilon$, können nicht alle β_j gleich ϵ sein. Also haben wir eine Ableitung

$$A \Rightarrow \beta_1\beta_2...\beta_n \stackrel{*}{\Rightarrow} w_1\beta_2...\beta_n \stackrel{*}{\Rightarrow} w_1w_2\beta_3...\beta_n \stackrel{*}{\Rightarrow} ... \stackrel{*}{\Rightarrow} w_1w_2...w_n = w$$

in G''.

Rückrichtung: Wir nehmen an, daß $A \underset{G''}{\overset{i}{\Longrightarrow}} w$. Natürlich gilt $w \neq \epsilon$, da G'' keine ϵ-Produktionen hat. Wir zeigen durch Induktion über i, daß $A \underset{G}{\overset{*}{\Longrightarrow}} w$ gilt. Für den Induktionsanfang für $i = 1$ ist festzustellen, daß $A \rightarrow w$ eine Produktion in P' ist. Es muß eine Produktion $A \rightarrow \alpha$ in P geben, so daß wir nach Herausstreichen nullierbarer Symbole aus α mit w verbleiben. Dann gibt es eine Ableitung $A \underset{G}{\Longrightarrow} \alpha \underset{G}{\overset{*}{\Longrightarrow}} w$, wobei die Ableitung $\alpha \overset{*}{\Rightarrow} w$ mit sich bringt, daß nullierbare Symbole aus α — die zwecks Erhaltens von w herausgestrichen wurden — zu ϵ abgeleitet werden.

Für den Induktionsschritt sei $i > 1$. Dann gilt $A \underset{G''}{\Longrightarrow} X_1X_2...X_n \underset{G''}{\overset{i-1}{\Longrightarrow}} w$. Es muß eine Produktion $A \rightarrow \beta$ in P geben, so daß $X_1X_2...X_n$ gefunden werden kann, indem man einige nullierbare Symbole aus β herausstreicht. Also gilt $A \underset{G}{\overset{*}{\Longrightarrow}} X_1X_2...X_n$. Wir schreiben nun $w = w_1w_2...w_n$, so daß $X_j \underset{G''}{\overset{*}{\Longrightarrow}} w_j$ für alle j durch weniger als i Schritte gilt. Nach Induktionsannahme gilt $X_j \underset{G}{\overset{*}{\Longrightarrow}} w_j$, falls X_j eine Variable ist. Wenn X_j ein Terminal ist, dann gilt sicherlich $w_j = X_j$, und $X_j \underset{G}{\overset{*}{\Longrightarrow}} w_j$ ist trivialerweise wahr. Also gilt $A \underset{G}{\overset{*}{\Longrightarrow}} w$.

Der letzte Schritt des Beweises ist, Satz 4.2 auf G'' anzuwenden, um G' ohne nutzlose Symbole zu erzeugen. Da die Konstruktionen von Lemma 4.1 und 4.2 keine Produktionen hinzufügen, enthält G' weder nullierbare noch nutzlose Symbole. Außerdem gilt $S \underset{G'}{\overset{*}{\Longrightarrow}} w$ genau dann, wenn $w \neq \epsilon$ und $S \underset{G}{\overset{*}{\Longrightarrow}} w$ gilt. D.h. es gilt $L(G') = L(G) - \{\epsilon\}$. □

Ab hier nehmen wir an, daß keine Grammatik nutzlose Symbole hat. Wir wenden unsere Aufmerksamkeit nun den Produktionen der Form $A \rightarrow B$ zu, deren rechte Seiten nur aus einer einzigen Variablen bestehen. Wir nennen diese Produktionen — einschließlich denen der Form $A \rightarrow a$ und ϵ-Produktionen — *Kettenproduktionen* im Gegensatz zu allen anderen Produktionen.

Satz 4.4
Jede kfS ohne ϵ ist durch eine Grammatik definiert, die weder nutzlose Symbole noch ϵ-Produktionen noch Kettenproduktionen enthält.

Beweis:
Sei L eine kfS ohne ϵ und $L = L(G)$ für eine Grammatik $G = (V, T, P, S)$. Nach Satz 4.3 nehmen wir an, daß G keine ϵ-Produktionen hat. Wir konstruieren aus P eine neue Menge von Produktionen P', in die zuerst alle von Kettenproduktionen verschiedenen Produktionen von P aufgenommen werden. Gelte dann $A \underset{G}{\overset{*}{\Longrightarrow}} B$ für A und B aus V. Dann fügen wir zu P' alle Produktionen der Form $A \rightarrow \alpha$ hinzu, für die $B \rightarrow \alpha$ von P keine Kettenproduktion ist.

Wir können einfach testen, ob $A \underset{G}{\overset{*}{\Longrightarrow}} B$, da G keine ϵ-Produktionen beinhaltet; außerdem können wir, wenn

$$A \underset{G}{\Longrightarrow} B_1 \underset{G}{\Longrightarrow} B_2 \underset{G}{\Longrightarrow} ... \underset{G}{\Longrightarrow} B_m \underset{G}{\Longrightarrow} B$$

gilt und eine Variable zweimal in der Folge auftritt, eine kürzere Folge von Kettenproduktionen finden, die zu $A \overset{*}{\underset{G}{\Longrightarrow}} B$ führt. Also ist es hinreichend, lediglich die Folgen von Kettenproduktionen zu betrachten, die keine der Variablen aus G wiederholen.

Wir haben nun eine modifizierte Grammatik $G' = (V, T, P', S)$. Natürlich gilt $A \overset{*}{\underset{G}{\Longrightarrow}} \alpha$, falls $A \rightarrow \alpha$ eine Produktion aus P' ist. Wenn es also eine Ableitung von w in G' gibt, dann gibt es auch eine Ableitung von w in G.

Wir nehmen nun an, daß w in $L(G)$ ist, und betrachten eine Linksableitung von w in G, also etwa

$$S \underset{G}{\Longrightarrow} \alpha_0 \underset{G}{\Longrightarrow} \alpha_1 \underset{G}{\Longrightarrow} \ldots \underset{G}{\Longrightarrow} \alpha_n = w.$$

Wenn $\alpha_i \underset{G}{\Longrightarrow} \alpha_{i+1}$ für $0 \leq i < n$ durch eine von einer Kettenproduktion verschiedene Produktion gilt, dann gilt $\alpha_i \underset{G'}{\Longrightarrow} \alpha_{i+1}$. Gelte also $\alpha_i \underset{G}{\Longrightarrow} \alpha_{i+1}$ durch eine Kettenproduktion, aber $i = 0$ oder $\alpha_{i-1} \Rightarrow \alpha_i$ durch eine von einer Kettenproduktion verschiedene Produktion. Wir nehmen weiterhin an, daß $\alpha_{i+1} \underset{G}{\Longrightarrow} \alpha_{i+2} \underset{G}{\Longrightarrow} \ldots \underset{G}{\Longrightarrow} \alpha_j$ jeweils durch Kettenproduktionen und $\alpha_j \underset{G}{\Longrightarrow} \alpha_{j+1}$ durch eine von einer Kettenproduktion verschiedene Produktion gilt. Dann haben $\alpha_i, \alpha_{i+1}, \ldots, \alpha_j$ alle die gleiche Länge, und da es sich um eine Linksableitung handelt muß das jeweils ersetzte Symbol an der gleichen Position stehen. Doch dann gilt $\alpha_i \underset{G}{\Longrightarrow} \alpha_{j+1}$ durch eine der Produktionen aus $P' - P$. Also gilt $L(G') = L(G)$. Zur Vervollständigung des Beweises ist noch festzustellen, daß G' keine Kettenproduktionen und keine ϵ-Produktionen hat. Wenn wir zur Entfernung nutzloser Symbole die Lemmata 4.1 und 4.2 benutzen, fügen wir keine neuen Produktionen hinzu, so daß das Ergebnis der Anwendung der Konstruktionen aus diesen Lemmata auf G' eine Grammatik ist, die den Anforderungen des Satzes genügt. □

4.5 CHOMSKY-NORMALFORM

Wir beweisen nun den ersten von zwei Normalform-Sätzen. Diese besagen jeweils, daß alle kontextfreien Grammatiken eine äquivalente Grammatik besitzen, die gewissen Restriktionen hinsichtlich der Form der Produktionen genügt.

Satz 4.5 (*Chomsky-Normalform* oder *CNF*)
Jede kontextfreie Sprache ohne ϵ wird von einer Grammatik erzeugt, in der alle Produktionen von der Form $A \rightarrow BC$ oder $A \rightarrow a$ sind; dabei sind A, B und C Variablen, und a ist ein Terminalsymbol.

Beweis:
Sei G eine kontextfreie Grammatik, die eine Sprache erzeugt, die nicht ϵ enthält. Nach Satz 4.4 können wir eine äquivalente Grammatik $G_1 = (V, T, P, S)$ finden, so daß P keine Kettenproduktionen und keine ϵ-Produktionen enthält. Wenn also eine Produktion nur eine einzelnes Symbol auf der rechten Seite hat, ist dieses Symbol ein Terminal, und die Produktion ist bereits in der gewünschten Form.

Nun betrachten wir Produktionen aus P von der Form $A \rightarrow X_1 X_2 \ldots X_m$ mit $m \geq 2$: Ist X_i ein Terminal, so führen wir eine neue Variable C_a und eine Produktion $C_a \rightarrow a$ (die eine erlaubte Form besitzt) ein. Dann ersetzen wir X_i durch

C_a. Die neue Variablenmenge sei V', die neue Menge von Produktionen P'. Betrachten Sie die Grammatik $G_2 = (V', T, P', S)$:[2] Wenn $\alpha \underset{G_1}{\Longrightarrow} \beta$ gilt, dann gilt auch $\alpha \overset{*}{\underset{G_2}{\Longrightarrow}} \beta$; folglich gilt $L(G_1) \subseteq L(G_2)$. Wir zeigen nun durch Induktion über die Anzahl der Schritte in einer Ableitung, daß $A \overset{*}{\underset{G_1}{\Longrightarrow}} w$ gilt, wenn $A \overset{*}{\underset{G_2}{\Longrightarrow}} w$ für A aus V und w aus T^* gilt. Das Ergebnis ist trivial für aus einem Schritt bestehende Ableitungen. Gelte das Ergebnis nun für Ableitungen von bis zu k Schritten: Sei $A \overset{*}{\underset{G_2}{\Longrightarrow}} w$ eine Ableitung mit $k+1$ Schritten. Der erste Schritt muß von der Form $A \rightarrow B_1B_2...B_m$ mit $m \geq 2$ sein. Wir können $w = w_1w_2...w_m$ schreiben, wobei $B_i \overset{*}{\underset{G_2}{\Longrightarrow}} w_i$ für $1 \leq i \leq m$ gilt.

Wenn B_i das zu einem Terminalzeichen a_i gehörende C_{a_i} ist, dann muß w_i gleich a_i sein. Gemäß der Konstruktion von P' gibt es eine Produktion $A \rightarrow X_1X_2...X_m$ aus P, wobei $X_i = B_i$, falls B_i aus V ist, und $X_i = a_i$, falls B aus $V' - V$ ist. Für die B_i aus V wissen wir, daß die Ableitung $B_i \overset{*}{\underset{G_1}{\Longrightarrow}} w_i$ nicht mehr als k Schritte benötigt, so daß nach Induktionsannahme $X_i \overset{*}{\underset{G_1}{\Longrightarrow}} w_i$ gilt. Demnach gilt $A \overset{*}{\underset{G_1}{\Longrightarrow}} w$.

Wir haben jetzt das Zwischenergebnis bewiesen, daß jede kontextfreie Sprache von einer Grammatik erzeugt werden kann, in der jede Produktion entweder von der Form $A \rightarrow a$ oder $A \rightarrow B_1B_2...B_m$ mit $m \geq 2$ ist. Hier sind $A, B_1, B_2, ..., B_m$ Variablen, und a ist ein Terminal.

Wir betrachten nun eine solche Grammatik $G_2 = (V', T, P', S)$: Wir modifizieren G_2, indem wir einige Symbole zu V' hinzufügen und einige Produktionen aus P' ersetzen. Für jede Produktion $A \rightarrow B_1B_2...B_m$ mit $m \geq 3$ erzeugen wir neue Variablen D_1, D_2, ..., D_{m-2} und ersetzen $A \rightarrow B_1B_2...B_m$ durch die Menge der Produktionen

$$\{A \rightarrow B_1D_1,\ D_1 \rightarrow B_2D_2,\ \ldots,\ D_{m-3} \rightarrow B_{m-2}D_{m-2},\ D_{m-2} \rightarrow B_{m-1}B_m\}.$$

Sei V'' die neue Variablen-Menge, P'' die neue Menge von Produktionen und $G_3 = (V'', T, P'', S)$. G_3 ist in CNF. Es ist klar, daß $A \overset{*}{\underset{G_3}{\Longrightarrow}} w$ gilt, falls $A \overset{*}{\underset{G_2}{\Longrightarrow}} w$ gilt; somit gilt $L(G_2) \subseteq L(G_3)$. Doch es gilt ebenfalls $L(G_3) \subseteq L(G_2)$, was im wesentlichen genauso gezeigt werden kann, wie daß $L(G_2) \subseteq L(G_1)$ gilt; der Beweis bleibt dem Leser überlassen. □

Beispiel 4.9
Wir wollen die Grammatik $(\{S, A, B\}, \{a, b\}, P, S)$ betrachten, die folgende Produktionen hat:

$$\begin{array}{lcl} S & \rightarrow & bA \mid aB \\ A & \rightarrow & bAA \mid aS \mid a \\ B & \rightarrow & aBB \mid bS \mid b \end{array}$$

Dazu wollen wir eine äquivalente Grammatik in CNF bestimmen.

[2] Beachten Sie, daß G_2 noch nicht in Chomsky-Normalform ist.

Zunächst sind als einzige Produktionen die Regeln $A \to a$ und $B \to b$ schon in richtiger Form. Es gibt keine Kettenproduktionen, so daß wir damit beginnen können, die Terminale auf der rechten Seite durch Variablen zu ersetzen — außer im Fall der Produktionen $A \to a$ und $B \to b$. $S \to bA$ wird durch $S \to C_bA$ und $C_b \to b$ ersetzt; entsprechend wird $A \to aS$ durch $A \to C_aS$ und $C_a \to a$ ersetzt. $A \to bAA$ wird durch $A \to C_bAA$, $S \to aB$ wird durch $S \to C_aB$, $B \to bS$ wird durch $B \to C_bS$ und $B \to aBB$ wird durch $B \to C_aBB$ ersetzt.

Im nächsten Schritt wird die Produktion $A \to C_bAA$ durch $A \to C_bD_1$ und $D_1 \to AA$ ersetzt, und die Produktion $B \to C_aBB$ wird durch $B \to C_aD_2$ und $D_2 \to BB$ ersetzt.

Die Produktionen für die Grammatik in CNF sind im folgenden zu sehen:

$$\begin{array}{lcl} S & \to & C_bA \mid C_aB \\ A & \to & C_aS \mid C_bD_1 \mid a \\ B & \to & C_bS \mid C_aD_2 \mid b \end{array} \qquad \begin{array}{lcl} D_1 & \to & AA \\ D_2 & \to & BB \\ C_a & \to & a \\ C_b & \to & b \end{array}$$

4.6 GREIBACH-NORMALFORM

Wir entwickeln nun einen Normalform-Satz, der Produktionen benutzt, deren rechte Seiten mit einem Terminalsymbol beginnen, dem eventuell noch Variablen folgen. Zunächst beweisen wir zwei Lemmata, die besagen, daß wir die Produktionen einer kfG auf bestimmte Weisen modifizieren können, ohne die erzeugte Sprache zu verändern.

Lemma 4.3

Eine A-Produktion ist eine Produktion mit der Variablen A auf der linken Seite. Sei $G = (V, T, P, S)$ eine kfG. Sei $A \to \alpha_1 B \alpha_2$ eine Produktion aus P und $B \to \beta_1 \mid \beta_2 \mid \ldots \mid \beta_r$ die Menge aller B-Produktionen. Sei $G_1 = (V, T, P_1, S)$ aus G durch Entfernen der Produktionen $A \to \alpha_1 B \alpha_2$ und Hinzufügen der Produktionen $A \to \alpha_1\beta_1\alpha_2 \mid \alpha_1\beta_2\alpha_2 \mid \ldots \mid \alpha_1\beta_r\alpha_2$ hervorgegangen. Dann ist $L(G) = L(G_1)$.

Beweis:

Offensichtlich gilt $L(G_1) \subseteq L(G)$, da $A \underset{G}{\Longrightarrow} \alpha_1 B \alpha_2 \underset{G}{\Longrightarrow} \alpha_1\beta_i\alpha_2$ in G benutzt werden kann, wenn $A \to \alpha_1\beta_i\alpha_2$ in einer Ableitung von G_1 benutzt wird. Um zu zeigen, daß $L(G) \subseteq L(G_1)$ gilt, ist zuerst zu bemerken, daß $A \to \alpha_1 B \alpha_2$ die einzige Produktion in G ist, die nicht auch in G_1 ist. Wann immer $A \to \alpha_1 B \alpha_2$ in einer Ableitung von G benutzt wird, muß die Variable B in einem späteren Schritt durch Benutzung einer Produktion $B \to \beta_i$ überschrieben werden. Diese beiden Schritte können durch einen einzigen Schritt $A \underset{G_1}{\Longrightarrow} \alpha_1\beta_i\alpha_2$ ersetzt werden. □

Lemma 4.4

Sei $G = (V, T, P, S)$ eine kfG und $A \to A\alpha_1 \mid A\alpha_2 \mid \ldots \mid A\alpha_r$ die Menge der A-Produktionen, für die A das linksstehende Symbol auf der rechten Seite ist. Seien $A \to \beta_1 \mid \beta_2 \mid \ldots \mid \beta_s$ die verbleibenden A-Produktionen. Sei weiterhin $G_1 = (V \cup \{B\}, T, P_1, S)$ die kfG, die durch Hinzufügen der Variablen B zu V und durch Ersetzen aller A-Produktionen durch die folgenden Produktionen gebildet wird:

$$1) \quad \left.\begin{array}{lcr} A & \to & \beta_i \\ A & \to & \beta_i B \end{array}\right\} 1 \le i \le s$$

$$2) \quad \left.\begin{array}{lll} B & \rightarrow & \alpha_i \\ B & \rightarrow & \alpha_i B \end{array}\right\} 1 \leq i \leq r.$$

Dann gilt $L(G_1) = L(G)$.

Beweis:

In einer Linksableitung muß eine Folge von Produktionen der Form $A \rightarrow A\alpha_i$ schließlich mit einer Produktion $A \rightarrow \beta_j$ enden. Die Folge von Ersetzungen

$$A \Rightarrow A\alpha_{i_1} \Rightarrow A\alpha_{i_2}\alpha_{i_1} \Rightarrow \ldots \Rightarrow A\alpha_{i_p}\alpha_{i_{p-1}}\ldots\alpha_{i_1}$$

$$\Rightarrow \beta_j\alpha_{i_p}\alpha_{i_{p-1}}\ldots\alpha_{i_1}$$

in G kann in G_1 durch

$$A \Rightarrow \beta_j B \Rightarrow \beta_j\alpha_{i_p}B \Rightarrow \beta_j\alpha_{i_p}\alpha_{i_{p-1}}B$$

$$\Rightarrow \ldots \Rightarrow \beta_j\alpha_{i_p}\alpha_{i_{p-1}}\ldots\alpha_{i_2}B$$

$$\Rightarrow \beta_j\alpha_{i_p}\alpha_{i_{p-1}}\ldots\alpha_{i_1}$$

ersetzt werden. Die umgekehrte Transformation kann ebenfalls durchgeführt werden. Also gilt $L(G) = L(G_1)$. Abbildung 4.8 zeigt diese Transformation von Ableitungsbäumen, wobei wir sehen können, daß in G eine sich nach links ausdehnende Kette von A in G_1 durch eine sich nach rechts ausdehnende Kette von B ersetzt wird. □

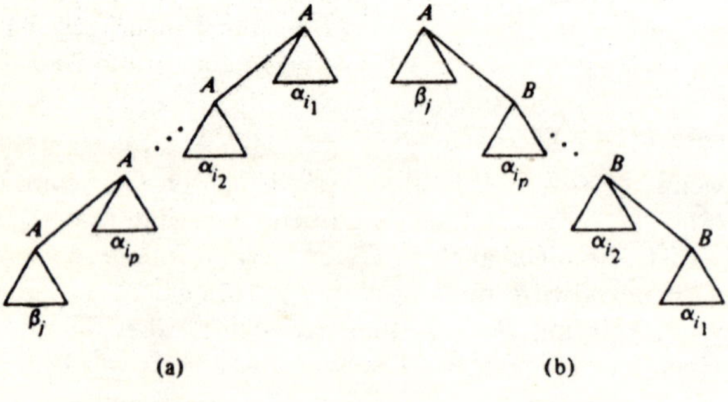

Abb. 4.8: Transformation von Lemma 4.4
auf einem Teil eines Ableitungsbaum.

Satz 4.6 (*Greibach-Normalform* oder *GNF*)
Jede kontextfreie Sprache L ohne ϵ kann durch eine Grammatik generiert werden, für die jede Produktion von der Form $A \rightarrow a\alpha$ ist; dabei ist A eine Variable, a ein Terminalzeichen und α eine (eventuell leere) Zeichenkette von Variablen.

Beweis:
Sei $G = (V, T, P, S)$ eine Grammatik in Chomsky-Normalform, die die kfS L erzeugt. Sei $V = \{A_1, A_2, ..., A_m\}$. Der erste Konstruktionsschritt besteht darin, die Produktionen so zu modifizieren, daß $j > i$ gilt, wenn $A_i \to A_j\gamma$ eine Produktion ist. Beginnend bei A_1 und weiter bis zu A_m tun wir dies wie folgt: Wir nehmen an, daß die Produktionen so modifiziert worden sind, daß $A_i \to A_j\gamma$ für $1 \leq i < k$ genau dann eine Produktion ist, wenn $j > i$ gilt. Wir modifizieren nun die A_k-Produktionen.

Wenn $A_k \to A_j\gamma$ eine Produktion mit $j < k$ ist, so erzeugen wir eine neue Menge von Produktionen, indem wir nach Lemma 4.3 für A_j die rechte Seite jeder A_j-Produktion ersetzen. Indem wir diesen Prozeß höchstens $k-1$ Mal wiederholen, erhalten wir Produktionen der Form $A_k \to A_l\gamma$ mit $l \geq k$. Die Produktionen mit $l = k$ werden dann gemäß Lemma 4.4 ersetzt, wobei eine neue Variable B_k hinzuzufügen ist. Der genaue Algorithmus ist in Abbildung 4.9 angegeben.

```
        begin
1)         for k := 1 to m do
              begin
2)               for j := 1 to k - 1 do
3)                  for jede Produktion der Form A_k → A_j α do
                       begin
4)                        for alle Produktionen A_j → β do
5)                           Addition der Produktion A_k → βα;
6)                        Entfernen aller Produktionen A_k → A_j α
                       end
7)               for jede Produktion der Form A_k → A_k α do
                    begin
8)                     Addition der Produktionen B_k → α
                          und B_k → αB_k;
9)                     Entfernen der Produktion A_k → A_k α
                    end;
10)              for jede Produktion A_k → β, wobei
                    β nicht mit A_k beginnt do
11)                    Addition der Produktion A_k → βB_k
              end
        end
```

Abb. 4.9: Schritt 1 im Greibach-Normalform-Algorithmus.

Wenn wir obigen Prozeß für jede der ursprünglichen Variablen wiederholen, erhalten wir nur Produktionen folgender Formen:

1) $A_i \to A_j\gamma$ mit $j > i$,
2) $A_i \to a\gamma$ mit a aus T,
3) $B_i \to \gamma$ mit γ aus $(V \cup \{B_1, B_2, ..., B_{i-1}\})^*$.

Beachten Sie, daß das linksstehende Symbol auf der rechten Seite einer jeden Produktion für A_m ein Terminal sein muß, da A_m die am höchsten numerierte Variable ist. Das linksstehende Symbol auf der rechten Seite einer jeden Produktion A_{m-1} muß entweder A_m oder ein Terminalsymbol sein. Wenn es A_m ist, so können wir neue Produktionen erzeugen, indem wir gemäß Lemma 4.3 A_m durch die rechte Seite der Produktionen für A_m ersetzen. Die rechten Seiten dieser Produktionen müssen mit einem Terminalsymbol beginnen. Wir gehen dann über zu den Produktionen für $A_{m-2}, ..., A_2, A_1$ und fahren solange fort, bis jeweils die rechte Seite einer jeden Produktion für ein A_i mit einem Terminalsymbol beginnt.

Als letztes untersuchen wir die Produktionen für die neuen Variablen B_1, B_2, ..., B_m. Da wir mit einer Grammatik in Chomsky-Normalform begonnen haben, läßt sich einfach durch Induktion über die Anzahl der Anwendungen von Lemma 4.3 und 4.4 beweisen, daß die rechte Seite jeder A_i-Produktion für $1 \leq i \leq n$ mit einem Terminalsymbol oder $A_j A_k$ für ein beliebiges j und k beginnt. Also kann α in Zeile (7) aus Abbildung 4.9 niemals leer werden oder mit einem B_j beginnen; daher kann keine B_i-Produktion mit einem weiteren B_j beginnen. Deshalb haben alle B_i-Produktionen rechte Seiten, die mit einem Terminalzeichen oder einem A_i beginnen, und eine weitere Anwendung von Lemma 4.3 für jede B_i-Produktion vervollständigt diese Konstruktion. □

Beispiel 4.10

Wir wollen die Grammatik $G = (\{A_1, A_2, A_3\}, \{a, b\}, P, A_1)$ in Greibach-Normalform konvertieren. P bestehe dabei aus den folgenden Produktionen:

$$\begin{array}{lcl} A_1 & \rightarrow & A_2A_3 \\ A_2 & \rightarrow & A_3A_1 \mid b \\ A_3 & \rightarrow & A_1A_2 \mid a \end{array}$$

Erster Schritt: Da die rechten Seiten der Produktionen für A_1 und A_2 mit Terminalen oder mit höher numerierten Variablen beginnen, ersetzen wir zunächst A_1 in der Produktion $A_3 \rightarrow A_1A_2$ durch die Zeichenkette A_2A_3. Beachten Sie, daß $A_1 \rightarrow A_2A_3$ die einzige Produktion mit A_1 auf der linken Seite ist.

Die resultierende Menge von Produktionen ist:

$$\begin{array}{lcl} A_1 & \rightarrow & A_2A_3 \\ A_2 & \rightarrow & A_3A_1 \mid b \\ A_3 & \rightarrow & A_2A_3A_2 \mid a \end{array}$$

Da die rechte Seite der Produktion $A_3 \rightarrow A_2A_3A_2$ mit einer niedriger numerierten Variable beginnt, substituieren wir das erste Auftreten von A_2 sowohl durch A_3A_1 als auch durch b. Also wird $A_3 \rightarrow A_2A_3A_2$ durch $A_3 \rightarrow A_3A_1A_3A_2$ und $A_3 \rightarrow bA_3A_2$ ersetzt. Die neue Menge ist

$$\begin{array}{lcl} A_1 & \rightarrow & A_2A_3 \\ A_2 & \rightarrow & A_3A_1 \mid b \\ A_3 & \rightarrow & A_3A_1A_3A_2 \mid bA_3A_2 \mid a \end{array}$$

Wir wenden nun Lemma 4.4 auf die Produktionen

$$A_3 \rightarrow A_3A_1A_3A_2 \mid bA_3A_2 \mid a$$

an: Das Symbol B_3 wird eingeführt, und die Produktion $A_3 \to A_3A_1A_3A_2$ wird durch $A_3 \to bA_3A_2B_3$, $A_3 \to aB_3$, $B_3 \to A_1A_3A_2$ und $B_3 \to A_1A_3A_2B_3$ ersetzt. Die resultierende Menge ist

$$\begin{array}{lll} A_1 & \to & A_2A_3 \\ A_2 & \to & A_3A_1 \mid b \\ A_3 & \to & bA_3A_2B_3 \mid aB_3 \mid bA_3A_2 \mid a \\ B_3 & \to & A_1A_3A_2 \mid A_1A_3A_2B_3 \end{array}$$

Zweiter Schritt: Nun haben alle Produktionen mit A_3 auf der linken Seite eine mit einem Terminal beginnende rechte Seite. Diese werden benutzt, um A_3 in den Produktionen $A_2 \to A_3A_1$ zu ersetzen; dann werden die Produktionen mit A_2 auf der linken Seite dazu benutzt, A_2 in der Produktion $A_1 \to A_2A_3$ zu ersetzen. Dies führt zu:

$$\begin{array}{llllll} A_3 & \to & bA_3A_2B_3 & A_3 & \to & bA_3A_2 \\ A_3 & \to & aB_3 & A_3 & \to & a \\ A_2 & \to & bA_3A_2B_3A_1 & A_2 & \to & bA_3A_2A_1 \\ A_2 & \to & aB_3A_1 & A_2 & \to & aA_1 \\ A_2 & \to & b & & & \\ A_1 & \to & bA_3A_2B_3A_1A_3 & A_1 & \to & bA_3A_2A_1A_3 \\ A_1 & \to & aB_3A_1A_3 & A_1 & \to & aA_1A_3 \\ A_1 & \to & bA_3 & & & \\ B_3 & \to & A_1A_3A_2 & B_3 & \to & A_1A_3A_2B_3 \end{array}$$

Dritter Schritt: Die beiden B_3-Produktionen werden in die richtige Form konvertiert, was 10 weitere Produktionen einbringt. Die Produktionen

$$B_3 \to A_1A_3A_2 \text{ und } B_3 \to A_1A_3A_2B_3$$

werden also geändert, indem man die rechte Seite der fünf Produktionen mit A_1 für das erste Auftreten von A_1 einsetzt. Also wird $B_3 \to A_1A_3A_2$ zu:

$$\begin{array}{llllll} B_3 & \to & bA_3A_2B_3A_1A_3A_3A_2 & B_3 & \to & aB_3A_1A_3A_3A_2 \\ B_3 & \to & bA_3A_3A_2 & B_3 & \to & bA_3A_2A_1A_3A_3A_2 \\ B_3 & \to & aA_1A_3A_3A_2 & & & \end{array}$$

Die andere Produktion für B_3 wird genauso ersetzt. Die endgültige Menge von Produktionen ist nachstehende:

$$\begin{array}{llllll} A_3 & \to & bA_3A_2B_3 & A_3 & \to & bA_3A_2 \\ A_3 & \to & aB_3 & A_3 & \to & a \\ A_2 & \to & bA_3A_2B_3A_1 & A_2 & \to & bA_3A_2A_1 \\ A_2 & \to & aB_3A_1 & A_2 & \to & aA_1 \\ A_2 & \to & b & & & \\ A_1 & \to & bA_3A_2B_3A_1A_3 & A_1 & \to & bA_3A_2A_1A_3 \\ A_1 & \to & aB_3A_1A_3 & A_1 & \to & aA_1A_3 \\ A_1 & \to & bA_3 & & & \\ B_3 & \to & bA_3A_2B_3A_1A_3A_3A_2B_3 & B_3 & \to & bA_3A_2B_3A_1A_3A_3A_2 \\ B_3 & \to & aB_3A_1A_3A_3A_2B_3 & B_3 & \to & aB_3A_1A_3A_3A_2 \\ B_3 & \to & bA_3A_3A_2B_3 & B_3 & \to & bA_3A_3A_2 \\ B_3 & \to & bA_3A_2A_1A_3A_3A_2B_3 & B_3 & \to & bA_3A_2A_1A_3A_3A_2 \\ B_3 & \to & aA_1A_3A_3A_2B_3 & B_3 & \to & aA_1A_3A_3A_2 \end{array}$$

4.7 DIE EXISTENZ ERERBT MEHRDEUTIGER KONTEXTFREIER SPRACHEN

Es ist einfach, mehrdeutige kontextfreie Grammatiken zu finden; betrachten Sie zum Beispiel die Grammatik mit den Produktionen $S \to A$, $S \to B$, $A \to a$ und $B \to a$. Dagegen ist es nicht so einfach, eine kontextfreien Sprache zu finden, für die jede kfG mehrdeutig ist. In diesem Abschnitt zeigen wir, daß es tatsächlich ererbt mehrdeutige kfS gibt. Der Beweis ist teilweise weitschweifig, und man kann ihn übergehen, ohne den Faden zu verlieren. Von der Existenz einer solchen Sprache wird lediglich in Satz 8.16 Gebrauch gemacht.

Wir werden zeigen, daß die Sprache

$$L = \{a^n b^n c^m d^m \mid n \geq 1, m \geq 1\} \ \cup \ \{a^n b^m c^m d^n \mid n \geq 1, m \geq 1\}$$

ererbt mehrdeutig ist, indem wir zeigen, daß unendlich viele Zeichenketten der Form $a^n b^n c^n d^n$ mit $n \geq 1$ zwei voneinander verschiedene Linksableitungen haben. Zu diesem Zweck beweisen wir zunächst zwei aus technischen Gründen notwendige Lemmata:

Lemma 4.5

Seien (N_i, M_i) mit $1 \leq i \leq r$ Paare von Mengen ganzer Zahlen. (Die Mengen können endlich oder unendlich sein.) Sei

$$S_i = \{(n, m) \mid n \text{ aus } N, \ m \text{ aus } M\}$$

und sei

$$S = S_1 \ \cup \ S_2 \ \cup \ \ldots \ \cup \ S_r.$$

Wenn jedes Paar (n, m) ganzer Zahlen für alle n und m mit $n \neq m$ in S liegt, dann auch (n, n) für alle bis auf endlich viele n.

Beweis:

Wir nehmen an, daß (n, m) in S ist für alle n und m mit $n \neq m$, und daß es unendlich viele n so gibt, daß (n, n) nicht in S ist. Sei J die Menge aller n, so daß (n, n) nicht in S ist. Wir konstruieren eine Folge von Mengen $J_r, J_{r-1}, \ldots, J_1$, so daß

$$J \ \supseteq \ J_r \ \supseteq \ J_{r-1} \ \supseteq \ \ldots \ \supseteq \ J_1.$$

Jedes J_i ist unendlich, und für jedes n und m in J_i ist (n, m) nicht in

$$S_i \ \cup \ S_{i+1} \ \cup \ \ldots \ \cup \ S_r.$$

Für ein n aus J ist n entweder nicht in N_r, oder n ist nicht in M_r; andernfalls wäre (n, n) in S_r und also in S. Daher gibt es eine unendliche Teilmenge von J, die wir J_r nennen, so daß für alle n aus J_r entweder n nicht in N_r oder n nicht in M_r ist. Nun ist (n, m) nicht in S_r für alle n und m in J_r.

Nehmen wir nun an, daß $J_r, J_{r-1}, \ldots, J_{i+1}$ mit $i \leq r - 1$ konstruiert worden sind. Dann wird J_i wie folgt konstruiert: Für jedes n in J_{i+1} ist n entweder nicht in N_i oder nicht in M_i; andernfalls wäre (n, m) in S_i und somit in S, was ein

Widerspruch ist, da $J_{i+1} \subseteq J$. Also ist entweder eine unendliche Teilmenge von J_{i+1} nicht in N_i, oder eine unendliche Teilmenge von J_{i+1} ist nicht in M_i. In jedem Fall sei die unendliche Teilmenge J_i. Nun ist (n, m) nicht in S_i für alle n und m in J_i und also auch nicht in $S_i \cup S_{i+1} \cup \ldots \cup S_r$.

Da J_1 unendlich viele Elemente enthält, gibt es n und m in J_1 mit $n \neq m$. Nun ist (n, m) nicht in $S_1 \cup S_2 \cup \ldots \cup S_r = S$, was der Annahme widerspricht, daß alle (n, m) mit $n \neq m$ in S sind. Folglich ist (n, n) in S für alle bis auf eine endliche Menge von n. □

Lemma 4.6

Sei G eine nicht mehrdeutige kfG. Dann können wir eine nicht mehrdeutige, zu G äquivalente kfG G' so konstruieren, daß G' weder nutzlose Symbole noch nutzlose Produktionen hat, und daß für jede Variable A (außer eventuell dem Startsymbol) Ableitungen $A \underset{G}{\overset{*}{\Longrightarrow}} x_1 A x_2$ existieren, wobei x_1 und x_2 nicht beide gleich ϵ sind.

Beweis:

Die Konstruktionen aus Lemma 4.1 und 4.2, die nutzlose Symbole und Produktionen entfernen, können eine nicht mehrdeutige Grammatik nicht in eine mehrdeutige konvertieren, da sich die Menge der Ableitungsbäume für die Wörter nicht ändert. Die Konstruktion aus Satz 4.4, die Kettenproduktionen entfernt, kann ebenfalls keine Mehrdeutigkeiten einführen. Dies liegt daran, daß es bei Einführung von Produktion $A \rightarrow \alpha$ ein eindeutiges B geben muß, so daß $A \overset{*}{\Rightarrow} B$ und $B \rightarrow \alpha$ eine Produktion ist; andernfalls war die ursprüngliche Grammatik mehrdeutig. Genauso kann aus der Anwendung von Satz 4.3, der die ϵ-Produktionen entfernt, keine Mehrdeutigkeit entstehen.

Wir wollen daher annehmen, daß G keine nutzlosen Symbole oder Produktionen und keine Kettenproduktionen hat. Wir nehmen an, daß für kein x_1 und x_2 — nicht beide gleich ϵ — $A \overset{*}{\Rightarrow} x_1 A x_2$ gilt. Dann ersetzen wir jedes Auftreten von A auf den rechten Seiten aller Produktionen durch alle rechten Seiten von A-Produktionen. Da es keine Kettenproduktionen, ϵ-Produktionen oder nutzlose Symbole gibt, kann es keine Produktion $A \rightarrow \alpha_1 A \alpha_2$ geben; andernfalls gäbe es eine Ableitung $A \overset{*}{\Rightarrow} x_1 A x_2$ mit x_1 und x_2 nicht beide gleich ϵ. Die oben erwähnte Veränderung modifiziert nach Lemma 4.3 die erzeugte Sprache nicht. Jede neue Produktion folgt aus einer eindeutigen Folge alter Produktionen; andernfalls wäre G mehrdeutig gewesen. Also ist die resultierende Grammatik nicht mehrdeutig. Wir sehen, daß A jetzt nutzlos ist und entfernt werden kann. Nachdem wir die Variablen, die die Bedingungen des Lemmas verletzen, auf diese Weise entfernt haben, ist die neue Grammatik äquivalent zur alten, nach wie vor nicht mehrdeutigen Grammatik und genügt dem Lemma. □

Satz 4.7

Die kfS

$$L = \{a^n b^n c^m d^m \mid n \geq 1, m \geq 1\} \cup \{a^n b^m c^m d^n \mid n \geq 1, m \geq 1\}$$

ist ererbt mehrdeutig.

Beweis:

Wir nehmen an, daß es eine nicht mehrdeutige Grammatik gibt, die L erzeugt. Nach Lemma 4.6 können wir eine nicht mehrdeutige Grammatik $G = (V, T, P, S)$

ohne nutzlose Symbole konstruieren, die L erzeugt, und in der $A \overset{*}{\Rightarrow} x_1Ax_2$ für jedes A aus $V - \{S\}$ gilt, wobei x_1 und x_2 aus T^* und nicht beide gleich ϵ sind.

Wir bemerken, daß die Grammatik G die folgenden Eigenschaften hat:

1) Wenn $A \overset{*}{\Rightarrow} x_1Ax_2$ gilt, dann bestehen x_1 und x_2 jeweils nur aus einem Typ von Symbolen (a, b, c oder d); andernfalls gilt

$$S \overset{*}{\Rightarrow} w_1Aw_3 \overset{*}{\Rightarrow} w_1x_1x_1Ax_2x_2w_3 \overset{*}{\Rightarrow} w_1x_1x_1w_2x_2x_2w_3,$$

für beliebige w_1, w_2 und w_3. Die letzte Terminalzeichenkette liegt nicht in L.

2) Wenn $A \overset{*}{\Rightarrow} x_1Ax_2$ gilt, dann bestehen x_1 und x_2 aus verschiedenen Symbolen. Andernfalls könnten wir in einer Ableitung, in der A vorkommt, die Anzahl eines Symboltyps erhöhen, ohne die Zahl irgendeines anderen Symboltyps zu erhöhen und dadurch einen Satz erzeugen, der nicht in L ist.

3) Wenn $A \overset{*}{\Rightarrow} x_1Ax_2$ gilt, dann gilt $|x_1| = |x_2|$. Andernfalls könnten wir Wörter in L finden, die von einem Symbol mehr als von jedem anderen Symbol beinhalten.

4) Wenn $A \overset{*}{\Rightarrow} x_1Ax_2$ und $A \overset{*}{\Rightarrow} x_3Ax_4$ gilt, dann bestehen x_1 und x_3 — ebenso wie x_2 und x_4 — aus dem gleichen Typ von Symbolen. Anderenfalls wäre Eigenschaft (1) verletzt.

5) Wenn $A \overset{*}{\Rightarrow} x_1Ax_2$, dann gilt entweder
   a) x_1 besteht nur aus a, und x_2 besteht nur aus b oder d, oder
   b) x_1 besteht nur aus b, und x_2 besteht nur aus c, oder
   c) x_1 besteht nur aus c, und x_2 besteht nur aus d.

   In jedem der anderen Fälle ist es einfach, eine Zeichenkette abzuleiten, die nicht in L liegt. Also können die Variablen außer S in vier Klassen C_{ab}, C_{ad}, C_{bc} und C_{cd} aufgeteilt werden: C_{ab} ist die Menge aller A in V, so daß $A \overset{*}{\Rightarrow} x_1Ax_2$ mit x_1 in $\mathbf{a}^*$ und x_2 in $\mathbf{b}^*$ gilt; C_{ad}, C_{bc} und C_{cd} sind analog definiert.

6) Eine Ableitung, die ein Symbol in C_{ab} oder C_{cd} enthält, kann kein Symbol in C_{ad} oder C_{bc} (bzw. umgekehrt) enthalten. Andernfalls könnten wir die Anzahl der drei Symboltypen in einem Satz in L erhöhen, ohne die Anzahl des vierten Typs von Symbolen zu erhöhen. In diesem Fall gäbe es einen Satz in L, für den die Anzahl eines Symboltyps kleiner als die jeden anderen Typs wäre.

Wir stellen nun fest, daß — wenn eine Ableitung eine Variable in C_{ab} oder C_{cd} enthält — die erzeugte Terminalzeichenkette in $\{a^nb^nc^md^m \mid n \geq 1, m \geq 1\}$ liegen muß. Nehmen wir also an, daß A aus C_{ab} in der Ableitung eines Satzes x auftaucht, der nicht in $\{a^nb^nc^md^m \mid n \geq 1, m \geq 1\}$ liegt. Dann muß x von der Form $a^nb^mc^md^n$ mit $m \neq n$ sein. Da A in C_{ab} ist, kann ein Satz $a^{n+p}b^{m+p}c^md^n$ mit $m \neq n$ für ein $p > 0$ erzeugt werden. Ein solcher Satz liegt nicht in L. Ein ähnliches Argument gilt für A aus C_{cd}. Die gleiche Argumentation impliziert, daß ein erzeugter Satz in $\{a^nb^mc^md^n \mid n \geq 1, m \geq 1\}$ enthalten sein muß, wenn eine Ableitung eine Variable in C_{ad} oder C_{bc} enthält.

Wir teilen G in zwei Grammatiken auf,

$$G_1 = (\{S\} \cup C_{ab} \cup C_{cd}, T, P_1, S)$$

und

$$G_2 = (\{S\} \cup C_{ad} \cup C_{bc}, T, P_2, S),$$

wobei P_1 alle Produktionen aus P enthält, die eine Variable aus C_{ab} oder C_{cd} entweder auf der rechten oder auf der linken Seite haben; P_2 enthält alle Produktionen aus P, die eine Variable aus C_{ad} oder C_{bc} auf der rechten oder auf der linken Seite haben. Zusätzlich enthält P_1 alle Produktionen aus P, die von der Form $S \to a^n b^n c^m d^m$ für $n \neq m$ sind, und P_2 enthält alle Produktionen aus P, die von der Form $S \to a^n b^m c^m d^n$ für $n \neq m$ sind. Produktionen der Form $S \to a^n b^n c^n d^n$ sind weder in P_1 noch in P_2 aufzunehmen.

Da G

$$L = \{a^n b^n c^m d^m \mid n \geq 1, m \geq 1\} \cup \{a^n b^m c^m d^n \mid n \geq 1, m \geq 1\}$$

erzeugt, muß G_1 alle Sätze in

$$\{a^n b^n c^m d^m \mid n \geq 1, m \geq 1, n \neq m\}$$

ergänzt um möglicherweise einige Sätze aus $\{a^n b^n c^n d^n \mid n \geq 1\}$ erzeugen, und G_2 muß alle Sätze in

$$\{a^n b^m c^m d^n \mid n \geq 1, m \geq 1, n \neq m\}$$

ergänzt um möglicherweise einige Sätze aus $\{a^n b^n c^n d^n \mid n \geq 1\}$ erzeugen. Wir zeigen, daß dies nicht der Fall sein kann, wenn nicht sowohl G_1 als auch G_2 alle bis auf endlich viele Sätze aus $\{a^n b^n c^n d^n \mid n \geq 1\}$ erzeugen. Also werden alle bis auf eine endliche Zahl von Sätzen aus $\{a^n b^n c^n d^n \mid n \geq 1\}$ sowohl durch G_1 als auch durch G_2 erzeugt und also durch zwei verschiedene Ableitungen in G. Dies widerspricht der Annahme, daß G nicht mehrdeutig ist.

Um zu sehen, daß G_1 und G_2 alle bis auf eine endliche Zahl von Sätzen in $\{a^n b^n c^n d^n \mid n \geq 1\}$ erzeugen, numerieren wir die Produktionen in P_1, die von der Form $S \to \alpha$ sind, von 1 bis r durch. Wenn $S \to \alpha_i$ für $1 \leq i \leq r$ die i-te Produktion ist, dann sei N_i die Menge aller n, so daß

$$S \underset{G_1}{\Longrightarrow} \alpha \underset{G_1}{\Longrightarrow} a^n b^n c^m d^m$$

für ein beliebiges m gilt; weiter sei M_i die Menge aller m, so daß

$$S \underset{G_1}{\Longrightarrow} \alpha \underset{G_1}{\Longrightarrow} a^n b^n c^m d^m$$

für ein beliebiges n gilt. Wir überlassen es dem Leser zu zeigen, daß für jedes n aus N_i und jedes m aus M_i folgendes gilt:

$$S \underset{G_1}{\Longrightarrow} \alpha \underset{G_1}{\Longrightarrow} a^n b^n c^m d^m.$$

[Hinweis: Beachten Sie, daß die Variablen von α in C_{ab} oder C_{cd} sind.] Es folgt direkt aus Lemma 4.5, daß G_1 alle bis auf endliche viele Sätze aus $\{a^n b^n c^n d^n \mid n \geq 1\}$ erzeugen muß.

Eine analoge Argumentation läßt sich auf G_2 anwenden. Der Leser kann einfach zeigen, daß G_2 keine rechte Seite mit zwei oder mehr Variablen haben kann.

Wir numerieren bestimmte Produktionen und Paare von Produktionen gemäß einer Ordnung durch. Produktionen der Form $S \to \alpha_1 B \alpha_2$, wobei B in C_{bc} ist, erhalten eine Nummer, und wenn diese Nummer i ist, so sei N_i die Menge aller n, so daß für ein m

$$S \Rightarrow \alpha_1 B \alpha_2 \overset{*}{\Rightarrow} a^n b^m c^m d^n$$

gilt. Ebenso sei M_i die Menge aller m, so daß für ein n

$$S \Rightarrow \alpha_1 B \alpha_2 \overset{*}{\Rightarrow} a^n b^m c^m d^n$$

gilt. Das Paar von Produktionen $S \to \alpha$ und $A \to \alpha_1 B \alpha_2$ erhält eine Nummer, wenn α eine Variable in C_{ad} enthält, A in C_{ad} und B in C_{bc} ist. Wenn diesem Paar die Nummer i zugewiesen wird, so definieren wir N_i als die Menge aller n, so daß für ein m

$$S \Rightarrow \alpha \overset{*}{\Rightarrow} x_1 A x_2 \Rightarrow x_1 \alpha_1 B \alpha_2 x_2 \overset{*}{\Rightarrow} a^n b^m c^m d^n$$

gilt. Wir definieren ebenso M_i als die Menge aller m, so daß für ein n

$$S \Rightarrow \alpha \overset{*}{\Rightarrow} x_1 A x_2 \Rightarrow x_1 \alpha_1 B \alpha_2 x_2 \overset{*}{\Rightarrow} a^n b^m c^m d^n$$

gilt. Wiederum gilt für jedes n in N_i und jedes m in M_i

$$S \underset{G_2}{\overset{*}{\Longrightarrow}} a^n b^m c^m d^n,$$

und demnach folgt aus Lemma 4.5, daß G_2 alle bis auf eine endliche Zahl von Sätzen in $\{a^n b^n c^n d^n \mid n \geq 1\}$ erzeugt. Wir schließen, daß $a^n b^n c^n d^n$ für ein n sowohl in $L(G_1)$ als auch in $L(G_2)$ liegt. Dieser Satz hat zwei Linksableitungen in G. □

ÜBUNGEN

4.1 Geben Sie kontextfreie Grammatiken an, die die folgenden Mengen erzeugen:

- **L** a) Die Menge der Palindrome (Zeichenketten, die vorwärts und rückwärts gelesen gleich sind) über dem Alphabet $\{a, b\}$.
- b) Die Menge aller korrekten Klammerausdrücke, d.h. jede linke Klammer hat eine entsprechende rechte Klammer und Paare zusammengehörender Klammern sind richtig eingebettet.
- * c) Die Menge aller Zeichenketten über dem Alphabet $\{a, b\}$ mit genau doppelt sovielen a wie b.
- d) Die Menge aller Zeichenketten über dem Alphabet $\{a, b, \cdot, +, *, (,), \boldsymbol{\epsilon}, \emptyset\}$, die wohlgeformte reguläre Ausdrücke über dem Alphabet $\{a, b\}$ sind. Beachten Sie, daß wir zwischen ϵ als leerer Zeichenkette und als einem Symbol in einem regulären Ausdruck unterscheiden müssen. Wir benutzen $\boldsymbol{\epsilon}$ im letzten Fall.
- * e) Die Menge aller Zeichenketten über dem Alphabet $\{a, b\}$, die nicht von der Form ww für eine Zeichenkette w sind.
- f) $\{a^i b^j c^k \mid i \neq j \text{ oder } j \neq k\}$.

* **4.2** Sei G die Grammatik

$$S \rightarrow aS \mid aSbS \mid \epsilon.$$

Beweisen Sie, daß

$L(G) = \{x \mid$ jedes Präfix von x hat mindestens soviele a wie b $\}$.

* **4.3** Für $i \geq 1$ bezeichne b_i die Zeichenkette in $\mathbf{1}(\mathbf{0}+\mathbf{1})^*$, die die Binärdarstellung von i ist. Konstruieren Sie eine kfG, die

$$\{0, 1, \#\}^+ \ - \ \{b_1\#b_2\#...\#b_n \mid n \geq 1\}$$

erzeugt.

* **4.4** Konstruieren Sie eine kfG, die die Menge

$$\{w\#w^r\# \mid w \text{ in } (\mathbf{0}+\mathbf{1})^+\}^*$$

erzeugt.

* **4.5** Die Grammatik

$$E \rightarrow E+E \mid E*E \mid (E) \mid \mathbf{id}$$

erzeugt die Menge der arithmetischen Ausdrücke mit $+, *$, Klammern und **id**. Die Grammatik ist mehrdeutig, da $\mathbf{id}+\mathbf{id}*\mathbf{id}$ durch zwei verschiedene Linksableitungen erzeugt werden kann.

a) Konstruieren Sie eine äquivalente nicht mehrdeutige Grammatik.
b) Konstruieren Sie eine nicht mehrdeutige Grammatik für alle arithmetischen Ausdrücke ohne redundante Klammern. Eine Menge von Klammern ist redundant, wenn ihr Entfernen den Ausdruck nicht verändert; z.B. sind die Klammern in $\mathbf{id}+(\mathbf{id}*\mathbf{id})$ redundant, in $(\mathbf{id}+\mathbf{id})*\mathbf{id}$ jedoch nicht.

* **4.6** Sei G eine kfG mit m Variablen, in der keine rechte Seite einer Produktion länger als l ist. Zeigen Sie, daß es — wenn $A \overset{*}{\Rightarrow}_G \epsilon$ gilt — eine Ableitung mit höchstens $\frac{l^m-1}{l-1}$ Schritten gibt, durch die ϵ aus A abgeleitet wird. Wie nah kann man tatsächlich an diese Grenze herankommen?

* **4.7** Zeigen Sie, daß es für jede Grammatik G eine solche Konstante c gibt, daß w eine Ableitung von nicht mehr als $c|w|$ Schritten hat, wenn w in $L(G)$ ist und $w \neq \epsilon$ gilt.

4.8 Sei G die Grammatik

$$\begin{aligned} S &\rightarrow aB \mid bA \\ A &\rightarrow a \mid aS \mid bAA \\ B &\rightarrow b \mid bS \mid aBB \end{aligned}$$

Suchen Sie für die Zeichenkette *aaabbabbba*

a) eine Linksableitung,

b) eine Rechtsableitung,
c) einen Ableitungsbaum.

* **4.9** Ist die Grammatik aus Übung 4.8 nicht mehrdeutig?

4.10 Suchen Sie eine kfG ohne nutzlose Symbole, die äquivalent zu folgender ist:

$$S \to AB \mid CA \qquad B \to BC \mid AB$$
$$A \to a \qquad C \to aB \mid b$$

4.11 Nehmen Sie an, daß G eine kfG ist und w aus $L(G)$ die Länge l habe. Wie lang ist eine Ableitung von w in G, wenn
a) G in CNF ist?
b) G in GNF ist?

4.12 G sei die kfG, die wohlgeformte Formeln der Aussagenlogik mit den Prädikaten p und q erzeugt:

$$S \to \neg S \mid [S \to S] \mid p \mid q.$$

Die Terminale sind $p, q, \neg, [,]$ und $\to$. Bestimmen Sie eine Grammatik in Chomsky-Normalform, die $L(G)$ erzeugt.

4.13 Zeigen Sie, daß die Konvertierung in Chomsky-Normalform die Anzahl der Produktionen in einer Grammatik quadrieren kann. [*Hinweis:* Untersuchen Sie das Löschen von Kettenproduktionen.]

4.14 Bestimmen Sie eine Grammatik in Greibach-Normalform, die äquivalent zu der folgenden kfG ist:

$$S \to AA \mid 0$$
$$A \to SS \mid 1$$

4.15 Zeigen Sie, daß jede kfS ohne ϵ durch eine kfG erzeugt werden kann, in der alle Produktionen von der Form $A \to a$ oder $A \to BC$ mit $B \neq C$ sind und für die außerdem $\alpha_1 = \gamma_1 = \epsilon$ oder $\alpha_2 = \gamma_2 = \epsilon$ gilt, falls $A \to \alpha_1 B \alpha_2$ und $A \to \gamma_1 B \gamma_2$ Produktionen sind.

*L **4.16** Zeigen Sie, daß jede kfS ohne ϵ von einer kfG erzegt wird, deren Produktionen alle von der Form $A \to a$, $A \to aB$ und $A \to aBC$ sind.

4.17 Zeigen Sie, daß jede kfS ohne ϵ von einer kfG erzeugt wird, deren Produktionen alle von der Form $A \to a$ und $A \to a\alpha b$ sind.

4.18 Kann jede kfS ohne ϵ von einer kfG erzeugt werden, deren Produktionen alle von der Form $A \to BCD$ und $A \to a$ sind?

* **4.19** Zeigen Sie, daß $L(G)$ eine reguläre Menge ist, wenn alle Produktionen einer kfG von der Form $A \to wB$ oder $A \to w$ sind.

** **4.20** Eine kfG heißt *linear*, wenn keine rechte Seite einer Produktion mehr als ein Auftreten einer Variablen enthält. Welche der Sprachen aus Übung 4.1 haben lineare Grammatiken?

****L 4.21** Eine *Operatorgrammatik* ist eine kfG ohne ϵ-Produktionen, so daß keine zwei aufeinanderfolgenden Symbole auf den rechten Seiten der Produktionen Variablen sind. Zeigen Sie, daß jede kfS ohne ϵ eine Operatorgrammatik hat.

**** 4.22** Der in Abbildung 4.7 angegebene Algorithmus zur Bestimmung der Variablen, die Terminalzeichenketten ableiten, ist nicht der effizienteste, der möglich ist. Erstellen Sie ein Computer-Programm zur Lösung der Aufgabe in $O(n)$ Schritten, wenn n die Summe der Längen aller Produktionen ist.

**** 4.23** Ist $\{a^i b^j c^k \mid i \neq j \text{ und } j \neq k \text{ und } k \neq i\}$ eine kfS? [*Hinweis:* Entwickeln Sie eine Normalform ähnlich zu der aus Satz 4.7. (In Abschnitt 6.1 wird ein Pumping-Lemma entwickelt, das Übungen dieser Art wesentlich vereinfacht. Der Leser sollte seine Lösung mit der aus Beispiel 6.3 vergleichen.)]

Lösungen zu ausgewählten Übungen

4.1(a) Die Definition von "Palindrom" als eine Zeichenkette, die vorwärts und rückwärts gelesen gleich ist, hilft uns nicht, eine kfG zu finden. Was wir in diesem und vielen anderen Fällen tun müssen, ist die Definition überarbeiten und in eine rekursive Form bringen. Wir können Palindrome über $\{0, 1\}$ wir folgt definieren:

1) ϵ, 0 und 1 sind Palindrome;
2) Wenn w ein Palindrom ist, so auch $0w0$ und $1w1$;
3) Nicht anderes ist ein Palindrom.

Wir haben in Übung 1.3 bewiesen, daß dies eine gültige Definition für Palindrome ist. Eine kfG für Palindrome folgt nun direkt aus (1) und (2). Sie lautet:

$$S \rightarrow 0 \mid 1 \mid \epsilon \qquad \text{aus (1)}$$
$$S \rightarrow 0S0 \mid 1S1 \qquad \text{aus (2).}$$

4.16 Sei $G = (V, T, P, S)$ eine GNF-Grammatik, die L erzeugt. Nehmen wir an, k sei die Länge der längsten rechten Seite einer Produktion von G. Sei $V' = \{[\alpha] \mid \alpha$ ist aus V^+ und $|\alpha| < k\}$. Für jede Produktion $A \rightarrow a\alpha$ in P und jede Variable $[A\beta]$ aus V' setzen wir $[A\beta] \rightarrow a[\alpha][\beta]$ in P'. In dem Fall, in dem α oder β gleich ϵ ist, wird $[\epsilon]$ aus der rechten Seite der Produktion gelöscht.

4.21 Sei $G = (V, T, P, S)$ eine Grammatik in GNF, die L erzeugt. Nach Übung 4.16 können wir annehmen, daß alle Produktionen von der Form $A \rightarrow a$, $A \rightarrow aB$ und $A \rightarrow aBC$ sind. Zuerst ersetzen wir jede Produktion der Form $A \rightarrow aBC$ durch $A \rightarrow a[BC]$, wobei $[BC]$ eine neue Variable ist. Nachdem alle Produktionen der Form $A \rightarrow aBC$ ersetzt worden sind, ist für jede neu eingeführte Variable $[BC]$, B-Produktion $B \rightarrow \alpha$ und C-Produktion $C \rightarrow \beta$ eine neue Produktion $[BC] \rightarrow \alpha\beta$ hinzuzufügen. Beachten Sie, daß α und β entweder einzelne Terminalzeichen oder von der Form bE sind, wobei E entweder eine neue oder eine alte Variable sein kann. Die resultierende Grammatik ist eine Operatorgrammatik, die äquivalent zu der ursprünglichen Grammatik ist.

LITERATURHINWEISE

Der Ursprung des Formalismus der kontextfreien Grammatiken findet sich in Chomsky [1956]; wichtige spätere Arbeiten von Chomsky über dieses Thema sind in Chomsky [1959,1963] erschienen. Die damit verbundene Backus-Naur-Form wurde für die Beschreibung von ALGOL in Backus [1959] und Naur [1960] benutzt. Die Relation zwischen kfG und BNF wurde von Ginsburg and Rice [1962] erkannt.

Die Chomsky-Normalform basiert auf Chomsky [1959]. Tatsächlich hat Chomsky das in Übung 4.15 aufgestellte stärkere Ergebnis bewiesen. Die Greibach-Normalform wurde von Greibach [1965] bewiesen. Die hier verwendete Beweismethode geht auf M.C. Paull zurück. Der Leser sollte auch den Algorithmus von Rosenkrantz [1967] betrachten, der die Eigenschaft hat, daß er die Anzahl der Variablen höchstens quadriert, während der Algorithmus aus Satz 4.6 die Zahl exponentiell wachsen lassen kann. Lösungen für die Übungen 4.16, 4.17 und 4.21 können dort auch gefunden werden.

Mehrdeutigkeit in kfG wurde zuerst formal von Floyd [1962a], Cantor [1962], Chomsky und Schutzenberger [1963] und Greibach [1963] untersucht. Ererbte Mehrdeutigkeit einer kfS wurde von Gross [1964] bzw. Ginsburg und Ullian [1966a, b] untersucht.

Wichtige Anwendungen der Theorie der kontextfreien Grammatiken finden sich in der Entwicklung von Compilern: siehe Aho und Ullman [1972,1973,1977], Lewis, Rosenkrantz und Stearns [1976] sowie die Literaturhinweise zu Kapitel 10 für eine Beschreibung einiger Arbeiten auf diesem Gebiet. Zusätzliches Material über kontextfreie Sprachen kann bei Ginsburg [1966] und Salomaa [1973] gefunden werden.

Kapitel 5

KELLERAUTOMATEN

5.1 INFORMELLE BESCHREIBUNG

So wie die regulären Ausdrücke einen äquivalenten Automaten — den endlichen Automaten — haben, so haben auch die kfG ihr Automaten-Gegenstück — nämlich den Kellerautomaten. Hier ist die Äquivalenz etwas weniger zufriedenstellend, da der Kellerautomat ein nichtdeterministisches Gerät ist und die deterministische Version nur eine Teilmenge aller kfS akzeptiert. Glücklicherweise umfaßt diese Teilmenge die Syntax der meisten Programmiersprachen.

Im wesentlichen ist der Kellerautomat ein endlicher Automat, der sowohl über ein Band als auch über einen Keller (engl. *stack*) gesteuert wird. Bei einem Keller handelt es sich um eine Liste mit "first in — last out", d.h. daß Zeichen nur am Ende (engl. top) der Liste hinzugefügt oder entfernt werden können. Wird am Ende ein Symbol hinzugefügt, so wird das bis dahin letzte Symbol der Liste das vorletzte, das bisher vorletzte das drittletzte usw.

Ein bekanntes Beispiel für einen Keller ist ein Tellerstapel, wie man ihn in einer Cafeteria sieht: Unter den Tellern befindet sich eine Feder mit genügend Kraft, um genau einen Teller über der Kante der Theke erscheinen zu lassen. Wenn dieser oberste Teller entfernt wird, wird das Gewicht auf der Feder leichter, und der Teller darunter erscheint über der Thekenkante. Wird dann ein Teller auf den Stapel gestellt, so wird der Stapel nach unten gedrückt, und nur der neue Teller ist sichtbar. Für unsere Zwecke machen wir die Annahme, daß die Feder beliebig lang ist, so daß wir so viele Teller hinzufügen können, wie wir wünschen.

Ein derartiger Tellerstapel, verbunden mit einer endlichen Kontrolle, kann zur Erkennung einer nichtregulären Menge benutzt werden. Die Menge $L = \{wcw^R \mid w$ aus $(\mathbf{0}+\mathbf{1})^*\}$ ist eine durch die Grammatik $S \to 0S0 \mid 1S1 \mid c$ erzeugte kontextfreie Sprache. Man kann einfach zeigen, daß L nicht durch einen endlichen Automaten akzeptiert werden kann. Um L zu akzeptieren, benutzen wir eine endliche Kontrolle mit zwei Zuständen q_1 und q_2, und einen Stapel, auf den wir blaue, grüne und rote Teller stellen. Das Gerät arbeitet dann nach folgenden Regeln:

1) Die Maschine beginnt mit einem roten Teller und der endlichen Kontrolle im Zustand q_1.
2) Besteht die Eingabe aus 0 und das Gerät ist im Zustand q_1, so wird ein blauer Teller auf den Stapel gestellt. Besteht die Eingabe aus einer 1 und das Gerät ist im Zustand q_1, so wird ein grüner Teller auf den Stapel gestellt. In beiden Fällen bleibt die endliche Kontrolle im Zustand q_1.
3) Ist die Eingabe c und der Zustand q_1, so geht das Gerät in Zustand q_2 über, ohne daß ein Teller hinzugefügt oder entfernt wird.
4) Ist die Eingabe 0 und das Gerät im Zustand q_2 mit einem blauen Teller — der eine 0 darstellt — am oberen Ende des Stapels, so wird der Teller entfernt. Ist

die Eingabe 1 und das Gerät im Zustand q_2 mit einem grünen Teller — der eine 1 darstellt — am oberen Ende des Stapels, so wird der Teller entfernt. In beiden Fällen verbleibt die endliche Kontrolle im Zustand q_2.

5) Ist das Gerät im Zustand q_2 und befindet sich ein roter Teller oben auf dem Stapel, wird dieser entfernt, ohne auf die nächste Eingabe zu warten.

6) In allen anderen Fällen als den beschriebenen macht das Gerät keine Bewegung.

Diese Regeln sind in Abbildung 5.1 zusammengefaßt.

Oberster Teller	Zustand	Eingabe 0	Eingabe 1	Eingabe c
Blau	q_1	Blauen Teller hinzufügen; in q_1 bleiben	Grünen Teller hinzufügen; in q_1 bleiben	Übergang nach q_2
	q_2	Obersten Teller entfernen; in q_2 bleiben		—
Grün	q_1	Blauen Teller hinzufügen; in q_1 bleiben	Grünen Teller hinzufügen; in q_1 bleiben	Übergang nach q_2
	q_2	—	Obersten Teller entfernen; in q_2 bleiben	—
Rot	q_1	Blauen Teller hinzufügen; in q_1 bleiben	Grünen Teller hinzufügen; in q_1 bleiben	Übergang nach q_2
	q_2	Obersten Teller entfernen, ohne auf Eingabe zu warten		

Abb. 5.1: Die endliche Kontrolle eines Kellerautomaten, der $\{wcw^R \mid w \text{ in } (\mathbf{0}+\mathbf{1})^*\}$ akzeptiert.

Das oben beschriebene Gerät akzeptiert eine Eingabekette, wenn bei der Bearbeitung des letzten Zeichens der Kette der Tellerstapel leer wird. Ist der Stapel einmal leer, können keine weiteren Bewegungen mehr gemacht werden.

Im wesentlichen arbeitet das Gerät wie folgt: Im Zustand q_1 merkt sich das Gerät seine Eingabe, indem es einen blauen Teller auf den Stapel setzt, wenn eine 0 in der Eingabe erscheint, und einen grünen Teller, wenn eine 1 in der Eingabe erscheint. Ist die Eingabe c, so geht das Gerät in den Zustand q_2 über. Als nächstes wird die verbliebene Eingabe mit dem Stapel verglichen, indem ein blauer Teller immer dann vom Stapel genommen wird, wenn die Eingabe 0 ist, und ein grüner Teller, wenn die Eingabe 1 ist. Sollte der oberste Teller die falsche Farbe haben, so stoppt das Gerät und es ist keine weitere Verarbeitung der Eingabe möglich. Wenn alle Teller mit der Eingabe übereinstimmen, wird schließlich der rote Teller am Boden des Stapels auftauchen. Der rote Teller wird unmittelbar entfernt, und das Gerät "akzeptiert" somit die Eingabezeichenkette. Alle Teller werden nur dann entfernt, wenn die dem c folgende Zeichenkette die Spiegelung der Zeichenkette ist, die vor dem c vom Gerät verarbeitet wurde.

5.2 DEFINITIONEN

Wir formalisieren nun das Konzept des Kellerautomaten (KA). Ein KA besteht aus einem *Eingabeband*, einer *endlichen Kontrolle* und einem *Keller*. Ein Keller ist eine Symbolfolge über einem Alphabet. Das am weitesten links stehende Symbol des Kellers wird als oberes Ende des Kellers angesehen. Das Gerät ist nichtdeterministisch mit einer endlichen Anzahl von Möglichkeiten für Bewegungen in einer Situation. Es gibt zwei Arten von Bewegungen: Bei der ersten wird ein Eingabe-Symbol verwendet; abhängig von diesem Eingabe-Symbol, dem obersten Kellersymbol und dem Zustand der endlichen Kontrolle bestehen verschiedene Möglichkeiten, zu denen jeweils ein nächster Zustand für die endliche Kontrolle und eine — möglicherweise leere — Zeichenkette gehört, durch die das oberste Kellersymbol ersetzt wird. Nach der Auswahl wird der Eingabe-Kopf um ein Zeichen vorangeschoben.

Der zweite Bewegungstyp (ϵ-Bewegung genannt) ist dem ersten ähnlich; das Eingabe-Symbol wird jedoch nicht benutzt, und der Eingabe-Kopf wird nach der Ausführung nicht vorgerückt. Dieser Bewegungstyp erlaubt dem KA, den Keller ohne das Lesen von Eingabe-Symbolen zu verändern.

Schließlich ist eine von einem KA akzeptierte Sprache zu definieren, wozu es zwei natürlich anmutende Methoden gibt: Die erste besteht darin, die Menge aller Eingaben, infolge derer der KA seinen Keller leert, als akzeptierte Sprache zu definieren. Eine solche Sprache bezeichnet man als durch den leeren Keller akzeptierte Sprache.

Die zweite Möglichkeit, eine akzeptierte Sprache zu definieren, ist ähnlich der Art, wie endliche Automaten ihre Eingabe akzeptieren, d.h. wir bezeichnen einige Zustände als Endzustände und definieren die erkannte Sprache als Menge aller Eingaben, für die eine Auswahl von Bewegungen den KA veranlaßt, in einen Endzustand überzugehen.

Wir werden sehen, daß diese beiden Definitionen in dem Sinne äquivalent sind, daß eine Menge genau dann durch den leeren Keller erkannt wird, wenn sie auch mit Hilfe von Endzuständen durch einen anderen KA erkannt wird.

Erkennung durch Endzustände ist die häufiger benutzte Form; es ist aber einfacher, den Hauptsatz für KA für das Erkennen durch den leeren Keller zu beweisen. Dieser Satz besagt, daß eine Sprache genau dann durch einen KA erkannt wird, wenn sie eine kfS ist.

Ein *Kellerautomat* M ist ein System $(Q, \Sigma, \Gamma, \delta, q_0, Z_0, F)$ mit

1) Q ist eine endliche Menge von *Zuständen*,
2) Σ ist ein *Eingabealphabet*,
3) Γ ist ein *Kelleralphabet*,

4) q_0 aus Q ist ein *Anfangszustand*,

5) Z_0 aus Γ ist ein *Anfangssymbol*,

6) $F \subseteq Q$ ist eine Menge von *Endzuständen* und

7) δ ist eine Abbildung von $Q \times (\Sigma \cup \{\epsilon\}) \times \Gamma$ in endliche Teilmengen von $Q \times \Gamma^*$.

Wird nichts anderes angegeben, so benutzen wir Kleinbuchstaben vom Anfang des Alphabets, um Eingabe-Symbole zu bezeichnen, und Kleinbuchstaben vom Ende des Alphabets, um Zeichenketten von Eingabe-Symbolen zu bezeichnen. Großbuchstaben bezeichnen Keller-Symbole und griechische Buchstaben bezeichnen Zeichenketten von Keller-Symbolen.

Bewegungen

Die Interpretation von

$$\delta(q, a, Z) = (p_1, \gamma_1), (p_2, \gamma_2), ..., (p_m, \gamma_m),$$

wobei q und p_i für $1 \le i \le m$ Zustände sind sowie a aus Σ, Z Kellersymbol und γ_i für $1 \le i \le m$ aus Γ^* ist, ist wie folgt: Der KA im Zustand q mit Eingabe-Symbol a und Z als oberstem Kellersymbol kann in einen der Zustände p_i übergehen und dabei das Symbol Z durch die entsprechende Zeichenkette γ_i ersetzen; der Eingabekopf wird um ein Zeichen vorgeschoben. Wir übernehmen die Konvention, daß das am weitesten rechts stehende Symbol von γ_i als erstes Symbol auf den Keller kommt, wodurch das am weitesten links stehende Symbol von γ_i als oberstes Symbol auf den Kellers plaziert wird. Beachten Sie, daß es nicht erlaubt ist, für eine Bewegung p_i und γ_j mit $i \neq j$ zu wählen.

$$\delta(q, \epsilon, Z) = (p_1, \gamma_1), (p_2, \gamma_2), ..., (p_m, \gamma_m)$$

ist so zu interpretieren, daß der KA im Zustand q unabhängig vom gelesenen Eingabesymbol und mit Z als oberstem Kellersymbol in den Zustand p_i eintreten und Z durch γ_i mit $1 \le i \le m$ ersetzen kann. In diesem Fall wird der Eingabekopf nicht vorgeschoben.

Beispiel 5.1

Abbildung 5.2 zeigt einen formalen Kellerautomaten, der $\{wcw^R \mid w \in (\mathbf{0} + \mathbf{1})^*\}$ durch den leeren Keller akzeptiert. Beachten Sie, daß δ für eine Bewegung, in der der KA ein Symbol oben auf den Keller schreibt, den Wert (q, γ) mit $|\gamma| = 2$ hat. Z.B. gilt $\delta(q_1, 0, R) = \{(q_1, BR)\}$. Hätte γ die Länge 1, so würde der KA einfach das oberste Symbol durch ein neues Symbol ersetzen und die Länge des Kellers nicht erhöhen. Dies erlaubt uns, γ gleich ϵ zu setzen, wenn wir den Keller leeren wollen.

Beachten Sie, daß die Regel $\delta(q_2, \epsilon, R) = \{(q_2, \epsilon)\}$ bedeutet, daß der KA im Zustand q_2 und mit R als oberstem Kellersymbol R unabhängig von den Eingabe-Symbolen das R löschen kann. In diesem Fall wird der Eingabe-Kopf nicht vorangeschoben, und es braucht auch keine Eingabe zu verbleiben.

$$M = (\{q_1, q_2\}, \{0, 1, c\}, \{R, B, G\}, \delta, q_1, R, \emptyset)$$

$$\begin{array}{llllll}
\delta(q_1,0,R) & = & \{(q_1,BR)\} & \delta(q_1,1,R) & = & \{(q_1,GR)\} \\
\delta(q_1,0,B) & = & \{(q_1,BB)\} & \delta(q_1,1,B) & = & \{(q_1,GB)\} \\
\delta(q_1,0,G) & = & \{(q_1,BG)\} & \delta(q_1,1,G) & = & \{(q_1,GG)\} \\
\delta(q_1,c,R) & = & \{(q_2,R)\} & & & \\
\delta(q_1,c,B) & = & \{(q_2,B)\} & & & \\
\delta(q_1,c,G) & = & \{(q_2,G)\} & & & \\
\delta(q_2,0,B) & = & \{(q_2,\epsilon)\} & \delta(q_2,1,G) & = & \{(q_2,\epsilon)\} \\
\delta(q_2,\epsilon,R) & = & \{(q_2,\epsilon)\} & & &
\end{array}$$

Abb. 5.2: Formaler Kellerautomat, der $\{wcw^R \mid w \in (\mathbf{0}+\mathbf{1})^*\}$ durch den leeren Keller akzeptiert.

Zustandsbeschreibungen

Um die Konfiguration eines KA zu einem gegebenen Zeitpunkt formal zu beschreiben, definieren wir eine *Zustandsbeschreibung* (*"instantaneous description"*). Diese Zustandsbeschreibung muß natürlich den Zustand und den Kellerinhalt wiedergeben. Wir halten es jedoch für nützlich, die noch nicht verbrauchte Eingabe auch einzubeziehen. Also definieren wir eine Zustandsbeschreibung als ein Tripel (q, w, γ), wobei q ein Zustand, w eine Eingabezeichenkette und γ eine Folge von Kellersymbolen ist. Ist $M = (Q, \Sigma, \Gamma, \delta, q_0, Z_0, F)$ ein KA, so gilt $(q, aw, Z\alpha) \vdash_{\overline{M}} (p, w, \beta\alpha)$, falls (p, β) in $\delta(q, a, Z)$ enthalten ist. Beachten Sie, daß a ein Eingabesymbol oder ϵ sein kann. Beispielsweise sagt uns die Tatsache, daß im KA aus Abbildung 5.2 (q_1, BG) in $\delta(q_1, 0, G)$ enthalten ist, daß $(q_1, 011, GGR) \vdash (q_1, 11, BGGR)$ gilt.

Wir verwenden $\overset{*}{\underset{M}{\vdash}}$ für die reflexive und transitive Hülle von $\vdash_{\overline{M}}$: Daher gilt $I \overset{*}{\vdash} I$ für jede Zustandsbeschreibung I, und $I \vdash_{\overline{M}} J$ und $J \overset{*}{\underset{M}{\vdash}} K$ impliziert $I \overset{*}{\underset{M}{\vdash}} K$. Wir schreiben $I \overset{i}{\vdash} K$, wenn die Zustandsbeschreibung I nach genau i Bewegungen in die Zustandsbeschreibung K übergehen kann. Den Index M lassen wir weg, wenn klar ist, welcher KA gemeint ist.

Akzeptierte Sprachen

Für einen KA $M = (Q, \Sigma, \Gamma, \delta, q_0, Z_0, F)$ sei $L(M)$ die *durch einen Endzustand akzeptierte Sprache* und definiert als

$$\{w \mid (q_0, w, Z_0) \overset{*}{\vdash} (p, \epsilon, \gamma) \text{ für ein } p \text{ aus } F \text{ und ein } \gamma \text{ aus } \Gamma^*\}.$$

$N(M)$ sei die *durch den leeren Keller* (oder *Null-Keller*) *akzeptierte Sprache* und definiert als

$$\{w \mid (q_0, w, Z_0) \overset{*}{\vdash} (p, \epsilon, \epsilon) \text{ für ein } p \text{ aus } Q\}.$$

Beim Akzeptieren durch leeren Keller ist die Menge der Endzustände irrelevant; daher verwenden wir in diesem Fall die leere Menge als Menge der Endzustände.

Beispiel 5.2

Abbildung 5.3 stellt einen KA dar, der $\{ww^R \mid w \text{ aus } (\mathbf{0}+\mathbf{1})^*\}$ akzeptiert. Die Regeln (1) bis (6) erlauben M, die Eingabe auf dem Keller zu speichern. In Regel

(3) und (6) kann M zwischen zwei Bewegungen wählen. M könnte entscheiden, daß die Mitte der Eingabe-Zeichenkette erreicht worden ist und sich für die zweite Alternative entscheiden: M geht in Zustand q_2 über und versucht, eine Übereinstimmung zwischen den verbleibenden Eingabe-Symbolen und dem Inhalt des Kellers festzustellen. Wenn M richtig rät und die Eingabe von der Form ww^R ist, werden die Eingaben mit dem Keller übereinstimmen; M wird seinen Keller leeren und daher die Eingabe-Zeichenkette akzeptieren.

$$M = (\{q_1, q_2\}, \{0, 1\}, \{R, B, G\}, \delta, q_1, R, \emptyset)$$

1) $\delta(q_1, 0, R) = \{(q_1, BR)\}$	6) $\delta(q_1, 1, G) = \{(q_1, GG), (q_2, \epsilon)\}$
2) $\delta(q_1, 1, R) = \{(q_1, GR)\}$	7) $\delta(q_2, 0, B) = \{(q_2, \epsilon)\}$
3) $\delta(q_1, 0, B) = \{(q_1, BB), (q_2, \epsilon)\}$	8) $\delta(q_2, 1, G) = \{(q_2, \epsilon)\}$
4) $\delta(q_1, 0, G) = \{(q_1, BG)\}$	9) $\delta(q_1, \epsilon, R) = \{(q_2, \epsilon)\}$
5) $\delta(q_1, 1, B) = \{(q_1, GB)\}$	10) $\delta(q_2, \epsilon, R) = \{(q_2, \epsilon)\}$

Abb. .5.3: Ein nichtdeterministischer KA, der $\{ww^R \mid w \text{ in } (\mathbf{0}+\mathbf{1})^*\}$ durch den leeren Keller akzeptiert.

Genauso wie der nichtdeterministische endliche Automat akzeptiert ein nichtdeterministischer KA M eine Eingabe, wenn eine Schrittfolge dazu führt, daß M seinen Keller leert. Also "rät M immer richtig", da falsche Annahmen von sich heraus keine Ablehnung der Eingabe verursachen. Eine Eingabe wird immer nur dann abgelehnt, wenn es keine "richtige Annahme" gibt. Abbildung 5.4 zeigt erreichbare Zustandsbeschreibungen von M bei der Verarbeitung von 001100.

Deterministischer KA

Der KA aus Beispiel 5.1 ist in dem Sinn deterministisch, daß in jeder Zustandsbeschreibung höchstens ein Schritt möglich ist. Formal sagen wir, daß ein KA $M = (Q, \Sigma, \Gamma, \delta, q_0, Z_0, F)$ *deterministisch* ist, wenn

1) für jedes q aus Q und Z aus Γ gilt, daß $\delta(q, a, Z)$ für alle a aus Σ leer sein muß, wenn $\delta(q, \epsilon, Z)$ nicht leer ist;
2) für kein q aus Q, Z aus Γ und a aus $\Sigma \cup \{\epsilon\}$ in $\delta(q, a, Z)$ mehr als ein Element enthalten ist.

Bedingung 1 verhindert die Möglichkeit einer Wahl zwischen einem von einem Eingabe-Symbol unabhängigen Schritt (ϵ-Bewegung) und einem von einem Eingabe-Symbol abhängigen Schritt. Bedingung 2 verhindert eine Wahl zwischen beliebigen Bewegungen fur (q, a, Z) bzw. (q, ϵ, Z). Beachten Sie, daß ein KA — im Gegensatz zum endlichen Automaten — immer als nichtdeterministisch angenommen wird, solange nicht das Gegenteil angegeben ist.

Für einen endlichen Automaten waren die deterministische und die nichtdeterministische Version in bezug auf die akzeptierten Sprachen äquivalent. Dies gilt jedoch nicht für KA. So wird z.B. ww^R von einem nichtdeterministischen KA erkannt, jedoch von keinem deterministischen.

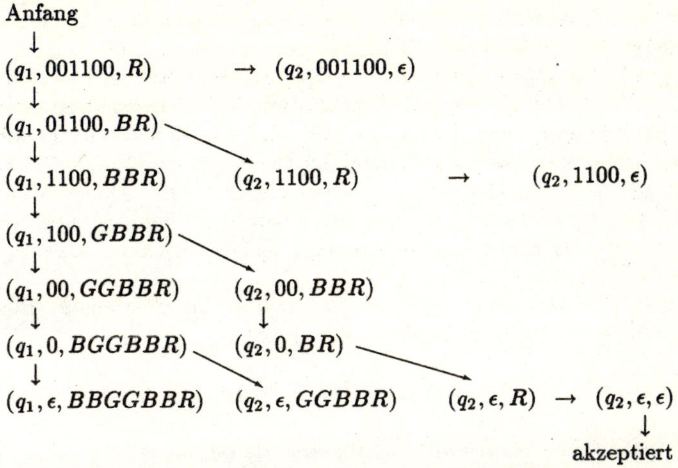

Abb. 5.4: Erreichbare Zustandsbeschreibungen für den KA aus Abbildung 5.3 mit der Eingabe 001100.

5.3 KELLERAUTOMATEN UND KONTEXTFREIE SPRACHEN

Wir beweisen nun ein grundlegendes Ergebnis, nämlich, daß die Klasse von Sprachen, die von KA erkannt werden, genau die Klasse der kfS ist. Wir zeigen zuerst, daß die Sprachen, die von einem KA durch einen Endzustand erkannt werden, genau die Sprachen sind, die von einem KA durch leeren Keller erkannt werden. Wir zeigen dann, daß die Sprachen, die von einem KA durch den leeren Keller erkannt werden, genau die kontextfreien Sprachen sind.

Äquivalenz der Erkennung durch Endzustand bzw. leeren Keller

Satz 5.1
Ist $L = L(M_2)$ für einen KA M_2, dann ist $L = N(M_1)$ für einen KA M_1.
Beweis:
Kurz gesagt möchten wir, daß M_2 von M_1 simuliert wird, indem M_1 seinen Keller leert, wann immer M_2 in einen Endzustand eintritt. Wir benutzen den Zustand q_e von M_1, um den Keller zu löschen; außerdem benutzen wir eine Markierung X_0 für das Kellerende von M_1, damit M_1 nicht zufällig akzeptiert, wenn M_2 seinen Keller leert, ohne in einen Endzustand übergegangen zu sein. Sei $M_2 = (Q, \Sigma, \Gamma, \delta, q_0, Z_0, F)$ ein KA, so daß $L = L(M_2)$ gilt. Weiter sei $M_1 = (Q \cup \{q_e, q_0'\}, \Sigma, \Gamma \cup \{X_0\}, \delta', q_0', X_0, \emptyset)$, wobei δ' wie folgt definiert ist:

1) $\delta'(q_0', \epsilon, X_0) = \{(q_0, Z_0X_0)\}$
2) $\delta'(q, a, Z)$ enthält die Elemente von $\delta(q, a, Z)$ für alle q aus Q, a aus Σ oder $a = \epsilon$ und Z aus Γ.
3) Für alle q aus F und Z aus $\Gamma \cup \{X_0\}$ ist (q_e, ϵ) in $\delta'(q, \epsilon, Z)$ enthalten.
4) Für alle Z aus $\Gamma \cup \{X_0\}$ gilt, daß (q_e, ϵ) in $\delta'(q_e, \epsilon, Z)$ enthalten ist.

Regel (1) sorgt dafür, daß M_1 in die anfängliche Zustandsbeschreibung von M_2 übergeht, wobei M_1 zusätzlich seine eigene Kellerendemarkierung X_0 hat, die unter den Symbolen des M_2-Kellers steht. Durch Regel (2) erhält M_1 die Möglichkeit, M_2 zu simulieren. Sollte M_2 in einen Endzustand übergehen, so bewirken die Regeln (3) und (4), daß M_1 entweder mit der Simulation von M_2 fortfahren oder in den Zustand q_e übergehen kann; im letzteren Fall wird der Keller gelöscht und somit die Eingabe akzeptiert. Man sollte beachten, daß M_2 für eine Eingabe x, die nicht in $L(M_2)$ liegt, möglicherweise seinen ganzen Keller löscht. Daher benötigt M_1 eine Markierung für sein Kellerende; ansonsten würde M_1 beim Simulieren von M_2 ebenfalls seinen ganzen Keller löschen und dadurch ein x erkennen, das er gar nicht erkennen sollte.

Sei x in $L(M_2)$: Dann gilt $(q_0, x, Z_0) \vdash_{M_2} (q, \epsilon, \gamma)$ für ein q aus F. Betrachten Sie nun M_1 mit der Eingabe x. Nach Regel (1) gilt:

$$(q_0', x, X_0) \mathop{\vdash^*}_{M_1} (q_0, x, Z_0X_0).$$

Nach Regel (2) ist jeder Schritt von M_1 für M_2 erlaubt, also:

$$(q_0, x, Z_0) \mathop{\vdash^*}_{M_1} (q, \epsilon, \gamma).$$

Wenn ein KA eine Schrittfolge von einer gegebenen Zustandsbeschreibung aus machen kann, so ist dieselbe Schrittfolge von jeder Zustandsbeschreibung aus möglich, die der KA von der ersten Zustandsbeschreibung durch Einfügen einer festen Zeichenkette von Kellersymbolen unter den ursprünglichen Kellerinhalt erhalten hat. Also gilt

$$(q_0', x, X_0) \mathop{\vdash}_{M_1} (q_0, x, Z_0X_0) \mathop{\vdash^*}_{M_1} (q, \epsilon, \gamma X_0).$$

Nach den Regeln (3) und (4) gilt

$$(q, \epsilon, \gamma X_0) \mathop{\vdash^*}_{M_1} (q_e, \epsilon, \epsilon)$$

und daher

$$(q_0', x, X_0) \mathop{\vdash^*}_{M_1} (q_e, \epsilon, \epsilon),$$

und M_1 erkennt x durch den leeren Keller.

Umgekehrt ist es, wenn x von M_1 durch den leeren Keller erkannt wird, einfach zu zeigen, daß die Folge der Bewegungen aus folgenden Komponenten bestehen muß: einer Bewegung gemäß Regel (1), einer Folge von Bewegungen gemäß Regel (2), in denen M_1 das Akzeptieren von x durch M_2 simuliert, und dem Löschen des Kellers von M_1 durch die Regeln (3) und (4). Also muß x in $L(M_2)$ sein. □

Satz 5.2
Ist $L = N(M_1)$ für einen KA M_1, dann gilt $L = L(M_2)$ für einen KA M_2.
Beweis:
Unser Plan besteht darin, M_1 von M_2 simulieren zu lassen, um dann festzustellen, wann M_1 seinen Keller leert. M_2 geht genau dann in einen Endzustand über, wenn dieses eintritt.

Sei $M_1 = (Q, \Sigma, \Gamma, \delta, q_0, Z_0, \emptyset)$ ein KA, so daß $L = N(M_1)$ gilt. Sei

$$M_2 = (Q \cup \{q_0', q_f\}, \Sigma, \Gamma \cup \{X_0\}, \delta', q_0', X_0, \{q_f\}),$$

wobei δ' wie folgt definiert ist:

1) $\delta'(q_0', \epsilon, X_0) = \{(q_0, Z_0X_0)\}$
2) Für alle q aus Q, a aus $\Sigma \cup \{\epsilon\}$ und Z aus Γ gilt:

$$\delta'(q, a, Z) \ = \ \delta(q, a, Z).$$

3) Für alle q aus Q ist (q_f, ϵ) in $\delta'(q, \epsilon, X_0)$ enthalten.

Regel (1) läßt M_2 in die anfängliche Zustandsbeschreibung von M_1 übergehen, außer wenn M_2 seine eigene Markierung X_0 für das Kellerende verarbeitet, die sich unter den Symbolen des Kellers von M_1 befindet. Regel (2) erlaubt M_2 die Simulation von M_1. Sollte M_1 jemals seinen ganzen Keller löschen, so wird M_2 bei der Simulation von M_1 seinen ganzen Keller bis auf das Symbol X_0 löschen. Regel (3) läßt M_2, wenn das Symbol X_0 auftaucht, in einen Endzustand übergehen und so die Eingabe x erkennen. Der Beweis, daß $L(M_2) = N(M_1)$ gilt, ist analog zu dem von Satz 5.1 und verbleibt als Übung. □

Äquivalenz von KA und kfS

Satz 5.3

Ist L eine kontextfreie Sprache, dann gibt es einen KA M, so daß $L = N(M)$.

Beweis:

Wir nehmen an, daß ϵ nicht in $L(G)$ liegt. Es bleibt dem Leser überlassen, die folgende Konstruktion für ϵ in $L(G)$ zu modifizieren. Sei $G = (V, T, P, S)$ eine kfG in Greibach-Normalform, die L erzeugt. Sei

$$M = (\{q\}, T, V, \delta, q, S, \emptyset),$$

wobei $\delta(q, a, A)$ immer dann (q, γ) enthält, wenn $A \to a\gamma$ in P enthalten ist.

Der KA M simuliert Linksableitungen von G. Da G in Greibach-Normalform ist, besteht jede Satzform in einer Linksableitung aus einer Zeichenkette von Terminalen x, gefolgt von einer Zeichenkette von Variablen α. Nach Verarbeitung des Präfixes x speichert M das Suffix α der Linkssatzform auf seinem Keller. Formal zeigen wir, daß folgendes gilt:

$S \stackrel{*}{\Rightarrow} x\alpha$ gilt durch eine Linksableitung genau dann, wenn

$$(q, x, S) \ \underset{M}{\overset{*}{\vdash}} \ (q, \epsilon, \alpha). \tag{5.1}$$

Zuerst nehmen wir an, daß $(q, x, S) \overset{i}{\vdash} (q, \epsilon, \alpha)$ gilt, und zeigen durch Induktion über i, daß $S \stackrel{*}{\Rightarrow} x\alpha$ gilt. Der Induktionsanfang für $i = 0$ ist trivial, da $x = \epsilon$ und $\alpha = S$ gilt. Für die Induktion sei $i \geq 1$ und $x = ya$. Betrachten Sie den vorletzten Schritt

$$(q, ya, S) \ \overset{i-1}{\vdash} \ (q, a, \beta) \ \vdash \ (q, \epsilon, \alpha). \tag{5.2}$$

Wenn wir in den ersten i Zustandsbeschreibungen der Folge (5.2) a vom Ende der Eingabe-Zeichenkette entfernen, entdecken wir, daß $(q, y, S) \overset{i-1}{\vdash} (q, \epsilon, \beta)$ gilt, da a

keinen Einfluß auf die Bewegungen von M haben kann, bis es tatsächlich aus der Eingabe genommen wird. Nach Induktionsannahme gilt $S \overset{*}{\Rightarrow} y\beta$. Die Bewegung $(q, a, \beta) \vdash (q, \epsilon, \alpha)$ impliziert, daß $\beta = A\gamma$ für ein A in V gilt, $A \to a\eta$ eine Produktion von G ist und $\alpha = \eta\gamma$ gilt. Also gilt

$$S \overset{*}{\Rightarrow} y\beta \Rightarrow ya\eta\gamma = x\alpha,$$

womit die "Rückrichtung" von (5.1) gezeigt ist.

Nun nehmen wir an, daß $S \overset{i}{\Rightarrow} x\alpha$ durch eine Linksableitung gilt. Wir zeigen durch Induktion über i, daß $(q, x, S) \overset{*}{\vdash} (q, \epsilon, \alpha)$ gilt. Der Induktionsanfang für $i = 0$ ist wiederum trivial. Sei $i \geq 1$ und gelte

$$S \overset{i-1}{\Rightarrow} yA\gamma \Rightarrow ya\eta\gamma,$$

wobei $x = ya$ und $\alpha = \eta\gamma$. Nach Induktionsannahme gilt $(q, y, S) \overset{*}{\vdash} (q, \epsilon, A\gamma)$ und demnach $(q, ya, S) \overset{*}{\vdash} (q, a, A\gamma)$. Da $A \to a\eta$ eine Produktion ist, ist (q, η) in $\delta(q, a, A)$ enthalten. Also gilt

$$(q, x, S) \overset{*}{\vdash} (q, a, A\gamma) \vdash (q, \epsilon, \alpha)$$

und somit die "Hinrichtung" von (5.1).

Um den Beweis abzuschließen, haben wir nur zu beachten, daß (5.1) mit $\alpha = \epsilon$ genau dann $S \overset{*}{\Rightarrow} x$ bedeutet, wenn $(q, x, S) \overset{*}{\vdash} (q, \epsilon, \epsilon)$ gilt. Das heißt, x ist genau dann in $L(G)$, wenn x in $N(M)$ ist. □

Satz 5.4

Ist $L = N(M)$ für einem KA M, dann ist L eine kontextfreie Sprache.

Beweis:

Sei M der KA $(Q, \Sigma, \Gamma, \delta, q_0, Z_0, F)$. Sei $G = (V, \Sigma, P, S)$ eine kontextfreie Grammatik mit V als einer Menge von Objekten der Form $[q, A, p]$ mit q, p aus Q und A aus Γ und einem neuen Symbol S. P sei die Menge folgender Produktionen

1) $S \to [q_0, Z_0, q]$ für jedes q aus Q;
2) $[q, A, q_{m+1}] \to a[q_1, B_1, q_2][q_2, B_2, q_3]...[q_m, B_m, q_{m+1}]$ für $q, q_1, q_2, ..., q_{m+1}$ aus Q, a aus $\Sigma \cup \{\epsilon\}$ und $A, B_1, B_2, ..., B_m$ aus Γ, so daß $(q_1, B_1 B_2 ... B_m)$ in $\delta(q, a, A)$ enthalten ist. (Gilt $m = 0$, dann lautet die Produktion $[q, A, q_1] \to a$.)

Für den Beweis des Satzes ist die Kenntnis hilfreich, daß die Variablen und Produktionen von G so definiert worden sind, daß eine Linksableitung in G von einem Satz x eine Simulation des KA M ist, wenn dieser mit der Eingabe x gestartet wurde. Insbesondere entsprechen die Variablen, die im Schritt einer Linksableitung in G auftauchen, jeweils den Symbolen auf dem Keller von M zu dem Zeitpunkt, an dem M genausoviel von der Eingabe gesehen hat, wie die Grammatik bereits erzeugt hat. Anders gesagt: Die Intention ist, daß aus $[q, A, p]$ genau dann x ableitbar ist, wenn M infolge x ein A durch eine Folge von Bewegungen, die im Zustand q anfangen und im Zustand p enden, von seinem Keller löscht.

Um zu zeigen, daß $L(G) = N(M)$ gilt, beweisen wir durch Induktion über die Schrittzahl in einer Ableitung von G bzw. über die Anzahl der Bewegungen in M, daß

$$[q, A, p] \overset{*}{\underset{G}{\Longrightarrow}} x \text{ genau dann gilt, wenn } (q, x, A) \overset{*}{\underset{M}{\vdash}} (p, \epsilon, \epsilon). \qquad (5.3)$$

Zuerst zeigen wir durch Induktion über i, daß $[q, A, p] \overset{*}{\Rightarrow} x$ gilt, wenn $(q, x, A) \overset{i}{\vdash} (p, \epsilon, \epsilon)$ gilt. Gilt $i = 1$, dann muß (p, ϵ, ϵ) in $\delta(q, x, A)$ enthalten sein. (Hier ist x gleich ϵ oder ein einzelnes Eingabe-Symbol.) Also ist $[q, A, p] \to x$ eine Produktion von G.

Gelte nun $i > 1$ und sei $x = ay$ und

$$(q, ay, A) \;\vdash\; (q_1, y, B_1B_2...B_n) \;\overset{i-1}{\vdash}\; (p, \epsilon, \epsilon).$$

Die Zeichenkette y kann als $y = y_1y_2...y_n$ geschrieben werden, wobei y_j bewirkt, daß B_j — möglicherweise nach einer langen Folge von Bewegungen — vom Keller entfernt wird. Sei also y_1 das Präfix von y, an dessen Ende der Keller zum ersten Mal nur $n-1$ Symbole beinhaltet. Seien y_2 die auf y_1 folgenden Symbole von y, so daß am Ende von y_2 der Keller zum ersten Mal nur $n-2$ Symbole enthält, usw. Die Konstruktion ist in Abbildung 5.5 gezeigt. Beachten Sie, daß B_1 nicht unbedingt während der ganzen Zeit, in der y_1 von M gelesen wird, das n-te Kellersymbol von unten sein muß, da es — wenn es am oberen Kellerende steht — verändert und durch ein oder mehrere andere Symbole ersetzt werden kann. Die $B_2, B_3, ..., B_m$ tauchen jedoch niemals am oberen Kellerende auf, während y_1 gelesen wird, und können daher nicht verändert werden oder die Berechnung beeinflussen. Im allgemeinen bleibt B_j auf dem Keller unverändert, während $y_1y_2...y_{j-1}$ gelesen wird.

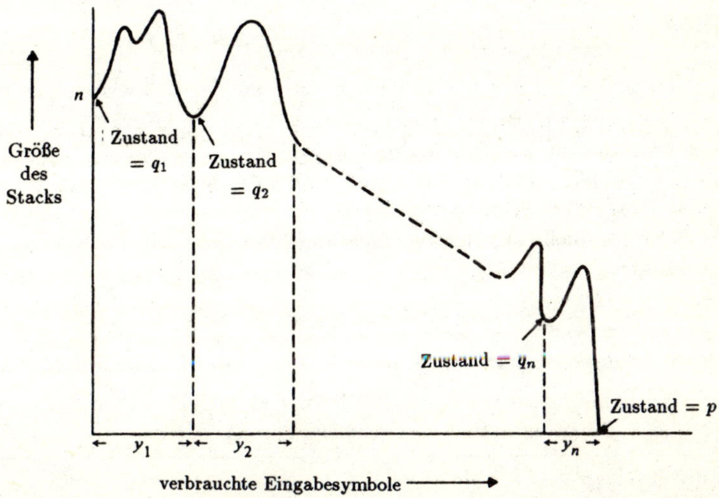

Abb. 5.5: Kellergröße als Funktion der verbrauchten Eingabe.

Es existieren Zustände $q_2, q_3, ..., q_{n+1}$ mit $q_{n+1} = p$, so daß

$$(q_j, y_j, B_j) \;\overset{*}{\vdash}\; (q_{j+1}, \epsilon, \epsilon)$$

durch weniger als i Bewegungen gilt. (q_j ist der Zustand, in den der Automat übergeht, wenn der Keller zum ersten Mal nur die Länge $n-j+1$ hat.) Also kann man die Induktionsannahme anwenden, und es gilt

$$[q_j, B_j, q_{j+1}] \overset{*}{\Rightarrow} y_i \text{ für } 1 \leq j \leq n.$$

Erinnern wir uns an die ursprüngliche Bewegung $(q, ay, A) \vdash (q_1, y, B_1B_2...B_m)$:

$$[q, A, p] \quad \Rightarrow \quad a[q_1, B_1, q_2][q_2, B_2, q_3]...[q_n, B_n, q_{n+1}].$$

Folglich gilt $[q, A, p] \overset{*}{\Rightarrow} ay_1y_2...y_n = x$.

Nun nehmen wir an, daß $[q, A, p] \overset{i}{\Rightarrow} x$ gilt. Wir zeigen durch Induktion über i, daß $(q, x, A) \overset{*}{\vdash} (p, \epsilon, \epsilon)$ gilt. Die Induktionsannahme für $i = 1$ folgt sofort, da $[q, A, p] \rightarrow x$ eine Produktion von G sein muß und deshalb (p, ϵ) in $\delta(q, x, A)$ enthalten ist. Beachten Sie, daß x hier entweder in Σ enthalten oder gleich ϵ ist.

Für die Induktion nehmen wir an, daß

$$[q, A, p] \quad \Rightarrow \quad a[q_1, B_1, q_2][q_2, B_2, q_3]...[q_n, B_n, q_{n+1}] \quad \overset{i-1}{\Rightarrow} \quad x$$

mit $q_{n+1} = p$ gilt. Dann können wir $x = ax_1x_2...x_n$ schreiben, wobei $[q_j, B_j, q_{j+1}] \overset{*}{\Rightarrow} x_j$ für $1 \leq j \leq n$ gilt und jede dieser Ableitungen weniger als i Schritte benötigt. Nach der Induktionsannahme gilt $(q_j, X_j, B_j) \overset{*}{\vdash} (q_{j+1}, \epsilon, \epsilon)$ für $1 \leq j \leq n$. Wenn wir $B_{j+1}...B_n$ am Boden jedes Kellers aus obiger Folge von Zustandsbeschreibungen einfügen, so sehen wir, daß

$$(q_j, x_j, B_jB_{j+1}...B_n) \quad \overset{*}{\vdash} \quad (q_{j+1}, \epsilon, B_{j+1}...B_n) \tag{5.4}$$

gilt. Aus dem ersten Schritt der Ableitung von x aus $[q, A, p]$ wissen wir, daß

$$(q, x, A) \quad \vdash \quad (q, x_1x_2...x_n, B_1B_2...B_n)$$

eine gültige Bewegung von M ist; damit und mit (5.4) für $j = 1, 2, ..., n$ folgt $(q, x, A) \overset{*}{\vdash} (p, \epsilon, \epsilon)$.

Der Beweis schließt mit der Beobachtung, daß (5.3) mit $q = q_0$ und $A = Z_0$ wie folgt lautet:

$$[q_0, Z_0, p] \overset{*}{\Rightarrow} x \text{ genau dann, wenn } (q_0, x, Z_0) \overset{*}{\vdash} (p, \epsilon, \epsilon).$$

Diese Beobachtung besagt zusammen mit Regel (1) der Konstruktion von G, daß $S \overset{*}{\Rightarrow} x$ genau dann gilt, wenn $(q_0, x, Z_0) \overset{*}{\vdash} (p, \epsilon, \epsilon)$ für einen Zustand p gilt. Das bedeutet, daß x genau dann in $L(G)$ ist, wenn x in $N(M)$ ist. □

Beispiel 5.3

Sei $M = (\{q_0, q_1\}, \{0, 1\}, \{X, Z_0\}, \delta, q_0, Z_0, \emptyset)$, wobei δ gegeben ist durch

$$\begin{aligned}
\delta(q_0, 0, Z_0) &= \{(q_0, XZ_0)\}, \\
\delta(q_0, 0, X) &= \{(q_0, XX)\}, \\
\delta(q_0, 1, X) &= \{(q_1, \epsilon)\}, \\
\delta(q_1, 1, X) &= \{(q_1, \epsilon)\}, \\
\delta(q_1, \epsilon, X) &= \{(q_1, \epsilon)\}, \\
\delta(q_1, \epsilon, Z_0) &= \{(q_1, \epsilon)\}.
\end{aligned}$$

Zur Konstruktion einer kfG $G = (V, T, P, S)$, die $N(M)$ erzeugt, sei

$$V = \{S, [q_0, X, q_0], [q_0, X, q_1], [q_1, X, q_0], [q_1, X, q_1],$$

$$[q_0, Z_0, q_0], [q_0, Z_0, q_1], [q_1, Z_0, q_0], [q_1, Z_0, q_1]\}$$

und $T = \{0, 1\}$. Um die Menge von Produktionen einfach zu erzeugen, müssen wir uns klarmachen, daß einige Variablen nicht in einer mit S beginnenden Ableitungszeichenkette auftauchen könnten. Also können wir einige Mühe sparen, wenn wir mit den Produktionsregeln für S beginnen, und dann nur die Produktionen für die Variablen hinzufügen, die auf der rechten Seite einer schon in der Menge enthaltenen Produktion auftauchen. Die Produktionen für S sind

$$S \rightarrow [q_0, Z_0, q_0]$$

$$S \rightarrow [q_0, Z_0, q_1]$$

Als nächstes fügen wir die Produktionen für die Variable $[q_0, Z_0, q_0]$ hinzu; dies sind

$$[q_0, Z_0, q_0] \rightarrow 0[q_0, X, q_0][q_0, Z_0, q_0]$$

$$[q_0, Z_0, q_0] \rightarrow 0[q_0, X, q_1][q_1, Z_0, q_0]$$

Diese Produktionen werden von $\delta(q_0, 0, Z_0) = \{(q_0, XZ_0)\}$ verlangt. Als nächstes sind die Produktionen für $[q_0, Z_0, q_1]$ hinzuzufügen:

$$[q_0, Z_0, q_1] \rightarrow 0[q_0, X, q_0][q_0, Z_0, q_1]$$

$$[q_0, Z_0, q_1] \rightarrow 0[q_0, X, q_1][q_1, Z_0, q_1]$$

Diese Produktionen werden ebenfalls von $\delta(q_0, 0, Z_0) = \{(q_0, XZ_0)\}$ verlangt. Die Produktionen für die verbleibenden Variablen und die relevanten Bewegungen für den KA sind:

1)	$[q_0, X, q_0]$	$\rightarrow$	$0[q_0, X, q_0][q_0, X, q_0]$				
	$[q_0, X, q_0]$	$\rightarrow$	$0[q_0, X, q_1][q_1, X, q_0]$				
	$[q_0, X, q_1]$	$\rightarrow$	$0[q_0, X, q_0][q_0, X, q_1]$				
	$[q_0, X, q_1]$	$\rightarrow$	$0[q_0, X, q_1][q_1, X, q_1]$	wegen	$\delta(q_0, 0, X)$	$=$	$\{(q_0, XX)\}$.
2)	$[q_0, X, q_1]$	$\rightarrow$	1	wegen	$\delta(q_0, 1, X)$	$=$	$\{(q_1, \epsilon)\}$.
3)	$[q_1, Z_0, q_1]$	$\rightarrow$	ϵ	wegen	$\delta(q_1, \epsilon, Z_0)$	$=$	$\{(q_1, \epsilon)\}$.
4)	$[q_1, X, q_1]$	$\rightarrow$	ϵ	wegen	$\delta(q_1, \epsilon, X)$	$=$	$\{(q_1, \epsilon)\}$.
5)	$[q_1, X, q_1]$	$\rightarrow$	1	wegen	$\delta(q_1, 1, X)$	$=$	$\{(q_1, \epsilon)\}$.

Es ist zu beachten, daß es keine Produktionen für die Variablen $[q_1, X, q_0]$ und $[q_1, Z_0, q_0]$ gibt. Da alle Produktionen für $[q_0, X, q_0]$ und $[q_0, Z_0, q_0]$ jeweils $[q_1, X, q_0]$ oder $[q_1, Z_0, q_0]$ auf der rechten Seite haben, kann weder aus $[q_0, X, q_0]$ noch aus $[q_0, Z_0, q_0]$ eine Terminalzeichenkette abgeleitet werden. Löscht man alle Produktionen, die eine dieser vier Variablen entweder auf der linken oder auf der rechten Seite haben, so erhalten wir folgende Produktionen:

$$
\begin{array}{rcl}
S & \rightarrow & [q_0, Z_0, q_1], \\
[q_0, Z_0, q_1] & \rightarrow & 0[q_0, X, q_1][q_1, Z_0, q_1], \\
[q_1, X, q_1] & \rightarrow & 0[q_0, X, q_1][q_1, X, q_1], \\
[q_0, X, q_1] & \rightarrow & 1, \\
[q_1, Z_0, q_1] & \rightarrow & \epsilon, \\
[q_1, X, q_1] & \rightarrow & \epsilon, \\
[q_1, X, q_1] & \rightarrow & 1.
\end{array}
$$

Wir fassen die Sätze 5.1 bis 5.4 wie folgt zusammen. Die folgenden drei Aussagen sind äquivalent:

1) L ist eine kontextfreie Sprache.
2) $L = N(M_1)$ für einen KA M_1.
3) $L = L(M_2)$ für einen KA M_2.

ÜBUNGEN

5.1 Konstruieren Sie Kellerautomaten für jede der Sprachen in Übung 4.1.

5.2 Konstruieren Sie einen KA, der äquivalent zu folgender Grammatik ist:

$$S \rightarrow aAA$$

$$A \rightarrow aS \mid bS \mid a.$$

5.3 Vervollständigen Sie den Beweis von Satz 5.3, indem Sie zeigen, daß jede kfS L die von einen KA akzeptierte Menge ist, sogar wenn ϵ in L ist. [*Hinweis:* Fügen Sie einen zweiten Zustand zu dem KA für $L - \{\epsilon\}$ hinzu.]

5.4 Zeigen Sie, daß es — wenn L eine kfS ist — einen KA M mit höchstens zwei Zuständen und ohne ϵ-Bewegungen gibt, der L durch einen Endzustand akzeptiert.

*** 5.5** a) Zeigen Sie, daß L — wenn L eine kfS ist — $L(M)$ für einen KA M ist, so daß $|\gamma| \leq 2$ gilt, wenn (p, γ) in $\delta(q, a, X)$ enthalten ist.

b) Zeigen Sie, daß M aus Teil (a) noch weiter eingeschränkt werden kann, so daß γ entweder ϵ (eine "pop"-Bewegung), X (keine Veränderung auf dem Keller) oder YX für ein Kellersymbol Y (eine "push"-Bewegung) ist, wenn (p, γ) in $\delta(q, a, X)$ enthalten ist.

c) Läßt sich die Anzahl der Zustände von M in Teil (a) unter Beibehaltung eines KA für jede kfS noch weiter begrenzen?

d) Können wir die Anzahl der Zustände in Teil (b) begrenzen?

5.6 Geben Sie eine Grammatik für die Sprache $N(M)$ mit

$$M = (\{q_0, q_1\}, \{0, 1\}, \{Z_0, X\}, \delta, q_0, Z_0, \emptyset)$$

an, wobei δ durch

$$
\begin{array}{ll}
\delta(q_0, 1, Z_0) = \{(q_0, XZ_0)\}, & \delta(q_0, \epsilon, Z_0) = \{(q_0, \epsilon)\}, \\
\delta(q_0, 1, X) = \{(q_0, XX)\}, & \delta(q_1, 1, X) = \{(q_1, \epsilon)\}, \\
\delta(q_0, 0, X) = \{(q_1, X)\}, & \delta(q_1, 0, Z_0) = \{(q_0, Z_0)\}.
\end{array}
$$

gegeben ist.

5.7 Der deterministische KA (DKA) ist nicht äquivalent zum nichtdeterministischen KA. Z.B. ist die Sprache

$$L = \{0^n 1^n \mid n \geq 1\} \quad \cup \quad \{0^n 1^{2n} \mid n \geq 1\}$$

eine kfS, die von keinem DKA akzeptiert wird.

a) Zeigen Sie, daß L eine kfS ist.

** b) Beweisen Sie, daß L nicht von einem DKA erkannt wird.

5.8 Eine Sprache L hat die *Präfix-Eigenschaft*, wenn kein Wort aus L ein echtes Präfix eines anderen Wortes aus L ist. Zeigen Sie, daß L die Präfix-Eigenschaft hat, wenn L gerade $N(M)$ für einen DKA M ist. Gilt dies auch notwendigerweise, wenn L gerade $N(M)$ für einen nichtdeterministischen KA M ist?

* **5.9** Zeigen Sie, daß L genau dann $N(M)$ für einen DKA M ist, wenn L gleich $L(M')$ für einen DKA M' ist und L die Präfix-Eigenschaft hat.

5.10 Ein *zweiseitiger KA* (2KA) ist ein KA, der sich auf seine Eingabe in beide Richtungen bewegen darf. Wie der zweiseitige EA akzeptiert er, indem er sich über das rechte Ende seiner Eingabe hinaus in einen Endzustand bewegt. Zeigen Sie, daß $L = \{0^n 1^n 2^n \mid n \geq 1\}$ von einem 2KA akzeptiert wird. Wir werden übrigens im nächsten Kapitel zeigen, daß L keine kfS ist, so daß die 2KA nicht äquivalent zu den KA sind.

***L 5.11** Schreiben Sie ein Programm, das einen regulären Ausdruck in einen endlichen Automaten übersetzt.

* **5.12** Die Grammatik

$$E \rightarrow E + E \mid E * E \mid (E) \mid \mathbf{id} \tag{5.5}$$

erzeugt die Menge arithmetischer Ausdrücke mit $+, *$, Klammern und **id** in *Infix*-Notation (Operator zwischen Operanden). Die Grammatik

$$P \rightarrow +PP \mid *PP \mid \mathbf{id}$$

erzeugt die Menge der arithmetischen Ausdrücke in *Präfix*-Notation (der Operator steht vor den Operanden). Erstellen Sie ein Programm, das arithmetische Ausdrücke von Infix- in Präfix-Notation übersetzt, wobei folgende Technik benutzt wird: Erstellen Sie einen deterministischen KA, der einen Infix-Ausdruck gemäß der Grammatik in (5.5) in einem Ableitungsbaum abarbeitet. Bestimmen Sie für jeden Knoten im Ableitungsbaum die notwendige Aktion, um den gewünschten Präfix-Ausdruck zu erzeugen. [*Hinweis:* Betrachten Sie die Lösung zu Übung 5.11.]

5.13 Konstruieren Sie einen Compiler für arithmetische Ausdrücke in Infix-Notation, der ein Programm in Maschinensprache erzeugt, um Ausdrücke auszuwerten. Nehmen Sie dabei an, daß die Maschinensprache nur die Ein-Adreß-Anweisungen LOAD x (Kopieren von x in der Akkumulator), ADD

x (Addieren von x zum Akkumulatorinhalt), MULT x (Multiplizieren des Akkumulatorinhalt mit x) und STO x (Speicherung des Akkumulatorinhalts in x) hat.

Lösungen zu ausgewählten Übungen

5.11 Ein Programm zu schreiben, das einen regulären Ausdruck in einen endlichen Automaten übersetzt, kann als Konstruktion eines rudimentären Compilers angesehen werden. Wir haben bereits gesehen (Satz 2.3), daß endliche Automaten, die $\emptyset$, ϵ, 0 und 1 akzeptieren, kombiniert werden können, um einen zu einem gegebenen regulären Ausdruck äquivalenten Automaten zu erhalten. Das einzige Problem ist das Ableiten des regulären Ausdrucks, um die Reihenfolge zu bestimmen, in der die endlichen Automaten zusammenzufügen sind.

Unser erster Schritt ist, eine kfG für die Menge der regulären Ausdrücke zu konstruieren. Der nächste Schritt ist, einen Parser und schließlich die Routinen zur Erzeugung des Automaten zu schreiben.

Eine Grammatik für reguläre Ausdrücke, die Teilausdrücke gemäß der konventionellen Priorität ihrer Operatoren gruppiert, ist unten angegeben. Beachten Sie, daß $\boldsymbol{\epsilon}$ für das Symbol ϵ benutzt wird.

$$
\begin{aligned}
E &\rightarrow P + E \mid P \\
P &\rightarrow T \cdot P \mid T \\
T &\rightarrow 0 \mid 1 \mid \boldsymbol{\epsilon} \mid \emptyset \mid T^* \mid (E)
\end{aligned}
$$

Der Parser wird direkt aus der Grammatik konstruiert, indem man eine Prozedur für jede Variable schreibt. Eine globale Variable STRING enthält zu Anfang den folgenden regulären Ausdruck.

```
procedure FINDE_AUSDRUCK;
    begin
        FINDE_PRODUKT;
        while erste Symbol von STRING ist + do
        begin
            Löschen des ersten Symbols von STRING;
            FINDE_PRODUKT
        end;
    end FINDE_AUSDRUCK;

    procedure FINDE_PRODUKT;
    begin
        FINDE_TERM;
        while erstes Symbol von STRING ist . do
            begin
                Löschen des ersten Symbols von STRING;
                FINDE_TERM
            end;
    end FINDE_PRODUKT;
```

```
procedure FINDE_TERM;
begin
    if erstes Symbol von STRING ist 0,1, ε oder ∅ then
        Löschen des ersten Symbols von STRING;
    else if erstes Symbol von STRING ist ( then
        begin
            Löschen des ersten Symbols von STRING;
            FINDE_AUSDRUCK;
            if erstes Symbol von STRING ist ) then
                Löschen des ersten Symbols von
            STRING;
            else Fehler
        end
    while erstes Symbol von STRING ist * do
        Löschen des ersten Symbols von STRING
end FINDE_TERM
```

Der tatsächliche Parser besteht nur aus einem einzigen Prozeduraufruf:

FINDE_AUSDRUCK;

Beachten Sie, daß die rekursiven Prozeduren FINDE_AUSDRUCK, FINDE_PRODUKT und FINDE_TERM keine lokalen Variablen haben. Also können sie durch einen Keller implementiert werden, der E, P bzw. T auf den Keller setzt, wenn eine Prozedur aufgerufen wird, und das Symbol wieder entfernt, wenn die Prozedur zurückkehrt. (Obwohl FINDE_AUSDRUCK zweimal FINDE_PRODUKT aufruft, kehren beide Aufrufe an die gleiche Stelle in FINDE_AUSDRUCK zurück. Also muß die Rücksprungadresse nicht gespeichert werden. Ähnliches gilt für FINDE_PRODUKT.) Also genügt ein deterministischer KA, um unser Programm auszuführen.

Nachdem wir eine Prozedur entwickelt haben, um einen regulären Ausdruck abzuleiten, fügen wir nun Anweisungen hinzu, um einen endlichen Automaten auszugeben. Jede Prozedur wird so modifiziert, daß sie einen endlichen Automaten zurückgibt. In der Prozedur FINDE_TERM wird — wenn die Eingabe 0,1, ϵ oder $\emptyset$ ist — ein endlicher Automat erzeugt, der 0,1, ϵ oder $\emptyset$ akzeptiert; FINDE_TERM gibt diesen Automaten aus. Wenn das Eingabe-Symbol (ist, dann ist der endliche Automat, der durch FINDE_AUSDRUCK zurückgegeben wird, der Wert von FINDE_TERM. In jedem Fall wird der Automat, wenn die *while*-Schleife ausgeführt wird, so modifiziert, daß er die Hülle akzeptiert.

In der Prozedur FINDE_PRODUKT wird FINDE_PRODUKT der Wert des ersten Aufrufs von FINDE_TERM zugewiesen. Bei Ausführung der *while*-Anweisung wird der Wert von FINDE_PRODUKT auf einen Automaten gesetzt, der die Konkatenation der Mengen akzeptiert, die durch den aktuellen Wert von FINDE_PRODUKT und dem Automaten akzeptiert werden, der durch den Aufruf von FINDE_TERM in der *while*-Schleife zurückgegeben wird. Ähnliche Anweisungen werden zu der Prozedur FINDE_AUSDRUCK hinzugefügt.

LITERATURHINWEISE

Der Kellerautomat erscheint als formale Konstruktion in Schutzenberger [1963] und Oettinger [1961]. Ihre Äquivalenz zu kontextfreien Grammatiken wurde von Chomsky [1962] und Evey [1963] erkannt.

Eine Reihe ähnlicher Geräte wurden untersucht: *Zählermaschinen* haben nur ein Kellersymbol mit Ausnahme einer Markierung für das Kellerende. Sie werden in Fischer [1966] und Fischer, Meyer und Rosenberg [1968] diskutiert (siehe dazu auch die Literaturhinweise zu Kapitel 7). *Pushdown-Transducer* sind KA, die bei jeder Bewegung Symbole schreiben können. Sie wurden von Evey [1963], Fischer [1963], Ginsburg und Rose [1966], Ginsburg und Greibach [1966b] sowie Lewis und Stearns [1968] untersucht.

Der zweiseitige KA, der in Übung 5.10 erwähnt wird, wurde von Hartmanis, Lewis und Stearns [1965] untersucht. Seine Abgeschlossenheitseigenschaften wurden von Gray, Harrison und Ibarra [1967] betrachtet, und die Charakterisierung der Sprachklassen, die durch die deterministische (2DKA) und durch die nichtdeterministische (2NKA) Variante akzeptiert wird, wurde von Aho, Hopcroft und Ullman [1968] und Cook [1971c] angegeben. Die letztere Arbeit enthält das bemerkenswerte Ergebnis, daß jede von einem 2DKA akzeptierte Sprache in linearer Zeit auf einem Computer erkennbar ist. Also würde die Existenz einer kfS, die mehr als lineare Zeit benötigt, um durch einen Computer erkannt zu werden, implizieren, daß es kfS gibt, die nicht von einem 2DKA akzeptiert werden. Bis heute hat jedoch noch niemand bewiesen, daß eine solche Sprache existiert. Zufällig ist die Sprache $\{0^n 1^n 2^n \mid n \geq 1\}$ eine Beispiel für eine nicht kfS, die von einem 2DKA akzeptiert wird.

Kapitel 6

EIGENSCHAFTEN KONTEXTFREIER SPRACHEN

In weiten Teilen gleicht dieses Kapitel Kapitel 3. Wir werden zunächst ein Pumping-Lemma für kontextfreie Sprachen angeben und dieses dann benutzen, um zu zeigen, daß bestimmte Sprachen nicht kontextfrei sind. Wir betrachten dann Abgeschlossenheitseigenschaften von kfS und geben schließlich Algorithmen an, um bestimmte Fragen über kfS zu beantworten.

6.1 DAS PUMPING-LEMMA FÜR KFS

Das Pumping-Lemma für reguläre Mengen besagt, daß jede genügend lange Zeichenkette aus einer regulären Menge eine kurze Teil-Zeichenkette enthält, die gepumpt werden kann. Wenn wir also beliebig viele Kopien der Teil-Zeichenkette einfügen, erhalten wir immer wieder eine Zeichenkette aus der regulären Menge. Das Pumping-Lemma für kfS besagt, daß es immer zwei kurze Teil-Zeichenketten gibt, die eng zusammenliegen und beliebig oft wiederholt werden können, wobei die Anzahl der Wiederholungen für die beiden Teil-Zeichenketten gleich sein muß. Formal lautet das Pumping-Lemma für kfS wie folgt:

Lemma 6.1 (Pumping-Lemma für kontextfreie Sprachen)
Sei L eine kfS. Dann gibt es eine von L abhängige Konstante n, so daß z sich für z aus L und $|z| \geq n$ als $z = uvwxy$ schreiben läßt mit

1) $|vx| \geq 1$,
2) $|vwx| \leq n$ und
3) für alle $i \geq 0$ liegt uv^iwx^iy in L.

Beweis:
Sei G eine Grammatik in Chomsky-Normalform, die $L - \{\epsilon\}$ erzeugt. Beachten Sie, daß jeder Ableitungsbaum für z einen langen Pfad enthalten muß, wenn z ein langes Wort aus $L(G)$ ist. Genauer gesagt zeigen wir durch Induktion über i, daß ein durch eine Grammatik in Chomsky-Normalform erzeugtes Wort nicht länger als 2^{i-1} sein kann, falls der Ableitungsbaum dieses Wortes keinen Pfad mit einer Länge größer i hat. Der Induktionsanfang für $i = 1$ ist trivial, da der Baum wie in Abbildung 6.1(a) dargestellt aussehen müßte. Für den Induktionsschritt sei $i > 1$. Die Wurzel und ihre Söhne sollen wie in Abbildung 6.1(b) gezeigt aussehen. Wenn es in T_1 und T_2 keine Pfade mit einer Länge größer als $i - 1$ gibt, dann erzeugen die Bäume Wörter mit 2^{i-2} oder weniger Symbolen. Also erzeugt der ganze Baum ein Wort, daß nicht länger als 2^{i-1} ist.

Nun gebe es k Variablen, und es gelte $n = 2^k$. Falls z in $L(G)$ ist und $|z| \geq n$ gilt, dann muß wegen $|z| > 2^{k-1}$, jeder Ableitungsbaum für z einen Pfad mit einer

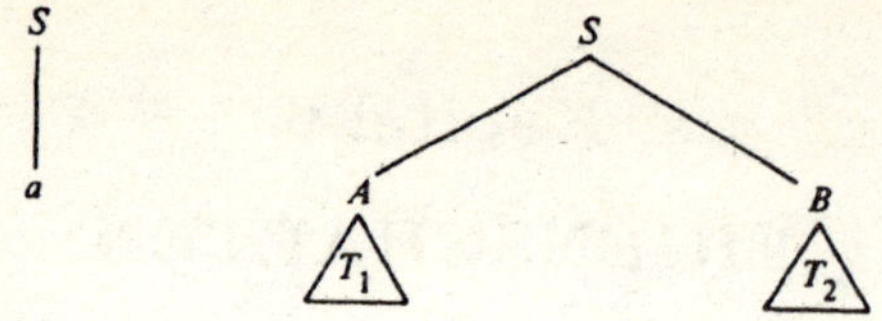

Abb. 6.1: Ableitungsbäume.

Länge von mindestens $k+1$ haben. Aber solch ein Pfad hat wenigsten $k+2$ Knoten, wovon alle bis auf den letzten mit Variablen markiert sind. Also muß es Variablen geben, die im Pfad zweimal auftauchen.

Wir können tatsächlich sogar mehr sagen: Ein Variable muß in der Nähe des Endes des Pfades zweimal auftreten. Im einzelnen sei P der längste Pfad im Baum. Dann muß es zwei Knoten v_1 und v_2 auf diesem Pfad geben, die den folgenden Bedingungen genügen:

1) Die Knoten v_1, v_2 haben dieselbe Markierung, etwa A.
2) Knoten v_1 liegt näher an der Wurzel als Knoten v_2.
3) Der Teil des Pfades von v_1 zu dem Blatt hat eine Länge von höchstens $k+1$.

Um zu sehen, daß v_1 und v_2 immer gefunden werden können, geht man den Pfad P vom Blatt her zurück, wobei man die Spur der gesuchten Markierungen verfolgt. Von den ersten $k+2$ Knoten hat nur das Blatt ein Terminal als Markierung. Die verbleibenden $k+1$ Knoten können nicht alle verschiedene Variablen als Markierungen haben.

Nun repräsentiert der Unterbaum T_1 mit der Wurzel v_1 die Ableitung eines Teilwortes mit einer Länge von höchstens 2^k. Dies gilt, da es keinen Pfad in T_1 geben kann, der länger als $k+1$ ist, denn P war ein Pfad von maximaler Länge im gesamten Baum. Sei z_1 die Front des Unterbaums T_1. Ist T_2 der durch den Knoten v_2 erzeugte Unterbaum und z_2 die Front von Unterbaum T_2, dann können wir z_1 als $z_3z_2z_4$ schreiben. Außerdem können z_3 und z_4 nicht beide ϵ sein, da die erste Produktion, die wir in der Ableitung von z_1 benutzt haben, von der Form $A \rightarrow BC$ für Variablen B und C sein muß. Der Unterbaum T_2 muß vollständig in einem der beiden von B bzw. C erzeugten Unterbäume enthalten sein.

Wir wissen nun, daß folgendes gilt:

$$A \underset{G}{\overset{*}{\Longrightarrow}} z_3Az_4 \text{ und } A \overset{*}{\Rightarrow} z_2, \text{ wobei } |z_3z_2z_4| \leq 2^k = n.$$

Aber es folgt, daß $A \underset{G}{\overset{*}{\Longrightarrow}} z_3^i z_2 z_4^i$ für jedes $i \geq 0$ gilt (siehe Abbildung 6.3.). Die Zeichenkette z kann offensichtlich als $uz_3z_2z_4y$ für ein beliebiges u und y geschrieben werden. Mit $z_3 = v$, $z_2 = w$ und $z_4 = x$ ist der Beweis vollständig. □

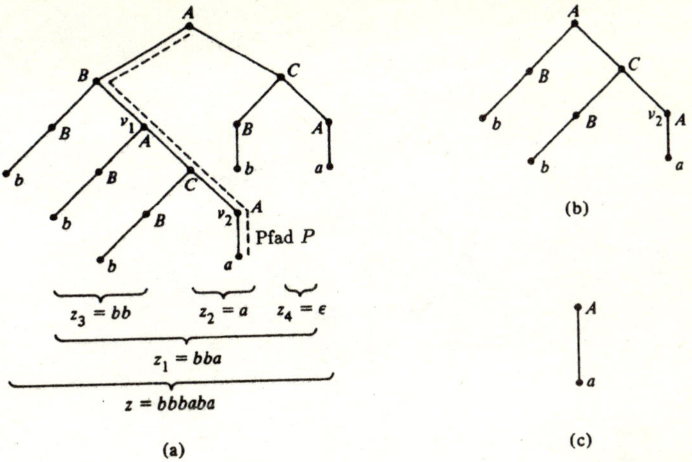

$$z_1 = z_3 z_2 z_4, \text{ mit } z_3 = bb \text{ und } z_4 = \epsilon$$

$$G = (\{A, B, C\}, \{a, b\}, \{A \to BC, B \to BA, C \to BA, A \to a, B \to b\}, A)$$

Abb. 6.2: Illustration der Unterbäume T_1 und T_2 von Lemma 6.1: (a) Baum, (b) Unterbaum T_1, (c) Unterbaum T_2.

Anwendungen des Pumping-Lemmas

Das Pumping-Lemma kann zum Beweis benutzt werden, daß eine Vielzahl von Sprachen nicht kontextfrei ist, indem man das gleiche "Gegenargument" benutzt wie für das Pumping-Lemma für reguläre Mengen.

Beispiel 6.1
Betrachten Sie die Sprache $L_1 = \{a^i b^i c^i \mid i \geq 1\}$. Wir nehmen an, daß L_1 kontextfrei und n die Konstante aus Lemma 6.1 ist. Betrachten Sie $z = a^n b^n c^n$: Wir schreiben $z = uvwxy$, um die Bedingungen des Pumping-Lemmas zu erfüllen. Wir müssen uns fragen, wo v und x, also die Zeichenketten, die gepumpt werden sollen, in $a^n b^n c^n$ liegen könnten: Da $|vwx| \leq n$ gilt, kann vx keine Stücke aus a und c enthalten, da das am weitesten rechts stehende a noch $n+1$ Positionen von dem am weitesten links stehenden c entfernt ist. Bestehen v und x nur aus a, dann ist in uwy (der Zeichenkette $uv^i wx^i y$ mit $i = 0$) n-mal b und n-mal c enthalten, aber weniger als n-mal a, da $|vx| \geq 1$ gilt. Also ist uwy nicht von der Form $a^j b^j c^j$. Nach dem Pumping-Lemma liegt uwy jedoch in L_1, also ein Widerspruch.

Die Fälle, in denen v und x nur aus b oder aus c bestehen, lauten ähnlich. Enthält vx sowohl a als auch b, dann hat uwy mehr c als a oder b, und es liegt

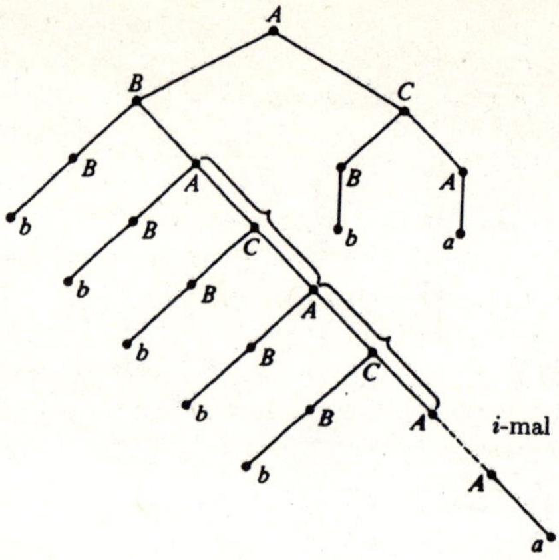

Abb. 6.3: Die Ableitungen von uv^iwx^iy, wobei $u = b, v = bb, w = a, x = \epsilon$ und $y = ba$ gilt.

wieder nicht in L_1. Enthält vx ebenso b wie c, so resultiert daraus ein ähnlicher Widerspruch. Wir schließen, daß L_1 keine kontextfreie Sprache ist.

Das Pumping-Lemma kann auch benutzt werden, um zu zeigen, daß bestimmte Sprachen, die L_1 ähnlich sind, keine kontextfreien Sprachen sind. Einige Beispiele sind

$$\{a^ib^ic^j \mid j \geq i\} \text{ und } \{a^ib^jc^k \mid i \leq j \leq k\}.$$

Eine andere Art von Beziehung, die kontextfreie Grammatiken nicht unterstützen, wird im nächsten Beispiel illustriert.

Beispiel 6.2

Sei $L_2 = \{a^ib^jc^id^j \mid i \geq 1 \text{ und } j \geq 1\}$. Wir nehmen an, L_2 sei eine kfS und n die Konstante aus Lemma 6.1. Betrachten Sie die Zeichenkette $z = a^nb^nc^nd^n$; $z = uvwxy$ erfülle die Bedingungen des Pumping-Lemmas. Da $|vwx| \leq n$, kann $|vx|$ höchstens zwei verschiedene Symbole enthalten. Außerdem müssen dies aufeinanderfolgende Symbole sein, also z.B. a und b. Enthält vx nur a, dann hat uwy weniger a als c und ist nicht in L_2, also ein Widerspruch. Wir gehen analog vor, wenn vx nur aus b, nur aus c oder nur aus d besteht. Nehmen wir nun an, vx enthalte a und b; dann hat vwy immer noch weniger a als c. Ein ähnlicher Widerspruch tritt auf, wenn vx aus b und c oder aus c und d besteht. Da dieses die einzigen Möglichkeiten sind, schließen wir, daß L_2 nicht kontextfrei ist.

Ogden-Lemma

Es gibt bestimmte nicht kfS, über die das Pumping-Lemma nichts aussagt. Beispielsweise ist

$$L_3 = \{a^ib^jc^kd^l \mid i = 0 \text{ oder } j = k = l\}$$

nicht kontextfrei. Wählen wir jedoch $z = b^j c^k d^l$ und schreiben $z = uvwxy$, dann ist es immer möglich, u, v, w, x und y so zu wählen, daß $uv^m wx^m y$ für alle m in L_3 liegt. Wähle vwx beispielsweise so, daß es nur aus b besteht. Wenn wir $z = a^i b^j c^j d^j$ wählen, dann könnten v und x nur aus a bestehen; in diesen Falle liegt $uv^m wx^m y$ wieder für alle m in L_3.

Was wir brauchen, ist eine strengere Version des Pumping-Lemmas; diese würde es uns erlauben, uns auf eine kleine Anzahl von Positionen der Zeichenkette zu konzentrieren und diese dann zu pumpen. Eine solche Erweiterung ist einfach für reguläre Mengen, da jede Folge von $n + 1$ Zuständen eines EA mit n Zuständen einen Zustand zweimal enthalten muß, und die dazwischenliegende Zeichenkette kann gepumpt werden. Dieses Ergebnis ist für kfS wesentlich schwieriger zu erreichen, kann aber gezeigt werden. Hier stellen wir eine schwache Version des Ogden-Lemmas auf und beweisen diese.

Lemma 6.2 (Ogden-Lemma)
Sei L eine kfS. Dann gibt es eine Konstante n (die tatsächlich dieselbe sein kann wie für das Pumping-Lemma), so daß wir — wenn z ein Wort in L ist und wir n oder mehr Positionen in z als "unterschiedlich" markieren können — $z = uvwxy$ schreiben können, wobei folgendes gilt:

1) v und x haben zusammen zumindest eine markierte Position;
2) vwx hat höchstens n markierte Positionen;
3) für alle $i \geq 0$ gilt: $uv^i wx^i y$ ist in L.

Beweis:
Sei G eine Grammatik in Chomsky-Normalform, die $L - \{\epsilon\}$ erzeugt. G habe k Variablen und n sei als $n = 2^k + 1$ gewählt. Wir müssen analog zum Pumping-Lemma einen Pfad P im Baum konstruieren. Da wir hier aber auf markierte Positionen achten, können wir uns nicht mit jedem Knoten auf P beschäftigen, sondern nur mit *Verzweigungspunkten*, d.h. Knoten, deren beide Söhne jeweils markierte Nachfahren haben.

Wir konstruieren P wie folgt: Wir beginnen damit, die Wurzel auf dem Pfad P zu setzen. Wir nehmen an, daß r der letzte auf P plazierte Knoten ist. Ist r ein Blatt, so sind wir fertig. Hat r nur einen Sohn mit verschiedenen Nachfolgern, so fügen wir diesen Sohn zu P hinzu und wiederholen den Vorgang. Haben beide Söhne von r markierte Nachkommen, so ist r als Verzweigungspunkt zu bezeichnen und der Sohn mit der größeren Zahl markierter Nachkommen zu P hinzuzufügen (willkürliche Auswahl). Dieser Prozeß wird in Abb. 6.4 illustriert.

Es folgt, daß jeder Verzweigungspunkt auf P mindestens halb soviele unterschiedliche Nachfolger hat wie der vorhergehende Verzweigungspunkt. Da es mindestens n unterschiedliche Positionen in z gibt, und da diese alle Nachkommen der Wurzel sind, folgt, daß es wenigstens $k + 1$ Verzweigungspunkte auf P gibt. Also gibt es unter den letzten $k + 1$ Verzweigungspunkten zwei mit derselben Markierung. Seien v_1 und v_2 zwei dieser Verzweigungspunkte mit derselben Markierung, wobei v_1 näher als v_2 an der Wurzel liege. Der Beweis verläuft dann entsprechend dem für das Pumping-Lemma. □

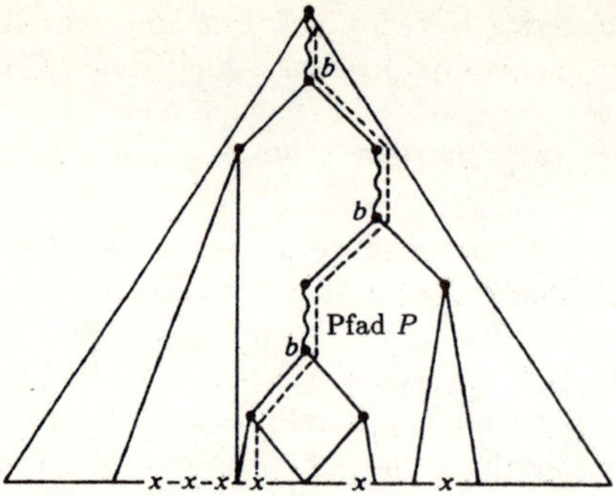

Abb. 6.4: Der Pfad P. Markierte Positionen sind mit x, Verzweigungspunkte mit b bezeichnet.

Beispiel 6.3:
Sei $L_4 = \{a^i b^j c^k \mid i \neq j,\ j \neq k \text{ und } i \neq k\}$. Wir nehmen an, daß L_4 eine kfS sei. Sei n die Konstante im Ogden-Lemma; wir betrachten die Zeichenkette $z = a^n b^{n+n!} c^{n+2n!}$. Die Positionen der a seien markiert und $z = uvwxy$ erfülle die Bedingungen des Ogden-Lemmas. Falls v oder x zwei unterschiedliche Symbole enthalten, dann ist uv^2wx^2y nicht in L_4. (Wenn beispielsweise v in a^+b^+ ist, dann hat uv^2wx^2y ein b, das einem a vorausgeht.) Nun müssen a zumindest in v oder in x enthalten sein, da ja nur a markiert sind. Ist also x in b^* oder c^*, so muß v in a^* sein. Ist x in a^+, so muß v in a^* sein; andernfalls würde ein b oder ein c einem a vorausgehen. Wir betrachten die Situation genauer, in der x in b^* gilt; die anderen Fälle werden genauso behandelt. Nehmen wir an, daß x in b^* und v in a^+ liegt. Sei $p = |v|$. Dann gilt $1 \leq p \leq n$, also wird $n!$ von p geteilt. Sei q eine ganze Zahl, so daß $pq = n!$ gilt. Dann ist

$$z' = uv^{2q+1}wx^{2q+1}y$$

in L_4. Doch es gilt auch $v^{2q+1} = a^{2pq+p} = a^{2n!+p}$. Da uwy genau $(n-p)$-mal a enthält, ist $(2n!+n)$-mal a in z' enthalten. Da aber v und x kein c enthalten, hat z' auch $(2n!+n)$-mal c und ist nicht in L_4, also ein Widerspruch. Ein ähnlicher Widerspruch tritt auf, wenn x in a^+ oder in c^* ist. Also ist L_4 keine kfS.

Beachten Sie, daß Lemma 6.1 ein Spezialfall des Ogden-Lemmas ist, in dem alle Positionen markiert sind.

6.2 ABGESCHLOSSENHEIT BEI KFS

Wir betrachten nun einige Operationen, unter denen kfS erhalten bleiben. Die Operationen sind nicht nur nützlich zum Konstruieren oder Beweisen, daß bestimmte Sprachen kontextfrei sind; sie lassen sich auch zum Beweis verwenden, daß einige

Sprachen nicht kontextfrei sind, indem man aus ihnen mittels Operationen, die die Kontextfreiheit erhalten, neue Sprachen konstruiert, die nicht kontextfrei sind.

Satz 6.1
kfS sind unter Vereinigung, Konkatenation und Kleene'scher Hüllenbildung abgeschlossen.

Beweis:
Seien L_1 und L_2 kfS, die durch die kfG

$$G_1 = (V_1, T_1, P_1, S_1) \text{ bzw. } G_2 = (V_2, T_2, P_2, S_2)$$

erzeugt werden. Da wir Variablen umbenennen können, ohne die erzeugte Sprache zu verändern, nehmen wir an, daß V_1 und V_2 disjunkt sind. Außerdem nehmen wir an, daß S_3, S_4 und S_5 nicht in V_1 oder V_2 liegen.

Für $L_1 \cup L_2$ konstruiert man eine Grammatik $G_3 = (V_1 \cup V_2 \cup \{S_3\}, T_1 \cup T_2, P_3, S_3)$, wobei $P_3 = P_1 \cup P_2$ erweitert um die Produktion $S_3 \rightarrow S_1 \mid S_2$ ist. Ist w aus L_1, dann ist die Ableitung $S_3 \underset{G_3}{\Longrightarrow} S_1 \overset{*}{\underset{G_1}{\Longrightarrow}} w$ eine Ableitung in G_3, da jede Produktion von G_1 auch eine Produktion von G_3 ist. Genauso hat jedes Wort aus L_2 eine Ableitung in G_3, die mit $S_3 \Rightarrow S_2$ beginnt. Also gilt $L_1 \cup L_2 \subseteq L(G_3)$. Für die umgekehrte Richtung sei w in $L(G_3)$: Dann beginnt die Ableitung $S_3 \overset{*}{\underset{G_3}{\Longrightarrow}} w$ mit $S_3 \underset{G_3}{\Longrightarrow} S_1 \overset{*}{\underset{G_3}{\Longrightarrow}} w$ oder $S_3 \underset{G_3}{\Longrightarrow} S_2 \overset{*}{\underset{G_3}{\Longrightarrow}} w$. Im ersten Fall können — da V_1 und V_2 disjunkt sind — nur Symbole aus G_1 in der Ableitung $S_1 \overset{*}{\underset{G_3}{\Longrightarrow}} w$ auftreten. Da die einzigen Produktionen aus P_3, welche Symbole von G_1 beinhalten, die Produktionen aus P_1 sind, können nur Produktionen aus P_1 in der Ableitung $S_1 \overset{*}{\underset{G_3}{\Longrightarrow}} w$ benutzt worden sein. Also gilt $S_1 \overset{*}{\underset{G_1}{\Longrightarrow}} w$ und w ist in L_1. Analog können wir schließen, daß w in L_2 ist, wenn die Ableitung mit $S_3 \underset{G_3}{\Longrightarrow} S_2$ beginnt. Also gilt $L(G_3) \subseteq L_1 \cup L_2$, und somit schließlich $L(G_3) = L_1 \cup L_2$ wie gewünscht.

Für die Konkatenation sei $G_4 = (V_1 \cup V_2 \cup \{S_4\}, T_1 \cup T_2, P_4, S_4)$, wobei $P_4 = P_1 \cup P_2$ erweitert um die Produktion $S_4 \rightarrow S_1S_2$ ist. Ein Beweis für $L(G_4) = L_1L_2$ verläuft analog zum Beweis für die Vereinigung und wird hier weggelassen.

Für die Hüllenbildung sei $G_5 = (V_1 \cup \{S_5\}, T_1, P_5, S_5)$, wobei $P_5 = P_1$ erweitert um die Produktion $S_5 \rightarrow S_1S_5 \mid \epsilon$ ist. Der Beweis für $L(G_5) = L(G_1)^*$ wird wiederum dem Leser überlassen. □

Substitution und Homomorphismen

Satz 6.2
Die kfS sind abgeschlossen unter Substitution.

Beweis:
Sei L eine kfS, $L \subseteq \Sigma^*$ und für jedes a aus Σ sei L_a eine kfS. Sei $L = L(G)$ und für jedes a aus Σ sei $L_a = L(G_a)$. O.B.d.A. nehmen wir an, daß die Variablen für G und für G_a disjunkt sind. Wir konstruieren nun eine Grammatik G' wie folgt: Die Variablen von G' sind alle Variablen aus G und den G_a. Das Startsymbol von G' ist das Startsymbol von G. Die Produktionen von G' sind alle Produktionen der

G_a ergänzt um folgende: In jeder Produktion $A \to \alpha$ aus G ist S_a, das Startsymbol von G_a, für jedes Auftreten eines a aus Σ in α zu ersetzen. □

Beispiel 6.4:
Sei L die Menge von Wörtern mit gleich vielen a und b, $L_a = \{0^n 1^n \mid n \geq 1\}$ und $L_b = \{ww^R \mid w \text{ aus } (\mathbf{0} + \mathbf{2})^*\}$. Für G wählen wir

$$S \to aSbS \mid bSaS \mid \epsilon,$$

für G_a

$$S_a \to 0S_a1 \mid 01$$

und für G_b

$$S_b \to 0S_b0 \mid 2S_b2 \mid \epsilon.$$

Wenn f die Substitution $f(a) = L_a$ und $f(b) = L_b$ darstellt, dann wird $f(L)$ durch die Grammatik

$$\begin{aligned} S &\to S_aSS_bS \mid S_bSS_aS \mid \epsilon \\ S_a &\to 0S_a1 \mid 01 \\ S_b &\to 0S_b0 \mid 2S_b2 \mid \epsilon \end{aligned}$$

erzeugt.

Es ist zu beachten, daß die Abgeschlossenheit unter Substitution die Abgeschlossenheit unter Vereinigung, Konkatenation und $*$-Operator impliziert, da $\{a, b\}$, $\{ab\}$ und $\mathbf{a}^*$ kfS sind. Die Vereinigung von L_a und L_b ist einfach die Substitution von L_a und L_b durch $\{a, b\}$; ähnlich repräsentieren L_aL_b und L_a^* die Substitution durch $\{ab\}$ bzw. durch $\mathbf{a}^*$. Also könnte Satz 6.1 als Korollar von Satz 6.2 präsentiert werden.

Da ein Homomorphismus ein Spezialfall einer Substitution ist, liefern wir noch folgendes Korollar:

Korollar:
Die kfS sind unter Homomorphismen abgeschlossen.

Satz 6.3
Die kfS sind unter inversen Homomorphismen abgeschlossen.

Beweis:
Wie bei den regulären Mengen ist ein maschinenbasierter Beweis für die Abgeschlossenheit unter inversen Homomorphismen besonders einfach zu verstehen. Sei $h : \Sigma \to \Delta$ ein Homomorphimus und L eine kfS. Sei $L = L(M)$, wobei M der KA $(Q, \Delta, \Gamma, \delta, q_0, Z_0, F)$ ist. In Analogie zu der EA-Konstruktion aus Satz 3.5 konstruieren wir im folgenden einen KA M', der $h^{-1}(L)$ akzeptiert: Für eine Eingabe a generiert M' die Zeichenkette $h(a)$ und simuliert M auf $h(a)$. Wäre M' ein EA, so könnte er auf der Zeichenkette $h(a)$ nichts tun, außer den Zustand zu verändern; so könnte M' eine solche zusammengesetzte Bewegung mit einer Bewegung simulieren. Im Falle eines KA könnte M jedoch viele Symbole vom Keller in eine Zeichenkette setzen oder, da der KA nichtdeterministisch ist, Bewegungen machen, die eine beliebige Anzahl von Symbolen auf den Keller stapelt. Also kann

M' nicht unbedingt die Bewegungen von M auf $h(a)$ mit einer (oder einer endlichen Anzahl von) eigenen Bewegungen simulieren.

Daher geben wir M' einen Puffer, in dem er $h(a)$ speichern kann. Dann kann M' jede ϵ-Bewegung von M simulieren und jeweils nur ein Symbol von $h(a)$ zu einem Zeitpunkt verarbeiten, als ob es eine Eingabe zu M' wäre. Da der Puffer Teil der endlichen Kontrolle von M' ist, darf er nicht beliebig wachsen. Wir stellen sicher, daß er dies nicht tut, indem wir nur dann erlauben, daß M' ein Eingabe-Symbol liest, wenn der Puffer leer ist. Also enthält der Puffer zu jedem Zeitpunkt ein Suffix von $h(a)$ für ein a. M' erkennt seine Eingabe w, wenn der Puffer leer ist und M in einem Endzustand ist. Das heißt, M hat $h(w)$ erkannt. Also gilt, $L(M') = \{w \mid h(w) \text{ ist in} L\}$, d.h. $L(M') = h^{-1}(L(M))$. Der Aufbau ist in Abbildung 6.5 beschrieben; die formale Konstruktion eines KA folgt.

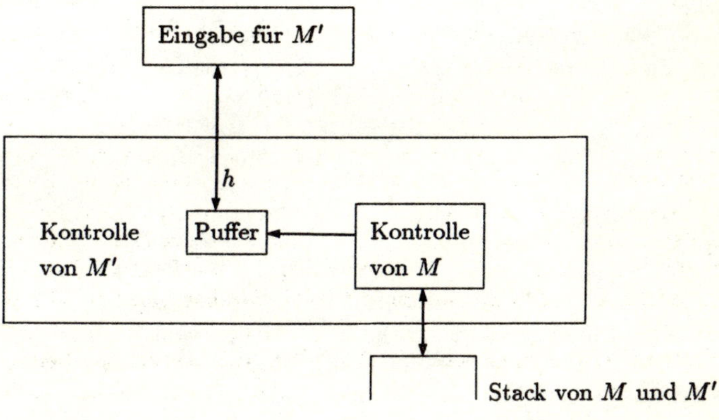

Abb. 6.5: Konstruktion eines KA, der h^{-1}(L) akzeptiert.

Sei $M' = (Q', \Sigma, \Gamma, \delta', [q_0, \epsilon], Z_0, F \times \{\epsilon\})$, wobei Q' aus Paaren $[q, x]$ besteht, so daß q aus Q und x ein (nicht unbedingt echtes) Suffix eines $h(a)$ für ein a aus Σ ist.

1) $\delta'([q, x], \epsilon, Y)$ enthält alle $([p, x], \gamma)$, so daß (p, γ) in $\delta(q, \epsilon, Y)$ enthalten ist. Wir simulieren ϵ-Bewegungen von M unabhängig vom Puffer-Inhalt.
2) $\delta'([q, ax], \epsilon, Y)$ enthält alle $([p, x], \gamma)$, so daß (p, γ) in $\delta(q, a, Y)$ enthalten ist. Wir simulieren Bewegungen von M auf einer Eingabe a aus Δ, indem a vom Anfang des Puffers entfernt wird.
3) $\delta'([q, \epsilon], a, Y)$ enthält $([q, h(a)], Y)$ für alle a aus Σ und Y aus Γ. Wir laden den Puffer mit $h(a)$, indem a von der Eingabe von M gelesen wird; der Zustand und der Keller von M bleiben unverändert.

Um zu zeigen, daß $L(M') = h^{-1}(L(M))$ gilt, ist zuerst zu beachten, daß durch eine Anwendung von Regel (3), gefolgt von Anwendungen der Regeln (1) und (2) gilt, daß

$$([q,\epsilon],a,\alpha) \vdash_{M'} ([q,h(a)],\epsilon,\alpha) \vdash^*_{M'} ([p,\epsilon],\epsilon,\beta)$$

gilt, wenn $(q,h(a),\alpha) \vdash^*_M (p,\epsilon,\beta)$ gilt. Wenn M also $h(w)$ akzeptiert, d.h. wenn

$$(q_0,h(w),Z_0) \vdash^*_M (p,\epsilon,\beta)$$

für ein p aus F und β aus Γ^* gilt, dann gilt

$$([q_0,\epsilon],w,Z_0) \vdash^*_{M'} ([p,\epsilon],\epsilon,\beta);$$

also wird w von M' akzeptiert. Damit gilt $L(M') \supseteq h^{-1}(L(M))$.

Umgekehrt nehmen wir an, daß $w = a_1a_2.....a_n$ von M' akzeptiert wird. Da Regel (3) nur angewendet werden kann, wenn der Puffer leer ist (zweite Komponente des Zustands von M'), kann die zum Erkennen führende Schrittfolge von M' als

$$\begin{array}{rll} ([q_0,\epsilon],a_1a_2....a_n,Z_0) & \vdash^*_{M'} & ([p_1,\epsilon],a_1a_2....a_n,\alpha_1) \\ & \vdash_{M'} & ([p_1,h(a_1)],a_2a_3....a_n,\alpha_1) \\ & \vdash^*_{M'} & ([p_2,\epsilon],a_2a_3....a_n,\alpha_2) \\ & \vdash_{M'} & ([p_2,h(a_2)],a_3a_4....a_n,\alpha_2) \\ & \vdots & \\ & \vdash^*_{M'} & ([p_{n-1},\epsilon],a_n,\alpha_n) \\ & \vdash_{M'} & ([p_{n-1},h(a_n)],\epsilon,\alpha_n) \\ & \vdash^*_{M'} & ([p_n,\epsilon],\epsilon,\alpha_{n+1}) \end{array}$$

mit p_n aus F geschrieben werden. Die Transitionen vom Zustand $[p_i,\epsilon]$ in den Zustand $[p_i,h(a_i)]$ erfolgen gemäß Regel (3); die anderen Transisitionen erfolgen durch die Regeln (2) und (1). Also gilt $(q_0,\epsilon,Z_0) \vdash^*_M (p_1,\epsilon,\alpha_1)$, und für alle i gilt

$$(p_i,h(a_i),\alpha_i) \vdash^*_M (p_{i+1},\epsilon,\alpha_{i+1}).$$

Fügt man diese Schritte zusammen, so erhält man

$$(q_0,h(a_1a_2...a_n),Z_0) \vdash^*_M (p_n,\epsilon,\alpha_{n+1}),$$

woraus folgt, daß $h(a_1a_2...a_n)$ aus $L(M)$ ist. Also gilt $L(M') \subseteq h^{-1}(L(M))$, woraus wir schließen, daß $L(M') = h^{-1}(L(M))$ gilt. □

Boolesche Operationen

Es gibt einige Abgeschlossenheitseigenschaften von regulären Mengen, die kfS nicht haben. Bemerkenswert sind unter diesen die Abgeschlossenheit unter der Schnittbildung und unter der Komplementbildung.

Satz 6.4
Die kfS sind unter der Schnittbildung nicht abgeschlossen.

Beweis:
In Beispiel 6.1 haben wir gezeigt, daß die Sprache $L_1 = \{a^i b^i c^i \mid i \geq 1\}$ keine kfS ist. Wir behaupten nun, daß $L_2 = \{a^i b^i c^j \mid i \geq 1 \text{ und } j \geq 1\}$ und $L_3 = \{a^i b^j c^j \mid i \geq 1 \text{ und } j \geq 1\}$ beide kfS sind. Z.B. speichert ein KA, der L_2 akzeptiert, die a auf seinem Keller und löscht sie gegen die b und akzeptiert genau dann die Eingabe, wenn er ein oder mehrere c gesehen hat. Im Übrigen wird L_2 durch die Grammatik

$$\begin{array}{lcl} S & \rightarrow & AB \\ A & \rightarrow & aAb \mid ab \\ B & \rightarrow & cB \mid c \end{array}$$

erzeugt, wobei A die $a^i b^i$ und B die c^j erzeugt. Eine ähnliche Grammatik

$$\begin{array}{lcl} S & \rightarrow & CD \\ C & \rightarrow & aC \mid a \\ D & \rightarrow & bDc \mid bc \end{array}$$

erzeugt L_3.

Es gilt jedoch $L_3 \cap L_2 = L_1$. Wären die kfS unter Schnittbildung abgeschlossen, so wäre L_1 eine kfS. Dies ist aber ein Widerspruch zu Beispiel 6.1. □

Korollar:
Die kfS sind nicht abgeschlossen unter Komplementbildung.

Beweis:
Wir wissen, daß die kfS unter Vereinigung abgeschlossen sind. Wären sie unter der Komplementbildung abgeschlossen, so würden sie nach dem Gesetz von DeMorgan — nämlich $L_1 \cap L_2 = \overline{\overline{L_1} \cup \overline{L_2}}$ — unter Schnittbildung abgeschlossen sein, und dies widerspricht Satz 6.4. □

Die Klasse der kfS ist zwar nicht abgeschlossen unter Schnittbildung, aber dennoch unter Schnittbildung mit einer regulären Menge.

Satz 6.5
Ist L eine kfS und R eine reguläre Menge, so ist $L \cap R$ eine kfS.

Beweis:
Sei $L = L(M)$ für einen KA $M = (Q_M, \Sigma, \Gamma, \delta_M, q_0, Z_0, F_M)$ und $R = L(A)$ für einen EA $A = (Q_A, \Sigma, \delta_A, p_0, F_A)$. Wir konstruieren einen KA M' für $L \cap R$, indem wir M und A "parallel laufen" lassen, wie es in Abbildung 6.6 gezeigt ist. M' simuliert die Bewegungen von M auf der Eingabe, ohne den Zustand von A zu ändern. Macht M' eine Bewegung auf einem Eingabe-Symbol a, so simuliert M diese Bewegung und ebenfalls die Zustandsänderung von A bei der Eingabe a. M' akzeptiert genau dann, wenn A und M akzeptieren. Formal sei

$$M' = (Q_A \times Q_M, \Sigma, \Gamma, \delta, [p_0, q_0], Z_0, F_A \times F_M),$$

wobei δ wie folgt definiert ist: $\delta([p,q], a, X)$ enthält $([p', q'], \gamma)$ genau dann, wenn $\delta_A(p, a) = p'$ und (q', γ) in $\delta_M(q, a, X)$ enthalten ist. Beachten Sie, daß a gleich ϵ sein könnte; in diesem Fall gilt $p = p'$.

Eine einfache Induktion über i zeigt, daß

$$([p_0, q_0], w, Z_0) \underset{M'}{\overset{i}{\vdash}} ([p, q], \epsilon, \gamma)$$

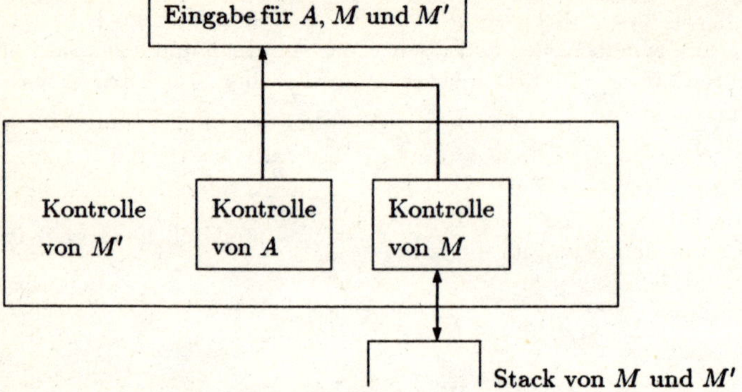

Abb. 6.6: Paralleles Ablaufen eines EA und eines KA.

genau dann gilt, wenn

$$(q_0, w, Z_0) \vdash_M^i (q, \epsilon, \gamma) \text{ und } \delta(p_0, w) = p$$

gilt. Der Induktionsanfang für $i = 0$ ist trivial, da $p = p_0$, $q = q_0$, $\gamma = Z_0$ und $w = \epsilon$. Für den Induktionsschritt nehmen wir an, daß die Aussage für $i - 1$ gilt, und setzen

$$([p_0, q_0], xa, Z_0) \vdash_{M'}^{i-1} ([p', q'], a, \beta) \vdash_{M'} ([p, q], \epsilon, \gamma),$$

wobei $w = xa$ gilt und a gleich ϵ oder ein Symbol aus Σ ist. Nach der Induktionsannahme gilt

$$\delta_A(p_0, x) = p' \text{ und } (q_0, x, Z_0) \vdash_M^{i-1} (q', \epsilon, \beta).$$

Nach der Definition von δ sagt uns die Tatsache, daß $([p', q'], a, \beta) \vdash_{M'} ([p, q], \epsilon, \gamma)$ gilt, daß $\delta_A(p', a) = p$ und $(q', a, \beta) \vdash_M (q, \epsilon, \gamma)$ gilt. Also gilt $\delta_A(p_0, w) = p$ und

$$q_0, w, Z_0 \vdash_M^i (q, \epsilon, \gamma).$$

Für die Gegenrichtung ist zu zeigen, daß

$$([p_0, q_0], w, Z_0) \vdash_{M'}^i ([p, q], \epsilon, \gamma)$$

aus $(q_0, w, Z_0) \vdash_M^i (q, \epsilon, \gamma)$ und $\delta_A(p_0, w) = p$ folgt; dies verläuft ähnlich und verbleibt als Übung. □

Anwendung von Abgeschlossenheit

Wir schließen diesen Abschnitt mit einem Beispiel, das zeigen soll, wie die Abgeschlossenheit von kfS verwendet werden kann, um zu zeigen, daß einige Sprachen nicht kontextfrei sind.

Beispiel 6.5

Sei $L = \{ww \mid w \text{ ist in } (\mathbf{a} + \mathbf{b})^*\}$. D.h. L besteht aus allen Wörtern, deren erste und zweite Hälften identisch sind. Wir nehmen an, daß L kontextfrei sei. Dann gilt nach Satz 6.5, daß $L_1 = L \cap \mathbf{a}^+\mathbf{b}^+\mathbf{a}^+\mathbf{b}^+$ ebenfalls eine kfS ist. Doch $L_1 = \{a^ib^ja^ib^j \mid i \geq 1 \text{ und } j \geq 1\}$ ist fast dieselbe Sprache wie die, von der wir in Beispiel 6.2 mit dem Pumping-Lemma gezeigt haben, daß sie nicht kontextfrei ist. Entsprechend läßt sich zeigen, daß L_1 keine kfS ist. Damit haben wir also einen Widerspruch zu der Annahme, daß L eine kfS ist.

Wenn wir das Pumping-Lemma nicht auf L_1 anwenden wollen, können wir L_1 auf $L_2 = \{a^ib^jc^id^j \mid i \geq 1 \text{ und } j \geq 1\}$ reduzieren, also genau die Sprache, die wir in Beispiel 6.2 diskutiert haben. Sei h der Homomorphismus $h(a) = h(c) = a$ und $h(b) = h(d) = b$. Dann besteht $h^{-1}(L_1)$ aus allen Wörtern der Form $x_1x_2x_3x_4$, wobei x_1 und x_3 dieselbe Länge haben und aus $(\mathbf{a} + \mathbf{c})^*$ sind; ebenso sind x_2 und x_4 von gleicher Länge und aus $(\mathbf{b} + \mathbf{d})^*$. Dann ist $h^{-1}(L_1) \cap \mathbf{a}^*\mathbf{b}^*\mathbf{c}^*\mathbf{d}^* = L_2$. Nach Satz 6.3 und 6.5 wäre — wenn L_1 eine kfS wäre — L_2 ebenfalls ein kfS. Da wir von L_2 wissen, daß sie nicht kontextfrei ist, schließen wir, daß L_1 keine kfS ist.

6.3 ENTSCHEIDUNGSALGORITHMEN FÜR KFS

Es gibt eine Reihe von Fragen über kfS, die wir beantworten können. Dazu gehört, ob eine gegebene kfS leer, endlich oder unendlich ist und ob ein gegebenes Wort in einer gegebenen kfS enthalten ist. Es gibt jedoch gewisse Fragen über kfS, die kein Algorithmus beantworten kann. Darunter fallen Fragen wie, ob zwei kfG äquivalent sind, ob das Komplement einer kfS endlich ist, ob das Komplement einer gegebenen kfS ebenfalls eine kfS ist, und ob eine gegebene kfS mehrdeutig ist. In den nächsten beiden Kapiteln werden wir Werkzeuge entwickeln, um zu zeigen, daß für gewisse Aufgaben kein Algorithmus existiert. In Kapitel 8 werden wir sogar beweisen, daß die oben erwähnten Fragen und andere Fragen keinen Algorithmus zur Beantwortung haben. In diesem Kapitel werden wir uns damit begnügen, Algorithmen für die Fragen anzugeben, für die Algorithmen existieren.

Wie bei den regulären Mengen haben wir für kfS verschiedene Darstellungsformen, nämlich kontextfreie Grammatiken und Kellerautomaten, die durch den leeren Keller oder durch einen Endzustand erkennen. Da die Lösungen aus Kapitel 5 alle konstruktiv sind, kann man einen für eine Darstellungsform erstellten Algorithmus auch mit einer der jeweils anderen Darstellungsformen arbeiten lassen. In diesem Abschnitt werden wir die kfG als Darstellung verwenden.

Satz 6.6

Es gibt einen Algorithmus, um zu bestimmen, ob eine kfS (a) leer, (b) endlich oder (c) unendlich ist.

Beweis:
Der Satz kann mit der gleichen Technik — nämlich dem Pumping-Lemma — wie das entsprechende Ergebnis für reguläre Mengen (Satz 3.7) bewiesen werden. Die resultierenden Algorithmen sind jedoch höchst ineffizient. Wir haben sogar schon einen besseren Algorithmus, um zu testen, ob eine kfS leer ist. Für eine kfG $G = (V, T, P, S)$ entscheidet der Test von Lemma 4.1, ob eine Variable eine Kette von Terminalen erzeugt. Natürlich ist $L(G)$ genau dann nicht leer, wenn das Startsymbol S irgendeine Kette von Terminalzeichen erzeugt.

Um zu testen, ob $L(G)$ endlich ist, benutzen wir den Algorithmus aus Satz 4.5, um eine kfG $G' = (V', T, P', S)$ in CNF und ohne nutzlose Symbole zu finden, die $L(G) - \{\epsilon\}$ erzeugt. $L(G')$ ist genau dann endlich, wenn $L(G)$ endlich ist. Ein einfacher Test für die Endlichkeit einer CNF-Grammatik ohne nutzlose Symbole ist, einen gerichteten Graphen zu konstruieren, der für jede Variable einem Knoten enthält sowie eine Kante von A nach B, wenn es eine Produktion der Form $A \to BC$ oder $A \to CB$ für ein beliebiges C gibt. Die erzeugte Sprache ist genau dann endlich, wenn der Graph keine Zyklen hat.

Gibt es einen Zyklus, z.B. $A_0, A_1, ..., A_n, A_0$, dann gilt

$$A_0 \Rightarrow \alpha_1 A_1 \beta_1 \Rightarrow \alpha_2 A_2 \beta_2 \Rightarrow ... \Rightarrow \alpha_n A_n \beta_n \Rightarrow \alpha_{n+1} A_0 \beta_{n+1},$$

wobei die α und β Zeichenketten von Variablen mit $|\alpha_i \beta_i| = i$ sind. Da es keine nutzlosen Symbole gibt, gilt $\alpha_{n+1} \overset{*}{\Rightarrow} w$ und $\beta_{n+1} \overset{*}{\Rightarrow} x$ für Terminalzeichenketten w und x mit einer Gesamtlänge von wenigstens $n + 1$. Da $n \geq 0$ gilt, können w und x nicht beide ϵ sein. Da es keine nutzlosen Symbole gibt, können wir als nächstes Terminalzeichenketten y und z finden, so daß $S \overset{*}{\Rightarrow} yA_0z$ gilt, sowie eine Terminalzeichenkette v, so daß $A_0 \overset{*}{\Rightarrow} v$ gilt. Dann gilt für alle i

$$S \overset{*}{\Rightarrow} yA_0z \overset{*}{\Rightarrow} ywA_0xz \overset{*}{\Rightarrow} yw^2A_0x_2z \overset{*}{\Rightarrow} ... \overset{*}{\Rightarrow} yw^iA_0x^iz \overset{*}{\Rightarrow} yw^ivx^iz.$$

Da $|wx| > 0$, kann yw^ivx^iz nicht gleich yw^jvx^jz sein, wenn $i \neq j$ ist. Also erzeugt die Grammatik unendlich viele Zeichenketten.

Umgekehrt nehmen wir an, daß der Graph keine Zyklen hat. Wir definieren den *Rang* einer Variablen A als die Länge des längsten Pfades in dem mit A beginnenden Graph. Die Abwesenheit von Zyklen impliziert, daß der Rang von A endlich ist. Wir beobachten auch, daß — falls $A \to BC$ eine Produktion ist — der Rang von B und C echt kleiner als der von A sein muß, da es für jeden Pfad von B oder C aus einen Pfad mit einer um eins größeren Länge von A aus gibt. Wir zeigen durch Induktion über r, daß keine aus A ableitbare Terminalzeichenkette länger als 2^r ist, wenn A den Rang r hat.

Induktionsanfang für $r = 0$: Hat A den Rang 0, dann gehen vom Knoten A keine Kanten aus. Deshalb haben alle A-Produktionen auf der rechten Seite Terminale, und A leitet nur Zeichenketten der Länge 1 ab.

Induktionsschritt: Sei $r > 0$. Wenn wir eine Produktion der Form $A \to a$ benutzen, können wir nur eine Zeichenkette der Länge 1 ableiten. Wenn wir mit $A \to BC$ beginnen, dann gilt — da B und C höchstens den Rang $r - 1$ haben — nach der

Induktionsannahme, daß sich aus diesen nur Zeichenketten von höchstens der Länge 2^{r-1} ableiten lassen. Also ist aus BC keine Zeichenkette mit einer Länge größer als 2^r ableitbar.

Da S den endlichen Rang r_0 hat und der Rang r_0 nicht die Anzahl der Variablen übersteigen kann, leitet S keine Zeichenketten ab, deren Länge größer als 2^{r_0} ist. Also ist die Sprache endlich. □

Beispiel 6.6
Betrachten Sie die Grammatik

$$\begin{array}{lcl} S & \rightarrow & AB \\ A & \rightarrow & BC \mid a \\ B & \rightarrow & CC \mid b \\ C & \rightarrow & a \end{array}$$

deren Graph in Abbildung 6.7(a) zu sehen ist. Dieser Graph enthält keine Zyklen. Der Rang von S, A, B und C ist 3, 2, 1 bzw. 0. So ist z.B. der längste von S ausgehende Pfad S, A, B, C. Also ist in dieser Grammatik keine Zeichenkette, deren Länge größer als $2^3 = 8$ ist, ableitbar; folglich wird nur eine endliche Sprache erzeugt. Tatsächlich ist die längste erzeugte Zeichenkette sogar

$$S \Rightarrow AB \Rightarrow BCB \Rightarrow CCCB \Rightarrow CCCCC \stackrel{*}{\Rightarrow} aaaaa.$$

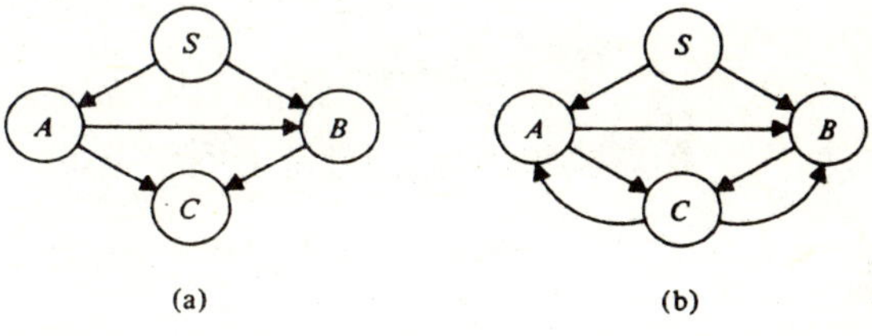

Abb. 6.7: Graphen, die CNF-Grammatiken entsprechen.

Fügen wir zu der Grammatik die Produktion $C \rightarrow AB$ hinzu, so erhalten wir den Graphen aus Abbildung 6.7(b). Dieser neue Graph hat verschiedene Zyklen, wie z.B. A, B, C, A. Also können wir eine Ableitung $A \stackrel{*}{\Rightarrow} \alpha_3 A_3 \beta_3$ finden, nämlich etwa die Ableitung $A \Rightarrow BC \Rightarrow CCC \Rightarrow CABC$, wobei $\alpha_3 = C$ und $\beta_3 = BC$ ist. Da $C \stackrel{*}{\Rightarrow} a$ und $BC \stackrel{*}{\Rightarrow} ba$ gilt, erhalten wir $A \stackrel{*}{\Rightarrow} aAba$. Aus $S \stackrel{*}{\Rightarrow} Ab$ und $A \stackrel{*}{\Rightarrow} a$ erhalten wir schließlich $S \stackrel{*}{\Rightarrow} a^i a(ba)^i b$ für jedes i. Also ist die Sprache unendlich.

Enthaltensein

Eine weitere zu beantwortende Frage ist folgende: Gegeben sei eine Grammatik $G = (V, T, P, S)$ und eine Zeichenkette x aus T^*. Ist x aus $L(G)$? Ein einfacher, aber ineffizienter Algorithmus, um dies zu zeigen, ist, G in eine Grammatik G' in Greibach-Normalform zu konvertieren, die $L - \{\epsilon\}$ erzeugt. Da der Algorithmus von Satz 4.3 testet, ob $S \stackrel{*}{\Rightarrow} \epsilon$ gilt, brauchen wir uns nicht um den Fall $x = \epsilon$ zu kümmern.

Wir nehmen $x \neq \epsilon$ an, so daß x genau dann in $L(G')$ liegt, wenn x in $L(G)$ liegt. Da nun jede Produktion einer GNF-Grammatik genau ein Terminalzeichen zu der erzeugten Zeichenkette hinzufügt, wissen wir, daß — wenn x eine Ableitung in G' hat — es eine Ableitung mit genau $|x|$ Schritten gibt. Wenn keine Variable aus G' mehr als k Produktionen hat, dann gibt es höchstens $k^{|x|}$ Linksableitungen von Zeichenketten der Länge $|x|$. Wir können diese alle systematisch testen.

Der oben angeführte Algorithmus benötigt jedoch eine Zeit, die exponentiell in $|x|$ sein kann. Man kennt verschiedene Algorithmen, die eine Zeit proportional zu $|x|^3$ oder sogar etwas weniger benötigen. In den Literaturhinweisen werden einige von diesen diskutiert. Wir werden hier einen einfachen Algorithmus mit kubischer Zeit vorstellen, der als der Cocke-Younger-Kasami- oder *CYK*-Algorithmus bekannt ist. Er basiert auf der Technik der dynamischen Programmierung, die in der Lösung zu Aufgabe 3.23 diskutiert wird. Ist ein x der Länge $n \geq 1$ und eine Grammatik G in Chomsky-Normalform gegeben, so bestimmen wir für jedes i und j und für jede Variable A, ob $A \overset{*}{\Rightarrow} x_{ij}$ gilt, wobei x_{ij} die Teil-Zeichenkette der Länge j von x ist, die bei Position i beginnt.

Wir gehen durch Induktion über j vor: Für $j = 1$ gilt $A \overset{*}{\Rightarrow} x_{ij}$ genau dann, wenn $A \rightarrow x_{ij}$ eine Produktion ist, da x_{ij} eine Zeichenkette der Länge 1 ist. Wenn wir zu höheren Werten von j übergehen, so gilt für $j > 1$ genau dann $A \overset{*}{\Rightarrow} x_{ij}$, wenn es eine Produktion $A \rightarrow BC$ und ein k mit $1 \leq k < j$ gibt, so daß aus B die ersten k Symbole von x_{ij} und aus C die letzten $j - k$ Symbole von x_{ij} ableitbar sind. D.h. es soll $B \overset{*}{\Rightarrow} x_{ik}$ und $C \overset{*}{\Rightarrow} x_{i+k,j-k}$ gelten. Da sowohl k als auch $j - k$ kleiner als j ist, wissen wir bereits, ob die beiden letzten Ableitungen existieren. Wir können also bestimmen, ob $A \overset{*}{\Rightarrow} x_{ij}$ gilt. Schließlich können wir, wenn wir $j = n$ erreichen, bestimmen, ob $S \overset{*}{\Rightarrow} x_{1n}$ gilt. Doch es gilt $x_{1n} = x$, so daß x genau dann in $L(G)$ ist, wenn $S \overset{*}{\Rightarrow} x_{1n}$ gilt.

Zur präzisen Beschreibung des *CYK*-Algorithmus sei V_{ij} die Menge der Variablen von A, so daß $A \overset{*}{\Rightarrow} x_{ij}$. Beachten Sie, daß wir $1 \leq i \leq n - j + 1$ annehmen können, da es keine Zeichenkette mit einer Länge größer als $n - i + 1$ gibt, die bei Position i beginnt. Abbildung 6.8 gibt den *CYK*-Algorithmus formal an.

Die Schritte (1) und (2) behandeln den Fall $j = 1$. Da die Grammatik G fest ist, benötigt Schritt (2) eine konstante Menge von Zeit. Also benötigen die Schritte (1) und (2) $O(n)$ Zeit. Die geschachtelten *for*-Schleifen der Zeilen (3) und (4) verursachen, daß die Schritte (5) bis (7) höchstens n^2-mal ausgeführt werden, da i und j in ihren jeweiligen *for*-Schleifen zwischen Grenzen mit einem Abstand von höchstens n laufen. Schritt (5) benötigt für jede Ausführung konstante Zeit, so daß die Gesamtzeit, die bis zu Schritt (5) verbraucht wird, $O(n^2)$ ist. Die *for*-Schleife aus Zeile (6) verursacht, daß Schritt (7) höchstens n-mal ausgeführt wird. Da Schritt (7) konstante Zeit benötigt, brauchen Schritt (6) und (7) zusammen $O(n)$ Zeit. Da sie $O(n^2)$-mal ausgeführt werden, ist die in Schritt (7) verbrauchte Gesamtzeit $O(n^3)$. Also ist der gesamte Algorithmus von der Ordnung $O(n^3)$.

```
        begin
1)        for i := 1 to n do
2)          V_i1 := {A | A → a ist eine Produktion und
                        das i-te Symbol von x ist a};
3)        for j := 2 to n do
4)          for i := 1 to n − j + 1 do
              begin
5)              V_ij := ∅;
6)              for k := 1 to j − 1 do
7)                V_ij := V_ij ∪ {A | A → BC ist eine Produktion,
                          B ist in V_ik und C ist in V_{i+k,j−k}}
              end
        end
```

Abb. 6.8: Der *CYK*-Algorithmus.

Beispiel 6.7
Betrachten Sie die kfG

$$\begin{array}{lcl} S & \rightarrow & AB \mid BC \\ A & \rightarrow & BA \mid a \\ B & \rightarrow & CC \mid b \\ C & \rightarrow & AB \mid a \end{array}$$

und die Eingabe-Zeichenkette *baaba*. Die Tabelle der V_{ij} ist in Abbildung 6.9 gezeigt. Die oberste Reihe wird durch die Schritte (1) und (2) des Algorithmus aus Abbildung 6.8 gefüllt. Für die Positionen 1 und 4, die b sind, setzen wir also $V_{11} = V_{41} = \{B\}$, da B die einzige Variable ist, aus der b ableitbar ist. Genauso setzen wir $V_{21} = V_{31} = V_{51} = \{A, C\}$, da nur A und C Produktionen mit a auf der rechten Seite haben.

	b	a	a	b	a
$j \downarrow$ / $i \rightarrow$	1	2	3	4	5
1	B	A, C	A, C	B	A, C
2	S, A	B	S, C	S, A	
3	$\emptyset$	B	B		
4	$\emptyset$	S, A, C			
5	S, A, C				

Abb. 6.9: Tabelle der V_{ij}.

Um die Tabelle der V_{ij} für $j > 1$ zu berechnen, müssen wir die *for*-Schleife aus den Zeilen (6) und (7) ausführen. Wir müssen V_{ik} mit $V_{i+k,j-k}$ für $k = 1, 2, ..., j-1$ vergleichen und dabei solche Variablen D in V_{ik} und E in $V_{i+k,j-k}$ suchen, daß DE die rechte Seite von einer oder mehreren Produktionen ist. Die linken Seiten dieser Produktionen werden zu V_{ij} hinzugefügt. Die Reihenfolge in der Tabelle, die dem Absuchen von V_{ik} und $V_{i+k,j-k}$ für $k = 1, 2, ..., j-1$ entspricht, ist, sich gleichzeitig Spalte i hinunter und die Diagonale, die von V_{ij} ausgeht, hinauf zu bewegen, so wie in Abbildung 6.10 gezeigt.

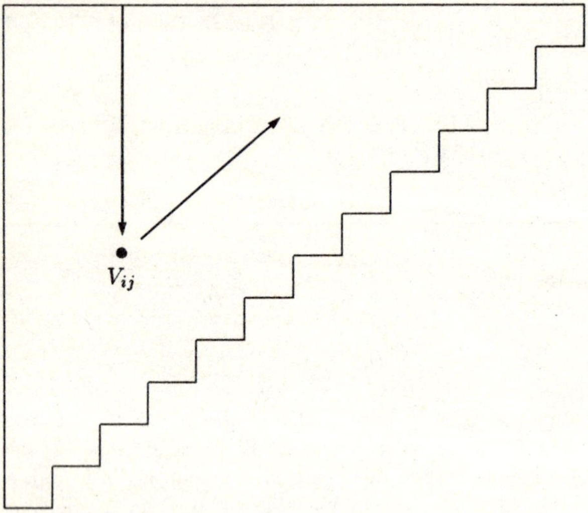

Abb. 6.10: Abarbeitungsreihenfolge für die Berechnung von V_{ij}.

Wir wollen z.B. V_{24} berechnen: Dazu nehmen wir an, daß die drei obersten Reihen von Abbildung 6.9 gefüllt sind. Wir beginnen, indem wir $V_{21} = \{A, C\}$ und $V_{33} = \{B\}$ betrachten. Die möglichen rechten Seiten in $V_{21}V_{33}$ sind AB und CB. Nur die erste von diesen ist tatsächlich eine rechte Seite, und zwar die rechte Seite der beiden Produktionen $S \to AB$ und $C \to AB$. Also fügen wir S und C zu V_{24} hinzu. Als nächstes betrachten wir $V_{22}V_{42} = \{B\}\{S, A\} = \{BS, BA\}$. Nur BA ist eine rechte Seite, so daß wir die entsprechende linke Seite A zu V_{24} hinzufügen. Schließlich betrachten wir $V_{23}V_{51} = \{B\}\{A, C\} = \{BA, BC\}$. BA und BC sind jeweils rechte Seiten mit den linken Seiten A bzw. S. Diese sind bereits in V_{24}, so daß wir $V_{24} = \{S, A, C\}$ erhalten. Da S ein Element von V_{15} ist, liegt die Zeichenkette *baaba* in der Sprache, die von der Grammatik erzeugt wird.

ÜBUNGEN

6.1 Zeigen Sie, daß die folgenden Mengen keine kontextfreien Sprachen sind:

a) $\{a^i b^j c^k \mid i < j < k\}$

b) $\{a^i b^j \mid j = i^2\}$

c) $\{a^i \mid i \text{ ist eine Primzahl}\}$

d) Die Menge der Zeichenketten aus a, b und c, die von allen jeweils die gleiche Anzahl enthalten.

e) $\{a^n b^n c^m \mid n \leq m \leq 2n\}$

* **6.2** Welche der folgenden Mengen sind kfS?

a) $\{a^i b^j \mid i \neq j \text{ und } i \neq 2j\}$

b) $(\mathbf{a}+\mathbf{b})^* - \{(a^n b^n)^n \mid n \geq 1\}$

c) $\{ww^R w \mid w \text{ ist in } (\mathbf{a}+\mathbf{b})^*\}$

d) $\{b_i \# b_{i+1} \mid b_i \text{ ist } i \text{ in Binärdarstellung}, i \geq 1\}$

e) $\{wxw \mid w \text{ und } x \text{ sind in } (\mathbf{a}+\mathbf{b})^*\}$

f) $(\mathbf{a}+\mathbf{b})^* - \{(a^n b)^n \mid n \geq 1\}$

6.3 Beweisen Sie, daß die folgenden Mengen keine kfS sind:

a) $\{a^i b^j a^k \mid j = \max\{i, k\}\}$

b) $\{a^n b^n c^i \mid i \neq n\}$

[*Hinweis:* Benutzen Sie das Ogden-Lemma auf einer Zeichenkette der Form $a^n b^n c^{n!}$.]

6.4 Zeigen Sie, daß die kfS unter den folgenden Operationen abgeschlossen sind:

* a) Quotientenbildung mit regulären Mengen, d.h. wenn L eine kfS und R eine reguläre Menge ist, dann ist L/R eine kfS.

b) INIT

L** c) CYCLE

d) Spiegelung

Die Definitionen von INIT und CYCLE sind Übung 3.4 zu entnehmen.

* **6.5** Zeigen Sie, daß die kfS unter den folgenden Operationen nicht abgeschlossen sind:

L a) MIN

b) MAX

c) $\frac{1}{2}$

d) Inverse Substitution

e) INV, wenn $\text{INV}(L) = \{x \mid x = wyz \text{ und } wy^R z \text{ ist in } L\}$

MIN, MAX und $\frac{1}{2}$ sind in den Übungen 3.4 und 3.16 definiert.

* **6.6** Sei Σ ein Alphabet. Definieren Sie Homomorphismen h, h_1 und h_2 durch $h(a) = h(\bar{a}) = a$, $h_1(a) = a$, $h_1(\bar{a}) = \epsilon$, $h_2(a) = \epsilon$ und $h_2(\bar{a}) = a$ für jedes a aus Σ^*. Für $L_1 \subseteq \Sigma^*$ und $L_2 \subseteq \Sigma^*$ ist

$$\text{Mischung } (L_1, L_2) = \{x \mid \text{ für ein } y \text{ aus } h^{-1}(x) \text{ gilt } h_1(y) \text{ ist aus } L_1 \text{ und } h_2(y) \text{ ist aus } L_2\}$$

zu definieren. Damit ist die "Mischung" von L_1 und L_2 die Menge der Wörter, die gebildet werden, indem man eine Wort aus L_1 mit einem Wort aus L_2 vermischt. Die Symbole aus den zwei Wörtern müssen sich nicht wie in einer "perfekten Mischung" abwechseln.

a) Zeigen Sie, daß die Mischung zweier regulärer Mengen regulär ist.

b) Zeigen Sie, daß die Mischung zweier kfS nicht notwendigerweise eine kfS ist.

c) Zeigen Sie, daß die Mischung einer kfS mit einer regulären Menge eine kfS ist.

*** 6.7** Eine *Dyck-Sprache* ist eine Sprache mit k Klammertypen in korrekten Klammerausdrücken. Formal ist jede Dyck-Sprache $L(G_k)$ für ein k, wobei G_k die Grammatik

$$S \rightarrow SS \mid [_1S]_1 \mid [_2S]_2 \mid \ldots \mid [_kS]_k \mid \epsilon$$

ist. Z.B liegt $[_1[_2[_1]_1[_2]_2]_2]_1$ in der Dyck-Sprache mit zwei Klammertypen. Beweisen Sie, daß jede kfS L gerade $h(L_d \cap R)$ ist, wobei h ein Homomorphismus, R eine reguläre Menge und L_D eine Dyck-Sprache ist. [*Hinweis:* L werde von einem KA durch den leeren Keller akzeptiert und liegt in der Normalform aus Übung 5.5(b) vor, wo die Bewegungen nur einzelne Symbole vom Keller entfernen bzw. oben auf den Keller setzen. Die Klammern seien $[_{abX}$ und $]_{abX}$, wobei $[_{abX}$ "bedeutet", daß bei Eingabe-Symbol a das Keller-Symbol X zum Keller hinzugefügt wird, und die zugehörende Klammer $]_{abX}$ "bedeutet", daß auf die Eingabe b hin X vom Keller entfernt wird (a oder b können ϵ sein). Dann erzwingt die Dyck-Sprache, daß mit dem Keller konsistent gearbeitet wird, d.h. wenn X auf den Keller gesetzt wird, so wird es beim Entfernen immer noch X sein. Die reguläre Menge R erzwingt, daß es eine Zustandsfolge gibt, für die das Hinzufügen und Entfernen für Eingaben a bzw. b legal ist. Sei $h([_{abX}) = a$ und $h(]_{abX}) = b$.]

*** 6.8** Zeigen Sie, daß L regulär ist, wenn L eine kfS über einem Alphabet ist, das nur aus einem Symbol besteht. [*Hinweis:* Sei n die Konstante aus dem Pumping-Lemma für L, und sei $L \subseteq 0^*$. Zeigen Sie, daß es für jedes Wort der Länge größer oder gleich n — etwa 0^m — p und q nicht größer als n gibt, so daß 0^{p+iq} für alle $i \geq 0$ in L liegt. Zeigen Sie dann, daß L eventuell einige Wörter der Länge kleiner als n beinhaltet sowie eine endliche Anzahl linearer Mengen, d.h. Mengen der Form $\{0^{p+iq} \mid i \geq 0\}$ für feste p und q mit $q \leq n$.]

**** 6.9** Beweisen Sie, daß die Menge der Primzahlen in Binärdarstellung keine kfS ist.

6.10 Zeigen Sie, daß die linearen Sprachen (siehe Übung 4.20 für eine Definition) unter

a) Vereinigung,

b) Homomorphismus und

c) Schnittbildung mit regulären Mengen

abgeschlossen sind.

6.11 Beweisen Sie das folgende Pumping-Lemma für lineare Sprachen: Wenn L eine lineare Sprache ist, dann gibt es eine Konstante n, so daß sich z aus

L und von einer Länge größer oder gleich n als $z = uvwxy$ schreiben läßt, wobei $|uvxy| \leq n$, $|vx| \geq 1$ und uv^iwx^iy liegt in L für alle $i \geq 0$ gilt.

6.12 Zeigen Sie, daß $\{a^ib^ic^jd^j \mid i \geq 1 \text{ und } j \geq 1\}$ keine lineare Sprache ist.

* **6.13** Wir sagen, daß ein KA ein *Wendung* macht, wenn er eine Folge von Zustandsbeschreibungen

$$(q_1, w_1, \gamma_1) \vdash (q_2, w_2, \gamma_2) \vdash (q_3, w_3, \gamma_3)$$

durchläuft und $|\gamma_2|$ echt größer als $|\gamma_1|$ und $|\gamma_3|$ ist. Eine Wendung tritt also auf, wenn die Länge des Kellers eine "Spitze" hat. Ein KA M heißt ein KA mit *k-Wendungen*, wenn jedes Wort w aus $L(M)$ durch eine Folge von Zustandsbeschreibungen akzeptiert wird, die nicht mehr als k Wendungen macht. Ein besonderer Fall ist ein KA mit k-Wendungen für ein endliches k: Wenn L von einem solchen KA akzeptiert wird, so heißt L *metalinear*.

a) Zeigen Sie, daß eine Sprache genau dann linear ist, wenn sie von einem KA mit 1-Wendungen akzeptiert wird.

b) Zeigen Sie, daß die linearen Sprachen unter inversen Homomorphismen abgeschlossen sind.

c) Zeigen Sie, daß die metalinearen Sprachen unter Vereinigung, Konkatenation, Homomorphismen, inversen Homomorphismen und Schnittbildung mit regulären Mengen abgeschlossen sind.

** **6.14** Zeigen Sie, daß die Menge der Zeichenketten mit einer gleichen Anzahl von a und b eine kfS ist, die keine metalineare Sprache ist.

6.15 Zeigen Sie, daß

a) die linearen Sprachen,

** b) die metalinearen Sprachen

nicht unter $*$ abgeschlossen sind.

6.16 Geben Sie einen Algorithmus an, um für zwei Satzformen α und β zu entscheiden, ob $\alpha \overset{*}{\underset{G}{\Longrightarrow}} \beta$ gilt.

6.17 Benutzen Sie den CYK-Algorithmus, um zu entscheiden, ob

a) *aaaaa*

b) *aaaaaa*

in der Grammatik aus Beispiel 6.7 enthalten ist.

6.18 Sei G eine kontextfreie Grammatik in CNF.

a) Geben Sie einen Algorithmus zur Bestimmung der Anzahl unterschiedlicher Ableitungen einer Zeichenkette x an.

b) Assoziieren Sie einen Kostenfaktor mit jeder Produktion in G. Geben Sie dann einen Algorithmus an, um für eine Zeichenkette x eine Ableitung mit minimalen Kosten zu erzeugen. Die Kosten einer Ableitung sind die Summe der Kosten der benutzen Produktionen.

[*Hinweis:* Modifizieren Sie den CYK-Algorithmus aus Abschnitt 6.3.]

Lösungen zu ausgewählten Übungen

6.4(c) Sei $G = (V, T, P, S)$ eine kfG in CNF. Um $\hat{G}$ so zu konstruieren, daß $L(\hat{G})$ $=$ CYCLE($L(G)$), betrachten Sie einen Ableitungsbaum einer Zeichenkette x_1x_2 in der Grammatik G. Folgen Sie dem Pfad von S zu dem am weitesten links stehenden Symbol von x_2. Wir wollen den Pfad in umgekehrter Richtung erzeugen (von unten nach oben) und die Symbole an der der ursprünglichen Seite gegenüberliegenden Seite des Pfades ausgeben. Konstruieren Sie dazu

$$\hat{G} = (V \cup \{\hat{A} \mid A \text{ ist aus } V\} \cup \{S_0\}, T, \hat{P}, S_0),$$

wobei $\hat{P}$ folgendes enthält:

1) alle Produktionen aus P;
2) $\hat{C} \to \hat{A}B$ und $\hat{B} \to C\hat{A}$, wenn $A \to BC$ in P enthalten ist;
3) $\hat{S} \to \epsilon$,
4) $\hat{S}_0 \to a\hat{A}$, wenn $A \to a$ in P enthalten ist;
5) $S_0 \to S$.

Um zu sehen, daß $L(\hat{G}) = \text{CYCLE}(L(G))$ gilt, zeigen Sie durch Induktion über die Länge einer Ableitung, daß $A \overset{*}{\Rightarrow} A_1A_2...A_n$ genau dann gilt, wenn für jedes i

$$\hat{A}_i \overset{*}{\Rightarrow} A_{i+1}...A_n\hat{A}A_1...A_{i-1}$$

gilt. Dann gilt

$$S \overset{*}{\Rightarrow} A_1...A_n \Rightarrow A_1...A_{i-1}aA_{i+1}...A_n$$

genau dann, wenn

$$S_0 \Rightarrow a\hat{A}_i \overset{*}{\Rightarrow} aA_{i+1}...A_n\hat{S}A_1...A_{i-1}$$

$$\Rightarrow aA_{i+1}...A_nA_1...A_{i-1}$$

gilt. Ein Ableitungsbaum für G ist in Abbildung 6.11(a) zu sehen, der entsprechende Baum für $\hat{G}$ in Abbildung 6.11(b).

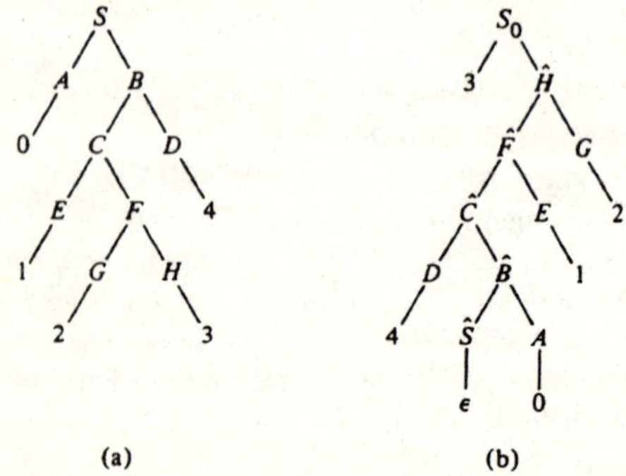

Abb. 6.11: Baum-Transformationen aus Übung 6.4(c).

6.5(a) Sei L die kfS $\{0^i 1^j 2^k \mid i \leq k \text{ oder } j \leq k\}$. L wird erzeugt durch die kfG

$$\begin{array}{lcl} S & \rightarrow & AB \mid C \\ A & \rightarrow & 0A \mid \epsilon \\ B & \rightarrow & 1B2 \mid B2 \mid \epsilon \\ C & \rightarrow & 0C2 \mid C2 \mid D \\ D & \rightarrow & 1D \mid \epsilon \end{array}$$

Sei $\text{MIN}(L) = \{0^i 1^j 2^k \mid k = \min(i, j)\}$; wir behaupten, daß $\text{MIN}(L)$ keine kfS ist. Um dies zu zeigen, nehmen wir zunächst an, sie wäre kontextfrei; n sei dann die Konstante aus dem Pumping-Lemma. Betrachten Sie $z = 0^n 1^n 2^n = uvwxy$: Wenn vx keine Zweien enthält, dann ist uwy nicht in $\text{MIN}(L)$. Wenn vx eine Zwei enthält, kann keine Null enthalten sein, da $|vwx| \leq n$ gilt. Also hat uv^2wx^2y mindestens $n + 1$ Zweien, mindesten n Einsen und genau n Nullen und liegt folglich nicht in $\text{MIN}(L)$.

LITERATURHINWEISE

Das Pumping-Lemma für kontextfreie Sprachen stammt von Bar-Hillel, Perles und Shamir [1961]; das Ogden-Lemma, die strengere Version, ist bei Ogden [1968] zu finden. Wise [1976] gibt hinreichende und notwendige Bedingungen dafür an, daß eine Sprache kontextfrei ist. Parikh [1966] gibt notwendige Bedingungen in bezug auf die Verteilung von Symbolen in Wörtern der Sprache an. Pumping-Lemmata für andere Sprachklassen sind in Boasson [1973] und Ogden [1969] gegeben.

Satz 6.2 — die Abgeschlossenheit unter Substitution — und Satz 6.5 — die Abgeschlossenheit unter Schnittbildung mit regulären Mengen — stammen von Bar-Hillel, Perles und Shamir [1961]. Satz 6.3 stammt von Ginsburg und Rose [1963b]. Satz 6.4 und das zugehörige Korollar — die fehlende Abgeschlossenheit unter Schnitt- bzw. Komplementbildung — sind von Scheinberg [1960]. Satz 6.6 über die Existenz eines Algorithmus zur Bestimmung, ob eine kfS endlich ist, stammt auch von Bar-Hillel, Perles und Shamir [1961]. Floyd [1962b] zeigt, wie man die Abgeschlossenheit anwenden kann, um zu zeigen, daß Sprachkonstrukte nicht kontextfrei sind.

Der CYK-Algorithmus wurde ursprünglich von J. Cocke entdeckt; die erste Veröffentlichung geht jedoch voneinander unabhängig auf Kasami [1965] und Younger [1967] zurück. Der praktischste und allgemeinste Algorithmus zur kontextfreien Erkennung und Ableitung stammt von Earley [1970]. Dieser Algorithmus benötigt im allgemeinen Fall $O(n^3)$, doch lediglich $O(n^2)$ für jede nicht mehrdeutige kfG, und ist tatsächlich linear für eine große Vielfalt nützlicher Grammatiken. Der Algorithmus von Valiant [1975a] ist asymptotisch der effizienteste, indem er $O(n^{2,8})$ Schritte benötigt, während der Algorithmus von Graham, Harrison und Ruzzo [1976]
$O(n^3/\log n)$ Schritte benötigt. Ein damit verbundenes Ergebnis, nämlich daß das Enthaltensein für nicht mehrdeutige kfG in $O(n^2)$ Zeit getestet werden kann, geht auf Kasami und Torii [1969] und Earley [1970] zurück.

Übung 6.4(a) — die Abgeschlossenheit von kfS unter Quotientenbildung mit einer regulären Menge — wurde von Ginsburg und Spanier [1963] gezeigt. Weitere Abgeschlossenheitseigenschaften von kfS sind bei Ginsburg und Rose [1963b,1966] zu finden. Übung 6.7 — die Charakterisierung von kfS durch Dyck-Sprachen – stammt von Chomsky [1962]. Stanley [1965] zeigte das stärkere Ergebnis, daß die verwendeten Dyck-Sprachen nur von der Größe des Terminal-Alphabets abzuhängen brauchen. Der Beweis, daß Primzahlen in Binärdarstellung keine kfS sind (Übung 6.9) stammt von Hartmanis und Shank [1968]. Die in Übung 6.13 erwähnten KA mit k-Wendungen für ein endliches k wurden von Ginsburg und Spanier [1966] untersucht. Übung 6.8, daß kfS über einem Alphabet mit einem Symbol regulär sind, wurde von Ginsburg und Rice [1962] gezeigt.

Kapitel 7

TURING-MASCHINEN

In diesem Kapitel führen wir die Turing-Maschine (TM) ein — ein einfaches mathematisches Modell für einen Computer. Trotz ihrer Einfachheit modelliert die Turing-Maschine die durch einen Allzweck-Computer gegebene Berechenbarkeit. Die Turing-Maschinen werden sowohl im Hinblick auf die Sprachklasse, die sie definieren — rekursiv aufzählbare Mengen — als auch in bezug auf die Klasse ganzzahliger Funktionen, die sie berechnen — partiell rekursive Funktionen — untersucht. Eine Vielzahl von anderen Berechnungsmodellen werden eingeführt und als äquivalent zur Turing-Maschine hinsichtlich der Berechenbarkeit bewiesen.

7.1 EINFÜHRUNG

Die intuitive Vorstellung von einem Algorithmus — d.h. ausführbaren Algorithmus — ist schon mehrfach aufgetaucht. In Kapitel 3 haben wir einen Algorithmus vorgestellt, um zu bestimmen, ob die von einem endlichen Automaten akzeptierte Menge leer, endlich oder unendlich ist. Man könnte naiv annehmen, daß es für jede Sprachklasse mit endlichen Beschreibungen einen Algorithmus zur Beantwortung solcher Fragen gibt; dies ist jedoch nicht der Fall. Beispielsweise gibt es keinen Algorithmus, der angibt, ob das Komplement einer kfS leer ist (obwohl wir sagen können, ob die kfS selbst leer ist). Beachten Sie, daß wir nicht nach einer Prozedur suchen, die die Frage für eine bestimmte kontextfreie Sprache beantwortet, sondern nach einem einzigen Algorithmus, der diese Frage für alle kfS richtig beantwortet. Es ist klar, daß zur Bestimmung, ob eine bestimmte kfS ein leeres Komplement hat, jedenfalls ein Algorithmus existiert. Falls es nämlich eine Prozedur gilt, die "ja" ausgibt, und eine andere Prozedur, die "nein" ausgibt — jeweils unabhängig von ihren Eingaben — so muß eine dieser beiden korrekt sein. Natürlich mag es durchaus nicht offensichtlich sein, welche der beiden Prozeduren die richtige Ausgabe liefert.

Zur Jahrhundertwende suchte der Mathematiker David Hilbert einen Algorithmus, der die Wahrheit bzw. Falschheit jeder mathematischen Aussage bestimmt. Im einzelnen suchte er einen Algorithmus zur Bestimmung, ob eine beliebige Formel in der Prädikatenlogik erster Ordnung, angewandt auf ganze Zahlen, gilt. Da die Prädikatenlogik erster Ordnung mächtig genug ist, um die Aussage, daß die von einer kontextfreien Grammatik erzeugte Sprache Σ^* ist, auszudrücken, wäre — wenn Hilbert erfolgreich gewesen wäre — unser Problem der Entscheidung, ob das Komplement einer kfS leer ist, gelöst. 1931 hat jedoch Kurt Gödel seinen berühmten Unvollständigkeitssatz veröffentlicht, der beweist, daß es keinen derartigen Algorithmus geben kann. Er konstruierte eine Formel in der Prädikatenlogik angewandt auf ganze Zahlen, deren bloße Definition schon zeigte, daß sie innerhalb dieses logischen Systems weder bewiesen noch widerlegt werden konnte. Die Formalisierung dieser Beweisführung und die nachfolgende Klärung und Formalisierung der intuitiven Vorstellung von einem Algorithmus ist eine der großen intellektuellen Errungenschaften dieses Jahrhunderts.

Nachdem einmal der Begriff eines Algorithmus formalisiert war, wurde für viele spezifische Funktionen gezeigt, daß es keinen Algorithmus zu ihrer Berechnung gibt. Tatsächlich kann man die Existenz solcher Funktionen durch einfaches Zählen ableiten: Betrachten Sie die Klasse der Funktionen, die die nichtnegativen ganzen Zahlen auf $\{0, 1\}$ abbilden. Für diese Funktionen existiert eine bijektive Abbildung in die reellen Zahlen. Wenn wir aber annehmen, daß Algorithmen eine endliche Beschreibung haben, dann kann für die Klasse aller Algorithmen eine bijektive Abbildung in die ganzen Zahlen gefunden werden. Da es aber keine bijektive Abbildung zwischen ganzen und reellen Zahlen gibt, muß es Funktionen geben, denen kein Algorithmus für ihre Berechnung zugeordnet werden kann. Es gibt einfach zu viele Funktionen (überabzählbar viele), aber nur eine abzählbare Menge von Algorithmen. Die Existenz von nicht berechenbaren Funktionen ist also nicht überraschend. Überraschend ist jedoch, daß gerade für die Mathematik und die Informatik wichtige und wesentliche Funktionen zu den nicht berechenbaren Funktionen gehören.

Heutzutage ist die Turing-Maschine ein anerkannter Formalismus für Algorithmen. Natürlich läßt sich nicht beweisen, daß das Modell der Turing-Maschine äquivalent zu unserer intuitiven Vorstellung von einem Computer ist; aber es gibt zwingende Argumente für diese Äquivalenz, die als Church'sche Hypothese bekannt geworden ist. Insbesondere ist die Turing-Maschine äquivalent zu dem uns heute bekannten digitalen Computer was die Berechenbarkeit betrifft — ebenso wie zu den allgemeinen mathematischen Formen der Berechenbarkeit.

7.2 DAS MODELL TURING-MASCHINE

Ein formales Modell eines Algorithmus sollte bestimmte Eigenschaften haben: Erstens sollte jeder Algorithmus endlich beschreibbar sein. Zweitens sollte der Algorithmus aus diskreten Schritten bestehen, von denen jeder maschinell ausführbar ist. Ein solches Modell wurde 1936 von Alan Turing vorgestellt; wir beschreiben hier eine Variante davon.

Das Basismodell der Turing-Maschine (siehe Abbildung 7.1) hat eine endliche Kontrolle, ein in Felder unterteiltes Eingabeband und einen Bandkopf, der zu einem Zeitpunkt genau ein Feld des Bandes bearbeiten kann. Das Band hat ein am weitesten links stehendes Feld, ist aber unendlich zur rechten Seite. Jedes Feld des Eingabebandes kann genau eines aus einer endlichen Menge von Bandsymbolen enthalten. Anfangs enthalten die n (mit $n \geq 0$) am weitesten links stehenden Felder die Eingabe, wobei es sich um eine Zeichenkette handelt, deren Symbole aus einer Teilmenge der Bandsymbole — den Eingabesymbolen — stammen. Die verbleibenden unendlich vielen Felder enthalten jeweils ein Blank (Leerzeichen), das ein spezielles Bandsymbol ist und nicht zu den Eingabesymbolen gehört.

Mit einer Bewegung vollbringt die Turing-Maschine — abhängig von dem gerade durch den Bandkopf gelesenen Bandsymbol und dem Zustand der endlichen Kontrolle — folgendes:

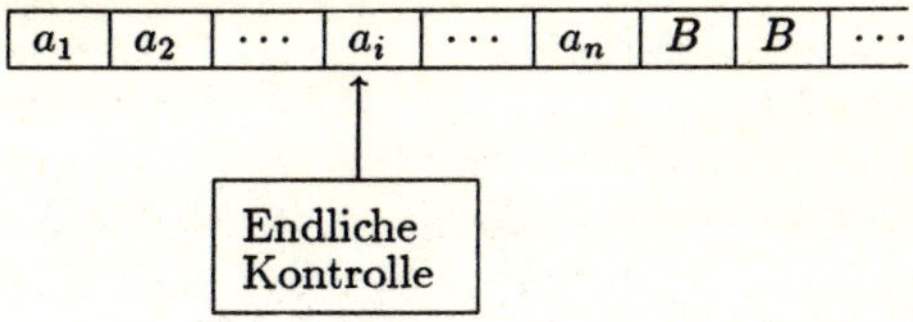

Abb. 7.1: Einfache Turing-Maschine.

1) Sie ändert den Zustand.
2) Sie schreibt ein Symbol in das gelesene Bandfeld; dabei ersetzt sie, was dort geschrieben stand.
3) Sie bewegt ihren Kopf um ein Feld nach rechts oder links.

Beachten Sie, daß der Unterschied zwischen einer Turing-Maschine und einem zweiseitigen endlichen Automaten darin besteht, daß die Turing-Maschine Symbole auf ihrem Band verändern kann.

Formal wird eine Turing-Maschine (TM) durch

$$M = (Q, \Sigma, \Gamma, \delta, q_0, B, F)$$

beschrieben, wobei folgendes gilt:

Q ist eine endliche Menge von *Zuständen*;
Γ ist eine endliche Menge von erlaubten *Bandsymbolen*;
B ist das *Blank*, ein Symbol aus Γ;
Σ ist die Menge der *Eingabesymbole*, ein Teilmenge von Γ, die B nicht einschließt;
δ ist die *Übergangsfunktion*, eine Abbildung von $Q \times \Gamma$ nach $Q \times \Gamma \times \{L, R\}$ (δ kann jedoch für einige Argumente undefiniert sein);
q_0 aus Q ist der *Anfangszustand*;
$F \subseteq Q$ ist die Menge der *Endzustände*.

Die *Zustandsbeschreibung* der TM M wird als $\alpha_1 q \alpha_2$ geschrieben. Dabei ist q aus Q der gegenwärtige Zustand von M; $\alpha_1\alpha_2$ ist die Zeichenkette aus Γ^*, die den Bandinhalt bis zum am weitesten rechts stehenden und vom Blank verschiedenen Symbol oder bis zum Symbol links des Kopfes darstellt — je nachdem, was weiter rechts steht. (Beachten Sie, daß das Blank in $\alpha_1\alpha_2$ auftauchen kann.) Um Verwirrungen zu vermeiden, nehmen wir an, daß Q und Γ disjunkt sind. Des weiteren nehmen wir an, daß der Bandkopf das am weitesten links stehende Symbol von α_2 liest oder — falls $\alpha_2 = \epsilon$ — ein Blank.

Wir definieren eine Bewegung von M wie folgt: Sei $X_1 X_2 ... X_{i-1} q X_i ... X_n$ eine Zustandsbeschreibung und $\delta(q, X_i) = (p, Y, L)$. Falls $i - 1 = n$ gilt, dann ist X_i ein B. Für $i = 1$ gibt es keine nächste Zustandsbeschreibung, da sich der Bandkopf nicht über das linke Ende hinaus bewegen darf. Für $i > 1$ schreiben wir

$$X_1 X_2 ... X_{i-1} q X_i ... X_n \underset{M}{\vdash} X_1 X_2 ... X_{i-2} p X_{i-1} Y X_{i+1} ... X_n. \tag{7.1}$$

Falls ein Suffix von $X_{i-1} Y X_{i+1} ... X_n$ vollständig aus Blanks besteht, dann wird dieses Suffix in (7.1) gelöscht.

Sei nun $\delta(q, X_i) = (p, Y, R)$: Dann schreiben wir

$$X_1X_2...X_{i-1}qX_iX_{i+1}...X_n \underset{M}{\vdash} X_1X_2...X_{i-1}YpX_{i+1}...X_n. \qquad (7.2)$$

Beachten Sie, daß im Fall $i-1=n$ die Zeichenkette $X_i...X_n$ leer und daher die rechte Seite von (7.2) länger als die linke Seite ist.

Stehen zwei Zustandsbeschreibungen in der Relation $\underset{M}{\vdash}$, so können wir sagen, daß die zweite Zustandsbeschreibung aus der ersten mittels einer Bewegung folgt. Wenn eine Zustandsbeschreibung aus einer anderen durch eine endliche Anzahl von Bewegungen resultiert, so stehen diese Zustandsbeschreibungen in der Relation $\overset{*}{\underset{M}{\vdash}}$. In $\underset{M}{\vdash}$ oder $\overset{*}{\underset{M}{\vdash}}$ lassen wir den Index M wegfallen, wenn klar ist, welche TM gemeint ist.

Die *von M akzeptierte Sprache* — bezeichnet mit $L(M)$ — ist die Menge der Wörter aus Σ^*, die M veranlassen, in einen Endzustand überzugehen; dazu ist das entsprechende Wort beginnend mit dem linken Rand auf das Eingabeband zu setzen, wo die TM M mit dem Kopf auf dem ersten Feld im Zustand q_0 startet. Formal ist die von $M = (Q, \Sigma, \Gamma, \delta, q_0, B, F)$ erkannte Sprache

$$\{w \mid w \text{ aus } \Sigma^* \text{ und } q_0w \overset{*}{\vdash} \alpha_1 p \alpha_2 \text{ für ein } p \text{ aus } F \text{ und } \alpha_1, \alpha_2 \text{ aus } \Gamma^*\}.$$

Ist eine TM gegeben, die eine Sprache L erkennt, so nehmen wir o.B.d.A. an, daß die TM immer dann anhält — d.h. keine nächste Bewegung hat — wenn eine Eingabe akzeptiert wird. Für Wörter, die nicht erkannt werden, ist es möglich, daß die TM nie anhält.

Beispiel 7.1
Die Gestaltung einer TM M zur Erkennung der Sprache $L = \{0^n1^n \mid n \geq 1\}$ ist im folgenden angegeben: Anfangs enthält das Band von M die Eingabe 0^n1^n, gefolgt von unendlich vielen Blanks. M ersetzt nun immer wieder die am weitesten links stehende Null durch ein X, bewegt sich nach rechts zu der am weitesten links stehenden Eins, ersetzt diese durch Y und bewegt sich wieder nach links zu dem am weitesten rechts stehenden X; durch einen Schritt nach rechts begibt sie sich zu der am weitesten links stehenden Null und wiederholt die Schleife. Wenn nun M auf der Suche nach einer Eins ein Blank findet, so hält M an, ohne zu erkennen. Wenn M keine Nullen mehr findet, nachdem gerade aus einer Eins ein Y geworden ist, prüft M, ob keine Einsen mehr übrig sind; falls es tatsächlich keine mehr gibt, akzeptiert M das Wort.

Sei $Q = \{q_0, q_1, q_2, q_3, q_4\}$, $\Sigma = \{0, 1\}$, $\Gamma = \{0, 1, X, Y, B\}$ und $F = \{q_4\}$. Informell stellt jeder Zustand eine Anweisung oder eine Gruppe von Anweisungen in einem Programm dar. q_0 dient als Anfangszustand; außerdem geht M unmittelbar vor jedem Ersetzen einer linken Null durch ein X in q_0 über. Der Zustand q_1 wird benutzt, um nach rechts zu suchen, indem Nullen und Einsen übergangen werden, bis die am weitesten links stehende Eins erreicht ist. Findet M eine Eins, so wird diese durch Y ersetzt, und M geht in Zustand q_2 über. Zustand q_2 sucht links nach einem X; M geht in den Zustand q_0 über, wenn ein X gefunden wurde. Nach dem Zustandswechsel geht M nach rechts zu der am weitesten links stehenden Null. Da M im Zustand q_1 nach rechts sucht, wird die Eingabe verworfen, wenn ein B

oder ein X vor einer Eins angetroffen wird. Entweder gibt es in diesem Fall zuviele Nullen oder die Eingabe ist nicht in $\mathbf{0}^*\mathbf{1}^*$.

Der Zustand q_0 hat noch eine andere Aufgabe: Falls — nachdem im Zustand q_2 das am weitesten rechts stehende X gefunden wurde — ein Y direkt rechts von ihm steht, dann sind die Nullen erschöpft. Von q_0 aus wird Y-lesend in den Zustand q_3 übergegangen, um weiter Y zu lesen und zu prüfen, ob keine Einsen übrig bleiben. Folgt auf die Y ein B, geht M in den Zustand q_4 über und akzeptiert; andernfalls wird die Zeichenkette zurückgewiesen. Die Funktion δ ist in Abbildung 7.2 dargestellt. Abbildung 7.3 zeigt die Berechnung von M auf der Eingabe 0011. Z.B. ist die erste Bewegung durch die Tatsache erklärt, daß $\delta(q_0, 0) = (q_1, X, R)$ gilt; die letzte Bewegung ist durch die Tatsache erklärt, daß $\delta(q_3, B) = (q_4, B, R)$ gilt. Der Leser sollte M auf einigen zu verwerfenden Eingaben — wie 001101, 001 und 011 — simulieren.

	Symbol				
Zustand	0	1	X	Y	B
q_0	(q_1, X, R)	—	—	(q_3, Y, R)	—
q_1	$(q_1, 0, R)$	(q_2, Y, L)	—	(q_1, Y, R)	—
q_2	$(q_2, 0, L)$	—	(q_0, X, R)	(q_2, Y, L)	—
q_3	—	—	—	(q_3, Y, R)	(q_4, B, R)
q_4	—	—	—	—	—

Abb. 7.2: Die Funktion δ.

$$\begin{array}{llll} q_0 0011 & \vdash Xq_1 011 & \vdash X0q_1 11 & \vdash Xq_2 0Y1 \vdash \\ q_2 X0Y1 & \vdash Xq_0 0Y1 & \vdash XXq_1 Y1 & \vdash XXYq_1 1 \vdash \\ XXq_2 YY & \vdash Xq_2 XYY & \vdash XXq_0 YY & \vdash XXYq_3 Y \vdash \\ XXYYq_3 & \vdash XXYYBq_4 & & \end{array}$$

Abb. 7.3: Eine Berechnung von M.

7.3 BERECHENBARE SPRACHEN UND FUNKTIONEN

Eine Sprache, die von einer TM erkannt wird, bezeichnet man als rekursiv aufzählbar. Der Term "aufzählbar" leitet sich von der Tatsache ab, daß es genau diese Sprachen sind, deren Zeichenketten durch eine TM aufgezählt (aufgelistet) werden können. "Rekursiv" ist ein mathematischer Ausdruck, der schon vor den Computern existierte. Die Klasse der rekursiv aufzählbaren Sprachen ist sehr groß und enthält die kfS vollständig.

Die Klasse der rekursiv aufzählbaren Sprachen enthält einige Sprachen, für die wir nicht mechanisch das Enthaltensein entscheiden können. Wenn $L(M)$ eine solche Sprache ist, dann hält jede $L(M)$ erkennende TM bei einer Eingabe, die nicht in $L(M)$ enthalten ist, nicht an. Ist w in $L(M)$, dann stoppt M irgendwann auf der Eingabe w. Solange M jedoch noch auf einer Eingabe arbeitet, können wir niemals sagen, ob M die Eingabe vielleicht noch erkennt, wenn wir M lange genug laufen lassen, oder ob M ewig laufen wird.

Es ist nützlich, eine Unterklasse der rekursiv aufzählbaren Mengen auszusondern, die die *rekursiven Mengen* genannt werden, also die Sprachen, die von mindestens einer TM erkannt werden, die auf allen Eingaben stoppt. (Dabei kann dem Anhalten Akzeptieren vorausgehen, muß aber nicht!) Wir werden in Kapitel 8 sehen, daß die rekursiven Mengen eine echte Unterklasse der rekursiv aufzählbaren Mengen sind. Beachten Sie auch, daß nach dem Algorithmus in Abbildung 6.8 jede kfS eine rekursiv aufzählbare Menge ist.

Turing-Maschinen zur Berechnung ganzzahliger Funktionen

Außer zum Erkennen von Sprachen kann die TM auch zur Berechnung von Funktionen verwendet werden, die ganze Zahlen auf ganze Zahlen abbilden. Die traditionelle Annäherung dafür ist die *unäre* Darstellung ganzer Zahlen; die ganze Zahl $i \geq 0$ wird durch die Zeichenkette 0^i dargestellt. Hat eine Funktion k Argumente $i_1, i_2, ..., i_k$, so werden diese ganzen Zahlen anfangs durch Einsen getrennt auf dem Band dargestellt, wie z.B. als $0^{i_1}10^{i_2}10^{i_3}1...10^{i_k}1$.

Wenn die TM mit einem Band bestehend aus 0^m anhält (in einem akzeptierenden Zustand oder nicht), dann sagen wir, daß $f(i_1, i_2, ..., i_k) = m$, wobei f die von dieser TM berechnete Funktion mit k Argumenten ist. Beachten Sie, daß eine TM eine Funktion mit einem Argument, eine andere TM eine Funktion mit zwei Argumenten usw. berechnen kann. Darüber hinaus ist zu beachten, daß, wenn die TM M eine Funktion mit k Argumenten berechnet, f nicht für alle verschiedenen k-Tupel von ganzen Zahlen $i_1, i_2, ..., i_k$ einen Wert haben muß.

Ist $f(i_1, i_2, ..., i_k)$ für alle $i_1, i_2, ..., i_k$ definiert, sprechen wir von einer *total rekursiven Funktion*. Eine Funktion $f(i_1, i_2, ..., i_k)$, die von einer TM berechnet wird, nennt man *partiell rekursive Funktion*. In gewissem Sinne sind die partiell rekursiven Funktionen analog zu den rekursiv aufzählbaren Sprachen, da sie von Turing-Maschinen berechnet werden, die auf einer gegebenen Eingabe anhalten oder eben auch nicht. Die total rekursiven Funktionen entsprechen den rekursiven Sprachen, da sie von Turing-Maschinen berechnet werden, die immer anhalten. Alle gebräuchlichen arithmetischen Funktionen auf ganzen Zahlen wie Multiplikation, $n!$, $\lceil \log_2 n \rceil$ und 2^{2^n} sind total rekursive Funktionen.

Beispiel 7.2
Echte Subtraktion $m \dot{-} n$ ist definiert als $m - n$ für $m \geq n$ und 0 für $m < n$. Die TM

$$M = (\{q_0, q_1, ...q_6\}, \{0, 1\}, \{0, 1, B\}, \delta, q_0, B, \emptyset),$$

die im folgenden noch definiert wird, startet mit der Eingabe $0^m 10^n$ auf ihrem Band und stoppt mit $0^{m \dot{-} n}$ auf ihrem Band. M ersetzt fortlaufend eine führende Null durch Blank, sucht dann nach rechts nach einer Eins gefolgt von einer Null und ersetzt die Null durch eine Eins. Als nächstes bewegt sich M nach links, bis sie auf ein Blank trifft und wiederholt dann die Schleife. Die Wiederholung endet, wenn eine der folgenden Bedingungen zutrifft:

i) M trifft auf der Suche nach rechts statt auf eine Null auf ein Blank. Dann sind die n Nullen in $0^m 10^n$ alle durch Einsen ersetzt worden, und $n+1$ der m Nullen sind durch B ersetzt worden. M ersetzt die $n+1$ Einsen durch eine Null und n-mal B; es verbleiben $m-n$ Nullen auf dem Band.

ii) Am Anfang der Schleife kann M keine Null finden, die sie in ein Blank umwandeln kann, da die ersten m Nullen schon ersetzt worden sind. Dann gilt $n \geq m$, so daß $m \dot{-} n = 0$. M ersetzt alle verbleibenden Einsen und Nullen durch B.

Die Funktion δ ist im folgenden beschrieben:

1) $\delta(q_0, 0) = (q_1, B, R)$
Anfang der Schleife: Die führende Null wird durch ein B ersetzt.

2) $\delta(q_1, 0) = (q_1, 0, R)$
$\delta(q_1, 1) = (q_2, 1, R)$
Die erste Eins wird gesucht.

3) $\delta(q_2, 1) = (q_2, 1, R)$
$\delta(q_2, 0) = (q_3, 1, L)$
Nach rechts wird über Einsen hinweg nach einer Null gesucht und diese durch eine Eins ersetzt.

4) $\delta(q_3, 0) = (q_3, 0, L)$
$\delta(q_3, 1) = (q_3, 1, L)$
$\delta(q_3, B) = (q_0, B, R)$
Es wird ein Schritt nach links auf ein Blank gemacht und dann in den Zustand q_0 übergegangen, um die Schleife zu wiederholen.

5) $\delta(q_2, B) = (q_4, B, L)$
$\delta(q_4, 1) = (q_4, B, L)$
$\delta(q_4, 0) = (q_4, 0, L)$
$\delta(q_4, B) = (q_6, 0, R)$
Wenn in Zustand q_2 ein B vor einer Null auftaucht, befinden wir uns in der oben beschriebenen Situation (i). Dann findet ein Übergang in den Zustand q_4 statt, und bei einer Bewegung nach rechts werden alle Einsen durch B ersetzt, bis schließlich ein B gefunden wird. Dieses B wird in eine Null zurückverwandelt, worauf ein Übergang in den Zustand q_6 stattfindet, und die TM M stoppt.

6) $\delta(q_0, 1) = (q_5, B, R)$
$\delta(q_5, 0) = (q_5, B, R)$
$\delta(q_5, 1) = (q_5, B, R)$
$\delta(q_5, B) = (q_6, B, R)$
Wenn im Zustand q_0 eine Eins statt einer Null angetroffen wird, ist der erste Block von Nullen erschöpft, wie in der oben beschriebenen Situation (ii). M geht in den Zustand q_5 über, um den Rest des Bandes zu löschen, geht dann in q_6 über und stoppt.

Eine einfache Berechnung von M auf der Eingabe 0010 ist:

$$\begin{array}{llllllll}
q_0 0010 & \vdash & Bq_1 010 & \vdash & B0q_1 10 & \vdash & B01q_2 0 & \vdash \\
B0q_3 11 & \vdash & Bq_3 011 & \vdash & q_3 B011 & \vdash & Bq_0 011 & \vdash \\
BBq_1 11 & \vdash & BB1q_2 1 & \vdash & BB11q_2 & \vdash & BB1q_4 1 & \vdash \\
BBq_4 1 & \vdash & Bq_4 & \vdash & B0q_6 & & &
\end{array}$$

Auf der Eingabe 0100 verhält sich M wie folgt:

$$\begin{array}{llllllll} q_0 0100 & \vdash & Bq_1 100 & \vdash & B1q_2 00 & \vdash & Bq_3 110 & \vdash \\ q_3 B110 & \vdash & Bq_0 110 & \vdash & BBq_5 10 & \vdash & BBBq_5 0 & \vdash \\ BBBBq_5 & \vdash & BBBBBq_6 & & & & & \end{array}$$

7.4 TECHNIKEN ZUR KONSTRUKTION VON TURING-MASCHINEN

Der Entwurf einer TM durch die Angabe einer vollständigen Menge von Zuständen und einer Übergangsfunktion ist — wie wir gesehen haben — eine undankbare Aufgabe. Um komplizierte Konstruktionen von Turing-Maschinen zu beschreiben, brauchen wir begriffliche Werkzeuge auf einer "höheren Ebene". In diesem Abschnitt werden wir die wichtigsten dieser Werkzeuge diskutieren.

Speichern in der endlichen Kontrolle

Die endliche Kontrolle kann benutzt werden, um eine endliche Menge von Information zu speichern. Um dies zu erreichen, stellt man den Zustand als ein Paar von Elementen dar, wovon eines zur Kontrolle und das andere zum Speichern dient. Es sollte betont werden, daß dieser Aufbau nur für begriffliche Zwecke dient. Die Definition von Turing-Maschinen ist nicht verändert worden.

Beispiel 7.3

Betrachten Sie eine TM M, die das erste Eingabe-Symbol ansieht, es in ihrer endlichen Kontrolle speichert und nachprüft, daß dieses Symbol nicht noch an einer anderen Stelle in der Eingabe erscheint. Beachten Sie, daß M eine reguläre Menge akzeptiert; doch M dient uns zu Demonstrationszwecken:

$$M = (Q, \{0,1\}, \{0,1,B\}, \delta, [q_0, B], B, F),$$

wobei Q gleich $\{q_0, q_1\} \times \{0,1,B\}$ ist. Q besteht also aus den Paaren $[q_0, 0]$, $[q_0, 1]$, $[q_0, B]$, $[q_1, 0]$, $[q_1, 1]$ und $[q_1, B]$; die Menge F ist $\{[q_1, B]\}$. Dabei soll die erste Komponente des Zustands die Aktion kontrollieren, während die zweite Komponente ein Symbol "im Gedächtnis behält".

Wir definieren δ wie folgt:

1) a) $\delta([q_0, B], 0) = ([q_1, 0], 0, R)$, b) $\delta([q_0, B], 1) = ([q_1, 1], 1, R)$.
Anfangs ist q_0 die Kontroll-Komponente des Zustands, und M bewegt sich nach rechts. Die erste Komponente des Zustands von M wird zu q_1, und das erste gesehene Symbol wird in der zweiten Komponente gespeichert.

2) a) $\delta([q_1, 0], 1) = ([q_1, 0], 1, R)$, b) $\delta([q_1, 1], 0) = ([q_1, 1], 0, R)$.
Wenn M eine 0 gespeichert hat und eine 1 sieht (bzw. umgekehrt), dann bewegt sich M weiterhin nach rechts.

3) a) $\delta([q_1, 0], B) = ([q_1, B], 0, L)$, b) $\delta([q_1, 1], B) = ([q_1, B], 0, L)$.
M geht in den Endzustand $[q_1, B]$ über, wenn ein Blank erreicht wird, ohne daß vorher eine zweite Kopie des am weitesten links stehenden Symbols auftrat.

Wenn M im Zustand $[q_1, 0]$ oder $[q_1, 1]$ auf ein Blank trifft, so wird die Eingabe akzeptiert. Für den Zustand $[q_1, 0]$ und das Symbol 0 sowie für den Zustand $[q_1, 1]$

und das Symbol 1 ist δ nicht definiert. Wenn M also das im Zustand gespeicherte Band-Symbol antrifft, hält die TM ohne zu akzeptieren an.

Generell können wir erlauben, daß die endliche Kontrolle k Komponenten hat, von denen alle bis auf eine Information speichern.

Mehrspurige Turing-Maschinen

Wir können uns vorstellen, daß das Band einer TM in k Spuren unterteilt ist für ein beliebiges endliches k. Diese Einteilung ist in Abbildung 7.4 für $k = 3$ gezeigt. Die Symbole auf den Spuren sind als k-Tupel mit einer Komponente des Tupels für jede Spur anzusehen.

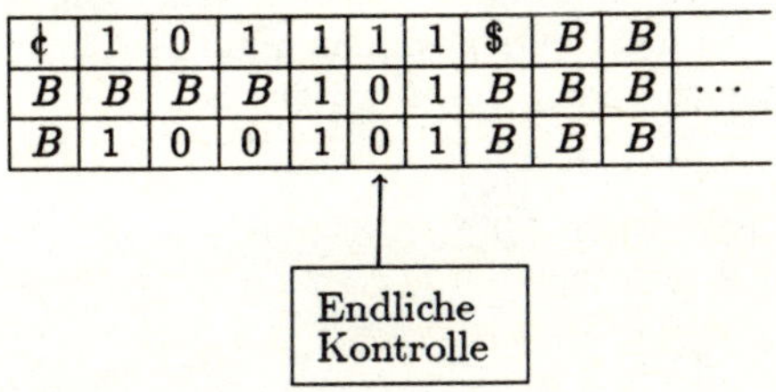

Abb. 7.4: Eine TM mit drei Spuren.

Beispiel 7.4
Das Band in Abbildung 7.4 gehört zu einer TM, die für eine auf der ersten Spur stehende binäre Eingabe größer als 2 bestimmt, ob die Eingabe eine Primzahl ist. Die Eingabe wird auf der ersten Spur durch ¢ und $ geklammert. Also sind $[¢, B, B]$, $[0, B, B]$, $[1, B, B]$ und $[\$, B, B]$ die erlaubten Eingabe-Symbole. Diese Symbole können mit ¢, 0, 1 bzw. $ identifiziert werden, wenn sie als Eingabe-Symbole angesehen werden sollen. Das Blank kann mit $[B, B, B]$ identifiziert werden.

Um zu testen, ob die Eingabe eine Primzahl ist, schreibt die TM die Zahl 2 in Binärdarstellung auf die zweite Spur und kopiert die erste Spur auf die dritte. Die zweite Spur wird so oft wie möglich von der dritten Spur subtrahiert, wodurch die dritte Spur durch die zweite geteilt wird und der Rest auf der Spur verbleibt.

Wenn der Rest gleich null ist, ist die Zahl auf der ersten Spur keine Primzahl. Ist der Rest nicht null, so wird die Zahl auf der zweiten Spur um eins erhöht. Wenn die zweite Spur gleich der ersten ist, ist die Zahl auf der ersten Spur eine Primzahl, da sie nicht durch eine Zahl, die echt zwischen 1 und ihr selbst liegt, geteilt werden kann. Ist der Wert der zweiten Spur kleiner als der der ersten, wird die gesamte Operation für die neue Zahl auf der zweiten Spur wiederholt.

In Abbildung 7.4 überprüft die TM, ob 47 eine Primzahl ist. Die TM teilt gerade durch 5; es ist schon zweimal 5 subtrahiert worden, so daß 37 auf der dritten Spur erscheint.

Abhaken von Symbolen

Das Abhaken von Symbolen ist ein nützlicher Trick, um zu verstehen, wie eine Turing-Maschine Sprachen erkennt, die durch wiederholte Zeichenketten definiert sind, wie z.B.

$$\{ww \mid w \text{ aus } \Sigma^*\}, \qquad \{wcy \mid w, y \text{ aus } \Sigma^*, w \neq y\}, \qquad \{ww^R \mid w \text{ aus } \Sigma^*\}.$$

Dieses Konzept ist ebenfalls nützlich, wenn die Längen von Teilen von Zeichenketten zu vergleichen sind, wie etwa in den Sprachen

$$\{a^i b^i \mid i \geq 1\} \text{ oder } \{a^i b^j c^k \mid i \neq j \text{ und } j \neq k\}.$$

Wir führen dazu eine zusätzliche Spur auf dem Band ein, die ein Blank oder $\surd$ enthält. Das Zeichen $\surd$ taucht auf, wenn das unter ihm befindliche Symbol durch die TM zu einem Vergleich herangezogen worden ist.

Beispiel 7.5

Betrachten Sie eine TM $M = (Q, \Sigma, \Gamma, \delta, q_0, B, F)$, die die Sprache $\{wcw \mid w$ in $(\mathbf{a}+\mathbf{b})^+\}$ erkennt. Sei

$$Q = \{[q, d] \mid q = q_1, q_2, ..., q_9 \text{ und } d = a, b \text{ oder } B\}.$$

Die zweite Komponente des Zustands wird benutzt, um ein Eingabe-Symbol

$$\Sigma = \{[B, d] \mid d = a, b \text{ oder } c\}$$

zu speichern. Das Eingabe-Symbol $[B, d]$ wird mit d identifiziert. Erinnern Sie sich daran, daß die zwei "Spuren" nur konzeptionelle Werkzeuge sind, d.h. $[B, d]$ ist nur ein anderer "Name" für d:

$$\Gamma = \{[X, d] \mid X = B \text{ oder } \surd \text{ und } d = a, b, c \text{ oder } B\},$$

$$q_0 = [q_1, B] \text{ und } F = \{[q_9, B]\};$$

$[B, B]$ wird mit dem Blank B identifiziert. Für $d = a$ oder b und $e = a$ oder b definieren wir δ wie folgt:

1) $\delta([q_1, B], [B, d]) = ([q_2, d], [\surd, d], R)$.
   M überprüft das Symbol, das auf dem Band bearbeitet wird, speichert das Symbol in der endlichen Kontrolle und bewegt sich nach rechts.
2) $\delta([q_2, d], [B, e]) = ([q_2, d], [B, e], R)$.
   M bewegt sich auf der Suche nach c auf dem Band weiter nach rechts über ungeprüfte Symbole hinweg.
3) $\delta([q_2, d], [B, c]) = ([q_3, d], [B, c], R)$.
   Nach Finden von c geht M in einen Zustand über, der als erste Komponente q_3 hat.
4) $\delta([q_3, d], [\surd, e]) = ([q_3, d], [\surd, e], R)$.
   M bewegt sich nach rechts über geprüfte Symbole hinweg.

5) $\delta([q_3, d], [B, d]) = ([q_4, B], [\surd, d], L)$.
M trifft auf ein ungeprüftes Symbol. Wenn das ungeprüfte Symbol mit dem Symbol in der endlichen Kontrolle übereinstimmt, überprüft M es und beginnt, sich nach links zu bewegen. Wenn die Symbole nicht übereinstimmen, so hat M keine nächste Bewegung und hält, ohne zu akzeptieren. M hält auch, wenn $[B, B]$ im Zustand q_3 erreicht wird, bevor ein ungeprüftes Symbol gefunden wurde.
6) $\delta([q_4, B], [\surd, d]) = ([q_4, B], [\surd, d], L)$.
M bewegt sich nach links über geprüfte Symbole hinweg.
7) $\delta([q_4, B], [B, c]) = ([q_5, B], [B, c], L)$.
M trifft auf das Symbol c.
8) $\delta([q_5, B], [B, d]) = ([q_6, B], [B, d], L)$.
Wenn das Symbol unmittelbar links von c ungeprüft ist, geht M weiter nach links, um das am weitesten rechts stehende geprüfte Symbol zu finden.
9) $\delta([q_6, B], [B, d]) = ([q_6, B], [B, d], L)$.
M geht nach links.
10) $\delta([q_6, B], [\surd, d]) = ([q_1, B], [\surd, d], R)$.
M trifft ein geprüftes Symbol und bewegt sich nach rechts, um eine weiteres Symbol für den Vergleich zu finden. Die erste Komponente des Zustands wird wieder zu q_1.
11) $\delta([q_5, B], [\surd, d]) = ([q_7, B], [\surd, d], R)$.
M befindet sich im Zustand $[q_5, B]$, unmittelbar nachdem bei der Linksbewegung c gekreuzt wurde (siehe Regel 7). Wenn ein geprüftes Symbol unmittelbar links von c auftaucht, sind alle Symbole links von c überprüft worden. M muß testen, ob alle Symbole rechts von c überprüft worden sind. Ist dies der Fall, so müssen diese mit den Symbolen links von c übereingestimmt haben, und M wird akzeptieren.
12) $\delta([q_7, B], [B, c]) = ([q_8, B], [B, c], R)$.
M bewegt sich nach rechts über c.
13) $\delta([q_8, B], [\surd, d]) = ([q_8, B], [\surd, d], R)$.
M bewegt sich nach rechts über geprüfte Symbole hinweg.
14) $\delta([q_8, B], [B, B]) = ([q_9, B], [\surd, B], L)$.
Wenn M das Blank $[B, B]$ findet, so hält M an und akzeptiert. Wenn M ein ungeprüftes Symbol findet, während q_8 die erste Komponente des Zustands ist, so hält sie ohne zu akzeptieren an.

Verschiebungen

Eine TM kann auf ihrem Band Platz schaffen, indem sie alle von Blanks verschiedenen Symbole um eine endliche Anzahl von Feldern nach rechts schiebt. Dazu bewegt sich der Bandkopf nach rechts, wobei er immer die gelesenen Symbole in seiner endlichen Kontrolle speichert und sie durch Symbole ersetzt, die aus links liegenden Feldern gelesen werden. Die TM kann dann zu den geleerten Feldern zurückkehren und dorthinein Symbole nach freier Wahl schreiben. Wenn Platz zur Verfügung steht, kann sie in gleicher Weise Blöcke von Symbolen nach links verschieben.

Beispiel 7.6

Wir konstruieren einen Teil einer TM $M = (Q, \Sigma, \Gamma, \delta, q_0, B, F)$, die von Zeit zu Zeit die von Blanks verschiedenen Symbole zwei Felder weiter nach rechts schieben muß. Wir nehmen an, daß das Band von M keine Blanks zwischen den von Blanks verschiedenen Symbolen enthält, so daß bei Erreichen eines Blanks sichergestellt ist, daß der Schiebe-Prozeß zu stoppen ist. Q enthalte Zustände der Form $[q, A_1, A_2]$ für $q = q_1$ oder q_2 und A_1 und A_2 aus Γ. Sei X ein spezielles Symbol, daß — außer für die Verschiebungen — nicht von M benutzt wird. M beginnt den Schiebe-Prozeß im Zustand $[q, B, B]$. Die relevanten Teile der Funktion δ sind die folgenden:

1) $\delta([q_1, B, B], A_1) = ([q_1, B, A_1], X, R)$ für A_1 aus $\Gamma - \{B, X\}$.
   M speichert das erste gelesene Symbol in der dritten Komponente des Zustandes. X wird in das bearbeitete Feld geschrieben, und M bewegt sich nach rechts.
2) $\delta([q_1, B, A_1], A_2) = ([q_1, A_1, A_2], X, R)$ für A_1 und A_2 aus $\Gamma - \{B, X\}$.
   M schiebt das Symbol in der dritten Komponente in die zweite Komponente, speichert das gelesene Symbol in der dritten Komponente, schreibt X und bewegt sich nach rechts.
3) $\delta([q_1, A_1, A_2], A_3) = ([q_1, A_2, A_3], A_1, R)$ für A_1, A_2 und A_3 aus $\Gamma - \{B, X\}$.
   M liest nun wiederholt ein Symbol A_3, speichert es in der dritten Komponente des Zustands und schiebt das Symbol A_2, das sich vorher in der dritten Komponente befunden hatte, in die zweite Komponente; die vorhergehende zweite Komponente A_1 wird in das bearbeitete Feld geschrieben und M bewegt sich nach rechts. Also wird ein Symbol zwei Felder rechts von seiner ursprünglichen Position abgelegt.
4) $\delta([q_1, A_1, A_2], B) = ([q_1, A_2, B], A_1, R)$ für A_1 und A_2 aus $\Gamma - \{B, X\}$.
   Wenn ein Blank auf dem Band gesehen wird, werden die gespeicherten Symbole auf dem Band abgelegt.
5) $\delta([q_1, A_1, B], B) = ([q_2, B, B], A_1, L)$.
   Nachdem alle Symbole abgelegt worden sind, wird q_2 als erste Komponente des Zustands gesetzt, und M bewegt sich nach links, um ein X zu finden, das das am weitesten rechts stehende Feld markiert.
6) $\delta([q_2, B, B], A) = ([q_2, B, B], A, L)$ für A aus $\Gamma - \{B, X\}$.
   M bewegt sich nach links, bis ein X gefunden wurde. Wenn X gefunden wurde, geht M in einen in Q existierenden Zustand über und fährt mit anderen Funktionen fort.

Unterprogramme

Genauso wie bei Programmen wird eine "modulare" oder "top-down"-Gestaltung vereinfacht, wenn man Unterprogramme zur Definition elementarer Abläufe verwendet. Eine TM kann jeden in Programmiersprachen zu findenden Typ von Unterprogrammen simulieren, inkl. rekursiver Prozeduren und aller bekannten Mechanismen zur Parameter-Übergabe. Wir werden hier nur die Verwendung von parameterlosen, nicht rekursiven Unterprogrammen beschreiben, denn sogar diese sind bereits ziemlich mächtige Werkzeuge.

Die grundlegende Idee ist, einen Teil des Programms der Turing-Maschine so zu schreiben, daß es als Unterprogramm dient; dieser Teil hat einen markierten Anfangszustand und einen vorbestimmten Rückkehr-Zustand, der vorläufig keine Bewegung beinhaltet und der benutzt wird, um einen Rücksprung zum rufenden Programm zu ermöglichen. Zum Entwurf einer TM, die ein Unterprogramm aufruft, ist eine Menge von Zuständen für das Unterprogramm zu schaffen sowie eine Bewegung vom Rückkehr-Zustand aus. Der Aufruf wird ausgeführt, indem die TM in den Anfangszustand des Unterprogramms übergeht, und der Rücksprung wird ausgeführt durch die zum Rückkehr-Zustand gehörende Bewegung.

Beispiel 7.7

Im folgenden ist der Aufbau einer TM angegeben, die die total rekursive Funktion "Multiplikation" implementiert. M beginnt mit 0^m10^n als Bandinhalt und stoppt mit 0^{mn}, umgeben von Blanks. Die grundlegende Idee ist, eine Eins hinter 0^m10^n zu setzen und dann den Block von n Nullen m-mal an das rechte Ende zu kopieren, wobei jedesmal eine der m Nullen gelöscht wird. Das Ergebnis ist 10^n10^{mn}. Schließlich wird das Präfix 10^n1 gelöscht, worauf 0^{mn} verbleibt. Das Herz des Algorithmus ist ein Unterprogramm COPY, das mit einer Zustandsbeschreibung $0^m1q_10^n10^i$ beginnt und schließlich in eine Zustandsbeschreibung $0^m1q_50^n10^{i+n}$ übergeht. COPY ist in Abbildung 7.5 definiert. Wird im Zustand q_1 eine Null gefunden, so ändert M diese in eine Zwei und geht in Zustand q_2 über. Im Zustand q_2 bewegt sich M nach rechts zum nächsten Blank, legt dort die Null ab und beginnt, im Zustand q_3 nach links zu gehen. Im Zustand q_3 bewegt sich M nach links zu einer Zwei. Beim Erreichen einer Zwei wird in den Zustand q_1 übergegangen, und der Prozeß wiederholt, bis die Eins getroffen wird; diese zeigt an, daß der Prozeß des Kopierens vollständig ist. Zustand q_4 wird benutzt, um die Zweien zurück in Nullen zu verwandeln, und das Unterprogramm hält in Zustand q_5.

	0	1	2	B
q_1	$(q_2, 2, R)$	$(q_4, 1, L)$		
q_2	$(q_2, 0, R)$	$(q_2, 1, R)$		$(q_3, 0, L)$
q_3	$(q_3, 0, L)$	$(q_3, 1, L)$	$(q_1, 2, R)$	
q_4		$(q_5, 1, R)$	$(q_4, 0, L)$	

Abb. 7.5: δ für das Unterprogramm COPY.

Um das Programm für die Multiplikation zu vervollständigen, fügen wir Zustände hinzu, um die anfängliche Zustandsbeschreibung $q_00^m10^n$ in $B0^{m-1}1q_10^n1$ zu konvertieren. D.h. wir benötigen die Regeln

$$\delta(q_0, 0) = (q_6, B, R),$$

$$\delta(q_6, 0) = (q_6, 0, R),$$

$$\delta(q_6, 1) = (q_1, 1, R).$$

Weitere Zustände benötigt man, um eine Zustandsbeschreibung $B^i0^{m-i}1q_50^n10^{ni}$ in $B^{i+1}0^{m-i-1}1q_10^n10^{ni}$ (wodurch COPY erneut gestartet wird) zu konvertieren und um zu überprüfen, ob $i = m$ gilt, d.h. ob alle m Nullen gelöscht worden sind. Gilt $i = m$, so wird die führende Zeichenkette 10^n1 gelöscht, und die Berechnung stoppt im Zustand q_{12}. Diese Bewegungen sind in Abbildung 7.6 gezeigt.

	0	1	2	B
q_5	$(q_7, 0, L)$			
q_7		$(q_8, 1, L)$		
q_8	$(q_9, 0, L)$			(q_{10}, B, R)
q_9	$(q_9, 0, L)$			(q_0, B, R)
q_{10}		(q_{11}, B, R)		
q_{11}	(q_{11}, B, R)	(q_{12}, B, R)		

Abb. 7.6: Weitere Bewegungen der TM für die Multiplikation.

Beachten Sie, daß wir mehr als einen Unterprogrammaufruf durchführen könnten, wenn wir das Unterprogramm so umschreiben würden, daß es für jeden Aufruf eine neue Menge von Zuständen benutzt.

7.5 MODIFIZIERTE TURING-MASCHINEN

Einer der Gründe für die Akzeptanz von Turing-Maschinen als ein generelles Modell für Berechenbarkeit ist, daß das bisher betrachtete Modell zu vielen modifizierten Versionen äquivalent ist, die auf den ersten Blick die Berechenbarkeit zu erweitern scheinen. In diesem Abschnitt werden wir informelle Beweise für einige dieser Äquivalenz-Sätze angeben.

Beidseitig unendliches Band

Eine TM mit einem beidseitig unendlichen Band wird — ebenso wie das ursprüngliche Modell — mit $M = (Q, \Sigma, \Gamma, \delta, q_0, B, F)$ bezeichnet. Wie der Name schon sagt, ist das Band sowohl zur linken als auch zur rechten Seite hin unendlich. Wir bezeichnen eine Zustandsbeschreibung für eine solche TM genauso wie die Zustandsbeschreibung für eine einseitig unendliche TM. Wir stellen uns jedoch vor, daß sowohl links als auch rechts der von Blank verschiedenen Bandteile unendlich viele Felder mit Blanks vorhanden sind.

Die Relation $\vdash$, in der zwei Zustandsbeschreibungen zueinander stehen, wenn die rechte aus der linken durch eine einzige Bewegung hervorgeht, ist — mit zwei Ausnahmen — entsprechend dem ursprünglichen Modell definiert. Die Ausnahmen sind folgende: Für $\delta(q, X) = (p, Y, L)$ gilt $qX\alpha \underset{M}{\vdash} pBY\alpha$ (im ursprünglichen Modell war keine Bewegung möglich), und für $\delta(q, X) = (p, B, R)$ gilt $qX\alpha \underset{M}{\vdash} p\alpha$ (im ursprünglichen Modell tauchte B links von p auf).

Die anfängliche Zustandsbeschreibung ist q_0w. Im Gegensatz zum ursprünglichen Modell gibt es jetzt kein linkes Bandende, d.h. die TM kann unbeschränkt nach links gehen. Die Relation $\vdash_{\overline{M}}^{*}$ verbindet wie gewöhnlich zwei Zustandsbeschreibungen, wenn die rechte aus der linken durch mehrere Bewegungen hervorgeht.

Satz 7.1

L wird genau dann von einer TM mit beidseitig unendlichem Band erkannt, wenn L von einer TM mit einem nach einer Seite unendlichen Band erkannt wird.

Beweis:

Der Beweis, daß eine TM mit einem beidseitig unendlichen Band eine TM mit einem an einer Seite unendlichen Band simulieren kann, ist einfach. Die erstere markiert am Anfang das Feld links von ihrer Bandkopfposition und simuliert dann letztere. Wenn während der Simulation das markierte Feld erreicht wird, ist die Simulation ohne Akzeptieren zu beenden.

Für die umgekehrte Richtung sei $M_2 = (Q_2, \Sigma_2, \Gamma_2, \delta_2, q_2, B_2, F_2)$ eine TM mit beidseitig unendlichem Band. Wir konstruieren eine TM M_1, die M_2 simuliert und nur zur rechten Seite ein unendliches Band hat. M_1 soll zwei Spuren haben: eine, um die Felder des M_2-Bandes rechts von und inkl. des anfangs zu lesenden Bandfelds darzustellen, die andere, um die Felder links vom Anfangsfeld in umgekehrter Ordnung darzustellen. Die Verbindung zwischen den Bändern von M_2 und M_1 ist in Abbildung 7.7 gezeigt. Das Anfangsfeld von M_2 ist hier mit 0 numeriert, die Felder rechts davon mit 1, 2, ... und die Felder links davon mit $-1, -2$, ...

$\cdots$	A_{-5}	A_{-4}	A_{-3}	A_{-2}	A_{-1}	A_0	A_1	A_2	A_3	A_4	A_5	$\cdots$

(a)

A_0	A_1	A_2	A_3	A_4	A_5	$\cdots$
¢	A_{-1}	A_{-2}	A_{-3}	A_{-4}	A_{-5}	$\cdots$

(b)

Abb. 7.7: (a) Band von M_2, (b) Band von M_1.

Das erste Bandfeld von M_1 enthält das Symbol ¢ in der unteren Spur; dadurch wird das am weitesten links stehende Feld bezeichnet. Die endliche Kontrolle von M_1 spezifiziert, ob M_2 ein auf der oberen oder ein auf der unteren Spur des Bands von M_1 erscheinendes Symbol bearbeitet hätte.

Es sollte eigentlich offensichtlich sein, daß M_1 so konstruiert werden kann, daß sie M_2 im folgenden Sinne simuliert: M_1 arbeitet auf der oberen Spur, wenn sich M_2 rechts der Anfangsposition des Kopfes befindet. Während M_2 sich links der anfänglichen Kopfposition befindet, arbeitet M_1 auf der unteren Spur und bewegt sich dabei in umgekehrter Richtung zu M_2. Die Eingabe-Symbole von M_1 sind Symbole mit einem Blank auf der unteren Spur und einem Eingabesymbol von M_2 auf der oberen Spur. Solch ein Symbol kann mit dem entsprechenden Eingabe-Symbol von M_2 identifiziert werden. B wird mit $[B, B]$ identifiziert.

Wir geben nun eine formale Konstruktion von $M_1 = (Q_1, \Sigma_1, \Gamma_1, \delta_1, q_1, B_1, F_1)$ an: Die Zustände Q_1 von M_1 sind jeweils Objekte der Form $[q, O]$ oder $[q, U]$ mit q

aus Q_2 ergänzt um das Symbol q_1. Beachten Sie, daß die zweite Komponente angibt, ob M_1 auf der oberen (O) oder der unteren (U) Spur arbeitet. Die Bandsymbole aus Γ_1 sind jeweils Objekte der Form $[X, Y]$ mit X, Y aus Γ_2. Außerdem kann $Y = ¢$ sein, einem nicht in Γ_2 enthaltenen Symbol. Σ_1 besteht aus allen Symbolen $[a, B]$, mit a aus Σ_2. $F_1 = \{[q, O], [q, U] \mid q \text{ aus } F_2\}$. Wir definieren δ_1 wie folgt:

1) Für jedes a aus $\Sigma_2 \cup \{B\}$ gilt

$$\delta_1(q_1[a, B]) = ([q, O], [X, ¢], R), \qquad \text{falls} \quad \delta_2(q_2, a) = (q, X, R).$$

Bewegt sich M_2 bei der ersten Bewegung nach rechts, so schreibt M_1 ein ¢ auf die untere Spur, um das Bandende zu markieren, setzt die zweite Zustandskomponente auf O und bewegt sich nach rechts. Die erste Komponente des Zustands von M_1 enthält den Zustand von M_2. Auf der oberen Spur schreibt M_1 das Symbol X, das von M_2 geschrieben wird.

2) Für jedes a aus $\Sigma_2 \cup \{B\}$ gilt

$$\delta_1(q_1[a, B]) = ([q, U], [X, ¢], R), \qquad \text{falls} \quad \delta_2(q_2, a) = (q, X, L).$$

Bewegt sich M_2 bei der ersten Bewegung nach links, so gibt M_1 den nächsten Zustand von M_2 und das von M_2 geschriebene Symbol wie in (1) wieder, setzt aber die zweite Komponente seines Zustandes auf U und bewegt sich nach rechts. Wieder wird ¢ in die untere Spur geschrieben, um das Bandende zu markieren.

3) Für jedes $[X, Y]$ aus Γ_1 mit $Y \neq ¢$ und $A = L$ oder $A = R$ gilt

$$\delta_1([q, O], [X, Y]) = ([p, O], [Z, Y], A), \qquad \text{falls} \quad \delta_2(q, X) = (p, Z, A).$$

M_1 simuliert M_2 auf der oberen Spur.

4) Für jedes $[X, Y]$ aus Γ_1 mit $Y \neq ¢$ gilt

$$\delta_1([q, U], [X, Y]) = ([p, U], [X, Z], A), \qquad \text{falls} \quad \delta_2(q, X) = (p, Z, \bar{A}).$$

Hier gilt $A = L$, falls $\bar{A} = R$, und $A = R$, falls $\bar{A} = L$. M_1 simuliert eine Bewegung von M_2 auf der unteren Spur von M_1. Die Richtung der Kopfbewegung ist entgegengesetzt zu der von M_2.

5) $\delta_1([q, O], [X, ¢]) = \delta_1([q, U], [X, ¢]) = ([p, C], [Y, ¢], R)$, falls $\delta_2(q, X) = (p, Y, A)$. Hier gilt $C = O$, falls $A = R$, und $C = U$, falls $A = L$. M_1 simuliert eine Bewegung von M_2 auf dem anfangs von M_2 gelesenen Feld. M_1 arbeitet auf der oberen oder auf der unteren Spur — abhängig von der Richtung, in die M_2 sich bewegt. M_1 bewegt sich in dieser Situation immer nach rechts. □

Mehrbändige Turing-Maschinen

Eine mehrbändige TM (siehe Abbildung 7.8) besteht aus einer endlichen Kontrolle mit k Bandköpfen und k Bändern; jedes Band ist in beiden Richtungen unendlich. Bei einer einzigen Bewegung kann die Maschine in Abhängigkeit vom Zustand der endlichen Kontrolle und dem Symbol, das von jedem der Köpfe bearbeitet wird, folgendes machen:

1) den Zustand ändern;
2) ein neues Symbol auf jedes von ihren Bandköpfen gelesene Feld schreiben;
3) jeden ihrer Bandköpfe (unabhängig voneinander) ein Feld nach links oder rechts bewegen bzw. stehenlassen.

Am Anfang erscheint die Eingabe auf dem ersten Band; alle anderen Bänder enthalten Blanks. Wir werden den Entwurf nicht formaler definieren, da der Formalismus schwerfällig und lediglich eine Verallgemeinerung der Notation einer einbändigen TM ist.

Satz 7.2
Wenn eine Sprache L von einer mehrbändigen TM erkannt wird, so wird sie auch von einer einbändigen TM erkannt.

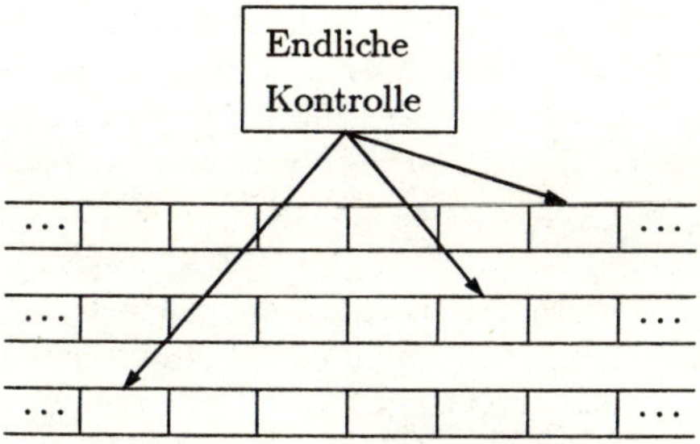

Abb. 7.8: Mehrbändige TM.

Beweis:
L werde von einer k-bändigen TM M_1 erkannt. Wir können nun eine einbändige TM M_2 mit $2k$ Spuren konstruieren, d.h. zwei Spuren für jedes Band von M_1. Eine Spur gibt den Inhalt des entsprechenden Bandes von M_1 wieder, die andere Spur ist leer bis auf eine Markierung des Felds, das das vom Bandkopf gelesene Symbol enthält. Diese Anordnung ist in Abbildung 7.9 zu sehen. Die endliche Kontrolle von M_2 speichert den Zustand von M_1 zusammen mit der Anzahl der rechts vom Bandkopf von M_2 befindlichen Kopf-Markierungen.

Jede Bewegung von M_1 wird simuliert durch ein Absuchen von links nach rechts und dann von rechts nach links durch den Bandkopf von M_2. Anfangs steht der Bandkopf von M_2 auf dem am weitesten links stehenden Feld, das eine Kopf-Markierung enthält. Um eine Bewegung von M_1 zu simulieren, sucht M_2 nach rechts, indem sie jedes der Felder mit Kopf-Markierungen besucht und das von jedem Kopf von M_1 gelesene Symbol wiedergibt. Wenn M_2 einen Kopf-Markierung kreuzt, muß sie die Zahl der rechts von ihr stehenden Kopf-Markierungen aktualisieren. Wenn es rechts keine Kopf-Markierungen mehr gibt, hat M_2 die von jedem der Bandköpfe von M_1 gelesenen Symbole gesehen; also hat M_2 genug Information, um die Bewegung von M_1 zu bestimmen. Nun bewegt sich M_2 nach links, bis die am weitesten links stehende Kopf-Markierung erreicht ist; anhand der Anzahl der

Kopf 1		X				
Band 1	A_1	A_2	$\cdots$		$\cdots$	A_m
Kopf 2				X		
Band 2	B_1	B_2	$\cdots$		$\cdots$	B_m
Kopf 3	X					
Band 3	C_1	C_2	$\cdots$		$\cdots$	C_m

Abb. 7.9: Simulation von drei Bändern durch ein Band.

jeweils rechts stehenden Markierungen erkennt M_2, wann das der Fall ist. Beim Überschreiten einer jeden Kopf-Markierung auf dem Weg nach links, aktualisiert M_2 das von M_1 durch diese Kopf-Markierung gelesene Band-Symbol; dabei wird die Kopf-Markierung um ein Symbol nach rechts oder links bewegt, um die Bewegung von M_1 zu simulieren. Zwecks Vervollständigung der Simulation einer Bewegung von M_1 ändert M_2 schließlich den in der endlichen Kontrolle stehenden Zustand von M_1. Falls der neue Zustand von M_1 ein erkennender ist, dann erkennt auch M_2. □

Beachten Sie, daß die erste Simulation in diesem Abschnitt — die einer TM mit einem beidseitig unendlichen Band durch eine TM mit einem nur nach einer Seite unendlichen Band — jede Bewegung durch eine Bewegung simulierte. Bei dieser Simulation hier werden jedoch viele Bewegungen von M_2 benötigt, um eine Bewegung von M_1 zu simulieren. Da die Köpfe von M_1 nach k Bewegungen $2k$ Felder auseinander liegen können, braucht man etwa $\sum_{i=1}^{k} 2i \approx 2k^2$ Bewegungen von M_2, um k Bewegungen von M_1 zu simulieren. (Es könnten sogar noch $2k$ Bewegungen hinzukommen, um die Köpfe nach rechts zu bewegen.) Diese quadratische Verlangsamung, die auftritt, wenn wir von einer mehrbändigen zu einer einbändigen TM übergehen, ist für gewisse Sprachen unvermeidbar. Während wir einen Beweis dieser Tatsache auf Kapitel 12 verschieben, werden wir hier ein Beispiel der Effizienz von mehrbändigen TM angeben.

Beispiel 7.8

Die Sprache $L = \{ww^R \mid w \text{ aus } (\mathbf{0}+\mathbf{1})^*\}$ kann von einer einbändigen TM erkannt werden, indem der Bandkopf auf der Eingabe vor und zurück läuft und die Symbole an beiden Enden sucht und vergleicht. Der Ablauf ist ähnlich zu dem aus Beispiel 7.5.

Um L mit einer zweibändigen TM zu erkennen, wird die Eingabe auf das zweite Band kopiert. Die Eingabe auf dem einen Band wird mit der Spiegelung auf dem anderen Band verglichen, indem sich die Köpfe in unterschiedliche Richtungen bewegen; die Länge der Eingabe wird überprüft, um sicherzustellen, daß sie gerade ist.

Beachten Sie, daß die Zahl der Bewegungen zur Erkennung von L bei der einbändigen TM ungefähr das Quadrat der Länge der Eingabe ist, während bei der zweibändigen TM eine Zeit proportional zur Länge der Eingabe genügt.

Nichtdeterministische Turing-Maschinen

Eine nichtdeterministische TM ist ein Modell mit einer endlichen Kontrolle und einem einzigen, an einer Seite unendlichen Band. Für einen gegebenen Zustand und ein vom Bandkopf gelesenes Bandsymbol hat die Maschine eine endliche Zahl von nächsten Bewegungen zur Auswahl. Jede Wahl besteht aus einem neuen Zustand, einem zu schreibenden Bandsymbol und einer Richtung für die Kopfbewegung. Beachten Sie, daß eine nichtdeterministische TM keine Bewegung machen darf, für die der nächste Zustand und/oder das zu schreibende Symbol und/oder die Richtung der Kopfbewegung aus unterschiedlichen Alternativen stammen. Die nichtdeterministische TM akzeptiert ihre Eingabe, wenn eine Folge möglicher Bewegungen in einen Endzustand führt.

Ebenso wie beim endlichen Automaten werden auch bei der Erweiterung der TM durch Nichtdeterminismus nicht mehr Sprachen erkannt. In der Tat fügt die Kombination von Nichtdeterminismus und einer der vorgestellten oder noch vorzustellenden Erweiterungen — wie beispielsweise zwei- oder mehrbändige TM — keine neuen Fähigkeiten hinzu. Wir überlassen die Beweise dieser Ergebnisse dem Leser als Übung und beweisen hier lediglich das Hauptergebnis, nämlich die Simulation einer nichtdeterministischen TM durch eine deterministische.

Satz 7.3
Wenn L von einer nichtdeterminstischen TM M_1 erkannt wird, dann wird L auch von einer deterministischen TM M_2 erkannt.

Beweis:
Für jeden Zustand und jedes Eingabesymbol aus M_1 gibt es eine endliche Zahl von Auswahlmöglichkeiten für die nächste Bewegung; diese können mit 1, 2,... numeriert werden. Sei r die maximale Anzahl von Möglichkeiten für ein Paar aus Zustand und Bandsymbol. Dann kann jede endliche Folge von Möglichkeiten als eine Folge der Ziffern $1, .., r$ dargestellt werden. Nicht alle diese Folgen müssen Möglichkeiten für Bewegungen darstellen, da es in einigen Situationen weniger als r Möglichkeiten geben könnte.

M_2 hat drei Bänder: Das erste Band enthält die Eingabe, auf dem zweiten Band wird M_2 systematisch Folgen der Ziffern zwischen 1 und r generieren. Genauer gesagt werden die Folgen so generiert, daß die kürzeste Folge zuerst erscheint; Folgen gleicher Länge werden in numerischer Ordnung erzeugt.

Für jede auf Band 2 erzeugt Folge kopiert M_2 die Eingabe auf Band 3 und simuliert dann M_1 auf Band 3, indem sie die auf Band 2 stehende Folge dazu benutzt, die Bewegungen von M_1 hervorzurufen. Geht M_1 in einen akzeptierenden Zustand über, so erkennt M_2 auch. Gibt es eine zum Akzeptieren führende Folge von Wahlmöglichkeiten, wird diese irgendwann auf Band 2 generiert und führt bei Simulation zum Akzeptieren durch M_2. Wenn aber keine Folge von Möglichkeiten von M_1 zum Erkennen führt, erkennt auch M_2 nicht. □

Mehrdimensionale Turing-Maschinen

Wir wollen nun eine andere Modifikation der TM betrachten, die ebenfalls die Berechenbarkeit nicht erweitert — die mehrdimensionale TM. Das Schema hat die übliche endliche Kontrolle, aber das Band besteht aus einem k-dimensionalen Array von Feldern, das für ein festes k in allen $2k$ Richtungen unendlich ist. Abhängig vom Zustand und dem gerade gelesenen Symbol ändert das Modell den Zustand, schreibt ein neues Symbol und bewegt den Bandkopf in eine der $2k$ Richtungen — d.h. entweder in positiver oder in negativer Richtung, jeweils entlang einer der k Achsen. Anfangs befindet sich die Eingabe auf einer Achse, und der Kopf befindet sich am linken Ende der Eingabe.

Zu jedem Zeitpunkt enthält nur eine endliche Zahl von Zeilen in jeder Dimension von Blanks verschiedene Symbole, und jede dieser Zeilen enthält nur eine endliche Anzahl von von Blanks verschiedenen Symbolen. Betrachten Sie z.B. die Bandkonfiguration der zweidimensionalen TM aus Abbildung 7.10(a): Ziehen Sie ein Rechteck um die von Blanks verschiedenen Symbole, wie in der Abbildung 7.10(a). Das Rechteck kann — wie in Abbildung 7.10(b) zu sehen — Zeile für Zeile auf einem einzigen Band dargestellt werden; die Sterne trennen dabei die Zeilen. Eine zweite Spur könnte dazu benutzt werden, die Position des zweidimensionalen Bandkopfes anzugeben.

Wir werden beweisen, daß eine eindimensionale TM eine zweidimensionale TM simulieren kann; die Verallgemeinerung auf mehr als zwei Dimensionen verbleibt als Übung.

Satz 7.4
Wenn L von einer zweidimensionalen TM M_2 erkannt wird, dann wird L auch von einer eindimensionalen TM M_1 erkannt.

B	B	B	a_1	B	B	B
B	B	a_2	a_3	a_4	a_5	B
a_6	a_7	a_8	a_9	B	a_{10}	B
B	a_{11}	a_{12}	a_{13}	B	a_{14}	a_{15}
B	B	a_{16}	a_{17}	B	B	B

(a)

$$* * BBBa_1BBB * BBa_2a_3a_4a_5B * a_6a_7a_8a_9Ba_{10}B*$$

$$Ba_{11}a_{12}a_{13}Ba_{14}a_{15} * BBa_{16}a_{17}BBB * * \qquad (b)$$

Abb. 7.10: Simulation von zwei Dimensionen durch eine Dimension: (a) zweidimensionales Band, (b) eindimensionales Band.

Beweis:
M_1 repräsentiert das Band von M_2 wie in Abbildung 7.10(b). M_1 hat (für später noch zu beschreibende Zwecke) ein zweites Band; die Bänder sind an beiden Seiten unendlich. Wir nehmen nun an, daß M_2 eine Bewegung macht, durch die der Kopf das schon auf dem Band von M_1 dargestellte Rechteck nicht verläßt. Ist die Bewegung horizontal, so bewegt M_1 — nachdem ein neues Symbol geschrieben und der in der endlichen Kontrolle von M_1 stehende Zustand von M_2 geändert wurde — einfach seine Kopf-Markierung ein Feld weiter nach rechts oder links. Ist die

Bewegung vertikal, so benutzt M_1 sein zweites Band, um die Anzahl der Felder zwischen der Kopfposition und dem Stern links zu zählen. Dann bewegt sich M_1 zum rechten Stern, wenn die Bewegung nach unten geht, bzw. zum linken Stern, wenn die Bewegung nach oben geht, und bringt die Bandkopf-Markierung durch Benutzung der Zahl auf dem zweiten Band in die entsprechende Position im neuen Block; ein Block ist der Bereich zwischen zwei Sternen.

Betrachten Sie nun die Situation, in der der Kopf von M_2 sich aus dem durch M_1 dargestellten Rechteck hinausbewegt: Ist die Bewegung vertikal, so ist rechts oder links ein neuer Block mit Blanks hinzuzufügen, indem das zweite Band zum Abzählen der aktuellen Blocklänge verendet wird. Ist die Bewegung horizontal, so benutzt M_1 die Verschiebe-Technik, um — je nach Bedarf — ein Blank an die rechte bzw. linke Seite eines jeden Blocks anzufügen. Beachten Sie, daß doppelte Sterne das Ende der Region markieren, die Blöcke enthalten kann; daran kann M_1 feststellen, ob alle Blöcke vergrößert worden sind. Nachdem der Raum für die Bewegung geschaffen worden ist, simuliert M_1 die Bewegung von M_2 wie oben beschrieben. □

Turing-Maschinen mit mehreren Köpfen

Eine k-köpfige TM hat eine feste Anzahl k von Köpfen. Die Köpfe sind von 1 bis k numeriert, und die Bewegung der TM hängt vom Zustand ab und von dem Symbol, das jeweils von den Köpfen gelesen wird. Mit einer Bewegung können die Köpfe jeweils nach rechts oder links gehen oder stehenbleiben, und zwar unabhängig voneinander.

Satz 7.5

Wenn L von einer k-köpfigen TM M_1 erkannt wird, so wird L auch von einer einköpfigen TM M_2 erkannt.

Beweis:

Der Beweis ist ähnlich dem Beweis von Satz 7.2 für mehrbändige Turing-Maschinen. M_2 hat $k+1$ Spuren auf ihrem Band; die letzte Spur enthält das Band von M_1, die i-te Spur enthält eine Markierung, die die Position des i-ten Kopfes für $1 \leq i \leq k$ angibt. Die Details sind dem Leser als Übung überlassen. □

Off-Line Turing-Maschinen

Eine off-line TM ist eine mehrbändige TM, deren Eingabeband nur gelesen werden darf. Gewöhnlich ist die Eingabe durch Ende-Markierungen — ¢ auf der linken und \$ auf der rechten Seite — geklammert. Die TM darf dann den Kopf nicht über den Bereich zwischen ¢ und \$ hinausbewegen. Es sollte offensichtlich sein, daß die off-line TM nur ein Spezialfall der mehrbändigen TM ist und deshalb nicht mehr leisten kann als alle anderen betrachteten Modelle. Umgekehrt kann eine off-line TM jede TM M simulieren, indem sie ein Band mehr als M benutzt. Das erste, was eine off-line TM tut, ist ihre eigene Eingabe auf das zusätzliche Band zu kopieren. Dann simuliert sie M so, als ob das zusätzliche Band die Eingabe von M wäre. Die Notwendigkeit von off-line Maschinen wird in Kapitel 12 bei der Begrenzung des Speicherplatzes auf weniger als die Länge der Eingabe klar.

7.6 DIE CHURCH'SCHE HYPOTHESE

Die Annahme, daß die intuitive Vorstellung von "berechenbaren" Funktionen mit der Klasse der partiell rekursiven Funktionen identifiziert werden kann, ist als *Church'sche Hypothese* oder als *Church-Turing-These* bekannt. Während wir nicht hoffen können, die Church'sche Hypothese zu beweisen, solange die informelle Vorstellung von berechenbar weiterhin informell bleibt, können wir doch eine Erklärung für ihre Berechtigung abgeben. Solange unsere intuitive Vorstellung von berechenbar der Anzahl von Berechnungsschritten oder der Menge von Speicherplatz keine Grenze setzt, scheint es, daß die partiell rekursiven Funktionen intuitiv berechenbar sind; man könnte aber auch argumentieren, daß eine Funktion nicht berechenbar ist, wenn wir ihre Berechnung nicht im Voraus begrenzen können oder zumindest erklären können, ob die Berechnung schließlich terminiert oder nicht.

Was weniger klar ist, ist, ob die Klasse der partiell rekursiven Funktionen alle "berechenbaren" Funktionen einschließt. Logiker haben viele andere Formalismen vorgestellt — wie λ-Kalkül, Post-Systeme und allgemein-rekursive Funktionen. Von allen wurde gezeigt, daß sie die gleiche Klasse von Funktionen — nämlich die partiell rekursiven Funktionen — definieren. Des weiteren erzeugen abstrakte Computermodelle — wie z.B. die *random access machine* (RAM) — auch die partiell rekursiven Funktionen.

Die RAM besteht aus einer endlichen Anzahl von Speicherwörtern, die mit $0, 1, \ldots$ numeriert sind. Jedes dieser Wörter kann einen ganzzahligen Wert enthalten. Weiterhin besteht die RAM aus einer endlichen Anzahl arithmetischer Register, die beliebige ganze Zahlen enthalten können. Ganze Zahlen können zu gewöhnlichen Computer-Anweisungen dekodiert werden. Wir wollen das RAM-Modell nicht formaler beschreiben; es sollte aber klar sein, daß die RAM jeden existierenden Computer simulieren kann, wenn wir eine passende Menge von Anweisungen auswählen. Der Beweis, daß der TM-Formalismus genausoviel kann wie der RAM-Formalismus, ist im folgenden angegeben. Einige andere Formalismen werden in den Übungen diskutiert.

Simulation der RAM durch Turing-Maschinen

Satz 7.6
Eine TM kann eine RAM simulieren, vorausgesetzt daß die elementaren RAM-Anweisungen selbst durch eine TM simuliert werden können.

Beweis:
Wir benutzen eine mehrbändige TM M zur Durchführung der Simulation. Ein Band von M enthält die Wörter der RAM, denen Werte zugewiesen worden sind. Das Band sieht folgendermaßen aus

$$\#0 * v_0 \#1 * v_1 \#10 * v_2 \#\ldots\#i * v_i \#\ldots,$$

wobei v_i der binäre Inhalt des i-ten Wortes ist. Zu jedem Zeitpunkt gibt es eine endliche Zahl von benutzten Wörtern der RAM, und M braucht sich nur die Werte bis zum Wort mit der bisher höchsten benutzten Nummer zu merken.

Die RAM hat eine endliche Zahl arithmetischer Register. M benötigt je ein Band, um einem Registerinhalt zu speichern und ein Band, um den *Programmzähler* zu speichern, der die Nummer des die nächste Anweisung bildenden Wortes enthält; des weiteren ist ein Band als *Speicher-Adreß-Register* notwendig, auf dem die Nummer eines Speicherwortes abgelegt werden kann.

Nehmen wir nun an, daß die ersten 10 Bits einer Anweisung eine Standardoperation eines Computers — wie LOAD, STORE oder ADD — bezeichnen, und daß die restlichen Bits die Adresse eines Operanden bilden. Da wir hier nicht die Details der Implementierung für alle Standardanweisungen diskutieren wollen, sollte ein Beispiel zur Verdeutlichung der Technik reichen: Wir nehmen an, daß das für den Programmzähler bestimmte Band von M die binäre Zahl i enthält. M sucht zunächst auf dem Band von links her nach $\#i*$. Wird vor $\#i*$ ein Blank angetroffen, so gibt es keine Anweisung im Wort i, und die RAM und die TM stoppen. Wird $\#i*$ gefunden, dann werden die Bits ab $*$ bis zum nächsten $\#$ ausgeführt. Wir nehmen an, daß die ersten 10 Bits den Code für "ADDition zu Register 2" und die verbleibenden Bits eine binäre Zahl j bilden. M erhöht den Inhalt auf dem für den Programmzähler bestimmten Band um 1 und kopiert j auf das Speicher-Adreß-Band. Dann sucht M nach $\#j*$ auf dem ersten Band, und zwar wieder von links beginnend; beachten Sie, daß $\#0*$ das linke Ende markiert. Wird $\#j*$ nicht gefunden, so nehmen wir an, daß das j-te Wort 0 enthält und gehen weiter zur nächsten Anweisung der RAM. Wird $\#j*v_j\#$ gefunden, so wird v_j zum Inhalt des Registers 2 hinzuaddiert; dieses Register ist auf seinem eigenen Band gespeichert. Diese Schleife ist dann mit der nächsten Anweisung zu wiederholen.

Beachten Sie, daß nach Satz 7.2 auch eine einbändige TM ausgereicht hätte, obwohl die RAM-Simulation eine mehrbändige TM benutzt hat. Die Simulation wäre dann allerdings komplizierter geworden. □

7.7 TURING-MASCHINEN ALS GENERATOREN

Bis jetzt haben wir Turing-Maschinen zur Erkennung von Sprachen und zur Berechnung von Funktionen auf nichtnegativen ganzen Zahlen eingesetzt. Es gibt einen dritten nützlichen Aspekt von Turing-Maschinen, nämlich Turing-Maschinen als erzeugende Schemata. Betrachten Sie eine mehrbändige TM, die ein Band als *Ausgabe Band* benutzt, auf dem ein einmal geschriebenes Symbol nicht mehr verändert werden kann und dessen Bandkopf sich niemals nach links bewegt. Nehmen wir weiter an, daß M auf das Ausgabe-Band durch die Markierung $\#$ getrennte Zeichenketten über einem Alphabet Σ schreibt. Wir können die von M *erzeugte Sprache* $G(M)$ als Menge der w aus Σ^* definieren, die schließlich zwischen einem Paar von $\#$ auf dem Ausgabe-Band geschrieben stehen.

Beachten Sie, daß $G(M)$ endlich ist, falls M nicht unendlich lange läuft. Außerdem verlangen wir nicht, daß die Wörter in irgendeiner speziellen Ordnung erzeugt werden, oder daß ein bestimmtes Wort nur einmal erzeugt werden darf. Ist $L = G(M)$ für eine TM M, dann ist L eine rekursiv aufzählbare Menge (und umgekehrt). Die rekursiven Mengen haben ebenfalls eine Beschreibung mit Generatoren; sie sind genau die Sprachen, deren Wörter in aufsteigender Länge erzeugt werden können. Diese Äquivalenzen sollen im folgenden gezeigt werden.

Charakterisierung rekursiv aufzählbarer Mengen durch Generatoren

Lemma 7.1

Ist $L = G(M_1)$ für eine TM M_1, dann ist L eine rekursiv aufzählbare Menge.

Beweis:

Wir konstruieren eine TM M_2, die ein Band mehr als M_1 hat. M_2 simuliert M_1, indem sie alle Bänder bis auf das Eingabeband von M_2 benutzt. Wann immer die TM M_1 # auf ihr Ausgabeband schreibt, vergleicht M_2 ihre Eingabe mit dem gerade erzeugten Wort. Sind diese gleich, so akzeptiert M_2; andernfalls fährt M_2 fort, M_1 zu simulieren. Es ist klar, daß M_2 genau dann eine Eingabe x erkennt, wenn x aus $G(M_1)$ ist. Also gilt $L(M_2) = G(M_1)$. □

Die Gegenrichtung von Lemma 7.1 ist etwas schwieriger. Nehmen wir an, daß M_1 eine rekursiv aufzählbare Menge $L \subseteq \Sigma^*$ ist. Unser erster (und erfolgloser) Versuch, einen Generator für L zu entwerfen, könnte darin bestehen, die Wörter in Σ^* in einer Ordnung $w_1, w_2, \ldots$ zu erzeugen, um dann M_1 auf w_1 laufen zu lassen und — falls M_1 akzeptiert — w_1 zu erzeugen. Dann lassen wir M_1 auf w_2 laufen, erzeugen w_2, falls M_1 erkennt... usw. Diese Methode funktioniert, wenn M_1 garantiert auf allen Eingaben anhält. In jedem Fall werden wir in Kapitel 8 sehen, daß es Sprachen gibt, die rekursiv aufzählbar, aber nicht rekursiv sind. Wenn dies der Fall ist, müssen wir mit der Möglichkeit rechnen, daß M_1 auf einem w_i niemals stoppt. Dann kann M_2 niemals $w_{i+1}, w_{i+2}, \ldots$ betrachten und so keines dieser Wörter jemals erzeugen, auch wenn M_1 sie akzeptiert.

Wir müssen deshalb vermeiden, daß M_1 irgendein Wort unendlich lange simuliert. Um dies zu erreichen, legen wir eine Ordnung für die Aufzählung von Wörtern in Σ^* fest. Zunächst entwickeln wir eine Methode, um alle Paare (i, j) von positiven ganzen Zahlen zu erzeugen. Dann wird zunächst ein Paar (i, j) erzeugt und daraufhin M_1 auf dem i-ten Wort j Schritte lang simuliert.

Wir legen eine kanonische Ordnung für Σ^* wie folgt fest: Alle Wörter sind nach ihrer Größe geordnet anzugeben, und Wörter gleicher Größe in numerischer Ordnung. Sei also $\Sigma = \{a_0, a_1, \ldots, a_{k-1}\}$; dann stelle man sich vor, daß a_i die Ziffer i zur Basis k ist. Die Wörter der Länge n sind dann die zur Basis k geschriebenen Zahlen 0 bis $k^n - 1$. Der Entwurf einer TM, um Wörter in kanonischer Ordnung zu erzeugen, ist nicht schwer und verbleibt als Übung.

Beispiel 7.9

Falls $\Sigma = \{0, 1\}$, so ist die kanonische Ordnung $\epsilon, 0, 1, 00, 01, 11, 000, 001, \ldots$.

Beachten Sie, daß die scheinbar einfachere Ordnung, in der wir die kürzesten Darstellungen von $0, 1, 2, \ldots$ zur Basis k erzeugen, nicht funktioniert, da wir niemals Wörter wie $a_0 a_0 a_1$ mit führenden Nullen erzeugen.

Betrachten Sie als nächstes das Erzeugen von Paaren (i, j), so daß jedes Paar nach einer endlichen Zeit erzeugt wird. Diese Aufgabe ist nicht so einfach, wie sie aussieht. Der naive Versuch, $(1, 1), (1, 2), (1, 3), \ldots$ erzeugt nie ein Paar mit $i > 1$. Stattdessen sollten wir Paare in der Reihenfolge der Summe $i + j$ erzeugen, und unter Paaren mit gleicher Summe solche in aufsteigender Reihenfolge der i. Wir erzeugen also (1,1), (1,2), (2,1), (1,3), (2,2), (3,1), (1,4), ... Das Paar (i, j) ist somit das $\{[(i+j-1)(i+j-2)]/2+i\}$-te Paar, das erzeugt wird. Also hat diese Ordnung die gewünschte Eigenschaft, daß für jedes Paar (i, j) eine endliche Zeit existiert, in der es erzeugt wird.

Eine TM, die Paare (i, j) in dieser Reihenfolge und in Binärdarstellung erzeugt, ist einfach zu konzipieren, und wir überlassen diese Konstruktion dem Leser. Wir werden uns in Zukunft auf eine derartige TM als *Paargenerator* beziehen. Nebenbei zeigt die vom Paargenerator benutzte Ordnung, daß für ganzzahlige Paare eine bijektive Abbildung in die ganzen Zahlen existiert, ein scheinbar paradoxes Ergebnis, das von Georg Cantor entdeckt wurde, als er gezeigt hat, daß die Menge der rationalen Zahlen gleichmächtig zu der Menge der ganzen Zahlen ist.

Satz 7.7
Eine Sprache ist genau dann rekursiv aufzählbar, wenn sie $G(M_2)$ für eine TM M_2 ist.

Beweis:
Mit Lemma 7.1 haben wir nur zu zeigen, wie eine rekursiv aufzählbare Menge $L = L(M_1)$ von einer TM M_2 erzeugt werden kann. M_2 simuliert den Paargenerator. Wenn (i, j) erzeugt wird, produziert M_2 das i-te Wort w_i in kanonischer Ordnung und simuliert M_1 auf w_i für j Schritte. Wenn M_1 im j-ten Schritt akzeptiert (die anfängliche Zustandsbeschreibung wird als erster Schritt gezählt), so wird w_i von M_2 erzeugt.

Sicherlich erzeugt M_2 kein Wort, das nicht in L liegt. Ist w aus L, dann sei w das i-te Wort in kanonischer Ordnung für das Alphabet von L, und M_1 akzeptiere w nach genau j Schritten. Da M_2 zur Erzeugung eines bestimmten Wortes in kanonischer Ordnung und zur Simulation einer bestimmten Anzahl von Schritten von M_1 nur endliche Zeit benötigt, wissen wir, daß M_2 irgendwann das Paar (i, j) erzeugt. Genau dann wird w von M_2 erzeugt. Also gilt $G(M_2) = L$. □

Korollar:
Ist L eine rekursiv aufzählbare Menge, dann gibt es einen Generator für L, der jedes Wort in L genau einmal aufzählt.

Beweis:
Die oben beschriebene TM M_2 hat diese Eigenschaft, da sie w_i nur erzeugt, wenn das Paar (i, j) betrachtet wird, wobei j die genaue Anzahl von Schritten ist, die M_1 braucht, um w_i zu akzeptieren. □

Charakterisierung rekursiven Mengen durch Generatoren

Wir werden zeigen, daß die rekursiven Mengen genau die Mengen sind, deren Worte in kanonischer Ordnung erzeugt werden können.

Lemma 7.2
Ist L rekursiv, dann gibt es einen Generator für L, der die Worte von L in kanonischer Ordnung und keine anderen Wörter erzeugt.

Beweis:
Sei $L = L(M_1) \subseteq \Sigma^*$, wobei M_1 auf jeder Eingabe anhält. Wir konstruieren M_2 zur Erzeugung von L wie folgt: M_2 erzeugt (auf einem weiteren Band) nacheinander die Wörter aus Σ^* in kanonischer Ordnung. Nachdem ein Wort w erzeugt wurde, wird M_1 von M_2 auf w simuliert. Wenn w von M_1 erkannt wird, so wird w vom

M_2 erzeugt. Da M_1 jedenfalls anhält, wissen wir, daß M_2 die Bearbeitung jedes Wortes nach endlicher Zeit abgeschließt und daher irgendwann jedes Wort aus Σ^* bearbeitet. Es ist klar, daß L von M_2 in kanonischer Ordnung erzeugt wird. □

Die Gegenrichtung von Lemma 7.2, also daß L rekursiv ist, wenn L in kanonischer Ordnung erzeugt werden kann, gilt auch. Es gibt jedoch eine Spitzfindigkeit, über die man sich bewußt sein sollte: In Lemma 7.2 konnten wir M_2 direkt aus M_1 konstruieren. Ist aber eine TM M gegeben, die L in kanonischer Ordnung erzeugt, so wissen wir zwar, daß eine L erkennende TM existiert, die anhält, aber es gibt keinen Algorithmus, der diese TM liefert.

Wir nehmen an, daß L von M_1 in kanonischer Ordnung generiert wird. Normalerweise würde man jetzt eine TM M_2 konstruieren, die M_1 auf der Eingabe w simuliert, bis M_1 entweder w oder ein Wort hinter w in der kanonischen Ordnung erzeugt. Im ersten Fall wird w von M_2 erkannt, und im zweiten Fall hält M_2 an, ohne w zu erkennen. Wenn L jedoch endlich ist, könnte M_1 nach der Erzeugung des letzten Wortes in L niemals anhalten, d.h. M_1 könnte weder w noch ein weiteres Wort dahinter erzeugen; in dieser Situation würde M_2 nicht anhalten. Das Problem taucht nur auf, wenn L endlich ist, und das, obwohl wir sogar wissen, daß jede endliche Menge von einer TM erkannt wird, die auf allen ihren Eingaben stoppt. Unglücklicherweise können wir nicht bestimmen, ob eine TM einen endliche Menge erzeugt, oder — wenn sie endlich ist — um welche Menge es sich handelt. Also wissen wir, daß eine haltende TM zur Erkennung der von M_1 erzeugten Sprache L existiert; es gibt jedoch keinen Algorithmus, der diese TM liefert.

Satz 7.8
L ist genau dann rekursiv, wenn L in kanonischer Ordnung erzeugt wird.

Beweis:
Die "Hinrichtung" wurde in Lemma 7.2 bewiesen. Für die "Rückrichtung" gilt folgendes: Wenn L unendlich ist, ist die oben beschriebene TM M_2 eine haltende TM für L. Es ist klar, daß — falls L endlich ist — ein EA existiert, der L erkennt; daher kann L von einer TM erkannt werden, die auf allen Eingaben anhält. Beachten Sie, daß wir im allgemeinen keine bestimmte TM zur Erkennung von L angeben können; aber der Satz besagt auch nur, daß eine derartige TM existiert. □

7.8 BESCHRÄNKTE, ZUM GRUNDMODELL ÄQUIVALENTE TURING-MASCHINEN

In Abschnitt 7.5 haben wir Verallgemeinerungen des Grundmodells der TM betrachtet. Wie wir gesehen haben, bewirken diese Verallgemeinerungen keine Erweiterung hinsichtlich der Berechenbarkeit gegenüber dem Grundmodell. Wir schließen dieses Kapitel mit der Betrachtung einiger Modelle, die auf den ersten Blick weniger mächtig als die TM erscheinen, tatsächlich aber genauso mächtig sind. Diese Modelle sind zum größten Teil Varianten des Kellerautomaten aus Kapitel 5. Nebenbei bemerken wir, daß ein KA äquivalent zu einer nichtdeterministischen TM mit einem schreibgesperrten Eingabeband ist, auf dem der Eingabebandkopf nicht nach links wandern kann, sowie einem Speicherband mit einer etwas seltsamen Restriktion für den Bandkopf: Immer wenn sich der Kopf auf diesem Speicherband nach links bewegt, muß er ein Blank schreiben. Also ist das Speicherband rechts vom Kopf stets nur mit Blanks gefüllt; das Speicherband ist also in Wirklichkeit ein Keller mit dem oberen Ende rechts (anders als in Kapitel 5).

Maschinen mit mehreren Kellern

Eine *deterministische 2-Kellermaschine* ist eine deterministische Turing-Maschine mit einem schreibgesperrten Eingabeband und zwei Speicherbändern. Bewegt sich ein Kopf auf einem Band nach links, so wird auf dieses Band ein Blank geschrieben.

Lemma 7.3
Eine beliebige einbändige TM kann durch eine deterministische 2-Kellermaschine simuliert werden.

Beweis:
Das Symbol links des Kopfes der zu simulierenden TM kann auf einem Keller gespeichert werden, während die Symbole rechts vom Kopf auf den anderen Keller gesetzt werden. Für jeden Keller gilt, daß die Symbole, die näher am Bandkopf der TM stehen, auch näher am oberen Ende des Kellers stehen als Symbole, die vom TM-Bandkopf weiter entfernt sind. □

Zählermaschinen

Wir können ein stärkeres Ergebnis als Lemma 7.3 beweisen: Es betrifft *Zählermaschinen*, die off-line Turing-Maschinen sind, deren Speicherbänder einseitig unendlich sind und deren Bandalphabet nur die beiden Symbole Z und B (Blank) enthält. Das Symbol Z, das als Markierung für das untere Ende des Kellers dient, erscheint anfangs in dem vom Bandkopf gelesenen Feld und kann niemals in irgendeinem anderen Feld auftauchen. Eine ganze Zahl i kann gespeichert werden, indem man den Bandkopf von Z aus i Felder nach rechts bewegt. Eine gespeicherte Zahl kann durch Bewegung des Bandkopfs nach rechts oder links inkrementiert bzw. dekrementiert werden. Wir können testen, ob ein Zahl gleich null ist, indem wir überprüfen, ob der Kopf auf Z steht; wir können jedoch nicht direkt testen, ob zwei Zahlen gleich sind.

Ein Beispiel für ein Zählermaschine ist in Abbildung 7.11 angegeben. ¢ und \$ werden gewöhnlich als Ende-Markierungen für die Eingabe benutzt. Hier ist Z das vom Blank verschiedene Symbol auf jedem Band. Eine Zustandsbeschreibung einer Zählermaschine kann durch den Zustand, den Inhalt des Eingabebandes, die Position des Eingabebandkopfes und den Abstand des Speicherkopfes vom Symbol Z (hier d_1 und d_2) beschrieben werden. Wir bezeichnen diese Abstände als "Zähler" auf dem Band. Die Zählermaschine kann also wirklich nur eine Zahl auf jedem Band speichern und feststellen, ob diese gleich null ist.

Lemma 7.4
Eine 4-Zählermaschine kann eine beliebige TM simulieren.

Beweis:
Nach Lemma 7.3 genügt es zu zeigen, daß zwei Zählerbänder einen Keller simulieren können. Ein Keller habe also $k-1$ Bandsymbole $Z_1, Z_2, ...Z_{k-1}$. Dann können wir den Keller $Z_{i_1} Z_{i_2} ... Z_{i_m}$ einheitlich durch den "Zähler"

$$j = i_m + k i_{m-1} + k^2 i_{m-2} + ... + k^{m-1} i_1 \tag{7.3}$$

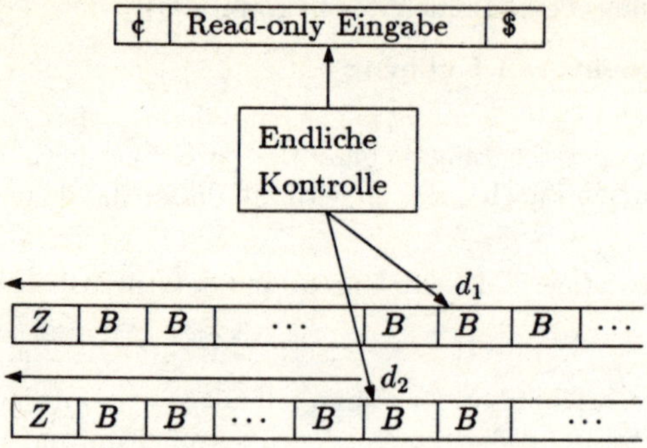

Abb. 7.11: Zählermaschine.

zur Basis k darstellen. Beachten Sie, daß nicht jede ganze Zahl einen Keller darstellt, insbesondere nicht diejenigen ganzen Zahlen, deren Darstellung zur Basis k die Ziffer 0 enthält.

Wir nehmen an, daß das Symbol Z_r an das obere (rechte) Ende des Kellers $Z_{i_1}\ Z_{i_2}\ \ldots\ Z_{i_m}$ geschoben wird. Die Zahl, die mit $Z_{i_1}Z_{i_2}\ldots Z_{i_m}Z_r$ assoziiert wird, ist $jk+r$. Um diese neue Zahl zu erhalten, bewegt die Zählermaschine wiederholt den Kopf des ersten Zählers um ein Feld nach links und den Kopf des zweiten Zählers um k Felder nach rechts. Wenn der Kopf des ersten Zählers das Symbol Z erreicht, so enthält der zweite Zähler die Zahl jk. Es ist einfach, r zu dieser Zahl hinzuzufügen.

Wenn jedoch stattdessen das oberste Symbol Z_{i_m} vom Keller entfernt würde, so sollte j durch $\lfloor j/k \rfloor$, den ganzzahligen Teil von j/k, ersetzt werden. Wir dekrementieren wiederholt die Zahl auf dem ersten Zähler um k und addieren dann 1 zu der zweiten Zahl. Ist die erste Zahl null, so ist die zweite Zahl $\lfloor j/k \rfloor$.

Um die Beschreibung der Simulation zu vervollständigen, müssen wir zeigen, wie die 4-Zählermaschine feststellen kann, welches Symbol sich am oberen Ende eines jeden Kellers befindet. Wird die Zahl j auf einem Zähler gespeichert, so kann die 4-Zählermaschine j auf einen anderen Zähler kopieren, wobei sie $j \bmod k$ in ihrer endlichen Kontrolle berechnet. Beachten Sie, daß $j \bmod k = i_m$ gilt, wenn j wie in (7.3) gegeben ist. □

Satz 7.9
Eine 2-Zählermaschine kann eine beliebige TM simulieren.
Beweis:
Nach Lemma 7.4 genügt es zu zeigen, wie 4-Zählermaschinen durch 2-Zählermaschinen simuliert werden können. Die 4 Zähler sollen die Zahlen i, j, k und l enthalten. Ein Zähler kann diese vier durch die Zahl $n = 2^i 3^j 5^k 7^l$ darstellen. Da 2, 3, 5 und 7 Primzahlen sind, kann man i, j, k und l eindeutig aus n ableiten.

Um i, j, k oder l um 1 zu erhöhen, multiplizieren wir je nachdem n mit 2, 3,

5 oder 7. Wenn wir einen anderen Zähler haben, der auf null steht, können wir, um die Multiplikation zu erreichen, den Kopf dieses Zählers jedesmal 2, 3, 5 oder 7 Felder nach rechts bewegen, wenn wir den Kopf des ersten Zählers um ein Feld nach links bewegen. Wenn der erste Zähler null enthält, enthält der zweite Zähler $2n, 3n, 5n$ oder $7n$. Das Vermindern von i, j, k oder l um 1 ist ein ähnlicher Prozeß mit einer Division durch 2, 3, 5 oder 7.

Wir müssen auch zeigen, wie die 2-Zählermaschine die nächste Bewegung der 4-Zählermaschine bestimmen kann. Die 2-Zählermaschine belegt jeweils das gleiche Feld des Eingabebandes wie die 4-Zählermaschine. Der Zustand der 4-Zählermaschine wird in der endlichen Kontrolle der 2-Zählermaschine gespeichert. Um also die Bewegung der 4-Zählermaschine zu bestimmen, muß die 2-Zählermaschine nur bestimmen, ob ein i, j, k oder l gleich null ist, und falls ja, welches i, j, k oder l gleich null ist. Durch das Schieben von n von einem Zähler in den anderen kann die endliche Kontrolle der 2-Zählermaschine feststellen, ob n durch 2, 3, 5 oder 7 teilbar ist. □

Beschränkung der Anzahl der Zustände und Symbole

Ein anderer Weg der Beschränkung einer TM ist es, die Größe des Bandalphabets oder die Anzahl der Zustände einzuschränken. Wenn sowohl das Bandalphabet als auch die Anzahl der Bänder als auch die Anzahl der Zustände begrenzt ist, so gibt es nur eine endliche Zahl unterschiedlicher Turing-Maschinen, so daß das begrenzte Modell weniger kann als das Original.[1] Wenn wir das Bandalphabet nicht begrenzen, dann genügen drei Zustände und ein Band, um eine rekursiv aufzählbare Menge zu erkennen. Der Beweis dieses Ergebnisses verbleibt als Übung. Wir werden jedoch ein Ergebnis über beschränkte Bandalphabete beweisen.

Satz 7.10
Ist $L \subseteq (\mathbf{0}+\mathbf{1})^*$ und rekursiv aufzählbar, dann wird L von einer einbändigen TM mit dem Bandalphabet $\{0, 1, B\}$ erkannt.
Beweis:
Sei $L = L(M_1)$, wobei $M_1 = (Q, \{0,1\}, \Gamma, \delta, q_0, B, F)$ gilt. Wir nehmen an, daß Γ zwischen $2^{k-1}+1$ und 2^k Symbole hat, so daß k Bits genügen, um jedes Bandsymbol von M_1 zu verschlüsseln. Wir könnten M_2 mit dem Bandalphabet $\{0, 1, B\}$ konzipieren, um M_1 zu simulieren; das Band von M_2 wird aus einer Folge von Kodierungen für Symbole aus M_1 bestehen. Die endliche Kontrolle von M_2 merkt sich den Zustand von M_1 ebenso wie die Position des Bandkopfs von M_2, modulo k, so daß M_2 weiß, wann sie sich am Anfang eines kodierten Bandsymbols von M_1 befindet.

Zu Beginn der Simulation einer Bewegung von M_1 befindet sich der Kopf von M_2 am linken Ende eines binär kodierten Symbols von M_1. M_2 geht über die

[1] Es gibt jedoch eine beschränkte TM, die "universell" (siehe Abschnitt 8.3) in dem Sinne ist, daß sie — wenn sie eine Kodierung einer Übergangsfunktion für eine TM M und eine Eingabe w für M als Eingabe erhält — genau dann akzeptiert, wenn w von M akzeptiert wird. Es ist z.B. bekannt, daß es eine universelle TM mit einem Band, 5 Zuständen und 7 Bandsymbolen gibt.

nächsten $k-1$ Symbole zu ihrer rechten, um die Bewegung von M_1 zu bestimmen. Dann ersetzt M_1 gemäß dieser Bewegung die übergangenen Symbole; daraufhin wird der Bandkopf an das linke Ende des Codes für das nächste von M_1 zu lesende Symbol gesetzt und der Zustand von M_1 geändert. Falls dieser Zustand ein akzeptierender ist, so akzeptiert M_2; andernfalls ist M_2 bereit, die nächste Bewegung von M_1 zu simulieren. Ein Spezialfall tritt auf, wenn der Kopf von M_2 auf einem Blank anstatt auf dem Code für ein Bandsymbol von M_1 landet. In diesem Fall hat sich M_1 auf eine Position bewegt, die vorher noch nicht erreicht wurde. M_2 muß den binären Code für das Blank auf die gelesenen Felder und die $k-1$ Felder rechts davon schreiben; danach kann M_2 genauso wie vorher eine Bewegung von M_1 simulieren.

Ein wichtiges Detail ist noch zu erklären: Die Eingabe von M_2 ist eher eine binäre Zeichenkette w aus $(\mathbf{0}+\mathbf{1})^*$, die w selbst darstellt, als ein Zeichenkette von kodierten Nullen und Einsen, die w darstellen. Daher muß M_2 vor der Simulation von M_1 das w durch seinen Code ersetzen. Dazu benutzt M_2 den Verschiebe-Trick, indem sie B für das in Abschnitt 7.4 beschriebene Symbol X benutzt (wo das Verschieben eingeführt wurde). Für jedes Eingabesymbol — beginnend mit dem am weitesten links stehenden — wird die Zeichenkette rechts von diesem Symbol $k-1$ Stellen nach rechts geschoben; dann wird das Symbol zusammen mit den $k-1$ eingefügten Blanks durch die aus k Bits bestehende binäre Kodierung für das Symbol ersetzt. □

Die gleiche binäre Kodierungstechnik läßt sich auch dann anwenden, wenn das Alphabet nicht $\{0,1\}$ ist. Wir geben daher das nachfolgende Korollar an und überlassen den Beweis dem Leser als Übung.

Korollar:

Ist L eine rekursiv aufzählbare Menge über einem beliebigen Alphabet, dann wird L von einer off-line TM erkannt, die außer der Eingabe nur ein Band hat und deren Bandalphabet $\{0,1,B\}$ ist.

Satz 7.11

Jede TM kann durch eine off-line TM simuliert werden, die ein Speicherband mit den beiden Symbolen 0 (Blank) und 1 hat. Die TM kann durch 0 oder 1 eine 0 überschreiben, aber nicht durch 0 eine 1.

Beweis:

Wir überlassen den Beweis dem Leser. Der Trick dabei ist, aufeinanderfolgende Zustandsbeschreibungen der originalen TM auf dem Band der neuen TM zu erzeugen. Die Bandsymbole sind natürlich binär kodiert. Jede Zustandsbeschreibung wird kopiert; dabei werden die zur Simulation notwendigen Änderungen durchgeführt.

Zusätzlich zur binären Kodierung des Originalsymbols braucht die simulierende TM Felder, um die Position des Kopfes in der kopierten Zustandsbeschreibung anzugeben, sowie Felder, die angeben, daß die binäre Darstellung eines Symbols schon kopiert worden ist. □

ÜBUNGEN

7.1 Erstellen Sie zur Erkennung folgender Sprachen jeweils eine TM:
a) $\{0^n1^n0^n \mid n \geq 1\}$.

b) $\{ww^R \mid w \text{ ist aus } (\mathbf{0}+\mathbf{1})^*\}$.

c) Die Menge aller Zeichenketten mit einer gleichen Zahl von Nullen und Einsen.

7.2 Erstellen Sie eine TM zur Berechnung folgender Funktionen:

a) $\lceil \log_2 n \rceil$

b) $n!$

c) n^2

7.3 Zeigen Sie, daß L — wenn sie von einer k-bändigen l-dimensionalen nichtdeterministischen TM mit m Köpfen pro Band akzeptiert wird — auch von einer deterministischen TM mit einem einseitig unendlichen Band und einem Bandkopf akzeptiert wird.

7.4 Eine *rekursive Funktion* ist eine Funktion, die durch eine endliche Menge von Regeln definiert und für verschiedene Argumente mit Hilfe folgender Komponenten spezifiziert ist: Variablen, nichtnegativen ganzzahligen Konstanten, der *Nachfolger*-Funktion, der Funktion selbst sowie einem durch Komposition von Funktionen aus diesen erzeugten Ausdruck. So ist z.B. die *Ackermann-Funktion* durch die Regeln

1) $A(0, y) = 1$

2) $A(1, 0) = 2$

3) $A(x, 0) = x + 2$ für $x \geq 2$

4) $A(x+1, y+1) = A(A(x, y+1), y)$

definiert.

a) Werten Sie $A(2, 1)$ aus.

* b) Welche Funktion in einer Variablen ist $A(x, 2)$?

* c) Werten Sie $A(4, 3)$ aus.

* **7.5** Geben Sie für nachstehende Ausdrücke rekursive Definition an:

a) $n + m$

b) $n \dot{-} m$

c) nm

d) $n!$

** **7.6** Zeigen Sie, daß die Klasse der rekursiven Funktionen identisch zur Klasse der partiell rekursiven Funktionen ist.

7.7 Eine Funktion heißt *primitiv rekursiv*, wenn sie aus einer endlichen Anzahl von Anwendungen der Komposition und der *primitiven Rekursion*[2], ange-

---

[2] Eine primitive Rekursion ist eine Definition von $f(x_1, ..., x_n)$ mittels

$$f(x_1, ..., x_n) = \textbf{if } x_n = 0 \textbf{ then } g(x_1, ..., x_{n-1}) \textbf{ else } h(x_1, ..., x_n, f(x_1, ..., x_{n-1}, x_n - 1)),$$

wobei g und h primitiv rekursive Funktionen sind.

wandt auf die Konstante 0, die Nachfolger-Funktion oder eine Projektion $P_i(x_1, ..., x_n) = x_i$ besteht.

a) Zeigen Sie, daß jede primitiv rekursive Funktion eine total rekursive Funktion ist.

** b) Zeigen Sie, daß die Ackermann-Funktion nicht primitiv rekursiv ist.

** c) Zeigen Sie, daß das Hinzufügen des Minimierungsoperators $\min(f(x))$, der als das kleinste x definiert ist, für das $f(x) = 0$ gilt, zu den partiell rekursiven Funktionen führt.

7.8 Erstellen Sie eine TM, um $\{0^n 1^n \mid n \geq 1\}$ aufzuzählen.

** **7.9** Zeigen Sie, daß jede rekursiv aufzählbare Menge von einer TM mit nur zwei nichtakzeptierenden und einem akzeptierenden Zustand akzeptiert wird.

* **7.10** Vervollständigen Sie den Beweis aus Satz 7.11, daß die Bandsymbole 0 (Blank) und 1, wobei keine 1 von einer 0 überschrieben werden kann, für eine off-line TM ausreichen, um jede rekursiv aufzählbare Sprache zu akzeptieren.

7.11 Betrachten Sie ein off-line TM-Modell, das auf kein Band schreiben kann, aber drei Markierungen auf ein Hilfsband setzten kann. Zeigen Sie, daß das Modell jede rekursiv aufzählbare Sprache akzeptieren kann.

LITERATURHINWEISE

Die Turing-Maschine ist eine Erfindung von Turing [1936]. Alternative Formulierungen können bei Kleene [1936], Church [1936] oder Post [1936] gefunden werden. Diskussionen zur Church'schen Hypothese sind bei Kleene [1952], Davis [1958] oder Rogers [1967] zu finden. Zu den anderen Formalismen, die äquivalent zu den partiell rekursiven Funktionen sind, gehören das λ-Kakül (Church [1941]), rekursive Funktionen (Kleene [1952]) und Post-Systeme (Post [1943]).

Off-line Turing-Maschinen werden bei Hartmanis, Lewis und Stearns [1965] diskutiert. Ein wichtiges Ergebnis über mehrköpfige Turing-Maschinen — sie können ohne Zeitverlust mit einem Kopf pro Band simuliert werden — ist bei Hartmanis und Stearns [1965] zu finden. Der eine Fall, der nicht durch die letztere Arbeit abgedeckt ist, nämlich wenn die mehrköpfige TM in Echtzeit läuft (d.h. mit einer Anzahl von Bewegungen proportional zur Länge der Eingabe), wurde von Fischer, Meyer und Rosenberg [1972] behandelt; Leong und Seiferas [1977] enthält die letzte Veröffentlichung über die Reduzierung der Komplexität dieser Konstruktion. RAM wurden formal von Cook und Reckhow [1973] betrachtet.

Satz 7.9 (daß zwei Zähler eine TM simulieren können) wurde von Minsky [1961] bewiesen; der hier angegebene Beweis stammt von Fischer [1966]. Satz 7.11 über Turing-Maschinen, die nur Einsen auf Nullen schreiben können, stammt von Wang [1957]. Übung 7.9 (Beschränkung der Anzahl der Zustände) stammt von Shannon [1956]. Da in der letzten Arbeit von Akzeptieren durch Halten statt durch Endzustand ausgegangen wird, wird sogar gezeigt, daß nur zwei Zustände benötigt werden.

Eine Reihe von Arbeiten bieten eine Einführung in die Theorie der Turing-Maschinen und der rekursiven Funktionen. Dazu gehören Davis [1958,1965], Rogers

[1967], Yasuhara [1971], Jones [1973], Brainerd und Landweber [1974], Hennie [1977] und Machtey und Young [1978].

Kapitel 8
UNENTSCHEIDBARKEIT

Wir betrachten nun die Klassen der rekursiven und rekursiv aufzählbaren Sprachen. Der interessanteste Aspekt dieser Untersuchungen betrifft Sprachen, deren Zeichenketten als Kodierungen von Problem-Instantiierungen interpretiert werden können. Betrachten Sie das Problem zu bestimmen, ob eine beliebige TM die leere Zeichenkette akzeptiert. Dieses Problem kann formuliert werden als ein Sprachenproblem, indem man TM als Zeichenketten aus Nullen und Einsen kodiert. Die Menge aller Zeichenketten zur Kodierung von Turing-Maschinen, die die leere Zeichenkette akzeptieren, ist eine rekursiv aufzählbare, aber nicht rekursive Sprache. Daraus läßt sich schließen, daß es keinen Entscheidungsalgorithmus dafür geben kann, welche Turing-Maschinen die leere Zeichenkette akzeptieren und welche nicht.

In diesem Kapitel werden wir zeigen, daß viele Probleme über Turing-Maschinen sowie einige Fragen über kontextfreie Sprachen und andere Formalismen keinen Algorithmus für ihre Lösung haben. Darüber hinaus führen wir einige grundlegende Konzepte zur Theorie der rekursiven Funktionen ein, wozu auch die Problem-Hierarchie gehört, die wir bei der Betrachtung von "Turing-Maschinen mit Orakeln" auftaucht.

8.1 PROBLEME

Formal benutzen wir das Wort *Problem*, um uns auf Fragen wie "Ist eine gegebene kfG mehrdeutig?" zu beziehen. Im Fall des erwähnten *Mehrdeutigkeitsproblems* ist eine Instantiierung des Problems eine bestimmte kfG. Im allgemeinen ist eine Instantiierung eines Problems eine Liste von Argumenten, wobei es ein Argument für jeden Parameter des Problems gibt. Wenn wir unsere Aufmerksamkeit auf Ja/Nein-Antworten und Kodierung der Instantiierungen eines Problems durch Zeichenketten über einem endlichen Alphabet beschränken, können wir die Frage, ob ein Algorithmus zur Lösung eines Problems existiert oder nicht, in die Frage übertragen, ob eine bestimmte Sprache rekursiv ist oder nicht. Obwohl es so aussieht, als ob wir viele wichtige Probleme ausschließen, indem wir nur Ja/Nein-Probleme betrachten, ist dies tatsächlich nicht der Fall. Viele allgemeine Probleme haben Ja/Nein-Versionen, für die beweisbar ist, daß sie genauso schwer wie das allgemeine Problem sind.

Betrachten Sie das Problem der Mehrdeutigkeit für kfG und nennen Sie die Ja/Nein-Version MDK. Eine allgemeinere Form des Problems namens FIND verlangt, ein Wort über zwei oder mehr Ableitungen zu finden und ansonsten mit "nein" zu antworten. Ein Algorithmus für FIND kann zur Lösung von MDK benutzt werden. Wenn FIND ein Wort w produziert, so ist "ja" zu antworten; wenn FIND "nein" antwortet, so ist ebenfalls mit "nein" zu antworten. Umgekehrt läßt sich für einen gegebenen Algorithmus für MDK ein Algorithmus für FIND produzieren. Der Algorithmus wendet zuerst MDK auf die Grammatik G an. Wenn

MDK "nein" antwortet, so antwortet der Algorithmus auch "nein". Wenn MDK "ja" antwortet, so beginnt der Algorithmus automatisch, alle Wörter über dem Terminal-Alphabet von G zu erzeugen. Sobald ein Wort w erzeugt wurde, wird es getestet, um zu sehen, ob es zwei oder mehr Ableitungsbäume besitzt. Beachten Sie, daß der Algorithmus nicht anfängt, Wörter zu erzeugen, bevor G mehrdeutig ist, so daß schließlich ein w gefunden und angegeben wird. Also haben wir tatsächlich einen Algorithmus. Der Teil des Algorithmus, der w auf zwei oder mehr Ableitungen testet, verbleibt als Übung.

Der Prozeß, durch den wir einen Algorithmus für ein Problem (so wie FIND) konstruieren, indem wir einen angenommenen Algorithmus für ein anderes Problem (MDK) benutzen, nennt man *Reduktion* (von FIND auf MDK). Allgemein gilt: Wenn wir Problem A auf Problem B reduzieren, so zeigen wir, daß B mindestens so schwer ist wie A. In diesem Fall ist also, wie in vielen anderen Fällen, das Ja/Nein-Problem MDK nicht einfacher als die allgemeinere Version des Problems. Später werden wir zeigen, daß es keinen Algorithmus für MDK gibt. Durch die Reduktion von MDK auf FIND schließen wir, daß es auch keinen Algorithmus für FIND gibt, da die Existenz eines Algorithmus für FIND die Existenz eines Algorithmus für MDK impliziert, was ein Widerspruch ist.

Ein weiterer wichtiger Punkt betrifft das Kodieren der Grammatik G: Da alle Turing-Maschinen ein festes Alphabet haben, können wir die Quadrupel-Notation $G = (V, T, P, S)$ als die Kodierung von G ohne Modifikationen ansehen. Wir können Quadrupel wie folgt als binäre Zeichenketten kodieren: Die Metasymbole der Quadrupel, d.h. die linken und rechten runden Klammern, die eckigen Klammern, Kommata und $\rightarrow$, seien durch $1, 10, 100, ..., 10^5$ kodiert. Das i-te Grammatiksymbol (in einer beliebigen Ordnung) sei durch 10^{i+5} kodiert. Bei dieser Kodierung kennen wir nicht mehr die exakten Symbole für Terminale und Nichtterminale; natürlich berührt das Umbenennen der Variablen nicht die erzeugte Sprache, so daß ihre Symbole nicht wichtig sind. Obwohl wir ursprünglich die Identität der Terminale als wichtig angesehen haben, sind für dieses Problem die für die Terminalzeichen verwendeten Symbole irrelevant, da das Umbenennen der Terminale nicht die Mehrdeutigkeit oder Eindeutigkeit der Grammatik betrifft.

Entscheidbare und unentscheidbare Probleme

Ein Problem, dessen Sprache rekursiv ist, nennt man *entscheidbar*; andernfalls ist das Problem *unentscheidbar*. Ein Problem ist demnach nicht entscheidbar, wenn es keinen Algorithmus gibt, der als Eingabe eine Instantiierung des Problems aufnimmt und entscheidet, ob die Antwort für diese Instantiierung "ja" oder "nein" ist.

Eine nicht offensichtliche Konsequenz der Definition von "unentscheidbar" ist, daß Probleme mit einer einzigen Instantiierung trivialerweise entscheidbar sind. Betrachten Sie folgendes Problem, das auf der Fermat'schen Vermutung beruht: Gibt es tatsächlich keine positive, ganzzahlige Lösung für die Gleichung $x^i + y^i = z^i$ für $i \geq 3$? Beachten Sie, daß x, y, z und i in der Formulierung des Problems keine Parameter, sondern gebundene Variablen sind. Es gibt natürlich eine Turing-Maschine, die eine beliebige Eingabe akzeptiert, und eine andere, die eine beliebige Eingabe verwirft; eine dieser beiden beantwortet die Fermat'sche Vermutung korrekt — aber wir wissen nicht, welche dies ist. Tatsächlich könnte es sogar sein, daß aus den Axiomen der Arithmetik keine Lösung für diese Vermutung ableitbar ist. Die Fermat'sche Vermutung kann also wahr sein, obwohl es keinen arithmetischen Beweis dafür gibt. Die Möglichkeit (jedoch nicht die Sicherheit) für deren Korrektheit folgt aus Gödels Unvollständigkeitstheorem, welches besagt, daß jedes konsistente formale System, das so mächtig ist, daß es die Zahlentheorie beinhaltet, Sätze enthalten muß, die zwar wahr, aber in diesem System nicht beweisbar sind.

Es sollte den Leser nicht stören, daß eine derart knifflige Frage wie die Fermat'sche Vermutung "entscheidbar" ist. Die Unentscheidbarkeitstheorie befaßt sich mit der Existenz bzw. Nichtexistenz von Algorithmen zur Lösung von Problemen mit unendlich vielen Instantiierungen.

8.2 EIGENSCHAFTEN REKURSIVER UND REKURSIV AUFZÄHLBARER SPRACHEN

Einige Sätze in diesem Kapitel werden durch Reduktion eines Problems auf ein anderes bewiesen. Zu diesen Reduktionen gehört die Kombination mehrerer Turing-Maschinen zwecks Bildung einer zusammengesetzten Maschine. Der Zustand der zusammengesetzten Maschine hat eine Komponente für jede individuelle Maschinenkomponente. Genauso hat die zusammengesetzte Maschine getrennte Bänder für jede der individuellen Maschinen. Die Details der zusammengesetzten Maschine sind normalerweise ermüdend und verschaffen keinen Einblick. Deshalb beschreiben wir die Konstruktion informell.

Ist ein Algorithmus (eine Turing-Maschine, die immer stoppt) gegeben, kann die zusammengesetzte Turing-Maschine eine Aktion durchführen, wenn der Algorithmus akzeptiert, und eine andere, wenn er dies nicht tut. Bei einer beliebigen TM anstelle eines Algorithmus ist dies nicht möglich, da die TM ewig laufen könnte (wenn sie nicht akeptiert) und die zusammengesetzte Maschine daher niemals eine nächste Aufgabe beginnen könnte. Graphisch hat man sich das folgendermaßen vorzustellen: Ein Pfeil in eine mit "Start" markierte Kiste zeigt ein Startsignal an. Kisten ohne "Start" sollen operieren, wenn die zusammengesetzte Maschine operiert. Algorithmen haben zwei Ausgaben, "ja" und "nein", die als Startsignal bzw. als Antwort der zusammengesetzten Maschine benutzt werden können. Beliebige Turing-Maschinen haben nur eine "ja"-Ausgabe, die für die gleichen Zwecke benutzt werden kann.

Wir wenden uns nun einigen grundlegenden Abgeschlossenheitseigenschaften der Klassen der rekursiven und rekursiv aufzählbaren Mengen zu.

Satz 8.1

Das Komplement einer rekursiven Sprache ist rekursiv.

Beweis:

Sei L eine rekursive Sprache und M eine Turing-Maschine, die auf allen Eingaben anhält und L erkennt. Wie konstruieren M' aus M, so daß M' stoppt ohne zu akzeptieren, wenn M auf eine Eingabe w hin in einen Endzustand übergeht. Hält M ohne zu akzeptieren, so geht M' in einen Endzustand über. Da eines dieser beiden Ereignisse eintritt, ist M' ein Algorithmus. Natürlich ist $L(M')$ das Komplement

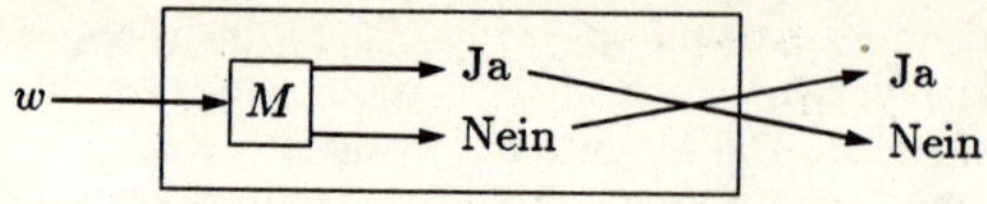

Abb. 8.1: Konstruktion, um zu zeigen, daß rekursive Sprachen unter Komplementbildung abgeschlossen sind.

von L; folglich ist das Komplement von L eine rekursive Sprache. Abbildung 8.1 stellt die Konstruktion von M' aus M dar. □

Satz 8.2

Die Vereinigung zweier rekursiver Sprachen ist rekursiv. Die Vereinigung zweier rekursiv aufzählbarer Sprachen ist rekursiv aufzählbar.

Beweis:

Seien L_1 und L_2 rekursive Sprachen, die von Algorithmen M_1 und M_2 erkannt werden. Wir konstruieren eine TM M, die zuerst M_1 simuliert. Wenn M_1 akzeptiert, so akzeptiert M. Wenn M_1 verwirft, so simuliert M die TM M_2 und akzeptiert genau dann, wenn M_2 akzeptiert. Da sowohl M_1 als auch M_2 Algorithmen sind, hält M garantiert an. Natürlich wird $L_1 \cup L_2$ von M akzeptiert.

Für rekursiv aufzählbare Sprachen funktioniert die obige Konstruktion nicht, da M_1 nicht stoppen könnte. Stattdessen kann M simultan M_1 und M_2 auf verschiedenen Bändern simulieren. Wenn einer der beiden akzeptiert, so akzeptiert M. Abbildung 8.2 zeigt die beiden Konstruktionen dieses Satzes. □

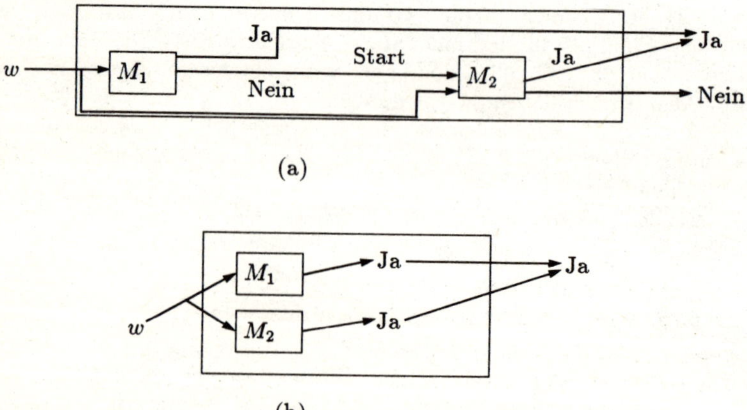

Abb. 8.2: Konstruktion für Vereinigung.

Satz 8.3
Wenn eine Sprache L und ihr Komplement $\bar{L}$ beide rekursiv aufzählbar sind, dann ist L (und damit $\bar{L}$) rekursiv.

Beweis:
M_1 und M_2 sollen L beziehungsweise $\bar{L}$ akzeptieren. Wir konstruieren M wie in Abbildung 8.3, um M_1 und M_2 simultan zu simulieren. M akzeptiert w, wenn w von M_1 akzeptiert wird, und verwirft w, wenn w von M_2 akzeptiert wird. Da w entweder in L oder in $\bar{L}$ ist, wissen wir, daß genau eine der beiden Turing-Maschinen M_1 und M_2 erkennen wird. Also wird M stets entweder "ja" oder "nein", aber niemals beides ausgeben. Beachten Sie, daß es keine Zeitbeschränkung dafür gibt, wie lange es dauern darf, bis M_1 bzw. M_2 akzeptiert; sicher ist jedoch, daß die eine oder die andere akzeptieren wird. Da M ein Algorithmus ist, der L erkennt, ist L rekursiv. □

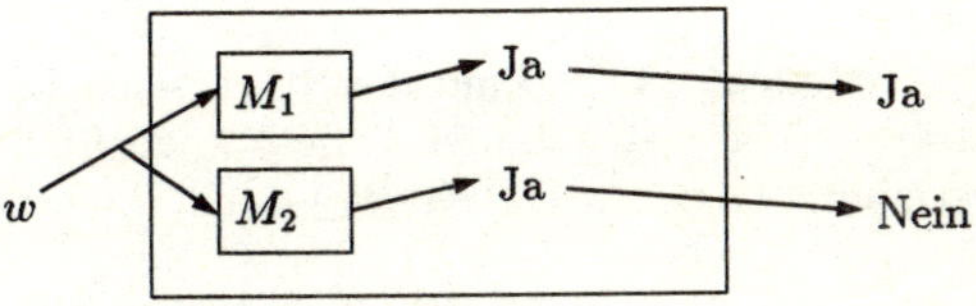

Abb. 8.3: Konstruktion für Satz 8.3.

Satz 8.1 und Satz 8.3 haben eine wichtige Konsequenz: Seien L und $\bar{L}$ ein Paar komplementärer Sprachen. Dann gilt eine der folgenden Aussagen:

1) sowohl L als auch $\bar{L}$ ist rekursiv;
2) weder L noch $\bar{L}$ ist rekursiv aufzählbar;
3) entweder L oder $\bar{L}$ ist rekursiv aufzählbar, aber nicht rekursiv, und die jeweils andere Sprache ist nicht rekursiv aufzählbar.

Eine wichtige Technik zum Beweis der Unentscheidbarkeit eines Problems ist, durch Diagonalisierung zu zeigen, daß das Komplement der Sprache für dieses Problem nicht rekursiv aufzählbar ist. Also muß Fall (2) oder (3) zutreffen. Diese Technik ist essentiell für unseren ersten Beweis, daß ein Problem nicht entscheidbar ist; danach werden verschiedene Formen von Reduktionen verwendet, um zu zeigen, daß andere Probleme nicht entscheidbar sind.

8.3 UNIVERSELLE TURING-MASCHINEN UND EIN UNENTSCHEIDBARES PROBLEM

Wir werden nun die Diagonalisierung benutzen, um zu zeigen, daß ein bestimmtes Problem nicht entscheidbar ist. Das Problem lautet: "Akzeptiert die Turing-Maschine M die Eingabe w?" Hier sind sowohl M als auch w Parameter des Problems. Bei der Formalisierung des Problems als eine Sprache werden wir M auf das Alphabet $\{0, 1, B\}$ und w so beschränken, daß es über $\{0, 1\}$ gebildet ist. Da das beschränkte Problem nicht entscheidbar ist, ist das allgemeinere Problem sicherlich auch nicht entscheidbar. Wir arbeiten mit der beschränkten Form, um die Kodierung von Problem-Instantiierungen als Zeichenkette zu vereinfachen.

Kodierung von Turing-Maschinen

Zunächst kodieren wir Turing-Maschinen mit beschränkten Alphabeten als Zeichenketten über $\{0,1\}$. Sei

$$M = (Q, \{0,1\}, \{0,1,B\}, \delta, q_1, B, \{q_2\})$$

eine Turing-Maschine mit Eingabealphabet $\{0,1\}$ und dem Blank als einzigem zusätzlichen Bandsymbol. Wir nehmen weiter an, daß $Q = \{q_1, q_2, ..., q_n\}$ die Menge der Zustände ist, und daß q_2 der einzige Endzustand ist. Satz 7.10 versichert uns, daß $L \subseteq (\mathbf{0} + \mathbf{1})^*$ von einer TM mit dem Alphabet $\{0,1,B\}$ erkannt wird, wenn sie von irgendeiner TM erkannt wird. Außerdem braucht man nicht mehr als einen Endzustand für jede Turing-Maschine, da sie — nach dem Akzeptieren — auch anhalten kann.

Es ist praktisch, die Symbole $0, 1, B$ mit den Synonymen X_1, X_2, X_3 zu benennen. Wir geben auch den Richtungen L und R die Namen R_1 und R_2. Dann wird eine generische Bewegung $\delta(q_i, X_j) = (q_k, X_l, R_m)$ durch die binäre Zeichenkette

$$0^i 1 0^j 1 0^k 1 0^l 1 0^m \tag{8.1}$$

kodiert. Eine binäre Kodierung für eine TM M ist

$$111 code_1 11 code_2 11 ... 11 code_r 111, \tag{8.2}$$

wobei jeder $code_i$ eine Zeichenkette der Form aus (8.1) ist, und jede Bewegung von M durch eine der Kodierungen kodiert wird. Die Bewegungen müssen nicht in einer festen Ordnung sein, so daß jede Turing-Maschine tatsächlich viele Kodierungen hat. Jede solche Kodierung für M wird mit $\langle M \rangle$ bezeichnet.

Jede binäre Zeichenkette kann als Kodierung für höchstens eine Turing-Maschine interpretiert werden; viele binäre Zeichenketten bilden keine Kodierung einer TM. Um zu sehen, daß die Dekodierung eindeutig ist, ist zu beachten, daß keine Zeichenkette von der Form (8.1) zwei Einsen in Folge hat, so daß die $code_i$ sofort gefunden werden können. Wenn eine Zeichenkette am Anfang oder Ende nicht genau drei Einsen hat oder aber drei Einsen an anderer Stelle oder aber zwei Paare von Einsen, zwischen denen sich nicht genau fünf Blöcke mit Nullen befinden, so stellt diese Zeichenkette keine TM dar.

Das Paar M und w wird durch eine Zeichenkette der Form (8.2), gefolgt von w, dargestellt. Jede derartige Zeichenkette wird mit $\langle M, w \rangle$ bezeichnet.

Beispiel 8.1

Sei

$$M = (\{q_1, q_2, q_3\}, \{0,1\}, \{0,1,B\}, \delta, q_1, B, \{q_2\})$$

und habe die Bewegungen

$$\begin{aligned}
\delta(q_1, 1) &= (q_3, 0, R)\\
\delta(q_3, 0) &= (q_1, 1, R)\\
\delta(q_3, 1) &= (q_2, 0, R)\\
\delta(q_3, B) &= (q_3, 1, L)
\end{aligned}$$

Also ist die folgende eine durch $\langle M, 1011\rangle$ bezeichnete Zeichenkette:

111010010001010011000101010010011000100100101001100010001000100101111011

Beachten Sie, daß viele verschiedene Zeichenketten ebenfalls Kodierungen des Paares $\langle M, 1011\rangle$ darstellen, und daß jede von diesen mit der Bezeichnung $\langle M, 1011\rangle$ gemeint sein kann.

Eine nicht rekursiv aufzählbare Sprache

Wir nehmen an, daß wir eine Liste von $(\mathbf{0}+\mathbf{1})^*$ in kanonischer Ordnung haben (siehe Abschnitt 7.7); dabei sei w_i das i-te Wort und M_j die Turing-Maschine, deren Kodierung — wie in (8.2) — die ganze Zahl j in binärer Schreibweise ist. Stellen Sie sich eine unendliche Tabelle (ähnlich der in Abbildung 8.4[1]) vor, die für alle i und j aussagt, ob w_i in $L(M_j)$ ist: 0 bedeutet, daß w_i nicht in $L(M_j)$ ist, und 1 bedeutet, daß w_i in $L(M_j)$ liegt.

$i \downarrow$ \ $j \rightarrow$	1	2	3	4	$\cdots$
1	0	1	1	0	$\cdots$
2	1	1	0	0	$\cdots$
3	0	0	1	0	$\cdots$
4	0	1	0	1	$\cdots$
$\vdots$	$\vdots$	$\vdots$	$\vdots$	$\vdots$	$\ddots$ Diagonale

Abb. 8.4: Hypothetische Tabelle, die die Akzeptanz von Wörtern durch eine Turing-Maschine zeigt.

Wir konstruieren eine Sprache L_d, indem wir die Einträge aus der Diagonalen der Tabelle betrachten, um das Enthaltensein in L_d zu bestimmen. Um zu garantieren, daß keine TM L_d erkennt, bestehen wir darauf, daß w_i genau dann in L_d ist, wenn der (i,i)-Eintrag 0 ist, d.h. wenn w_i nicht von M_i akzeptiert wird. Wir nehmen an, daß L_d von einer TM M_j akzeptiert wird. Dann stehen wir dem folgenden Widerspruch gegenüber: Falls w_j in L_d ist, dann ist der (j,j)-Eintrag 0, woraus folgt, daß w_j nicht in $L(M_j)$ ist; dies widerspricht aber $L_d = L(M_j)$. Andererseits ist der (j,j)-Eintrag 1, wenn w_j nicht in L_d ist, und daraus folgt, daß w_j in $L(M_j)$ liegt, was aber wiederum ein Widerspruch zu $L_d = L(M_j)$ ist. Da w_j weder in L_d

---

[1] Da alle TM mit kleinen Nummern die leere Menge erkennen, wäre der korrekte Inhalt des gezeigten Tabellenteils eigentlich identisch 0.

noch nicht in L_d ist, schließen wir, daß unsere Annahme $L_d = L(M_j)$ falsch ist. Also gibt es in der Liste keine TM, die L_d akzeptiert, und nach Satz 7.10 folglich überhaupt keine L_d akzeptierende TM.

Damit haben wir Lemma 8.1 bewiesen:

Lemma 8.1
L_d ist nicht rekursiv aufzählbar.

Die universelle Sprache

Wir definieren L_u, die "universelle Sprache", als $\{\langle M, w\rangle \mid M \text{ akzeptiert } w\}$. Wir nennen L_u universell, weil die Frage, ob irgendeine bestimmte Zeichenkette w aus $(\mathbf{0}+\mathbf{1})^*$ von irgendeiner bestimmten TM M akzeptiert wird, äquivalent zu der Frage ist, ob $\langle M', w\rangle$ in L_u ist; dabei ist M' die TM mit dem Bandalphabet $\{0, 1, B\}$, also äquivalent zu der in Satz 7.10 konstruierten TM.

Satz 8.4
L_u ist rekursiv aufzählbar.

Beweis:
Wir geben eine dreibändige TM M_1 an, die L_u akzeptiert. Das erste Band von M_1 ist das Eingabe-Band, und der Eingabe-Kopf auf diesem Band wird benutzt, um Bewegungen der TM M zu überwachen, wenn eine Kodierung $\langle M, w\rangle$ als Eingabe gegeben ist. Beachten Sie, daß die Bewegungen von M sich zwischen den ersten beiden Blöcken von drei Einsen vollziehen. Das zweite Band von M_1 wird das Band von M simulieren. Das Alphabet von M ist $\{0, 1, B\}$, so daß jedes auf dem Band von M stehende Symbol in einem Bandfeld des zweiten Bandes von M_1 gespeichert werden kann. Ohne die Beschränkung des Alphabetes von M müßten wir viele Bandfelder von M_1 benutzen, um ein Feld von M simulieren zu können; die Simulation könnte mit etwas mehr Arbeitsaufwand aber auch durchgeführt werden. Das dritte Band enthält den Zustand von M, wobei q_i durch 0^i dargestellt wird. Das Verhalten von M_1 ist wie folgt:

1) Es wird das Format von Band 1 überprüft, um zu sehen, daß es ein Präfix der Form (8.2) hat, und daß es keine zwei Kodierungen gibt, die mit 0^i10^j1 für dasselbe i und j beginnen. Zu überprüfen ist auch, daß $1 \leq j \leq 3$, $1 \leq l \leq 3$ und $1 \leq m \leq 2$ gilt, damit $0^i10^j10^k10^l10^m$ eine Kodierung ist. Band 3 kann als Hilfsband benutzt werden, um das Vergleichen zweier Kodierungen zu vereinfachen.
2) Band 2 wird mit w initialisiert, also dem dem zweiten Block von drei Einsen folgenden Teil der Eingabe. Band 3 wird mit einer einzigen 0 initialisiert, die q_1 repräsentiert. Alle drei Bandköpfe stehen jeweils auf dem linken Bandsymbol. Diese Symbole können markiert werden, damit die Köpfe ihren Rückweg finden.
3) Wenn das dritte Band 00 enthält, also die Kodierung für den Endzustand, so hält M_1 und akzeptiert.
4) Sei X_j das Symbol, auf dem der Kopf von Band 2 steht, und sei 0^i gerade der Inhalt von Band 3. Das erste Band ist vom linken Ende her bis zum zweiten "111" nach einer Teil-Zeichenkette abzusuchen, die mit 110^i10^j1 beginnt. Wenn keine solche Zeichenkette gefunden wird, ist anzuhalten und zu verwerfen; M hat dann keine nächste Bewegung, und M hat nicht akzeptiert. Wird

eine solche Kodierung gefunden, so sei sie $0^i10^j10^k10^l10^m$. Dann ist 0^k auf Band 3 zu setzen, X_l in das vom zweiten Kopf belegte Bandfeld zu schreiben und der Kopf in Richtung R_m zu bewegen. Beachten Sie, daß wir in (1) geprüft haben, ob $1 \leq l \leq 3$ und $1 \leq m \leq 2$ gilt. Der nächste Schritt ist Schritt (3).

Es ist einfach zu überprüfen, daß $\langle M, w\rangle$ genau dann von M_1 akzeptiert wird, wenn w von M akzeptiert wird. Es ist auch wahr, daß M_1 ewig auf $\langle M, w\rangle$ laufen wird, wenn M endlos auf w läuft; ebenso gilt, daß M_1 auf $\langle M, w\rangle$ ohne Akzeptieren hält, wenn M auf w hält, ohne zu akzeptieren. □

Die Existenz von M_1 genügt, um Satz 8.4 zu beweisen. Nach Satz 7.2 bzw. 7.10 können wir aber eine TM mit einem einseitig unendlichen Band und einem Alphabet $\{0, 1, B\}$ finden, die L_u akzeptiert. Wir nennen diese bestimmte TM M_u — die universelle Turing-Maschine — da sie die Arbeit jeder Turing-Maschine mit Eingabealphabet $\{0, 1\}$ verrichtet.

Nach Lemma 8.1 ist die diagonale Sprache L_d nicht rekursiv aufzählbar, und daher nicht rekursiv; also ist nach Satz 8.1 $\bar{L}_d$ nicht rekursiv. Beachten Sie, daß $\bar{L}_d = \{w_i \mid M_i \text{ akzeptiert } w_i\}$. Wir können beweisen, daß die universelle Sprache $L_u = \{\langle M, w\rangle \mid M \text{ akzeptiert } w\}$ nicht rekursiv ist, indem wir $\bar{L}_d$ auf L_u reduzieren. Also ist L_u ein Beispiel für eine Sprache, die rekursiv aufzählbar, aber nicht rekursiv ist. Tatsächlich ist $\bar{L}_d$ ein weiteres Beispiel für eine solche Sprache.

Satz 8.5
L_u ist nicht rekursiv.

Beweis:
Wir nehmen an, daß A ein Algorithmus ist, der L_u akzeptiert. Dann können wir $\bar{L}_d$ wie folgt erkennen: Für eine gegebene Zeichenkette w aus $(\mathbf{0} + \mathbf{1})^*$ läßt sich durch eine einfache Berechnung der Wert von i bestimmen, so daß $w = w_i$. Die ganze Zahl i in Binärdarstellung ist die Kodierung für die TM M_i. $\langle M_i, w_i\rangle$ ist in Algorithmus A einzugeben; w wird genau dann erkannt, wenn w_i von M_i akzeptiert wird. Die Konstruktion wird in Abbildung 8.5 gezeigt.

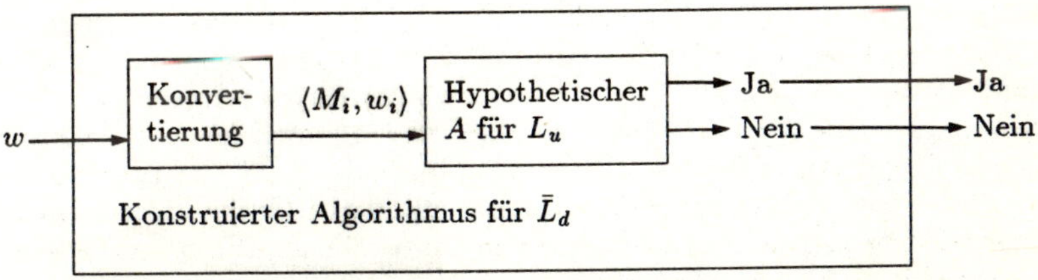

Abb. 8.5: Reduktion von $\bar{L}_d$ auf L_u.

Es ist einfach zu überprüfen, daß der konstruierte Algorithmus w genau dann akzeptiert, wenn $w = w_i$ und w_i in $L(M_i)$ ist. Also haben wir einen Algorithmus für $\bar{L}_d$. Da kein solcher Algorithmus existiert, wissen wir, daß unsere Annahme — ein Algorithmus A für L_u existiere — falsch ist. Also ist L_u rekursiv aufzählbar, aber nicht rekursiv. □

8.4 DER SATZ VON RICE UND WEITERE UNENTSCHEIDBARE PROBLEME

Wir haben nun ein Beispiel für eine rekursiv aufzählbare Sprache, die nicht rekursiv ist. Das damit verbundene Problem "Wird w von M akzeptiert?" ist nicht entscheidbar, und wir können diese Tatsache benutzen, um zu zeigen, daß andere Probleme nicht entscheidbar sind. In diesem Abschnitt geben wir mehrere Beispiele für nicht entscheidbare Probleme — betreffend rekursiv aufzählbare Mengen. In den nächsten drei Abschnitten werden wir einige nicht entscheidbare Probleme, die außerhalb des Bereiches der Turing-Maschinen liegen, diskutieren.

Beispiel 8.2

Betrachten Sie folgendes Problem: "Gilt $L(M) \neq \emptyset$?". Sei $\langle M \rangle$ eine Kodierung für M wie in (8.2). Dann definieren wir

$$L_{nl} = \{\langle M \rangle \mid L(M) \neq \emptyset\} \qquad \text{und} \qquad L_l = \{\langle M \rangle \mid L(M) = \emptyset\}.$$

Beachten Sie, daß L_l und L_{nl} Komplemente voneinander sind, da jede binäre Zeichenkette eine TM bezeichnet; ist das Format ungünstig, so wird damit eine TM ohne Bewegungen bezeichnet. Wir behaupten, daß L_{nl} rekursiv aufzählbar, aber nicht rekursiv ist, sowie daß L_l nicht rekursiv aufzählbar ist.

Wir zeigen, daß L_{nl} rekursiv aufzählbar ist, indem wir eine Turing-Maschine M konstruieren, die alle Kodierungen von Turing-Maschinen erkennen soll, die nichtleere Mengen akzeptieren. Bei gegebener Eingabe $\langle M_i \rangle$ rät M nichtdeterministisch eine von M_i akzeptierte Zeichenkette x und verifiziert, daß M_i wirklich x akzeptiert, indem sie M_i auf der Eingabe x simuliert. Dieser Schritt kann auch deterministisch ausgeführt werden, wenn wir den in Abschnitt 7.7 beschriebenen Paargenerator benutzen. Für das Paar (j, k) simuliert M die TM M_i auf der j-ten binären Zeichenkette (in kanonischer Ordnung) für k Schritte. Wenn M_i akzeptiert, so akzeptiert M $\langle M_i \rangle$.

Nun müssen wir zeigen, daß L_l nicht rekursiv ist. Dazu nehmen wir an, sie sei rekursiv. Dann könnten wir einen Algorithmus für L_u konstruieren, was ein Widerspruch zu Satz 8.5 ist. Sei A ein hypothetischer Algorithmus, der L_l akzeptiert. Dann gibt es einen Algorithmus B, der bei gegebenem $\langle M, w \rangle$ eine Turing-Maschine M' mit folgenden Eigenschaften konstruiert: Die leere Menge wird erkannt, wenn M nicht w akzeptiert, und $(\mathbf{0}+\mathbf{1})^*$ wird akzeptiert, wenn w von M akzeptiert wird. Der Aufbau von M' ist in Abbildung 8.6 zu sehen. M' ignoriert ihre Eingabe x und simuliert stattdessen M auf der Eingabe w; M' akzeptiert, wenn M akzeptiert.

Beachten Sie, daß M' nicht B ist. Vielmehr ist B wie ein Compiler, der $\langle M, w \rangle$ als "Quellprogramm" nimmt und M' als "Objektprogramm" produziert. Wir haben beschrieben, was B tun muß, aber nicht, wie er dies tut. Die Konstruktion von B ist einfach. $\langle M, w \rangle$ ist zu nehmen und w zu isolieren. $w = a_1 a_2 ... a_n$ habe die Länge n. B erzeugt $n + 3$ Zustände $q_1, q_2, ... q_{n+3}$ mit den Bewegungen

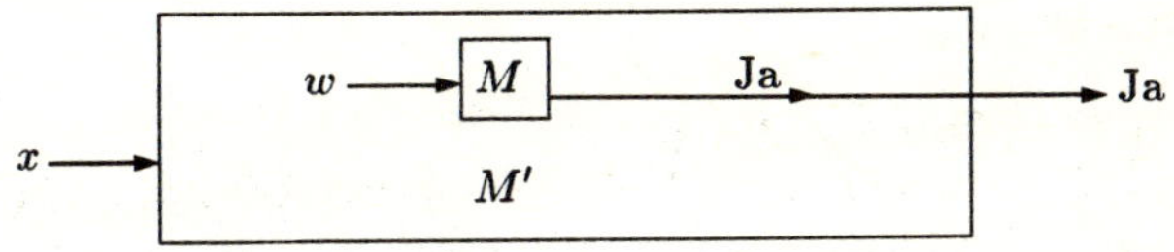

Abb. 8.6: Die Turing-Maschine M'.

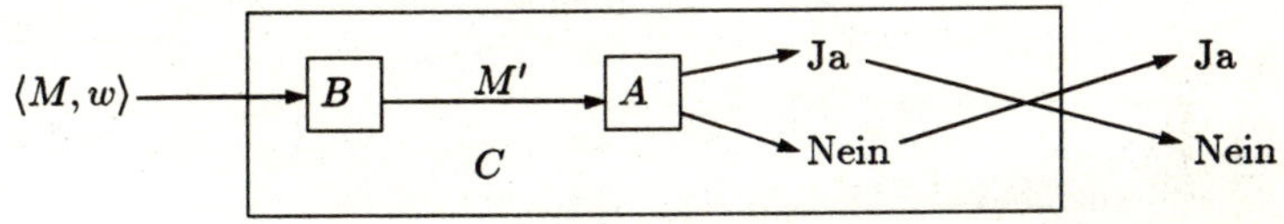

Abb. 8.7: Ein für L_u konstruierter Algorithmus unter der Annahme, daß Algorithmus A für L_l existiert.

$$\begin{array}{rcl}\delta(q_1, X) & = & (q_2, \$, R) \text{ für jedes } X \text{ (Markierung schreiben)},\\ \delta(q_i, X) & = & (q_{i+1}, a_{i-1}, R) \text{ für jedes } X \text{ und } 2 \leq i \leq n+1 \text{ (} w \text{ schreiben)},\\ \delta(q_{n+2}, X) & = & (q_{n+2}, B, R) \text{ für } X \neq B \text{ (Band löschen)},\\ \delta(q_{n+2}, B) & = & (q_{n+3}, B, L),\\ \delta(q_{n+3}, X) & = & (q_{n+3}, X, L) \text{ für } X \neq \$ \text{ (Markierung suchen)}.\end{array}$$

Nachdem die Kodierung für diese Bewegungen produziert worden ist, wird $n+3$ von B zu den Indizes der Zustände von M hinzuaddiert; außerdem wird die Bewegung

$$\delta(q_{n+3}, \$) = (q_{n+4}, \$, R) \quad /{*}\text{Start von } M{*}/$$

sowie alle Bewegungen von M zur erzeugten Turing-Maschine hinzugenommen. Die resultierende TM hat ein Extra-Symbol \$; nach Satz 7.10 können wir aber ein M' mit dem Bandalphabet $\{0, 1, B\}$ konstruieren, wobei sich q_2 sicherlich zum Endzustand machen läßt. Dieser Schritt vervollständigt den Algorithmus B und seine Ausgabe ist die gewünschte TM M' von Abbildung 8.6.

Wir nehmen nun an, daß ein Algorithmus A zur Erkennung von L_l existiert. Dann konstruieren wir einen Algorithmus C für L_u wie in Abbildung 8.7. Wenn w von M akzeptiert wird, dann ist $L(M) \neq \emptyset$ und A sagt "nein", während C "ja" sagt. Wenn w nicht von M akzeptiert wird, dann gilt $L(M) = \emptyset$, und A sagt "ja", während C "nein" sagt. Da C nach Satz 8.5 nicht existiert, kann A nicht existieren. Also ist L_l nicht rekursiv. Wenn L_{nl} rekursiv wäre, wäre es nach Satz 8.1 auch L_l. Also ist L_{nl} rekursiv aufzählbar, aber nicht rekursiv. Wenn L_l rekursiv aufzählbar wäre, dann wären L_l und L_{nl} nach Satz 8.3 rekursiv. Also ist L_l nicht rekursiv aufzählbar.

Beispiel 8.3
Betrachten Sie die Sprachen

$$L_r = \{\langle M \rangle \mid L(M) \text{ ist rekursiv}\}$$

und

$$L_{nr} = \{\langle M \rangle \mid L(M) \text{ ist nicht rekursiv}\}.$$

Beachten Sie, daß L_r nicht gleich $\{\langle M \rangle \mid M \text{ hält auf allen Eingaben}\}$ ist, obwohl sie letztere Sprache einschließt. Eine Turing-Maschine M könnte alle rekursiven Sprachen akzeptieren, obwohl M selbst auf einigen nicht in $L(M)$ enthaltenen Wörtern endlos laufen könnte; eine andere zu M äquivalente TM muß dennoch immer halten. Wir behaupten, daß weder L_r noch L_{nr} rekursiv aufzählbar sind.

Nehmen wir nun an, daß L_r rekursiv aufzählbar sei; dann könnten wir eine TM für $\bar{L}_u$ konstruieren, von der wir wissen, daß sie nicht existiert. Sei M_r eine TM, die L_r akzeptiert. Wir können einen Algorithmus A konstruieren, der $\langle M, w \rangle$ als Eingabe nimmt und als Ausgabe eine Turing-Maschine M' liefert, so daß

$$L(M') = \begin{cases} \emptyset & \text{wenn } w \text{ nicht von } M \text{ akzeptiert wird,} \\ L_u, & \text{wenn } w \text{ von } M \text{ akzeptiert wird.} \end{cases}$$

Beachten Sie, daß L_u nicht rekursiv ist, so daß M' eine rekursive Sprache genau dann akzeptiert, wenn w nicht von M akzeptiert wird. Der Aufbau von M' ist in Abbildung 8.8 gezeigt. Wie im vorhergehenden Beispiel haben wir die Ausgabe von A beschrieben. Wir überlassen die Konstruktion von A dem Leser.

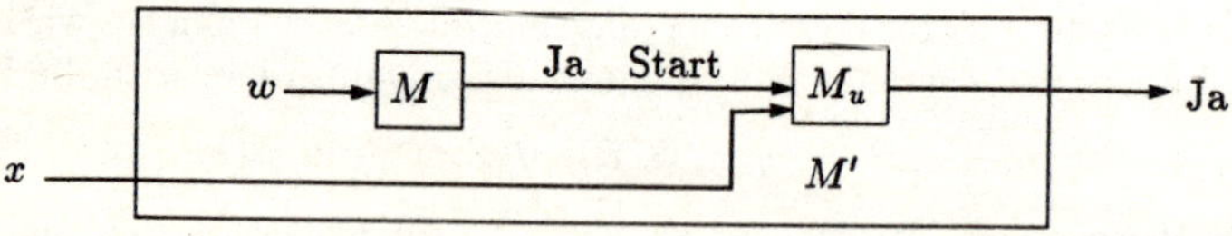

Abb. 8.8: Die Turing-Maschine M'.

Bei gegebenem A und M_r könnten wir eine Turing-Maschine konstruieren, die $\bar{L}_u$ akzeptiert (wie in Abbildung 8.9 gezeigt) und sich wie folgt verhält: Bei Eingabe $\langle M, w \rangle$ benutzt die Turing-Maschine A, um M' zu produzieren, und sie benutzt M_r, um zu entscheiden, ob die von M' akzeptierte Menge rekursiv aufzählbar ist; sie akzeptiert genau dann, wenn $L(M')$ rekursiv ist. Aber $L(M')$ ist genau dann rekursiv, wenn $L(M') = \emptyset$ gilt, d.h. wenn w nicht von M akzeptiert wird. Also akzeptiert die TM aus Abbildung 8.9 $\langle M, w \rangle$ genau dann, wenn $\langle M, w \rangle$ in $\bar{L}_u$ ist.

Nun wenden wir uns L_{nr} zu. Wir nehmen an, daß wir eine Turing-Maschine M_{nr} haben, die L_{nr} akzeptiert. Dann können wir M_{nr} und einen vom Leser zu

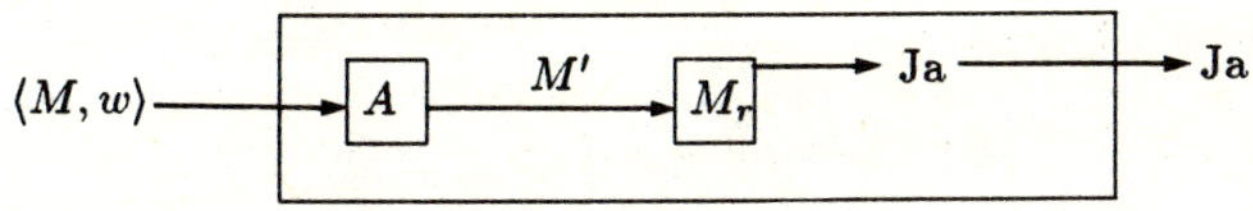

Abb. 8.9: Hypothetische Turing-Maschine für $\bar{L}_u$.

konstruierenden Algorithmus B benutzen, um $\bar{L}_u$ zu akzeptieren. B nimmt $\langle M, w\rangle$ als Eingabe und produziert als Ausgabe eine Turing-Maschine M', so daß

$$L(M') = \begin{cases} \Sigma^*, & \text{falls } w \text{ von } M \text{ akzeptiert wird,} \\ L_u, & \text{falls } w \text{ nicht von } M \text{ akzeptiert wird.} \end{cases}$$

Also akzeptiert M' eine rekursive Sprache genau dann, wenn w von M akzeptiert wird. Das von B erzeugte M' ist in Abbildung 8.10(a) zu sehen; eine TM, um $\bar{L}_u$ bei gegebenem B und M_{nr} zu akzeptieren, wird in Abbildung 8.10(b) gezeigt. Die TM aus Abbildung 8.10(b) akzeptiert $\langle M, w\rangle$ genau dann, wenn $L(M')$ nicht rekursiv ist, oder — was äquivalent dazu ist — genau dann, wenn w nicht von M akzeptiert wird. Die Turing-Maschine akzeptiert also $\langle M, w\rangle$ genau dann, wenn $\langle M, w\rangle$ in $\bar{L}_u$ ist. Da wir schon gezeigt haben, daß eine solche Turing-Maschine nicht existiert, ist die Annahme falsch, daß M_{nr} existiert. Folglich ist L_{nr} nicht rekursiv aufzählbar.

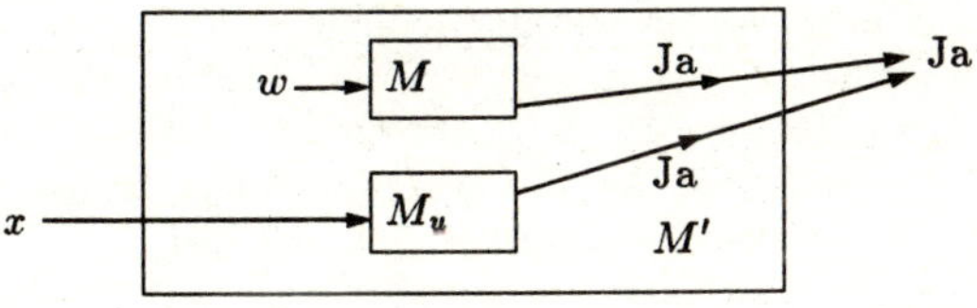

(a)

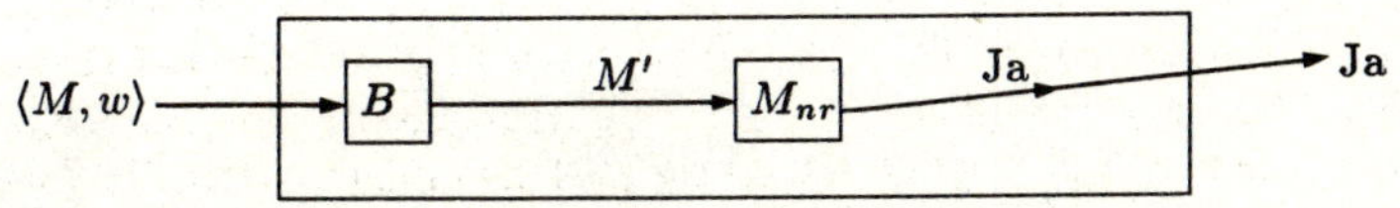

(b)

Abb. 8.10: Im Beweis, daß L_{nr} nicht rekursiv aufzählbar ist, verwendete Konstruktionen: (a) M', (b) Turing-Maschine für $\bar{L}_u$.

Der Satz von Rice für rekursive Indexmengen

Die obigen Beispiele zeigen, daß wir nicht entscheiden können, ob die von einer TM akzeptierte Menge leer oder rekursiv ist. Die Beweistechnik kann auch benutzt werden, um zu zeigen, daß wir nicht entscheiden können, ob die akzeptierte Menge endlich, unendlich, regulär oder kontextfrei ist, eine gerade Anzahl von Zeichenketten enthält oder irgendwelchen anderen Prädikaten genügt. Was ist dann für eine von einer Turing-Maschine akzeptierte Menge entscheidbar? Sind dies etwa nur die trivialen Prädikate — wie z.B. "Akzeptiert die TM eine rekursiv aufzählbare Menge?" — die entweder für alle Turing-Maschinen wahr oder für alle Turing-Maschinen falsch sind.

Im folgenden werden wir Sprachen diskutieren, die Eigenschaften von rekursiv aufzählbaren Sprachen repräsentieren. Die Sprachen sind also Mengen von TM-Kodierungen, so daß das Enthaltensein von $\langle M \rangle$ in der Sprache nur von $L(M)$, nicht aber von M selbst abhängt. Später werden wir Sprachen von TM-Kodierungen betrachten, die von der TM selbst abhängen — wie "M hat 27 Zustände" — was für einige, aber nicht alle TM gelten mag, die eine gegebene Sprache akzeptieren.

Sei $\mathcal{S}$ eine Menge rekursiv aufzählbarer Sprachen und jede eine Teilmenge von $(\mathbf{0}+\mathbf{1})^*$. $\mathcal{S}$ wird eine Eigenschaft rekursiv aufzählbarer Sprachen genannt. Eine Menge L hat die Eigenschaft $\mathcal{S}$, wenn L ein Element von $\mathcal{S}$ ist. Z.B. ist die Eigenschaft, unendlich zu sein gleich $\{L \mid L \text{ ist unendlich}\}$. $\mathcal{S}$ ist eine triviale Eigenschaft, wenn $\mathcal{S}$ leer ist oder aus allen rekursiv aufzählbaren Sprachen besteht. Sei $L_{\mathcal{S}}$ die Menge $\{\langle M \rangle \mid L(M) \text{ ist in } \mathcal{S}\}$.

Satz 8.6 (*Der Satz von Rice*)
Jede nicht triviale Eigenschaft $\mathcal{S}$ der rekursiv aufzählbaren Sprachen ist nicht entscheidbar.

Beweis:
O.B.d.A. nehmen wir an, daß $\emptyset$ nicht in $\mathcal{S}$ ist (andernfalls ist $\bar{\mathcal{S}}$ zu betrachten). Da $\mathcal{S}$ nicht trivial ist, existiert L mit der Eigenschaft $\mathcal{S}$. Sei M_L eine Turing-Maschine, die L akzeptiert. Wir nehmen an, $\mathcal{S}$ sei entscheidbar. Dann gibt es einen Algorithmus $M_{\mathcal{S}}$, der $L_{\mathcal{S}}$ erkennt. Wir benutzen M_L und $M_{\mathcal{S}}$, um im folgenden einen Algorithmus für L_u zu konstruieren. Zuerst konstruieren wir einen Algorithmus A, der $\langle M, w \rangle$ als Eingabe nimmt und $\langle M' \rangle$ als Ausgabe liefert, wobei $L(M')$ genau dann in $\mathcal{S}$ ist, wenn w von M akzeptiert wird ($\langle M, w \rangle$ ist in L_u).

M' ist in Abbildung 8.11 zu sehen. Zuerst ignoriert M' seine Eingabe und simuliert M auf w. Wenn w nicht von M akzeptiert wird, so wird x nicht von M' akzeptiert. Wenn w von M akzeptiert wird, dann wird M von M' auf x simuliert und akzeptiert x genau dann, wenn x von M_L akzeptiert wird. Also akzeptiert M' entweder $\emptyset$ oder L, abhängig davon, ob w von M akzeptiert wird.

Wir können die hypothetische TM $M_{\mathcal{S}}$ benutzen, um zu entscheiden, ob $L(M')$ in $\mathcal{S}$ ist. Da $L(M')$ genau dann in $\mathcal{S}$ ist, wenn $\langle M, w \rangle$ in L_u ist, haben wir einen Algorithmus, um L_u zu erkennen, was ein Widerspruch ist. Also kann $\mathcal{S}$ nicht entscheidbar sein. Beachten Sie, wie dieser Beweis das Beispiel 8.2 verallgemeinert.
□

Satz 8.6 hat vielfältige Konsequenzen, von denen einige im folgenden Korollar zusammengefaßt sind:

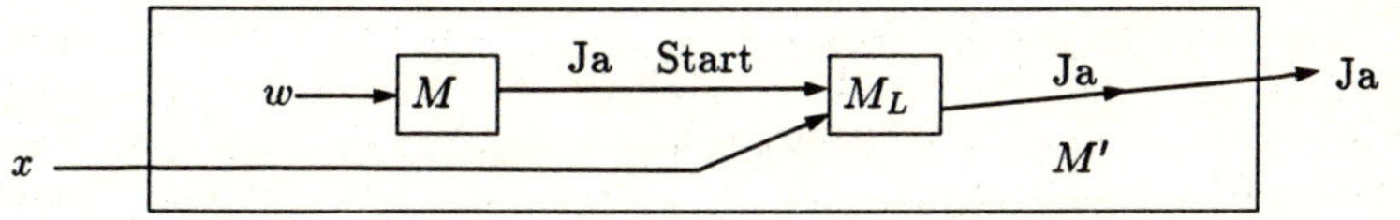

Abb. 8.11: Die im Satz von Rice benutzte TM M'.

Korollar:
Die folgenden Eigenschaften rekursiv aufzählbarer Mengen sind nicht entscheidbar:
a) Leere
b) Endlichkeit
c) Regularität
d) Kontextfreiheit

Der Satz von Rice für rekursiv aufzählbare Indexmengen

Die Bedingung, unter der eine Menge $L_\mathcal{S}$ rekursiv aufzählbar ist, ist wesentlich komplizierter. Wir werden zeigen, daß $L_\mathcal{S}$ genau dann rekursiv aufzählbar ist, wenn $\mathcal{S}$ den folgenden drei Bedingungen genügt:

1) Wenn L in $\mathcal{S}$ ist und $L \subseteq L'$ für ein rekursiv aufzählbares L', dann ist L' in $\mathcal{S}$ (die *Teilmengen-Eigenschaft*).
2) Ist L eine unendliche Sprache in $\mathcal{S}$, dann gibt es eine endliche Teilmenge von L in $\mathcal{S}$.
3) Die Menge der endlichen Sprachen in $\mathcal{S}$ ist in dem Sinne *aufzählbar*, daß es eine TM gibt, die die (möglicherweise) unendliche Zeichenkette $code_1\#code_2\#...$ erzeugt, wobei $code_i$ die Kodierung der i-ten endlichen Sprache in $\mathcal{S}$ ist (in beliebiger Ordnung). Die Kodierung für die endliche Sprache $\{w_1, w_2, ..., w_n\}$ ist gerade $w_1, w_2, ..., w_n$.

Wir beweisen diese Charakterisierung mit einer Reihe von Lemmata.

Lemma 8.2
Wenn $\mathcal{S}$ nicht die Teilmengen-Eigenschaft aus (1) hat, dann ist $L_\mathcal{S}$ nicht rekursiv aufzählbar.

Beweis:
Wir verallgemeinern den Beweis, daß L_{nr} nicht rekursiv aufzählbar ist. Sei L_1 in $\mathcal{S}$, $L_1 \subseteq L_2$ und L_2 nicht in $\mathcal{S}$. [Für den Fall, daß $\mathcal{S}$ die nicht rekursiven Mengen darstellt, wählen wir $L_1 = L_u$ und $L_2 = (\mathbf{0}+\mathbf{1})^*$.]

Wir konstruieren einen Algorithmus A, der $\langle M, w\rangle$ als Eingabe nimmt und als Ausgabe die Turing-Maschine M' produziert, die sich wie in Abbildung 8.12 gezeigt verhält, wobei M_1 und M_2 die Sprachen L_1 bzw. L_2 akzeptieren. Wenn w von M akzeptiert wird, dann wird M_2 gestartet und M' akzeptiert x, egal ob x in L_1 oder in L_2 liegt. Wenn w nicht von M akzeptiert wird, so startet M_2 niemals und M'

akzeptiert x genau dann, wenn x in L_1 ist. Da $L_1 \subseteq L_2$ gilt, erhalten wir

$$L(M') = \begin{cases} L_2, & \text{falls } w \text{ von } M \text{ akzeptiert wird} \\ L_1, & \text{falls } w \text{ nicht von } M \text{ akzeptiert wird.} \end{cases}$$

Also ist $L(M')$ genau dann in $\mathcal{S}$, wenn w nicht von M akzeptiert wird.

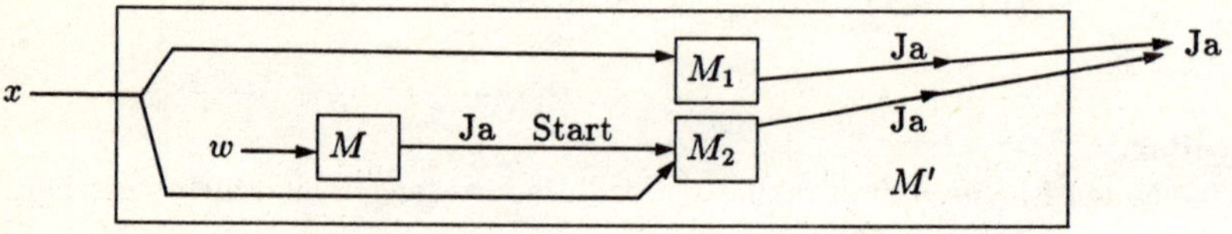

Abb. 8.12: Die Turing-Maschine M'.

Wir überlassen es wieder dem Leser, den Compiler A zu entwerfen, der $\langle M, w\rangle$ als Eingabe nimmt und sie mit den festen Turing-Maschinen M_1 und M_2 verbindet, um die in Abbildung 8.12 gezeigte TM M' zu konstruieren. Nachdem wir A konstruiert haben, können wir eine Turing-Maschine $M_{\mathcal{S}}$ für $L_{\mathcal{S}}$ benutzen, um $\bar{L}_u$ zu erkennen (wie in Abbildung 8.13 gezeigt). Diese TM akzeptiert $\langle M, w\rangle$ genau dann, wenn M' eine Sprache in $\mathcal{S}$ erkennt oder — was äquivalent ist — genau dann, wenn w nicht von M akzeptiert wird. Da eine solche TM nicht existiert, wissen wir, daß auch $M_{\mathcal{S}}$ nicht existieren kann; also ist $L_{\mathcal{S}}$ nicht rekursiv aufzählbar. □

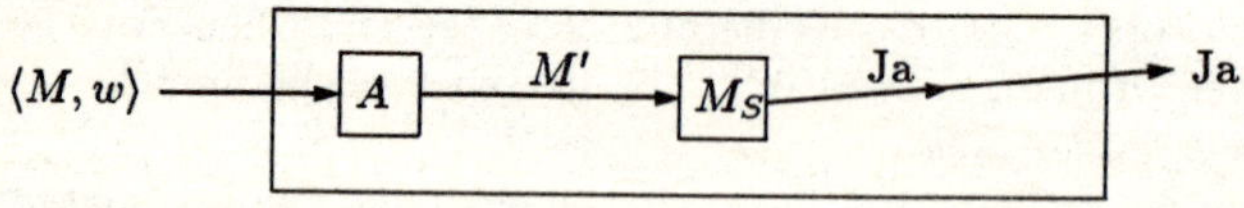

Abb. 8.13: Hypothetische Turing-Maschine, um $\bar{L}_u$ zu akzeptieren.

Wir wenden uns nun der zweiten Eigenschaft von rekursiv aufzählbaren Indexmengen zu.

Lemma 8.3
Wenn $\mathcal{S}$ eine unendliche Sprache L beinhaltet, wobei keine endliche Teilmenge von L in $\mathcal{S}$ ist, dann ist $L_{\mathcal{S}}$ nicht rekursiv aufzählbar.

Beweis:
Wir nehmen an, daß $L_{\mathcal{S}}$ rekursiv aufzählbar sei. Wir werden im folgenden zeigen, daß damit $\bar{L}_u$ rekursiv aufzählbar sein würde. Sei M_1 eine Turing-Maschine, die L

akzeptiert. Wir konstruieren einen Algorithmus A, um ein Paar $\langle M, w\rangle$ als Eingabe zu nehmen und als Ausgabe eine Turing-Maschine M' zu liefernn, die L akzeptiert, falls w nicht in $L(M)$ ist; andernfalls akzeptiert M' eine endliche Teilmenge von L. Wie in Abbildung 8.14 gezeigt, simuliert M' die TM M_1 auf deren Eingabe x. Wenn x von M_1 akzeptiert wird, dann wird M von M' auf w für $|x|$ Bewegungen simuliert. Wenn w nicht von M nach $|x|$ Bewegungen akzeptiert wird, dann wird x von M' akzeptiert. Die Erzeugung von Algorithmus A verbleibt als Übung.

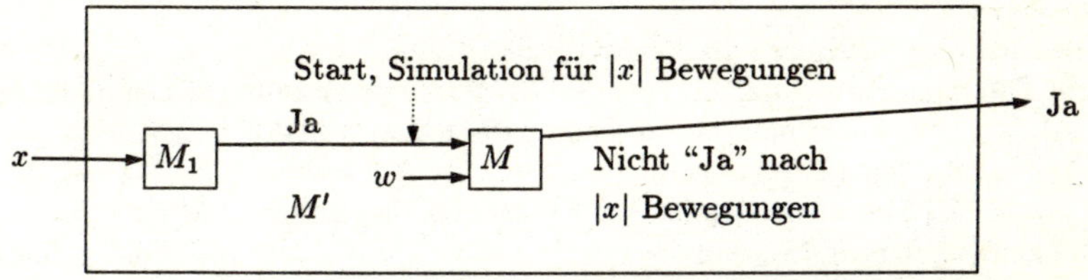

Abb. 8.14: Konstruktion von M'.

Wenn w aus $L(M)$ ist, dann wird w von M nach einer Anzahl von Bewegungen — etwa j — akzeptiert. Dann gilt $L(M') = \{x \mid x \text{ ist aus } L \text{ mit } |x| < j\}$, was eine endliche Teilmenge von L ist. Wenn w nicht in $L(M)$ ist, dann ist $L(M') = L$. Wenn also w nicht von M akzeptiert wird, dann ist $L(M')$ in $\mathcal{S}$; wenn w von M akzeptiert wird, so ist $L(M')$ — als endliche Teilmenge von L — nach der Hypothese des Lemmas nicht in $\mathcal{S}$. Ein inzwischen zum Standard gewordenes Argument beweist, daß L_u rekursiv aufzählbar ist, wenn $L_\mathcal{S}$ rekursiv aufzählbar ist. Da L_u nicht rekursiv aufzählbar ist, ist folglich auch $L_\mathcal{S}$ nicht rekursiv aufzählbar. □

Schließlich betrachten wir die dritte Eigenschaft rekursiv aufzählbarer Indexmengen.

Lemma 8.4
Wenn $L_\mathcal{S}$ rekursiv aufzählbar ist, dann ist die Liste der binären Kodierungen für die endlichen Mengen in $\mathcal{S}$ aufzählbar.

Beweis:
Wir benutzen den in Abschnitt 7.7 beschriebenen Paargenerator. Wenn (i, j) erzeugt wird, behandeln wir i als binäre Kodierung einer endlichen Menge unter der Annahme, daß 0 die Kodierung für Komma, 10 die Kodierung für 0 und 11 die Kodierung für 1 ist. Wir können direkt eine Turing-Maschine $M^{(i)}$ konstruieren (im wesentlichen ein endlicher Automat), die genau die Wörter der endlichen Sprache erkennt, die durch i repräsentiert wird. Wir simulieren dann den Aufzähler für $L_\mathcal{S}$ für j Schritte. Wenn er $M^{(i)}$ ausgegeben hat, schreiben wir die Kodierung für die durch i repräsentierte endliche Menge (d.h. die binäre Darstellung von i selbst),

gefolgt von einem Begrenzungssymbol #. Bei jedem Ereignis geben wir nach der Simulation die Kontrolle an den Paargenerator zurück, der das dem (i, j) folgende Paar erzeugt. □

Satz 8.7

$L_{\mathcal{S}}$ ist genau dann rekursiv aufzählbar, wenn folgendes gilt:

1) Wenn L in $\mathcal{S}$ ist und $L \subseteq L'$ für ein rekursiv aufzählbares L', dann ist L' in $\mathcal{S}$.
2) Wenn L eine unendliche Menge in $\mathcal{S}$ ist, dann gibt es eine endliche Teilmenge L' von L, die in $\mathcal{S}$ ist.
3) Die Menge der endlichen Sprachen in $\mathcal{S}$ ist aufzählbar.

Beweis:

Die "Hinrichtung" ist durch die Lemmata 8.2, 8.3 und 8.4 gegeben. Für die "Rückrichtung" nehmen wir an, daß (1), (2) und (3) gelten. Wir konstruieren im folgenden eine TM M_1, die $\langle M \rangle$ genau dann erkennt, wenn $L(M)$ in $\mathcal{S}$ ist. M_1 erzeugt Paare (i, j), indem sie den Paargenerator benutzt. Als Antwort auf (i, j) wird M_2 für i Schritte von M_1 simuliert; M_2 ist ein Aufzähler von endlichen Mengen in $\mathcal{S}$. Wir wissen nach Bedingung (3), daß M_2 existiert. Sei L_1 die letzte vollständig durch M_2 ausgegebene Menge. (Wenn es keine vollständig ausgegebene Menge gibt, ist das nächste Paar (i, j) zu erzeugen.) Dann simuliert M für j Schritte auf jedem Wort in L_1. Wenn M alle Wörter in L_1 akzeptiert, dann wird $\langle M \rangle$ von M_1 akzeptiert. Wenn nicht, generiert M_1 das nächste Paar (i, j).

Wir benutzen Bedingung (1) und (2), um zu zeigen, daß $L(M_1) = L_{\mathcal{S}}$. Wir nehmen an, daß L in $L_{\mathcal{S}}$ und M eine TM mit $L(M) = L$ ist. Nach Bedingung (2) gibt es eine endliche Sprache $L' \subseteq L$ in $\mathcal{S}$ (sei $L' = L$, wenn L endlich ist). L' werde nach i Schritten von M_2 erzeugt, und j sei die maximale Anzahl von Schritten, die M zur Akzeptanz eines Wortes aus L' braucht (für $L' = \emptyset$, sei $j = 1$). Spätestens wenn (i, j) von M_1 erzeugt wird, wird $\langle M \rangle$ von M_1 akzeptiert.

Umgekehrt nehmen wir an, daß $\langle M \rangle$ von M_1 akzeptiert wird: Dann gibt es (i, j), so daß M in j Schritten jedes Wort in einer endlichen Sprache L' akzeptiert, so daß L' von M_2 innerhalb ihrer ersten i Schritte erzeugt wird. Dann ist L' in $\mathcal{S}$ und $L' \subseteq L(M)$. Nach Bedingung (1) ist $L(M)$ in $\mathcal{S}$ und daher auch $\langle M \rangle$ in $L_{\mathcal{S}}$. Folglich ist $L(M_1) = L_{\mathcal{S}}$. □

Satz 8.7 hat eine große Vielfalt von Konsequenzen. Wir fassen einige von diesen als Korollare zusammen und lassen die anderen als Übung.

Korollar 1:

Die folgenden Eigenschaften rekursiv aufzählbarer Mengen sind nicht rekursiv aufzählbar:

a) $L = \emptyset$.
b) $L = \Sigma^*$.
c) L ist rekursiv.
d) L ist nicht rekursiv.
e) L ist ein *Einsiedler* (hat genau 1 Element).
f) L ist eine reguläre Menge.
g) $L - L_u \neq \emptyset$.

Beweis:
In jedem Fall wird Bedingung (1) verletzt, außer für (b), wo (2) verletzt, und für (g) wo (3) verletzt wird. □

Korollar 2:
Die folgenden Eigenschaften rekursiv aufzählbarer Mengen sind rekursiv aufzählbar:

a) $L \neq \emptyset$.
b) L enthält mindestens zehn Elemente.
c) w ist aus L, für ein festes Wort w.
d) $L \cap L_u \neq \emptyset$.

Probleme bei Turing-Maschinen

Sagt Satz 8.6, daß alles im Zusammenhang mit Turing-Maschinen nicht entscheidbar ist? Die Antwort ist "nein". Der Satz hat nur mit Eigenschaften der akzeptierten Sprache zu tun, nicht mit Eigenschaften der TM selbst. Beispielsweise ist die Frage "Hat eine gegebene TM eine gerade Anzahl von Zuständen?" klar entscheidbar. Wenn wir uns mit den Eigenschaften von Turing-Maschinen selbst beschäftigen, müssen wir unseren Scharfsinn benutzen. Dazu geben wir im folgenden zwei Beispiele.

Beispiel 8.4
Es ist nicht entscheidbar, ob eine TM mit dem Alphabet $\{0, 1, B\}$ jemals drei aufeinanderfolgende Einsen auf ihr Band schreibt. Für jede Turing-Maschine M_i konstruieren wir eine TM $\hat{M}_i$, die auf einem Band, das nur Blanks enthält, M_i auf einem Blank-Band simuliert. $\hat{M}_i$ benutzt jedoch 01, um eine 0, und 10, um eine 1 zu kodieren. Wenn das Band von M_i eine 0 in Feld j hat, hat $\hat{M}_i$ die Werte 01 in den Feldern $2j-1$ und $2j$. Wenn M_i ein Symbol ändert, ändert $\hat{M}_i$ die entsprechende 1 in eine 0 und dann die dazugehörende 0 in eine 1. Man kann $\hat{M}_i$ einfach so konstruieren, daß $\hat{M}_i$ niemals drei aufeinanderfolgende Einsen auf ihrem Band hat. Nun modifizieren wir $\hat{M}_i$ weiter, so daß $\hat{M}_i$ drei aufeinanderfolgende Einsen schreibt und anhält, wenn M_i akzeptiert. Also schreibt $\hat{M}_i$ genau dann drei aufeinanderfolgende Einsen, wenn ϵ von M_i akzeptiert wird. Nach Satz 8.6 ist es nicht entscheidbar, ob eine Turing-Maschine ϵ akzeptiert, da das Prädikat "ϵ ist in L" nicht trivial ist. Also ist die Frage, ob eine beliebige TM jemals drei aufeinanderfolgende Einsen schreibt, nicht entscheidbar.

Beispiel 8.5
Es ist entscheidbar, ob eine einbändige Turing-Maschine, die auf einem Blank-Band startet, jedes Feld mehr als viermal bearbeitet. Wenn die Turing-Maschine niemals ein Feld viermal oder öfter bearbeitet, dann hat jede *Kreuzungsfolge* eine Länge von höchstens drei; eine Kreuzungsfolge ist eine Folge von Zuständen, in denen die Grenze zwischen zwei Feldern überschritten werden, wobei wir annehmen, daß die Zustände sich ändern, bevor sich der Kopf bewegt. Doch es gibt eine endliche Anzahl von verschiedenen Kreuzungsfolgen der Länge kleiner oder gleich drei. Also bleibt die Turing-Maschine entweder in einer festen begrenzten Zahl von Bandfeldern — in diesem Fall beantworten die von den endlichen Automaten her bekannten Methoden die Frage — oder eine Kreuzungsfolge wird wiederholt.

Doch wenn eine Kreuzungsfolge wiederholt wird, dann bewegt sich die TM in einem einfach zu erkennenden Muster nach rechts, und die Frage ist wieder entscheidbar.

8.5 UNENTSCHEIDBARKEIT DES POST'SCHEN KORRESPONDENZPROBLEMS

Nicht entscheidbare Probleme treten in vielen Bereichen auf. In den nächsten drei Abschnitten untersuchen wir einige der interessanteren Probleme der Sprachentheorie und entwickeln Techniken, um zu beweisen, daß bestimmte Probleme nicht entscheidbar sind. Wir fangen an mit dem Post'schen Korrespondenzproblem, das ein wertvolles Werkzeug zur Feststellung der Unentscheidbarkeit anderer Probleme ist. Eine Instantiierung des *Post'schen Korrespondenzproblems (PKP)* besteht aus zwei Listen $A = w_1, ..., w_k$ und $B = x_1, ..., x_k$ von Zeichenketten über einem Alphabet Σ. Diese Instantiierung des PKP *hat eine Lösung*, wenn es eine Folge ganzer Zahlen $i_1, i_2, ..., i_m$ mit $m \geq 1$ gibt, so daß

$$w_{i_1} w_{i_2} ... w_{i_m} = x_{i_1} x_{i_2} ... x_{i_m}$$

gilt. Die Folge $i_1, ..., i_m$ ist eine Lösung für diese Instantiierung des PKP.

Beispiel 8.6

Sei $\Sigma = \{0, 1\}$, und seine A und B Listen aus jeweils drei Zeichenketten, wie in Abbildung 8.15 definiert. In diesem Fall hat das PKP eine Lösung. Sei $m = 4$, $i_1 = 2$, $i_2 = 1$, $i_3 = 1$ und $i_4 = 3$. Dann gilt

$$w_2 w_1 w_1 w_3 = x_2 x_1 x_1 x_3 = 101111110.$$

	Liste A	Liste B
i	w_i	x_i
1	1	111
2	10111	10
3	10	0

Abb. 8.15: Eine Instantiierung des PKP.

Beispiel 8.7

Sei $\Sigma = \{0, 1\}$. Seien A und B Listen aus jeweils drei Zeichenketten, wie in Abbildung 8.16 definiert.

Wir nehmen nun an, daß diese Instantiierung des PKP die Lösung $i_1, i_2, ..., i_m$ hat. Natürlich gilt $i_1 = 1$, da keine Zeichenkette mit $w_2 = 011$ gleich einer mit $x_2 = 11$ beginnenden Zeichenkette sein kann; keine Zeichenkette, die mit $w_3 = 101$ beginnt, kann gleich einer Zeichenkette sein, die mit $x_3 = 011$ beginnt.

	Liste A	Liste B
i	w_i	x_i
1	10	101
2	011	11
3	101	011

Abb. 8.16: Eine weitere Instantiierung des PKP.

Wir schreiben die Zeichenkette von Liste A über die entsprechende Zeichenkette aus B. Bisher haben wir

10

101

Die nächste Auswahl aus A muß mit einer 1 beginnen. Also gilt $i_2 = 1$ oder $i_2 = 3$. Doch $i_2 = 1$ kann nicht ausgewählt werden, da keine Zeichenkette, die mit $w_1 w_1 = 1010$ beginnt, gleich einer mit $x_1 x_1 = 101101$ beginnenden Zeichenkette sein kann. Mit $i_2 = 3$ erhalten wir

10101

101011

Da die Zeichenkette aus Liste B um das eine Symbol 1 länger als die Zeichenkette aus Liste A ist, zeigt die gleiche Argumentation, daß $i_3 = i_4 = ... = 3$. Also erzeugt nur eine Folge der Auswahlmöglichkeiten kompatible Zeichenketten, und für diese Folge ist die Zeichenkette B stets um ein Zeichen länger. Also hat diese Instantiierung des PKP keine Lösung.

Eine modifizierte Version des PKP

Wir zeigen, daß das PKP nicht entscheidbar ist, indem wir zeigen, daß — falls es entscheidbar wäre — ein Algorithmus für L_u existieren würde. Zuerst zeigen wir, daß mit dem PKP auch eine modifizierte Version des PKP entscheidbar wäre.

Das *modifizierte Post'sche Korrespondenzproblem (MPKP)* lautet folgendermaßen:

Sind zwei Listen A und B von k Zeichenketten über Σ^*, z.B.

$$A = w_1, w_2, ...w_k \quad \text{und} \quad B = x_1, x_2, ..., x_k,$$

gegeben, existiert dann eine Folge von ganzen Zahlen $i_1, i_2, ...i_r$, so daß

$$w_1 w_{i_1} w_{i_2} ... w_{i_r} = x_1 x_{i_1} x_{i_2} ... x_{i_r}$$

gilt?

Der Unterschied zwischen dem MPKP und dem PKP ist, daß bei dem MPKP eine Lösung mit der ersten Zeichenkette jeder Liste beginnen muß.

Lemma 8.5
Wenn das PKP entscheidbar wäre, dann wäre auch das MPKP entscheidbar; d.h. das MPKP läßt sich auf das PKP reduzieren.
Beweis:
Sei

$$A = w_1, w_2, ...w_k \qquad \text{und} \qquad B = x_1, x_2, ..., x_k$$

eine Instantiierung des MPKP. Wir konvertieren diese Instantiierung des MPKP in eine Instantiierung des PKP, die genau dann eine Lösung hat, wenn unser MPKP eine Lösung hat. Wenn das PKP entscheidbar wäre, wären wir in der Lage, das MPKP zu lösen, wodurch das Lemma beweisen wäre.

Sei Σ das kleinste Alphabet, das alle Symbole in den Listen A und B enthält, und seien ¢ und \$ nicht in Σ. y_i erhalte man aus w_i, indem man das Symbol \$ nach jedem Zeichen von w_i einfügt, und z_i erhalte man aus x_i, indem man das Symbol ¢ vor jedem Zeichen von x_i einfügt. Wir erzeugen nun neue Wörter

$$\begin{aligned} y_0 &= \text{¢}y_1 & \qquad z_0 &= z_1 \\ y_{k+1} &= \$ & \qquad z_{k+1} &= \text{¢}\$ \end{aligned}.$$

Sei $C = y_0, y_1, ..., y_{k+1}$ und $D = z_0, z_1, ..., z_{k+1}$. Z.B. sind die Listen C und D, die aus den Listen A und B aus Beispiel 8.6 konstruiert wurden, in Abbildung 8.17 zu sehen.

MPKP

	Liste A	Liste B
i	w_i	x_i
1	1	111
2	10111	10
3	10	0

PKP

	Liste C	Liste D
i	y_i	z_i
0	¢1¢	¢1¢1¢1
1	1¢	¢1¢1¢1
2	1¢0¢1¢1¢1¢	¢1¢0
3	1¢0¢	¢0
4	\$	¢\$

Abb. 8.17: Korrespondierende Instantiierungen des MPKP und des PKP.

Allgemein stellen die Listen C und D eine Instantiierung des PKP dar. Wir behaupten, daß diese Instantiierung des PKP genau dann eine Lösung hat, wenn die durch die Listen A und B dargestellte Instantiierung des MPKP eine Lösung hat. Dazu ist zu beachten, daß

$$0, i_1, i_2, ..., i_r, k+1$$

eine Lösung des PKP mit den Listen C und D ist, wenn $1, i_1, i_2, ..., i_r$ eine Lösung des MPKP mit den Listen A und B ist. Wenn $i_1, i_2, ..., i_r$ eine Lösung des PKP mit den Listen C und D ist, dann gilt entsprechend $i_1 = 0$ und $i_r = k+1$, da y_0 und z_0 die einzigen Wörter mit gleichem Index sind, die mit dem gleichen Symbol beginnen, ebenso wie y_{k+1} und z_{k+1} die einzigen Wörter mit gleichem Index sind, die mit dem gleichen Symbol enden. Sei j die kleinste ganze Zahl, so daß $i_j = k+1$. Dann ist $i_1, i_2, ..., i_j$ auch eine Lösung, da das Symbol \$ nur als letztes Symbol von y_{k+1} und z_{k+1} auftaucht und da kein l mit $1 \leq l < j$ und $i_l = k+1$ existiert. Natürlich ist $1, i_2, i_3, ..., i_{j-1}$ eine Lösung des MPKP für Listen A und B.

Gibt es einen Algorithmus, um das PKP zu entscheiden, so können wir einen Algorithmus konstruieren, um das MPKP zu entscheiden, indem wir jede Instantiierung des MPKP wie oben angegeben in eine des PKP konvertieren. □

Unentscheidbarkeit des PKP

Satz 8.8

Das PKP ist nicht entscheidbar.

Beweis:

Mit Lemma 8.5 genügt es zu zeigen, daß es entscheidbar wäre, ob eine Turing-Maschine ein gegebenes Wort akzeptiert, wenn das MPKP entscheidbar wäre; wir reduzieren das L_u auf MPKP, was sich mittels Lemma 8.5 auf das PKP reduzieren läßt. Für jedes M und w konstruieren wir eine Instantiierung des MPKP, die genau dann eine Lösung hat, wenn w von M akzeptiert wird. Wir tun dies, indem wir eine Instantiierung des MPKP konstruieren, die — falls eine Lösung existiert — eine Lösung hat, die mit $\#q_0w\#\alpha_1q_1\beta_1\#...\#\alpha_kq_k\beta_k\#$ beginnt, wobei Zeichenketten zwischen aufeinanderfolgenden # aufeinanderfolgende Zustandsbeschreibungen in einer Berechnung von M mit Eingabe w und q_k als Endzustand sind. Die Paare von Zeichenketten, die die Listen A und B der Instantiierung des MPKP bilden, sind unten formal gegeben. Da — außer für das erste Paar, das als erstes benutzt werden muß — die Ordnung der Paare irrelevant für die Existenz einer Lösung ist, werden die Paare ohne Indizes angegeben. Wir nehmen an, daß es keine Bewegung aus einem Endzustand hinaus gibt.

Das erste Paar ist:

Liste A	Liste B
$\#$	$\#q_0w\#$.

Die verbleibenden Paare sind wie folgt gruppiert:

Gruppe 1:

Liste A	Liste B	
X	X	für jedes X in Γ
$\#$	$\#$	

Gruppe 2: Für jedes q aus $Q - F$, p aus Q und X, Y, Z aus Γ gilt:

Liste A	Liste B	
qX	Yp	falls $\delta(q, X) = (p, Y, R)$
ZqX	pZY	falls $\delta(q, X) = (p, Y, L)$
$q\#$	$Yp\#$	falls $\delta(q, B) = (p, Y, R)$
$Zq\#$	$pZY\#$	falls $\delta(q, X) = (p, Y, L)$.

Gruppe 3: Für jedes q aus F und X, Y aus Γ gilt:

Liste A	Liste B
XqY	q
Xq	q
qY	q

Gruppe 4:

Liste A	Liste B	
$q\#\#$	$\#$	für jedes q aus F.

Wir wollen sagen, daß (x, y) eine *Teillösung* des MPKP mit den Listen A und B ist, wenn x ein Präfix von y ist und x und y die Konkatenation von jeweils korrespondierenden Zeichenketten von Listen A und B sind. Gilt $xz = y$, so heißt z der "Rest" von (x,y).

Wir nehmen an, daß es von der Zustandsbeschreibung q_0w aus eine gültige Folge von k weiteren Zustandsbeschreibungen gibt. Wir behaupten, daß es eine Teillösung

$$(x, y) = (\#q_0w\#\alpha_1q_1\beta_1\#...\#\alpha_{k-1}q_{k-1}\beta_{k-1}\#, \#q_0w\#\alpha_1q_1\beta_1\#...\#\alpha_kq_k\beta_k\#)$$

gibt. Darüber hinaus ist dies sogar die einzige Teillösung, deren längere Zeichenkette so lang ist wie $|y|$.

Die obige Behauptung ist einfach durch Induktion über k zu beweisen: Sie ist trivial für $k = 0$, da das Paar $(\#, \#q_0w\#)$ zuerst gewählt werden muß.

Wir nehmen an, daß die Behauptung wahr ist für ein k und q_k nicht aus F. Wir können einfach zeigen, daß sie dann auch für $k + 1$ gilt. Der "Rest" des Paares (x, y) ist $z = \alpha_kq_k\beta_k\#$. Das nächste Paar muß so gewählt werden, daß z aus seinen Zeichenketten aus der Liste A gebildet wird. Unabhängig davon, welche Symbole rechts oder links von q_k auftauchen, gibt es höchstens ein Paar in Gruppe 2, das die Teillösung befähigt, nach q_k fortgesetzt zu werden. Dieses Paar stellt auf natürliche Weise die Bewegung von M von der Zustandsbeschreibung $\alpha_kq_k\beta_k$ aus dar. Die anderen Symbole von z erzwingen eine Wahl aus Gruppe 1; es gibt keine anderen Wahlmöglichkeiten, damit z aus Elementen der Liste A zusammengesetzt ist.

Wir können also eine neue Teillösung $(y, y\alpha_{k+1}q_{k+1}\beta_{k+1}\#)$ erhalten. Es ist einfach zu sehen, daß $\alpha_{k+1}q_{k+1}\beta_{k+1}$ die eine Zustandsbeschreibung ist, die M in einer Bewegung von $\alpha_kq_k\beta_k$ aus erreichen kann. Auch gibt es keine andere Teillösung, deren Länge der zweiten Zeichenkette gleich $|y\alpha_{k+1}q_{k+1}\beta_{k+1}\#|$ ist.

Des weiteren ist es für q_k aus F einfach, Paare aus den Gruppen 1 und 3 zu finden, die, wenn ihnen die Teillösung (x, y) vorausgeht und wenn sie vom Paar in Gruppe 4 gefolgt werden, eine Lösung des MPKP mit Listen den A und B darstellen.

Wenn also M, gestartet in der Zustandsbeschreibung q_0w, einen Endzustand erreicht, hat die Instantiierung des MPKP mit den Listen A und B eine Lösung. Wenn M keinen Endzustand erreicht, so werden keine Paare aus den Gruppen 3 und 4 benutzt. Deshalb könnte es Teillösungen geben; die Zeichenkette von B müßte aber länger sein als die von A, so daß keine Lösung möglich ist.

Folglich hat die Instantiierung des MPKP genau dann eine Lösung, wenn M mit der Eingabe w in einem Endzustand anhält. Da obige Konstruktion auf willkürliche M und w erweitert werden kann, folgt daraus, daß es auch einen Algorithmus gäbe, um L_u zu erkennen, wenn es einen Algorithmus gibt, um MPKP zu lösen; dies ist ein Widerspruch zu Satz 8.5. □

Beispiel 8.8

Sei

$$M = (\{q_1, q_2, q_3\}, \{0, 1, B\}, \{0, 1\}, \delta, q_1, B, \{q_3\})$$

und sei δ definiert durch

q_i	$\delta(q_i, 0)$	$\delta(q_i, 1)$	$\delta(q_i, B)$
q_1	$(q_2, 1, R)$	$(q_2, 0, L)$	$(q_2, 1, L)$
q_2	$(q_3, 0, L)$	$(q_1, 0, R)$	$(q_2, 0, R)$
q_3	—	—	—

Sei $w = 01$. Wir konstruieren eine Instantiierung des MPKP mit Listen A und B: Das erste Paar ist # für Liste A und $\#q_1 01\#$ für Liste B. Die verbleibenden Paare sind:

Gruppe 1

Liste A	Liste B
0	0
1	1
#	#

Gruppe 2

Liste A	Liste B	
$q_1 0$	$1 q_2$	aus $\delta(q_1, 0) = (q_2, 1, R)$
$0 q_1 1$	$q_2 00$	aus $\delta(q_1, 1) = (q_2, 0, L)$
$1 q_1 1$	$q_2 10$	aus $\delta(q_1, 1) = (q_2, 0, L)$
$0 q_1 \#$	$q_2 01\#$	aus $\delta(q_1, B) = (q_2, 1, L)$[2]
$1 q_1 \#$	$q_2 11\#$	aus $\delta(q_1, B) = (q_2, 1, L)$
$0 q_2 0$	$q_3 00$	aus $\delta(q_2, 0) = (q_3, 0, L)$
$1 q_2 0$	$q_3 10$	aus $\delta(q_2, 0) = (q_3, 0, L)$
$q_2 1$	$0 q_1$	aus $\delta(q_2, 1) = (q_1, 0, R)$
$q_2 \#$	$0 q_2 \#$	aus $\delta(q_2, B) = (q_2, 0, R)$

---

[2] Da B nie geschrieben wird, können wir Paare weglassen, bei denen B rechts vom Zustand steht. In Gruppe 3 sind auch die Paare weggelassen, die B auf einer oder auf beiden Seiten des Zustands haben.

Gruppe 3

Liste A	Liste B
$0q_30$	q_3
$0q_31$	q_3
$1q_30$	q_3
$1q_31$	q_3
$0q_3$	q_3
$1q_3$	q_3
q_30	q_3
q_31	q_3

Gruppe 4

Liste A	Liste B
$q_3\#\#$	$\#$

Beachten Sie, daß M die Eingabe $w = 01$ durch die Folge der Zustandsbeschreibungen

$$q_101, 1q_21, 10q_1, 1q_201, q_3101$$

akzeptiert.

Wir wollen untersuchen, ob es eine Lösung für das MPKP gibt, das wir konstruiert haben. Das erste Paar liefert eine Teillösung $(\#, \#q_101\#)$. Die Untersuchung der Paare zeigt an, daß der Weg, um eine längere Teillösung zu erhalten, darin besteht, das Paar $(q_10, 1q_2)$ als nächstes zu benutzen. Die resultierende Teillösung ist $(\#q_10, \#q_101\#1q_2)$. Der Rest ist nun $1\#1q_2$. Die nächsten drei zu wählenden Paare müssen (1,1), $(\#, \#)$ und (1,1) sein. Die Teillösung wird zu $(\#q_101\#1, \#q_101\#1q_21\#1)$. Der Rest ist nun $q_21\#1$. Wenn wir diese Argumentation fortsetzen, sehen wir, daß die einzige Teillösung, deren zweite Zeichenkette die Länge 14 hat, $(x, x0q_1\#1)$ mit $x = \#q_101\#1q_21\#1$ ist.

Hier haben wir scheinbar die Möglichkeit zu wählen, da das nächste Paar (0,0) oder $(0q_1\#, q_201\#)$ sein könnte. Im ersteren Fall erhalten wir $(x0, x0q_1\#10)$ als eine Teillösung. Doch diese Teillösung ist eine Sackgasse. Es kann kein Paar hinzugefügt werden, um eine andere Teillösung zu erhalten, so daß diese Teillösung mit Sicherheit nicht zu einer Lösung führt.

Auf ähnliche Weise werden wir auf unserem Weg zur Lösung dazu gezwungen, ein bestimmtes Paar für jede Fortsetzung einer Teillösung zu wählen. Schließlich erreichen wir so die Teillösung $(y, y1\#q_310)$, wobei

$$y = \#q_101\#1q_21\#10q_1\#1q_20$$

gilt. Da q_3 ein Endzustand ist, können wir nun Paare aus den Gruppen 2, 3 und 4 benutzen, um eine Lösung für die Instantiierung des MPKP zu finden. Die zu wählenden Paare sind

$$(1,1), (\#,\#), (q_31, q_3), (0,0), (1,1), (\#,\#), (q_30, q_3),$$

$$(1,1), (\#,\#), (q_31, q_3), (\#,\#), (q_3\#\#, \#).$$

Also ist das kürzeste Wort, das aus entsprechenden Zeichenketten der Listen A und B zusammengesetzt werden kann und mit Paar 1 beginnt, folgendes:

$$\#q_1 01\#1q_2 1\#10q_1\#1q_2 01\#q_3 101\#q_3 01\#q_3 1\#q_3\#\#.$$

Eine Anwendung des PKP

Das Post'sche Korrespondez-Problem kann benutzt werden, um zu zeigen, daß eine Vielfalt von Problemen nicht entscheidbar ist. Wir geben hier nur eine Anwendung an: die Unentscheidbarkeit der Mehrdeutigkeit für kfG. Der Leser sollte im Hinblick auf weitere Anwendungen die Übungen betrachten.

Satz 8.9
Es ist nicht entscheidbar, ob eine beliebige kfG mehrdeutig ist.
Beweis:
Seien

$$A = w_1, w_2, ..., w_n \qquad \text{und} \qquad B = x_1, x_2, ..., x_n$$

zwei Listen von Wörtern über einem endlichen Alphabet Σ, und seien $a_1, a_2, ..., a_n$ neue Symbole. Sei

$$L_A = \{w_{i_1} w_{i_2} ... w_{i_m} a_{i_m} a_{i_{m-1}} ... a_{i_1} \mid m \geq 1\}$$

und

$$L_B = \{x_{i_1} x_{i_2} ... x_{i_m} a_{i_m} a_{i_{m-1}} ... a_{i_1} \mid m \geq 1\}.$$

Sei weiterhin G die kfG

$$(\{S, S_1, S_2\}, \Sigma \cup \{a_1, ..., a_n\}, P, S),$$

wobei P die Produktionen $S \to S_A$, $S \to S_B$ und für $1 \leq i \leq n$ die Produktionen $S_A \to w_i S_A a_i$, $S_A \to w_i a_i$, $S_B \to x_i S_B a_i$ und $S_B \to x_i a_i$ enthält. Die Grammatik G erzeugt die Sprache $L_A \cup L_B$.

Wenn die Instantiierung (A, B) des PKP eine Lösung hat — etwa $i_1, i_2, ..., i_m$ — so gibt es ein Wort $x_{i_1} x_{i_2} ... x_{i_m} a_{i_m} a_{i_{m-1}} ... a_{i_1}$ in L_A, das gleich dem Wort $w_{i_1} w_{i_2}$ ... $w_{i_m} a_{i_m} a_{i_{m-1}}$ ... a_{i_1} aus L_B ist. Dieses Wort hat eine Linksableitung, die mit $S \to S_A$ beginnt, und eine andere, die mit $S \to S_B$ beginnt. Also ist G in diesem Fall mehrdeutig.

Umgekehrt nehmen wir an, daß G mehrdeutig ist. Da die a bestimmen, welche Produktion benutzt wird, ist es einfach zu zeigen, daß jedes von S_A abgeleitete Wort nur eine Linksableitung von S_A hat. Genauso hat kein von S_B abgeleitetes Wort mehr als eine Linksableitung von S_B. Also muß zumindest ein Wort sowohl von S_A als auch von S_B Linksableitungen haben. Falls dieses Wort $y a_{i_m} a_{i_{m-1}} ... a_{i_1}$ mit y aus Σ^* ist, so ist $i_1, i_2, ..., i_m$ eine Lösung des PKP.

Also ist G genau dann mehrdeutig, wenn die Instantiierung (A, B) des PKP eine Lösung hat. Wir haben also das PKP auf das Mehrdeutigkeitsproblem für kfG reduziert. Wenn es also einen Algorithmus für letzteres Problem gibt, dann könnten wir einen Algorithmus für das PKP konstruieren, der nach Satz 8.8 jedoch nicht existiert. Also ist das Mehrdeutigkeitsproblem für kfG nicht entscheidbar. □

8.6 GÜLTIGE UND UNGÜLTIGE BERECHNUNGEN VON TM: EIN WERKZEUG ZUM BEWEIS FÜR DIE UNENTSCHEIDBARKEIT VON KFS-PROBLEMEN

Während das PKP einfach auf die meisten bekannten Probleme über kfS reduziert werden kann, gibt es eine noch direktere Methode. In diesem Abschnitt zeigen wir direkte Reduktionen des Enthaltenseins-Problems für Turing-Maschinen auf verschiedene Probleme über kfS. Um dies zu tun, brauchen wir die Begriffe einer gültigen und einer ungültigen TM-Berechnung.

Eine *gültige Berechnung* einer Turing-Maschine $M = (Q, \Sigma, \Gamma, \delta, q_0, B, F)$ ist — für die Zwecke dieses Abschnitts — eine Zeichenkette $w_1\#w_2^R\#w_3\#w_4^R\#...$, so daß folgendes gilt:

1) jedes w_i ist eine Zustandsbeschreibung von M, eine Zeichenkette aus $\Gamma^*Q\Gamma^*$, die nicht mit B endet;
2) w_1 ist eine anfängliche Zustandsbeschreibung von der Form q_0x für $x \in \Sigma^*$;
3) w_n ist eine End-Zustandsbeschreibung, d.h. eine aus $\Gamma^*F\Gamma^*$;
4) $w_i \underset{M}{\vdash} w_{i+1}$ für $1 \leq i < n$.

Wir nehmen o.B.d.A. an, daß Q und Γ disjunkt sind, und daß $\#$ weder in Q noch in Γ ist.

Die Menge der *ungültigen Berechnungen* von Turing-Maschinen ist das Komplement der Menge der gültigen Berechnungen unter Berücksichtigung des Alphabets $\Gamma \cup Q \cup \{\#\}$.

Die Begriffe einer gültigen und ungültigen Berechnung sind nützlich, um von vielen Eigenschaften von kfS zu zeigen, daß sie nicht entscheidbar sind. Der Grund ist, daß die Menge der ungültigen Berechnungen eine kfS, und die Menge der gültigen Berechnungen die Schnittmenge zweier kfS ist.

Lemma 8.6

Die Menge der gültigen Berechnungen einer Turing-Maschine M ist die Schnittmenge zweier kfS L_1 und L_2; die Grammatiken dieser kfS lassen sich aus M konstruieren.

Beweis:

Sei $M = (Q, \Sigma, \Gamma, \delta, q_0, B, F)$ eine TM. Beide kfS L_1 und L_2 sollen aus Zeichenketten der Form $x_1\#x_2\#...\#x_m\#$ bestehen. Wir benutzen L_1, um die Bedingung $x_i \vdash (x_{i+1})^R$ für ungerade i, und L_2, um die Bedingung $x_i^R \vdash x_{i+1}$ für gerade i durchzusetzen. L_2 erfüllt auch die Bedingung, daß x_1 eine anfängliche Zustandsbeschreibung ist. Daß x_m eine End-Zustandsbeschreibung ist oder ihre Spiegelung (je nachdem, ob m gerade oder ungerade ist), wird von L_1 oder L_2 gewährleistet. Dann ist $L_1 \cap L_2$ die Menge der gültigen Berechnungen von M.

Für den Anfang sei $L_3 = \{y\#z^R \mid y \underset{M}{\vdash} z\}$. Es ist einfach, einen KA P zu konstruieren, der L_3 akzeptiert. P liest y, die Eingabe bis zu $\#$, und überprüft in seiner endlichen Kontrolle, ob y von der Form $\Gamma^*Q\Gamma^*$ ist. In diesem Prozeß setzt P die Zustandsbeschreibung z auf seinen Keller, so daß $y \underset{M}{\vdash} z$ gilt, wobei y die Eingabe vor $\#$ ist; d.h. wenn die Eingabe für P ein Symbol aus Γ ist, setzt P dieses Symbol auf den Keller. Wenn die Eingabe ein Zustand q aus Q ist, so wird q von P in der endlichen Kontrolle gespeichert, und P liest das nächste Eingabesymbol — etwa X; wenn das nächste Symbol # ist, dann ist X als B anzunehmen. Wenn $\delta(q, X) = (p, Y, R)$ gilt, dann wird Yp von P auf den Keller gesetzt. Wenn $\delta(q, X) = (p, Y, L)$, dann sei Z am oberen Ende des Kellers; P ersetzt dann Z durch pZY. (Falls die Eingabe als letztes # enthielt und $Y = B$ gilt, so ist nur Z durch pZ zu ersetzen bzw. durch p, wenn Z auch B ist). Nachdem das # gelesen worden ist, vergleicht P jedes Eingabesymbol mit dem obersten Kellersymbol. Wenn sie unterschiedlich sind, hat P keine nächste Bewegung und stirbt daher. Wenn sie gleich sind, entfernt P das oberste Kellersymbol. Ist der Keller leer, so akzeptiert P.

Nun sei $L_1 = (L_3\#)^*(\{\epsilon\} \cup \Gamma^* F \Gamma^* \#)$. Nach Satz 5.4 und 6.1 gibt es einen Algorithmus, um eine kfG für L_1 zu konstruieren. Auf ähnliche Weise können wir einen KA für $L_4 = \{y^R\#z \mid y \underset{M}{\vdash} z\}$ konstruieren. Die Konstruktion von G_2 für

$$L_2 = q_0\Sigma^*\#(L_4\#)^*(\{\epsilon\} \cup \Gamma^* F \Gamma^* \#)$$

ist dann einfach, und nach Satz 6.1 gibt es auch einen Algorithmus, um eine kfG G_2 für L_2 zu konstruieren. Nun ist $L_1 \cap L_2$ die Menge der gültigen Berechnungen von M. D.h. wenn $x_1\#x_2\#...\#x_m\#$ in $L_1 \cap L_2$ ist, dann verlangt L_1, daß $x_i \underset{M}{\vdash} (x_{i+1})^R$ für ungerade i gilt; L_2 verlangt, daß x_1 am Anfang kommt, und daß $x_i^R \underset{M}{\vdash} x_{i+1}$ für gerade i gilt. Durch L_2 wird für ungerade und durch L_1 für gerade m garantiert, daß die letzte Zustandsbeschreibung einen Endzustand hat. □

Satz 8.10
Es ist für beliebige kfG G_1 und G_2 nicht entscheidbar, ob $L(G_1) \cap L(G_2)$ leer ist.
Beweis:
Nach Lemma 8.6 können wir für Grammatiken G_1 und G_2 ein M konstruieren, so daß $L(G_1) \cap L(G_2)$ die Menge der gültigen Berechnungen von M ist. Wenn es einen Algorithmus A gibt, der sagt, ob der Schnitt der Sprachen zweier kfG leer ist, können wir einen Algorithmus B konstruieren, der angibt, ob $L(M) = \emptyset$ für beliebige Turing-Maschinen M gilt. Es ist lediglich ein B wie in Lemma 8.6 zu erstellen, um G_1 und G_2 aus M zu konstruieren; dann ist Algorithmus A anzuwenden, um zu sagen, ob $L(G_1) \cap L(G_2)$ leer ist. Wenn die Schnittmenge leer ist, so gibt es keine gültigen Berechnungen von M, also $L(M) = \emptyset$. Wenn die Schnittmenge nicht leer ist, so gilt $L(M) \neq \emptyset$, d.h. das Problem der Leere für rekursiv aufzählbare Mengen reduziert sich auf das Schnittproblem für kfG.

Algorithmus B kann jedoch nicht existieren, da $L(M) = \emptyset$ nach Satz 8.6 nicht entscheidbar ist. Deshalb existiert A nicht, und so ist es nicht entscheidbar, ob der Schnitt zweier kfS leer ist. □

Obwohl zwei kfS die gültigen Berechnungen einer Turing-Maschine darstellen sollen, ist die Menge der ungültigen Berechnungen selbst eine kfS. Der Grund ist, daß wir nicht länger simultan für jedes i garantieren müssen, daß $w_i \vdash w_{i+1}$ gilt. Wir brauchen nur zu raten, wo ein Fehler auftritt, d.h. wir müssen für ein i beweisen, daß $w_i \vdash w_{i+1}$ falsch ist.

Lemma 8.7

Die Menge der ungültigen Berechnungen einer TM $M = (Q, \Sigma, \Gamma, \delta, q_0, B, F)$ ist eine kfS.

Beweis:

Wenn eine Zeichenkette w eine ungültige Berechnung ist, dann gilt eine der folgenden Bedingungen:

1) w ist nicht von der Form $x_1\#x_2\#...\#x_m\#$, wobei jedes x_i eine Zustandsbeschreibung von M ist;
2) x_1 steht nicht am Anfang, d.h. x_1 ist nicht aus $q_0\Sigma^*$;
3) x_m steht nicht am Ende, d.h. x_m ist nicht aus $\Gamma^* F \Gamma^*$;
4) $x_i \underset{M}{\vdash} (x_{i+1})^R$ ist falsch für ein ungerades i;
5) $x_i^R \underset{M}{\vdash} x_{i+1}$ ist falsch für ein gerades i.

Die Menge der Zeichenketten, die (1), (2) und (3) genügen, ist regulär, und ein sie akzeptierender EA ist einfach konstruierbar. Die Menge von Zeichenketten, die (4) und (5) genügen, sind jeweils kfS. Diese Behauptung beweisen wir für (4); eine ähnliche Beweisführung ist für (5) ausschlaggebend. Ein KA P wählt für (4) nichtdeterministisch einige x_i aus, denen eine gerade Anzahl von # vorausgeht; während x_i gelesen wird, speichert P auf seinem Keller die Zustandsbeschreibung z, für die $x_i \vdash z$ mit dem rechten Ende von z am oberen Ende des Kellers gilt. Nachdem # auf der Eingabe gefunden worden ist, wird z von P mit dem folgenden x_{i+1} verglichen. Gilt $z \neq x_{i+1}$, so überliest P die verbleibende Eingabe und akzeptiert.

Die Menge der ungültigen Berechnungen ist die Vereinigung zweier kfS und einer regulären Menge. Nach Satz 6.1 ist dies eine kfS, und eine Grammatik für diese Sprache läßt sich konstruieren. □

Satz 8.11

Es ist für eine beliebige kfG G nicht entscheidbar, ob $L(G) = \Sigma^*$.

Beweis:

Bei einer gegebenen Turing-Maschine M können wir effektiv eine kfG G mit dem Terminal-Alphabet Σ^* konstruieren, so daß $L(G) = \Sigma^*$ genau dann, wenn $L(M) = \emptyset$. Nach Lemma 8.7 können wir also eine kfG G konstruieren, die die ungültigen Berechnungen für M generiert. Wenn also $L(G) = \Sigma^*$ für beliebige G entscheidbar wäre, dann könnten wir für beliebige M entscheiden, ob $L(M) = \emptyset$ gilt; dies ist aber ein Widerspruch. □

Andere Konsequenzen der Charakterisierung von Berechnungen durch kfS

Viele andere Ergebnisse folgen aus Satz 8.11.

Satz 8.12

Seien G_1 und G_2 beliebige kfG und R eine beliebige reguläre Menge. Die folgenden Probleme sind nicht entscheidbar:

1) $L(G_1) = L(G_2)$
2) $L(G_2) \subseteq L(G_1)$
3) $L(G_1) = R$
4) $R \subseteq L(G_1)$

Beweis:
Sei G_2 eine feste Grammatik, die Σ^* erzeugt, wobei Σ das Terminal-Alphabet von G_1 ist. Dann sind (1) und (2) äquivalent zu $L(G_1) = \Sigma^*$. Sei $R = \Sigma^*$; damit sind (3) und (4) äquivalent zu $L(G_1) = \Sigma^*$. Also reduziert sich das nicht entscheidbare Problem, ob eine kfL gleich Σ^* ist, auf (1) bis (4), und jedes dieser Probleme ist ebenfalls nicht entscheidbar. □

Beachten Sie, daß man nach Satz 5.3 und 5.4 effektiv zwischen KA und kfG konvertieren kann, so daß die Sätze 8.10, 8.11 und 8.12 wahr bleiben, wenn die kfS durch KA statt durch kfG dargestellt werden. Ebenso kann die reguläre Menge in Satz 8.12 durch einen DEA, NEA oder einen regulären Ausdruck dargestellt werden.

Man sollte auch beachten, daß die Frage $L(G) \subseteq R$ entscheidbar ist. Der Grund liegt darin, daß $L(G) \subseteq R$ genau dann gilt, wenn $L(G) \cap \bar{R} = \emptyset$ gilt. $L(G) \cap \bar{R}$ ist aber eine kfS, so daß ihre Leere entscheidbar ist.

Es gibt noch mehr Eigenschaften von kfS, von denen wir zeigen können, daß sie nicht entscheidbar sind; zu diesem Zweck ist zu beachten, daß, wenn eine TM gültige Berechnungen auf einer unendlichen Menge von Eingaben hat, ihre Menge gültiger Berechnungen im allgemeinen keine kfS ist. Wir modifizieren jede Turing-Maschine M in trivialer Weise zuerst durch das Hinzufügen zweier Extrazustände, deren einziger Zweck es ist zu versichern, daß M wenigstens zwei Bewegungen in jeder Berechnung macht. Dies kann geschehen, ohne die von M durchgeführten Berechnungen anderweitig zu verändern. Der Zweck der Veränderung ist, sicherzustellen, daß jede Berechnung wenigstens drei Zustandsbeschreibungen enthält, und damit zu gewährleisten, daß die Menge der gültigen Berechnungen genau dann eine kfS ist, wenn M eine endliche Menge akzeptiert.

Lemma 8.8
M sei eine Turing-Maschine, die wenigstens drei Bewegungen auf jeder Eingabe macht. Die Menge der gültigen Berechnungen von M ist genau dann eine kfS, wenn die von M akzeptierte Menge eine endliche Menge ist.

Beweis:
Wenn die von M akzeptierte Menge endlich ist, so ist die Menge der gültigen Berechnungen von M endlich und somit eine kfS. Wir nehmen an, daß die von M akzeptierte Menge unendlich und die Menge L von gültigen Berechnungen eine kfS sei. Da M eine unendliche Menge akzeptiert, existiert eine gültige Berechnung $w_1\#w_2^R\#w_3\#...$, wobei die w_i Zustandsbeschreibungen sind und $|w_2|$ größer ist als die Konstante n aus dem Ogden-Lemma. Die Symbole von w_2 sind als ausgezeichnete Symbole zu markieren; dann können wir w_2 pumpen, und erhalten so eine ungültige Berechnung, die in L liegen muß. Daraus folgt, daß die gültigen Berechnungen keine kfS bilden. □

Satz 8.13
Es ist für beliebige kfG G_1 und G_2 nicht entscheidbar, ob

1) $\overline{L(G_1)}$ eine kfS ist;
2) $L(G_1) \cap L(G_2)$ eine kfS ist.

Beweis:

1) Bei einer gegebenen TM M verändert man M, ohne die akzeptierte Menge zu verändern, so daß M wenigstens zwei Bewegungen auf jeder Eingabe macht.

Wir konstruieren eine kfG G, die die ungültigen Berechnungen erzeugt. $\overline{L(G)}$ ist genau dann eine kfS, wenn M eine endliche Menge akzeptiert.

2) Wir gehen wie in (1) vor, konstruieren aber kfG G_1 und G_2, so daß $L(G_1) \cap L(G_2)$ die Menge der gültigen Berechnungen von M ist. □

8.7 DER SATZ VON GREIBACH

In der Sprachtheorie gibt es zwischen den Beweisen der Unentscheidbarkeit erstaunliche Ähnlichkeit. Dieses suggeriert, daß es ein Analogon des Satzes von Rice für Sprachklassen wie die kfS gibt, und dies ist tatsächlich der Fall.

Wir wollen unsere Aufmerksamkeit auf eine Sprachklasse $\mathcal{C}$ konzentrieren — wie etwa die kfS — und auf ein bestimmtes System — wie etwa kfG oder KA — um Zeichenketten endlicher Länge als Namen von Sprachen zu interpretieren. Betrachten Sie die Sprachklasse $\mathcal{C}$ mit der Eigenschaft, daß wir bei gegebenen Namen (z.B. Grammatiken) von Sprachen L_1 und L_2 in $\mathcal{C}$ und einem gegebenen Namen (z.B. einem EA) für eine reguläre Menge R, Namen für RL_1, L_1R und $L_1 \cup L_2$ konstruieren können. Dann nennen wir die Klasse $\mathcal{C}$ *effektiv abgeschlossen* unter der Konkatenation mit regulären Mengen und der Vereinigung.

Nehmen wir weiterhin an, daß $L = \Sigma^*$ für die Klasse $\mathcal{C}$ nicht entscheidbar ist, so wie es für die kfS der Fall ist. Der nächste Satz zeigt, daß eine große Vielfalt von Problemen für die Klasse $\mathcal{C}$ nicht entscheidbar ist.

Satz 8.14 (*Der Satz von Greibach*)
Sei $\mathcal{C}$ eine Klasse von Sprachen, die effektiv abgeschlossen ist unter der Konkatenation mit regulären Mengen und der Vereinigung, und für die "$= \Sigma^*$" für jedes hinreichend große Σ nicht entscheidbar ist. Sei P die nicht triviale Eigenschaft[3], die für alle regulären Mengen wahr ist und die unter $/a$ erhalten bleibt, wobei a ein einzelnes Symbol ist. (Wenn also L die Eigenschaft P hat, so hat auch $L/a = \{w \mid wa \text{ ist aus } L\}$ diese Eigenschaft.) Dann ist P nicht entscheidbar für $\mathcal{C}$.

Beweis:
Sei $L_0 \subseteq \Sigma^*$ ein Element von $\mathcal{C}$, für das $P(L_0)$ falsch ist, wenn Σ^* so groß ist, daß "$= \Sigma^*$" nicht entscheidbar ist. Wir konstruieren $L_1 = L_0\#\Sigma^* \cup \Sigma^*\#L$ für jedes $L \subseteq \Sigma^*$ aus $\mathcal{C}$. L_1 ist in $\mathcal{C}$, da $\mathcal{C}$ unter Konkatenation mit regulären Mengen effektiv abgeschlossen ist. Wenn nun $L = \Sigma^*$ gilt, so ist $L_1 = \Sigma^*\#\Sigma^*$, was eine reguläre Menge ist; daher gilt $P(L_1)$. Wenn $L \neq \Sigma^*$ gilt, so existiert ein w, das nicht in L liegt. Also gilt $L_1/\#w = L_0$. Da P unter Quotientenbildung mit einem einzigen Symbol erhalten bleibt, wird es auch erhalten unter Quotientenbildung mit der Zeichenkette $\#w$, was sich durch Induktion über $|w|$ beweisen läßt. Also muß $P(L_1)$ falsch sein; andernfalls wäre $P(L_0)$ im Gegensatz zu unserer Annahme wahr. Deshalb ist $P(L_1)$ genau dann wahr, wenn $L = \Sigma^*$. Also reduziert sich das Problem "$= \Sigma^*$" für $\mathcal{C}$ auf die Eigenschaft P für $\mathcal{C}$; folglich ist P für $\mathcal{C}$ nicht entscheidbar. □

Anwendungen des Satzes von Greibach
Satz 8.14 kann benutzt werden, um zu zeigen, daß es nicht entscheidbar ist, ob die

[3] Technisch gesehen ist eine Eigenschaft lediglich eine Teilmenge von $\mathcal{C}$. Wir sagen "L hat die Eigenschaft P" oder "$P(L)$", wenn L in P enthalten ist.

von einer kfG erzeugte Sprache regulär ist. Beachten Sie, daß diese Frage sich von der unterscheidet, ob die erzeugte Sprache gleich einer bestimmten Menge R ist, wie es in Satz 8.12 gefragt wurde.

Satz 8.15
Sei G eine beliebige kfG. Es ist nicht entscheidbar, ob $L(G)$ regulär ist.
Beweis:
Die kfS sind unter Konkatenation mit regulären Mengen und unter Vereinigung effektiv abgeschlossen. Sei P die Eigenschaft, daß L regulär ist. P ist für die kfS nicht trivial; außerdem ist P wahr für alle regulären Mengen und wird unter Quotientenbildung mit einem einzelnen Symbol nach Satz 3.6 erhalten. Beachten Sie, daß die regulären Mengen unter Quotientenbildung mit einer weiteren regulären Menge effektiv abgeschlossen sind, obwohl Satz 3.6 dies nicht behauptet (siehe die dem Satz folgende Diskussion). Also ist nach Satz 8.14 P für kfS nicht entscheidbar.
□

Satz 8.15 erlaubt uns zu zeigen, daß eine Eigenschaft nicht entscheidbar ist, indem wir zeigen, daß die Eigenschaft unter Quotientenbildung mit einem einzelnen Symbol erhalten bleibt. Die letztere Aufgabe ist häufig relativ einfach — ähnlich dem Beweis, daß ererbte Mehrdeutigkeit nicht entscheidbar ist.

Lemma 8.9
Sei P die Eigenschaft, daß eine kfS nicht mehrdeutig ist. Dann bleibt P unter Quotientenbildung mit einem einzelnen Symbol erhalten.
Beweis:
Sei $G = (V, T, P, S)$ eine nicht mehrdeutige kfG, und sei

$$G_a = (V \cup \{[A/a] \mid A \in V\}, T, P_a, [S/a]),$$

wobei P_a folgendes enthält:
1) alle Produktionen aus P;
2) $[A/a] \to \alpha$, falls $A \to \alpha a$ aus P ist;
3) $[A/a] \to \alpha[B/a]$, falls $A \to \alpha B\beta$ aus P ist und $\beta \overset{*}{\Rightarrow} \epsilon$.

Wir behaupten, daß $L(G_a) = L(G)/a$ gilt, und daß G_a nicht mehrdeutig ist. Um dies zu sehen, zeigen wir zuerst durch eine einfache Induktion, daß folgendes gilt:
1) $[S/a] \overset{*}{\Rightarrow} \alpha$ genau dann, wenn $S \overset{*}{\Rightarrow} \alpha a$;
2) $[S/a] \overset{*}{\Rightarrow} \alpha[A/a]$ genau dann, wenn $S \overset{*}{\Rightarrow} \alpha A$.

Daß $L(G_a) = L(G)/a$ gilt, folgt sofort. Wir nehmen an, daß G_a mehrdeutig ist. Dann muß es zwei Linksableitungen geben:
1) $[S/a] \overset{*}{\Rightarrow} \beta \overset{*}{\Rightarrow} \alpha \overset{*}{\Rightarrow} x$ und
2) $[S/a] \overset{*}{\Rightarrow} \gamma \overset{*}{\Rightarrow} \alpha \overset{*}{\Rightarrow} x$ mit $\beta \neq \gamma$.

Dann haben wir aber in G zwei Linksableitungen der Zeichenkette xa, was ein Widerspruch ist. Also kann G_a nicht mehrdeutig sein. Wir schließen, daß die Eigenschaft, nicht mehrdeutig zu sein, unter Quotientenbildung mit einem einzelnen Symbol erhalten bleibt. □

Satz 8.16
Mehrdeutigkeit für kfS ist nicht entscheidbar.

Beweis:
Nach Satz 4.7 ist P nicht trivial. Nach Lemma 8.9 bleibt P unter Quotientenbildung mit einem einzelnen Symbol erhalten. Es ist leicht zu zeigen, daß P für alle regulären Mengen wahr ist; jede reguläre Menge hat also eine nicht mehrdeutige kfG. (Der noch folgende Satz 9.2 zeigt die Konstruktion einer nicht mehrdeutigen kfG für einen beliebigen DEA.) Also ist nach Satz 8.14 die Mehrdeutigkeit für kontextfreie Sprachen nicht entscheidbar. □

8.8 EINFÜHRUNG IN DIE THEORIE REKURSIVER FUNKTIONEN

Wir haben in Abschnitt 7.3 erwähnt, daß jede TM ebenso zur Spracherkennung wie auch zur Berechnung einer Funktion von den ganzen Zahlen in die ganzen Zahlen dienen kann. Für jede TM M und jedes k gibt es eine Funktion $f_M^{(k)}(i_1, ..., i_k)$, die k ganze Zahlen als Argument erwartet und eine ganze Zahl als Antwort liefert, falls sie nicht für diese Argumente undefiniert ist. Wenn M mit $0^{i_1}10^{i_2}1...10^{i_k}$ auf ihrem Band gestartet wurde und mit 0^j auf dem Band anhält, dann sagen wir $f_M^{(k)}(i_1, ..., i_k) = j$. Wenn M nicht mit einem Band bestehend aus einem Block von Nullen und allen anderen Feldern leer anhält, dann ist $f_M^{(k)}(i_1, ..., i_k)$ undefiniert. Beachten Sie, daß man die gleiche Turing-Maschine sowohl als Sprachenerkenner als auch als einen Computer für eine Funktion mit einem Argument als auch als einen Computer einer anderen Funktion mit zwei Argumenten usw. betrachten kann.

Wenn i eine ganzzahlige Kodierung für eine Turing-Maschine M ist (wie in Abschnitt 8.3 beschrieben) und k als gegeben angenommen wird, dann schreiben wir häufig f_i anstelle von $f_M^{(k)}$.

Wir erinnern uns, daß eine von einer Turing-Maschine berechnete Funktion (partiell) rekursive Funktion genannt wird. Wenn sie für alle Werte ihrer Argumente definiert ist, dann heißt sie auch total rekursive Funktion.

Die Konstruktionen auf Turing-Maschinen, die weiter vorne in diesem sowie im vorangehenden Kapitel angegeben wurden, können als total rekursive Funktionen in einer einzigen Variablen ausgedrückt werden. Dies bedeutet, daß ein Algorithmus A, der als Eingabe die binäre Kodierung einer TM M erhält und als Ausgabe die binäre Kodierung einer anderen TM M' liefert, als eine Funktion g auf einer Variablen angesehen werden kann. Insbesondere sei i die ganze Zahl, die M darstellt, und j die ganze Zahl, die M' darstellt. Dann gilt $g(i) = j$. Technisch gesehen ist die TM B zur Berechnung von g nicht A, sondern eine TM, die ihre unäre Eingabe in eine binäre konvertiert, A simuliert und dann ihre Ausgabe wieder in eine unäre konvertiert.

Der S_{mn}-Satz

Unser erster Satz — der S_{mn}-Satz — sagt aus, daß es für eine gegebene partiell rekursive Funktion $g(x, y)$ mit zwei Variablen einen Algorithmus gibt, der für eine TM für g und einem Wert für x eine andere TM konstruiert, die $g(x, y)$ bei der Eingabe y berechnet.

Satz 8.17
Sei $g(x, y)$ eine partiell rekursive Funktion. Dann gibt es eine total rekursive Funktion σ in einer Variablen, so daß $f_{\sigma(x)}(y) = g(x, y)$ für alle x, y. Wenn also

$\sigma(x)$ wie eine ganze Zahl behandelt wird, die eine TM M_x darstellt, dann gilt $f^{(1)}_{M_x}(y) = g(x,y)$.

Beweis:

M berechne g. Sei A eine Turing-Maschine, die bei einer gegebenen, unär geschriebenen Eingabe x eine TM M_x konstruiert, die bei gegebener Eingabe y diese nach rechts schiebt und 0^x1 zu ihrer Linken schreibt; die TM M_x bringt ihren Kopf dann zum linken Ende zurück und simuliert M. Die Ausgabe von A ist die unäre Darstellung einer ganzen Zahl $\langle M_x \rangle$, die M_x darstellt. Dann berechnet A eine total rekursive Funktion σ, und $f_{\sigma(x)}(y) = g(x,y)$. Beachten Sie im Beweis, daß $\sigma(x)$ für jedes x eine ganze Zahl ist, die obige TM M_x repräsentiert; außerdem ist M_x für jedes x so erstellt, daß sie $g(x,y)$ bei einer gegebenen Eingabe y produziert. Da $f_{\sigma(x)}$ die von M_x berechnete Funktion ist, folgt die Gleichung $f_{\sigma(x)}(y) = g(x,y)$. □

Der Rekursionssatz

Der zweite Satz — namens Rekursionssatz — stellt fest, daß jede total rekursive Funktion σ, die eine Abbildung von den Indizes (TM bezeichnende ganze Zahlen) von partiell rekursiven Funktionen in die Indizes von partiell rekursiven Funktionen darstellt, einen Fixpunkt x_0 hat, so daß $f_{x_0}(y) = f_{\sigma(x_0)}(y)$ für alle y gilt. Mit anderen Worten, wenn wir alle Turing-Maschinen in gleicher Weise modifizieren, so gibt es immer eine TM M_{x_0}, für die die modifizierte TM $M_{\sigma(x_0)}$ die gleiche Funktion berechnet wie die unmodifizierte TM. Auf den ersten Blick erscheint dies unmöglich, da wir jede TM so modifizieren können, daß sie 1 zur ursprünglichen Funktion hinzufügt. Man ist versucht zu sagen, daß $f(y) + 1 \neq f(y)$. Beachten Sie aber, daß $f(y) + 1$ gleich $f(y)$ für alle y ist, wenn $f(y)$ überall undefiniert ist.

Satz 8.18

Für jede total rekursive Funktion σ existiert ein x_0, so daß $f_{x_0}(x) = f_{\sigma(x_0)}(x)$ für alle x.

Beweis:

Für jede ganze Zahl i konstruiert man eine Turing-Maschine, die $f_i(i)$ auf der Eingabe x berechnet und dann, mittels der universellen Turing-Maschine, die $f_i(i)$-te Turing-Maschine auf x simuliert. Sei $g(i)$ der Index der so konstruierten Turing-Maschine. Also gilt für alle i und x

$$f_{g(i)}(x) = f_{f_i(i)}(x). \tag{8.3}$$

Beachtenswert ist, daß $g(i)$ sogar dann eine totale Funktion ist, wenn $f_i(i)$ undefiniert ist. Sei j ein Index der Funktion σg. D.h. j ist eine ganzzahlige Kodierung einer Turing-Maschine, die $g(i)$ bei gegebener Eingabe i berechnet und dann σ auf $g(i)$ anwendet. Dann gilt für $x_0 = g(j)$ nachstehendes:

$$\begin{aligned} f_{x_0}(x) &= f_{g(j)}(x) && \\ &= f_{f_j(j)}(x) && \text{nach (8.3)} \\ &= f_{\sigma(g(j))}(x) && \text{da } f_j \text{ die Funktion } \sigma g \text{ ist} \\ &= f_{\sigma(x_0)}(x). && \end{aligned}$$

Also ist x_0 ein Fixpunkt der Abbildung σ, d.h. die Turing-Maschinen M_{x_0} und $M_{\sigma(x_0)}$ berechnen dieselbe Funktion. □

Anwendungen des Rekursions- und des S_{mn}-Satzes

Beispiel 8.9

Sei $M_1, M_2, \ldots$ eine Aufzählung aller Turing-Maschinen. Wir verlangen nicht, daß diese Aufzählung die in Abschnitt 8.3 eingeführte "Standard"-Aufzählung ist, sondern nur, daß wir diese Darstellung durch einen Algorithmus in die in Abschnitt 7.2 eingeführte 7-Tupel-Notation konvertieren können (und umgekehrt). Wir können dann den Rekursionssatz benutzen, um zu zeigen, daß M_i und M_{i+1} für ein i dieselbe Funktion berechnen.

Sei $\sigma(i)$ die total rekursive Funktion, die wie folgt definiert ist: Es sind alle Turing-Maschinen $M_1, M_2, \ldots$ aufzuzählen, bis eine mit einer ganzzahligen Kodierung i wie in (8.2) gefunden wird. Beachten Sie, daß die Zustände der Turing-Maschine in allen möglichen Ordnungen betrachtet werden müssen, um zu sehen, ob i eine Kodierung dieser Turing-Maschine ist; in der in Abschnitt 8.3 eingeführten Notation beeinflußt nämlich die Ordnung, in der die Bewegungen für die verschiedenen Zustände aufgeschrieben werden, die Kodierung. Wenn wir M_j mit der Kodierung i gefunden haben, ist noch eine weitere TM M_{j+1} aufzuzählen; sei $\sigma(i)$ die Kodierung für M_{j+1}. Dann besagt der auf dieses σ angewendete Rekursionssatz, daß es ein x_0 gibt, für das M_{x_0} und M_{x_0+1} dieselbe Funktion in einer Variablen definieren.

Beispiel 8.10

Bei einem gegebenen formalen System F — etwa der Mengenlehre — können wir eine solche TM M finden, daß es keinen Beweis in F dafür gibt, daß M (nach Start mit einer beliebigen Eingabe) anhält, und ebensowenig einen Beweis, daß M nicht anhält. Wir konstruieren eine TM M, die die Funktion mit zwei Argumenten $g(i,j)$ berechnet, so daß

$$g(i,j) = \begin{cases} 1, & \text{wenn es einen Beweis in } F \text{ gibt, daß } F_i(j) \text{ nicht definiert} \\ & \text{ist; d.h. es gibt einen Beweis, daß die } i\text{-te} \\ & \text{Turing-Maschine auf der gegebenen Eingabe } j \\ & \text{nicht anhält;} \\ \text{undefiniert} & \text{sonst.} \end{cases}$$

M zählt Beweise in F in einer beliebigen Ordnung auf und schreibt eine 1, wenn ein Beweis gefunden wurde, daß die i-te TM auf der Eingabe j nicht hält. Außerdem können wir M so konstruieren, daß M anhält, wenn $g(i,j) = 1$ gilt, und andernfalls nicht. Nach dem S_{mn}-Satz existiert ein σ, so daß

$$F_{\sigma(i)}(j) = g(i,j)$$

gilt. Nach dem Rekursionssatz können wir effektiv eine solche ganze Zahl i_0 konstruieren, daß

$$f_{i_0}(j) = f_{\sigma(i_0)}(j) = g(i_0, j)$$

gilt. Doch es gilt $g(i_0, j) = 1$, und $g(i_0, j)$ ist daher genau dann definiert, wenn es einen Beweis in F gibt, daß $f_{i_0}(j)$ undefiniert ist. Wenn also F konsistent ist (d.h., es existiert kein Beweis einer Aussage und ihrer Negation), so kann es keinen Beweis in F geben, daß die i_0-te TM auf einer bestimmten Eingabe j hält oder nicht hält.

8.9 ORAKEL-BERECHNUNGEN

Man ist versucht zu fragen, was geschehen würde, wenn das Problem leerer Sprachen oder ein anderes nicht entscheidbares Problem entscheidbar wäre. Könnten wir dann alles berechnen? Um diese Frage zu beantworten, müssen wir vorsichtig sein. Wenn wir damit beginnen, anzunehmen, daß das Problem leerer Sprachen entscheidbar ist, haben wir eine widersprüchliche Menge von Annahmen, aus der sich alles schließen läßt. Wir vermeiden dieses Problem, indem wir eine TM mit Orakeln definieren.

Sei A eine Sprache mit $A \subseteq \Sigma^*$. Eine *Turing-Maschine mit Orakel A* ist eine einbändige TM mit drei speziellen Zuständen $q_?, q_j$ und q_n. Der Zustand $q_?$ wird benutzt, um zu fragen, ob eine Zeichenkette in der Menge A ist. Geht die Turing-Maschine in den Zustand $q_?$ über, so verlangt sie eine Antwort auf folgende Frage: "Ist die aus von Blanks verschiedenen Symbolen bestehende Zeichenkette rechts des Bandkopfs in A?" Die Antwort wird gegeben, indem man den Zustand der TM bei der nächsten Bewegung in einen der beiden Zustände q_j oder q_n ändert, je nachdem, ob die Antwort ja oder nein ist.[4] Die Berechnung läuft normal weiter, bis zum nächsten Mal der Zustand $q_?$ erreicht wird und das Orakel erneut eine andere Frage beantwortet.

Wenn A eine rekursive Menge ist, kann das Orakel von einer anderen Turing-Maschine simuliert werden kann; außerdem ist beachtenswert, daß die von der TM mit dem Orakel A akzeptierte Menge rekursiv aufzählbar ist. Auf der anderen Seite, wenn A keine rekursive Menge ist und ein Orakel verfügbar ist, um die richtige Antwort zu geben, dann akzeptiert die Turing-Maschine mit dem Orakel A eventuell eine Menge, die nicht rekursiv aufzählbar ist. Wir bezeichnen die Turing-Maschine M mit Orakel A mit M^A. Eine Menge L ist rekursiv aufzählbar unter Berücksichtigung von A, wenn $L = L(M^A)$ für eine Turing-Maschine M ist. Eine Menge L ist rekursiv unter Berücksichtigung von A, wenn $L = L(M^A)$ für eine Turing-Maschine M^A ist, die immer hält. Zwei Orakel-Mengen sind äquivalent, wenn die eine in der anderen rekursiv ist.

Eine Hierarchie unentscheidbarer Probleme

Wir stellen nun wieder die Frage vom Anfang dieses Abschnitts: "Welche Mengen können bei einem gegebenen Orakel für das Problem leerer Sprachen erkannt werden?" Natürlich können nicht alle Mengen rekursiv aufzählbar unter Berücksichtigung des Problems leerer Sprachen sein, da es überabzählbar viele Mengen, aber nur abzählbar viele Turing-Maschinen gibt. Betrachten Sie die Orakel-Menge $S_1 = \{\langle M \rangle \mid L(M) = \emptyset\}$, die nicht rekursiv aufzählbar ist. ($\langle M \rangle$ ist die binäre Kodierung für M.) Betrachten Sie nun Turing-Maschinen mit dem Orakel S_1: Diese

---

[4] Beachten Sie, daß die TM sich ihren früheren Zustand merken kann, indem sie ihn auf das Band schreibt, bevor sie in $q_?$ übergeht.

Maschinen haben ein Halte-Problem, das nicht rekursiv in S_1 ist. Indem man ein Orakel für das Problem leerer Sprachen für TM mit dem Orakel S_1 definiert usw., können wir eine unendliche Hierarchie nicht entscheidbarer Probleme entwickeln. Genauer gesagt, definieren wir

$$S_{i+1} = \{\langle M \rangle \mid L^{S_i}(M) = \emptyset\}.$$

S_{i+1} ist ein Orakel zur Lösung des Problems leerer Sprachen unter Berücksichtigung von S_i. Wir können nun einige nicht entscheidbare Probleme klassifizieren (aber nicht alle diese Probleme), indem wir ihre Äquivalenz zu einer Menge S_i für einige bestimmte i zeigen.

Satz 8.19
Das Enthaltenseins-Problem ist für Turing-Maschinen ohne Orakel äquivalent zu S_1.

Beweis:
Wir konstruiere eine TM M^{S_1}, die bei gegebenem $\langle M, w \rangle$ auf ihrer Eingabe die Kodierung einer Turing-Maschine M' konstruiert, die $\emptyset$ akzeptiert. Die Konstruktion von M' war in Beispiel 8.2 gegeben. M^{S_1} geht in den Zustand $q_?$ über mit der Kodierung für M' rechts von ihrem Kopf und akzeptiert genau dann, wenn der Zustand q_n erreicht wird. Also ist das angegebene Problem für Turing-Maschinen ohne Orakel rekursiv in S_1.

Umgekehrt können wir zeigen, daß es eine Turing-Maschine mit dem angegebenen Problem als Orakel gibt, die S_1 erkennt. (Genau genommen ist das Orakel L_u.) Um zu zeigen, daß S_1 rekursiv in L_u ist, konstruiert man eine Turing-Maschine M_2, die bei gegebenem $\langle M \rangle$ eine neue TM M' konstruiert, die wie folgt operiert: M' ignoriert ihre Eingabe; stattdessen benutzt M' den Paargenerator, um alle Paare (i, j) zu erzeugen. Wenn (i, j) erzeugt wird, so wird M von M' für i Schritte auf dem j-ten Eingabe-Wort von M simuliert, wobei die Wörter in der üblichen Ordnung numeriert sind. Wenn M akzeptiert, so akzeptiert die TM M' ihre eigene Eingabe. Wenn $L(M) = \emptyset$ gilt, dann gilt $L(M') = \emptyset$. Falls allerdings $L(M) \neq \emptyset$ gilt, dann akzeptiert M' all ihre eigenen Eingaben und insbesondere auch ϵ. Also kann $M_2^{L_u}$ ihr Orakel befragen, ob ϵ von M' akzeptiert wird, d.h. ob $\langle M', \epsilon \rangle$ in L_u ist. Falls dies der Fall ist, wird M von M_2 verworfen; andernfalls wird M von M_2 akzeptiert. Also ist S_1 rekursiv in L_u. □

Betrachten Sie als nächstes das Problem, ob $L(M) = \Sigma^*$ gilt, wobei Σ das Eingabe-Alphabet für eine Turing-Maschine M ist. In gewissem Sinne ist dieses Problem schwerer als das Problem leerer Sprachen oder das Enthaltenseins-Problem, da — wie wir sehen werden — das "$= \Sigma^*$"-Problem äquivalent zu S_2 ist, während das Problem leerer Sprachen und das Enthaltenseins-Problem äquivalent zu S_1 sind. Obwohl dieser Unterschied keine praktische Bedeutung hat, da alle diese Probleme unentscheidbar sind, suggeriert das Ergebnis des Vergleichs der Schwierigkeitsgrade, daß das "$= \Sigma^*$"-Problem wirklich schwerer ist, wenn wir restriktive Versionen der Probleme betrachten. Für kfG ist das Problem leerer Sprachen sowie das Enthaltenseins-Problem entscheidbar, während nach Satz 8.11 das Problem, ob "$L(G) = \Sigma^*$" gilt, nicht entscheidbar ist. Für ein anderes Beispiel betrachtet man die regulären Ausdrücke: Unsere beiden Probleme sind beide effizient in einer Zeit entscheidbar, die polynomial in der Länge des Ausdrucks ist; dagegen ist für das Problem, ob ein regulärer Ausdruck r äquivalent zu Σ^* ist, bewiesen worden ist, daß die dafür benötigte Zeit exponentiell in der Länge von r ist.[5]

Satz 8.20
Das Problem, ob $L(M) = \Sigma^*$ gilt, ist äquivalent zu S_2.
Beweis:
Wir konstruieren eine Turing-Maschine $M_3^{S_2}$, die eine beliebige TM nimmt und aus ihr $\hat{M}^{S_1}$ konstruiert, eine TM mit Orakel S_1, die sich wie folgt verhält: $\hat{M}^{S_1}$ zählt Wörter x auf, und benutzt für jedes x das Orakel S_1, um festzustellen, ob x von M akzeptiert wird. Die Technik, mit der S_1 benutzt werden kann, um die Enthaltenseins-Frage zu beantworten, wurde in Satz 8.19 beschrieben. $\hat{M}^{S_1}$ akzeptiert ihre eigene Eingabe, falls es ein nicht von M akzeptiertes x gibt. Also gilt

$$L(\hat{M}^{S_1}) = \begin{cases} \emptyset & \text{falls } L(M) = \Sigma^* \\ \Sigma^* & \text{sonst.} \end{cases}$$

$M_3^{S_2}$ mit der Eingabe M konstruiert $\hat{M}^{S_1}$[6] und fragt dann ihr eigenes Orakel S_2, ob $L(\hat{M}^{S_1}) = \emptyset$ gilt. Wenn dies so ist, wird M von $M_3^{S_2}$ akzeptiert, andernfalls verwirft $M_3^{S_2}$. Also akzeptiert $M_3^{S_2}$ $\{\langle M\rangle \mid L(M) = \Sigma^*\}$.

Nun müssen wir zeigen, daß S_2 rekursiv im "$= \Sigma^*$"-Problem ist. Sei also L_* die Menge von Kodierungen für gewöhnliche Turing-Maschinen, die alle Zeichenketten über ihrem Eingabe-Alphabet erkennen. Dann gibt es eine Turing-Maschine $M_4^{L_*}$, die S_2 akzeptiert.

Bevor wir $M_4^{L_*}$ konstruieren, definieren wir zunächst eine gültige Berechnung einer TM M^{S_1}, die das Orakel S_1 benutzt. Eine gültige Berechnung ist eine Folge von Zustandsbeschreibungen — genauso wie für gewöhnliche Turing-Maschinen. Wenn nun aber eine Zustandsbeschreibung den Zustand $q_?$ und die nächste Zustandsbeschreibung den Zustand q_n hat, dann hat M^{S_1} das Orakel befragt, ob $\emptyset$ von einer TM N akzeptiert wird und die Antwort "nein" erhalten. Um zu zeigen, daß diese Antwort richtig ist, fügen wir eine gültige Berechnung der gewöhnlichen Turing-Maschine N ein, die zeigt, daß N eine bestimmte Eingabe akzeptiert. Wenn der nächste Zustand q_j ist, fügen wir keine Berechnung von N ein.

Nun beschreiben wir, wie sich $M_4^{L_*}$ auf der Eingabe M^{S_1} verhält: $M_4^{L_*}$ erzeugt eine gewöhnliche TM M', die alle ungültigen Berechnungen von M^{S_1} akzeptiert. Um festzustellen, daß eine Zeichenkette keine gültige Berechnung ist, überprüft M', ob das Format ungültig ist (wie in Lemma 8.7), oder ob eine Zustandsbeschreibung von M^{S_1} nicht mit einer Bewegung aus der vorhergehenden Zustandsbeschreibung von M^{S_1} folgt, oder ob eine Berechnung einer gewöhnlichen TM N, die zwischen

[5] Formal gesehen ist dieses Problem "vollständig im polynomialen Raum"; siehe dazu Kapitel 13.

[6] Beachten Sie, daß S_1 nicht Teil von $\hat{M}$ ist. Vielmehr konstruiert $M_3^{S_2}$ die Zustandsübergänge der Orakel-Maschine $\hat{M}$, die bei gegebenem Orakel S_1 korrekt arbeiten wird.

Zustandsbeschreibungen von M^{S_1} mit Zuständen $q_?$ und q_n eingefügt wurde, nicht gültig ist.

Die einzige Schwierigkeit dabei ist, wenn eine Zustandsbeschreibung von M^{S_1} den Zustand $q_?$ und die nächste Zustandsbeschreibung den Zustand q_j hat. Dann muß M' entscheiden, ob "ja" nicht die richtige Antwort ist, so daß diese beiden Zustandsbeschreibungen nicht aufeinander folgen. Sei N die Turing-Maschine, über die die Befragung durchgeführt wurde. M' benutzt den Paargenerator; wenn (i, j) erzeugt wird, simuliert sie N für i Schritte auf der j-ten Eingabe. Wenn N akzeptiert, so entscheidet M', daß $L(N) \neq \emptyset$, so daß "ja" die falsche Antwort war. Also ist die Berechnung keine gültige, und M' akzeptiert diese Berechnung.

Nun akzeptiert M' genau dann alle Zeichenketten über ihrem eigenen Eingabe-Alphabet, wenn $L(M^{S_1}) = \emptyset$ gilt, d.h. M^{S_1} keine gültigen Berechnungen hat. $M_4^{L_*}$ kann ihr Orakel befragen, ob Σ^* von M' akzeptiert wird. Die Kodierung für M^{S_1} ist genau dann in S_2, wenn $L(M') = \Sigma^*$ ist. Also ist S_2 rekursiv in L_*. □

Turing-Reduzierbarkeit

Wir haben uns im Laufe dieses Kapitels mit dem Begriff der "Reduzierbarkeit" beschäftigt, wobei wir eine Sprache L_1 auf L_2 unter Verwendung eines Algorithmus reduziert haben, der Zeichenketten aus L_1 auf Zeichenketten aus L_2 und Zeichenketten nicht aus L_1 auf Zeichenketten nicht aus L_2 abbildet. Dieser Begriff der Reduzierbarkeit wird häufig mit *"many-one"-Reduzierbarkeit* bezeichnet; diese Form der Reduzierbarkeit war zwar genau richtig für unsere Bedürfnisse, ist aber nicht der allgemeinste Begriff. Eine allgemeinere Technik wird *Turing-Reduzierbarkeit* genannt und besteht einfach daraus zu zeigen, daß L_1 rekursiv in L_2 ist.

Wenn L_1 "many-one"-reduzierbar auf L_2 ist, dann ist L_1 sicherlich Turing-reduzierbar auf L_2. Zum Beweis nehme man an, daß f eine von einer immer haltenden Turing-Maschine berechenbare Funktion ist, so daß $f(x)$ genau dann aus L_2 ist, wenn x in L_1 liegt. Dann ist die Orakel-TM M^{L_2} zu betrachten, die $f(x)$ bei gegebener Eingabe x berechnet und in den Zustand $q_?$ übergeht, wobei $f(x)$ rechts des Kopfes steht. M^{L_2} akzeptiert genau dann, wenn sie in q_j übergeht. Sicherlich gilt $L(M^{L_2}) = L_1$, so daß L_1 auf L_2 turing-reduzierbar ist. Die umgekehrte Richtung ist falsch, und der Beweis dafür wird in den Übungen angegeben.

Wenn L_1 auf L_2 turing-reduzierbar und L_1 nicht entscheidbar ist, dann ist es auch L_2. Wenn nämlich L_2 rekursiv wäre, dann könnte die Orakel-TM M^{L_2} mit $L(M^{L_2}) = L_1$ von einer gewöhnlichen, immer haltenden TM simuliert werden. Also könnte man eine Turing-Reduktion benutzen, um zu zeigen, daß L_2 nicht entscheidbar ist, unter der Voraussetzung, daß L_1 nicht entscheidbar ist, und das sogar wenn eine "many-one"-Reduktion von L_1 auf L_2 nicht existierte oder nur schwer zu finden war.

Der Begriff von "many-one"-Reduzierbarkeit hat dennoch seine Vorteile. Wenn L_1 "many-one"-reduzierbar auf L_2 und L_1 nicht rekursiv aufzählbar ist, dann können wir schließen, daß L_2 nicht rekursiv aufzählbar ist. Dieser Schluß kann bei der Turing-Reduzierbarkeit nicht gezogen werden. Z.B. ist $\bar{L}_u$ eine nicht rekursiv aufzählbare Sprache, die auf die rekursiv aufzählbare Sprache L_u turing-reduzierbar ist. Wir können $\bar{L}_u$ mit L_u als Orakel erkennen, indem wir fragen, ob $\langle M, w\rangle$ in L_u ist, und genau dann akzeptieren, wenn die Antwort "nein" ist.

Wir sehen, daß die schwierigere Form der ("many-one"-) Reduzierbarkeit es uns ermöglicht, Schlüsse zu ziehen, die wir mit der einfacheren Form der (Turing-) Reduzierbarkeit nicht ziehen können. In Kapitel 13, wo wir beschränkte Reduzierbarkeit betrachten, werden wir weitere Beispiele dafür sehen, wie schwierigere Formen von Reduktionen zu Schlüssen führen, die mit einfacheren Formen nicht zu erreichen sind.

ÜBUNGEN

8.1 Nehmen Sie an, daß die Band-Alphabete aller TM aus einer unendlichen Menge von Symbolen $a_1, a_2, \ldots$ ausgewählt werden. Zeigen Sie, daß jede TM als binäre Zeichenkette kodiert werden kann.

8.2 Welche der folgenden Eigenschaften von rekursiv aufzählbaren Mengen sind selbst rekursiv aufzählbar?

a) L enthält mindestens zwei Zeichenketten.
b) L ist unendlich.
c) L ist eine kontextfreie Sprache.
d) $L = L^R$.

L 8.3 Zeigen Sie, daß es nicht entscheidbar ist, ob eine TM auf allen Eingaben hält.

8.4 Ein *Post-Tag-System* (P, γ) besteht aus einer endlichen Menge P von Paaren (α, β), die aus einem endlichen Alphabet gewählt sind, und einer *Start-Zeichenkette* γ. Wir sagen, daß $\alpha\delta \Rightarrow \delta\beta$ gilt, wenn (α, β) ein Paar ist. Wir definieren $\overset{*}{\Rightarrow}$ als die reflexive und transitive Hülle von $\Rightarrow$, so wie es für Grammatiken definiert wurde. Zeigen Sie, daß es für ein gegebenes Tag-System (P, γ) und eine Zeichenkette δ nicht entscheidbar ist, ob $\gamma \overset{*}{\Rightarrow} \delta$ gilt. [*Hinweis:* Für jede Turing-Maschine M sei γ die anfängliche Zustandsbeschreibung von M mit Blank-Band, gefolgt von einer Marke #. Es sind solche Paare zu wählen, daß jede Zustandsbeschreibung nach einer Folge von Anwendungen von Regeln in die nächste Zustandsbeschreibung übergehen muß, außer wenn diese Zustandsbeschreibung einen Endzustand enthält, in welchem Fall die Zustandsbeschreibung dann schließlich zu ϵ werden kann. Dann ist zu fragen, ob $\gamma \overset{*}{\Rightarrow} \epsilon$ gilt.]

8.5 Zeigen Sie, daß es keinen Algorithmus gibt, der aus einer gegebenen TM M, die eine partiell rekursive Funktion f in einer Variablen definiert, eine TM M' erzeugt, die eine andere Funktion in einer Variablen definiert.

**** 8.6** Zeigen Sie für gewöhnliche TM M, daß

a) das Problem der Entscheidung, ob $L(M)$ endlich ist, äquivalent zu S_2 ist;
b) das Problem der Entscheidung, ob $L(M)$ eine reguläre Menge ist, äquivalent zu S_3 ist.

8.7 Zeigen Sie, daß die folgenden Probleme bei in realen Programmiersprachen vorliegenden Programmen nicht entscheidbar sind:

a) Läuft ein gegebenes Programm für eine Eingabe endlos in einer Schleife?

b) Erzeugt ein gegebenes Programm jemals eine Ausgabe?
c) Erzeugen zwei Programme auf allen Eingaben die gleiche Ausgabe?

8.8 Benutzen Sie Satz 8.14, um zu zeigen, daß die folgenden Eigenschaften von kfS nicht entscheidbar sind:
a) L ist eine lineare Sprache.
b) $\bar{L}$ ist eine kfS.

***L 8.9** Zeigen Sie, daß Satz 8.14 für lineare Sprachen gilt. [*Hinweis:* Den Beweis, daß jede reguläre Menge eine lineare Grammatik hat, finden Sie bei Satz 9.2. Der komplizierte Teil ist zu zeigen, daß "$= \Sigma^*$" für lineare Sprachen nicht entscheidbar ist.]

*** 8.10** Zeigen Sie, daß die folgenden Eigenschaften linearer Sprachen nicht entscheidbar sind. Dabei kann die Tatsache, daß jede reguläre Menge eine lineare Sprache ist, benutzt werden.
a) L ist eine reguläre Menge.
b) $\bar{L}$ ist eine lineare Sprache.
c) $\bar{L}$ ist eine kfS.
d) L hat keine nicht mehrdeutige lineare kfG .

*** 8.11** Zeigen Sie, daß es für eine kfS L nicht entscheidbar ist, ob $L = L^R$.

*** 8.12** a) Zeigen Sie, daß, falls L_1 "many-one"-reduzierbar auf L_2 ist und L_2 (i) rekursiv in L_3 bzw. (ii) rekursiv aufzählbar in L_3 ist, damit auch L_1 rekursiv bzw. rekursiv aufzählbar in L_3 ist.
b) Zeigen Sie, daß $\bar{L}_u$ turing-reduzierbar auf S_1 ist.
c) Zeigen Sie, daß $\bar{L}_u$ nicht "many-one"-reduzierbar auf S_1 ist. [*Hinweis:* Benutzen Sie Teil (a).]

8.13 Wir sagen, daß L_1 *"wahrheitstafel"-reduzierbar* auf L_2 ist, wenn folgendes gilt:
1) Es gibt k Algorithmen, die jede Zeichenkette x über dem Alphabet von L_1 auf eine Zeichenkette über dem Alphabet von L_2 abbilden. Sei $g_i(x)$ das Ergebnis der Anwendung des i-ten Algorithmus auf x.
2) Es gibt eine Boolesche Funktion $f(y_1, \ldots y_k)$, so daß — falls y_i wahr ist, wenn $g_i(x)$ in L_2 ist, und andernfalls falsch — dann $f(y_1, \ldots, y_k)$ genau dann wahr ist, wenn x in L_1 ist.

Zum Beispiel sei L_1 die Menge der Zeichenketten mit gleicher Anzahl von Nullen und Einsen. Sei $g_1(x) = x$ und $g_2(x)$ aus x gebildet, indem Nullen durch Einsen und umgekehrt ersetzt werden. Sei $f(y_1, y_2) = y_1 \wedge y_2$. Dann ist $f(y_1, y_2)$ genau dann wahr, wenn $g_1(x)$ und $g_2(x)$ beide nicht weniger Nullen als Einsen haben; x hat also eine gleiche Anzahl von Nullen und Einsen. Also ist L_1 wahrheitstafel-reduzierbar auf L_2.
a) Zeigen Sie, daß L_1 turing-reduzierbar auf L_2 ist, wenn L_1 wahrheitstafel-reduzierbar auf L_2 ist.
b) Zeigen Sie, daß L_1 wahrheitstafel-reduzierbar auf L_2 ist, wenn L_1 "many-one"-reduzierbar auf L_2 ist.
c) Zeigen Sie, daß $\bar{L}_u$ wahrheitstafel-reduzierbar auf S_1 ist.

8.14 Betrachten Sie eine mehrbändige TM mit Orakel, die sich bei der Befragung ihres Orakels auf den gesamten Inhalt eines ausgezeichneten Bands (etwa des letzten) bezieht. Zeigen Sie, daß dieses Modell äquivalent zu der in Abschnitt 8.9 definierten Orakel-TM ist.

8.15 Zeigen Sie, daß das PKP für Wörter über einem Alphabet mit nur einem Symbol entscheidbar ist.

8.16 Zeigen Sie, daß das PKP äquivalent zu S_1 ist.

* **8.17** Zeigen Sie, daß das PKP nicht entscheidbar ist, wenn die Zeichenketten so eingeschränkt werden, daß sie nur die Längen eins oder zwei haben können. Was passiert, wenn die Zeichenketten so begrenzt werden, daß sie genau die Länge zwei haben?

* **8.18** Sei σ eine total rekursive Funktion, die Indizes von partiell rekursiven Funktionen auf Indizes von partiell rekursiven Funktionen abbildet. Geben Sie einen Algorithmus an, um eine unendliche Menge von Fixpunkten von σ aufzuzählen; es gibt also unendlich viele i, für die $f_i(y) = f_{\sigma(i)}(y)$ für alle y gilt.

* **8.19** Gibt es eine effektive Aufzählung von TM $M_1, M_2, ...$, so daß keine drei aufeinanderfolgenden TM dieselbe Funktion berechnen?

Lösungen zu ausgewählten Übungen

8.3 Sei $M = (Q, \Sigma, \Gamma, \delta, q_0, B, F)$ ein Turing-Maschine. Wir konstruieren eine andere Turing-Maschine M', so daß M' genau dann auf x hält, wenn x von M akzeptiert wird. Damit wäre gezeigt, daß die Frage, ob eine Turing-Maschine auf allen Eingaben hält, sich auf die Frage reduzieren läßt, ob eine Turing-Maschine alle Eingaben akzeptiert. Von dieser Frage wissen wir ja, daß sie nicht entscheidbar ist. Zufällig werden wir durch diese Konstruktion auch zeigen, daß eine Frage wie "Hält eine Turing-Maschine auf einer gegebenen Eingabe?" oder "Hält eine Turing-Maschine auf einer beliebigen Eingabe?" ebenfalls nicht entscheidbar ist.

M' wird so konstruiert, daß sie sich wie folgt verhält: Zuerst schiebt sie ihre Eingabe um eine Position nach rechts, wobei sie eine Markierung \$ für das linke Ende auf das am weitesten links stehende Feld setzt. M' simuliert dann M. Wenn $\delta(q, X)$ undefiniert ist und entweder (i) q nicht-akzeptierend und X ein beliebiges Symbol aus $\Gamma \cup \{\$\}$ ist — beachten Sie, daß $\delta(q, \$)$ sicherlich undefiniert ist — oder (ii) q akzeptierend und X gerade \$ ist, dann bewegt sich M' unter Bearbeitung von X in Zustand q nach rechts und geht in den Zustand p_1 über. Im Zustand p_1 bewegt sich M' bei Bearbeitung eines beliebigen Symbols nach links und geht in den Zustand p_2 über; in diesem Zustand bewegt sich M' nach rechts und geht wieder in p_1 über. Also läuft M' ewig, wenn M entweder in einem nicht-akzeptierenden Zustand hält oder in einem beliebigen Zustand über das linke Ende des Bandes hinausgeht. Wenn M in einen akzeptierenden Zustand übergeht, ohne \$ zu bearbeiten, so hält M'. Also hält M' wie gewünscht genau dann, wenn M ihre Eingabe akzeptiert.

8.9 Wir müssen zuerst zeigen, daß lineare Sprachen unter Vereinigung und Konkatenation mit regulären Mengen abgeschlossen sind. Wir greifen auf den Beweis von Satz 9.2 vor, daß jede reguläre Menge von einer kfG erzeugt wird, bei der alle

Produktionen von der Form $A \to Bw$ und $A \to w$ für Nichtterminale A und B und Zeichenketten w von Terminalen sind. Jede derartige Grammatik ist sicherlich linear. Der Beweis, daß lineare Sprachen unter Vereinigung abeschlossen sind, verläuft entsprechend dem von Satz 6.1. Für die Konkatenation mit regulären Mengen sei $G_1 = (V_1, T_1, P_1, S_1)$ eine lineare Grammatik und $G_2 = (V_2, T_2, P_2, S_2)$ eine Grammatik, wo alle Produktionen von der Form $A \to Bw$ oder $A \to w$ sind. Wir nehmen an, daß V_1 und V_2 disjunkt sind. Sei

$$G = (V_1 \cup V_2, T_1 \cup T_2, P, S_2),$$

wobei P folgendes beinhaltet:

i) alle Produktionen $A \to Bw$ aus P_2;
ii) eine Produktion $A \to S_1w$, wenn $A \to w$ eine Produktion aus P_2 ist;
iii) alle Produktionen aus P_1.

Dann kann man einfach sehen, daß $L(G)$ gerade $L(G_1)L(G_2)$ ist, da alle Ableitungen in G von der Form $S_2 \overset{*}{\underset{G}{\Longrightarrow}} S_1x \overset{*}{\underset{G}{\Longrightarrow}} yx$ mit $S_2 \overset{*}{\underset{G_2}{\Longrightarrow}} x$ und $S_1 \overset{*}{\underset{G_1}{\Longrightarrow}} y$ sind. Da reguläre Mengen und lineare Sprachen unter Spiegelung abgeschlossen sind, folgt die linksseitige Konkatenation mit einer regulären Menge genauso.

Nun müssen wir zeigen, daß "$= \Sigma^*$" für lineare Sprachen nicht entscheidbar ist. Der Beweis ist sehr ähnlich dem für Lemma 8.7 und Satz 8.11 (den analogen Ergebnissen für allgemeine kfG). Der Hauptunterschied besteht darin, daß wir die Form der gültigen Berechnungen neu definieren müssen, so daß die Menge der ungültigen Berechnungen eine lineare kfG ist. Wir wollen eine gültige Berechnung einer TM M als eine Zeichenkette

$$w_1\#w_2\#\ldots\#w_{n-1}\#w_n\#\#w_n^R\#w_{n-1}^R\#\ldots\#w_2^R\#w_1^R \tag{8.4}$$

definieren, wobei jedes w_i eine Zustandsbeschreibung ist, $w_i \underset{M}{\vdash} w_{i+1}$ für $1 \le i < n$ gilt, w_1 eine anfängliche Zustandsbeschreibung und w_n eine End-Zustandsbeschreibung ist. Dann ist es nicht schwer durch Anwendung der Ideen aus Lemma 8.7 eine lineare Grammatik für Zeichenketten zu konstruieren, die nicht von der Form (8.4) sind. Das Analogon zu Satz 8.11 zeigt, daß "$= \Sigma^*$" für lineare Grammatiken nicht entscheidbar ist.

LITERATURHINWEISE

Die Unentscheidbarkeit von L_u ist das grundlegende Ergebnis von Turing [1936]. Die Sätze 8.6 und 8.7, die rekursive und rekursiv aufzählbare Indexmengen charakterisieren, stammen von Rice [1953,1956]. In Post [1946] wurde gezeigt, daß das Post'sche Korrespondenzproblem nicht entscheidbar ist, und der Beweis der Unentscheidbarkeit, der hier benutzt wurde, ist nach Floyd [1964] erstellt. Die Lemmata 8.6 und 8.7, die Berechnungen von TM und kfG in Beziehung setzen, stammen von Hartmanis [1967].

Die grundlegenden Arbeiten über Unentscheidbarkeitseigenschaften von kfS sind von Bar-Hillel, Perles und Shamir [1961] sowie von Ginsburg und Rose [1963a]. Satz 8.9 über Mehrdeutigkeit wurde jedoch unabhängig von Cantor [1962], Floyd

[1962a] und Chomsky und Schutzenberger [1963] bewiesen. Satz 8.16 — die Unentscheidbarkeit von ererbter Mehrdeutigkeit — ist aus Ginsburg und Ullian [1966] entnommen. Lineare Grammatiken und deren Entscheidbarkeitseigenschaften wurden von Greibach [1963,1966] und Gross [1964] untersucht. Der Ansatz, der in der Lösung zu Übung 8.9 benutzt wurde, stammt von Baker und Book [1974].

Der Satz von Greibach stammt von Greibach [1968]. Eine Verallgemeinerung erscheint in Hunt und Rosenkrantz [1974], wozu auch eine Lösung der Übung 8.11 gehört. In Hopcroft und Ullman [1968a] wird gezeigt, daß für bestimmte durch Automaten definierte Sprachklassen die Entscheidbarkeit von Enthaltensein und Leere miteinander verknüpft ist. Die S_{mn}- und Rekursionssätze stammen von Kleene [1952]. Beispiel 8.10 über die Nicht-Existenz von Beweisen über Halten und Nicht-Halten von Turing-Maschinen stammt von Hartmanis und Hopcroft [1976].

Hartmanis und Hopcroft [1968] sind auch die Autoren der grundlegenden Arbeit, die Probleme über kfS in Beziehung setzt zu der Hierarchie der unentscheidbaren Probleme. Die Sätze 8.19 und 8.20 sowie Übung 8.6 stammen von dort. Weitere Ergebnisse dieser Art wurden durch Cudia und Singletary [1968], Cudia [1970], Hartmanis [1969] und Reedy und Savitch [1975] erarbeitet. Übung 8.4 über Tag-Systeme stammt von Minsky [1961].

Kapitel 9

DIE CHOMSKY-HIERARCHIE

Von den drei Hauptklassen von Sprachen, die wir bisher untersucht haben — den regulären Mengen, den kontextfreien Sprachen und den rekursiv aufzählbaren Sprachen — haben wir nur die kfS grammatikalisch charakterisiert. In diesem Kapitel werden wir grammatikalische Definitionen für die regulären Mengen und die rekursiv aufzählbaren Mengen angeben. Wir werden auch eine neue Sprachklasse einführen, die zwischen den kfS und den rekursiv aufzählbaren Sprachen liegt, indem wir sowohl die akzeptierenden Automaten als auch die grammatikalische Darstellung für diese neue Klasse angeben. Die vier Sprachklassen werden oft als *Chomsky-Hierarchie* bezeichnet, nach Noam Chomsky, der diese Klassen als mögliche Modelle für natürliche Sprachen charakterisiert hat.

9.1 REGULÄRE GRAMMATIKEN

Wenn die Produktionen einer kfG von der Form $A \to wB$ oder $A \to w$ sind, wobei A, B Variablen und w eine (möglicherweise leere) Zeichenkette von Terminalen ist, so nennen wir die Grammatik *rechts-linear*. Wenn alle Produktionen von der Form $A \to Bw$ oder $A \to w$ sind, so nennen wir die Grammatik *links-linear*. Eine rechts- oder links-lineare Grammatik wird *reguläre Grammatik* genannt.

Beispiel 9.1
Die Sprache $\mathbf{0}(\mathbf{10})^*$ wird von der rechts-linearen Grammatik

$$
\begin{aligned}
S &\to 0A \\
A &\to 10A \mid \epsilon
\end{aligned}
\tag{9.1}
$$

und von der links-linearen Grammatik

$$S \to S10 \mid 0 \tag{9.2}$$

erzeugt.

Äquivalenz von regulären Grammatiken und endlichen Automaten

Die regulären Grammatiken charakterisieren die regulären Mengen in dem Sinn, daß eine Sprache genau dann regulär ist, wenn sie eine links-lineare Grammatik hat, ebenso wie genau dann, wenn sie eine rechts-lineare Grammatik besitzt. Diese Ergebnisse werden in den nächsten Sätzen bewiesen.

Satz 9.1
Wenn L eine reguläre Grammatik besitzt, so ist L eine reguläre Menge.

Beweis:
Zuerst nehmen wir an, das $L = L(G)$ für eine rechts-lineare Grammatik $G = (V, T, P, S)$ gilt. Wir konstruieren einen NEA $M = (Q, T, \delta, [S], [\epsilon])$ mit ϵ-Bewegungen, der die Ableitungen in G simuliert.

Q besteht aus den Symbolen $[a]$, so daß entweder a gleich S oder ein (nicht notwendigerweise echtes) Suffix einer rechten Seite einer Produktion in P ist.

Wir definieren δ folgendermaßen:

(1) Wenn A ein Variable ist, so gilt $\delta([A], \epsilon) = \{[\alpha] \mid A \to \alpha$ ist eine Produktion$\}$.

(2) Wenn a aus T und α aus $T^* \cup T^*V$ ist, so gilt $\delta([a\alpha], a) = \{[\alpha]\}$.

Dann zeigt eine einfache Induktion über die Länge einer Ableitung oder einer Schrittfolge, daß $\delta([S], w)$ genau dann $[\alpha]$ enthält, wenn $S \overset{*}{\Rightarrow} xA \Rightarrow xya$, wobei $A \to y\alpha$ eine Produktion ist und $xy = w$ gilt, oder wenn $\alpha = S$ und $w = \epsilon$ gilt. Da $[\epsilon]$ der einzige Endzustand ist, akzeptiert M genau dann w, wenn $S \overset{*}{\Rightarrow} xA \Rightarrow w$. Da aber jede Ableitung einer Terminal-Zeichenkette zumindest aus einem Schritt besteht, sehen wir, daß M genau dann w akzeptiert, wenn w von G erzeugt wird. Also erzeugt jede rechts-lineare Grammatik eine reguläre Menge.

Nun sei $G = (V, T, P, S)$ eine links-lineare Grammatik und $G' = (V, T, P', S)$. P' besteht aus den Produktionen von G, wobei die rechten Seiten gespiegelt sind, d.h.

$$P' = \{A \to \alpha \mid A \to \alpha^R \text{ ist in } P\}.$$

Wenn wir die Produktionen einer links-linearen Grammatik spiegeln, erhalten wir eine rechts-lineare Grammatik (und umgekehrt). Also ist G' eine rechts-lineare Grammatik, und es ist einfach zu zeigen, daß $L(G') = L(G)^R$ gilt. Nach dem vorhergehenden Absatz ist $L(G')$ eine reguläre Menge. Doch die regulären Mengen sind unter der Spiegelung abgeschlossen (vgl. Übung 3.4g), also ist $L(G')^R = L(G)$ auch eine reguläre Menge. Somit definiert jede rechts- und jede links-lineare Grammatik eine reguläre Menge. □

Beispiel 9.2
Der in Satz 9.1 aus der Grammatik (9.1) erzeugte NEA ist in Abbildung 9.1 dargestellt.

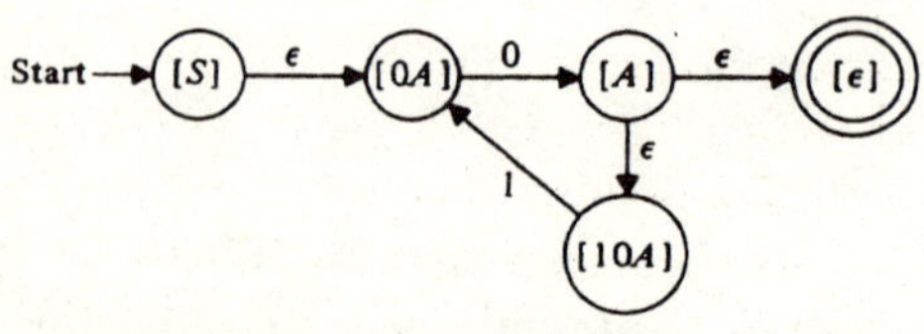

Abb. 9.1: NEA, der $\mathbf{0(10)^*}$ akzeptiert.

Betrachten Sie nun die Grammatik (9.2): Spiegeln wir ihre Produktionen, so erhalten wir

$$S \to 01S \mid 0$$

Die Konstruktion aus Satz 9.1 führt für diese Grammatik zu dem NEA aus Abbildung 9.2(a). Wenn wir die Kanten von diesem NEA umkehren und Anfangs- und Endzustände austauschen, erhalten wir einen anderen NEA für $\mathbf{0}(\mathbf{10})^*$.

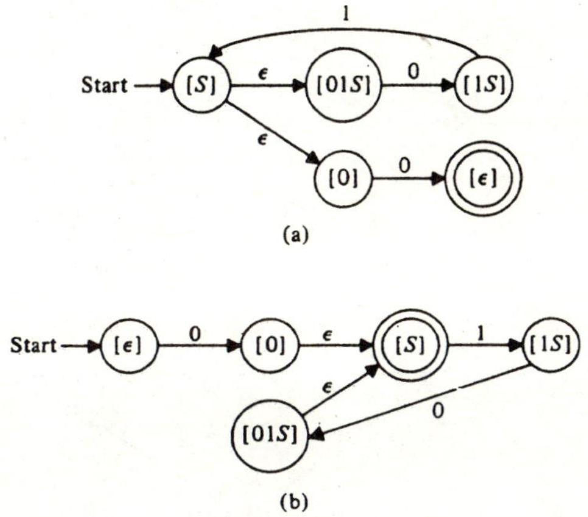

Abb. 9.2: Konstruktion eines NEA für $\mathbf{0}(\mathbf{10})^*$ aus einer links-linearen Grammatik.

Satz 9.2
Wenn L eine reguläre Menge ist, so wird L von einer links-linearen Grammatik und von einer rechts-linearen Grammatik erzeugt.
Beweis:
Sei $L = L(M)$ für einen DEA $M = (Q, \Sigma, \delta, q_0, F)$. Zuerst nehmen wir an, daß q_0 kein Endzustand ist. Dann gilt $L = L(G)$ für eine rechts-lineare Grammatik $G = (Q, S, P, q_0)$, wobei P folgende Produktionen enthält: $p \to aq$, falls $\delta(p, a) = q$ gilt, und $p \to a$, falls $\delta(p, a)$ ein Endzustand ist. Dann ist klar, daß $\delta(p, w) = q$ genau dann gilt, wenn $p \overset{*}{\Rightarrow} wq$. Wenn wa von M akzeptiert wird, so sei $\delta(q_0, w) = p$, was impliziert, daß $q_0 \overset{*}{\Rightarrow} wp$ gilt. Ebenso ist $p \to a$ eine Produktion, wenn $\delta(p, a)$ ein Endzustand ist. Also gilt $q_0 \Rightarrow wa$. Umgekehrt gelte $q_0 \overset{*}{\Rightarrow} x$: Dann gilt $x = wa$ und $q_0 \overset{*}{\Rightarrow} wp \Rightarrow wa$ für einen Zustand p. Damit gilt $\delta(q_0, w) = p$, und $\delta(p, a)$ ist ein Endzustand. Also ist x in $L(M)$. Daher gilt $L(M) = L(G) = L$.

Nun sei q_0 aus F; also ist ϵ in L. Wir stellen fest, daß $L - \{\epsilon\}$ von der oben definierten Grammatik G erzeugt wird. Wir können G modifizieren, indem wir ein neues Startsymbol S mit den Produktionen $S \to q_0 \mid \epsilon$ einführen. Die resultierende Grammatik ist immer noch rechts-linear und erzeugt L.

Um eine links-lineare Grammatik für L zu erzeugen, beginnt man mit einem NEA für L^R und spiegelt dann die rechte Seite aller Produktionen der resultierenden rechts-linearen Grammatik. □

Beispiel 9.3
In Abbildung 9.3 sehen wir einen DEA für $\mathbf{0(10)}^*$. Die rechts-lineare Grammatik für diesen DEA ist

$$\begin{array}{lcl} A & \to & 0B \mid 1D \mid 0 \\ B & \to & 0D \mid 1C \\ C & \to & 0B \mid 1D \mid 0 \\ D & \to & 0D \mid 1D \end{array}$$

Da D ein nutzloses Symbol ist, können wir es entfernen und erhalten so folgende Grammatik:

$$\begin{array}{lcl} A & \to & 0B \mid 0 \\ B & \to & 1C \\ C & \to & 0B \mid 0 \end{array}$$

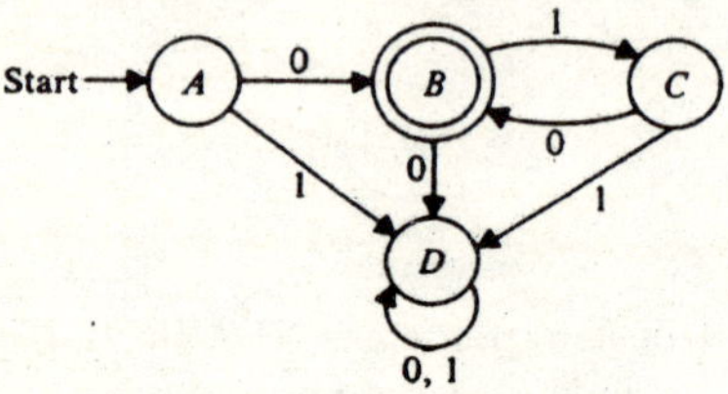

Abb. 9.3: DEA für $\mathbf{0(10)}^*$.

9.2 NICHT EINGESCHRÄNKTE GRAMMATIKEN

Die größte Familie von Grammatiken der Chomsky-Hierarchie erlaubt Produktionen der Form $\alpha \to \beta$, wobei α und β beliebige Zeichenketten von Grammatiksymbolen sind (mit $\alpha \neq \epsilon$). Diese Grammatiken sind als *Semi-Thue-Systeme, Typ-0-Grammatiken, Allgemeine Regelgrammatiken* oder *nicht eingeschränkte Grammatiken* bekannt. Wir werden weiterhin die Quadrupel-Notation $G = (V, T, P, S)$ für nicht eingeschränkte Grammatiken verwenden. Wir sagen, daß $\gamma\alpha\delta \to \gamma\beta\delta$ gilt, wenn $\alpha \to \beta$ eine Produktion ist. Nach wie vor bezeichnet $\overset{*}{\Rightarrow}$ die reflexive und transitive Hülle der Relation $\Rightarrow$, und

$$L(G) = \{w \mid w \text{ ist aus } T^* \text{ und } S \overset{*}{\Rightarrow} w\},$$

gilt genauso wie für kontextfreie Grammatiken.

Beispiel 9.4
Eine Grammatik, die $\{a^i \mid i \text{ ist eine positive Potenz von } 2\}$ erzeugt, ist im folgenden gegeben:

$$\begin{array}{llcl@{\qquad}llcl} 1) & S & \to & ACaB & 5) & aD & \to & Da \\ 2) & Ca & \to & aaC & 6) & AD & \to & AC \\ 3) & CB & \to & DB & 7) & aE & \to & Ea \\ 4) & CB & \to & E & 8) & AE & \to & \epsilon \end{array}$$

A und B dienen als linke und rechte Markierungen des Endes der Satzformen; C ist eine Markierung, die durch die aus a bestehenden Zeichenketten zwischen dem A und dem B läuft und dabei deren Anzahl durch Produktion (2) verdoppelt. Wenn C auf die rechte Ende-Markierung B trifft, wird es zu D oder E durch die Produktionen (3) oder (4). Wird ein D gewählt, so wandert dieses D gemäß Regel (5) nach links, bis die linke Ende-Markierung A erreicht ist. An diesem Punkt wird D nach Produktion (6) wieder zu C, und der Prozeß beginnt von vorne. Wird ein E gewählt, so wird die rechte Ende-Markierung verbraucht. Das E wandert durch Produktion (7) nach links, verbraucht die linke Ende-Markierung und läßt dabei eine aus a bestehende Zeichenkette der Länge 2^i für ein $i > 0$ zurück. Wir können durch Induktion über die Anzahl der Ableitungsschritte beweisen, daß, wenn Produktion (4) niemals benutzt wird, jede Satzform eine der folgenden Formen hat:

i) S

ii) Aa^iCa^jB mit $i + 2j$ ist eine Zweierpotenz

iii) Aa^iDa^jB mit $i + j$ ist eine Zweierpotenz

Wenn wir Produktion (4) benutzen, verbleibt uns eine Satzform Aa^iE, wobei i eine positive Potenz von 2 ist. Dann sind die einzigen möglichen Schritte in einer Ableitung i Anwendungen von (7), um AEa^i zu erhalten, gefolgt von einer Anwendung von (8), um einen Satz a^i mit einer Zweierpotenz i zu produzieren.

Äquivalenz von Typ-0-Grammatiken und Turing-Maschinen

Wir werden mit den nächsten beiden Sätzen beweisen, daß nicht eingeschränkte Grammatiken die rekursiv aufzählbaren Sprachen charakterisieren. Der erste Satz besagt, daß jede Typ-0-Sprache eine rekursiv aufzählbare Menge erzeugt. Ein einfacher Beweis würde einen Algorithmus angeben, der alle von einer Typ-0-Grammatik erzeugten Zeichenketten aufzählt. Stattdessen konstruieren wir eine Turing-Maschine für die von einer Typ-0-Grammatik erzeugte Sprache, da diese Konstruktion für einen späteren ähnlichen Beweis über kontextsensitive Grammatiken (eine noch verbleibende Klasse in der Chomsky-Hierarchie) nützlich ist.

Satz 9.3
Wenn $L = L(G)$ für eine nicht eingeschränkte Grammatik $G = (V, T, P, S)$ ist, dann ist L eine rekursiv aufzählbare Sprache.

Beweis:
Wir wollen eine nichtdeterministische zweibändige TM M konstruieren, die L erkennt. Das erste Band von M ist das Eingabeband, auf dem eine Zeichenkette w vorliegt. Das zweite Band wird benutzt, um eine Satzform α von G zu speichern; M initialisiert α mit S. Dann geht M wiederholt wie folgt vor:

1) Es wird nichtdeterministisch eine Position i in α ausgewählt, so daß jedes i zwischen 1 und $|\alpha|$ in Frage kommt. Es ist also etwa links zu beginnen und jeweils zu entscheiden, ob weiter nach rechts zu gehen oder die gegenwärtige Position auszuwählen ist.
2) Es ist nichtdeterministisch eine Produktion $\beta \rightarrow \gamma$ aus G auszuwählen.
3) Wenn β ab Position i von α auftaucht, so ist dort β durch γ unter Benutzung der Verschiebe-Technik aus Abschnitt 7.4 (eventuell auch Verschieben nach

links, falls $|\gamma| < |\beta|$) zu ersetzen.

4) Die sich ergebende Satzform ist mit w auf Band 1 zu vergleichen: Sind diese gleich, so ist zu akzeptieren, und w ist ein Satz von G. Falls nicht, ist mit Schritt (1) fortzufahren.

Es ist einfach zu zeigen, daß genau die Satzformen von G auf Band 2 auftauchen, wenn Schritt (4) nach einer Folge von Auswahloperationen ausgeführt wird. Also ist $L(M) = L(G) = L$, und daher ist L rekursiv aufzählbar. □

Satz 9.4

Ist L eine rekursiv aufzählbare Sprache, so gilt $L = L(G)$ für eine nicht eingeschränkte Grammatik G.

Beweis:

L werde von der Turing-Maschine $M = (Q, \Sigma, \Gamma, \delta, q_0, B, F)$ akzeptiert. Wir konstruieren eine Grammatik G, die "nichtdeterministisch" zwei Kopien einer Darstellung eines Wort aus Σ^* erzeugt und dann die Aktionen von M auf einer Kopie simuliert. Wenn M das Wort akzeptiert, dann konvertiert G die zweite Kopie zu einer Terminal-Zeichenkette. Wenn M nicht akzeptiert, so endet die Ableitung nicht in einer Terminalzeichenkette.

Formal sei

$$G = (V, \Sigma, P, A_1) \qquad \text{mit } V = ((\Sigma \cup \{\epsilon\}) \times \Gamma) \cup \{A_1, A_2, A_3\},$$

wobei folgende Produktionen in P sind:

1) $A_1 \to q_0 A_2$
2) $A_2 \to [a, a] A_2$ für jedes a aus Σ
3) $A_2 \to A_3$
4) $A_3 \to [\epsilon, B] A_3$
5) $A_3 \to \epsilon$
6) $q[a, X] \to [a, Y]p$ für jedes a aus $\Sigma \cup \{\epsilon\}$, jedes q aus Q und X und Y aus Γ mit $\delta(q, X) = (p, Y, R)$.
7) $[b, Z]q[a, X] \to p[b, Z][a, Y]$ für alle X, Y und Z aus Γ, a und b aus $\Sigma \cup \{\epsilon\}$ und q aus Q mit $\delta(q, X) = (p, Y, L)$.
8) $[a, X]q \to qaq$, $q[a, X] \to qaq$ und $q \to \epsilon$ für jedes a aus $\Sigma \cup \{\epsilon\}$, X aus Γ und q aus F.

Nach den Regeln 1 und 2 haben wir

$$A_1 \overset{*}{\Rightarrow} q_0[a_1, a_1][a_2, a_2]...[a_n, a_n]A_2,$$

wobei a_i aus Σ für jedes i. Wir nehmen an, M akzeptiere die Zeichenkette $a_1 a_2 ... a_n$. Dann benutzt M für ein beliebiges m nicht mehr als m Felder rechts von ihrer Eingabe. Nach Benutzung von Regel (3), dann m-maliger Anwendung von Regel (4) und schließlich Regel (5) erhalten wir

$$A_1 \overset{*}{\Rightarrow} q_0[a_1, a_1][a_2, a_2]...[a_n, a_n][\epsilon, B]^m.$$

Ab jetzt können nur noch die Regeln (6) und (7) benutzt werden, bis ein Endzustand erzeugt wird. Beachten Sie, daß die ersten Komponenten von Variablen in ($\Sigma \cup$

$\{\epsilon\}) \times \Gamma$ niemals verändert werden. Wir können durch Induktion über die Zahl der von M durchgeführten Schritte zeigen, daß, wenn

$$q_0 a_1 a_2 ... a_n \overset{*}{\underset{M}{\vdash}} X_1 X_2 ... X_{r-1} q X_r ... X_s \tag{9.3}$$

gilt, dann auch

$$q_0 [a_1, a_1][a_2, a_2]...[a_n, a_n][\epsilon, B]^m \quad \overset{*}{\underset{G}{\Longrightarrow}}$$

$$[a_1, X_1][a_2, X_2]...[a_{r-1}, X_{r-1}] q [a_r, X_r]...[a_{n+m}, X_{n+m}], \tag{9.4}$$

wobei die $a_1, a_2, ..., a_n$ aus Σ, $a_{n+1} = a_{n+2} = ... = a_{n+m} = \epsilon$, $X_1 X_2 ... X_{n+m}$ aus Γ und $X_{s+1} = X_{s+2} = ... = X_{n+m} = B$ gilt.

Die Induktionsannahme ist für null Bewegungen trivialerweise wahr, da $r = 1$ und $s = n$ gilt. Wir nehmen an, die Annahme ist für $k-1$ Bewegungen wahr, und es sei

$$q_0 a_1 a_2 ... a_n \overset{k-1}{\underset{M}{\vdash}} X_1 X_2 ... X_{r-1} q X_r ... X_s \underset{M}{\vdash} Y_1 Y_2 ... Y_{t-1} p Y_t ... Y_u.$$

Nach Induktionsannahme gilt

$$q_0 [a_1, a_1][a_2, a_2]...[a_n, a_n][\epsilon, B]^m \quad \overset{*}{\underset{G}{\Longrightarrow}}$$

$$[a_1, X_1][a_2, X_2]...[a_{r-1}, X_{r-1}] q [a_r, X_r]...[a_{n+m}, X_{n+m}],$$

wobei die a und X den Bedingungen von (9.4) genügen. Gilt $t = r + 1$, so geht die k-te Bewegung von M nach rechts, also $\delta(q, X_r) = (p, Y_r, R)$. Nach Regel (6) gilt, daß $q[a_r, X_r] \to [a_r, Y_r]p$ eine Produktion von G ist. Also gilt

$$q_0 [a_1, a_1][a_2, a_2]...[a_n, a_n][\epsilon, B]^m \quad \overset{*}{\underset{G}{\Longrightarrow}}$$

$$[a_1, Y_1][a_2, Y_2]...[a_{t-1}, Y_{t-1}] p [a_t, Y_t]...[a_{n+m}, Y_{n+m}] \tag{9.5}$$

mit $Y_i = B$ für $i > u$.

Gilt $t = r - 1$, so geht die k-te Bewegung von M nach links, und wir beweisen (9.5), indem wir Regel (7) und $r > 1$ und $\delta(q, X_1) = (p, Y_1, L)$ verwenden.

Nach Regel 8 gilt

$$[a_1, Y_1][a_2, Y_2]...[a_{t-1}, Y_{t-1}] p [a_t, Y_t]...[a_{n+m}, Y_{n+m}] \quad \overset{*}{\Rightarrow} \quad a_1 a_2 ... a_n,$$

wenn p aus F ist. Wir haben also gezeigt, daß $A_1 \overset{*}{\Rightarrow} w$ gilt, wenn w in $L(M)$ ist, und damit, daß w in $L(G)$ ist.

Für die Gegenrichtung, nämlich daß aus w in $L(G)$ auch w in $L(M)$ folgt, zeigt eine ähnliche Induktion, daß (9.3) aus (9.4) folgt. Wir überlassen diesen Teil dem Leser als Übung. Weiterhin beobachten wir, daß es keine Möglichkeit gibt, den Zustand aus den Satzformen von G zu entfernen, ohne Regel (8) zu benutzen. Also kann G keine Terminalzeichenkette ableiten, ohne eine akzeptierende Berechnung von M zu simulieren. Nach Regel (8) muß die abgeleitete Zeichenkette gleich den ersten Komponenten der Variablen aus $(\Sigma \cup \{\epsilon\}) \times \Gamma$ sein, die bei der Simulation der Bewegung von M niemals verändert werden. □

9.3 KONTEXTSENSITIVE SPRACHEN

Wir schränken die Produktionen $\alpha \rightarrow \beta$ aus einer allgemeinen Regelgrammatik so ein, daß β mindestens so lang wie α sein muß. Dann nennen wir die resultierende Grammatik *kontextsensitiv* und ihre Sprache eine *kontextsensitive Sprache* (ksG und ksS). Der Begriff "kontextsensitiv" stammt von einer Normalform dieser Grammatik, bei der jede Produktion von der Form $\alpha_1 A \alpha_2 \rightarrow \alpha_1 \beta \alpha_2$ mit $\beta \neq \epsilon$ ist. Produktionen der letzteren Form sehen fast wie kontextfreie Produktionen aus, aber sie erlauben die Substitution der Variablen A durch die Zeichenkette β nur im "Kontext" $\alpha_1 - \alpha_2$. Wir belassen diese Normalform als Übung.

Fast jede vorstellbare Sprache ist kontextsensitiv; die einzigen bekannten Beweise, daß einige Sprachen nicht ksS sind, basieren letztlich auf der Diagonalisierung. Dazu gehört L_u aus Kapitel 8 ebenso wie die Sprachen, auf die wir L_u reduzieren können, also z.B. die Sprachen, von denen wir in Kapitel 8 bewiesen haben, daß sie nicht entscheidbar sind. Wir werden in Abschnitt 9.4 beweisen, daß es rekursive Sprachen gibt, die nicht ksS sind, und in Kapitel 12 werden wir diese Aussage verfeinern. In beiden Fällen laufen die Beweise über Diagonalisierung.

Beispiel 9.5

Betrachten Sie wieder die Grammatik aus Beispiel 9.4. Hier gibt es zwei Produktionen, die die Definition einer kontextsensitiven Grammatik verletzen, und zwar $CB \rightarrow E$ und $AE \rightarrow \epsilon$. Wir können eine ksG für die Sprache $\{a^{2^i} \mid i \geq 1\}$ erzeugen, indem wir uns vor Augen halten, daß A, B, C, D und E nichts als Markierungen sind, die schließlich verschwinden. Anstatt verschiedene Symbole für die Markierungen zu benutzen, können wir diese Markierungen mit den a zusammenschließen, indem wir "zusammengesetzte" Variablen wie $[CaB]$ erzeugen; dabei handelt es sich um ein einzelnes Symbol, das anstelle der Zeichenkette CaB erscheint.

Die vollständige Menge von zusammengesetzten Symbolen, die wir brauchen, um die Grammatik aus Beispiel 9.4 darzustellen, ist $[ACaB]$, $[Aa]$, $[ACa]$, $[ADa]$, $[AEa]$, $[Ca]$, $[Da]$, $[Ea]$, $[aCB]$, $[CaB]$, $[aDB]$, $[aE]$, $[DaB]$ und $[aB]$. Die Produktionen unserer kontextsensitiven Grammatik, die wir analog zu den entsprechenden Produktionen aus Beispiel 9.4 gruppieren, sind die folgenden:

1) $S \rightarrow [ACaB]$
2) $[Ca]a \rightarrow aa[Ca]$
   $[Ca][aB] \rightarrow aa[CaB]$
   $[ACa]a \rightarrow [Aa]a[Ca]$
   $[ACa][aB] \rightarrow [Aa]a[CaB]$
   $[ACaB] \rightarrow [Aa][aCB]$
   $[CaB] \rightarrow a[aCB]$
3) $[aCB] \rightarrow [aDB]$
4) $[aCB] \rightarrow [aE]$
5) $a[Da] \rightarrow [Da]a$
   $[aDB] \rightarrow [DaB]$
   $[Aa][Da] \rightarrow [ADa]a$
   $a[DaB] \rightarrow [Da][aB]$
   $[Aa][DaB] \rightarrow [ADa][aB]$
6) $[ADa] \rightarrow [ACa]$
7) $a[Ea] \rightarrow [Ea]a$
   $[aE] \rightarrow [Ea]$
   $[Aa][Ea] \rightarrow [AEa]a$
8) $[AEa] \rightarrow a$

Es ist einfach zu zeigen, daß $S \overset{*}{\Rightarrow} \alpha$ in der Grammatik aus Beispiel 9.4 genau dann gilt, wenn $S \overset{*}{\Rightarrow} \alpha'$ in der hiesigen ksG gilt; dabei wird α' aus α gebildet, indem mit a alle Markierungen (A bis E) zusammenfaßt werden, die zwischen ihm und dem a links von ihm auftreten, sowie das erste a mit allen Markierungen zu seiner Linken und das letzte a mit allen Marken zu seiner Rechten. Beispielsweise gilt $\alpha' = [Aa]a[CaB]$ für $\alpha = AaaCaB$. Somit wird also jedes a mit linksstehenden Markierungen gruppiert und zusätzlich das am weitesten rechts stehende a mit rechtsstehenden.

Linear beschränkte Automaten

Nun führen wir für ksS eine Charakterisierung durch Automaten ein. Ein *linear beschränkter Automat* (LBA) ist eine nichtdeterministische Turing-Maschine, die den folgenden zwei Bedingungen genügt:

1) Sein Eingabe-Alphabet beinhaltet zwei spezielle Symbole ¢ und \$ — die *linke* bzw. *rechte Ende-Markierung.*
2) Der LBA hat weder Bewegungen links von ¢ oder rechts von \$, noch schreibt er ein anderes Symbol über ¢ oder \$.

Der linear beschränkte Automat ist einfach eine Turing-Maschine, die anstatt eines möglicherweise unendlichen Bandes, auf dem sie rechnen kann, auf den Teil des Bandes beschränkt ist, der die Eingabe x mit den beiden Ende-Markierungen enthält. Wir werden in Kapitel 12 sehen, daß die Einschränkung einer TM auf eine bestimmte Bandgröße, die für jede Eingabe durch eine lineare Funktion über deren Länge gegeben ist, zu der gleichen "Berechnungsfähigkeit" führt wie die Beschränkung der Turing-Maschine auf die Bandgröße, die die Eingabe enthält — daher der Name "linear beschränkter Automat".

Ein LBA wird durch $M = (Q, \Sigma, \Gamma, \delta, q_0, ¢, \$, F)$ bezeichnet, wobei $Q, \Sigma, \Gamma, \delta, q_0$ und F wie für nichtdeterministische Turing-Maschinen definiert sind; ¢ und \$ sind Symbole aus Σ, nämlich die linke und rechte Ende-Markierung. Die von M akzeptierte *Sprache* $L(M)$ ist

$$\{w \mid w \text{ ist aus } (\Sigma - \{¢, \$\})^* \text{ und } q_0¢w\$ \overset{*}{\underset{M}{\vdash}} \alpha q \beta \text{ für ein } q \text{ aus } F\}.$$

Beachten Sie, daß die Ende-Markierungen zu Anfang auf dem Eingabeband sind, aber nicht als zu dem zu bearbeitenden Wort gehörig angesehen werden. Da sich ein LBA nicht über die Eingabe hinausbewegen kann, braucht man nicht anzunehmen, daß es ein Blank-Band rechts von \$ gibt.

Äquivalenz von LBA und ksG

Wir zeigen nun, daß — außer für die Tatsache, daß ein LBA ϵ akzeptieren kann, während eine ksG ϵ nicht erzeugen kann — die LBA genau die ksS akzeptieren.

Satz 9.5
Ist L eine ksS; dann wird L von einem LBA erkannt.
Beweis:
Der Beweis ist fast derselbe wie der für Satz 9.3. Der einzige Unterschied liegt darin, daß — während die TM von Satz 9.3 Satzformen einer unbeschränkten Grammatik

auf einem zweiten Band erzeugte — der LBA eine zweite Spur auf seinem Eingabeband benutzt. Wenn der LBA mit $¢w\$$ auf seinem Band initialisiert wird, startet er, indem er das Symbol S auf eine zweite Spur unter das am weitesten links stehende Symbol von w schreibt; wenn $w = \epsilon$ gilt, so hält der LBA stattdessen, ohne zu akzeptieren. Als nächstes rät der LBA wiederholt eine Produktion und eine Position in der Satzform, die auf der zweiten Spur geschrieben steht. Er wendet die Produktion an, indem er den Teil der Satzform immer dann nach rechts schiebt, wenn die Satzform sich dabei ausweitet. Wenn jedoch die neue Satzform länger als w ist, so hält der LBA, ohne zu akzeptieren. Also akzeptiert der LBA w, wenn es eine Ableitung $S \overset{*}{\Rightarrow} w$ gibt, so daß keine Zwischensatzform länger als w ist. Da aber die rechte Seite jeder Produktion in einer ksG mindestens so lang wie die linke Seite ist, kann es keine Ableitung $S \overset{*}{\Rightarrow} \alpha \overset{*}{\Rightarrow} w$ geben, bei der α länger als w ist. Also akzeptiert der LBA genau die von der ksG erzeugten Wörter. □

Satz 9.6
Wenn $L = L(M)$ für einen LBA $M = (Q, \Sigma, \Gamma, \delta, q_0, ¢, \$, F)$ ist, dann ist $L - \{\epsilon\}$ eine ksS.

Beweis:
Der Beweis gleicht der Konstruktion einer unbeschränkten Grammatik aus einer Turing-Maschine gemäß Satz 9.4. Die Unterschiede bestehen darin, daß die Ende-Markierungen auf dem LBA-Band in benachbarte Bandsymbole umgeformt werden müssen, und analog der Zustand zu dem vom Bandkopf gelesenen Symbol hinzugenommen werden muß. Der Grund ist, daß die ksG, sollte sie für die Ende-Markierungen oder den Zustand gesonderte Symbole benutzen, diese später nicht mehr löschen kann. Dazu müßte nämlich die Satzform verkürzt werden. Die rechte Seite einer ksG-Produktion ist jedoch mindestens so lang wie die linke Seite dieser Regel. Die Erzeugung einer Folge von Paaren, von denen die erste Komponente die Terminalzeichenkette $a_1a_2....a_n$ und die zweite das LBA-Band bildet, wird von den Produktionen

$$\begin{aligned} A_1 &\rightarrow [a, q_0¢a]A_2, \\ A_1 &\rightarrow [a, q_0¢a\$], \\ A_2 &\rightarrow [a, a]A_2, \\ A_2 &\rightarrow [a, a\$] \end{aligned}$$

für alle a aus $\Sigma - \{¢, \$\}$ vollzogen.

Die LBA-Simulationsregeln entsprechen den Regeln (6) und (7) aus Satz 9.4 und verbleiben als Übung.

Wenn q ein Endzustand ist, dann haben wir die Produktion

$$[a, \alpha q \beta] \rightarrow a$$

für alle a aus $\Sigma - \{¢, \$\}$ und alle möglichen α und β; d.h. α und/oder β können ¢, \$ und Bandsymbole beinhalten. Beachten Sie, daß die Zahl der definierten Produktionen endlich ist. Wir erlauben auch das Löschen der zweiten Komponente einer Variablen, wenn sie zu einem Terminalzeichen benachbart ist; dies geschieht durch

$$[a, \alpha]b \rightarrow ab,$$

$$b[a, \alpha] \quad \rightarrow \quad ba$$

für jedes a und b aus $\Sigma - \{¢, \$\}$ und allen möglichen α.

Die explizit aufgezeigten Produktionen sind natürlich kontextsensitiv. Für die LBA-simulierenden Produktionen kann einfach erreicht werden, daß sie ihre Länge bewahren, so daß die resultierende Grammatik eine ksG ist. Ein Beweis, daß jedes Wort w außer ϵ genau dann von M akzeptiert wird, wenn es von der Grammatik erzeugt wird, läuft analog zu Satz 9.4, und wir lassen ihn aus. Beachten Sie, daß es keinen Weg für die Grammatik gibt, die LBA-Eingabe ¢\$ zu erzeugen oder die Turing-Maschine auf dieser Eingabe zu simulieren. Also wird ϵ von der Grammatik nicht erzeugt, gleichgültig, ob ϵ in $L(M)$ liegt oder nicht. □

9.4 RELATIONEN ZWISCHEN SPRACHKLASSEN

Die vier Sprachklassen — rekursiv aufzählbare Mengen, ksS, kfS und reguläre Mengen — werden auch oft als Sprachen vom Typ 0, 1, 2 bzw. 3 bezeichnet. Wir können zeigen, daß, außer für den Fall der leeren Zeichenkette, die Typ-i-Sprachen die Typ-$(i+1)$-Sprachen für $i = 0, 1, 2$ vollständig beinhalten. Dazu müssen wir zuerst zeigen, daß jede ksS rekursiv ist, und außerdem, daß es rekursive Sprachen gibt, die keine ksS sind.

ksS und rekursive Mengen

Satz 9.7

Jede ksS ist rekursiv.

Beweis:

Bei einer gegebenen ksG $G = (V, T, P, S)$ und einem Wort w aus Σ^* der Länge n können wir wie folgt testen, ob w in $L(G)$ enthalten ist: Wir konstruieren einen Graphen, dessen Knoten die Zeichenketten in $(V \cup T)^*$ mit einer Länge kleiner oder gleich n sind. Wir setzen einen Pfeil von α nach β, wenn $\alpha \Rightarrow \beta$ gilt. Die Pfade im Graph entsprechen den Ableitungen in G, und w ist genau dann in $L(G)$, wenn es einen Pfad vom Knoten S zum Knoten für w gibt. Wir benutzen irgendeinen der Pfad-Suchalgorithmen (vgl. Aho, Hopcroft und Ullman [1974]), um zu entscheiden, ob ein solcher Pfad existiert. □

Beispiel 9.6

Betrachten Sie die ksG aus Beispiel 9.5 und die Eingabe $w = aa$. Ein Weg, um Pfade im Graphen zu suchen, besteht darin, mit der Zeichenkette S zu beginnen und beim i-ten Schritt die Zeichenketten mit einer Länge kleiner oder gleich n zu finden, die einen Pfad der Länge kleiner oder gleich i von S aus haben. Wenn wir diese Menge für $i-1$ haben, z.B. $\mathcal{S}$, dann ist die Menge für i gerade $\mathcal{S} \cup \{\beta \mid \alpha \Rightarrow \beta$ für ein α aus $\mathcal{S}$ und $|\beta| \leq n\}$.

In unserem Beispiel erhalten wir die folgenden Mengen:

$$\begin{array}{ll} i=0: & \{S\} \\ i=1: & \{S,[ACaB]\} \\ i=2: & \{S,[ACaB],[Aa][aCB]\} \\ i=3: & \{S,[ACaB],[Aa][aCB],[Aa][aDB],[Aa][aE]\} \\ \vdots & \\ i=6: & \{S,[ACaB],[Aa][aCB],[Aa][aDB],[Aa][aE], \\ & [Aa][DaB],[Aa][Ea],[ADa][aB],[AEa]a, \\ & [ACa][aB],aa\} \end{array}$$

Da wir für $i = 6$ entdecken, daß aa von S aus erreichbar ist, brauchen wir nicht weiter zu suchen. Im allgemeinen gilt, da die Anzahl von Satzformen mit einer Länge kleiner oder gleich n für eine feste Grammatik und ein festes n endlich ist, daß es schließlich einen Punkt gibt, an dem keine neuen Satzformen hinzugefügt werden. Da die Menge für i nur von der Menge für $i-1$ abhängt, werden niemals mehr neue Zeichenketten hinzugefügt. Wenn bis dahin also w noch nicht produziert wurde, dann wird das auch nicht mehr geschehen; in diesem Fall ist w nicht in der Sprache enthalten.

Zum Beweis, daß die ksS eine echte Teilmenge der rekursiven Sprachen sind, zeigen wir etwas Allgemeineres. Im einzelnen zeigen wir, daß jede Sprachklasse, die durch Auflistung von einer oder mehreren immer anhaltenden Turing-Maschinen für jedes Element der Klasse effektiv aufgezählt werden kann, eine echte Teilmenge der rekursiven Sprachen ist.

Lemma 9.1

Sei $M_1, M_2, \ldots$ eine Aufzählung einer Menge von Turing-Maschinen, die auf jeder Eingabe anhalten. Dann gibt es eine rekursive Sprache, die nicht in $L(M_i)$ für ein beliebiges i ist.

Beweis:

Sei L die Teilmenge von $(\mathbf{0}+\mathbf{1})^*$, so daß w genau dann in L ist, wenn M_i nicht w akzeptiert, wobei i diejenige ganze Zahl ist, deren binäre Darstellung w ist. L ist rekursiv, da wir M_i bei gegebenem w erzeugen sowie testen können, ob w in $L(M_i)$ ist oder nicht. Aber keine Turing-Maschine der Liste akzeptiert L. Wir nehmen etwa an, daß $L = L(M_j)$ gilt, und x sei die binäre Darstellung von j. Wenn x in L ist, dann ist x nicht in $L(M_j)$, und wenn x nicht in L ist, dann ist x in $L(M_j)$. Daher gilt $L \neq L(M_j)$ wie vermutet. Also ist L eine rekursive Sprache, die nicht $L(M_j)$ für ein j ist. □

Satz 9.8

Es gibt eine rekursive Sprache, die nicht kontextsensitiv ist.

Beweis:

Nach Lemma 9.1 brauchen wir nur zu zeigen, daß wir haltende Turing-Maschinen für die ksS über dem Alphabet $\{0,1\}$ aufzählen können. Für die Quadrupel-Darstellung für ksG mit dem Terminal-Alphabet $\{0,1\}$ gebe es eine binäre Kodierung. Beispielsweise läßt sich 0, 1, Komma, $\rightarrow$, {, }, (,) als 10, 100, ...10^8 darstellen, und die i-te Variable könnte durch 10^{i+8} bezeichnet werden. Sei M_j die TM, die den Algorithmus aus Satz 9.7 implementiert, der die Sprache der ksG mit dem binären

Code j erkennt. Es ist klar, daß M_j immer hält, unabhängig davon, ob ihre Eingabe akzeptiert wird oder nicht. Der Satz folgt dann sofort aus Lemma 9.1. □

Der Hierarchie-Satz

Satz 9.9
(a) Die regulären Mengen sind eine echte Teilmenge der kfS. (b) Die kfS, die nicht die leere Zeichenkette enthalten, sind eine echte Teilmenge der ksS. (c) Die ksS sind eine echte Teilmenge der rekursiv aufzählbaren Mengen.

Beweis:
Teil (a) folgt aus der Tatsache, daß jede reguläre Grammatik eine kfG ist; $\{0^n1^n \mid n \geq 1\}$ ist ein Beispiel für eine kfS, die nicht regulär ist. Teil (b) wird bewiesen, indem man beobachtet, daß jede kfG in Chomsky-Normalform eine ksG ist; $\{a^{2^i} \mid i \geq 1\}$ ist eine ksS, von der man mit dem Pumping-Lemma einfach zeigt, daß sie keine kfS ist. Für Teil (c) ist jede ksG sicherlich eine nicht beschränkte Grammatik. Die echte Teilmengenbeziehung folgt aus Satz 9.8. □

ÜBUNGEN

9.1 Konstruieren Sie links-lineare und rechts-lineare Grammatiken für folgende Sprachen:
a) $(\mathbf{0}+\mathbf{1})^*\mathbf{00}(\mathbf{0}+\mathbf{1})^*$
b) $\mathbf{0}^*(\mathbf{1}(\mathbf{0}+\mathbf{1}))^*$
c) $(((\mathbf{01}+\mathbf{10})^*\mathbf{11})^*\mathbf{00})^*$

9.2 Zeigen Sie die folgende Normalform für rechts-lineare Grammatiken und das analoge Ergebnis für links-lineare Grammatiken: Ist L eine reguläre Menge, dann wird $L - \{\epsilon\}$ von einer Grammatik erzeugt, in der alle Produktionen von der Form $A \to aB$ oder $A \to a$ für ein Terminalzeichen a und Variablen A und B sind.

9.3 Eine kontextfreie Grammatik heißt *einfach*, wenn sie in Greibach-Normalform vorliegt, und wenn es für jede Variable A und jedes Terminalzeichen a höchstens eine Zeichenkette α gibt, so daß $A \to a\alpha$ eine Produktion ist. Eine Sprache heißt *einfach*, wenn sie eine einfache Grammatik hat. So hat etwa $L = \{0^n1^n \mid n \geq 1\}$ nachstehende einfache Grammatik:

$$\begin{aligned} S &\to 0A \\ A &\to 0AB \mid 1 \\ B &\to 1 \end{aligned}$$

Beachten Sie, daß die natürlichere GNF-Grammatik für L, nämlich

$$\begin{aligned} S &\to 0SB \mid 0B \\ B &\to 1 \end{aligned}$$

nicht einfach ist, weil es hier zwei S-Produktionen gibt, deren rechte Seiten mit 0 beginnen. Beweisen Sie, daß jede reguläre Menge, die nicht ϵ enthält, eine einfache Sprache ist.[*Hinweis:* Benutzen Sie eine DEA-Darstellung für die reguläre Menge.]

*** 9.4** Eine kfG heißt *selbst-einbettend*, wenn eine nützliche Variable A existiert, so daß $A \overset{*}{\Rightarrow} wAx$ gilt und weder w noch x gleich ϵ ist. Beweisen Sie, daß eine kfS genau dann regulär ist, wenn sie eine kfG hat, die nicht selbst-einbettend ist. [*Hinweis:* Es ist einfach zu zeigen, daß keine reguläre Grammatik selbst-einbettend ist. Zeigen Sie für die "Hinrichtung", daß eine nicht selbst-einbettende Grammatik in GNF überführt werden kann, ohne daß sie dabei selbst-einbettend wird. Zeigen Sie dann, daß es für jede nicht selbst-einbettende Grammatik eine Konstante k gibt, so daß keine Linkssatzform mehr als k Variablen hat. Zeigen Sie schließlich, daß aus obigem folgt, daß die nicht selbst-einbettende GNF-Grammatik in eine reguläre Grammatik konvertiert werden kann.]

*** 9.5** Geben Sie nicht beschränkte Grammatiken für folgende Sprachen an:
a) $\{ww \mid w \text{ ist aus } (\mathbf{0}+\mathbf{1})^*\}$
b) $\{0^{i^2} \mid i \geq 1\}$
c) $\{0^i \mid i \text{ ist keine Primzahl}\}$
d) $\{0^i1^i2^i \mid i \geq 1\}$

9.6 Geben Sie kontextsensitive Grammatiken für die Sprachen aus Übung 9.5 — bei (a) ausschließlich ϵ — an.

9.7 Eine ksS heißt *deterministisch*, wenn sie von einem deterministischen LBA akzeptiert wird. Zeigen Sie, daß das Komplement einer deterministischen ksS auch eine deterministische ksS ist. [*Hinweis:* Zeigen Sie, daß es für jeden deterministischen LBA einen äquivalenten LBA gibt, der auf jeder Eingabe hält.] Es ist übrigens noch ungeklärt, ob jede ksS eine deterministische ksS ist, und ob die ksS unter Komplementbildung abgeschlossen sind. Offensichtlich würde eine positive Antwort auf die erste Frage eine positive Antwort auf die zweite Frage implizieren.

*** 9.8** a) Zeigen Sie, daß jede kontextfreie Sprache von einem deterministischen LBA akzeptiert wird.
b) Zeigen Sie, daß die boolesche Hülle der kfS in der Klasse von Mengen enthalten ist, die von deterministischen LBA akzeptiert werden.
c) Zeigen Sie, daß die Teilmengenbeziehung in (b) echt ist. [*Hinweis:* Betrachten Sie Sprachen über einem Alphabet mit einem Symbol.]

*** 9.9** Zeigen Sie, daß jede ksS von einer Grammatik erzeugt wird, in der alle Produktionen von der Form $\alpha A\beta \to \alpha\gamma\beta$ sind, wobei A ein Variable, α, β und γ Zeichenketten von Grammatiksymbolen und $\gamma \neq \epsilon$ ist.

***L 9.10** Zeigen Sie, daß die ksS unter folgenden Operationen abgeschlossen sind:
a) Vereinigung
b) Konkatenation
c) Schnittbildung
d) Substitution
e) inversen Homomorphismen
f) positiver Hülle ($L^+ = \bigcup_{i=1} L^i$)

* **9.11** Zeigen Sie, daß die rekursiv aufzählbaren Mengen unter folgenden Operationen abgeschlossen sind:

a) bis e) wie in Übung 9.10.

f) Kleene'sche Hülle

9.12 a) Zeigen Sie, daß alle nicht entscheidbaren Eigenschaften von kfS, die in den Abschnitten 8.5, 8.6 und 8.7 erwähnt wurden, für ksS ebenfalls nicht entscheidbar sind — mit Ausnahme von "$= \Sigma^*$", was trivialerweise entscheidbar ist, da keine ksS ϵ enthält.

b) Zeigen Sie, daß "$= \Sigma^+$" für ksS nicht entscheidbar ist.

L 9.13 Zeigen Sie, daß es nicht entscheidbar ist, ob eine gegebene ksS leer ist.

***L 9.14** Zeigen Sie, daß jede rekursiv aufzählbare Menge gleich $h(L)$ ist, wenn h ein Homomorphimus und L eine ksS ist.

Lösungen zu ausgewählten Übungen

9.10 Die Beweise gleichen den Beweisen der Sätze 6.1, 6.2 und 6.3 für ksS. Es gibt jedoch ein Problem, mit dem wir uns beschäftigen müssen: Betrachten Sie die Konstruktion für die Konkatenation. Wir nehmen an, daß

$$G_1 = (V_1, T_1, P_1, S_1) \text{ und } G_2 = (V_2, T_2, P_2, S_2)$$

ksG sind, die L_1 bzw. L_2 erzeugen. In Satz 6.1 für kfG haben wir die Grammatik

$$G_4 = (V_1 \cup V_2 \cup \{S_4\}, T_1 \cup T_2, P_1 \cup P_2 \cup \{S_4 \to S_1S_2\}, S_4)$$

konstruiert, um L_1L_2 zu erzeugen. Diese Konstruktion ist für kfG unter der Voraussetzung korrekt, daß V_1 und V_2 disjunkt sind. Für ksG könnten wir jedoch eine Produktion $\alpha \to \beta$ in P_1 oder P_2 haben, die in einer Satzform von G_4, z.B. $\gamma\delta$, anwendbar ist, wobei $S_1 \overset{*}{\underset{G_1}{\Longrightarrow}} \gamma$ und $S_2 \overset{*}{\underset{G_2}{\Longrightarrow}} \delta$ in einer Position gilt, in der α die Grenzen zwischen γ und δ überragt. Wir könnten also eine Zeichenkette ableiten, die nicht in L_1L_2 liegt.

Die Annahme $V_1 \cap V_2 = \emptyset$ hilft hier nicht, da α nur aus Terminalen bestehen könnte, und wir können natürlich nicht annehmen, daß $T_1 \cap T_2 = \emptyset$ gilt. Was wir brauchen, ist eine Normalform für ksG, die auf der linken Seite von Produktionen nur Variablen erlaubt. Solch ein Lemma ist einfach zu beweisen. Sei $G = (V, T, P, S)$ eine ksG. Wir konstruieren $G' = (V', T, P', S)$, wobei V' aus V ergänzt um Variablen A_a für jedes a aus T besteht. P' besteht aus Produktionen $A_a \to a$ für jedes a und Produktionen $\alpha' \to \beta'$ für jedes $\alpha \to \beta$ aus P, wobei α' aus α entsteht, indem man jedes Auftreten eines Terminalzeichens a durch A_a ersetzt (desgleichen für β' und β).

Wenn wir nun annehmen, daß G_1 und G_2 disjunkte Mengen von Variablen haben und in obiger Normalform gegeben sind, so kann man die Konstruktionen von Satz 6.1 für Vereinigung und Konkatenation auf ksS übertragen.

Die positive Hülle stellt ein anderes Problem dar. Wenn wir analog zu Satz 6.1

$$G_5 = (V_1 \cup \{S_5\}, T_1, P_1 \cup \{S_5 \to S_1S_5 \mid S_1\}, S_5)$$

konstruieren, haben wir nicht das bei der Potenzierung auftretende Problem der Anwendung einer Produktion $\alpha \rightarrow \beta$ umgangen; ein Problem tritt in dem Sinne auf, daß α die Grenzen zwischen Zeichenketten, die aus verschiedenen Instantiierungen von S_1 abgeleitet wurden, verletzen kann. Was wir hier tun können, ist eine Grammatik G_1' zu erzeugen, die aus G_1 entsteht, indem man jede Variable A durch ein neues Symbol A' ersetzt. Dann konstruieren wir die Grammatik $G_5 = (V_5, T_1, P_5', S_5)$, wobei V_5 aus den Variablen von G_1 und G_1' ergänzt um die Symbole S_5 und S_5' besteht; P_5' besteht aus den Produktionen von G_1 und G_1' erweitert um folgende:

$$\begin{aligned} S_5 &\rightarrow S_1 S_5' \mid S_1 \\ S_5' &\rightarrow S_1' S_5 \mid S_1' \end{aligned}$$

Da keine ksS ϵ enthält, können wir niemals zwei benachbarte Symbole antreffen, die aus zwei Instantiierungen von S_1 oder aus zwei Instantiierungen von S_1' abgeleitet worden sind; außerdem können wir sicher sein, daß jede Produktionsregel von G_5 auf eine Zeichenkette angewendet wird, die aus einer Instantiierung von S_1 oder S_1' abgeleitet worden ist.

Inverse Homormorphismen, Schnittbildung und Substitution werden am besten mit maschinen-basierten Beweisen behandelt. Sei L eine ksS, die von einem LBA M akzeptiert wird, und h ein Homomorphismus. Wir nehmen an, daß $|h(a)| \leq k$ für jedes a gilt. Dann können wir einen LBA M' für $h^{-1}(L)$ wie folgt konstruieren: M' berechnet $h(x)$ aus seiner Eingabe x und speichert dabei k Symbole pro Feld. Der Platz dafür reicht aus, da $|h(x)| \leq k|x|$ gilt. Dann wird M von M' auf $h(x)$ simuliert, und M' akzeptiert, wenn M akzeptiert.

Für die Schnittbildung seien L_1 und L_2 ksS, die von LBA M_1 und M_2 akzeptiert werden. Wir konstruieren einen LBA M_3, der seine Eingabe so behandelt, als wäre sie auf zwei Spuren geschrieben. D.h. wir identifizieren das Eingabesymbol a mit $[a, a]$. Auf der ersten Spur simuliert M_3 den LBA M_1. Wenn eine Folge von Auswahlen von Bewegungen von M_1 ihn zum Akzeptieren bringt, so beginnt M_3, M_2 auf der zweiten Spur zu simulieren und akzeptiert, wenn M_2 akzeptiert. Also akzeptiert M_3 gerade $L_1 \cap L_2$.

Für die Substitution durch ksS L_a für Symbole a aus Σ in einer ksS $L \subseteq \Sigma$, konstruiert man einen LBA, der wie folgt arbeitet: Bei gegebener Eingabe $a_1 a_2 ... a_n$ rät er nichtdeterministisch, in welchen Positionen die Zeichenketten aus einer Menge L_a enden, und markiert diese. Falls von $a_i a_{i+1} ... a_j$ anzunehmen ist, daß es in L_a liegt, so ist der LBA für L_a auf dieser Teil-Zeichenkette zu simulieren. Wenn $a_i a_{i+1} ... a_j$ in L_a enthalten ist, wird es durch a ersetzt. Wenn alle unsere geratenen Teil-Zeichenketten korrekt waren, so wird die resultierende Zeichenkette in Σ^* aufgenommen und ein LBA für L darauf simuliert; $a_1 a_2 ... a_n$ wird akzeptiert, wenn dieser LBA akzeptiert.

9.13 Es ist einfach, einen LBA zu erzeugen, der die gültigen Berechnungen einer gegebenen Turing-Maschine akzeptiert. Also ist das Leere-Problem für Turing-Maschinen auf die Frage reduzierbar, ob eine gegebene ksS leer ist.

9.14 Sei L_1 eine rekursiv aufzählbare Menge und c ein Symbol, das nicht im Alphabet von L_1 liegt. Sei M_1 eine TM, die L_1 akzeptiert; wir definieren folgendes:

$$L_2 = \{wc^i \mid M_1 \text{ akzeptiert } w \text{ durch eine Folge von Bewegungen, in denen der Kopf niemals mehr als } i \text{ Positionen rechts von } w \text{ bewegt wird.}\}$$

Dann wird L_2 von einem LBA akzeptiert, der M_1 simuliert und dabei c als Blank behandelt und anhält, wenn er über die Folge der c in seiner Eingabe hinausgeht. Wir haben nur zu zeigen, daß $L_1 = h(L_2)$ für einen Homomorphismus h gilt. Sei $h(a) = a$ für alle Symbole im Alphabet von L, und sei $h(c) = \epsilon$.

Wenn wir Übung 9.14 mit Satz 9.9 verbinden, so beobachten wir, daß die ksS unter Homomorphismen nicht abgeschlossen sind. Dies könnte paradox erscheinen, da Übung 9.10 behauptet hat, daß ksS unter Substitution abgeschlossen sind. Ein Homomorphismus ist jedoch kein Spezialfall einer Substitution durch eine ksS, da eine ksS ϵ nicht enthalten darf. Insbesonders ist $h(c) = \epsilon$ für das oben definierte h keine ksS. Die ksS sind jedoch unter Homomorphismen abgeschlossen, die kein Symbol auf ϵ abbilden.

LITERATURHINWEISE

Die Chomsky-Hierarchie wurde in Chomsky [1956,1959] definiert. Chomsky und Miller [1958] zeigten die Äquivalenz von regulären Grammatiken und regulären Mengen. Kuroda [1964] zeigte die Äquivalenz von LBA und ksG. Vorher hatte Myhill [1960] deterministische LBA definiert, und Landweber [1963] zeigte, daß die deterministischen LBA-Sprachen in den ksS enthalten sind. Chomsky [1959] zeigt, daß die rekursiv aufzählbaren Mengen äquivalent zu den von Typ-0-Grammatiken erzeugten Sprachen sind. Fischer [1969] zeigt einige interessante Charakterisierungen der ksS. Hibbard [1974] bespricht eine Restriktion der ksG, die zu den kontextfreien Sprachen führt. Weitere Abgeschlossenheitseigenschaften werden in Ginsburg und Greibach [1966b] sowie Wegbreit [1969] untersucht. Grundlegende Entscheidbarkeitseigenschaften der ksS sind in Landweber [1964] angegeben.

Kapitel 10
DETERMINISTISCHE KONTEXTFREIE SPRACHEN

Wir haben nun Maschinen-Modelle, die jeweils eine Sprachklasse in der Chomsky-Hierarchie definieren. An den äußersten Enden der Hierarchie haben die Maschinen — endliche Automaten und Turing-Maschinen — keine Unterschiede in der Akzeptierfähigkeit zwischen ihren deterministischen und ihren nichtdeterministischen Modellen. Für den linear beschränkten Automaten ist es unbekannt, ob die deterministische und die nichtdeterministische Variante dieselbe Sprachklasse akzeptiert. Für Kellerautomaten wissen wir jedoch, daß die deterministischen KA eine Familie von Sprachen akzeptiert — die *deterministischen kontextfreien Sprachen (dkfS)* — die echt zwischen den regulären Mengen und den kfS liegt.

Es stellt sich heraus, daß die Syntax vieler Programmiersprachen mit Mitteln der dkfS beschrieben werden kann. Mehr noch, moderne Compiler-Generatoren verlangen normalerweise, daß die Syntax der Sprache, für die sie einen Compiler generieren sollen, als beschränkte kfG beschrieben ist. Diese beschränkten Formen erzeugen nahezu ausschließlich dkfS. Wir werden die vermutlich wichtigste dieser beschränkten Formen — die LR-Grammatik — kennenlernen. Die LR-Grammatiken haben die Eigenschaft, daß sie genau die dkfS erzeugen.

Für die Benutzung eines Compiler-Generators ist es notwendig, daß der Sprach-Designer eine Syntax für seine Sprache aussucht, die diese zu einer dkfS macht. Also ist es nützlich, entscheiden zu können, ob eine vorgeschlagene Sprache tatsächlich eine dkfS ist. Falls das der Fall ist, kann man dies häufig dadurch beweisen, daß man einen DKA oder eine LR-Grammatik erzeugt, die die Sprache definiert. Wenn aber die Sprache L keine dkfS ist, stellt sich die Frage, wie wir dies beweisen können. Wenn L überhaupt keine kfS ist, könnten wir vielleicht das Pumping-Lemma verwenden; doch L wird häufig eine kfS, aber keine dkfS sein. Es ist aber kein Pumping-Lemma nur für dkfS bekannt, so daß wir auf Abgeschlossenheitseigenschaften zurückgreifen müssen. Glücklicherweise sind die dkfS unter einer Reihe von Operationen abgeschlossen (wie etwa Komplementbildung), die die allgemeinen kfS nicht erhalten. Wenn also L eine kfS ist, aber ihr Komplement nicht, so ist L keine dkfS.

In den Abschnitten 10.1 bis 10.4 werden verschiedene Abgeschlossenheitseigenschaften für dkfS eingeführt. Abschnitt 10.5 streift kurz die Entscheidbarkeitseigenschaften. Die Abschnitte 10.6 und 10.7 behandeln LR-Grammatiken.

10.1 NORMALFORMEN FÜR DKA

Wir erinnern uns, daß der KA $M = (Q, \Sigma, \Gamma, \delta, q_0, Z_0, F)$ deterministisch ist, wenn folgendes gilt:

1) Wenn $\delta(q, a, X)$ für ein a aus Σ nichtleer ist, dann ist $\delta(q, \epsilon, X)$ leer;
2) für jedes q aus Q, a aus $\Sigma \cup \{\epsilon\}$ und X aus Γ enthält $\delta(q, a, X)$ höchstens ein Element.

Regel (1) verhindert die Wahl zwischen der Benutzung der nächsten Eingabe und einer ϵ-Bewegung, Regel (2) verhindert Wahlmöglichkeiten für dieselbe Eingabe. Für deterministische KA schreiben wir $\delta(q, a, X) = (p, \gamma)$ statt $\delta(q, a, X) = \{(p, \gamma)\}$.

So wie die allgemeinen KA können wir auch DKA in eine Normalform überführen, in der die einzigen Keller-Operationen das Löschen des obersten Keller-Symbols und das Hinzufügen eines Symbols sind. Diese Form wird in den nächsten beiden Lemmata bewiesen. Das erste Lemma zeigt, daß der DKA niemals mehr als ein Symbol pro Bewegung auf den Keller hinzufügen muß, da er dem Keller eine Symbolkette zu einem Zeitpunkt unter Verwendung von ϵ-Bewegungen hinzufügen kann. Das zweite Lemma zeigt, daß DKA niemals ihr oberstes Keller-Symbol zu verändern brauchen; solche Änderungen werden vermieden, indem das oberste Keller-Symbol in der endlichen Kontrolle gespeichert wird, die die Änderungen festhält. Leser, die mit diesen Ideen übereinstimmen, sollten mit dem Anfang des nächsten Abschnitts fortfahren.

Lemma 10.1

Jede dkfS ist $L(M)$ für einen DKA $M = (Q, \Sigma, \Gamma, \delta, q_0, Z_0, F)$, für den $|\gamma| \leq 2$ gilt, wenn $\delta(q, a, X) = (p, \gamma)$ gilt.

Beweis:

Wenn $\delta(q, a, X) = (r, \gamma)$ und $|\gamma| > 2$, dann sei $\gamma = Y_1 Y_2 ... Y_n$ mit $n \geq 3$. Wir erzeugen neue nicht akzeptierende Zustände $p_1, p_2, ..., p_{n-2}$ und definieren

$$\delta(q, a, X) = (p_1, Y_{n-1} Y_n).$$

Dann definieren wir

$$\delta(p_i, \epsilon, Y_{n-i}) = (p_{i+1}, Y_{n-i-1} Y_{n-i})$$

für $1 \leq i \leq n-3$ und $\delta(p_{n-2}, \epsilon, Y_2) = (r, Y_1 Y_2)$. Also ersetzt der betrachtete DKA im Zustand q auf der Eingabe a mit X als oberstem Keller-Symbol immer noch X durch $Y_1 Y_2 ... Y_n = \gamma$ und geht in Zustand r über; er braucht aber $n-1$ Bewegungen, um dies zu tun. □

Lemma 10.2

Jede dkfS ist $L(M)$ für einen DKA $M = (Q, \Sigma, \Gamma, \delta, q_0, Z_0, F)$, für den γ entweder ϵ (ein "pop"), X (keine Keller-Bewegung) oder von der Form YX (ein "push") für ein Keller-Symbol Y ist, wenn $\delta(q, a, X) = (p, \gamma)$.

Beweis:

Wir nehmen an, daß $L = L(M')$, wobei $M' = (Q', \Sigma, \Gamma', \delta', q_0', X_0, F')$ den Anforderungen von Lemma 10.1 genügt. Wir konstruieren M, um M' zu simulieren, während wir das oberste Keller-Symbol von M' in der Kontrolle von M behalten. Formal sei

$$Q = Q' \times \Gamma', \quad q_0 = [q_0', X_0], \quad F = F' \times \Gamma' \quad \text{und} \quad \Gamma = \Gamma' \cup \{Z_0\},$$

wobei Z_0 ein neues Symbol ist, das nicht in Γ' liegt. Wir definieren δ wie folgt:

i) Wenn $\delta'(q, a, X) = (p, \epsilon)$, dann gilt $\delta([q, X], a, Y) = ([p, Y], \epsilon)$ für alle Y. Wenn M' etwas von seinem Keller entfernt, so entfernt M dasselbe von seinem Keller, indem er die entfernten Symbole in die Kontrolle aufnimmt.

ii) Wenn $\delta'(q, a, X) = (p, Y)$, dann gilt $\delta([q, X], a, Z) = ([p, Y], Z)$ für alle Z. Wenn M' sein oberstes Keller-Symbol ändert, so hält M den Wechsel in seiner endlichen Kontrolle fest, ändert seinen Keller aber nicht.

iii) Wenn $\delta'(q, a, X) = (p, YZ)$, so gilt $\delta([q, X], a, W) = ([p, Y], ZW)$ für alle W. Wenn der Keller von M' wächst, so setzt M ein Symbol auf seinen Keller.

Durch Induktion über die Anzahl der gemachten Bewegungen ist einfach zu zeigen, daß

$$(q_0', w, X_0) \mathrel{\overset{*}{\underset{M'}{\vdash}}} (q, \epsilon, X_1 X_2 \ldots X_n)$$

genau dann gilt, wenn

$$([q_0', X_0], w, Z_0) \mathrel{\overset{*}{\underset{M}{\vdash}}} ([q, X_1], \epsilon, X_2 X_3 \ldots X_n Z_0)$$

gilt. Also gilt $L(M) = L(M')$. □

10.2 ABGESCHLOSSENHEIT VON DKFS UNTER KOMPLEMENTBILDUNG

Um zu zeigen, daß das Komplement einer dkfS wieder eine dkfS ist, würden wir gerne den Weg verwenden, den wir in Satz 3.2 für den Beweis der Abgeschlossenheit von regulären Mengen unter Komplementbildung angewendet haben. Wir würden also bei einem gegebenen DKA M die End- und Nicht-Endzustände austauschen und dann in der Lage sein zu behaupten, daß der resultierende DKA das Komplement von $L(M)$ akzeptiert.

Es gibt zwei Schwierigkeiten, die den angegebenen Weg verkomplizieren: Die erste ist, daß sich der ursprüngliche DKA vielleicht niemals über einen gewissen Punkt einer Eingabe-Zeichenkette hinaus bewegt, weil er beim Lesen von w entweder eine Zustandsbeschreibung erreicht, in der keine Bewegung möglich ist, oder weil er unendlich viele Bewegungen auf einer ϵ-Eingabe macht und niemals ein anderes Eingabe-Symbol benutzt. In jedem Fall akzeptiert der DKA keine Eingabe mit w als Präfix; folglich sollte der DKA, der das Komplement akzeptiert, jede Zeichenkette mit Präfix w akzeptieren. Wenn wir jedoch einfach End- und Nicht-Endzustände austauschen, würde sich der resultierende DKA immer noch nicht über w hinaus bewegen und deshalb keine Zeichenketten mit Präfix w akzeptieren.

Die zweite Schwierigkeit liegt in der Tatsache begründet, daß der DKA mehrere ϵ-Bewegungen machen kann, nachdem er einen Satz x angesehen hat. Der DKA könnte nach einigen dieser Bewegungen in einem Endzustand sein oder in einem Nicht-Endzustand nach anderen Bewegungen. In diesem Fall resultiert das Austauschen der End- und Nicht-Endzustände in einem DKA, der immer noch x akzeptiert.

DKA, die ihre gesamte Eingabe verbrauchen

Zur Umgehung der ersten Schwierigkeit beweisen wir ein Lemma, das besagt, daß wir zu einem gegebenen DKA M immer einen äquivalenten DKA M' finden können, der niemals in eine Zustandsbeschreibung übergeht, von der er nicht irgendwann ein weiteres Eingabe-Symbol benutzt.

Lemma 10.3

Sei M ein DKA. Dann existiert ein DKA M', so daß M' für jede Eingabe die gesamte Eingabe abarbeitet.

Beweis:

Wir nehmen o.B.d.A. an, daß M für jede erreichbare Zustandsbeschreibung und jedes Eingabe-Symbol eine nächste Bewegung hat. Andernfalls kann man eine Ende-Markierung zum Keller hinzufügen, um M daran zu hindern, den gesamten Keller zu löschen und zu halten, ohne die gesamte Eingabe verarbeitet zu haben. Außerdem kann man noch einen "toten" Zustand d einführen, so daß für jede Kombination von Zuständen, Eingabe-Symbolen und Keller-Symbolen, für die M keine nächste Bewegung hat, ein Übergang zu d existiert, indem entweder das Eingabe-Symbol oder ϵ benutzt wird. Für jedes Eingabe-Symbol ist der einzige im Zustand d mögliche Übergang der in Zustand d, wobei der Keller nicht verändert wird; natürlich ist d kein akzeptierender Zustand.

Wenn nun M für jede Zustandsbeschreibung und jedes Eingabe-Symbol eine nächste Bewegung hat, dann besteht der einzige Weg, auf dem M niemals das Ende seiner Eingabe erreicht, darin, daß M bei einer Zustandsbeschreibung unendlich viele ϵ-Bewegungen macht. Wenn M im Zustand q mit Z oben auf dem Keller unendlich viele Bewegungen macht, ohne das Symbol Z zu löschen, dann hat M stattdessen in den toten Zustand d überzugehen. Diese Änderung kann die akzeptierte Sprache nicht beeinflussen, wenn nicht M während der unendlichen Folge von ϵ-Bewegungen in einen Endzustand übergeht. In diesem Fall führen wir jedoch einen neuen Endzustand f mit $\delta(q, \epsilon, Z) = (f, Z)$ und $\delta(f, \epsilon, Z) = (d, Z)$ ein.

Formal ist etwa folgende Konstruktion möglich: Sei $M = (Q, \Sigma, \Gamma, \delta, q_0, Z_0, F)$; wir definieren

$$M' = (Q \cup \{q_0', d, f\}, \Sigma, \Gamma \cup \{X_0\}, \delta', q_0', X_0, F \cup \{f\}),$$

wobei folgendes gilt:

1) $\delta'(q_0', \epsilon, X_0) = (q_0, Z_0X_0)$; X_0 markiert das untere Ende des Kellers.
2) Wenn für ein q aus Q, a aus Σ und Z aus Γ sowohl $\delta(q, a, Z)$ als auch $\delta(q, \epsilon, Z)$ leer ist, dann sei

$$\delta'(q, a, Z) = (d, Z).$$

Ebenso gilt für alle q aus Q und a aus Σ

$$\delta'(q, a, X_0) = (d, X_0).$$

Wenn keine Bewegung mehr möglich ist, dann ist in den toten Zustand überzugehen.

3) $\delta'(d, a, Z) = (d, Z)$ für alle a aus Σ und Z aus $\Gamma \cup \{X_0\}$.
4) Wenn für q und Z und alle i ein q_i und ein γ_i existiert, für die $(q, \epsilon, Z) \overset{i}{\vdash} (q_i, \epsilon, \gamma_i)$ gilt, dann gilt $\delta'(q, \epsilon, Z) = (d, Z)$ unter der Voraussetzung, daß

kein q_i Endzustand ist, und $\delta'(q,\epsilon,Z)=(f,Z)$, falls ein oder mehrere q_i Endzustände sind. (Beachten Sie, daß wir nicht behauptet haben, daß wir entscheiden können, ob $\delta'(q,\epsilon,Z)$ gleich (d,Z) oder (f,Z) sein soll. Es gibt jedoch nur eine endliche Anzahl solcher zu treffender Entscheidungen. Für jede mögliche Menge von Wahlmöglichkeiten existiert ein DKA, und einer dieser DKA wird der gewünschte sein. Wir werden im folgenden zeigen, daß die Konstruktion effektiv ist.)

5) $\delta'(f,\epsilon,Z)=(d,Z)$ für alle Z aus $\Gamma\cup\{X_0\}$.
6) Für jedes q aus Q, a aus $\Sigma\cup\{\epsilon\}$ und Z aus Γ gilt $\delta'(q,a,Z)=\delta(q,a,Z)$, wenn $\delta'(q,a,Z)$ nicht nach Regel (2) oder (4) definiert wurde.

Die der formalen Definition vorausgehende Argumentation sollte uns überzeugen, daß $L(M)=L(M')$ gilt. Um zu beweisen, daß M' die gesamte Eingabe benutzt, nimmt man an, daß für ein echtes Präfix x von xy

$$(q_0',xy,X_0)\ \underset{M'}{\overset{*}{\vdash}}\ (q,y,Z_1Z_2...Z_kX_0),$$

gilt und von der Zustandsbeschreibung $(q,y,Z_1Z_2...Z_kX_0)$ aus kein Symbol von y jemals verbraucht wird. Nach Regel (2) ist es nicht möglich, daß M' hält. Nach Regel (4) ist es nicht möglich, daß M' eine unendliche Folge von ϵ-Bewegungen macht, ohne Z_1 zu löschen; deshalb muß M' schließlich Z_1 löschen. Genauso muß M' die $Z_2...Z_k$ löschen und schließlich in eine Zustandsbeschreibung (q',y,X_0) übergehen. Nach Regel (2) gilt $(q',y,X_0)\underset{M'}{\vdash}(d,y',X_0)$, wobei $y=ay'$ und a aus Σ gilt. Also liest M' sehr wohl über x hinaus, und M' genügt folglich den Bedingungen des Lemmas. □

Wir wollen nun verifizieren, daß die Konstruktion in Regel (4) von Lemma 10.3 tatsächlich durchführbar ist. O.B.d.A. nehmen wir an, daß M in Normalform gegeben ist. Wir werden mehr berechnen, als eigentlich nötig ist; im einzelnen bestimmen wir für jedes q und p aus Q und Z aus Γ, ob folgendes gilt:

1) $(q,\epsilon,Z)\underset{M}{\overset{*}{\vdash}}(p,\epsilon,Z)$
2) $(q,\epsilon,Z)\underset{M}{\overset{*}{\vdash}}(p,\epsilon,\epsilon)$
3) $(q,\epsilon,Z)\underset{M}{\overset{*}{\vdash}}(p,\epsilon,\gamma)$ für ein γ in Γ^*.

Für jedes q und Z können wir mittels (3) entscheiden, ob M jemals in einen Zustand übergeht, der das nächste Symbol von y verbraucht, ohne Z zu löschen.[1] Wenn nicht, so können wir mittels (2) bestimmen, ob Z von M gelöscht wird. Falls weder das eine noch das andere eintritt, dann muß M' entweder nach Regel (2) in den toten Zustand übergehen, oder Regel (4) trifft zu und (3) kann uns wiederum sagen, ob $\delta'(q,\epsilon,Z)$ gleich (d,Z) oder (f,Z) ist.

Wir konstruieren Wahrheitswerte-Tabellen T_1,T_2 und T_3, so daß $T_i(q,Z,p)$ für $i=1,2$ und 3 genau dann wahr ist, wenn Aussage (i) für q,Z und p wahr ist. Die Tabellen enthalten anfangs alle "falsch" und werden mittels Induktion gefüllt. Der Induktionsanfang ist, $T_3(q,Z,p)$ gleich wahr zu setzen, wenn $\delta(q,\epsilon,Z)=(p,YZ)$

---

[1] Beachten Sie, daß nach der Konstruktion von Lemma 10.2 der Zustand p allein bestimmt, ob eine von einer ϵ-Bewegung verschiedene Bewegung auf der Eingabe zu machen ist.

gilt, und $T_1(q, Z, p) = T_3(q, Z, p)$ gleich wahr zu setzen, wenn $\delta(q, \epsilon, Z) = (p, Z)$ gilt, sowie $T_2(q, Z, p)$ gleich wahr zu setzen, wenn $\delta(q, \epsilon, Z) = (p, \epsilon)$ gilt. Mit Induktion ergibt sich dann:

1) Wenn $\delta(q, \epsilon, Z) = (r, YZ)$ gilt, dann folgt:
   a) wenn $T_2(r, Y, s)$ und $T_2(s, Z, p)$ wahr sind, so ist $T_2(q, Z, p)$ gleich wahr zu setzen;
   b) wenn $T_2(r, Y, s)$ und $T_1(s, Z, p)$ wahr sind, so ist $T_1(q, Z, p)$ gleich wahr zu setzen;
   c) wenn $T_2(r, Y, s)$ und $T_3(s, Z, p)$ oder $T_1(r, Y, s)$ und $T_3(s, Z, p)$ wahr sind, so ist $T_3(q, Z, p)$ gleich wahr zu setzen;
   d) wenn $T_3(r, Y, p)$ wahr ist, so ist $T_3(q, Z, p)$ gleich wahr zu setzen.
2) Wenn $\delta(q, \epsilon, Z) = (r, Z)$ gilt, dann folgt:
   a) wenn $T_1(r, Z, p)$ wahr ist, so ist $T_1(q, Z, p)$ gleich wahr zu setzen;
   b) wenn $T_2(r, Z, p)$ wahr ist, so ist $T_2(q, Z, p)$ gleich wahr zu setzen;
   c) wenn $T_3(r, Z, p)$ wahr ist, so ist $T_3(q, Z, p)$ gleich wahr zu setzen.

Wir überlassen einen effizienten Algorithmus zum Füllen der Wahrheitswerte-Tabellen und den Beweis, daß die einzigen Wahrheitswerte diejenigen sind, die aus dem Induktionsanfang und aus obigen Regeln (1) und (2) folgen, dem Leser als Übungsaufgabe.

Abgeschlossenheit unter Komplementbildung

Wir sind nun soweit, daß wir die Abgeschlossenheit von dkfS unter der Komplementbildung beweisen können. Um dies zu tun, müssen wir uns mit dem am Anfang dieses Abschnitts erwähnten Problem auseinandersetzen, nämlich der Möglichkeit, daß der DKA nach dem Lesen der Eingabe w eine Folge von ϵ-Bewegungen macht, und sowohl in End- als auch in Nicht-Endzustände übergeht. Die Lösung ist, den DKA durch Hinzufügen einer zweiten Komponente zum Zustand zu modifizieren. Die zweite Komponente hält fest, ob in einen Endzustand übergegangen worden ist, seit das letzte Mal eine *richtige* (von ϵ verschiedene) Eingabe in einer Bewegung benutzt wurde. Wenn nicht, so geht der das Komplement akzeptierende DKA in einen eigenen Endzustand über, gerade bevor er bereit ist, das nächste richtige Eingabe-Symbol zu benutzen.

Satz 10.1

Das Komplement einer dkfS ist eine dkfS.

Beweis:

Sei $M = (Q, \Sigma, \Gamma, \delta, q_0, Z_0, F)$ ein DKA, der Lemma 10.3 genügt. Sei $M' = (Q', \Sigma, \Gamma, \delta', q_0', Z_0, F')$ ein DKA, der M simuliert, wobei

$$Q' = \{[q, k] \mid q \text{ aus } Q \text{ und } k = 1, 2 \text{ oder } 3\}$$

gilt. Sei $F' = \{[q, 3] \mid q \text{ aus } Q\}$ sowie

$$q_0' = \begin{cases} [q_0, 1] & \text{wenn } q_0 \text{ aus } F \text{ ist,} \\ [q_0, 2] & \text{wenn } q_0 \text{ nicht aus } F \text{ ist.} \end{cases}$$

Der Zweck von k in $[q, k]$ ist es, unter richtigen Eingaben festzustellen, ob (bzw. ob nicht) M in einen akzeptierenden Zustand übergegangen ist. Wenn M seit der letzten richtigen Eingabe in einen akzeptierenden Zustand übergegangen ist, so gilt $k = 1$. Wenn M seit der letzten richtigen Eingabe nicht in einen akzeptierenden Zustand übergegangen ist, so gilt $k = 2$. Gilt $k = 1$, wenn M ein richtiges Eingabe-Symbol liest, so simuliert M' die Bewegungen von M und ändert k in 1 oder 2 — abhängig davon, ob der neue Zustand von M in F liegt oder nicht. Wenn $k = 2$ gilt, so ändert M' zuerst k in 3 und simuliert dann die Bewegung von M, wobei k in 1 oder 2 geändert wird — abhängig davon, ob der neue Zustand von M aus F ist oder nicht. Also ist δ' für q, p aus Q und a aus Σ wie folgt definiert:

1) Wenn $\delta(q, \epsilon, Z) = (p, \gamma)$, dann gilt für $k = 1$ oder $k = 2$

$$\delta'([q, k], \epsilon, Z) = ([p, k'], \gamma),$$

wobei $k' = 1$, wenn $k = 1$ oder $p \in F$, und $k' = 2$ sonst.

2) Wenn $\delta(q, a, Z) = (p, \gamma)$ für a aus Σ, dann gilt

$$\delta'([q, 2], \epsilon, Z) = ([q, 3], Z)$$

und

$$\delta'([q, 1], a, Z) = \delta'([q, 3], a, Z) = ([p, k], \gamma),$$

wobei $k = 1$ für $p \in F$ bzw. $k = 2$ für $p \notin F$.

Wir behaupten, daß $L(M')$ das Komplement von $L(M)$ ist: Sei $a_1a_2...a_n$ aus $L(M)$; dann geht M in einen akzeptierenden Zustand über, nachdem er a_n als Eingabe benutzt hat. In diesem Fall ist die zweite Komponente des Zustands von M' gleich 1, bevor es für M' möglich ist, eine a_n folgende richtige Eingabe zu benutzen. Deshalb akzeptiert M' nicht (und geht in einen Zustand über, dessen zweite Komponente 3 ist), während a_n die letzte richtige Eingabe ist, die benutzt wurde.

Wenn $a_1a_2...a_n$ nicht aus $L(M)$ ist, dann wird M' nach Lemma 10.3 nach einiger Zeit nach dem Lesen von a_n keine ϵ-Bewegungen mehr zu machen haben und daher ein richtiges Eingabe-Symbol benutzen. Zu diesem Zeitpunkt ist aber die zweite Komponente des Zustands von M gerade 2, weil $a_1a_2...a_n$ nicht aus $L(M)$ ist. Nach Regel (2) akzeptiert M' dann, bevor er ein richtiges Eingabe-Symbol benutzt. □

Bevor wir diesen Abschnitt abschließen, stellen wir noch das folgende Korollar auf.

Korollar:
Jede deterministische kfS wird von einem DKA akzeptiert, der in einem akzeptierenden Zustand keine Bewegung auf einer ϵ-Eingabe machen braucht.

Beweis:
Die Aussage ist implizit im Beweis von Satz 10.1 enthalten. Beachten Sie, daß in einem Endzustand (einem Zustand mit $k = 3$) keine ϵ-Bewegung möglich ist. □

Es ist möglich, Satz 10.1 zu benutzen, um zu zeigen, daß gewisse Sprachen keine dkfS sind.

Beispiel 10.1
Die Sprache $L = \{0^i1^j2^k \mid i = j \text{ oder } j = k\}$ ist eine kfS, die durch die Grammatik

$$\begin{array}{rcl} S & \to & AB \mid CD \\ A & \to & 0A1 \mid \epsilon \\ B & \to & 2B \mid \epsilon \\ C & \to & 0C \mid \epsilon \\ D & \to & 1D2 \mid \epsilon \end{array}$$

erzeugt wird. L ist jedoch keine dkfS: Wenn sie eine dkfS wäre, dann würde $\bar{L}$ eine dkfS und damit eine kfS sein. Nach Satz 6.5 würde $L_1 = \bar{L} \cap 0^*1^*2^*$ eine kfS sein. Doch es gilt $L_1 = \{0^i1^j2^k \mid i \neq j \text{ und } j \neq k\}$: Ein Beweis, der das Ogden-Lemma benutzt und ähnlich zu dem in Beispiel 6.3 ist, zeigt, daß L_1 keine kfS ist, und daher ist auch L keine dkfS.

10.3 VORHERSAGENDE MASCHINEN

Für eine Reihe anderer Abgeschlossenheitseigenschaften von dkfS benötigen wir eine Konstruktion, in der die Keller-Symbole des DKA M so modifiziert werden, daß sie Information über einen bestimmten endlichen Automaten A enthalten. Die mit dem obersten Keller-Symbol verbundene Information sagt für jeden Zustand q von M und p von A, ob es eine Eingabe-Zeichenkette gibt, die M nach Start im Zustand q und mit dem aktuellen Keller veranlaßt zu akzeptieren, und gleichzeitig A veranlaßt zu akzeptieren, wenn er im Zustand p gestartet wurde.

Formal sei $M = (Q_M, \Sigma, \Gamma, \delta_M, q_0, Z_0, F_M)$ ein Normalform-DKA und $A = (Q_A, \Sigma, \delta_A, p_0, F_A)$. Dann ist $\pi(M, A)$ — die *vorhersagende Maschine* für M und A — durch $(Q_M, \Sigma, \Gamma \times \Delta, \delta, q_0, X_0, F_M)$ definiert, wobei Δ die Menge der Teilmengen von $Q_M \times Q_A$ ist. Die Idee dabei ist, daß — wenn $\pi(M, A)$ in der Zustandsbeschreibung $(r, x, [Z, \mu]\gamma)$ ist — μ genau aus den Paaren (q, p) besteht, für die es ein w in Σ^* gibt mit $\delta_A(p, w)$ aus F_A und $(q, w, Z\beta) \overset{*}{\underset{M}{\vdash}} (s, \epsilon, \alpha)$ für ein s aus F_M und α, β aus Γ^*, wobei β die Zeichenkette aus ersten Komponenten von γ ist.

Um δ und X_0 zu definieren, brauchen wir zusätzliche Notationen: Sei $M_{q,Z}$ gleich M mit q und Z als Startzustand bzw. Startsymbol. Sei weiterhin A_p gleich A mit dem Startzustand p. Dann gilt nach unserer gewöhnlichen Notation

$$L(M_{q,Z}) = \{w \mid (q, w, Z) \overset{*}{\underset{M}{\vdash}} (s, \epsilon, \gamma) \text{ für ein } s \text{ aus } F_M \text{ und } \gamma \text{ aus } \Gamma^*\}$$

und

$$L(A_p) = \{w \mid \delta_A(p, w) \in F_A\}.$$

Sei $N_r(M_{q,Z})$ die Menge der Zeichenketten, die $M_{q,Z}$ veranlassen, seinen Keller zu löschen und in den Zustand r überzugehen, d.h.

$$N_r(M_{q,Z}) = \{w \mid (q, w, Z) \overset{*}{\underset{M}{\vdash}} (r, \epsilon, \epsilon)\}.$$

Sicherlich ist $L(M_{q,Z})$ eine dkfS und $L(A_p)$ eine reguläre Menge. Es ist auch wahr, daß $N_r(M_{q,Z})$ eine dkfS ist. Zum Beweis modifiziert man M so, daß er eine Markierung an das untere Kellerende setzt und dann M im Zustand q und mit dem Keller ZY_0 simuliert. Wenn Y_0 zum obersten Keller-Symbol wird, dann ist zu akzeptieren, wenn der Zustand r ist, und ansonsten zu verwerfen. Schließlich sei $L_s(A_p) = \{w \mid \delta(p, w) = s\}$. Es ist offensichtlich, daß $L_s(A_p)$ regulär ist.

Nun können wir $\delta(r, a, [Z, \mu])$ für r aus Q_M, a in $\Sigma \cup \{\epsilon\}$, Z aus Γ und μ aus Δ wie folgt definieren:

1) Wenn $\delta_M(r, a, Z) = (s, \epsilon)$ gilt, dann auch $\delta(r, a, [Z, \mu]) = (s, \epsilon)$. Beachten Sie, daß μ die Aktionen von $\pi(M, A)$ nicht beeinflußt, außer in Regel (3), wo es die zweite Komponente des hinzugefügten Keller-Symbols beeinflußt.
2) Wenn $\delta_M(r, a, Z) = (s, Z)$ gilt, dann auch $\delta(r, a, [Z, \mu]) = (s, [Z, \mu])$.
3) Wenn $\delta_M(r, a, Z) = (s, YZ)$ gilt, dann auch $\delta(r, a, [Z, \mu]) = (s, [Y, \nu][Z, \mu])$, wobei ν aus solchen Paaren (q, p) besteht, daß entweder
   a) $L(M_{q,Y}) \cap L(A_p)$ nicht leer ist, oder
   b) es ein t aus Q_M und u aus Q_A gibt, so daß

$$N_t(M_{q,Y}) \cap L_u(A_p)$$

   nicht leer ist und (t, u) in μ ist.

   Beachten Sie, daß $L(M_{q,Y})$ und $N_t(M_{q,Y})$ kfS sind, und daß $L(A_p)$ und $L_u(A_p)$ reguläre Mengen sind, so daß wir nach Satz 6.5 und 6.6 bestimmen können, ob die in (a) und (b) genannten Sprachen leer sind.

Schließlich sei $X_0 = [Z_0, \mu_0]$ mit

$$\mu_0 = \{(q, p) \mid L(M_{q,Z}) \cap L(A_p) \neq \emptyset\}.$$

Lemma 10.4
$\pi(M, A)$ (wie oben definiert) hat die Eigenschaft, daß

$$(q_0, x, [Z_0, \mu_0]) \underset{\pi(M,A)}{\overset{*}{\vdash}} (r, y, [Z_1, \mu_1][Z_2, \mu_2]...[Z_n, \mu_n])$$

genau dann gilt, wenn folgendes gilt:

a) $(q_0, x, Z_0) \underset{M}{\overset{*}{\vdash}} (r, y, Z_1 Z_2 ... Z_n)$;
b) für $1 \leq i \leq n$ gilt:
$$\mu_i = \{(q, p) \mid \text{für ein } w \text{ gilt } (q, w, Z_i Z_{i+1} ... Z_n) \underset{M}{\overset{*}{\vdash}} (s, \epsilon, \gamma) \text{ für ein } s \text{ aus } F_M,\ \gamma \text{ aus } \Gamma^* \text{ und } \delta_A(p, w) \text{ aus } F_A\}.$$

Beweis:
(a) ist offensichtlich, da $\pi(M, A)$ den DKA M simuliert, die zweite Komponente der Keller-Symbole mit sich tragend, ihnen aber nicht erlaubend, etwas anderes als die zweiten Komponenten anderer Keller-Symbole zu beeinflussen.

Wir beweisen (b) durch Induktion über i, beginnend bei $i = n$ und dann abwärts arbeitend. Der Induktionsanfang für $i = n$ ist einfach: Z_n muß Z_0 sein, da M in Normalform ist. Die Definition von X_0 zusammen mit Regel (2) in der Definition von δ liefert uns den Induktionsanfang.

Für den Induktionsschritt nehmen wir an, das Ergebnis sei wahr für $i + 1$. Dann war μ_i aus μ_{i+1} so konstruiert wie ν aus μ in Regel (3) konstruiert ist. Wir nehmen an, daß es ein w gibt, so daß

$$(q, w, Z_i Z_{i+1} ... Z_n) \overset{*}{\vdash} (s, \epsilon, \gamma)$$

für ein s aus F_M und $\delta_A(p, w)$ aus F_A gilt. Dann gibt es zwei Fälle in Abhängigkeit davon, ob Z_i jemals gelöscht wird. Wenn es nicht gelöscht wird, dann ist w aus

$L(M_{q,Z_i})$ und auch w aus $L(A_p)$, so daß (q,p) in μ_i nach Regel (3a) ist. Wenn Z_i gelöscht wird, sei $w = w_1 w_2$ mit

$$(q, w_1, Z_i) \underset{M}{\overset{*}{\vdash}} (t, \epsilon, \epsilon) \quad \text{und} \quad (t, w_2, Z_{i+1}Z_{i+2}...Z_n) \underset{M}{\overset{*}{\vdash}} (s, \epsilon, \gamma)$$

für ein s aus F_M. Ebenso sei $\delta_A(p, w_1) = u$, so daß $\delta_A(u, w_2)$ aus F_A ist. Dann ist w_1 in $N_t(M_{q,Z_i})$ und ebenfalls in $L_u(A_p)$. Nach Induktionsannahme ist (t, u) in μ_{i+1}. Also gilt nach Regel (3b), daß (q,p) in μ_i ist.

Umgekehrt gilt, wenn (q,p) nach Regel (3a) in μ_i ist, dann gibt es ein w, so daß $\delta_A(p,w)$ aus F_A und $(q, w, Z_iZ_{i+1}...Z_n) \underset{M}{\overset{*}{\vdash}} (s, \epsilon, \gamma)$ für ein s aus F_M durch eine Folge von Bewegungen, bei denen Z_i niemals gelöscht wird. Wenn (q,p) in μ_i nach Regel (3b), dann gibt es w_1 aus Σ^*, t aus Q_M und u aus Q_A, so daß $(q, w_1, Z_i) \underset{M}{\overset{*}{\vdash}} (t, \epsilon, \epsilon)$, $\delta_A(p, w_1) = u$ und (t, u) in μ_{i+1} gilt. Nach Induktionsannahme existiert ein w_2 aus Σ^*, so daß $(t, w_2, Z_{i+1}Z_{i+2}...Z_n) \underset{M}{\overset{*}{\vdash}} (s, \epsilon, \gamma)$ für ein s aus F_M und $\delta_A(u, w_2)$ aus F_A. Also gilt $(q, w_1w_2, Z_iZ_{i+1}...Z_n) \underset{M}{\overset{*}{\vdash}} (s, \epsilon, \gamma)$ und $\delta_A(p, w_1w_2)$ in F_A, so daß (q,p) zu μ_i gehört. Dies vervollständigt die Induktion und den Beweis des Lemmas. □

Beispiel 10.2
Sei

$$M = (\{q_0, q_1, q_2, q_3\}, \{0,1\}, \{X, Z_0\}, \delta_M, q_0, Z_0, \{q_3\})$$

mit

$$\begin{array}{ll}
\delta_M(q_0, 0, Z_0) = (q_0, XZ_0), & \delta_M(q_1, 0, X) = (q_2, \epsilon), \\
\delta_M(q_0, 0, X) = (q_0, XX), & \delta_M(q_2, 0, X) = (q_2, \epsilon), \\
\delta_M(q_0, 1, X) = (q_1, XX), & \delta_M(q_2, \epsilon, Z_0) = (q_3, \epsilon). \\
\delta_M(q_1, 1, X) = (q_1, XX), &
\end{array}$$

Ebenso sei $A = (\{p_0, p_1\}, \{0,1\}, \delta_A, p_0, \{p_0\})$ mit

$$\begin{array}{ll}
\delta_A(p_0, 0) = p_1, & \delta_A(p_0, 1) = p_0, \\
\delta_A(p_1, 0) = p_0, & \delta_A(p_1, 1) = p_1.
\end{array}$$

Beachten Sie, daß

$$L(M) = L(M_{q_0,Z_0}) = \{0^i1^j0^k \mid i+j=k, i>0 \text{ und } j>0\}.$$

Ebenfalls gilt $L(M_{q_1,Z_0}) = \emptyset$ und $L(M_{q_2,Z_0}) = L(M_{q_3,Z_0}) = \{\epsilon\}$.

$$L(A) = L(A_{p_0}) = (\mathbf{1} + \mathbf{01^*0})^*;$$

das sind Zeichenketten mit einer geraden Anzahl von Nullen. $L(A_{p_1}) = \mathbf{1^*0(1 + 01^*0)^*}$, wobei es sich um Zeichenketten mit einer ungeraden Anzahl von Nullen handelt. Also enthält $L(M_{q_0,Z_0}) \cap L(A_{p_0})$ Zeichenketten wie 00110000, und $L(M_{q_0,Z_0}) \cap L(A_{p_1})$ enthält Zeichenketten wie 01110000. $L(M_{q_2,Z_0}) \cap L(A_{p_0})$ und $L(M_{q_3,Z_0}) \cap L(A_{p_0})$ enthalten jeweils ϵ, die anderen vier Schnittmengen der Form $L(M_{q_i,Z_0}) \cap L(A_{p_j})$ sind jedoch leer. Also ist das Startsymbol von $\pi(M, A)$ gerade $[Z_0, \mu_0]$, wobei

$$\mu_0 = \{(q_0, p_0), (q_0, p_1), (q_2, p_0), (q_3, p_0)\}.$$

Nun wollen wir

$$\delta(q_0, 0, [Z_0, \mu_0]) = (q_0, [X, \nu][Z_0, \mu_0])$$

berechnen. Um dies zu tun, müssen wir $L(M_{q_i,X}) = \emptyset$ für $i = 0, 1$ oder 2 ableiten, da wir ohne ein Z_0 auf dem Keller nicht akzeptieren können, und auch kein Z_0 schreiben können, wenn es nicht bereits ursprünglich vorhanden war. Also gibt es keinen Beitrag zu ν aus Regel (3a). Es gilt jedoch $L(M_{q_3,X}) \cap L(A_{p_0}) = \{\epsilon\}$, so daß wir (q_3, p_0) zu ν hinzufügen.

Betrachten Sie Regel (3b):

$$N_{q_2}(M_{q_0,X}) = \{0^i 1^j 0^k \mid i + j = k - 1 \text{ und } j > 0\},$$

$$N_{q_2}(M_{q_1,X}) = \{1^j 0^k \mid j = k - 1\}$$

und

$$N_{q_2}(M_{q_2,X}) = \{0\}.$$

Die anderen Mengen der Form $N_{q_i}(M_{q_j,X})$ sind leer. Des weiteren enthält $L_{p_i}(A_{p_j})$ alle Zeichenketten mit einer geraden Anzahl Nullen, wenn $i = j$ gilt, und alle Zeichenketten mit einer ungeraden Anzahl Nullen, wenn $i \neq j$ gilt.

Da $N_{q_i}(M_{q_j,X})$ nur dann nichtleer ist, wenn $i = 2$ und $j = 0, 1$ oder 2 ist, können wir nur die Regel (3b) erfolgreich anwenden, wenn das Paar (q_2, p_0) aus μ_0 gewählt wird. Wir sehen, daß $N_{q_2}(M_{q_0,X}) \cap L_{p_0}(A_{p_0})$ und $N_{q_2}(M_{q_0,X}) \cap L_{p_0}(A_{p_1})$ beide nicht leer sind, was zu (q_0, p_0) und (q_0, p_1) für ν führt. Genauso sind $N_{q_2}(M_{q_1,X}) \cap L_{p_0}(A_{p_0})$ und $N_{q_2}(M_{q_1,X}) \cap L_{p_0}(A_{p_1})$ nicht leer, was zu (q_1, p_0) und (q_1, p_1) für ν führt. Ebenfalls ist $N_{q_2}(M_{q_2,X}) \cap L_{p_0}(A_{p_1})$ nicht leer, was zu (q_2, p_1) für ν führt; es gilt jedoch

$$N_{q_2}(M_{q_2,X}) \cap L_{p_0}(A_{p_0}) = \emptyset.$$

Also gilt

$$\nu = \{(q_0, p_0), (q_0, p_1), (q_1, p_0), (q_1, p_1), (q_2, p_1), (q_3, p_0)\}.$$

10.4 ZUSÄTZLICHE ABGESCHLOSSENHEITS-EIGENSCHAFTEN VON DKFS

Wenn wir die im vorigen Abschnitt entwickelte Idee benutzen, können wir einige Abgeschlossenheitseigenschaften von dkfS beweisen. Bevor wir fortfahren, stellen wir ein mehr technisches Lemma vor. Das Lemma besagt, daß wir die Akzeptanz für einen DKA durch eine Kombination von Zustand und oberstem Keller-Symbol definieren können; die so definierte Sprache ist immer noch eine deterministische Sprache.

Lemma 10.5

Sei $M = (Q, \Sigma, \Gamma, \delta, q_0, Z_0, F)$ ein DKA. Sei B eine beliebige Teilmenge von $Q \times \Gamma$, d.h. Paare von Zustand und Keller-Symbol. Sei L wie folgt definiert:

$$L = \{w \mid (q_0, w, Z_0) \overset{*}{\underset{M}{\vdash}} (q, \epsilon, Z\gamma) \text{ für ein } (q, Z) \text{ aus } B\}.$$

Dann ist L eine dkfS.

Beweis:
Wir definieren einen DKA M', der L erkennt, wie folgt:

$$M' = (Q', \Sigma, \Gamma, \delta', q_0, Z_0, F'),$$

wobei

$$Q' = \{q, q', q'' \mid q \in Q\} \quad \text{und} \quad F' = \{q'' \mid q \in Q\}.$$

M' macht dieselben Bewegungen wie M, außer daß M' von einem nicht gestrichenen Zustand in einen einmal gestrichenen Zustand übergeht und dann mittels ϵ-Eingabe entweder direkt oder über einen zweimal gestrichenen Zustand zurück zu dem entsprechenden nicht gestrichenen Zustand geht. Die letztere Version findet nur Anwendung, wenn das Paar von Zustand und oberstem Keller-Symbol in B ist.

Formal gilt:

1) wenn $\delta(q, a, Z) = (p, \gamma)$, dann gilt $\delta'(q, a, Z) = (p', \gamma)$;
2) $\delta'(q, \epsilon, Z) = (q, Z)$ unter der Voraussetzung, daß (q, Z) nicht in B ist;
3) $\delta'(q', \epsilon, Z) = (q'', Z)$ und $\delta'(q'', \epsilon, Z) = (q, Z)$, wenn (q, Z) in B ist. □

Quotientenbildung mit einer regulären Menge

Erinnern Sie sich daran, daß der Quotient von L_1 unter Berücksichtigung von L_2 — bezeichnet mit L_1/L_2 — als

$$\{x \mid \text{ es gibt ein } w \text{ aus } L_2, \text{ so daß } xw \text{ aus } L_1\}$$

definiert ist. In Übungsaufgabe 6.4 haben wir behauptet, daß die kfS abgeschlossen sind unter der Quotientenbildung mit einer regulären Menge (Beweis siehe Satz 11.3). Wir werden nun ein ähnliches Ergebnis für dkfS beweisen.

Satz 10.2
Sei L eine dkfS und R eine reguläre Menge. Dann ist L/R eine dkfS.

Beweis:
Sei $L = L(M)$ für einen DKA M, der stets seine gesamte Eingabe verarbeitet. Sei $R = L(A)$ für einen endlichen Automaten A. Wir nehmen an, daß $M = (Q_M, \Sigma, \Gamma, \delta_M, q_0, Z_0, F_M)$ und $A = (Q_A, \Sigma, \delta_A, p_0, F_A)$. Dann sei

$$M' = (Q_M, \Sigma, \Gamma \times \Delta, \delta, q_0, [Z_0, \mu_0], F_M)$$

$\pi(M, A)$, die vorhersagende Maschine für M und A. Sei B die Teilmenge von $Q_M \times (\Gamma \times \Delta)$, die alle $(q, [Z, \mu])$ enthält, für die (q, p_0) in μ ist.

Dann gilt nach Lemma 10.5, daß

$$L_1 = \{x \mid (q_0, x, [Z_0, \mu_0]) \underset{M'}{\overset{*}{\vdash}} (q, \epsilon, [Z, \mu]\gamma) \text{ und } (q, p_0) \in \mu\}$$

eine dkfS ist. Nach Lemma 10.4 gilt

$$\begin{aligned} L_1 = \{x \mid & \text{ für ein } w \text{ aus } \Sigma^* \text{ gilt } (q_0, x, Z_0) \underset{M}{\overset{*}{\vdash}} (q, \epsilon, Z\gamma') \\ & \text{und } (q, w, Z\gamma') \underset{M}{\overset{*}{\vdash}} (s, \epsilon, \beta), \text{ wobei } s \text{ aus } F_M, \\ & \gamma' \text{ die jeweils ersten Komponente von } \gamma \text{ und } \delta_A(p_0, w) \text{ aus } F_A \text{ ist}\}. \end{aligned}$$

Äquivalent gilt

$$L_1 = \{x \mid \text{ es gibt ein } w \text{ aus } \Sigma^*, \text{ so daß } xw \text{ aus } L(M) \text{ und } w \text{ aus } L(A) \text{ ist}\}.$$

Dies bedeutet, daß $L_1 = L/R$ gilt. Also ist L/R eine dkfS. □

MIN und MAX

Wir zeigen nun zwei Operationen, unter denen dkfS, aber nicht beliebige kfS erhalten bleiben. Wir erinnern uns, daß für jede Sprache L

$$\text{MIN}(L) = \{x \mid x \text{ ist aus } L \text{ und kein } w \text{ aus } L \text{ ist ein echtes Präfix von } x\}$$

und

$$\text{MAX}(L) = \{x \mid x \text{ ist aus } L \text{ und } x \text{ ist kein echtes Präfix eines beliebigen Wortes aus } L\}$$

gilt.

Beispiel 10.3
Sei $L = \{0^i1^j0^k \mid i,j,k > 0 \text{ und } i+j \geq k\}$. Dann ist $\text{MIN}(L) = \mathbf{00^*11^*0}$ und $\text{MAX}(L) = \{0^i1^j0^{i+j} \mid i,j > 0\}$.

Satz 10.3
Wenn L eine dkfS ist, dann sind auch $\text{MIN}(L)$ und $\text{MAX}(L)$ dkfS.
Beweis:
Sei $M = (Q_M, \Sigma, \Gamma, \delta_M, q_0, Z_0, F_M)$ ein DKA, der L akzeptiert und immer seine gesamte Eingabe abarbeitet. Wir modifizieren M so, daß er keine Bewegung in einem Endzustand macht. Dann akzeptiert der resultierende DKA M_1 gerade $\text{MIN}(L)$. Um dies zu beweisen sei

$$(q_0, w, Z_0) = I_0 \underset{M}{\vdash} I_1 \underset{M}{\vdash} \dots \underset{M}{\vdash} I_m \tag{10.1}$$

für w aus $\text{MIN}(L)$ eine Folge von Zustandsbeschreibungen, die von M durchlaufen wird, wobei $I_m = (q, \epsilon, \gamma)$ für ein γ und q aus F_M. Außerdem gilt, da w aus $\text{MIN}(L)$ ist, daß keine der $I_0, I_1, \dots, I_{m-1}$ einen Endzustand enthält. Also ist (10.1) auch eine Berechnung von M_1, und damit ist w in $L(M)$.

Wenn umgekehrt $(q_0, w, Z_0) = I_0 \underset{M_1}{\vdash} I_1 \underset{M_1}{\vdash} \dots \underset{M_1}{\vdash} I_m$ eine akzeptierende Berechnung von M_1 ist, dann enthält keine der $I_0, I_1, \dots, I_{m-1}$ einen Endzustand. Also ist w in $\text{MIN}(L)$.

Für MAX müssen wir die vorhersagende Maschine benutzen: Sei $A = (Q_A, \Sigma, \delta_A, p_0, F_A)$ der einfache EA aus Abbildung 10.1, der Σ^+ akzeptiert. Sei $M = (Q_M, \Sigma, \Gamma \times \Delta, \delta, q_0, [Z_0, \mu_0], F)$ der $\pi(M, A)$. Sei $B = \{(q, [Z, \mu]) \mid q \text{ ist aus } F_M \text{ und } (q, p_0) \text{ ist nicht in } \mu\}$. Dann gilt nach Lemma 10.5, daß

$$\begin{aligned} L_1 \quad = \quad & \{x \mid (q_0, x, Z_0) \overset{*}{\underset{M}{\vdash}} (q, \epsilon, \gamma) \\ & \text{für ein } q \text{ aus } F_M; \text{ außerdem für kein } w \neq \epsilon \\ & \text{gilt } (q, w, \gamma) \overset{*}{\vdash} (s, \epsilon, \beta) \text{ für ein } s \text{ aus } F_M\} \end{aligned}$$

eine dkfS ist. Es gilt aber $L_1 = \text{MAX}(L)$; folglich ist $\text{MAX}(L)$ eine dkfS. □

Beispiel 10.4
Wir wollen Satz 10.3 benutzen, um eine kfS zu zeigen, die keine dkfS ist. Sei $L_1 = \{0^i1^j2^k \mid k \leq i \text{ oder } k \leq j\}$. Dann ist L_1 eine kfS, die erzeugt wird durch die Grammatik

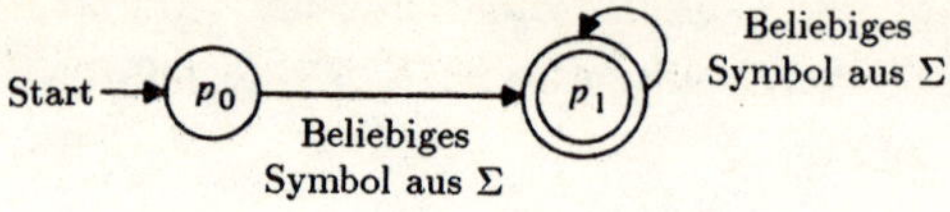

Abb. 10.1: Der Automat A.

$$\begin{array}{lcl} S & \rightarrow & AB \mid C \\ A & \rightarrow & 0A \mid \epsilon \\ B & \rightarrow & 1B2 \mid 1B \mid \epsilon \\ C & \rightarrow & 0C2 \mid 0C \mid D \\ D & \rightarrow & 1D \mid \epsilon \end{array}$$

Wir nehmen an, daß L_1 eine dkfS ist. Dann wäre $L_2 = \text{MAX}(L_1)$ eine dkfS und damit eine kfS. Doch es gilt $L_2 = \{0^i1^j2^k \mid k = \max(i,j)\}$. Wir nehmen an, L_2 ist eine kfS. Sei n eine Konstante für das Pumping-Lemma und $z = uvwxy = 0^n1^n2^n$. Wenn weder v noch x eine Zwei enthält, dann gilt $z' = uv^2wx^2y$ hat n Zweien und mindestens $n+1$ Nullen oder mindestens $n+1$ Einsen. Also wäre z' entgegen der Annahme nicht in L_2.

Nun betrachten wir den Fall, in dem vx ein Zwei enthält. Wenn entweder v oder x mehr als ein Symbol enthält, dann ist $z' = uv^2wx^2y$ nicht von der Form $0^i1^j2^k$ und wäre nicht in L_2. Also gibt es entweder keine Nullen oder keine Einsen in vx. Also hat uwy weniger als n Zweien, doch n Nullen oder n Einsen und ist nicht in L_2. Daraus läßt sich schließen, daß L_2 keine kfS ist; folglich ist L_1 keine dkfS.

Andere Abgeschlossenheitseigenschaften

Als eine allgemeine Regel kann man festhalten, daß sich nur diejenigen Abgeschlossenheitseigenschaften aus Abschnitt 6.2 von kfS auf dkfS übertragen lassen, die unter Benutzung der KA-Charakterisierung bewiesen worden sind. Im einzelnen können wir folgendes festhalten:

Satz 10.4
Die dkfS sind abgeschlossen unter (a) inversen Homomorphismen und (b) Schnittbildung mit einer regulären Menge.
Beweis:
Die in Satz 6.3 und 6.5 benutzten Argumente gelten auch für DKA. □

Satz 10.5
Die dkfS sind nicht abgeschlossen unter (a) Homomorphismen, (b) Vereinigung, (c) Konkatenation und (d) Kleene'scher Hüllenbildung.
Beweis:
Siehe Übungsaufgabe 10.4 und ihre Lösung. □

10.5 ENTSCHEIDBARKEITSEIGENSCHAFTEN VON DKFS

Eine Reihe von Eigenschaften, die nicht entscheidbar für kfS sind, sind für dkfS durchaus entscheidbar.

Satz 10.6
Sei L eine dkfS und R eine reguläre Menge. Dann sind die folgenden Probleme entscheidbar:

1) Ist $L = R$?
2) Ist $R \subseteq L$?
3) Ist $\bar{L} = \emptyset$?
4) Ist $\bar{L}$ eine kfS?
5) Ist L regulär?

Beweis:

1) $L = R$ gilt genau dann, wenn $L_1 = (L \cap \bar{R}) \cup (\bar{L} \cap R)$ leer ist. Da die dkfS unter Komplementbildung und Schnitt mit einer regulären Menge effektiv abgeschlossen sind, und da die kfS unter Vereinigung effektiv abgeschlossen sind, ist L_1 eine kfS, und das Problem der Leere ist für kfS entscheidbar.
2) $R \subseteq L$ gilt genau dann, wenn $\bar{L} \cap R = \emptyset$. Da $\bar{L} \cap R$ eine kfS ist, ist $\bar{L} \cap R = \emptyset$ entscheidbar.
3) Da die dkfS unter Komplementbildung effektiv abgeschlossen sind, ist $\bar{L}$ eine dkfS, und somit ist $\bar{L} = \emptyset$ entscheidbar.
4) Die Frage, ob $\bar{L}$ eine kfS ist, ist trivial für dkfS und somit entscheidbar.
5) Regularität ist für dkfS entscheidbar. Der Beweis ist relativ lang, weshalb wir den Leser an Stearns [1967] und Valiant [1975b] verweisen. □

Unentscheidbare Eigenschaften von dkfS

Einige andere Eigenschaften, die für kfS nicht entscheidbar sind, bleiben dies auch, wenn diese auf dkfS begrenzt werden. Für viele von diesen Problemen kann man die Unentscheidbarkeit beweisen, indem man beobachtet, daß die Sprachen L_1 und L_2 aus Abschnitt 8.6, deren Schnitt eine gültige Berechnung einer Turing-Maschine M ist, dkfS sind.

Satz 10.7
Seien L und L' beliebige dkfS. Dann sind die folgenden Probleme nicht entscheidbar:

1) Ist $L \cap L' = \emptyset$?
2) Ist $L \subseteq L'$?
3) Ist $L \cap L'$ eine dkfS?
4) Ist $L \cap L'$ eine kfS?
5) Ist $L \cup L'$ eine dkfS?

Beweis:
Für eine gegebene beliebige TM M zeigen wir in Lemma 8.6, wie man Sprachen L_1 und L_2 erzeugt, so daß $L_1 \cap L_2 = \emptyset$ genau dann gilt, wenn $L(M) = \emptyset$. Es ist einfach zu zeigen, daß L_1 und L_2 dkfS sind, indem man DKA erstellt, die diese akzeptieren. Also folgt (1) direkt aus der Tatsache, daß es nicht entscheidbar ist, ob $L(M) = \emptyset$ gilt. Da die dkfS unter Komplementbildung abgeschlossen sind und $L \subseteq \bar{L}'$ genau dann gilt, wenn $L \cap L' = \emptyset$, folgt (2) aus (1).

Um (3), (4) und (5) zu beweisen, modifiziert man jede Turing-Maschine M so, daß sie wenigstens zwei Bewegungen macht, bevor sie akzeptiert (wie in Lemma 8.8). Dann ist $L_1 \cap L_2$ entweder eine endliche Menge — in diesem Fall ist sie sicherlich eine kfS und eine dkfS — oder keine kfS; das hängt davon ab, ob $L(M)$ endlich ist. Also würde die Entscheidbarkeit von (3) oder (4) die Entscheidbarkeit für die Endlichkeit von $L(M)$ implizieren; diese Eigenschaft ist aber als nicht entscheidbar bekannt. Da die dkfS unter Komplementbildung abgeschlossen sind, ist die Entscheidung, ob $L \cup L'$ eine dkfS ist, äquivalent zu der Enscheidung, ob $L \cap L'$ eine dkfS ist. Also folgt (5) aus (3). □

Satz 10.8
Sei L eine beliebige kfS. Dann ist es nicht entscheidbar, ob L eine dkfS ist.
Beweis:
Sei L die kfS von ungültigen Berechnungen einer beliebigen Turing-Maschine M, die mindestens zwei Bewegungen auf jeder Eingabe macht. L ist regulär und folglich genau dann eine dkfS, wenn M eine endliche Menge akzeptiert. □

Schließlich stellen wir noch fest, daß die Frage, ob zwei dkfS äquivalent sind, ein wichtiges ungelöstes Problem der Sprachentheorie darstellt.

10.6 *LR*(0)-GRAMMATIKEN

Erinnern Sie sich daran, daß eine Motivation für die Untersuchung der dkfS ihre Fähigkeit war, die Syntax von Programmiersprachen zu beschreiben. Verschiedene Compiler-Generatoren verlangen Syntax-Spezifikationen in Form von beschränkten kfG, die nur die Darstellung von dkfS erlauben. Mehr noch, der von solchen Compiler-Generatoren produzierte Parser ist im wesentlichen ein DKA. In diesem Abschnitt führen wir eine eingeschränkte Form von kfG ein — die sogenannte $LR(0)$-Grammatik. Diese Klasse von Grammatiken ist die erste in einer Familie sogenannter LR-Grammatiken. Nebenbei steht $LR(0)$ für "Abarbeitung der Eingabe von links nach rechts, indem eine Rechtsableitung produziert wird und 0 Symbole als Lookahead auf der Eingabe benutzt werden".

Die $LR(0)$-Grammatiken definieren genau die dkfS, die die Präfix-Eigenschaft haben. (L hat die *Präfix-Eigenschaft* falls — wenn w aus L ist — kein echtes Präfix von w aus L ist.) Beachten Sie, daß die Präfix-Eigenschaft keine strenge Restriktion ist, da die Einführung einer Ende-Markierung jede dkfS zu einer dkfS mit Präfix-Eigenschaft macht. Also gilt $L\$ = \{w\$ \mid w \in L\}$ ist eine dkfS mit Präfix-Eigenschaft, wenn L eine dkfS ist.

Während die $LR(0)$-Restriktion zu streng ist, um gewöhnliche und natürliche Grammatiken für viele Programmiersprachen bereitzustellen, hat die $LR(0)$-Bedingung die grundlegenden Eigenschaften ihrer nützlicheren Verallgemeinerungen, die wir in Abschnitt 10.8 diskutieren, und die in Parser-Generatoren erfolgreich benutzt werden.

LR-Elemente

Um $LR(0)$-Grammatiken einzuführen, brauchen wir noch einige vorausgehende Definitionen. Zuerst ist ein *Element* für eine gegebene kfG eine Produktion mit einem Punkt irgendwo auf der rechten Seite, einschließlich des Anfangs und des Endes. Im Fall einer ϵ-Produktion, $B \to \epsilon$, ist $B \to \cdot$ ein Element.

Beispiel 10.5
Wir führen nun eine Grammatik ein, die wir in einer Reihe von Beispielen benutzen

werden:

$$
\begin{aligned}
S' &\rightarrow Sc \\
S &\rightarrow SA \mid A \\
A &\rightarrow aSb \mid ab
\end{aligned}
\qquad (10.2)
$$

Diese Grammatik mit dem Startsymbol S' erzeugt Zeichenketten von korrekten Klammerausdrücken, wobei a und b als linke bzw. rechte Klammer und c als Ende-Markierung betrachtet wird.

Die Elemente für Grammatik (10.2) sind

$$
\begin{array}{lllllllll}
S' & \rightarrow & \cdot Sc & S & \rightarrow & \cdot SA & A & \rightarrow & \cdot aSb \\
S' & \rightarrow & S \cdot c & S & \rightarrow & S \cdot A & A & \rightarrow & a \cdot Sb \\
S' & \rightarrow & Sc \cdot & S & \rightarrow & SA \cdot & A & \rightarrow & aS \cdot b \\
 & & & S & \rightarrow & \cdot A & A & \rightarrow & aSb \cdot \\
 & & & S & \rightarrow & A \cdot & A & \rightarrow & \cdot ab \\
 & & & & & & A & \rightarrow & a \cdot b \\
 & & & & & & A & \rightarrow & ab \cdot
\end{array}
$$

Im folgenden benutzen wir die Symbole $\overset{*}{\underset{rm}{\Longrightarrow}}$ und $\underset{ra}{\Longrightarrow}$, um Rechtsableitungen bzw. einzelne Schritte in Rechtsableitungen zu bezeichnen. Eine *Rechtssatzform* ist eine Satzform, die mit einer Rechtsableitung abgeleitet werden kann. Ein *Handle* (Henkel) einer Rechtssatzform γ für eine kfG ist eine Teil-Zeichenkette β, so daß

$$S \overset{*}{\underset{rm}{\Longrightarrow}} \delta A w \underset{ra}{\Longrightarrow} \delta\beta w$$

und $\delta\beta w = \gamma$ gilt. D.h. der Handle von γ ist eine Teil-Zeichenkette, die beim letzten Schritt einer Rechtsableitung von γ eingeführt werden könnte. Beachten Sie, daß in diesem Kontext die Position von β in γ wichtig ist.

Ein *lebensfähiges Präfix* einer Rechtssatzform γ ist jedes Präfix von γ, das nicht weiter rechts endet als das rechte Ende eines Handles von γ.

Beispiel 10.6
In Grammatik (10.2) gibt es eine Rechtsableitung

$$S' \Rightarrow Sc \Rightarrow SAc \Rightarrow SaSbc.$$

Also ist $SaSbc$ eine Rechtssatzform, und ihr Handle ist aSb. Beachten Sie, daß in jeder nicht mehrdeutigen Grammatik ohne nutzlose Symbole, so wie Grammatik (10.2), die Rechtsableitung einer gegebenen Rechtssatzform eindeutig ist und somit auch ihr Handle. Wir sprechen daher von "dem Handle" statt von "einem Handle". Die lebensfähigen Präfixe von $SaSbc$ sind ϵ, S, Sa, SaS und $SaSb$.

Wir sagen, daß ein Element $A \rightarrow \alpha \cdot \beta$ *gültig* für ein lebensfähiges Präfix γ ist, wenn es eine Rechtsableitung

$$S \overset{*}{\underset{rm}{\Longrightarrow}} \delta A w \underset{ra}{\Longrightarrow} \delta\alpha\beta w$$

gibt und $\delta\alpha = \gamma$.

Wenn wir wissen, welche Elemente gültig für ein lebensfähiges Präfix sind, können wir rückwärts eine Rechtsableitung finden. Ein Element heißt *vollständig*, wenn der Punkt das am weitesten rechts stehende Symbol des Elementes ist. Wenn $A \to \alpha\cdot$ ein vollständiges für γ gültiges Element ist, dann scheint es so, daß $A \to \alpha$ als letzter Schritt benutzt worden ist und daß die vorhergehende Rechtssatzform in der Ableitung von γw gerade δAw war.

Natürlich können wir dies nicht mehr als vermuten, da $A \to \alpha\cdot$ für γ infolge einer Rechtsableitung $S \stackrel{*}{\Rightarrow} \delta Aw' \Rightarrow \gamma w'$ gültig sein könnte. Klar ist, daß es zwei oder mehr vollständige für γ gültige Elemente geben kann, ebenso wie es einen Handle von γw geben könnte, zu dem die Symbole von w gehören. Intuitiv wird eine Grammatik als $LR(0)$ definiert, wenn in jeder Situation δAw wirklich die vorhergehende Rechtssatzform für γw ist. In diesem Fall können wir mit einer Zeichenkette von Terminalen x aus $L(G)$ beginnen, die also eine Rechtssatzform von G ist, und uns rückwärts zu vorangehenden Rechtssatzformen vorarbeiten, bis wir zu S gelangen. Wir haben dann eine Rechtsableitung von x.

Beispiel 10.7
Betrachten Sie Grammatik (10.2) und die Rechtssatzform abc: Da

$$S' \underset{rm}{\stackrel{*}{\Longrightarrow}} Ac \Rightarrow abc$$

gilt, sehen wir, daß $A \to ab\cdot$ gültig für das lebensfähige Präfix ab ist. Wir sehen auch, daß $A \to a \cdot b$ gültig für das lebensfähige Präfix a ist, und daß $A \to \cdot ab$ gültig für das lebensfähige Präfix ϵ ist. Da $A \to ab\cdot$ ein vollständiges Element ist, müßten wir ableiten können, daß Ac die vorangehende Rechtssatzform für abc ist.

Berechnung von Mengen gültiger Elemente

Die Definition von $LR(0)$-Grammatiken und die Methode, $L(G)$ für eine $LR(0)$-Grammatik G durch einen DKA zu akzeptieren, hängt jeweils davon ab, die Mengen gültiger Elemente für jedes lebensfähige Präfix γ zu kennen. Es stellt sich heraus, daß für jede kfG G die Menge der lebensfähigen Präfixe regulär ist, und diese reguläre Menge wird von einem NEA erkannt, dessen Zustände die Elemente für G sind. Die Anwendung der Teilmengen-Konstruktion auf diesen NEA führt zu einem DEA, dessen Zustand als Antwort auf das lebensfähige Präfix γ die Menge gültiger Elemente für γ ist.

Der NEA M, der die lebensfähigen Präfixe für die kfG $G = (V, T, P, S)$ erkennt, ist wie folgt definiert: Sei $M = (Q, V \cup T, \delta, q_0, Q)$, wobei Q die Menge der Elemente für G erweitert um den Zustand q_0 ist, der kein Element darstellt. Wir definieren

1) $\delta(q_0, \epsilon) = \{S \to \cdot\alpha \mid S \to \alpha \text{ ist Produktion}\}$;
2) $\delta(A \to \alpha \cdot B\beta, \epsilon) = \{B \to \cdot\gamma \mid B \to \gamma \text{ ist Produktion}\}$;
3) $\delta(A \to \alpha \cdot X\beta, X) = \{A \to \alpha X \cdot \beta\}$.

Regel (2) erlaubt die Auswertung einer Variablen B, die direkt rechts hinter dem Punkt auftritt. Regel (3) erlaubt es, den Punkt über ein Eingabe-Symbol X hinweg zu bewegen, wenn X das nächste Eingabe-Symbol ist.

Beispiel 10.8
Der NEA für Grammatik (10.2) ist in Abbildung 10.2 dargestellt.

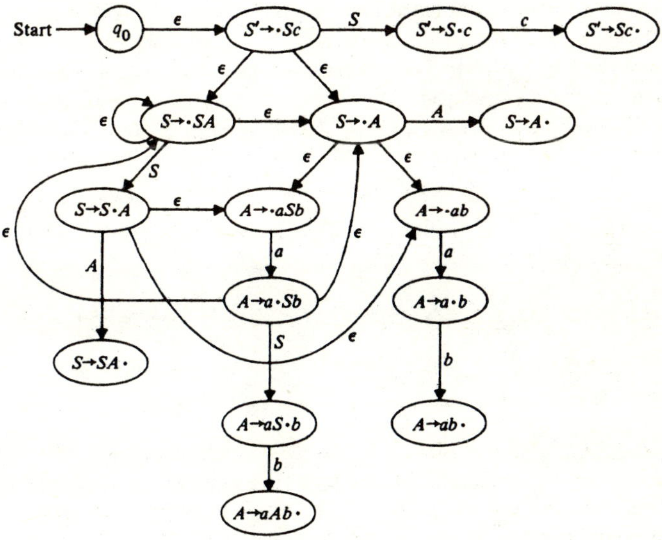

Abb. 10.2: NEA, der die lebensfähigen Präfixe für die Grammatik (10.2) erkennt.

Satz 10.9
Der oben definierte NEA M hat die Eigenschaft, daß $\delta(q_0, \gamma)$ genau dann $A \to \alpha \cdot \beta$ enthält, wenn $A \to \alpha \cdot \beta$ für γ gültig ist.

Beweis:
"Hinrichtung": Wir müssen zeigen, daß jedes in $\delta(q_0, \gamma)$ enthaltene Element $A \to \alpha \cdot \beta$ für γ gültig ist. Wir gehen dazu durch Induktion über die Länge des kürzesten Pfades von q_0 nach $A \to \alpha \cdot \beta$ vor, der im Transitionsdiagramm von M mit γ markiert ist. Der Induktionsanfang für Länge 1 ist einfach: Der einzige Pfad der Länge 1 von q_0 aus ist mit ϵ markiert und geht über in Elemente der Form $S \to \cdot\alpha$. Jedes dieser Elemente ist gültig für ϵ infolge der Rechtsableitung $S \underset{ra}{\Longrightarrow} \alpha$.

Für den Induktionsschritt nehmen wir an, daß das Ergebnis für Pfade kürzer als k wahr sei, und daß es einen Pfad der Länge k von q_0 nach $A \to \alpha \cdot \beta$ gibt, der mit γ markiert ist. Es gibt zwei Fälle in Abhängigkeit davon, ob die letzte Kante mit ϵ markiert ist oder nicht.

ERSTER FALL: Die letzte Kante ist mit X bezeichnet für X aus $V \cup T$. Die Kante muß von einem Zustand $A \to \alpha' \cdot X\beta$ kommen, mit $\alpha = \alpha' X$. Dann gilt nach Induktionsannahme, daß $A \to \alpha' \cdot X\beta$ gültig ist für γ', wobei $\gamma = \gamma' X$. Also gibt es eine Rechtsableitung

$$S \underset{rm}{\overset{*}{\Longrightarrow}} \delta A w \underset{ra}{\Longrightarrow} \delta\alpha' X \beta w,$$

wobei $\delta\alpha' = \gamma'$. Die gleiche Ableitung zeigt, daß $A \to \alpha' X \cdot \beta$ (was $A \to \alpha \cdot \beta$ ist) gültig für γ ist.

ZWEITER FALL: Die letzte Kante ist mit ϵ markiert. In diesem Fall muß α gleich ϵ sein, und $A \to \alpha \cdot \beta$ ist in Wirklichkeit $A \to \cdot\beta$. Das Element im vorhergehenden Zustand ist von der Form $B \to \alpha_1 \cdot A\beta_1$ und auch gültig für γ. Also gibt es eine Ableitung

$$S \overset{*}{\Rightarrow} \delta B w \Rightarrow \delta\alpha_1 A \beta_1 w,$$

wobei $\gamma = \delta\alpha_1$. Sei $\beta_1 \overset{*}{\Rightarrow} x$ für eine Terminalzeichenkette x. Dann kann die Ableitung

$$S \underset{rm}{\overset{*}{\Longrightarrow}} \delta B w \underset{ra}{\Longrightarrow} \delta\alpha_1 A \beta_1 w \underset{rm}{\overset{*}{\Longrightarrow}} \delta\alpha_1 A x w \underset{ra}{\Longrightarrow} \delta\alpha_1 \beta x w$$

als

$$S \underset{rm}{\overset{*}{\Longrightarrow}} \delta\alpha_1 A x w \underset{ra}{\Longrightarrow} \delta\alpha_1 \beta x w$$

geschrieben werden. Also ist $A \to \cdot\beta$ gültig für γ, da $\gamma = \delta\alpha_1$ gilt.

"Rückrichtung": Wir nehmen an, daß $A \to \alpha \cdot \beta$ gültig ist für γ. Dann gilt

$$S \overset{*}{\Rightarrow} \gamma_1 A w \underset{ra}{\Longrightarrow} \gamma_1 \alpha\beta w, \tag{10.3}$$

wobei $\gamma_1\alpha = \gamma$ gilt. Wenn wir zeigen können, daß $A \to \cdot\alpha\beta$ in $\delta(q_0, \gamma_1)$ enthalten ist, so wissen wir nach Regel (3), daß $A \to \alpha \cdot \beta$ in $\delta(q_0, \gamma)$ enthalten ist. Wir beweisen deshalb durch Induktion über die Länge der Ableitung (10.3), daß $A \to \cdot\alpha\beta$ in $\delta(q_0, \gamma_1)$ enthalten ist.

Der Induktionsanfang für einen Schritt folgt aus Regel (1). Für den Induktionsschritt betrachten wir einen Schritt in $S \underset{rm}{\overset{*}{\Longrightarrow}} \gamma_1 A w$, in dem das explizit gezeigte A eingeführt wurde. Wir schreiben also $S \underset{rm}{\overset{*}{\Longrightarrow}} \gamma_1 A w$ als

$$S \underset{rm}{\overset{*}{\Longrightarrow}} \gamma_2 B x \underset{ra}{\Longrightarrow} \gamma_2\gamma_3 A \gamma_4 x \underset{rm}{\overset{*}{\Longrightarrow}} \gamma_2\gamma_3 A y x,$$

wobei $\gamma_2\gamma_3 = \gamma_1$ und $yx = w$. Wenn man dann die Induktionsannahme auf die Ableitung

$$S \underset{rm}{\overset{*}{\Longrightarrow}} \gamma_2 B x \underset{ra}{\Longrightarrow} \gamma_2\gamma_3 A \gamma_4 x$$

anwendet, ergibt sich, daß $B \to \cdot\gamma_3 A \gamma_4$ in $\delta(q_0, \gamma_2)$ ist. Nach Regel (3) ist $B \to \gamma_3 \cdot A\gamma_4$ in $\delta(q_0, \gamma_2)$ und nach Regel (2) ist $A \to \cdot\alpha\beta$ in $\delta(q_0, \gamma_2\gamma_3)$. Da $\gamma_2\gamma_3 = \gamma_1$ gilt, haben wir die Induktionsbehauptung bewiesen. □

Definition einer $LR(0)$-Grammatik

Wir sind nun in der Lage, eine $LR(0)$-Grammatik zu definieren. G ist eine $LR(0)$-Grammatik, wenn folgendes gilt:

1) Ihr Startsymbol taucht nicht auf der rechten Seite einer Produktion auf;
2) Für jedes lebensfähige Präfix γ von G gilt, daß — wenn $A \to \alpha\cdot$ ein vollständiges für γ gültiges Element ist — kein anderes vollständiges Element und kein Element mit einem Terminalzeichen rechts des Punktes für γ gültig ist.[2]

Diverse unvollständige für γ gültig Elemente sind nicht verboten, solange kein vollständiges Element gültig ist.

Satz 10.9 gibt eine Methode zur Berechnung der Mengen gültiger Elemente für jedes lebensfähige Präfix an. Nun ist der NEA, dessen Zustände Elemente sind, in einen DEA zu konvertieren. In dem DEA führt der mit γ markierte Pfad vom Start zu dem Zustand, der die Menge gültiger Elemente für γ darstellt. Wir konstruieren also den DEA und inspizieren jeden Zustand, um zu sehen, ob eine Verletzung der $LR(0)$-Bedingungen auftritt.

Beispiel 10.9

Der aus dem NEA in Abbildung 10.2 konstruierte DEA, bei dem der tote Zustand (leere Menge von Elementen) und die Transitionen, die in diesen toten Zustand führen, entfernt worden sind, ist in Abbildung 10.3 gezeigt. Von diesen Zuständen bestehen alle bis auf I_0, I_1, I_3 und I_6 aus einem einzigen vollständigen Element. Die Zustände mit mehr als einem Element haben keine vollständigen Elemente, und natürlich tritt das Startsymbol S' mit Sicherheit nicht auf der rechten Seite einer Produktion auf. Also ist die Grammatik (10.2) eine $LR(0)$-Grammatik.

10.7 $LR(0)$-GRAMMATIKEN UND DKA

Wir zeigen nun, daß jede $LR(0)$-Grammatik eine dkfS erzeugt, und daß jede dkfS mit der Präfix-Eigenschaft eine $LR(0)$-Grammatik hat. Da von jeder Sprache mit einer $LR(0)$-Grammatik gezeigt wird, daß sie die Präfix-Eigenschaft hat, haben wir eine exakte Charakterisierung der dkfS; L ist nämlich genau dann eine dkfS, wenn $L\$$ eine $LR(0)$-Grammatik hat.

DKA von $LR(0)$-Grammatiken

Die Methode, nach der wir einen DKA aus einer $LR(0)$-Grammatik konstruieren, unterscheidet sich von der Methode, nach der wir einen (nichtdeterministischen) KA aus einer beliebigen kfS in Satz 5.3 konstruiert haben. Im letzteren Satz haben wir eine Linksableitung des Wortes auf der Eingabe des KA gesucht, indem wir den Keller benutzt haben, um das Suffix einer Linkssatzform beginnend bei der am weitesten links stehenden Variablen zu erhalten. Nun werden wir umgekehrt eine Rechtsableitung suchen, indem wir den Keller dazu benutzen, ein lebensfähiges

---

[2] Die einzigen Elemente, die gleichzeitig mit $A \to \alpha\cdot$ gültig sein können, sind Produktionen mit einer Variablen rechts des Punktes, und dies kann nur auftreten, wenn $\alpha = \epsilon$ gilt; andernfalls kann gezeigt werden, daß eine andere Verletzung der $LR(0)$-Bedingungen vorliegt.

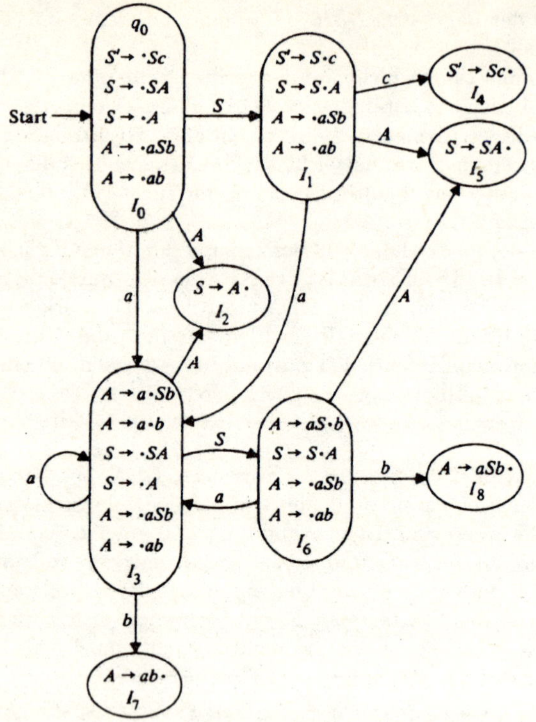

Abb. 10.3: DEA, dessen Zustände Mengen gültiger Elemente sind.

Präfix einer Rechtssatzform zu speichern, inkl. aller Variablen dieser Rechtssatzform, die dem Rest der Satzform erlauben, auf der Eingabe zu erscheinen.

Um diesen Prozeß klar zu beschreiben, ist es nützlich, eine neue Notation für die Zustandsbeschreibungen eines KA zu entwickeln. Wir stellen uns den Keller mit dem oberen Ende rechts vor. Um die neue Notation von der alten zu unterscheiden, benutzen wir eckige statt runde Klammern: $[q, \alpha, w]$ ist unser Synonym für (q, w, α^R).

Um Rechtsableitungen in einer $LR(0)$-Grammatik zu simulieren, speichern wir nicht nur ein lebensfähiges Präfix auf dem Keller, sondern wir halten zu jedem Symbol einen Zustand des DEA, der die lebensfähigen Präfixe erkennt. Wenn das lebensfähige Präfix $X_1X_2...X_k$ auf dem Keller steht, dann ist der vollständige Kellerinhalt $s_0X_1s_1...X_ks_k$, wobei s_i gleich $\delta(q_0, X_1...X_i)$ und δ die Übergangsfunktion des DEA ist. Der oberste Zustand s_k liefert die gültigen Elemente von $X_1X_2...X_k$.

Wenn $A \to \alpha\cdot$ in s_k enthalten ist, so ist $A \to \alpha\cdot$ gültig für $X_1..X_k$. Also ist α ein Suffix von $X_1...X_k$, etwa $X_{i+1}...X_k$. (Beachten Sie, daß α gleich ϵ sein könnte;

dann würde $i = k$ gelten.) Darüber hinaus gibt es ein w, so daß $X_1...X_kw$ eine Rechtssatzform ist, sowie eine Ableitung

$$S \underset{rm}{\overset{*}{\Longrightarrow}} X_1...X_iAw \underset{ra}{\Longrightarrow} X_1...X_kw.$$

Um also die Rechtssatzform vor $X_1...X_kw$ in einer Rechtsableitung zu erreichen, reduzieren wir α zu A, indem wir $X_{i+1}...X_k$ am oberen Kellerende durch A ersetzen. D.h. durch eine Folge von Löschbewegungen (wobei unterschiedliche Zustände benutzt werden, damit der DKA seine Vorgehensweise speichern kann), gefolgt von einer Bewegung, die A und den richtigen zusammenfassenden Zustand auf den Keller setzt, betritt unser DKA eine Folge von Zustandsbeschreibungen

$$[q, s_0X_1...s_{k-1}X_ks_k, w] \overset{*}{\vdash} [q, s_0X_1...s_{i-1}X_is_iAs, w] \tag{10.4}$$

mit $s = \delta(s_i, A)$. Beachten Sie, daß — falls es sich um eine $LR(0)$-Grammatik handelt — s_k nur dann $A \Rightarrow \alpha\cdot$ enthält, wenn nicht $\alpha = \epsilon$ gilt; im letzteren Fall kann s_k einige unvollständige Elemente enthalten. Nach der $LR(0)$-Definition haben jedoch keine dieser Elemente ein Terminalzeichen rechts des Punktes oder sind ansonsten vollständig. Also muß für jedes y, für das $X_1...X_ky$ eine Rechtssatzform ist, $X_1...X_iAy$ die vorhergehende Rechtssatzform sein, so daß die Reduktion von α auf A unabhängig von der gegenwärtigen Eingabe korrekt ist.

Betrachten Sie nun den Fall, in dem s_k nur unvollständige Elemente enthält. Dann kann die $X_1...X_kw$ vorausgehende Rechtssatzform nicht gebildet werden, indem man ein Suffix von $X_1...X_k$ auf eine Variable reduziert; sonst gäbe es nämlich ein vollständiges Element, das für $X_1...X_k$ gültig ist. Es muß einen Handle geben, der rechts von X_k in $X_1...X_kw$ endet, da $X_1...X_k$ ein lebensfähiges Präfix ist. Die einzige angemessene Aktion für den DKA ist also, das nächste Eingabe-Symbol auf den Keller zu setzen, also

$$[q, s_0X_1...s_{k-1}X_ks_k, ay] \overset{*}{\vdash} [q, s_0X_1...s_{k-1}X_ks_kat, y], \tag{10.5}$$

wobei $t = \delta(s_k, a)$ ist. Wenn t nicht eine leere Menge von Elementen ist, so ist $X_1...X_ka$ ein lebensfähiges Präfix. Wenn t leer ist, müssen wir beweisen, daß es für $X_1...X_kay$ keine mögliche vorhergehende Rechtssatzform gibt, so daß die Original-Eingabe nicht in der Sprache der Grammatik enthalten ist und der DKA "stirbt", anstatt die Bewegung (10.5) zu machen. Wir fassen die obigen Beobachtungen im nächsten Satz zusammen.

Satz 10.10
Wenn $L = L(G)$ für eine $LR(0)$-Grammatik G ist, dann ist $L = N(M)$ für einen DKA M.
Beweis:
Wir konstruieren aus G den DEA D mit der Übergangsfunktion δ, der die lebensfähigen Präfixe von G erkennt. Die Keller-Symbole von M seien die Grammatik-Symbole von G und die Zustände von D. M hat den Anfangszustand q zusammen mit weiteren Zuständen, die gebraucht werden, um Reduktionen durch Folgen von

Bewegungen wie in (10.4) durchzuführen. Wir gehen davon aus, daß der Leser die Zustandsmengen einer jeden Reduktion sowie die nötigen ϵ-Transitionen spezifizieren kann. Wir überlassen es auch dem Leser, die Übergangsfunktion von M, die für die Implementierung der Bewegungen aus (10.4) und (10.5) benötigt wird zu spezifizieren.

Wir haben bereits dargelegt, warum — falls G $LR(0)$ ist — Reduktionen der einzig mögliche Weg sind, um die vorhergehende Rechtssatzform zu erhalten, wenn der Zustand des DEA am oberen Ende des Kellers von M ein vollständiges Element enthält. Wir behaupten, daß M nach Start mit w aus $L(G)$ auf seiner Eingabe und lediglich s_0 auf seinem Keller rückwärts eine Rechtsableitung für w erstellt. Der einzige noch zu beweisende Punkt ist, daß — wenn wie in (10.5) eine Verschiebung verlangt wird, weil der oberste DEA-Zustand auf dem Keller von M nur unvollständige Elemente hat — es keinen Handle unter den zu diesem Zeitpunkt auf dem Keller befindlichen Grammatik-Symbolen $X_1 ... X_k$ geben könnte. Wenn es einen solchen Handle geben würde, dann hätte ein DEA-Zustand auf dem Keller unter dem oberen Ende ein vollständiges Element.

Wir nehmen an, daß es einen solchen Zustand gibt, der $A \to \alpha\cdot$ enthält: Beachten Sie, daß jeder Zustand, wenn er gemäß (10.4) oder (10.5) zuerst auf den Keller gesetzt wird, am oberen Ende des Kellers ist. Deshalb wird er sofort nach der Reduktion von α auf A verlangen. Wenn $\alpha \neq \epsilon$ gilt, dann wird $\{A \to \alpha\cdot\}$ vom Keller entfernt und kann nicht begraben werden. Wenn $\alpha = \epsilon$ gilt, so taucht die Reduktion von ϵ zu A gemäß (10.4) auf, wodurch A auf den Keller über $X_1 ... X_k$ gesetzt wird. In diesem Fall wird es immer eine Variable über X_k auf dem Keller geben, solange $X_1 ... X_k$ die unteren Kellerpositionen belegen. Aber $A \to \epsilon$ kann nicht der Handle irgendeiner Rechtssatzform $X_1 ... X_k \beta$ sein, in der β eine Variable enthält.

Ein letzter Punkt betrifft die Akzeptanz durch G. Wenn der oberste Zustand auf dem Keller $\{S \to \alpha\cdot\}$ ist, wobei S das Startsymbol von G ist, dann entfernt G die Symbole von seinen Keller und akzeptiert. In diesem Fall haben wir durch Rückverfolgung eine Rechtsableitung der ursprünglichen Eingabe vervollständigt. Beachten Sie, daß es — da S nicht auf der rechten Seite einer Produktion auftaucht — unmöglich ist, daß ein Element der Form $A \to S \cdot \alpha$ existiert, das für ein lebensfähiges Präfix S gültig ist. Also muß man nie zusätzliche Eingabe-Symbole verschieben, wenn S allein auf dem Keller erscheint. Anders gesagt hat $L(G)$ immer die Präfix-Eigenschaft, wenn G eine $LR(0)$-Grammatik ist.

Wir haben also bewiesen, daß — wenn w aus $L(G)$ ist — M eine Rechtsableitung von w findet, w zu S reduziert und akzeptiert. Umgekehrt, wenn w von M akzeptiert wird, so sorgt die Folge der durch Zustandsbeschreibungen von M dargestellten Rechtssatzformen für eine Ableitung von w aus S. Also gilt $N(M) = L(G)$. □

Korollar:

Jede $LR(0)$-Grammatik ist nicht mehrdeutig.

Beweis:

Die obige Argumentation zeigt, daß die Rechtsableitung von w eindeutig ist. □

Beispiel 10.10
Betrachten Sie den DEA aus Abbildung 10.3: 0,1,...,8 seien die Namen der Zustände, die den Mengen $I_0, I_1, ..., I_8$ der Elemente entsprechen. Die Eingabe sei *aababbc*. Der DKA M, konstruiert wie in Satz 10.10, führt die in Abbildung 10.4 aufgelisteten Folgen von Bewegungen durch.

	Keller	Verbleibende Eingabe	Kommentar
1)	0	*aababbc*	Anfangs-Zustandsbeschreibung
2)	$0a3$	*ababbc*	Verschiebung
3)	$0a3a3$	*babbc*	Verschiebung
4)	$0a3a3b7$	*abbc*	Verschiebung
5)	$0a3A2$	*abbc*	Reduktion mittels $A \to ab$
6)	$0a3S6$	*abbc*	Reduktion mittels $S \to A$
7)	$0a3S6a3$	*bbc*	Verschiebung
8)	$0a3S6a3b7$	*bc*	Verschiebung
9)	$0a3S6A5$	*bc*	Reduktion mittels $A \to ab$
10)	$0a3S6$	*bc*	Reduktion mittels $S \to SA$
11)	$0a3S6b8$	*c*	Verschiebung
12)	$0A2$	*c*	Reduktion mittels $A \to aSb$
13)	$0S1$	*c*	Reduktion mittels $S \to A$
14)	$0S1c4$	—	Verschiebung
15)	—	—	Akzeptieren

Abb. 10.4: Folge von Bewegungen des DKA M.

Beispielsweise befindet sich in Zeile (1) der Zustand 0 am oberen Kellerende. Es gibt kein vollständiges Element in der Menge I_0, so daß wir verschieben. Das erste Eingabe-Symbol ist a, und es gibt eine Transition von I_0 nach I_3, die mit a markiert ist. Also ist in Zeile (2) der Keller $0a3$. In Zeile (9) ist 5 der oberste Zustand. I_5 besteht aus dem vollständigen Element $S \to SA$. Wir entfernen SA vom Keller, wodurch $0a3$ verbleibt. Wir setzen dann S auf den Keller. Es gibt eine mit S markierte Transition von I_3 nach I_6, so daß wir S durch 6 abdecken, was zu dem Keller $0a3S6$ in Zeile (10) führt.

$LR(0)$-Grammatiken von DKA

Wir beginnen nun, das umgekehrte Ergebnis zu untersuchen — wenn L gerade $N(M)$ für einen DKA M ist, dann hat L eine $LR(0)$-Grammatik. In der Tat ist die Grammatik aus Satz 5.4 $LR(0)$, wenn M deterministisch ist; es ist aber einfacher zu beweisen, daß eine Modifikation dieser Grammatik $LR(0)$ ist. Die vorzunehmende Veränderung ist, daß wir an den Anfang der rechten Seite jeder Produktion ein Symbol setzen, das sagt, welche KA-Bewegung die Produktion entstehen ließ.

Formal sei $M = (Q, \Sigma, \Gamma, \delta, q_0, Z_0, \emptyset)$ ein DKA. Wir definieren eine Grammatik $G_M = (V, \Sigma, P, S)$, so daß $L(G_M) = N(M)$. V besteht aus dem Symbol S, den

Symbolen $[qXp]$ für q, p aus Q und X aus Γ sowie den Symbolen A_{qaY} für q aus Q, a aus $\Sigma \cup \{\epsilon\}$ und Y aus Γ. S und die $[qXp]$ spielen dieselbe Rolle wie in Satz 5.3. Das Symbol A_{qaY} zeigt an, daß die Produktion mittels der Bewegung von M in $\delta(q, a, Y)$ erhalten wurde. Die Produktionen von G_M sind die folgenden (ohne nutzlose Symbole und Produktionen):

1) $S \rightarrow [q_0 Z_0 p]$ für alle p aus Q
2) Falls $\delta(q, a, Y) = (p, \epsilon)$, so gibt es eine Produktion $[qYp] \rightarrow A_{qaY}$.
3) Wenn $\delta(q, a, Y) = (p_1, X_1 X_2 ... X_k)$ für $k \geq 1$, dann gibt es für jede Folge von Zuständen $p_2, p_3, ..., p_{k+1}$ eine Produktion

$$[qYp_{k+1}] \quad \rightarrow \quad A_{qaY}[p_1 X_1 p_2]...[p_k X_k p_{k+1}].$$

4) $A_{qaY} \rightarrow a$ für alle q, a und Y.

Betrachten Sie eine Rechtsableitung in G_M: Sie startet mit $S \Rightarrow [q_0 Z_0 p]$ für einen Zustand p. Wir nehmen für den Beweis an, daß $\delta(q_0, a, Z_0) = (r, XYZ)$. Dann haben die einzigen Produktionen für $[q_0 Z_0 p]$, aus denen mit a beginnende Zeichenketten ableitbar sind (a kann ϵ sein), rechte Seiten $A_{q_0 a Z_0}[rXs][sYt][tZp]$ für Zustände s und t. Wir nehmen an, daß schließlich aus $[tZp]$ mit einer Rechtsableitung eine Zeichenkette w abgeleitet wird. Dann können wir — falls $\delta(s, b, Y) = (u, VW)$ gilt — die Rechtsableitung wie folgt fortsetzen:

$$S \underset{rm}{\overset{*}{\Longrightarrow}} A_{q_0 a Z_0}[rXs][sYt]w \underset{ra}{\Longrightarrow} A_{q_0 a Z_0}[rXs]A_{sbY}[uVv][vWt]w \tag{10.6}$$

Betrachten Sie nun die Bewegungen, die M macht, bevor die Eingabe w gelesen wird. Die Eingabe, der die Ableitung (10.6) entspricht, ist von der Form $ax_1bx_2x_3w$, wobei $[rXs] \overset{*}{\Rightarrow} x_1$, $[uVv] \overset{*}{\Rightarrow} x_2$ und $[vWt] \overset{*}{\Rightarrow} x_3$ gilt. Die entsprechende Folge von Bewegungen ist von der Form[3]

$$\begin{aligned} (q_0, ax_1bx_2x_3w, Z_0) &\vdash (r, x_1bx_2x_3w, XYZ) \\ &\overset{*}{\vdash} (s, bx_2x_3w, YZ) \\ &\vdash (u, x_2x_3w, VWZ) \\ &\vdash (v, x_3w, WZ) \\ &\vdash (t, w, Z) \end{aligned} \tag{10.7}$$

Wenn wir (10.6) und (10.7) vergleichen, bemerken wir, daß die Keller-Symbole (insbesondere Z), die am Ende von (10.7) auf dem Keller verbleiben, die Symbole sind, die nicht (mit zwei Zuständen an einer geklammerten Variablen) in dem längsten lebensfähigen Präfix von (10.6) erscheinen. Die vom Keller entfernten Symbole, nämlich X, V und W, sind die Symbole, die im lebensfähigen Präfix von (10.6) auftauchen. Diese Situation ist sinnvoll, da aus den Symbolen am linken Ende einer Satzform ein Präfix eines Satzes abgeleitet und dieses Präfix vom KA zuerst gelesen wird.

---

[3] Beachten Sie, daß wir zur unserer ursprünglichen Notation für Zustandsbeschreibungen zurückgekehrt sind.

Im allgemeinen können wir bei gegebenem beliebigen Präfix α von G_M eine entsprechende Zustandsbeschreibung I von M finden, in der der Keller genau die Keller-Symbole enthält, die in einer Rechtsableitung von einem αw eingeführt wurden und später durch eine Zeichenkette von Terminalen ersetzt werden. Genaugenommen wird I dadurch erhalten, daß M eine beliebige aus α abgeleitete Zeichenkette liest. Für den Fall, daß M deterministisch ist, haben die Ableitungen von Rechtssatzformen mit Präfix α eine spezielle Form, und diese Einschränkung bei den Ableitungen wird in Restriktionen für die Menge der Elemente für α übersetzt.

Lemma 10.6
Wenn M ein DKA ist und G_M die aus M wie oben konstruierte Grammatik, dann gibt es — falls $[qXp] \Rightarrow^* w$ gilt — eine eindeutige Berechnung $(q, w, X) \overset{*}{\vdash} (p, \epsilon, \epsilon)$. Darüber hinaus entspricht die von M gemachte Folge von Bewegungen der Spiegelung der Folge, in der die indizierten A_{saY} durch a ersetzt werden; dabei wird von A_{saY} angenommen, daß es einer Bewegung entspricht, in der der Zustand s ist, Y sich am oberen Kellerende befindet und die Eingabe a benutzt wird.

Beweis:
Die Existenz einer solchen Berechnung wurde in Satz 5.3 bewiesen. Ihre Eindeutigkeit folgt aus der Tatsache, daß M deterministisch ist. Um die Korrespondenz zwischen den Bewegungen von M und der Spiegelung der Folge von Expandierungen der indizierten A zu zeigen, stellen wir eine einfache Induktion über die Länge einer Ableitung auf. Der Schlüsselteil des Induktionsschrittes taucht auf, wenn die erste Expansion nach Regel (3) stattfindet:

$$[qXp] \;\Rightarrow\; A_{qaX}[p_1X_1p_2][p_2X_2p_3]...[p_kX_kp].$$

Dann wird das explizit gezeigte A_{qaX} expandiert, nachdem alle indizierten A, die von anderen Variablen abgeleitet worden sind, bereits expandiert sind.

Da die erste Bewegung von M

$$(q, w, X) \;\vdash\; (p_1, w', X_1X_2...X_k)$$

mit $w = aw'$ zu A_{qaX} korrespondiert, haben wir einen Teil der Induktion beweisen. Der Rest der Induktion folgt aus der Beobachtung, daß bei den Bewegungen von M die $X_1, X_2, ..., X_k$ nacheinander vom Keller entfernt werden, indem man die Eingaben $w_1, w_2, ..., w_k$ benutzt (wobei $w_1w_2...w_k = w'$), während in der Rechtsableitung von w aus $[qXp]$ die Ableitung von w_1 aus $[p_1X_1p_2]$ ebenso wie die Ableitung von w_2 aus $[p_2X_2p_3]$ usw. folgt. Da alle diese Ableitungen kürzer als $[qXp] \underset{rm}{\overset{*}{\Longrightarrow}} w$ sind, können wir die Induktionsannahme benutzen, um den Beweis zu vervollständigen.
□

Wir wollen uns nun für jede Variable $[qXp]$ von G_M auf eine bestimmte Zeichenkette w_{qXp} konzentrieren, die aus $[qXp]$ abgeleitet worden ist.[4] Sei h der durch

$$h(A_{qaY}) = a \text{ und } h([qXp]) = w_{qXp}$$

[4] Wir nehmen an, daß G_M keine nutzlosen Symbole hat, so daß w_{qXp} existiert.

definierte Homomorphismus von den Variablen von G_M nach Σ^*. Sei $N(A_{qaY}) = 1$ und $N([qXp])$ die Anzahl von Bewegungen in der Berechnung, die $[qXp] \overset{*}{\underset{rm}{\Longrightarrow}} w_{qXp}$ entspricht. Wir erweitern N zu V^* durch $N(B_1B_2...B_k) = \sum_{i=1}^{k} N(B_i)$. Schließlich stellen wir eine Bewegung $\delta(q, a, Y)$ von M durch das Tripel (qaY) dar. Sei m der Homomorphismus von V^* in die Bewegungen, die wie folgt definiert sind:

1) $m(A_{qaY}) = (qaY)$
2) $m([qXp])$ ist die Spiegelung der Folge von Indizes von den in der Ableitung von w_{qXp} aus $[qXp]$ expandierten A. Nach Lemma 10.6 ist $m([qXp])$ auch die Folge von Bewegungen $(q, w_{qXp}, X) \overset{*}{\vdash} (p, \epsilon, \epsilon)$.

Wir können nun unsere Charakterisierung von $LR(0)$-Grammatiken vervollständigen.

Lemma 10.7
Sei γ ein lebensfähiges Präfix von G_M. (Beachten Sie, daß γ in V^* durch die Konstruktion von G_M ist.) Dann gilt $(q_0, h(\gamma), Z_0) \overset{N(\gamma)}{\vdash\!\!\!-\!\!\!-\!\!\!-} (p, \epsilon, \beta)$ für ein p und ein β durch die Folge von Bewegungen $m(\gamma)$.

Beweis:
Da γ ein lebensfähiges Präfix ist, gibt es ein y aus Σ^*, so daß γy eine Rechtssatzform ist. Dann gilt $[q_0Z_0r] \overset{*}{\underset{rm}{\Longrightarrow}} h(\gamma)y$ für einen Zustand r. Nach Lemma 10.6 finden die letzten $N(\gamma)$ Expandierungen von A in dieser Ableitung statt, nachdem die Rechtssatzform γy erreicht wurde. Des weiteren gibt es nach Lemma 10.6 eine eindeutige Folge von Bewegungen $(q_0, h(\gamma)y, Z_0) \overset{*}{\vdash} (r, \epsilon, \epsilon)$, und das erste $N(\gamma)$ von diesem muß $m(\gamma)$ sein. □

Wir sind nun in der Lage zu zeigen, daß G_M $LR(0)$ ist. Da das Start-Symbol offensichtlich nicht in irgendeiner rechten Seite auftaucht, genügt es zu zeigen, daß jede Menge von Elementen mit einem vollständigen Element $B \to \beta\cdot$ kein anderes vollständiges Element und kein Element der Form $A_{qaY} \to \cdot a$ für a aus Σ enthält. Wir beweisen diese Tatsache mit Hilfe zweier Lemmata.

Lemma 10.8
Wenn I eine Menge von Elementen von G_M ist und $B \to \beta\cdot$ in I ist, so gibt es kein Element $A_{qaY} \to \cdot a$ in I.

Beweis:
Sei I die Menge der Elemente für das lebensfähige Präfix γ

ERSTER FALL: Wenn $B \to \beta$ eine Produktion gemäß Regel (1) ist, dann gilt $\gamma = \beta$, und γ ist eine einzelne Variable $[q_0Z_0p]$, da S auf keiner rechten Seite auftaucht. Wenn $A_{qaY} \to \cdot a$ für γ gültig ist, dann gibt es eine Ableitung $S \overset{*}{\underset{rm}{\Longrightarrow}} A_{qaY}y \underset{ra}{\Longrightarrow} \gamma ay$. Keine Rechtssatzform beginnt jedoch mit einer Variablen $[q_0Z_0p]$, wenn sie nicht der erste Schritt einer Ableitung ist; alle folgenden Rechtssatzformen beginnen mit einem indizierten A, bis auf die letzte, die mit einem Terminal beginnt. Also kann auf γ in einer Rechtssatzform nicht A_{qaY} folgen.

ZWEITER FALL: Wenn $B \to \beta$ gemäß den Regeln (2) und (3) eingeführt wird, können wir wieder argumentieren, daß $\gamma'\beta A_{qaY}$ ein lebensfähiges Präfix mit $\gamma = \gamma'\beta$ ist. In jeder Rechtsableitung wird jedoch bei Anwendung von $B \to \beta$ das letzte

Symbol von β sofort nach Regel (2), (3) oder (4) expandiert, so daß β nicht intakt gefolgt von A_{qaY} in einer Rechtssatzform erscheinen kann.

DRITTER FALL: Wenn $B \to \beta$ gleich $A_{pbZ} \to b$ gemäß Regel (4) eingeführt worden ist und $A_{qaY} \to \cdot a$ gültig für γ ist, dann muß b gleich ϵ sein; andernfalls trägt das lebensfähige Präfix γA_{qaY} ein Terminalzeichen in sich. Da $A_{p\epsilon Z} \to \cdot$ für γ gültig ist, folgt, daß $\gamma A_{p\epsilon Z}$ ein lebensfähiges Präfix ist. Also sind nach Lemma 10.7 die ersten $N(\gamma)+1$ Bewegungen, die von M bei gegebener Eingabe $h(\gamma)a$ und Anwendung auf γA_{qaY} und $\gamma A_{p\epsilon Z}$ gemacht werden, beide $m(\gamma)(p\epsilon Z)$ bzw. $m(\gamma)(qaY)$, was dem Determinismus vom M widerspricht. (Beachten Sie, daß in der ersten dieser Folgen a nicht verbraucht wird.) □

Lemma 10.9
Wenn I eine Menge von Elementen von G_M ist und $B \to \beta\cdot$ in I ist, dann gibt es kein anderes Element $C \to \alpha\cdot$ in I.

Beweis:
Wieder sei γ ein lebensfähiges Präfix mit der Menge I von gültigen Elementen.

ERSTER FALL: Weder $B \to \beta$ noch $C \to \alpha$ ist eine nach Regel (4) eingeführte Produktion. Dann sagt uns die Form der Produktion vom Typ (2) und (3) und die Tatsache, daß Produktionen vom Typ (1) nur beim ersten Schritt angewendet werden, daß $\alpha = \beta$ gelten muß, da α und β beide Suffixe von γ sind. Wenn diese Produktionen vom Typ (1) sind, so sind mit $B = C = S$ diese beiden Elemente wirklich gleich. Wenn die Produktionen vom Typ (2) oder (3) sind, ist es einfach zu überprüfen, daß $B = C$ gilt. Wenn z.B. $\alpha = \beta = A_{qaY}$ gilt, so sind die Produktionen vom Typ (2), und B und C sind jeweils $[qYp]$ für ein p. Aber Regel (2) verlangt, daß $\delta(q, a, Y) = (p, \epsilon)$, so daß der Determinismus von M dafür sorgt, daß P eindeutig ist.

ZWEITER FALL: $B \to \beta$ und $C \to \alpha$ sind Typ (4)-Produktionen. Dann sind γB und γC lebensfähige Präfixe, und Lemma 10.7 liefert einen Widerspruch zum Determinismus von M. Wenn nämlich $\beta = \alpha = \epsilon$ gilt, dann müssen die ersten $N(\gamma)+1$ Bewegungen von M auf der Eingabe $h(\gamma)$ sowohl $m(\gamma B)$ als auch $m(\gamma C)$ sein. Wenn $\beta = a \neq \epsilon$ und $\alpha = b \neq \epsilon$ gilt, dann gilt $a = b$, und die ersten $N(\gamma)+1$ Bewegungen von M auf die Eingabe $h(\gamma)a$ müssen $m(\gamma B)$ und $m(\gamma C)$ sein. Wenn $\beta = a \neq \epsilon$ und $\alpha = \epsilon$, dann liefern die ersten $N(\gamma)+1$ Bewegungen von M auf der Eingabe $h(\gamma)a$ einen ähnlichen Widerspruch.

DRITTER FALL: $B \to \beta$ stammt von Regel (1), (2) oder (3), und $C \to \alpha$ stammt von Regel (4) (oder umgekehrt). Dann ist γC eine Rechtssatzform, und γ endet in β. Wir können diese Möglichkeit ausschließen wie in den Fällen (1) und (2) von Lemma 10.8. □

Satz 10.11
Wenn M ein DKA ist, dann ist G_M ein $LR(0)$-Grammatik.

Beweis:
Der Beweis folgt sofort aus den Lemmata 10.8 und 10.9. □

Wir können nun unsere Charakterisierung von $LR(0)$-Grammatiken vervollständigen.

Satz 10.12
Eine Sprache L hat genau dann eine $LR(0)$-Grammatik, wenn L eine dkfS mit Präfix-Eigenschaft ist.
Beweis:
"*Rückrichtung*": Wir nehmen an, daß L eine dkfS mit Präfix-Eigenschaft ist. Dann ist L gleich $L(M')$ für einen DKA M'. Wir können M' L durch den leeren Keller akzeptieren lassen, indem wir M' mit einer Markierung für das untere Kellerende versehen und M' veranlassen, in einen neuen Zustand überzugehen, der genau dann den Keller löscht, wenn er in einen Endzustand übergeht. Da L die Präfix-Eigenschaft hat, ändern wir die akzeptierte Sprache nicht, und L wird von dem neuen DKA M durch den leeren Keller akzeptiert. Also gilt $L = L(G_M)$, und das gewünschte Ergebnis folgt aus Satz 10.11.

"*Hinrichtung*": Satz 10.10 besagt, daß L gerade $N(M)$ für einen DKA M ist. Wir können die Konstruktion von Satz 5.2 benutzen, um zu zeigen, daß L gleich $L(M')$ für einen DKA M' ist. Die Tatsache, daß L die Präfix-Eigenschaft hat, folgt aus der Tatsache, daß ein DKA "stirbt", wenn er seinen Keller leert. □

Korollar:
$L\$$ hat genau dann eine $LR(0)$-Grammatik, wenn L eine dkfS ist, wobei \$ kein Symbol aus dem Alphabet von L ist.
Beweis:
$L\$$ hat sicherlich die Präfix-Eigenschaft. Wenn $L\$$ eine dkfS ist, dann ist $L = L\$/\$$ nach Satz 10.2 auch eine dkfS. Wenn umgekehrt L eine dkfS ist, so ist es einfach, einen DKA für $L\$$ zu konstruieren. □

10.8 $LR(k)$-GRAMMATIKEN

Es ist interessant zu beobachten, daß wir durch Hinzufügen eines Symbols als Lookahead — indem wir die Menge der folgenden Terminale, auf denen Reduktionen $A \to \alpha$ möglich sind, bestimmen — einen DKA benutzen können, um die Sprachen einer größeren Klasse von Grammatiken zu erkennen. Diese Grammatiken werden als $LR(1)$-Grammatiken bezeichnet — entsprechend dem einen Symbol des Lookaheads. Es ist bekannt, daß genau die deterministischen kfS $LR(1)$-Grammatiken haben. Diese Klasse von Grammatiken hat große Bedeutung für die Erstellung von Compilern, da sie hinreichend umfassend ist, um die Syntax fast aller Programmiersprachen zu beinhalten, und dennoch restriktiv genug, um effiziente, im wesentlichen aus DKA bestehende Parser zu haben.

Es stellt sich heraus, daß das Hinzufügen von mehr als einem Symbol als Lookahead für die Wahl der Reduktionen nichts zu der Klasse definierbarer Sprachen hinzufügt; es gibt allerdings für jedes k Grammatiken — sogenannte $LR(k)$-Grammatiken — die mit k Lookahead-Symbolen, aber nicht mit $k-1$ Lookahead-Symbolen syntaktisch analysiert werden können.

Wir geben kurz die Definition und ein Beispiel für $LR(1)$-Grammatiken an, ohne Beweise für die obigen Behauptungen zu liefern. Die wichtigste Erweiterung gegenüber $LR(0)$-Grammatiken besteht darin, daß ein $LR(1)$-Element aus einem $LR(0)$-Element besteht, dem eine Lookahead-Menge folgt, die aus Terminalzeichen und/oder dem speziellen Symbol \$ besteht, welches nur dazu dient, das rechte Ende einer Zeichenkette zu bestimmen. Die generische Form einer $LR(1)$-Grammatik ist also

$$A \rightarrow \alpha \cdot \beta, \{a_1, a_2, ..., a_n\}.$$

Wir sagen, daß das $LR(1)$-Element $A \rightarrow \alpha \cdot \beta, \{a\}$ für ein lebensfähiges Präfix γ *gültig* ist, wenn es eine Rechtsableitung $S \overset{*}{\underset{rm}{\Longrightarrow}} \delta Ay \underset{ra}{\Longrightarrow} \delta\alpha\beta y$ gibt, wobei $\delta\alpha = \gamma$ und entweder

i) a erstes Symbol von y ist, oder
ii) $y = \epsilon$ und $a = \$$.

Ebenso ist $A \rightarrow \alpha \cdot \beta, \{a_1, a_2, ..., a_n\}$ für γ gültig, wenn für jedes i gilt, daß $A \rightarrow \alpha \cdot \beta, \{a_i\}$ gültig für γ ist.

Wie die $LR(0)$-Elemente bilden die Mengen der $LR(1)$-Elemente die Zustände eines ein lebensfähiges Präfix erkennenden NEA; wir können die Menge der gültigen Elemente für jedes lebensfähige Präfix berechnen, indem wir diesen NEA in einen DEA konvertieren. Die Transitionen des NEA sind wie folgt definiert:

1) Es gibt für X eine Transition von $A \rightarrow \alpha \cdot X\beta, \{a_1, a_2, ..., a_n\}$ nach $A \rightarrow \alpha X \cdot \beta, \{a_1, a_2, ..., a_n\}$.
2) Es gibt eine ϵ-Transition von $A \rightarrow \alpha \cdot B\beta, \{a_1, a_2, ..., a_n\}$ nach $B \rightarrow \cdot\gamma, T$, wenn $B \rightarrow \gamma$ eine Produktion und T die Menge von Terminalen und/oder \$ ist, so daß b genau dann in T ist, wenn entweder
   i) β eine Terminalzeichenkette beginnend mit b ableitet, oder
   ii) $\beta \overset{*}{\Rightarrow} \epsilon$ und $b = a_i$ für ein i mit $1 \leq i \leq n$ gilt.
3) Es gibt einen Anfangszustand q_0 mit ϵ-Transitionen zu $S \rightarrow \cdot\alpha, \{\$\}$ für jede Produktion $S \rightarrow \alpha$.

Beispiel 10.11
Betrachten Sie die Grammatik

$$S \rightarrow A \qquad A \rightarrow BA \mid \epsilon \qquad B \rightarrow aB \mid b, \tag{10.8}$$

die eine reguläre Menge — nämlich $(\mathbf{a}^*\mathbf{b})^*$ — erzeugt. Der NEA für Grammatik (10.8) ist in Abbildung 10.5 dargestellt, der entsprechende DEA in Abbildung 10.6. Der NEA aus Abbildung 10.5 ist insofern ungewöhnlich, als daß sich keine zwei Elemente lediglich in der Lookahead-Menge unterscheiden. Im allgemeinen werden wir schon zwei Elemente mit derselben gepunkteten Produktion vorfinden.

Um zu sehen, wie Abbildung 10.5 konstruiert ist, betrachten wir das Element $S \rightarrow \cdot\alpha, \{\$\}$: Es hat ϵ-Transitionen zu Elementen der Form $A \rightarrow \cdot BA, T$ und $A \rightarrow \cdot, T$; dabei stellt sich die Frage, was das T sein soll? In Regel (2) oben ist $\beta = \epsilon$, womit (2i) nicht zu Symbolen für T führt. Regel (2ii) sagt uns, daß \$ in T liegt, also $T = \{\$\}$. Nun betrachten wir das Element $A \rightarrow \cdot BA, \{\$\}$: Es gibt ϵ-Transitionen zu $B \rightarrow \cdot aB, U$ und $B \rightarrow \cdot b, U$ für ein U. Hier gilt $\beta = A$. Es ist einfach zu überprüfen, daß A Zeichenketten ableitet, die mit a und b beginnen; also sind a und b in U. A leitet auch ϵ ab; also ist \$ in U, da es die Lookahead-Menge von $A \rightarrow \cdot BA, \{S\}$ ist. Also gilt $U = \{a, b, \$\}$.

Eine Grammtik heißt $LR(1)$, wenn folgendes gilt:

1) Das Startsymbol taucht auf keiner rechten Seite auf.

Menge von Elementen, mit der ein gegebenes Grammatik-Symbol abgedeckt werden kann, wird aus den DEA-Transitionen (Abbildung 10.6) genauso wie für eine $LR(0)$-Grammatik bestimmt.

---

	a	b	\$
I_0	Verschiebung	Verschiebung	Reduktion mittels $A \to \epsilon$
I_1			Akzeptieren
I_2	Verschiebung	Verschiebung	Reduktion mittels $A \to \epsilon$
I_3	Verschiebung	Verschiebung	
I_4	Red. mittels $B \to b$	Red. mittels $B \to b$	Reduktion mittels $B \to b$
I_5			Reduktion mittels $A \to BA$
I_6	Red. mittels $B \to aB$	Red. mittels $B \to aB$	Reduktion mittels $B \to aB$

Abb. 10.7: Entscheidungstabelle für Grammatik (10.8).

Keller	Verbleibende Eingabe	Kommentar
0	$aabb\$$	Anfang
$0a3$	$abb\$$	Verschiebung
$0a3a3$	$bb\$$	Verschiebung
$0a3a3b4$	$b\$$	Verschiebung
$0a3a3B6$	$b\$$	Reduktion mittels $B \to b$
$0a3B6$	$b\$$	Reduktion mittels $B \to aB$
$0B2$	$b\$$	Reduktion mittels $B \to aB$
$0B2b4$	\$	Verschiebung
$0B2B2$	\$	Reduktion mittels $B \to b$
$0B2B2A5$	\$	Reduktion mittels $A \to \epsilon$
$0B2A5$	\$	Reduktion mittels $A \to BA$
$0A1$	\$	Reduktion mittels $A \to BA$
—	\$	Reduktion mittels $S \to A$ und akzeptieren

Abb. 10.8: Aktion des $LR(1)$-Parsers auf der Eingabe $aabb$.

ÜBUNGEN

10.1 Zeigen Sie, daß die Normalformen aus Lemma 10.2 auch für nichtdeterministische KA gelten.

10.2 a) Zeigen Sie, daß jede dkfS von einem DKA akzeptiert wird, dessen einzige ϵ-Bewegungen "pop"-Bewegungen sind.

b) Zeigen Sie, daß der DKA aus Teil (a) so konstruiert werden kann, daß er der Normalform von Lemma 10.2 genügt.

*** 10.3** Geben Sie einen effizienten Algorithmus an, um Regel (4) von Lemma 10.3 zu implementieren.

***L 10.4** Zeigen Sie, daß die dkfS weder unter Vereinigung noch unter Konkatenation noch unter Kleene'scher Hüllenbildung noch unter Homomorphismen abgeschlossen sind.

**** 10.5** Zeigen Sie, daß die folgenden Mengen keine dkfS sind:

L a) $\{ww^R \mid w \text{ ist in } (\mathbf{0}+\mathbf{1})^*\}$

b) $\{0^n1^n \mid n \geq 1\} \cup \{0^n1^{2n} \mid n \geq 1\}$

**** 10.6** Beweisen Sie, daß

$$\{0^i1^ja2^i \mid i,j \geq 1\} \cup \{0^i1^jb2^j \mid i,j \geq 1\}$$

eine dkfS ist, die jedoch nicht von einem DKA ohne ϵ-Bewegungen akzeptiert wird.

10.7 Zeigen Sie, daß eine dkfS L von einem DKA akzeptiert wird, der $a_1a_2...a_n$ akzeptiert (falls er dies tut), indem er sofort a_n verbraucht (ohne nachfolgende ϵ-Bewegungen). [*Hinweis:* Benutzen Sie vorhersagende Maschinen.]

10.8 Läßt sich der Satz von Greibach (Satz 8.14) auf dkfS anwenden?

10.9 Konstruieren Sie die nichtleeren Mengen von Elementen für die folgenden Grammatiken. Welche sind $LR(0)$?

a) $S' \to S$
$S \to aSa \mid bSb \mid c$

b) $S' \to S$
$S \to aSa \mid bSb \mid \epsilon$

L c) $S \to E_1$
$E_1 \to T_3E_1 \mid T_1$
$E_2 \to T_3E_2 \mid T_2$
$T_1 \to a\$ \mid (E_2\$$
$T_2 \to a) \mid (E_2)$
$T_3 \to a+ \mid (E_2+$

10.10 Bestimmen Sie die Folge von Kellern, die von dem aus Grammatik 10.9(c) konstruierten DKA bei Eingabe $a+(a+a)\$$ benutzt wird.

10.11 Konstruieren Sie die nichtleeren Mengen von $LR(1)$-Elementen für folgende Grammatiken. Welche sind $LR(1)$?

a) $S \to A$
$A \to AB \mid \epsilon$
$B \to aB \mid b$

b) $S \to E$
$E \to E+T \mid T$
$T \to a \mid (E)$

10.12 Wiederholen Sie die Übung 10.10 für die Grammatik 10.11(b).

10.13 Sei G eine $LR(0)$-Grammatik, wobei $A \rightarrow \alpha\cdot$ mit $\alpha \neq \epsilon$ für ein lebensfähiges Präfix γ gültig ist. Beweisen Sie, daß keine andere Produktion für γ gültig sein kann.

Lösungen zu ausgewählten Übungen

10.4 Sei $L_1 = \{0^i1^i2^j \mid i,j \geq 0\}$ und $L_2 = \{0^i1^j2^j \mid i,j \geq 0\}$. Es ist einfach zu zeigen, daß L_1 und L_2 dkfS sind. $L_1 \cup L_2$ ist jedoch die kfS, von der wir in Beispiel 10.1 gezeigt haben, daß sie keine dkfS ist. Also sind die dkfS unter Vereinigung nicht abgeschlossen.

Für die Konkatenation sei $L_3 = aL_1 \cup L_2$. Dann ist L_3 eine dkfS, da uns das Vorhandensein oder die Abwesenheit des Symbols a sagt, ob wir nach einem Wort in L_1 oder in L_2 zu suchen haben. Sicherlich ist auch $\mathbf{a}^*$ eine dkfS. $\mathbf{a}^*L_3$ ist jedoch keine dkfS: Wäre sie eine, dann würde $L_4 = \mathbf{a}^*L_3 \cap \mathbf{a0}^*\mathbf{1}^*\mathbf{2}^*$ nach Satz 10.4 eine dkfS sein. Doch es gilt $L_4 = aL_1 \cup aL_2$. Wenn L_4 eine dkfS ist, die von dem DKA M erkannt wird, dann würden wir $L_1 \cup L_2$ durch Simulation von M auf der (imaginären) Eingabe a und danach auf der wirklichen Eingabe erkennen. Da $L_1 \cup L_2$ keine dkfS ist, ist L_4 auch keine. Daher sind dkfS nicht abgeschlossen unter Konkatenation.

Der Beweis für die Hüllenbildung ist ähnlich, wenn wir $L_5 = \{a\} \cup L_3$ setzen. L_5 ist eine dkfS, nicht jedoch L_5^*, was durch einen Beweis ähnlich zum obigen gezeigt werden kann.

Für den Homomorphismus sei $L_6 = aL_1 \cup bL_2$, was eine dkfS ist. Sei h der Homomorphismus, der b auf a und alle anderen Symbole jeweils auf sie selbst abbildet. Dann gilt $h(L_6) = L_4$, so daß die dkfS unter Homomorphismus nicht abgeschlossen sind.

10.5(a) Wir nehmen an, daß $L_1 = \{ww^R \mid w \text{ ist aus } (\mathbf{0}+\mathbf{1})^+\}$ eine dkfS ist. Dann wäre nach Satz 10.4

$$L_2 = L_1 \cap (\mathbf{01})^*(\mathbf{10})^*(\mathbf{01})^*(\mathbf{10})^*$$

ebenfalls eine dkfS. Nun ist

$$L_2 = \{(01)^i(10)^j(01)^j(10)^i \mid i,j \geq 0 \text{ und nicht sowohl } i \text{ als auch } j \text{ ist gleich } 0\}.$$

Nach Satz 10.3 ist $L_3 = \mathrm{MIN}(L_2)$ eine dkfS. Doch es gilt

$$L_3 = \{(01)^i(10)^j(01)^j(10)^i \mid 0 \leq j < i\},$$

da es für $j \geq i$ Präfixe in L_2 gäbe. Sei h der Homomorphismus $h(a) = 01$ und $h(b) = 10$. Dann ist

$$L_4 = h^{-1}(L_3) = \{a^ib^ja^jb^i \mid 0 \leq j < i\}$$

nach Satz 10.4 eine dkfS. Das Pumping-Lemma mit $z = a^{n+1}b^na^nb^{n+1}$ zeigt jedoch, daß L_4 sogar keine kfS ist.

10.9(c) Bevor wir dieses Projekt angehen, wollen wir die Sprache der Grammatik beschreiben. Wir beschreiben zunächst "Ausdruck" und "Term" rekursiv wie folgt.

1) Ein Term ist ein einzelnes Symbol a, das für ein beliebiges "Argument" eines arithmetischen Ausdrucks oder eines geklammerten Ausdrucks steht.
2) Ein Ausdruck besteht aus einem oder mehreren Termen, verbunden mit einem Pluszeichen.

Dann ist die Sprache der Grammatik die Menge aller Ausdrücke, gefolgt von einer Ende-Markierung \$. E_1 und T_1 erzeugen Ausdrücke und Terme gefolgt von \$. E_2 und T_2 erzeugen Ausdrücke und Terme gefolgt von einer rechten Klammer, und T_3 erzeugt einen Term gefolgt von einem Pluszeichen.

Es stellt sich heraus, daß $LR(0)$-Grammatiken, die arithmetische Ausdrücke definieren, wofür unsere Grammatik ein einfaches Beispiel ist, ziemlich komplex sind im Vergleich zu einer $LR(1)$-Grammatik für dieselbe Sprache [siehe Übung 10.11(b)]. Aus diesem Grund verlangen praktische Compiler-Generatoren niemals, daß die Syntax einer Sprache durch eine $LR(0)$-Grammatik beschrieben ist; es werden $LR(1)$-Grammatiken oder Teilmengen von diesen bevorzugt. Nichtsdestotrotz kann die hier angegebene Grammatik als nützliche Übung dienen. Der DEA, der die lebensfähigen Präfixe akzeptiert, hat 20 Zustände, wobei der tote Zustand nicht mitgezählt wurde. Wir listen die Mengen der Elemente in Abbildung 10.9 auf. Abbildung 10.10 gibt die Transitionstabelle für den DEA an; Blanks deuten auf eine Transition in den toten Zustand hin.

Die Untersuchung der Mengen der Elemente sagt uns, daß manche dieser Mengen — nämlich 1, 3, 6, 7, 8, 11, 14, 15, 16, 17 und 19 — nur aus einem einzigen vollständigen Element bestehen, während der Rest kein vollständiges Element enthält. Also ist die Grammatik $LR(0)$.

LITERATURHINWEISE

Deterministische Kellerautomaten wurden zuerst von Fischer [1963], Schutzenberger [1963], Haines [1965] und Ginsburg und Greibach [1966a] untersucht. Lemma 10.3 — die Tatsache, daß man DKA veranlassen kann, ihre gesamte Eingabe zu verbrauchen — stammt von Schutzenberger [1963]; Satz 10.1 — die Abgeschlossenheit unter Komplementbildung — wurde unabhängig voneinander von verschiedenen Leuten beobachtet. Die meisten der Abgeschlossenheits- und Entscheidbarkeitseigenschaften (Sätze 10.2 bis 10.8) wurden zuerst von Ginsburg und Greibach [1966a] bewiesen. Eine Ausnahme stellt die Tatsache dar, daß es entscheidbar ist, ob eine dkfS regulär ist, was von Stearns [1967] bewiesen wurde. Die Konstruktion für vorhersagende Maschinen stammt von Hopcroft und Ullman [1969b].

$LR(k)$-Grammatiken und die Äquivalenz zwischen DKA und $LR(1)$-Grammatiken stammt von Knuth [1965]. Die letzte Arbeit verallgemeinerte eine Reihe von Veröffentlichungen, die sich mit Teilklassen der kfG befaßten, die effiziente Ableitungsalgorithmen haben. Die Geschichte dieser Entwicklung ist in Aho und Ullman [1972, 1973] beschrieben. Graham [1970] zeigt, daß eine Reihe anderer Klassen von Grammatiken exakt die kfS definieren.

Nachfolgend auf Knuth [1965] wurden in einer Reihe von Arbeiten die $LR(1)$-Grammatiken nach einer nützlichen Teilklasse durchsucht, für die Parser einer an-

I_0

$$\begin{array}{l} S \to \cdot E_1 \\ E_1 \to \cdot T_3 E_1 \\ E_1 \to \cdot T_1 \\ T_3 \to \cdot a+ \\ T_3 \to \cdot (E_2+ \\ T_1 \to \cdot a\$ \\ T_1 \to \cdot (E_2\$ \end{array}$$

I_1

$$S \to E_1 \cdot$$

I_2

$$\begin{array}{l} E_1 \to T_3 \cdot E_1 \\ E_1 \to \cdot T_3 E_1 \\ E_1 \to \cdot T_1 \\ T_3 \to \cdot a+ \\ T_3 \to \cdot (E_2+ \\ T_1 \to \cdot a\$ \\ T_1 \to \cdot (E_2\$ \end{array}$$

I_3

$$E_1 \to T_1 \cdot$$

I_4

$$\begin{array}{l} T_3 \to a \cdot + \\ T_1 \to a \cdot \$ \end{array}$$

I_5

$$\begin{array}{l} T_3 \to (\cdot E_2+ \\ T_1 \to (\cdot E_2\$ \\ E_2 \to \cdot T_3 E_2 \\ E_2 \to \cdot T_2 \\ T_3 \to \cdot a+ \\ T_3 \to \cdot (E_2+ \\ T_2 \to \cdot a) \\ T_2 \to \cdot (E_2) \end{array}$$

I_6

$$E_1 \to T_3 E_1 \cdot$$

I_7

$$T_3 \to a + \cdot$$

I_8

$$T_1 \to a\$ \cdot$$

I_9

$$\begin{array}{l} T_3 \to (E_2 \cdot + \\ T_1 \to (E_2 \cdot \$ \end{array}$$

I_{10}

$$\begin{array}{l} E_2 \to T_3 \cdot E_2 \\ E_2 \to \cdot T_3 E_2 \\ E_2 \to \cdot T_2 \\ T_3 \to \cdot a+ \\ T_3 \to \cdot (E_2+ \\ T_2 \to \cdot a) \\ T_2 \to \cdot (E_2) \end{array}$$

I_{11}

$$E_2 \to T_2 \cdot$$

I_{12}

$$\begin{array}{l} T_3 \to a \cdot + \\ T_2 \to a \cdot) \end{array}$$

I_{13}

$$\begin{array}{l} T_3 \to (\cdot E_2+ \\ T_2 \to (\cdot E_2) \\ E_2 \to \cdot T_3 E_2 \\ E_2 \to \cdot T_2 \\ T_3 \to \cdot a+ \\ T_3 \to \cdot (E_2+ \\ T_2 \to \cdot a) \\ T_2 \to \cdot (E_2) \end{array}$$

I_{14}

$$T_3 \to (E_2 + \cdot$$

I_{15}

$$T_1 \to (E_2\$ \cdot$$

I_{16}

$$E_2 \to T_3 T_2 \cdot$$

I_{17}

$$T_2 \to a) \cdot$$

I_{18}

$$\begin{array}{l} T_3 \to (E_2 \cdot + \\ T_2 \to (E_2 \cdot) \end{array}$$

I_{19}

$$T_2 \to (E_2) \cdot$$

Abb. 10.9: Mengen von Elementen für Übung 10.9(c).

nehmbaren Größe gebaut werden können. Korenjak [1969] zeigt die erste dieser Methoden; zwei Teilklassen der $LR(1)$-Grammatiken — $SLR(1)$ (für "simple", d.h. "einfach") und $LALR(1)$ (für "Lookahead-LR") — die auf DeRemer [1969,1971]

	a	$+$	$($	$)$	$\$$	E_1	E_2	T_1	T_2	T_3
0	4		5			1		3		2
1										
2	4		5			6		3		2
3										
4		7			8					
5	12		13				9		11	10
6										
7										
8										
9		14			15					
10	12		13				16		11	10
11										
12		7		17						
13	12		13				18		11	10
14										
15										
16										
17										
18		14		19						
19										

Abb. 10.10: Transitionstabelle für den lebensfähige Präfixe erkennenden DEA.

zurückgehen, sind jedoch die heute am meisten benutzten Methoden. Wir wollen zur Verdeutlichung folgenden Vergleich heranziehen: Eine typische Programmiersprache wie ALGOL hat einen $LR(1)$-Parser (lebensfähige Präfixe erkennenden DEA) mit mehreren tausend Zuständen; für einen $LR(0)$-Parser werden sogar noch mehr Zustände benötigt. Da die Transitionstabelle Teil des Parsers einer Sprache sein muß, ist es nicht möglich, einen derart großen Parser im Hauptspeicher des Computers zu halten, selbst wenn die Tabelle kompakt ist. Die gleichen Sprachen haben jedoch $SLR(1)$ oder $LALR(1)$-Parser mit wenigen hundert Zuständen, die in kompakter Form leicht hineinpassen. Eine Beschreibung, wie LR-basierte Parser gebaut und benutzt werden, ist bei Aho und Johnson [1974] und Aho und Ullman [1977] zu finden.

Ein großer Teil der Forschung hat sich auf die Frage konzentriert, ob die Äquivalenz für DKA entscheidbar ist. Korenjak und Hopcroft [1966] zeigten, daß die Äquivalenz für eine Teilklasse der dkfS — die "einfache" Sprachen[5] genannt werden — entscheidbar ist. Diese Sprachen werden durch Grammatiken in Greibach-

[5] Diese Sprachen sind jedoch nicht grundlegend mit den "einfachen" LR-Grammatiken verbunden.

Normalform so definiert, daß keine zwei Produktionen $A \to a\alpha$ und $A \to a\beta$ existieren. Die Entscheidbarkeit der Äquivalenz wurde von Rosenkrantz und Stearns [1970] auf die $LL(k)$-Grammatiken von Lewis und Stearns [1968] erweitert, die eine echte Teilmenge der $LR(k)$-Grammatiken sind. Valiant [1973] zeigte die Entscheidbarkeit der Äquivalenz für DKA mit endlich vielen Wendungen (siehe Übung 6.13 für eine Definition) sowie für andere Klassen (siehe auch Valiant [1974], Beeri [1976] und Taniguchi und Kasami [1976]). Friedman [1977] hat gezeigt, daß die Äquivalenz für DKA genau dann entscheidbar ist, wenn sie für "monadische Rekursionsschemata" entscheidbar ist, die in der Automaten-Darstellung als DKA mit einem Zustand angesehen werden können, die ihre nächste Bewegung auf das gegenwärtige Eingabe-Symbol stützen, ohne jedoch dieses Symbol zu verbrauchen.

Außerdem wurde versucht, die Unentscheidbarkeit des Enthaltenseins für dkfS auf kleine Teilmengen der dkfS auszudehnen. Die Arbeiten sind in Friedman [1976] zusammengefaßt, der bewiesen hat, daß selbst für die einfachen Sprachen von Korenjak und Hopcroft [1966] das Enthaltensein unentscheidbar ist.

Eine Lösung zu Übung 10.5(b) kann bei Ginsburg und Greibach [1966a] gefunden werden; Übung 10.6 basiert auf Cole [1969].

Kapitel 11

ABGESCHLOSSENHEITS-EIGENSCHAFTEN VON SPRACHFAMILIEN

Es gibt erstaunliche Ähnlichkeiten zwischen den Abgeschlossenheitseigenschaften von regulären Mengen, kfS, rekursiv aufzählbaren Mengen und anderen Klassen. Nicht nur die Abgeschlossenheitseigenschaften sind ähnlich, sondern auch die Beweistechniken, die zum Nachweis dieser Eigenschaften verwendet werden. In diesem Kapitel führen wir einen allgemeinen Ansatz durch und untersuchen alle Sprachfamilien, die bestimmte Abgeschlossenheitseigenschaften haben. Dadurch werden wir neue Einsichten in die den Abgeschlossenheitseigenschaften zugrunde liegende Struktur gewinnen und die Untersuchung von neuen Sprachfamilien vereinfachen.

11.1 TRIOS UND VOLLE TRIOS

Erinnern Sie sich, daß eine Sprache eine Menge von endlich langen Zeichenketten über einem endlichen Alphabet ist. Eine *Sprachfamilie* ist eine Menge von Sprachen, die zumindest eine nichtleere Sprache enthält. Ein *Trio* ist eine Sprachfamilie, die unter Schnittmengenbildung mit einer regulären Menge, unter inversen Homomorphismen und ϵ-freien Homomorphismen abgeschlossen ist. [Ein Homomorphismus h heißt *ϵ-frei*, wenn $h(a) \neq \epsilon$ für jedes Symbol a gilt.] Ist die Sprachfamilie sowohl unter allen Homomorphismen als auch unter inversen Homomorphismen und Schnittbildung mit regulären Mengen abgeschlossen, spricht man von einem *vollen Trio.*

Beispiel 11.1

Die regulären Mengen, die kontextfreien Sprachen und die rekursiv aufzählbaren Mengen sind volle Trios. Die kontextsensitiven Sprachen und die rekursiven Mengen sind Trios, aber keine vollen Trios, da sie nicht unter beliebigen Homomorphismen abgeschlossen sind. Tatsächlich liefert der Abschluß der ksS oder der rekursiven Mengen unter beliebigen Homomorphismen die rekursiv aufzählbaren Mengen (siehe Übung 9.14 und ihre Lösung).

Satz 3.3 hat gezeigt, daß die regulären Mengen unter Schnittbildung abgeschlossen sind; also sind sie abgeschlossen unter "Schnittbildung mit einer regulären Menge". Satz 3.5 hat gezeigt, daß die regulären Mengen unter Homomorphismen und inversen Homomorphismen abgeschlossen sind, was den Beweis vervollständigt, daß die regulären Mengen ein volles Trio sind. Die Korollare zu den Sätzen 6.2, 6.3 und 6.5 zeigen, daß die kfS unter inversen Homomorphismen, Schnittbildung (und folglich Schnittbildung mit einer regulären Menge) sowie unter Substitution abgeschlossen sind (also ϵ-freien Homomorphismen, jedoch nicht allen Homomorphismen, da ϵ in einer ksS nicht erlaubt ist). Also sind die ksS ein Trio, aber kein volles Trio.

Wir werden beweisen, daß die rekursiven Mengen ein Trio sind, und lassen den Beweis, daß die rekursiv aufzählbaren Mengen ein volles Trio sind, als Übung. Sei h ein Homomorphismus und L eine rekursive Menge, die durch einen Algorithmus A erkannt wird. Dann wird $h^{-1}(L)$ von einem Algorithmus B erkannt, der einfach A auf $h(w)$ anwendet, wenn w die Eingabe von B ist. Sei g ein ϵ-freier Homomorphismus. Dann wird $g(L)$ von einem Algorithmus C erkannt, der bei einer gegebenen Eingabe w der Länge n alle Wörter x von einer Länge bis zu n über dem Alphabet des Definitionsbereichs von g aufzählt. Für jedes x mit $g(x) = w$ wird Algorithmus A auf x angewandt; wenn x in L ist, wird w vom Algorithmus C akzeptiert. Beachten Sie, daß w für $|x| > |w|$ nicht $g(x)$ sein kann, da g ϵ-frei ist. Schließlich können wir, wenn R eine reguläre Menge ist, die von einem DEA M akzeptiert wird, einen Algorithmus D konstruieren, der die Eingabe w genau dann akzeptiert, wenn w sowohl von A als auch von M akzeptiert wird.

Wir schließen diesen Abschnitt mit der Beobachtung, daß jedes volle Trio alle regulären Mengen enthält. Also sind die regulären Mengen das kleinste volle Trio. Entsprechend sind die ϵ-freien regulären Mengen das kleinste Trio. (Eine Sprache heißt ϵ-frei, wenn ϵ nicht in ihr enthalten ist.)

Lemma 11.1
Jedes volle Trio enthält alle regulären Mengen; jedes Trio enthält alle ϵ-freien regulären Mengen.

Beweis:
Sei $\mathcal{C}$ ein Trio, Σ ein Alphabet und $R \subseteq \Sigma^*$ eine ϵ-freie reguläre Menge. Da $\mathcal{C}$ zumindest eine nichtleere Sprache enthält, sei L in $\mathcal{C}$ und w in L. Wir definieren $\Sigma' = \{a' \mid a \text{ aus } \Sigma\}$; sei h der Homomorphismus, der jedes a aus Σ auf ϵ und jedes a' aus Σ' auf w abbildet. Dann ist $L_1 = h^{-1}(L)$ in $\mathcal{C}$, da $\mathcal{C}$ ein Trio ist. Da w in L ist, enthält L_1 zumindest alle Zeichenketten aus $\Sigma'\Sigma^*$. Sei g der Homomorphismus $g(a') = g(a) = a$ für alle a aus Σ. Da g ϵ-frei ist, wissen wir damit, daß $L_2 = g(L_1)$ in $\mathcal{C}$ und entweder gleich Σ^* oder gleich Σ^+ ist — in Abhängigkeit davon, ob ϵ in L_1 enthalten ist oder nicht. Also gilt $L_2 \cap R = R$ ist in $\mathcal{C}$, was unsere Annahme beweist, daß jedes Trio alle ϵ-freien regulären Mengen enthält.

Wenn $\mathcal{C}$ ein volles Trio ist, können wir den obigen Beweis verändern, indem wir $g'(a') = \epsilon$ und $g'(a) = a$ für alle a aus Σ zulassen. Dann gilt $L_2 = g'(L_1) = \Sigma^*$. Wenn R eine beliebige reguläre Menge ist, dann ist $L_2 \cap R = R$ in $\mathcal{C}$. □

Wir lassen den Beweis als Übung, daß die ϵ-freien regulären Mengen ein Trio sind und demnach auch das kleinste Trio. Beachten Sie, daß sie kein volles Trio bilden, da sie nicht unter allen Homomorphismen abgeschlossen sind.

11.2 ABBILDUNGEN VERALLGEMEINERTER SEQUENTIELLER MASCHINEN

Wenn man sich mit Abgeschlossenheitseigenschaften beschäftigt, stellt man schnell fest, daß gewisse Eigenschaften aus anderen automatisch folgen. Um also eine Menge von Abgeschlossenheitseigenschaften für eine Sprachenklasse nachzuweisen, muß man nur eine Menge von Eigenschaften nachweisen, aus denen die anderen folgen. In diesem Abschnitt werden wir eine Reihe von Abgeschlossenheitseigenschaften nachweisen, die aus den Basis-Eigenschaften von Trios und vollen Trios folgen.

Die erste Operation, die wir betrachten, ist die Verallgemeinerung eines Homomorphismus. Betrachten Sie eine Mealy-Maschine, die jede Zeichenkette einschließlich ϵ in einer Bewegung ausgeben darf. Dieses Gerät nennt man "verallgemeinerte sequentielle Maschine", und die von ihr definierten Abbildungen entsprechend "Abbildungen verallgemeinerter sequentieller Maschinen".

Formaler ist eine *verallgemeinerte sequentielle Maschine* (VSM) ein 6-Tupel $M = (Q, \Sigma, \Delta, \delta, q_0, F)$, wobei Q, Σ und Δ die *Zustände* und das *Eingabe-* bzw. *Ausgabealphabet* sind; δ ist eine Abbildung von $Q \times \Sigma$ in endliche Teilmengen von $Q \times \Delta^*$, q_0 ist der *Anfangszustand* und F die Menge der *Endzustände.* Die Interpretation von (p, w) in $\delta(q, a)$ ist, daß M im Zustand q mit Eingabesymbol a unter anderem in den Zustand p übergehen und w ausgeben kann.

Wir erweitern den Definitionsbereich von δ auf $Q \times \Sigma^*$ wie folgt:

1) $\delta(q, \epsilon) = \{(q, \epsilon)\}$
2) Für x aus Σ^* und a aus Σ gilt: $\delta(q, xa) = \{(p, w) \mid w = w_1 w_2$ und für ein p' gilt
(p', w_1) ist aus $\delta(q, x)$ und (p, w_2) ist aus $\delta(p', a)\}$.

Eine VSM ist *ϵ-frei*, wenn $Q \times \Sigma$ von δ in endliche Teilmengen von $Q \times \Delta^+$ abgebildet wird. Wenn M eine wie oben definierte VSM ist, so sei $M(x)$ die Menge

$$\{y \mid (p, y) \text{ ist in } \delta(q_0, x) \text{ für ein } p \text{ aus } F\}.$$

Ist L eine Sprache über Σ, so sei $M(L)$ gleich

$$\{y \mid y \text{ in } M(x) \text{ für ein } x \text{ aus } L\}.$$

Man nennt $M(L)$ eine *VSM-Abbildung.* Wenn M ϵ-frei ist, dann ist $M(L)$ eine *ϵ-freie VSM-Abbildung.* Beachten Sie, daß L ein Parameter der Abbildung ist, nicht eine gegebene Sprache.

Ebenso sei

$$M^{-1}(x) = \{y \mid M(y) \text{ enthält } x\}$$

und

$$M^{-1}(L) = \{y \mid x \text{ aus } M(y) \text{ für ein } x \text{ aus } L\}.$$

Wir nennen M^{-1} eine *inverse VSM-Abbildung.* Es gilt nicht notwendigerweise $M^{-1}(M(L)) = M(M^{-1}(L)) = L$; folglich ist M^{-1} keine echte Umkehrabbildung.

Beispiel 11.2

Sei

$$M = (\{q_0, q_1\}, \{0, 1\}, \{a, b\}, \delta, q_0, \{q_1\}).$$

Wir definieren δ folgendermaßen:

$$\begin{aligned}
\delta(q_0, 0) &= \{(q_0, aa), (q_1, b)\}, \\
\delta(q_0, 1) &= \{(q_0, a)\}, \\
\delta(q_1, 0) &= \emptyset \\
\delta(q_1, 1) &= \{(q_1, \epsilon)\}.
\end{aligned}$$

Wir können eine VSM als endlichen Automaten zeichnen, der eine mit a/w markierte Kante von Zustand q nach Zustand p hat, wenn (p, w) in $\delta(q, a)$ enthalten ist. Das Diagramm für die oben definierte VSM M ist in Abbildung 11.1 gezeigt. Intuitiv hat M, wenn die Eingabe aus Nullen besteht, die Möglichkeit, entweder zwei a oder ein b auszugeben. Wenn M ein b ausgibt, geht sie zu Zustand q_1. Wenn die Eingabe für M eine Eins ist und M sich im Zustand q_0 befindet, so kann M nur ein a ausgeben. Im Zustand q_1 stirbt M bei einer Null, kann jedoch bei Eingabe einer Eins im Zustand q_1 (ohne Ausgabe) verbleiben.

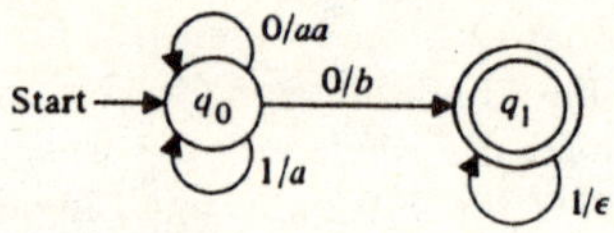

Abb. 11.1: Eine VSM.

Sei $L = \{0^n 1^n \mid n \geq 1\}$. Dann gilt

$$M(L) = \{a^{2n}b \mid n \geq 0\}.$$

Solange M Nullen liest, gibt sie zwei a je Null aus, bis zu dem Zeitpunkt, an dem sie rät, daß sie das Symbol b ausgeben sollte, und in den Zustand q_1 übergeht. Wenn in der Eingabe nicht direkt Einsen folgen, so stirbt M. Wenn M sich dagegen dafür entscheidet, im Zustand q_0 zu bleiben, wenn die erste Eins gelesen wird, kann sie niemals den Zustand q_1 erreichen, wenn die Eingabe von der Form $0^n 1^n$ ist. Also ist die einzige Ausgabe, die M bei einer gegebenen Eingabe $0^n 1^n$ machen kann, gerade $a^{2n-2}b$.

Wenn $L_1 = \{a^{2n}b \mid n \geq 0\}$ gilt, dann gilt

$$M^{-1}(L_1) = \{w01^i \mid i \geq 0 \text{ und } w \text{ hat eine gerade Anzahl von Einsen}\}.$$

Beachten Sie, daß $M^{-1}(M(L)) \supsetneq L$ gilt.

Die VSM-Abbildung ist ein nützliches Werkzeug, um eine Sprache mittels einer zweiten Sprache auszudrücken, die im wesentlichen die gleiche Struktur, aber eine andere äußere Erscheinung hat. Z.B. haben $L_1 = \{a^n b^n \mid n \geq 1\}$ und $L_2 = \{a^n b a^n \mid n \geq 1\}$ in gewissem Sinne dieselbe Struktur, unterscheiden sich aber leicht. L_1 und L_2 kann man mit Hilfe von VSM-Abbildungen jeweils leicht durch die andere ausdrücken. Abbildung 11.2(a) zeigt eine VSM, die L_1 auf L_2 abbildet, und Abbildung 11.2(b) zeigt eine VSM, die L_2 auf L_1 abbildet.

Abgeschlossenheit unter VSM-Abbildungen

Zu den Charakteristika von VSM-Abbildungen gehört, daß sie mit Hilfe von Homomorphismen, inversen Homomorphismen und Schnittbildung mit regulären Mengen

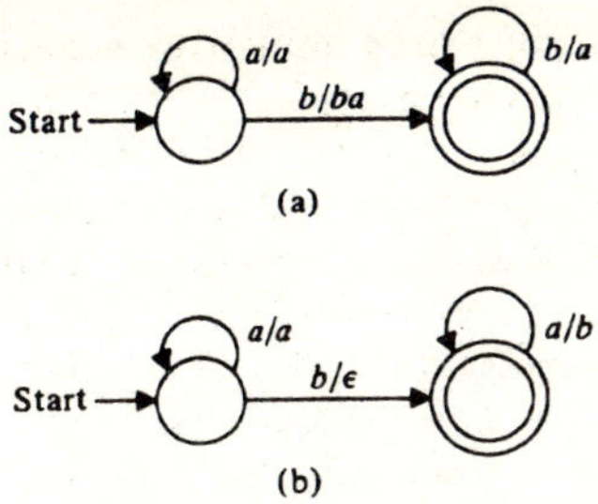

Abb. 11.2: Zwei VSM.

ausgedrückt werden können. Also ist jede Sprachklasse, die unter letzteren Operationen abgeschlossen ist, auch unter VSM-Abbildungen abgeschlossen.

Satz 11.1
Jedes volle Trio ist unter VSM-Abbildungen abgeschlossen. Jedes Trio ist unter ϵ-freien VSM-Abbildungen abgeschlossen.

Beweis:
Sei $\mathcal{C}$ ein volles Trio, L aus $\mathcal{C}$ und $M = (Q, \Sigma, \Delta, \delta, q_0, F)$ eine VSM. Wir müssen zeigen, daß $M(L)$ in $\mathcal{C}$ ist. Sei

$$\Delta_1 = \{[q, a, x, p] \mid \delta(q, a) \text{ enthält } (p, x)\}$$

und seien h_1 und h_2 die Homomorphismen von Δ_1^* nach Σ^* bzw. von Δ_1^* nach Δ^*, die durch $h_1([q, a, x, p]) = a$ und $h_2([q, a, x, p]) = x$ definiert sind. Sei R die reguläre Menge aller Zeichenketten in Δ_1^*, so daß

1) die erste Komponente des ersten Symbols der Anfangszustand q_0 von M ist;
2) die letzte Komponente des letzten Symbols ein Endzustand von M ist;
3) die letzte Komponente jedes Symbols gleich der ersten Komponente des folgenden Symbols ist.

Es ist einfach überprüfbar, daß R eine reguläre Menge ist. Ein DEA kann Bedingung (3) verifizieren, indem er das vorhergehende Symbol in seinem Zustand speichert und es mit dem laufenden Symbol vergleicht.

Wenn ϵ nicht aus L ist, dann ist $M(L) = h_2(h_1^{-1}(L) \cap R)$. D.h. h_1^{-1} bildet die Eingabe von M auf eine Zeichenkette ab, die in sich für jedes Symbol der Eingabe-Zeichenkette einen möglichen Zustandsübergang von M auf dem Eingabe-Symbol und ein entsprechendes Ausgabe-Symbol kodiert hat. Die reguläre Menge zwingt die Zustandsfolge, eine mögliche Folge von Zustandsübergängen von M zu sein. Schließlich löscht h_2 die Eingabe und die Zustandsübergänge und läßt nur die Ausgabe-Zeichenkette übrig. Formal wird dies wie folgt dargestellt:

$$h_1^{-1}(L) = \{[p_1, a_1, x_1, q_1][p_2, a_2, x_2, q_2] \ldots [p_k, a_k, x_k, q_k] \mid a_1 a_2 \ldots a_k \text{ ist in } L, \text{ die } p_i \text{ sind beliebig und } (q_i, x_i) \text{ ist in } \delta(p_i, a_i)\}.$$

Die Schnittbildung von $h_1^{-1}(L)$ mit R führt zu

$$L' = \{[q_0, a_1, x_1, q_1][q_1, a_2, x_2, q_2] \ldots [q_{k-1}, a_k, x_k, q_k] \mid a_1 a_2 \ldots a_k \text{ ist in } L, q_k \text{ ist in } F \text{ und } \delta(q_{i-1}, a_i) \text{ enthält } (q_i, x_i) \text{ für alle } i\}.$$

Also ist $h_2(L')$ definitionsgemäß $M(L)$.

Wenn ϵ in L und q_0 kein Endzustand ist, dann ist $h_2(L')$ immer noch $M(L)$. Wenn aber ϵ in L ist und q_0 Endzustand ist, dann gilt $M(\epsilon) = \epsilon$, so daß wir obige Konstruktion verändern müssen, um sicherzugehen, daß ϵ in der resultierenden Sprache ist. Sei $L'' = h_1^{-1}(L) \cap (R + \epsilon)$. Dann ist $L'' = L' \cup \{\epsilon\}$, da ϵ in $h^{-1}(L)$ ist. Also gilt $h_2(L'') = M(L)$. Da jedes volle Trio unter Schnittbildung mit regulären Mengen, unter Homomorphismen und unter inversen Homomorphismen abgeschlossen ist, ist $M(L)$ in $\mathcal{C}$.

Der Beweis für Trios und ϵ-freie VSM-Abbildungen läuft ähnlich ab. Da die VSM niemals ϵ ausgibt, ist das x in $[q, a, x, p]$ niemals ϵ, und folglich ist h_2 ein ϵ-freier Homomorphismus. □

Begrenztes Löschen und inverse VSM-Abbildungen

Trios sind nicht notwendigerweise unter Homomorphismen abgeschlossen, die in willkürlichem Löschen resultieren. Trios sind jedoch unter gewissen Homomorphismen abgeschlossen, die das Löschen unter der Voraussetzung erlauben, daß es begrenzt ist. Eine Klasse von Sprachen heißt abgeschlossen unter *k-begrenztem Löschen*, wenn für jede Sprache L dieser Klasse und jeden Homomorphismus h, der niemals mehr als k aufeinanderfolgende Symbole eines beliebigen Satzes x auf ϵ abbildet, $h(L)$ in dieser Klasse liegt. Die Klasse heißt unter *begrenztem Löschen* abgeschlossen, wenn sie unter k-begrenztem Löschen für alle k abgeschlossen ist. Beachten Sie, daß es von L abhängt, ob h ein begrenztes Löschen auf L ist, wenn $h(a) = \epsilon$ für ein a ist.

Lemma 11.2
Jedes Trio ist abgeschlossen unter begrenztem Löschen.
Beweis:
Sei $\mathcal{C}$ ein Trio, $L \subseteq \Sigma_1^*$ ein Element von $\mathcal{C}$ und h ein Homomorphismus, der k-begrenzt auf L ist. Sei

$$\Sigma_2 = \{[x] \mid x \text{ aus } \Sigma_1^*, |x| \leq k + 1 \text{ und } h(x) \neq \epsilon\}.$$

Seien h_1 und h_2 Homomorphismen, die durch

$$h_1([a_1 a_2 ... a_m]) = a_1 a_2 ... a_m \text{ und } h_2([a_1 a_2 ... a_m]) = h(a_1 a_2 ... a_m)$$

definiert sind.

Da $[a_1 a_2 ... a_m]$ nur dann in Σ_2 liegt, wenn $h(a_1 a_2 ... a_m) \neq \epsilon$ gilt, ist h_2 ϵ-frei. Damit ist $h_2(h_1^{-1}(L))$ in $\mathcal{C}$, da $\mathcal{C}$ unter ϵ-freien Homomorphismen und allen inversen Homomorphismen abgeschlossen ist. Es ist einfach zu überprüfen, daß $h_2(h_1^{-1}(L)) = h(L)$ gilt. □

Satz 11.2
Jedes Trio ist unter inversen VSM-Abbildungen abgeschlossen.
Beweis:
Sei $\mathcal{C}$ ein Trio, L aus $\mathcal{C}$ und $M = (Q, \Sigma, \Delta, \delta, q_0, F)$ eine VSM. O.B.d.A. nehmen wir an, daß die Mengen Σ und Δ disjunkt sind. Wenn nicht, ersetzen wir die Symbole aus Δ durch neue Symbole und stellen diese am Ende der Konstruktion durch einen

ϵ-freien Homomorphismus wieder her, der jedes neue Symbol auf das entsprechende alte Symbol abbildet. Sei h_1 der Homomorphismus, der $(\Sigma \cup \Delta)^*$ auf Δ^* abbildet, und der wie folgt definiert ist:

$$h_1(a) = \begin{cases} a & \text{für } a \text{ aus } \Delta \\ \epsilon & \text{für } a \text{ aus } \Sigma. \end{cases}$$

Sei $L_1 = h_1^{-1}(L)$. Dann ist L_1 die Menge von Zeichenketten aus $\Sigma^* b_1 \Sigma^* b_2 ... \Sigma^* b_n \Sigma^*$, für die $b_1 b_2 ... b_n$ in L liegt.

Sei R die reguläre Menge, die aus allen Wörtern der Form $a_1 x_1 a_2 x_2 ... a_m x_m$ besteht, so daß

1) die a aus Σ sind,
2) die x aus Δ^* sind,
3) Zustände $q_0 q_1 ... q_m$ mit q_m aus F existieren, für die (q_i, x_i) in $\delta(q_{i-1}, a_i)$ für $1 \leq i \leq m$ enthalten ist.

Beachten Sie, daß x_i gleich ϵ sein kann. Der Leser kann durch die Konstruktion eines R akzeptierenden NEA einfach zeigen, daß R eine reguläre Menge ist. Dieser NEA errät die Zustandsfolge $q_1 q_2 ... q_m$.

Nun ist $L_1 \cap R$ die Menge aller Wörter der Form $a_1 x_1 a_2 x_2 ... a_m x_m$ mit $m \geq 0$ in R, wobei a_i aus Σ, x_i aus Δ^*, $x_1 x_2 ... x_m$ aus L und $(p, x_1 x_2 ... x_m)$ in $\delta(q_0, a_1 a_2 ... a_m)$ für ein p aus F enthalten ist. Keines der x_i ist von einer Länge größer als k, wobei k die Länge des längsten x ist, so daß (p, x) in $\delta(q, a)$ für p, q aus Q und a aus Σ enthalten ist.

Schließlich sei h_2 der Homomorphismus, der a aus Σ auf a und b aus Δ auf ϵ abbildet. Dann ist

$$M^{-1}(L) = h_2(L_1 \cap R)$$

nach Lemma 11.2 in $\mathcal{C}$, da durch h_2 niemals k aufeinanderfolgende Symbole auf ϵ abgebildet werden. □

11.3 WEITERE ABGESCHLOSSENHEITSEIGENSCHAFTEN VON TRIOS

Trios und volle Trios sind unter vielen Operationen abgeschlossen. In diesem Abschnitt stellen wir diverse dieser Abgeschlossenheitseigenschaften vor.

Satz 11.3
Jedes volle Trio ist unter Quotientenbildung mit einer regulären Menge abgeschlossen.

Beweis:
Sei $\mathcal{C}$ ein volles Trio, $L \subseteq \Sigma_1^*$ ein Element von $\mathcal{C}$ und $R \subseteq \Sigma_1^*$ eine reguläre Menge. Für jedes a aus Σ_1 sei a' ein neues Symbol, und Σ_1' sei die Menge aller solchen Symbole. Seien h_1 und h_2 die Homomorphismen von $(\Sigma_1 \cup \Sigma_1')^*$ nach Σ_1^*, die durch $h_1(a) = h_1(a') = a$, $h_2(a) = \epsilon$ und $h_2(a') = a$ definiert sind. Dann ist $L/R = h_2(h_1^{-1}(L) \cap (\Sigma_1')^* R)$, und folglich ist L/R in $\mathcal{C}$. $h_1^{-1}(L)$ enthält also die Wörter aus L mit jedem Symbol gestrichen oder nicht gestrichen (unabhängig voneinander). Also enthält $h_1^{-1}(L) \cap (\Sigma_1')^* R$ die Wörter xy, bei denen x nur aus gestrichenen

Symbolen, y nur aus nicht gestrichenen Symbolen besteht, y aus R ist, und für die zy aus L ist, wenn z gleich x nach Entfernen der Striche ist. Es folgt, daß

$$h_2(h_1^{-1}(L) \cap (\Sigma_1')^* R)$$

alle Zeichenketten z wie oben beschrieben enthält, d.h. gleich L/R ist. □

Satz 11.4
Trios sind unter Substitution durch ϵ-freie reguläre Mengen abgeschlossen, und volle Trios sind unter Substitution durch reguläre Mengen abgeschlossen.

Beweis:
Sei $\mathcal{C}$ ein Trio, $L \subseteq \Sigma_1^*$ aus $\mathcal{C}$ und $s : \Sigma_1^* \to \Sigma_2^*$ eine Substitution, so daß $s(a)$ für jedes a aus Σ_1 regulär ist. Für diesen Beweis nehmen wir an, daß Σ_1^* und Σ_2^* disjunkt sind und ϵ nicht in $s(a)$ enthalten ist.

Sei x eine Zeichenkette aus L. Durch einen inversen Homomorphismus können wir beliebige Zeichenketten aus Σ_2^* zwischen den Symbolen von x einfügen. Durch Schnittbildung mit einer reguläre Menge ist sichergestellt, daß die nach dem Symbol a eingefügte Zeichenkette in $s(a)$ liegt. Dann können wir durch begrenztes Löschen die Symbole von x löschen, wodurch eine Zeichenkette von $s(x)$ übrig bleibt.

Präziser formuliert bedeutet dies: Sei $h_1 : (\Sigma_1 \cup \Sigma_2)^* \to \Sigma_1^*$ der Homomorphismus, der durch $h_1(a) = a$ für a aus Σ_1 und $h_1(a) = \epsilon$ für a aus Σ_2 definiert ist; weiterhin sei $h_2 : (\Sigma_1 \cup \Sigma_2)^* \to \Sigma_1^*$ der Homomorphismus, der durch $h_2(a) = \epsilon$ für a aus Σ_1 und $h_2(a) = a$ für a aus Σ_2 definiert ist. Dann gilt

$$s(L) \;=\; h_2(h_1^{-1}(L) \;\cap\; \Big(\bigcup_{a \text{ aus } \Sigma_1} as(a)\Big)^*).$$

Nun ist

$$\Big(\bigcup_{a \text{ aus } \Sigma_1} as(a)\Big)^*$$

eine reguläre Menge, da jedes $s(a)$ eine reguläre Menge ist. Da $s(a)$ ϵ-frei ist, löscht h_2 höchstens jedes zweite Symbol, so daß nach Lemma 11.2 $s(L)$ in $\mathcal{C}$ ist. Der Beweis, daß volle Trios unter Substitution durch reguläre Mengen abgeschlossen sind, ist identisch bis auf die Tatsache, daß s nicht ϵ-frei sein könnte. Wenn Σ_1 und Σ_2 nicht disjunkt sind, ersetzen wir jedes Symbol aus Σ_2 durch ein neues Symbol, und folgen den obigen Operationen durch einen ϵ-freien Homomorphismus, um die alten Symbole wieder herzustellen. □

11.4 ABSTRAKTE SPRACHFAMILIEN

Viele der Sprachfamilien, die wir untersucht haben, haben Abgeschlossenheitseigenschaften, die nicht von den Operationen des Trios oder vollen Trios impliziert werden. Dominierend unter diesen sind Vereinigung, Konkatenation und Kleene'sche Hüllenbildung. Deshalb wurden zwei andere Mengen von Abgeschlossenheitseigenschaften auf ihre Konsequenzen hin gründlich untersucht, und zwar lange vor dem Trio und dem vollen Trio. Wir definieren eine Sprachklasse als eine *abstrakte*

Sprachfamilie (ASF), wenn sie ein Trio ist und zusätzlich unter Vereinigung, Konkatenation und positiver Hüllenbildung abgeschlossen ist. (Erinnern Sie sich daran, daß die positive Hülle L^+ von L gleich $\bigcup_{i=1}^{\infty} L^i$ ist.) Wir nennen eine Sprachklasse *volle ASF*, wenn sie ein volles Trio und abgeschlossen unter Vereinigung, Konkatenation und Kleene'scher Hüllenbildung ist.

Zum Beispiel haben wir in den Kapiteln 3 und 6 bewiesen, daß die regulären Mengen und die kfS volle ASF sind; die rekursiv aufzählbaren Mengen sind ebenfalls volle ASF, und wir lassen den Beweis als Übungsaufgabe. Die ksS sind eine ASF, aber keine volle ASF, da sie nicht unter allgemeinen Homomorphismen abgeschlossen sind (siehe Aufgaben 9.10 und 9.14).

Wir haben gesehen, daß die regulären Mengen das kleinste volle Trio sind. Sie sind auch eine volle ASF und deshalb die kleinste volle ASF. Die ϵ-freien regulären Mengen sind die kleinste ASF ebenso wie das kleinste Trio.

Der nächste Satz besagt, daß die ASF unter Substitution in den regulären Mengen abgeschlossen sind. D.h. für jedes Symbol eines Alphabets assoziieren wir eine Sprache aus einer ASF $\mathcal{C}$. Dann ersetzen wir jedes Symbol in jeder Zeichenkette aus einer regulären Menge durch die assoziierte Sprache, was zu einer Sprache aus $\mathcal{C}$ führt.

Satz 11.5
Sei $\mathcal{C}$ eine ASF, die eine Sprache enthält, die ϵ enthält, und sei $R \subseteq \Sigma^*$ eine reguläre Menge. Sei s eine Substitution, die durch $s(a) = L_a$ für jedes a aus Σ definiert ist, wobei L_a ein Element von $\mathcal{C}$ ist. Dann ist $s(R)$ in $\mathcal{C}$.

Beweis:
Der Beweis verläuft über Induktion über die Anzahl der Operatoren in einem regulären Ausdruck, der R bezeichnet. Wenn es keine Operatoren gibt, dann muß der reguläre Ausdruck entweder $\emptyset$ oder ϵ oder a für a aus Σ sein. Wenn er gleich a ist, dann ist das Ergebnis der Substitution L_a; dieses liegt in $\mathcal{C}$. Wenn der reguläre Ausdruck $\emptyset$ ist, dann ist das Ergebnis der Substitution $\emptyset$, was nach Lemma 11.1 ebenfalls in $\mathcal{C}$ liegt. Wenn der reguläre Ausdruck ϵ ist, dann ist das Ergebnis der Substitution ϵ. Wir behaupten, daß ϵ in $\mathcal{C}$ liegt, weil das ϵ enthaltende L in $\mathcal{C}$ liegt, und da $L \cap \{\epsilon\} = \{\epsilon\}$ in $\mathcal{C}$ ist auf Grund der Abgeschlossenheit unter Schnittbildung mit regulären Mengen.

Der Induktionsschritt ist einfach. ASF sind unter Vereinigung und Konkatenation abgeschlossen, und wir können die Abgeschlossenheit unter * bei gegebener Sprache L aus $\mathcal{C}$ (die ϵ enthält) einfach zeigen. D.h. wir haben schon gezeigt, daß $\{\epsilon\}$ in $\mathcal{C}$ ist. Wenn L_1 eine beliebige Sprache aus $\mathcal{C}$ ist, dann ist L_1^+ aus $\mathcal{C}$ und demnach auch $L_1^* = L_1^+ \cup \{\epsilon\}$. Deshalb ist die ASF unter $\cup$, $\cdot$ und * abgeschlossen, woraus der Induktionsschritt folgt. Also ist $\mathcal{C}$ abgeschlossen unter Substitution in einer regulären Menge. □

Im allgemeinen sind ASF nicht unter Substitution von Sprachen der Familie mit anderen Sprachen der Familie abgeschlossen, obwohl die meisten der gebräuchlichen ASF wie die kfS, die rekursiven Mengen und die rekursiv aufzählbaren Mengen es sind. Jede ASF, die unter $\cap$ abgeschlossen ist, ist jedoch auch unter Substitution abgeschlossen. Der Beweis ist ähnlich zu dem von Satz 11.5 und verbleibt als Übung. Wir lassen auch den Beweis als Übung, daß alle ASF — sogar die, die keine Sprache mit ϵ enthalten — unter Substitution in ϵ-freien regulären Mengen abgeschlossen sind.

11.5 UNABHÄNGIGKEIT DER ASF-OPERATIONEN

Die Definition einer ASF verlangt sechs Abgeschlossenheitseigenschaften. Um jedoch zu zeigen, daß eine Sprachfamilie eine ASF ist, braucht man nicht alle sechs Eigenschaften zu zeigen, da sie nicht unabhängig voneinander sind. Z.B. ist jede Sprachfamilie, die abgeschlossen ist unter $\cup$, $^+$, ϵ-freiem h, h^{-1} und $\cap R$ notwendigerweise unter $\cdot$ abgeschlossen.[1] Genauso folgt $\cup$ aus den anderen fünf Operationen; das gleiche gilt für $\cap R$. Wir werden nur die Abhängigkeit von $\cdot$ beweisen.

Satz 11.6

Jede Sprachfamilie, die unter $\cup$, $^+$, ϵ-freiem h, h^{-1} und $\cap R$ abgeschlossen ist, ist auch unter $\cdot$ abgeschlossen.

Beweis:

Sei $\mathcal{C}$ eine solche Sprachfamilie und seien $L_1 \subseteq \Sigma^*$ und $L_2 \subseteq \Sigma^*$ aus $\mathcal{C}$. Wir können o.B.d.A. annehmen, daß ϵ weder in L_1 noch in L_2 ist. Diese Annahme wird duch die Tatsache gerechtfertigt, daß

$$L_1L_2 = (L_1 - \{\epsilon\})(L_2 - \{\epsilon\}) \ \cup \ L_1' \ \cup \ L_2'$$

gilt; dabei ist L_1' gleich L_1, wenn ϵ in L_2 ist, und sonst gleich $\emptyset$ sowie L_2' gleich L_2, falls ϵ in L_1 ist, und sonst gleich $\emptyset$. Da $\mathcal{C}$ unter Vereinigung abgeschlossen ist, liegt daß L_1L_2 in $\mathcal{C}$, falls wir zeigen können, daß $(L_1 - \{\epsilon\})(L_2 - \{\epsilon\})$ in $\mathcal{C}$ liegt.

Seien a und b Symbole, die nicht in Σ liegen: Da $\mathcal{C}$ ein Trio ist, ist gemäß Satz 11.1 $\mathcal{C}$ unter ϵ-freien VSM-Abbildungen abgeschlossen. Sei M_1 eine VSM, die a gefolgt von ihrem ersten Eingabe-Symbol schreibt und dann ihre Eingabe kopiert; sei weiterhin M_2 eine VSM, die b mit ihrem ersten Eingabesymbol schreibt und dann ihre Eingabe kopiert. Dann gilt, da ϵ weder in L_1 noch L_2 ist, $M_1(L_1) = aL_1$ und $M_2(L_2) = bL_2$, und beide liegen in $\mathcal{C}$. Durch die Abgeschlossenheit unter $\cup$, $^+$ und $\cap R$ ist

$$(aL_1 \ \cup \ bL_2)^+ \ \cap \ a\Sigma^*b\Sigma^* \ = \ aL_1bL_2$$

in $\mathcal{C}$. Wir definieren g als einen Homomorphismus mit $g(a) = g(b) = \epsilon$ und $g(c) = c$ für alle c aus Σ. Dann ist g ein 2-begrenztes Löschen, da L_1 und L_2 als ϵ-frei angenommen wurden. Nach Lemma 11.2 liegt $g(aL_1bL_2) = L_1L_2$ in $\mathcal{C}$. □

11.6 ZUSAMMENFASSUNG

Wir listen in Abbildung 11.3 einige Operationen auf, unter denen Trios, volle Trios, ASF und volle ASF abgeschlossen sind. Die Eigenschaften sind alle in diesem Kapitel bewiesen worden (oder verblieben als Übungen). Erinnern Sie sich daran, daß die regulären Mengen, kfS und rekursiv aufzählbaren Mengen volle ASF sind;

[1] Wir benutzen $\cap R$ für "Schnittbildung mit regulären Mengen", h für "Homomorphismus" und h^{-1} für "inverser Homomorphismus". Der Punkt steht für Konkatenation.

	Trio	Volles Trio	ASF	Volle ASF
$\cup$			$\surd$	$\surd$
$\cdot$			$\surd$	$\surd$
$+$			$\surd$	$\surd$
$*$				$\surd$
h^{-1}	$\surd$	$\surd$	$\surd$	$\surd$
ϵ-freier h	$\surd$	$\surd$	$\surd$	$\surd$
h		$\surd$		$\surd$
$\cap R$	$\surd$	$\surd$	$\surd$	$\surd$
ϵ-freie VSM-Abbildungen	$\surd$	$\surd$	$\surd$	$\surd$
VSM-Abbildungen		$\surd$		$\surd$
inverse VSM-Abbildungen	$\surd$	$\surd$	$\surd$	$\surd$
begrenztes Löschen	$\surd$	$\surd$	$\surd$	$\surd$
Quotient mit einer regulären Menge		$\surd$		$\surd$
INIT		$\surd$		$\surd$
Substitution in regulären Mengen			$\surd$	$\surd$
Substitution durch ϵ-freie reguläre Mengen	$\surd$	$\surd$	$\surd$	$\surd$
Substitution durch reguläre Mengen		$\surd$		$\surd$

Abb. 11.3: Zusammenfassung von Abgeschlossenheitseigenschaften.

die ksS und die rekursiven Mengen sind ASF. Die dkfS sind jedoch nicht einmal Trios.

Einige andere Operationen lassen sich nicht in die Theorie von Trios und ASF einordnen. In Abbildung 11.4 fassen wir die Abgeschlossenheitseigenschaften von sechs Sprachklassen unter diesen Operationen zusammen. Die Frage, ob die ksS unter Komplementbildung abgeschlossen sind, ist ein schon lange offenes Problem und äquivalent zu ihrer Abgeschlossenheit unter MIN.

Dieses Kapitel hat sich mit Abgeschlossenheits- und nicht mit Entscheidbarkeitseigenschaften befaßt; wir befinden uns aber an einer geeigneten Stelle, um auch diese Eigenschaften für die sechs in Abbildung 11.4 erwähnten Sprachklassen zusammenzufassen. Wir zeigen in Abbildung 11.5, ob jede von zehn wichtigen Eigenschaften für die sechs Klassen entscheidbar sind. E steht für entscheidbar, U für unentscheidbar, T bedeutet trivial entscheidbar (weil die Antwort immer "ja" ist), und ? gibt an, daß die Antwort noch nicht bekannt ist. Die Ergebnisse von Abbildung 11.5 werden in verschiedenen Kapiteln bewiesen — hauptsächlich in den Kapiteln 3, 6, 8 und 10.

ÜBUNGEN

***L 11.1** Zeigen Sie, daß die linearen Sprachen ein volles Trio, aber keine ASF sind.

11.2 Zeigen Sie, daß die ϵ-freien regulären Mengen eine ASF sind.

11.3 Zeigen Sie, daß ein volles Trio abgeschlossen ist unter INIT, SUB und FIN, wobei

	Reguläre Mengen	kfS	dkfS	ksS	Rekursive Mengen	Rekursiv aufzählbare Mengen
Komplementbildung	√		√	?	√	
Schnittbildung	√			√	√	√
Substitution	√	√		√		√
MIN	√		√	?	√	√
MAX	√		√			
CYCLE	√	√		√	√	√
Spiegelung	√	√		√	√	√

Abb. 11.4: Einige weitere Abgeschlossenheitseigenschaften.

Frage	Reguläre Mengen	dkfS	kfS	ksS	Rekursive Mengen	r.a. Mengen
Ist w in L?	E	E	E	E	E	U
Ist $L = \emptyset$?	E	E	E	U	U	U
Ist $L = \Sigma^*$?	E	E	U	U	U	U
Ist $L_1 = L_2$?	E	?	U	U	U	U
Ist $L_1 \subseteq L_2$?	E	U	U	U	U	U
Ist $L_1 \cap L_2 = \emptyset$?	E	U	U	U	U	U
Ist $L = R$ für eine gegebene reguläre Menge R?	E	E	U	U	U	U
Ist L regulär?	T	E	U	U	U	U
Ist der Schnitt zweier Sprachen vom selben Typ wie diese?	T	U	U	T	T	T
Ist das Komplement einer Sprache vom selben Typ wie diese?	T	U	U	?	T	U

Abb. 11.5: Einige Entscheidbarkeitseigenschaften.

$$\mathrm{SUB}(L) = \{x \mid wxy \text{ ist in } L \text{ für ein } w \text{ und } y\}$$

und

$$\mathrm{FIN}(L) = \{x \mid wx \text{ ist in } L \text{ für ein } w\}.$$

11.4 Zeigen Sie, daß nicht jede ASF unter $^*, h$, INIT, SUB, FIN, Quotientenbildung mit einer regulären Menge und Substitution durch reguläre Mengen abgeschlossen ist.

* **11.5** Zeigen Sie, daß nicht jedes volle Trio unter $\cup$, $\cdot$, *, $^+$ und Substitution in regulären Mengen abgeschlossen ist. [*Hinweis:* Die linearen Sprachen

reichen dafür, außer für die Vereinigung. (Um zu zeigen, daß einige Sprachen nicht linear sind, können Sie Übung 6.11 benutzen.) Um die Nicht-Abgeschlossenheit unter der Vereinigung zu zeigen, sind zwei volle Trios $\mathcal{C}_1$ und $\mathcal{C}_2$ zu finden, die Sprachen L_1 bzw. L_2 enthalten, so daß $L_1 \cup L_2$ weder in $\mathcal{C}_1$ noch in $\mathcal{C}_2$ ist. Zeigen Sie, daß $\mathcal{C}_1 \cup \mathcal{C}_2$ auch ein volles Trio ist.]

11.6 Beweisen Sie alle Abgeschlossenheiten bzw. fehlenden Abgeschlossenheiten in Abbildung 11.4. (Nach einigen wurde in früheren Übungen gefragt, oder sie wurden in früheren Sätzen bewiesen.)

* **11.7** Das "*Interleaving*" (Einsortieren) zweier Sprachen L_1 und L_2 — bezeichnet durch $\text{IL}(L_1, L_2)$ — ist durch

$$\{w_1x_1w_2x_2...w_kx_k \mid k \text{ ist beliebig, } w_1w_2...w_k \text{ ist aus } L_1 \text{ und } x_1x_2...x_k \text{ ist aus } L_2\}$$ [2]

definiert. Zeigen Sie, daß $\text{IL}(L, R)$ in $\mathcal{C}$ ist, wenn $\mathcal{C}$ ein beliebiges Trio, L in $\mathcal{C}$ und R eine reguläre Menge ist.

11.8 Sind die folgenden Mengen abgeschlossen unter IL?

a) reguläre Mengen
b) kfS
c) ksS
d) rekursive Mengen
e) rekursiv aufzählbare Mengen

11.9 Ein *A-Transducer* ist eine VSM, die sich auf einer ϵ-Eingabe bewegen kann (Ausgaben machen und den Zustand ändern). Zeigen Sie, daß jedes volle Trio unter A-Transduktionen abgeschlossen ist.

11.10 Bestimmen Sie eine VSM, die a^i auf die Menge $\{a^jb^k \mid i \leq j + k \leq 2i\}$ für alle i abbildet.

* **11.11** Zeigen Sie, daß jede Sprachklasse, die unter $\cdot$, h, h^{-1} und $\cap R$ abgeschlossen ist, auch unter Vereinigung abgeschlossen ist.

* **11.12** Zeigen Sie, daß jede Sprachklasse, die unter h, h^{-1}, $\cdot$ und $\cup$ abgeschlossen ist, auch unter $\cap R$ abgeschlossen ist.

** **11.13** Geben Sie Beispiele für Sprachklassen an, die abgeschlossen sind unter

a) $\cup$, $\cdot$, ϵ-freiem h, h^{-1} und $\cap R$, aber nicht unter $^+$;
b) $\cup$, $\cdot$, $^+$, ϵ-freiem h und $\cap R$, aber nicht unter h^{-1};
c) $\cup$, $\cdot$, $^+$, h^{-1} und $\cap R$, aber nicht unter ϵ-freiem h.

* **11.14** Zeigen Sie, daß eine ASF genau dann unter Komplementbildung abgeschlossen ist, wenn sie unter MIN abgeschlossen ist.

* **11.15** Eine *Grammatik* $G = (V, T, P, S)$ *mit verstreutem Kontext* hat Produktionen der Form $(A_1, ..., A_n) \rightarrow (\alpha_1, ..., \alpha_n)$, wobei jedes α_i aus $(V \cup T)^+$ ist. Wenn $(A_1, ..., A_n) \rightarrow (\alpha_1, ..., \alpha_n)$ in P ist, dann schreiben wir

$$\beta_1A_1\beta_2A_2...\beta_nA_n\beta_{n+1} \Rightarrow \beta_1\alpha_1\beta_2\alpha_2...\beta_n\alpha_n\beta_{n+1}.$$

---

[2] Beachten Sie, daß einige w und x gleich ϵ sein können.

Sei $\overset{*}{\Rightarrow}$ die reflexive und transitive Hülle von $\Rightarrow$. Die von G erzeugte Sprache ist $\{x \mid x \text{ ist aus } T^+ \text{ und } S \overset{*}{\Rightarrow} x\}$.

a) Beweisen Sie, daß die Sprachen mit verstreutem Kontext eine ASF bilden.

b) Welche Sprachklasse wird durch Grammatiken mit verstreutem Kontext erzeugt, wenn wir Produktionen erlauben, bei denen die α_i möglicherweise ϵ sind?

**** 11.16** Eine ASF $\mathcal{C}$ heißt *Haupt-ASF*, wenn es eine Sprache L so gibt, daß $\mathcal{C}$ die kleinste ASF ist, die L enthält.

a) Bilden die kfS eine Haupt-ASF?

b) Beweisen Sie, daß die kleinste ASF, die $\{a^n b^n \mid n \geq 0\}$ enthält, in den kfS echt enthalten ist.

c) Sei $\mathcal{C}_0, \mathcal{C}_1, \mathcal{C}_2, \ldots$ eine unendliche Folge von ASF, so daß $\mathcal{C}_{i-1} \subsetneq \mathcal{C}_i$ für alle $i > 0$. Beweisen Sie, daß die Vereinigung der $\mathcal{C}_i$ eine ASF bildet, die keine Haupt-ASF ist.

d) Geben Sie ein Beispiel für eine ASF an, die keine Haupt-ASF ist.

*** 11.17** Zeigen Sie, daß eine ASF unter Substitution abgeschlossen ist, wenn sie unter Schnittbildung abgeschlossen ist.

Lösungen zu ausgewählten Übungen

11.1 Um zu beweisen, daß die linearen Sprachen unter Homomorphismen abgeschlossen sind, sei G eine lineare Sprache und h ein Homomorphismus. Wenn jede Produktion $A \to wBx$ oder $A \to y$ durch $A \to h(w)Bh(x)$ bzw. $A \to h(y)$ ersetzt wird, dann erzeugt die resultierende Grammatik $h(L(G))$. Um die Abgeschlossenheit unter h^{-1} und $\cap R$ zu zeigen, könnten wir unsere maschinen-basierten Beweise analog zu den Beweisen für kfS benutzen, da die linearen Sprachen durch Übung 6.13(a) als KA mit einer Wendung charakterisiert sind. Wir werden stattdessen die auf Grammatiken basierenden Beweise angeben.

Sei $G = (V, T, P, S)$ eine lineare kfG und $M = (Q, T, \delta, q_0, F)$ ein DEA. Konstruieren Sie eine lineare Grammatik $G' = (V', T, P', S')$, die $L(G) \cap L(M)$ erzeugt. Sei $V' = \{[qAp] \mid q \text{ und } p \text{ aus } Q \text{ und } A \text{ aus } V\} \cup \{S'\}$. Dann enthalte P' die folgenden Produktionen:

1) $S' \to [q_0Sp]$ für alle p aus F,
2) $[qAp] \to w[rBs]x$ genau dann, wenn $A \to wBx$ in P ist und $\delta(q, w) = r$ und $\delta(s, x) = p$ gilt;
3) $[qAp] \to y$ genau dann, wenn $A \to y$ in P ist und $\delta(q, y) = p$ gilt.

Eine einfache Induktion über die Länge der Ableitung zeigt, daß $[qAp] \underset{G'}{\overset{*}{\Longrightarrow}} w$ genau dann gilt, wenn $A \underset{G}{\overset{*}{\Longrightarrow}} w$ und $\delta(q, w) = p$ gilt. Also gilt $S' \underset{G'}{\overset{*}{\Longrightarrow}} w$ genau dann, wenn $S \underset{G}{\overset{*}{\Longrightarrow}} w$ gilt und $\delta(q_0, w)$ ein Endzustand ist. Also gilt $L(G') = L(G) \cap L(M)$.

Nun sei $G = (V, T, P, S)$ eine lineare Grammatik und $h : \Sigma^* \to T^*$ ein Homomorphismus. Wir wählen ein k so, daß $|h(a)| \leq k$ für alle a aus Σ gilt sowie $|w| \leq k$ und $|x| \leq k$, wenn $A \to wBx$ oder $A \to w$ in P gilt. Sei $G'' = (V'', \Sigma, P'', [S])$, wobei V'' aus allen Symbolen $[wAx]$ besteht, für die A aus V ist und w und x aus

T^* sind mit einer Länge von jeweils höchstens $2k-1$. Ebenfalls in V'' sind alle Symbole $[y]$, für die $|y| \leq 3k-1$ gilt. Intuitiv simuliert G'' eine Ableitung von G in ihren Variablen, bis die Zeichenkette von Terminalen entweder rechts oder links der Variablen von G mindestens die Länge k hat. Dann erzeugt G'' rechts oder links ein Terminalzeichen a und löscht $h(a)$ aus dem, was in der Variablen gespeichert ist.

Die Produktionen von P'' sind folgende:

1) Wenn $A \to w_1Bx_1$ in P ist, dann ist für alle w_2 und x_2, die eine Länge von höchstens $k-1$ haben, $[w_2Ax_2] \to [w_2w_1Bx_1x_2]$ in P''. Wenn $A \to y$ in P ist, dann ist $[w_2Ax_2] \to [w_2yx_2]$ in P''.
2) Für a in Σ gilt
$[h(a)w_1Ax_1] \to a[w_1Ax_1]$, $[w_1Ax_1h(a)] \to [w_1Ax_1]a$ und $[h(a)y] \to a[y]$.
3) $[\epsilon] \to \epsilon$.

Es folgt durch Induktion über die Länge der Ableitung, daß

$$[S] \underset{G''}{\Longrightarrow} w_1[w_2Ax_2]x_2$$

genau dann gilt, wenn

$$S \overset{*}{\underset{G}{\Longrightarrow}} h(w_1)w_2Ax_2h(x_2)$$

gilt. Also gilt $[S] \overset{*}{\underset{G''}{\Longrightarrow}} v$ genau dann, wenn $S \overset{*}{\underset{G}{\Longrightarrow}} h(v)$ gilt, und folglich ist $L(G'') = h^{-1}(L(G))$.

Um zu zeigen, daß die linearen Sprachen keine ASF sind, zeigen wir, daß sie nicht unter Konkatenation abgeschlossen sind. Sicherlich sind $\{a^ib^i \mid i \geq 1\}$ und $\{c^jd^j \mid j \geq 1\}$ lineare Sprachen; ihre Konkatenation ist jedoch keine lineare Sprache, wie in Übung 6.12 gezeigt wurde.

LITERATURHINWEISE

Die Untersuchung von abstrakten Sprachfamilien wurde von Ginsburg und Greibach [1969] begonnen, die die Sätze 11.1 bis 11.5 sowie Lemma 11.1 bewiesen haben. Die zentrale Bedeutung des Trios in dieser Theorie wurde von Ginsburg [1975] herausgestellt. Satz 11.6 über die Unabhängigkeit der Operatoren erscheint in Greibach und Hopcroft [1969]; eine Lösung zu Übung 11.13 kann dort nachgelesen werden. Der Begriff des begrenzten Löschens geht auch auf Greibach und Hopcroft [1969] zurück. Daß die ASF, die unter Schnittbildung abgeschlossen sind, auch unter Substitution abgeschlossen sind, wurde zuerst von Ginsburg und Hopcroft [1970] bewiesen. Eine enorme Menge von Literatur beschäftigt sich mit abstrakten Sprachfamilien; wir erwähnen nur Ginsburg und Greibach [1970], die sich mit Haupt-ASF beschäftigen (Übung 11.16), und Greibach [1970], der versucht hat, die Substitution in die Theorie einzuarbeiten. Eine Zusammenfassung und weitere Referenzen sind in Ginsburg [1975] zu finden.

Die Theorie der Sprachfamilien war von Anfang an mit der Automatentheorie verknüpft. Ginsburg und Greibach [1969] zeigen, daß eine Sprachfamilie genau dann eine volle ASF ist, wenn sie durch eine Familie von nichtdeterministischen Automaten mit einseitiger Eingabe definiert werden. Natürlich muß der Begriff der "Automatenfamilie" passend definiert werden; doch grob gesprochen kann jede derartige Familie durch eine Menge von Regeln charakterisiert werden, durch die sie auf ihren Speicher zugreift oder ihn aktualisiert. Die "Rückrichtung" wurde unabhängig in Hopcroft und Ullman [1967b] bewiesen. Chandler [1969] charakterisierte die Familie der deterministischen Automaten mit einseitiger Eingabe durch Abgeschlossenheitseigenschaften, und Aho und Ullman haben dasselbe für deterministische Automaten mit zweiseitiger Eingabe getan. Seltsamerweise ist keine Charakterisierung für zweiseitige nichtdeterministische Automaten bekannt.

Es hat auch Versuche gegeben, eine Theorie der Grammatiken, hauptsächlich der kfG, zu kodifizieren. Gabriellian und Ginsburg [1974] sowie Cremers und Ginsburg [1975] verfaßten die grundlegenden Arbeiten auf diesem Gebiet.

Die VSM wurde von Ginsburg [1962] definiert, und die Untersuchung der VSM-Abbildung und ihrer Eigenschaften begann mit Ginsburg und Rose [1963b]. Ein wichtiges ungelöstes Ergebnis betrifft die Äquivalenz zweier sequentieller Transducer. Daß diese Äquivalenz für Moore-Maschinen (und daher auch für Mealy-Maschinen, d.h. verallgemeinerte VSM) entscheidbar ist, war seit Moore [1956] bekannt. Griffiths [1968] zeigt, daß das Äquivalenz-Problem für ϵ-freie VSM unentscheidbar ist, während Bird [1973] einen Entscheidungsalgorithmus für die Äquivalenz von zweibändigen Automaten angab, die allgemeiner als deterministische VSM sind.

Grammatiken mit verstreutem Kontext (Übung 11.15) werden in Greibach und Hopcroft [1969] diskutiert.

Kapitel 12

KOMPLEXITÄTSTHEORIE

Die Sprachentheorie klassifiziert Mengen nach ihrer strukturellen Komplexität. So werden die regulären Mengen als "einfacher" als die kfS angesehen, weil der endliche Automat eine weniger komplexe Struktur als ein KA hat. Eine andere Klassifikation — gemäß der Komplexität der Berechnung — basiert auf der Menge von Zeit, Speicher oder anderen Elementen, die benötigt werden, um eine Sprache auf einem universellen berechnenden Gerät wie beispielsweise eine Turing-Maschine zu erkennen.

Obwohl sich die Komplexität der Berechnung hauptsächlich mit Zeit- und Speicherbedarf befaßt, gibt es viele andere mögliche Maße — wie die Anzahl der Richtungsänderungen beim Abarbeiten eines Bandes einer einbändigen TM. Tatsächlich kann man ein Komplexitätsmaß abstrakt definieren und viele der Ergebnisse in einem allgemeineren Umfeld beweisen. Wir haben uns dafür entschieden, die Resultate für spezielle Beispiele von Zeit- und Speicherbedarf darzustellen, da bei diesem Ansatz die Beweise intuitiver sind. In Abschnitt 12.7 werden wir kurz einen eher abstrakten Ansatz skizzieren.

12.1 DEFINITIONEN

Bandkomplexität

Betrachten Sie die off-line Turing-Maschine M in Abbildung 12.1. M hat ein schreibgesperrtes Eingabe-Band mit Ende-Markierungen und k einseitig unendliche Speicherbänder. Wenn M für jedes Eingabewort der Länge n höchstens $S(n)$ Felder auf einem beliebigen Speicherband bearbeitet, dann nennt man M *von Bandkomplexität* $S(n)$ oder eine $S(n)$*-band-beschränkte Turing-Maschine*. Die von M erkannte Sprache ist dann auch von der Bandkomplexität $S(n)$.

Beachten Sie, daß die Turing-Maschine auf der Eingabe nichts überschreiben kann, und daß nur die Länge der benutzten Speicherbänder für die Berechnung der Band-Beschränkung zählt. Diese Restriktion ermöglicht es uns, Band-Beschränkungen mit geringerem als linearen Wachstum zu betrachten. Wenn die Turing-Maschine auf dem Eingabe-Band schreiben könnte, so müßte die Länge der Eingabe in die Berechnung der Band-Beschränkung mit einbezogen werden. Also könnte keine Band-Beschränkung kleiner als linear sein.

Zeitkomplexität

Betrachten Sie die mehrbändige TM M aus Abbildung 12.2. Die Turing-Maschine hat k beidseitig unendliche Bänder, von denen eines die Eingabe enthält. Auf allen Bändern — inklusive des Eingabe-Bands — darf geschrieben werden. Wenn M für jedes Eingabe-Wort der Länge n höchstens $T(n)$ Bewegungen macht, bevor sie

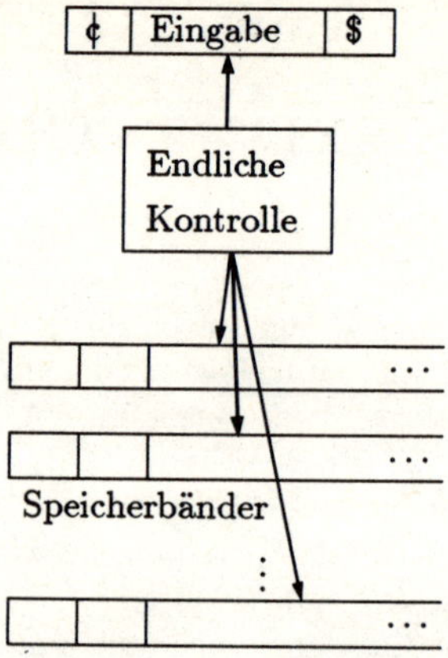

Abb. 12.1: Mehrbändige TM mit schreibgesperrter Eingabe.

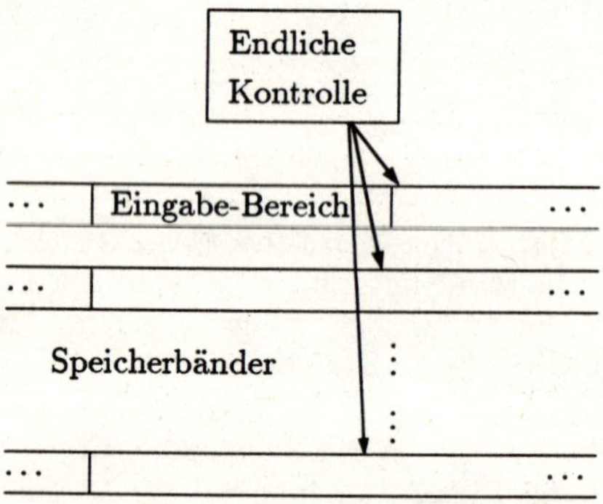

Abb. 12.2: Mehrbändige TM.

anhält, so heißt M *von Zeitkomplexität* $T(n)$ oder $T(n)$*-zeit-beschränkte Turing-Maschine.* Die von M erkannte Sprache ist dann auch von der Zeitkomplexität $T(n)$.

Die beiden verschiedenen Modelle für Zeit- bzw. Bandkomplexität sind im Hinblick auf die Vereinfachung gewisser Beweise ausgesucht worden, und Variationen in den Modellen sind durchführbar. Z.B. können wir für $S(n) \geq n$ eine einbändige TM als Modell benutzen, ohne die Klasse von mit Band $S(n)$ akzeptierten Sprachen zu verändern. Wenn wir jedoch die Zeitkomplexität diskutieren, können wir weder eine einbändige TM noch Turing-Maschinen mit einer festen Anzahl von Bändern benutzen, ohne möglicherweise einige Sprachen aus der in Zeit $T(n)$ akzeptierten Sprachklasse zu verlieren.

Beispiel 12.1
Betrachten Sie die Sprache

$$L = \{wcw^R \mid w \in (\mathbf{0} + \mathbf{1})^*\}.$$

Die Sprache L ist von der Zeitkomplexität $n + 1$, da es eine Turing-Maschine M_1 gibt, die die Eingabe links von c auf das zweite Band kopiert. Wenn ein c gefunden wurde, bewegt M_1 ihren zweiten Bandkopf nach links, über die gerade kopierte Zeichenkette, und fährt gleichzeitig fort, ihren Eingabe-Bandkopf nach rechts zu bewegen. Die Symbole unter den beiden Köpfen werden verglichen, wenn die Köpfe sich bewegen. Wenn alle Symbol-Paare zueinander passen und wenn zusätzlich die Anzahl der Symbole rechts und links des einzelnen c gleich ist, dann akzeptiert M_1. Es ist einfach zu sehen, daß M_1 höchstens $n + 1$ Bewegungen macht, wenn die Eingabe die Länge n hat.

Es gibt eine zweite Turing-Maschine M_2 von einer Bandkomplexität $\log_2 n$, die L akzeptiert. M_2 benötigt zwei Speicherbänder für binäre Zähler. Zuerst wird die Eingabe daraufhin überprüft, daß nur ein c existiert, und daß es rechts und links von c gleichviele Symbole gibt. Als nächstes werden die Wörter rechts und links Symbol für Symbol verglichen, wobei die Zähler benutzt werden, um die entsprechenden Symbole zu finden. Wenn diese nicht übereinstimmen, hält M_2 an, ohne zu akzeptieren. Wenn alle Symbole übereinstimmen, so akzeptiert M_2.

Spezielle Annahmen über Zeit- und Bandkomplexitätsfunktionen

Es sollte offensichtlich sein, daß jede Turing-Maschine wenigstens ein Feld für alle Eingaben benutzt, so daß wir für ein Bandkomplexitätsmaß $S(n)$ annehmen können, daß $S(n) \geq 1$ für alle n gilt. Wir machen die nützliche Annahme, daß, wenn wir von "Bandkomplexität $S(n)$" sprechen, wir in Wirklichkeit $\max(1, \lceil S(n) \rceil)$ meinen. Z.B. haben wir in Beispiel 12.1 gesagt, daß die Turing-Maschine M_2 von der "Bandkomplexität $\log_2 n$" war. Dies macht für $n = 0$ oder $n = 1$ keinen Sinn, außer wenn man akzeptiert, daß "$\log_2 n$" die Abkürzung für $\max(1, \lceil \log_2 n \rceil)$ ist.

Genauso ist es vernünftig anzunehmen, daß jede Zeitkomplexitätsfunktion $T(n)$ mindestens gleich $n + 1$ ist, da diese Zeit schon zum Lesen der Eingabe gebraucht wird, sowie um zu verifizieren, daß das Ende erreicht wurde, indem die TM das erste Blank liest.[1] Wir treffen daher die Konvention, daß "Zeitkomplexität $T(n)$" gleichbedeutend mit $\max(n + 1, \lceil T(n) \rceil)$ ist. Z.B. ist der Wert von Zeitkomplexität $n\log_2 n$ für $n = 1$ gerade 2 (nicht 0), und für $n = 2$ ist ihr Wert 3.

---

[1] Beachten Sie jedoch, daß es auch Turing-Maschinen gibt, die akzeptieren oder verwerfen, ohne die gesamte Eingabe gelesen zu haben. Wir wollen diese TM von der Betrachtung ausschließen.

Nichtdeterministische Zeit- und Bandkomplexität

Die Konzepte von zeit- und band-beschränkten Turing-Maschinen lassen sich genauso gut auf nichtdeterministische Maschinen anwenden. Eine nichtdeterministische Turing-Maschine ist von der Zeitkomplexität $T(n)$, wenn keine Folge von Wahlen die Maschine veranlaßt, mehr als $T(n)$ Bewegungen zu machen. Sie ist von Bandkomplexität $S(n)$, wenn keine Folge von Wahlen ihr ermöglicht, mehr als $S(n)$ Felder auf einem Speicherband zu lesen.

Komplexitätsklassen

Die Sprachfamilie von Bandkomplexität $S(n)$ wird mit DBAND($S(n)$) bezeichnet; die Sprachen, die von einer nichtdeterministischen Bandkomplexität $S(n)$ sind, werden zusammen NBAND($S(n)$) genannt. Die Sprachfamilie von Zeitkomplexität $T(n)$ wird mit DZEIT($T(n)$) bezeichnet und die von nichtdeterministischer Zeitkomplexität $T(n)$ mit NZEIT($T(n)$). Alle diese Sprachfamilien werden Komplexitätsklassen genannt; z.B. ist die Sprache L aus Beispiel 12.1 in DZEIT(n)[2] und in DBAND($log_2 n$). L ist deshalb auch in NZEIT(n) und NBAND($log_2 n$) sowie in größeren Klassen wie DZEIT(n^2) oder NBAND($\sqrt{n}$).

12.2 LINEARE BESCHLEUNIGUNG, BANDKOMPRESSION UND REDUKTION DER ANZAHL DER BÄNDER

Da die Anzahl der Zustände und das Bandalphabet einer Turing-Maschine beliebig groß sein können, kann der zum Erkennen einer Menge benötigte Speicher immer um einen konstanten Faktor komprimiert werden. Dies wird erreicht, indem man verschiedene Bandsymbole zu einem Symbol kodiert. Genauso kann man eine Berechnung um einen konstanten Faktor beschleunigen. Also ist für Komplexitätsergebnisse die funktionale Wachstumsrate (z.B. linear, quadratisch, exponentiell) wichtig, und konstante Faktoren können ignoriert werden. So werden wir etwa über die Komplexität $\log n$ sprechen, ohne die Basis des Logarithmus näher zu spezifizieren, da sich $\log_b n$ und $\log_c n$ nur um einen konstanten Faktor, nämlich $\log_b c$, unterscheiden. In diesem Abschnitt werden wir die grundlegenden Tatsachen zur linearen Beschleunigung und zur Kompression vorstellen sowie die Effekte der Anzahl von Bändern auf die Komplexität betrachten.

Bandkompression

Satz 12.1

Wenn L von einer $S(n)$-band-beschränkten Turing-Maschine mit k Speicherbändern akzeptiert wird, so gilt für jedes $c > 0$, daß L von einer $cS(n)$-band-beschränkten Turing-Maschine akzeptiert wird.[3]

Beweis:

Sei M_1 eine $S(n)$-band-beschränkte off-line Turing-Maschine, die L akzeptiert. Der Beweis verlangt die Konstruktion einer neuen Turing-Maschine M_2, die M_1 simuliert, wobei für eine Konstante r jedes Speicherfeld von M_2 ein Symbol enthält, das

---

[2] Beachten Sie, daß n für die Zeitkomplexität in Wirklichkeit $\max(n+1, n) = n+1$ bedeutet.

[3] Beachten Sie, daß nach unserer Konvention $cS(n)$ für $\max(1, \lceil cS(n) \rceil)$ steht.

den Inhalt von r benachbarten Feldern des entsprechenden Bandes von M_1 darstellt. Die endliche Kontrolle von M_2 kann festhalten, welches der Felder von M_1 unter den Dargestellten gerade von M_1 belegt wird.

Die detaillierte Konstruktion der Regeln von M_2 aus den Regeln von M_1 verbleibt dem Leser. Sei r so gewählt, daß $rc \geq 2$. M_2 kann M_1 simulieren, indem sie höchstens $\lceil S(n)/r \rceil$ Felder eines Bands benutzt. Ist $S(n) \geq r$, so ist diese Zahl nicht größer als $cS(n)$. Ist $S(n) < r$, so kann M_2 in einem Feld den Inhalt eines ganzen Bandes speichern. Also braucht M_2 im letzteren Fall nur ein Feld. □

Korollar:
Ist L in NBAND($S(n)$), so ist L in NBAND($cS(n)$), wobei c eine beliebige Konstante größer null ist.

Beweis:
Wenn obige TM M_1 nichtdeterministisch ist, so sei auch M_2 nichtdeterministisch in obiger Konstruktion. □

Reduktion der Anzahl der Bänder für Bandkomplexitätsklassen

Satz 12.2
Wird eine Sprache L von einer $S(n)$-band-beschränkten TM mit k Speicherbändern akzeptiert, so wird sie auch von einer $S(n)$-band-beschränkten Turing-Maschine mit nur einem Speicherband erkannt.

Beweis:
Sei M_1 eine $S(n)$-band-beschränkte Turing-Maschine mit k Speicherbändern, die L erkennt. Wir können eine neue TM M_2 mit einem Speicherband konstruieren, die die Speicherbänder von M_1 auf k Spuren simuliert. Diese Technik wurde in Satz 7.2 benutzt. M_2 braucht nicht mehr als $S(n)$ Felder. □

Von nun an nehmen wir an, daß jede $S(n)$-band-beschränkte TM nur ein Speicherband hat; für $S(n) \geq n$ ist es eine einbändige TM anstelle einer off-line TM mit einem Speicher- und einem Eingabeband.

Lineare Beschleunigung

Bevor wir Zeit-Beschränkungen betrachten, wollen wir die folgende Notation einführen: Sei $f(n)$ eine Funktion von n. Der Ausdruck $\sup_{n\to\infty} f(n)$ soll der Grenzwert für $n \to \infty$ der kleinsten oberen Schranke von $f(n), f(n+1), f(n+2)...$ sein. Analog soll $\inf_{n\to\infty} f(n)$ der Grenzwert für $n \to \infty$ der größten unteren Schranke von $f(n), f(n+1), f(n+2)...$ sein. Wenn $f(n)$ für $n \to \infty$ gegen einen Grenzwert konvergiert, so ist der Grenzwert sowohl gleich $\inf_{n\to\infty} f(n)$ als auch gleich $\sup_{n\to\infty} f(n)$.

Beispiel 12.2
Sei $f(n) = 1/n$ für gerade n und $f(n) = n$ für ungerade n. Die kleinste obere Schranke für $f(n), f(n+1), ...$ ist natürlich ∞ für jedes n infolge der Formel für ungerade n. Also ist $\sup_{n\to\infty} f(n) = \infty$. Auf Grund der Formel für gerade n gilt jedoch auch $\inf_{n\to\infty} f(n) = 0$.

Für ein anderes Beispiel nehmen wir an, daß $f(n) = n/(n+1)$ gilt. Dann ist die kleinste obere Schranke von $n/(n+1), (n+1)/(n+2), ...$ für jedes n gerade 1.

Also gilt

$$\sup_{n\to\infty} \frac{n}{n+1} = 1.$$

Die größte untere Schranke von $n/(n+1), (n+1)/(n+2), \ldots$ ist $n/(n+1)$ und $\lim_{n\to\infty} n/(n+1) = 1$, so daß auch $\inf_{n\to\infty} n/(n+1) = 1$ gilt.

Satz 12.3

Wenn L von einer k-bändigen $T(n)$-zeit-beschränkten Turing-Maschine M_1 akzeptiert wird, so wird L auch von einer k-bändigen $cT(n)$-zeit-beschränkten Turing-Maschine M_2 für ein $c > 0$ erkannt, vorausgesetzt, daß $k > 1$ und $\inf_{n\to\infty} T(n)/n = \infty$ gilt.

Beweis:

Eine Turing-Maschine M_2 zur Simulation von M_1 kann in folgender Weise konstruiert werden: Zuerst kopiert M_2 die Eingabe auf ein Speicherband und kodiert dabei m Symbole in ein Symbol (der Wert von m wird später bestimmt). Von diesem Punkt an benutzt M_2 dieses Speicherband als Eingabeband und das alte Eingabeband als Speicherband. M_2 kodiert die Inhalte der Speicherbänder von M_1, indem sie aus m Speichersymbolen ein Symbol kombiniert. Im Zuge der Simulation simuliert M_2 eine große Anzahl der Bewegungen von M_1 in einem *Basisschritt*, der aus acht Bewegungen von M_2 besteht. Wir nennen die gerade von den Köpfen von M_2 belegten Felder *"Heim-Felder"*. Die endliche Kontrolle von M_2 hält für jedes Band fest, welche der m von einem Heim-Feld dargestellten Symbole von M_1 von dem entsprechenden Kopf von M_2 belegt werden.

Um einen Basisschritt zu beginnen, bewegt M_2 jeden Kopf einmal nach links, zweimal nach rechts und einmal nach links, und hält ein Feld rechts und links der Heim-Felder in ihrer endlichen Kontrolle fest. Dazu sind vier Bewegungen von M_2 nötig, worauf M_2 wieder ihre Heim-Felder erreicht hat.

Als nächstes bestimmt M_2 den Inhalt aller Bandfelder von M_1, die durch die Heim-Felder und deren linke und rechte Nachbarn dargestellt werden, und zwar zu dem Zeitpunkt, wenn ein Bandkopf von M_1 als erster den durch die Heim-Felder und die rechten und linken Nachbarn dargestellten Bereich verläßt. (Beachten Sie, daß diese Berechnung durch M_2 keine Zeit kostet. Sie wird in die Übersetzungsregeln von M_2 eingebaut). Wenn M_1 akzeptiert, bevor ein Bandkopf die dargestellte Region verläßt, akzeptiert M_2. Wenn M_1 hält, so hält auch M_2. Sonst besucht M_2 auf jedem Band zwei Nachbarn des Heim-Felds, und ändert gegebenenfalls deren Symbole und das des Heim-Felds. M_2 stellt jeden seiner Köpfe auf das jeweilige Feld, welches das Symbol darstellt, das der entsprechende Kopf von M_1 am Ende der simulierten Bewegung belegt. Es werden höchstens vier Bewegungen von M_2 gebraucht.

M_1 benötigt mindestens m Bewegungen, um den Kopf aus einem von einem Heim-Feld und seinen Nachbarn dargestellten Bereich zu bewegen. Also hat M_2 in acht Bewegungen wenigstens m Bewegungen von M_1 simuliert. Wir wählen m so, daß $cm \geq 16$ gilt.

Wenn M_1 gerade $T(n)$ Bewegungen macht, dann simuliert M_2 diese in höchstens $\lceil 8T(n)/M \rceil$ Bewegungen. M_2 muß auch ihre Eingabe kopieren und kodieren

(m Felder auf eines) und dann den Kopf des simulierten Eingabe-Bands an das linke Ende zurückbringen. Also werden $n + \lceil n/m \rceil$ Bewegungen für insgesamt

$$n + \lceil n/m \rceil + \lceil 8T(n)/M \rceil \tag{12.1}$$

Bewegungen benötigt. Da $\lceil x \rceil < x + 1$ für jedes x, ist (12.1) durch

$$n + n/m + 8T(n)/m + 2 \tag{12.2}$$

nach oben beschränkt. Nun haben wir angenommen, daß $\inf_{n\to\infty} T(n)/n = \infty$ gilt, so daß es für jede Konstante d ein n_d gibt, so daß $T(n)/n \geq d$ für alle $n \geq n_d$ gilt, oder anders gesagt, $n \leq T(n)/d$. Also ist (12.2) nach oben beschränkt durch

$$T(n)[\frac{8}{m} + \frac{2}{d} + \frac{1}{md}], \tag{12.3}$$

falls $n \geq 2$ (also $n + 2 \leq 2n$) und $n \geq n_d$ gilt. Wir haben d noch nicht spezifiziert: Da m so gewählt war, daß $cm \geq 16$ gilt, wählen wir $d = m/4 + \frac{1}{8}$, und substituieren m durch $16/c$ in (12.3). Dann übersteigt die Anzahl der von M_2 gemachten Bewegungen für alle $n \geq \max(2, n_d)$ nicht $cT(n)$.

Um die endliche Anzahl von Wörtern mit einer Länge, die kleiner als das Maximum von 2 und n_d ist, zu erkennen, benutzt M_2 nur ihre endliche Kontrolle; sie benutzt $n + 1$ Bewegungen, um ihre Eingabe zu lesen und die Blank-Markierung für das Eingabe-Ende zu erreichen. Also ist $cT(n)$ die Zeitkomplexität von M_2. Beachten Sie, daß die Zeitkomplexität $cT(n)$ für $\max(n + 1, \lceil cT(n) \rceil)$ steht. □

Korollar:
Wenn $\inf_{n\to\infty} T(n)/n = \infty$ und $c > 0$, dann gilt

$$\mathrm{DZEIT}(T(n)) = \mathrm{DZEIT}(cT(n)).$$

Beweis:
Satz 12.3 ist ein direkter Beweis für eine beliebige Sprache L, die von einer deterministischen TM mit zwei oder mehr Bändern in der Zeit $T(n)$ akzeptiert wird. Natürlich wird L, wenn sie von einer einbändigen TM erkannt wird, auch von einer zweibändigen TM in der gleichen Zeitkomplexität akzeptiert. □

Satz 12.3 kann man nicht anwenden, wenn $T(n)$ ein konstantes Vielfaches von n ist, da dann $\inf_{n\to\infty} T(n)/n$ gleich einer Konstanten ist und nicht unendlich. Dennoch zeigt die Konstruktion von Satz 12.3 mit einer vorsichtigeren Analyse der Zeit-Beschränkung von M_2 das folgende.

Satz 12.4
Wird L von einer k-bändigen cn-zeit-beschränkten Turing-Maschine für $k > 1$ und eine beliebige Konstante c akzeptiert, dann wird L für jedes $\epsilon > 0$ von einer k-bändigen $n(1 + \epsilon)$-zeit-beschränkten Turing-Maschine akzeptiert.

Beweis:
Im Beweis von Satz 12.3 ist $m = 1/16\epsilon$ zu setzen. □

Korollar:
Gilt $T(n) = cn$ für ein $c > 1$, dann gilt $\mathrm{DZEIT}(T(n)) = \mathrm{DZEIT}((1 + \epsilon)n)$ für ein $\epsilon > 0$.

Korollar (zu Satz 12.3 und 12.4):

a) Wenn $\inf_{n\to\infty} T(n)/n = \infty$ gilt, dann gilt NZEIT($T(n)$) = NZEIT($cT(n)$) für $c > 0$.

b) Wenn $T(n) = cn$ für eine beliebige Konstante c gilt, so gilt NZEIT($T(n)$) = NZEIT($(1+\epsilon)n$) für $\epsilon > 0$.

Beweis:

Die Beweise sind analog zu denen von Satz 12.3 und Satz 12.4. □

Reduktion der Anzahl von Bändern für Zeitkomplexitätsklassen

Was geschieht nun mit der Zeitkomplexität, wenn wir uns auf ein Band beschränken? Eine Sprache wie $L = \{wcw^R \mid w \text{ in } (\mathbf{a}+\mathbf{b})^*\}$ kann — wie wir in Beispiel 12.1 gesehen haben — auf einer zweibändigen Maschine in linearer Zeit erkannt werden. Auf einer einbändigen Maschine erfordert L jedoch cn^2 Zeit für ein $c > 0$. (Die Übungen geben Hinweise dazu, wie dies bewiesen werden kann.) Nur ein Band zu erlauben kann also die Zeit, die zum Erkennen einer Sprache nötig ist, quadrieren. Daß dies das Schlimmste ist, was geschehen kann, wird im nächsten Satz formuliert.

Satz 12.5

Wenn L aus DZEIT($T(n)$) ist, dann wird L in einer Zeit von $T^2(n)$ von einer einbändigen TM erkannt.

Beweis:

In der Konstruktion von Satz 7.2 beim Übergang von einer mehrbändigen Turing-Maschine zu einer einbändigen Turing-Maschine, braucht M_2 höchstens $6T^2(n)$ Schritte, um $T(n)$ Schritte von M_1 zu simulieren. Nach Satz 12.3 können wir M_1 so beschleunigen, daß sie in einer Zeit von $T(n)/\sqrt{6}$ läuft. Dann ist M_2 eine einbändige TM, die L in $T^2(n)$ Schritten erkennt. □

Korollar:

Ist L in NZEIT($T(n)$), so wird L von einer einbändigen nichtdeterministischen Turing-Maschine mit nichtdeterministischer Zeitkomplexität $T^2(n)$ akzeptiert.

Beweis:

Analog zum Beweis des Satzes. □

Wenn wir uns selbst auf zwei Bänder beschränken, ist der Zeitverlust wesentlich geringer, als wenn wir uns auf ein Band beschränken, wie der nächste Satz zeigt.

Satz 12.6

Wenn L von einer k-bändigen $T(n)$-zeit-beschränkten Turing-Maschine M_1 akzeptiert wird, dann wird L von einer TM M_2 mit zwei Speicherbändern in der Zeit $T(n) \log T(n)$ akzeptiert.

Beweis:

Das erste Speicherband von M_2 soll zwei Spuren für je ein Speicherband von M_1 haben. Aus Bequemlichkeitsgründen konzentrieren wir uns auf zwei Spuren, die einem bestimmten Band von M_1 entsprechen. Die anderen Bänder werden exakt genauso simuliert. Das zweite Band von M_2 wird als Reserveband benutzt, um Datenblöcke auf dem ersten Band zu transportieren.

Ein bestimmtes Feld B_0 des ersten Bands enthält die Speichersymbole, die von jedem der Köpfe von M_1 gelesen werden. Anstatt Kopf-Markierungen zu bewegen,

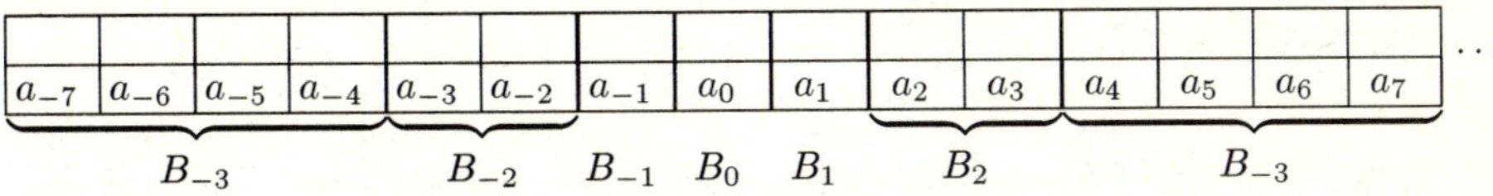

Abb. 12.3: Blöcke auf dem ersten Band.

transportiert M_2 Daten über B_0 hinweg in der der Kopfbewegung der zu simulierenden TM M_1 entgegengesetzten Richtung. Also kann M_2 jede Bewegung von M_1 simulieren, indem sie nur auf B_0 achtet. Rechts des Feldes B_0 gibt es dann Blöcke $B_1, B_2, \ldots$ von exponentiell wachsender Länge, d.h. B_i hat eine Länge von 2^{i-1}. Ebenso sind links von B_0 Blöcke $B_{-1}, B_{-2}, \ldots$ mit B_{-i} von der Länge 2^{i-1} zu finden. Die Markierungen zwischen den Blöcken werden als existierend angenommen, obwohl sie nicht tatsächlich auftauchen, bevor der Block benutzt wird.

Sei a_0 der Inhalt des anfangs von diesem Bandkopf von M_1 belegten Feldes. Die Inhalte der Felder rechts davon seien $a_1, a_2, \ldots$, und die Inhalte der Felder links davon $a_{-1}, a_{-2}, \ldots$. Die Werte der a_i können sich ändern, wenn sie in B_0 landen; nicht ihr Wert, sondern ihre Position auf den Spuren des ersten Bands von M_2 ist wichtig. Wir nehmen an, daß die obere Spur von M_2 für das fragliche Band von M_1 leer ist, während wir von der unteren Spur annehmen, daß sie $\ldots, a_{-2}, a_{-1}, a_0, a_1, a_2, \ldots$ enthält. Diese sind in den Blöcken $\ldots, B_{-2}, B_{-1}, B_0, B_1, B_2, \ldots$ plaziert (wie in Abbildung 12.3 gezeigt).

Wie vorhin schon erwähnt, werden die Daten über B_0 geschoben und dabei eventuell verändert. Nach der Simulation jeder Bewegung von M_1 gilt folgendes:

1) Für jedes $i > 0$ ist entweder B_i voll (auf beiden Spuren) und B_{-i} ist leer, oder B_i ist leer und B_{-i} ist voll, oder die unteren Spuren von B_i und B_{-i} sind voll, während die oberen Spuren leer sind.
2) Der Inhalt eines jeden B_i oder B_{-i} stellt aufeinanderfolgende Felder auf dem dargestellten Band von M_1 dar. Für $i > 0$ stellt die obere Spur Felder links von denen der unteren Spur dar; für $i < 0$ stellt die obere Spur Felder rechts von denen der unteren Spur dar.
3) Für $i < j$ stellt B_i die Felder links von denen von B_j dar.
4) B_0 hat immer nur seine untere Spur gefüllt, und seine obere Spur ist speziell markiert.

Um zu sehen, wie die Daten übertragen werden, stellen wir uns vor, daß sich der fragliche Bandkopf von M_1 nach links bewegt. Dann muß M_2 die entsprechenden Daten nach rechts schieben. Um dies zu erreichen, bewegt M_2 den Kopf von Band 1 von B_0, wo er gerade steht, und geht nach rechts, bis er den ersten Block (etwa B_i) findet, der nicht beide Spuren voll hat. Dann kopiert M_2 alle Daten aus $B_0, B_1, \ldots, B_{i-1}$ auf Band 2 und speichert sie in der unteren Spur von $B_1, B_2, \ldots, B_{i-1}$ sowie in der unteren Spur von B_i, wobei angenommen wird, daß die untere Spur von B_i noch nicht gefüllt ist. Wenn die untere Spur von B_i schon gefüllt ist, wird stattdessen die obere Spur von B_i benutzt. In jedem Fall gibt es gerade genug Platz, um die Daten zu verteilen. Beachten Sie auch, daß die Daten in einer Zeit proportional zu der Länge von B_i gelesen und in ihrem neuen Platz gespeichert werden können.

Als nächstes kann M_2 in einer Zeit proportional zu der Länge von B_i ein B_{-i} finden; dies geschieht einfach durch Benutzung von Band 2 zur Messung des Abstands zwischen B_0 und B_i. Wenn B_{-i} vollständig gefüllt ist, nimmt M_2 die obere Spur von B_{-i} auf und speichert sie auf Band 2. Wenn B_{-i} halbvoll ist, wird die untere Spur auf Band 2 gesetzt. In jedem Fall wird das, was auf Band 2 kopiert wurde, als nächstes auf die unteren Spuren von $B_{-(i-1)}, B_{-(i-2)}, ..., B_0$ kopiert. (Nach Regel (1) müssen diese Spuren leer sein, da $B_1, B_2, ..., B_{i-1}$ voll waren.) Beachten Sie wiederum, daß es gerade genug Platz gibt, die Daten zu speichern; alle obigen Operationen können in einer Zeit proportional zu der Länge von B_i ausgeführt werde. Beachten Sie auch, daß die Daten so verteilt werden können, daß sie den Regeln (1), (2) und (3) genügen.

Wir nennen das, was wir oben beschrieben haben, eine B_i*-Operation.* Der Fall, in dem sich der Kopf von M_1 nach rechts bewegt, ist analog. Die sukzessiven Inhalte der Blöcke, wenn M_1 ihren fraglichen Bandkopf fünf Felder nach links bewegt, sind in Abbildung 12.4 gezeigt.

B_{-3}				B_{-2}		B_{-1}	B_0	B_1	B_2		B_{-3}			
a_{-7}	a_{-6}	a_{-5}	a_{-4}	a_{-3}	a_{-2}	a_{-1}	a_0	a_1	a_2	a_3	a_4	a_5	a_6	a_7
								a_0						
a_{-7}	a_{-6}	a_{-5}	a_{-4}	a_{-3}	a_{-2}		a_{-1}	a_1	a_2	a_3	a_4	a_5	a_6	a_7
									a_0	a_1				
a_{-7}	a_{-6}	a_{-5}	a_{-4}			a_{-3}	a_{-2}	a_{-1}	a_2	a_3	a_4	a_5	a_6	a_7
								a_{-2}	a_0	a_1				
a_{-7}	a_{-6}	a_{-5}	a_{-4}				a_{-3}	a_{-1}	a_2	a_3	a_4	a_5	a_6	a_7
											a_0	a_1	a_2	a_3
				a_{-7}	a_{-6}	a_{-5}	a_{-4}	a_{-3}	a_{-2}	a_{-1}	a_4	a_5	a_6	a_7
								a_{-4}			a_0	a_1	a_2	a_3
				a_{-7}	a_{-6}		a_{-5}	a_{-3}	a_{-2}	a_{-1}	a_4	a_5	a_6	a_7

Abb. 12.4: Inhalte von Blöcken von M_1.

Es ist zu beachten, daß M_2 für jedes Band von M_1 höchstens einmal pro 2^{i-1} Bewegungen von M_1 eine B_i-Operation ausführen muß, da das Auffüllen der B_1, B_2, ..., B_{i-1}, die nach einer B_i-Operation halbleer sind, so lange dauert. Außerdem kann die erste B_i-Operation nicht vor der 2^{i-1}-ten Bewegung von M_1 ausgeführt werden. Wenn also M_1 in der Zeit $T(n)$ operiert, führt M_2 nur B_i-Operationen für die i aus, für die $i \leq \log_2 T(n) + 1$ gilt.

Wir haben gesehen, daß es eine Konstante m gibt, so daß M_2 höchstens $m2^i$ Bewegungen macht, um eine B_i-Operation auszuführen. Wenn M_1 $T(n)$ Bewegungen macht, so macht M_2 höchstens

$$T_1(n) = \sum_{i-1}^{\log_2 T(n)+1} m2^i \frac{T(n)}{2^{i-1}} \tag{12.4}$$

Bewegungen, wenn sie ein Band von M_1 simuliert.

Aus (12.4) erhalten wir

$$T_1(n) = 2mT(n)\lceil \log_2 T(n) + 1 \rceil \tag{12.5}$$

und aus (12.5)

$$T_1(n) < 4mT(n)\log_2 T(n).$$

Dem Leser sollte klar sein, daß M_2 in einer Zeit proportional zu $T_1(n)$ operiert, sogar dann, wenn M_1 Bewegungen macht, die andere Speicherbänder als nur dieses eine betreffen, auf das wir uns konzentriert haben. Nach Satz 12.3 können wir M_2 so modifizieren, daß sie in nicht mehr als $T(n)\log_2 T(n)$ Schritten läuft. □

Korollar:
Wenn L von einer k-bändigen nichtdeterministischen Turing-Maschine mit Zeitkomplexität $T(n)$ akzeptiert wird, dann wird L von einer zweibändigen nichtdeterministischen Turing-Maschine mit Zeitkomplexität $T(n)\log_2 T(n)$ akzeptiert.

Beweis:
Analog zum Beweis des Satzes. □

12.3 HIERARCHIE-SÄTZE

Intuitiv sollten wir bei mehr gegebener Zeit und mehr Speicher in der Lage sein, mehr Sprachen zu erkennen bzw. mehr Funktionen zu berechnen. Die linearen Beschleunigungs- bzw. Kompressionssätze sagen uns, daß wir den verfügbaren Speicher oder die Zeit um mehr als einen konstanten Faktor erhöhen müssen. Was aber, wenn wir Speicher oder Zeit mit einer langsam wachsenden Funktion wie $\log\log n$ multiplizieren? Ist es möglich, daß wir dann keine neue Sprache erkennen können? Gibt es eine Zeit- oder Band-Beschränkung $f(n)$, so daß jede rekursive Sprache in DZEIT$(f(n))$ oder vielleicht in DBAND$(f(n))$ liegt?

Die Antwort auf die letzte Frage ist "nein", wie wir im nächsten Satz beweisen werden. Die Antwort auf die erste Frage hängt jedoch davon ab, ob wir mit einer sich "wohlverhaltenden" Funktion beginnen oder nicht. In diesem Abschnitt geben wir annehmbare Definitionen von "wohlverhaltend" und zeigen, daß für sich wohlverhaltende Funktionen kleine Einheiten von zusätzlichem Speicher oder zusätzlicher Zeit die Berechnungsfähigkeit erhöhen.

In Abschnitt 12.6 werden wir beliebige total rekursive Funktionen und die von ihnen definierten Komplexitätsklassen betrachten. Dort werden wir auf eine seltsames Verhalten stoßen. In jeder Komplexitätsklasse gibt es "Lücken", d.h. es existiert eine Funktion $T(n)$, für die DZEIT$(T^2(n))$ = DZEIT$(T(n))$ gilt; allgemein gibt es für jede total rekursive Funktion f eine Zeitkomplexität $T_f(n)$, für die $\mathrm{DZEIT}(T_f(n)) = \mathrm{DZEIT}(f(T_f(n)))$ gilt. Ähnliche Aussagen gelten für den Speicher und sogar für jedes vernünftige Komplexitätsmaß. Wir werden auch sehen, daß es Sprachen L gibt, für die kein "bester" Erkenner existiert; stattdessen gibt es eine unendliche Folge von Turing-Maschinen, die L erkennen, von denen jede schneller als die vorhergehende läuft.

Satz 12.7
Gegeben sei eine beliebige total rekursive Zeit- bzw. Band-Beschränkung $T(n)$. Dann gibt es eine rekursive Sprache L, die nicht in DZEIT bzw. $\mathrm{DBAND}(T(n))$ liegt.

Beweis:
Wir zeigen das Ergebnis für Zeit; für den Speicher verläuft der Beweis analog. Die Argumentation ist im Grunde eine Diagonalisierung. Da $T(n)$ total rekursiv ist, gibt es eine haltende TM M, die diese Funktion berechnet. Wir konstruieren $\hat{M}$, um eine Sprache $L \subseteq (\mathbf{0}+\mathbf{1})^*$ zu akzeptieren, die nicht in $\mathrm{DZEIT}(T(n))$ ist. Sei x_i die i-te Zeichenkette in der kanonischen Ordnung von $(\mathbf{0}+\mathbf{1})^*$. In Kapitel 8 haben wir einbändige Turing-Maschinen mit dem Bandalphabet $\{0,1,B\}$ geordnet. Wir können genauso mehrbändige Turing-Maschinen mit beliebigen Bandalphabeten ordnen, indem wir ihre Übergangsfunktionen durch binäre Zeichenketten ersetzen. Der einzige wesentliche Punkt ist, daß die Namen der Band-Symbole — wie die der Zustände — keine Bedeutung haben, so daß wir annehmen können, daß alle Turing-Maschinen mit Eingabealphabet $\{0,1\}$ ein Bandalphabet $0, 1, B, X_4, X_5, \ldots$ bis zu einem endlichen X_n haben; dann können wir 0, 1 und B durch 0, 00 und 000 und X_i durch 0^i für $i \geq 4$ verschlüsseln. Wir erlauben auch eine beliebige Anzahl von Einsen vor dem Code von M, um M genauso darzustellen, so daß M beliebig lange Kodierungen hat.

Damit können wir über die i-te mehrbändige TM M_i sprechen: Wir definieren nun $L = \{x_i \mid M_i \text{ akzeptiert nicht } x_i \text{ in } T(|x_i|) \text{ Bewegungen}\}$. Wir behaupten, daß L rekursiv ist. Zur Erkennung von L ist folgender Algorithmus auszuführen, der sicherlich auf einer TM implementiert werden kann: Bei gegebener Eingabe w der Länge n simuliert man M auf n, um $T(n)$ zu berechnen. Dann ist i so zu bestimmen, daß $w = x_i$ gilt. Die in Binärdarstellung geschriebene ganze Zahl i ist die Übergangsfunktion einer mehrbändigen TM M_i. (Wenn i in Binärdarstellung von falscher Form für eine Übergangsfunktion ist, dann hat M_i keine Bewegungen.) M_i ist auf w für $T(n)$ Bewegungen zu simulieren und hat zu akzeptieren, wenn entweder M_i anhält, ohne zu akzeptieren, oder wenn M_i für mehr als $T(n)$ Bewegungen läuft und nicht akzeptiert.

Um zu sehen, daß L nicht in $\mathrm{DZEIT}(T(n))$ ist, sei $L = L(M_i)$, und M_i sei $T(n)$-zeit-beschränkt. Ist x_i in L? Wenn dies so ist, wird x_i von M_i in $T(n)$ Schritten mit $n = |x_i|$ akzeptiert. Also ist x_i nach Definition von L nicht in L, was ein Widerspruch ist. Ist x_i nicht in L, dann wird x_i nicht von M_i akzeptiert; folglich ist x_i in L nach Definition von L, was wiederum ein Widerspruch ist. Da beide Annahmen zu Widersprüchen führen muß die Annahme, daß M_i $T(n)$-zeit-beschränkt ist, falsch sein. □

Gilt $T'(n) \geq T(n)$ für alle n, so folgt sofort aus der Definition einer Zeitkomplexitätsklasse, daß DZEIT($T(n)$) $\subseteq$ DZEIT($T'(n)$). Ist $T(n)$ eine total rekursive Funktion, so impliziert Satz 12.7, daß es eine rekursive Menge L gibt, die nicht in DZEIT($T(n)$) ist. Sei $\hat{T}(n)$ die Laufzeit einer Turing-Maschine, die L akzeptiert, und sei $T'(n) = \max\{T(n), \hat{T}(n)\}$. Dann gilt DZEIT($T(n)$) $\subsetneq$ DZEIT($T'(n)$), da L im letzteren, aber nicht im ersteren ist. Also wissen wir, daß es eine unendliche Hierarchie von deterministischen Zeitkomplexitätsklassen gibt. Ein ähnliches Ergebnis gilt für deterministische Bandkomplexitätsklassen und für nichtdeterministische Zeit- und Speicherklassen.

Satz 12.7 zeigt, daß es für jede rekursive Zeit- oder Bandkomplexität $f(n)$ ein $f'(n)$ gibt, so daß eine Sprache in der von $f'(n)$ definierten Komplexitätsklasse, aber nicht in der von $f(n)$ definierten Komplexitätsklasse ist. Wir zeigen nun, daß für eine sich wohlverhaltenden Funktion $f(n)$ bereits eine kleine Steigerung des Wachstums zu einer neuen Komplexitätsklasse führt. Die Sätze 12.8 und 12.9 befassen sich mit dem benötigten Wachstum, um eine neue deterministische Komplexitätsklasse zu erhalten. Diese Sätze werden später benötigt, um untere Schranken für die Komplexität verschiedener Probleme festzustellen. Ähnliche Ergebnisse für nichtdeterministische Klassen sind wesentlich schwieriger; wir werden eine dichte Hierarchie für nichtdeterministischen Speicher kurz in Abschnitt 12.5 behandeln.

Eine Band-Hierarchie

Wir führen nun unseren Begriff einer sich "wohlverhaltenden" Bandkomplexitätsfunktion ein: Eine Funktion $S(n)$ heißt *band-konstruierbar*, wenn es eine Turing-Maschine M gibt, die $S(n)$-band-beschränkt ist, und wenn für jedes n eine Eingabe der Länge n existiert, auf der M wirklich $S(n)$ Bandfelder benutzt. Die Menge der band-konstruierbaren Funktionen schließt $\log n$, n^k, 2^n und $n!$ ein. Wenn $S_1(n)$ und $S_2(n)$ band-konstruierbare Funktionen sind, so sind es auch $S_1(n)S_2(n)$, $2^{S_1(n)}$ und $S_1(n)^{S_2(n)}$. Also ist die Menge der band-konstruierbaren Funktionen sehr reichhaltig.

Beachten Sie, daß M oben nicht für alle Eingaben $S(n)$ Band benutzen muß, sondern nur für eine Eingabe dieser Länge. Wenn M für alle n genau $S(n)$ Felder für jede Eingabe der Länge n benutzt, so heißt $S(n)$ *voll band-konstruierbar*. Jede band-konstruierbare Funktion $S(n) \geq n$ ist voll band-konstruierbar (siehe Übungsaufgabe).

Um das nächste Ergebnis zu vereinfachen, beweisen wir das folgende Lemma.

Lemma 12.1

Wenn L von einer $S(n)$-band-beschränkten TM mit $S(n) \geq \log_2 n$ akzeptiert wird, dann wird L von einer $S(n)$-band-beschränkten Turing-Maschine akzeptiert, die auf allen Eingaben hält.

Beweis:

Sei M eine $S(n)$-band-beschränkte Turing-Maschine mit s Zuständen und t Band-Symbolen, die L erkennt. Wenn M akzeptiert, so tut sie das durch eine Folge von höchstens $(n+2)sS(n)t^{S(n)}$ Bewegungen, da sich sonst Zustandsbeschreibungen wiederholen. D.h. es gibt $n+2$ Eingabekopf-Positionen, s Zustände, $S(n)$ Bandkopf-Positionen und $t^{S(n)}$ Speicherband-Inhalte. Wenn eine zusätzliche Spur als Bewegungszähler eingeführt wird, kann M sich selbst nach $(4st)^{S(n)} \geq (n+2)sS(n)t^{S(n)}$

Bewegungen beenden. Tatsächlich setzt M einen Zähler der Länge $\log n$ ein und zählt zur Basis $4st$: Wenn M ein neues Feld hinter den Feldern, die den Zähler enthalten, belegt, erhöht M die Zählerlänge. Wenn M also eine Schleife bildet, obwohl sie bisher nur i Bandfelder benutzt hat, dann wird der Zähler dies entdecken, wenn $(4st)^{\max(i, \log_2 n)}$ erreicht ist, was mindestens gleich $(n+2)sS(n)t^{S(n)}$ ist. □

Satz 12.8

Wenn $S_2(n)$ eine voll band-konstruierbare Funktion mit

$$\inf_{n \to \infty} \frac{S_1(n)}{S_2(n)} = 0$$

ist, und wenn $S_1(n)$ und $S_2(n)$ beide wenigstens $\log_2 n$ sind, dann gibt es eine Sprache in DBAND($S_2(n)$), die nicht in DBAND($S_1(n)$) liegt.

Beweis:

Der Satz wird mit Diagonalisierung bewiesen. Wir betrachten eine Aufzählung einer off-line Turing-Maschine mit Eingabealphabet $\{0, 1\}$ und einem Speicherband; diese Aufzählung basiert auf der binären Kodierung aus Abschnitt 8.3, aber mit einem Präfix von Einsen, so daß jede Turing-Maschine beliebig lange Kodierungen hat. Wir konstruieren eine Turing-Maschine M, die $S_2(n)$ Band braucht und auf wenigstens einer Eingabe mit jeder beliebigen $S_1(n)$-band-beschränkten Turing-Maschine nicht übereinstimmt.

Auf der Eingabe w beginnt M, indem sie $S_2(n)$ Felder auf einem Band markiert, wobei n die Länge von w ist. Da $S_2(n)$ voll band-konstruierbar ist, kann dies durch Simulation einer Turing-Maschine geschehen, die genau $S_2(n)$ Felder auf jeder Eingabe der Länge n benutzt. Wenn M versucht, die markierten Felder zu verlassen, hat M anzuhalten und w zu verwerfen. Dies garantiert, daß M $S_2(n)$-band-beschränkt ist.

Als nächstes beginnt M eine Simulation der Turing-Maschine M_w auf Eingabe w; M_w ist die durch die binäre Zeichenkette w kodierte Turing-Maschine. Wenn M_w $S_1(n)$-band-beschränkt ist und t Band-Symbole hat, dann erfordert die Simulation $\lceil \log_2 t \rceil S_1(n)$ Band. M akzeptiert w genau dann, wenn M die Simulation in $S_2(n)$ Band durchführen kann und M_w anhält, ohne w zu akzeptieren.

Da M $S_2(n)$-band-beschränkt ist, ist $L(M)$ in DBAND($S_2(n)$). $L(M)$ ist jedoch nicht in DBAND($S_1(n)$): Wir nehmen an, daß eine $S_1(n)$-band-beschränkte Turing-Maschine $\hat{M}$ mit t Bandsymbolen existiere, die $L(M)$ akzeptiert. Nach Lemma 12.1 können wir annehmen, daß $\hat{M}$ auf allen Eingaben hält. Da $\hat{M}$ unendlich oft in der Aufzählung auftaucht, und da

$$\inf_{n \to \infty} \frac{S_1(n)}{S_2(n)} = 0$$

gilt, existiert ein genügend langes w mit $|w| = n$, so daß $\lceil \log_2 t \rceil S_1(n) < S_2(n)$ gilt und M_w gleich $\hat{M}$ ist. Auf der Eingabe w hat M genügend Platz, um M_w zu simulieren und genau dann zu akzeptieren, wenn M_w verwirft. Daher ist $L(M_w) \neq L(M)$, was ein Widerspruch ist. Somit ist $L(M)$ in DBAND(($S_2(n)$), aber nicht in DBAND($S_1(n)$). □

Während die meisten gewöhnlichen Funktionen voll band-konstruierbar sind, brauchen wir die einfache Band-Konstruierbarkeit für die Gültigkeit von Satz 12.8. Deshalb behaupten wir folgendes:

Korollar:
Satz 12.8 gilt sogar, wenn $S_2(n)$ band-konstruierbar, aber nicht voll band-konstruierbar ist.

Beweis:
Sei M_1 eine Turing-Maschine, die $S_2(n)$ infolge irgendeiner Eingabe konstruiert, und Σ das Eingabealphabet von M_1. Wir erstellen M, um eine Sprache über dem Alphabet $\Sigma \times \{0, 1\}$ zu akzeptieren. D.h. die Eingabe von M wird so behandelt, als ob sie zwei Spuren hätte: Die erste wird als Eingabe für M_1 und die zweite als Code einer Turing-Maschine mit Eingabealphabet $\Sigma \times \{0, 1\}$ benutzt. Die einzige Modifikation gegenüber der Erstellung von M ist, daß M Blöcke auf den Bändern 1 und 2 ablegen muß, wenn sie M_1 auf der ersten Spur von M simuliert. Wir können zeigen, daß M mit keiner $S_1(n)$-band-beschränkten TM $\hat{M}$ bei einer Eingabe mit hinreichend großer Länge n übereinstimmt, deren erste Spur eine Zeichenkette in Σ^n ist, die M_1 veranlaßt, $S_2(n)$ Felder zu benutzen, und deren zweite Spur eine Kodierung von $\hat{M}$ enthält. □

Wir lassen den Beweis als Übung, daß die Bedingung $S_2(n) \geq \log_2 n$ in Satz 12.8 und seinem Korollar nicht wirklich benötigt wird. Der Beweis ist keine Diagonalisierung; stattdessen ist zu zeigen, daß

$$\{wc^i w \mid w \in (a+b)^*, \quad |w| = S_2(n) \quad \text{und} \quad i = n - 2S_2(n)\}$$

mit $S_2(n)$ Speicher erkannt wird, aber nicht mit $S_1(n)$ Speicher, wenn

$$\inf_{n \to \infty} \frac{S_1(n)}{S_2(n)} = 0,$$

und $S_2(n) < \log_2 n$ gilt.

Beachten Sie, daß mit $\inf_{n\to\infty}[S_1(n)/S_2(n)] = 0$ und $S_1(n) \leq S_2(n)$ für alle n auch

$$\text{DBAND}(S_1(n)) \subset \text{DBAND}(S_2(n))$$

gilt. Falls jedoch $S_1(n) < S_2(n)$ nicht gilt, so können sowohl in DBAND($S_1(n)$) als auch DBAND($S_2(n)$) Sprachen enthalten sein, die jeweils nicht in der anderen Klasse enthalten sind.

Eine Zeit-Hierarchie

Die deterministische Zeit-Hierarchie ist nicht so strikt wie die Speicher-Hierarchie. Der Grund ist, daß eine Turing-Maschine, die über alle mehrbändigen TM diagonalisiert, eine feste Zahl von Bändern hat. Um eine Turing-Maschine mit einer größeren Zahl von Bändern zu simulieren, machen wir Gebrauch von der zweibändigen Simulation einer mehrbändigen TM, was zu einer logarithmischen Verlangsamung führt. Bevor wir die Konstruktion angeben, führen wir den Begriff der Zeit-Konstruierbarkeit ein.

Eine Funktion $T(n)$ heißt *zeit-konstruierbar*, wenn es eine $T(n)$-zeit-beschränkte mehrbändige TM gibt, so daß für jedes n eine Eingabe existiert, auf der M tatsächlich $T(n)$ Bewegungen macht. Genauso wie für band-konstruierbare Funktionen gibt es eine reichhaltige Hierarchie zeit-konstruierbarer Funktionen. $T(n)$ heißt *voll zeit-konstruierbar*, wenn es eine Turing-Maschine gibt, die für alle Eingaben der Länge n gerade $T(n)$ Zeit benutzt. Wiederum sind die gebräuchlichsten Funktionen alle voll zeit-konstruierbar.

Satz 12.9
Wenn $T_2(n)$ eine voll zeit-konstruierbare Funktion ist und

$$\inf_{n\to\infty} \frac{T_1(n)\log T_1(n)}{T_2(n)} = 0$$

gilt, dann gibt es eine Sprache in DZEIT($T_2(n)$), die nicht in DZEIT($T_1(n)$) ist.

Beweis:
Der Beweis ist ähnlich zu dem von Satz 12.8, so daß wir nur eine kurze Skizze der notwendigen Konstruktion angeben. Eine $T_2(n)$-zeit-beschränkte Turing-Maschine M wird konstruiert, um wie folgt zu operieren: M behandelt die Eingabe w als Kodierung einer Turing-Maschine $\hat{M}$ und simuliert $\hat{M}$ auf w. Eine Schwierigkeit tritt auf, weil M eine feste Zahl von Bändern hat, so daß $\hat{M}$ für einige w mehr Bänder als M hat. Glücklicherweise braucht man nach Satz 12.6 nur zwei Bänder, um irgendeine TM $\hat{M}$ zu simulieren, obwohl die Simulation einen Faktor $\log T_1(n)$ kostet. Ebenso verlangt die Simulation von $T_1(n)$ Bewegungen von $\hat{M}$ durch M gerade $cT_1(n)\log T_1(n)$ Zeit — wobei c eine von $\hat{M}$ abhängige Konstante ist — da $\hat{M}$ viele Band-Symbole haben kann, die in einer festen Anzahl von Symbolen kodiert werden müssen.

Um zu gewährleisten, daß die Simulation von $\hat{M}$ $T_2(n)$-zeit-beschränkt ist, führt M simultan Schritte einer Turing-Maschine aus (indem sie zusätzliche Bänder benutzt), die genau $T_2(n)$ Zeit auf allen Eingaben der Länge n braucht. Dies ist der Grund, warum $T_2(n)$ voll zeit-konstruierbar sein muß. Nach $T_2(n)$ Schritten hält M. M akzeptiert w nur dann, wenn die Simulation von $\hat{M}$ fertig geworden ist und w von $\hat{M}$ verworfen wurde. Die Kodierung von $\hat{M}$ ist wie im vorausgegangenen Satz erstellt, so daß $\hat{M}$ beliebig lange Kodierungen hat. Wenn also $\hat{M}$ eine $T_1(n)$-zeit-beschränkte Turing-Maschine ist, wird es ein genügend langes w zur Kodierung von $\hat{M}$ geben, so daß

$$cT_1(|w|)\log T_1(|w|) \leq T_2(|w|)$$

gilt und die Simulation fertig wird. In diesem Fall ist w genau dann in $L(M)$, wenn w nicht in $L(\hat{M})$ ist. Also gilt $L(M) \neq L(\hat{M})$ für jede $\hat{M}$, die $T_1(n)$-zeit-beschränkt ist. Deshalb ist $L(M)$ in DZEIT($T_2(n)$) − DZEIT($T_1(n)$). □

Beispiel 12.3
Sei $T_1(n) = 2^n$ und $T_2(n) = n^2 2^n$. Dann gilt

$$\inf_{n\to\infty} \frac{T_1(n)\log T_1(n)}{T_2(n)} \;=\; \inf_{n\to\infty} \frac{1}{n} \;=\; 0.$$

Also ist Satz 12.9 anwendbar, und DZEIT$(2^n) \neq$ DZEIT$(n^2 2^n)$. Aus $T_1(n) \leq T_2(n)$ für alle n läßt sich DZEIT$(2^n) \subsetneq$ DZEIT$(n^2 2^n)$ schließen.

12.4 BEZIEHUNGEN ZWISCHEN KOMPLEXITÄTSMASSEN

Es gibt einige offensichtliche Beziehungen und eine weniger offensichtliche Beziehung zwischen den Komplexitätsmaßen einer gegebenen Sprache L, entsprechend den vier von uns definierten Komplexitätsmaßen. Die offensichtlichen Beziehungen werden im folgenden Satz dargestellt.

Satz 12.10

a) Ist L in DZEIT$(f(n))$, so ist L auch in DBAND$(f(n))$.

b) Ist L in DBAND$(f(n))$ und gilt $f(n) \geq \log_2 n$, dann gibt es eine von L abhängige Konstante c, so daß L in DZEIT$(c^{f(n)})$ ist.

c) Ist L in NZEIT$(f(n))$, dann gibt es eine von L abhängige Konstante c, so daß L in DZEIT$(c^{f(n)})$ ist.

Beweis:

a) Macht die Turing-Maschine M nicht mehr als $f(n)$ Bewegungen, so kann sie nicht mehr als $f(n)+1$ Felder eines beliebigen Bands abarbeiten. Wenn man M so modifiziert, daß sie zwei Symbole pro Feld enthält, können wir die Speicheranforderung auf $\lceil (f(n)+1)/2 \rceil$ senken, was höchstens gleich $f(n)$ ist.

b) Beachten Sie, daß die Anzahl der unterschiedlichen Zustandsbeschreibungen von M_1 mit einer Eingabe der Länge n höchstens $s(n+2)f(n)t^{f(n)}$ ist, wenn die Turing-Maschine M_1 höchstens $f(n)$ Speicher braucht sowie s Zustände und t Band-Symbole hat. Da $f(n) \geq \log_2 n$ gilt, gibt es eine Konstante c, so daß $c^{f(n)} \geq s(n+2)f(n)t^{f(n)}$ für alle $n \geq 1$ gilt.

Wir konstruieren eine mehrbändige Turing-Maschine M_2, die ein Band benutzt, um bis $c^{f(n)}$ zu zählen, und zwei weitere Bänder zur Simulation von M_1. Hat M_1 nicht akzeptiert, wenn der Zähler $c^{f(n)}$ erreicht ist, so hält M_2 an, ohne zu akzeptieren. Nach dieser Zahl von Bewegungen muß M_1 eine Zustandsbeschreibung wiederholt haben und wird daher niemals akzeptieren. Natürlich ist M_2 $c^{f(n)}$-zeit-beschränkt.

c) Sei M_1 eine $f(n)$-zeit-beschränkte nichtdeterministische Turing-Maschine mit s Zuständen, t Bandsymbolen und k Bändern. Die Anzahl der möglichen Zustandsbeschreibungen von M_1 bei einer gegebenen Eingabe der Länge n ist höchstens $s(f(n)+1)^k t^{kf(n)}$, also gleich dem Produkt aus der Anzahl der Zustände, der Kopf-Positionen und der Band-Inhalte. Also genügt $d = s(t+1)^{3k}$ der Ungleichung

$$d^{f(n)} \geq s(f(n)+1)^k t^{kf(n)}$$

für alle $n \geq 1$.

Eine deterministische mehrbändige Turing-Maschine kann bestimmen, ob M_1 eine Eingabe w der Länge n akzeptiert, indem sie eine Liste aller Zustandsbeschreibungen von M_1 konstruiert, die von der anfänglichen Zustandsbeschreibung aus erreichbar sind. Dieser Prozeß kann in einer Zeit ausgeführt werden, die durch das Quadrat der Länge der Liste beschränkt ist. Da die Liste der erreichbaren Zustandsbeschreibungen nicht länger ist als $d^{f(n)}$-mal die

Länge einer Zustandsbeschreibung (die durch $1 + k(f(n) + 1)$ Symbole kodiert werden kann), ist die Zeit durch $c^{f(n)}$ für eine Konstante c beschränkt. □

Satz 12.11 (*Der Satz von Savitch*)

Ist L in NBAND($S(n)$), so ist L in DBAND($S^2(n)$) unter der Voraussetzung, daß $S(n)$ voll band-konstruierbar ist und $S(n) \geq \log_2 n$ gilt.

Beweis:

Sei $L = L(M_1)$, wobei M_1 eine $S(n)$-band-beschränkte nichtdeterministische TM ist. Für eine Konstante c gibt es höchstens $c^{S(n)}$ Zustandsbeschreibungen für eine Eingabe der Länge n. Wenn also M_1 ihre Eingabe akzeptiert, tut sie dies durch eine Folge von höchstens $c^{S(n)}$ Bewegungen, da in der kürzesten zur Akzeptanz führenden Berechnung von M_1 keine Zustandsbeschreibung wiederholt wird.

$I_1 \overset{(i)}{\vdash} I_2$ stehe dafür, daß die Zustandsbeschreibung I_2 von der Zustandsbeschreibung I_1 aus durch eine Folge von höchstens 2^i Bewegungen erreichbar ist. Für $i \geq 1$ können wir $I_1 \overset{(i)}{\vdash} I_2$ bestimmen, indem wir jedes I' untersuchen, ob $I_1 \overset{(i-1)}{\vdash} I'$ und $I' \overset{(i-1)}{\vdash} I_2$ gilt. Also ist der zu der Entscheidung nötige Platz, ob man von einer Zustandsbeschreibung zu einer anderen in 2^i Schritten gelangen kann, gleich dem nötigen Platz, um die gerade zu untersuchende Zustandsbeschreibung I' festzuhalten, plus dem Platz, der zur Bestimmung benötigt wird, ob wir von einer Zustandsbeschreibung zu einer anderen in 2^{i-1} Bewegungen gelangen können. Beachten Sie, daß der Platz, der zum Test benötigt wird, ob eine Zustandsbeschreibung von einer anderen in 2^{i-1} Bewegungen erreicht werden kann, für jeden dieser Tests wieder benutzt werden kann.

Die Details des Tests, ob w in $L(M_1)$ ist, sind in Abbildung 12.5 angegeben. Der Algorithmus aus Abbildung 12.5 kann auf einer Turing-Maschine M_2 implementiert werden, die ein Band als Keller von Aktivierungssätzen[4] benutzt. Jeder Aufruf hat einen Aktivierungssatz, in dem die Werte der Parameter I_1, I_2 und i stehen sowie der Wert der lokalen Variable I'. Da I_1, I_2 und I' Zustandsbeschreibungen mit höchstens $S(n)$ Feldern sind, können wir jede von ihnen in $S(n)$ Speicher darstellen. Die Eingabekopf-Position braucht $\log n \leq S(n)$ Felder. Beachten Sie, daß das Eingabe-Band in allen Zustandsbeschreibungen fest ist und dem für die Eingabe für M_2 entspricht, so daß wir die Eingabe nicht in jede Zustandsbeschreibung kopieren müssen. Der Parameter i kann mit höchstens $mS(n)$ Felder binär kodiert werden. Also braucht ein Aktivierungssatz $O(S(n))$ Platz.

Da sich der dritte Parameter jedesmal beim Aufruf von TEST um 1 vermindert, da der erste Aufruf $i = mS(n)$ hat, und da kein Aufruf mehr gemacht wird, wenn i Null erreicht, ist die maximale Anzahl von Aktivierungssätzen auf dem Keller $O(S(n))$. Also beträgt der insgesamt benutzte Platz $O(S^2(n))$, und nach Satz 12.1 können wir M_2 so modifizieren, daß der Speicherbedarf genau $S^2(n)$ beträgt. □

[4] Ein "Aktivierungssatz" ist der Bereich, der für die zu einem Aufruf einer Prozedur gehörenden Daten benutzt wird.

```
begin
        sei |w| = n und m = ⌈log₂ c⌉;
        sei I₀ die anfängliche Zustandsbeschreibung
              von M₁ mit der Eingabe w;
        for jede End-Zustandsbeschreibung I_f
                    mit einer Länge von höchstens S(n) do
              if TEST (I₀, I_f, mS(n)) then akzeptiere;
end

procedure TEST (I₁, I₂, i);
        if i = 0 und (I₁ = I₂ oder I₁ ⊢ I₂) then return true;
        if i ≥ 1 then
              for jede Zustandsbeschreibung I' mit einer
                          Länge von höchstens S(n) do
                    if TEST (I₁, I', i−1) und TEST (I', I₂, i−1) then
                          return true;
        return false
end TEST
```

Abb. 12.5: Algorithmus, um M_1 zu simulieren.

Beispiel 12.4

$$\text{NBAND}(\log n) \subseteq \text{DBAND}(\log^2 n)$$
$$\text{NBAND}(n^2) \subseteq \text{DBAND}(n^4)$$
$$\text{NBAND}(2^n) \subseteq \text{DBAND}(4^n)$$

Beachten Sie, daß für $S(n) \geq n$ der Satz von Savitch sogar gilt, wenn $S(n)$ bandkonstruierbar ist anstatt voll band-konstruierbar. M_2 beginnt mit einer Simulation einer TM M, die $S(n)$ auf jeder Eingabe der Länge n konstruiert, den größten benötigten Speicher als $S(n)$ annimmt und diese Länge benutzt, um den Platz für die Aktivierungssätze anzulegen. Wenn wir allerdings keine Möglichkeit haben, $S(n)$ in $S^2(n)$ Speicher zu berechnen, können wir nicht durch alle möglichen Werte von I_f oder I' gehen, ohne welche zu erhalten, die zuviel Platz benötigen.

12.5 ÜBERTRAGUNGSLEMMATA UND NICHTDETERMINISTISCHE HIERARCHIEN

In den Sätzen 12.8 und 12.9 haben wir gesehen, daß die deterministische Speicher- und Zeit-Hierarchie sehr dicht war. Es erscheint einleuchtend, daß die entsprechenden Hierarchien für nichtdeterministische Maschinen eine quadratische Erhöhung des Platzes und eine exponentielle Erhöhung der Zeit verlangen, um eine nichtdeterministische Maschine für eine Diagonalisierung zu simulieren. Ein Übertragungsargument kann jedoch benutzt werden, um eine wesentlich dichtere Hierarchie für nichtdeterministische Maschinen anzugeben. Wir illustrieren die Technik für Speicher.

Ein Übertragungslemma

Der erste Schritt ist zu zeigen, daß das Enthaltensein aufwärts übertragbar ist. Wir nehmen z.B. an, daß NBAND(n^3) $\subseteq$ NBAND(n^2) gelten würde (was nicht der Fall ist). Diese Relation könnte aufwärts durch Ersetzen von n durch n^2, was zu

$$\text{NBAND}(n^6) \subseteq \text{NBAND}(n^4)$$

führt, übertragen werden.

Lemma 12.2

Seien $S_1(n)$, $S_2(n)$ und $f(n)$ mit $S_2(n) \geq n$ und $f(n) \geq n$ voll band-konstruierbar. Dann folgt

$$\text{NBAND}(S_1(f(n))) \subseteq \text{NBAND}(S_2(f(n)))$$

aus

$$\text{NBAND}(S_1(n)) \subseteq \text{NBAND}(S_2(n)).$$

Beweis:

L_1 werde von einer nichtdeterministischen $S_1(f(n))$-band-beschränkten TM M_1 akzeptiert. Sei

$$L_2 = \{x\$^i \mid M_1 \text{ akzeptiert } x \text{ mit Bandaufwand } S_1(|x| + i)\},$$

wobei \$ eine neues Symbol ist, das nicht im Alphabet von L_1 enthalten ist. Dann wird L_2 von einer Turing-Maschine M_2 wie folgt akzeptiert: Bei Eingabe von $x\$^i$ markiert M_2 $S_1(|x| + i)$ Felder; M_2 ist dazu in der Lage, da S_1 voll konstruierbar ist. Dann wird M_1 von M_2 auf x simuliert, welche genau dann akzeptiert, wenn M_1 akzeptiert, ohne mehr als $S_1(|x|+i)$ Felder benutzt zu haben. Natürlich ist M_2 $S_1(n)$-band-beschränkt.

Was wir getan haben ist, eine Menge L_1 in NBAND($S_1(f(n))$) zu nehmen und die Zeichenketten mit \$ so aufzufüllen, daß die aufgefüllte Version L_2 in NBAND($S_1(n)$) ist. Nun gibt es wegen der Voraussetzung NBAND($S_1(n)$) $\subseteq$ NBAND($S_2(n)$) eine nichtdeterministische $S_2(n)$-band-beschränkte Turing-Maschine M_3, die L_2 akzeptiert.

Schließlich konstruieren wir eine Maschine M_4, die die Originalmenge L_1 mit Speicher $S_2(f(n))$ akzeptiert. M_4 markiert $f(n)$ Felder und dann $S_2(f(n))$ Felder, was sie tun kann, da f und S_2 voll konstruierbar sind. Da $S_2(n) \geq n$ gilt, gilt auch $f(n) \leq S_2(f(n))$, so daß M_4 nicht mehr als $S_2(f(n))$ Felder benutzt hat.

Als nächstes wird M_3 von M_4 bei Eingabe von x auf der Eingabe $x\$^i$ für $i = 0, 1, 2, \ldots$ simuliert. Zu diesem Zweck muß M_4 die Kopfstellung von M_3 auf $x\$^i$ festhalten. Wenn der Kopf von M_3 innerhalb von x ist, so ist der Kopf von M_4 am entsprechenden Punkt seiner Eingabe. Wenn sich der Kopf von M_3 im Bereich der \$ bewegt, merkt sich M_4 den Ort in einem Zähler; die Länge des Zählers ist höchstens $\log i$.

Wenn M_3 während der Simulation akzeptiert, so akzeptiert M_4 auch. Wenn M_3 nicht akzeptiert, dann wird i solange von M_4 erhöht, bis der Zähler nicht mehr auf $S_2(f(|x|))$ Bandfelder paßt; dann hält M_4. Wenn nun x in L_1 liegt, dann ist $x\$^i$ in L_2 für ein i, das der Bedingung $S_1(|x|+i) = S_1(f(|x|))$ genügt. Da $f(n) \geq n$ gilt, wird diese Gleichung von $i = f(|x|) - |x|$ erfüllt; also verlangt der Zähler $\log f(|x|) - |x|$ Speicher. Auf Grund von $S_2(f(|x|)) > f(|x|)$ wird der Zähler hineinpassen. Also ist x genau dann in $L(M_4)$, wenn $x\$^i$ für ein i in $L(M_3)$ ist. Deshalb gilt $L(M_4) = L_1$, und L_1 ist in NBAND$(S_2(f(n)))$. □

Beachten Sie, daß wir die Bedingung $S_2(n) \geq n$ lockern können, indem wir nur verlangen, daß $S_2(n) \geq \log_2 n$ unter der Voraussetzung gilt, daß $S_2(f(n))$ voll bandkonstruierbar ist. Dann kann M_4 $S_2(f(n))$ Felder ablegen, ohne $f(n)$ Felder ablegen zu müssen. Da $S_2(f(n)) \geq \log f(n)$ gilt, ist immer noch Platz für den Zähler von M_4.

Die im wesentlichen gleiche Beweisführung wie in Lemma 12.2 zeigt die analogen Ergebnisse für DBAND, DZEIT und NZEIT.

Beispiel 12.5
Wenn wir die analoge Übertragung für deterministische Zeit benutzen, können wir beweisen, daß DZEIT$(2^n) \subsetneq$ DZEIT$(n2^n)$ gilt. Beachten Sie, daß diese Ergebnisse nicht aus Satz 12.9 folgen, da

$$\inf_{n\to\infty} \frac{2^n \log 2^n}{n2^n} = 1.$$

Wir nehmen an, daß

$$\text{DZEIT}(n2^n) \subseteq \text{DZEIT}(2^n)$$

gilt. Dann setzen wir $S_1(n) = n2^n$, $S_2(n) = 2^n$ und $f(n) = 2^n$ und erhalten so

$$\text{DZEIT}(2^n 2^{2^n}) \subseteq \text{DZEIT}(2^{2^n}). \tag{12.6}$$

Genauso erhalten wir, wenn wir $f(n) = n + 2^n$ setzen,

$$\text{DZEIT}((n+2^n)2^n 2^{2^n}) \subseteq \text{DZEIT}(2^n 2^{2^n}). \tag{12.7}$$

Verbinden wir (12.6) und (12.7), so erhalten wir

$$\text{DZEIT}((n+2^n)2^n 2^{2^n}) \subseteq \text{DZEIT}(2^{2^n}). \tag{12.8}$$

Es gilt jedoch

$$\inf_{n\to\infty} \frac{2^{2^n} \log 2^{2^n}}{(n+2^n)2^n 2^{2^n}} = \inf_{n\to\infty} \frac{1}{n+2^n} = 0.$$

Also impliziert Satz 12.9, daß (12.8) falsch ist und so unsere Annahme DZEIT$(n2^n)$ $\subseteq$ DZEIT(2^n) falsch sein muß. Da DZEIT$(2^n) \subseteq$ DZEIT$(n2^n)$ gilt, schließen wir, daß DZEIT$(2^n) \subsetneq$ DZEIT$(n2^n)$ gilt.

Beispiel 12.6
Das Übertragungslemma kann benutzt werden, um zu zeigen, daß NBAND(n^3) echt in NBAND(n^4) enthalten ist. Wir nehmen für einen Widerspruchsbeweis an, daß NBAND$(n^4) \subseteq$ NBAND(n^3) gilt. Wir setzen $f(n) = n^3$ und erhalten so

NBAND(n^{12}) $\subseteq$ NBAND(n^9). Ebenso erhalten wir NBAND(n^{16}) $\subseteq$ NBAND(n^{12}), indem wir $f(n) = n^4$ setzen, und $f(n) = n^5$ führt zu NBAND(n^{20}) $\subseteq$ NBAND(n^{15}). Fügt man diese Ergebnisse zusammen, so erhält man NBAND(n^{20}) $\subseteq$ NBAND(n^9). Nach Satz 12.11 wissen wir jedoch, daß NBAND(n^9) $\subseteq$ DBAND(n^{18}) gilt; außerdem gilt nach Satz 12.8 DBAND(n^{18}) $\subsetneq$ DBAND(n^{20}). Verbinden wir diese Ergebnisse, so erhalten wir

$$\begin{aligned}\text{NBAND}(n^{20}) &\subseteq \text{NBAND}(n^9) \subseteq \text{DBAND}(n^{18}) \\ &\subsetneq \text{DBAND}(n^{20}) \subseteq \text{NBAND}(n^{20}),\end{aligned}$$

also einen Widerspruch. Deshalb ist unsere Annahme NBAND(n^4) $\subseteq$ NBAND(n^3) falsch, woraus NBAND(n^3) $\subsetneq$ NBAND(n^4) folgt.

Eine nichtdeterministische Speicher-Hierarchie

Beispiel 12.6 kann verallgemeinert werden, um eine dichte Hierarchie für nichtdeterministischen Speicher im polynomialen Bereich zu zeigen.

Satz 12.12
Für $\epsilon > 0$ und $r \geq 0$ gilt

$$NBAND(n^r) \subsetneq \text{NBAND}(n^{r+\epsilon}).$$

Beweis:
Wenn r eine beliebige nichtnegative reelle Zahl ist, können wir ganze Zahlen s und t finden, so daß $r \leq s/t$ und $r + \epsilon \geq (s+1)/t$ gilt. Daher genügt es, für alle positiven ganzen Zahlen s und t zu zeigen, daß

$$\text{NBAND}(n^{s/t}) \subsetneq \text{NBAND}(n^{(s+1)/t})$$

gilt. Nehmen wir für einen Widerspruchsbeweis an, daß

$$\text{NBAND}(n^{(s+1)/t}) \subseteq \text{NBAND}(n^{s/t})$$

gilt. Dann haben wir nach Lemma 12.2 mit $f(n) = n^{(s+i)t}$

$$\text{NBAND}(n^{(s+1)(s+i)}) \subseteq \text{NBAND}(n^{s(s+i)}) \tag{12.9}$$

für $i = 0, 1, ..., s$. Mit $s(s+i) \leq (s+1)(s+i-1)$ für $i \geq 1$ gilt auch

$$\text{NBAND}(n^{s(s+i)}) \subseteq \text{NBAND}(n^{(s+1)(s+i-1)}). \tag{12.10}$$

Indem wir (12.9) und (12.10) abwechselnd benutzen, erhalten wir folgendes:

$$\begin{aligned}\text{NBAND}(n^{(s+1)(2s)}) &\subseteq \text{NBAND}(n^{s(2s)}) \\ &\subseteq \text{NBAND}(n^{(s+1)(2s-1)}) \subseteq \text{NBAND}(n^{s(2s-1)}) \\ &\subseteq ... \subseteq \text{NBAND}(n^{(s+1)s}) \subseteq \text{NBAND}(n^{s^2}).\end{aligned}$$

Das heißt also

$$\mathrm{NBAND}(n^{(2s^2+2s)}) \subseteq \mathrm{NBAND}(n^{s^2}).$$

Nach dem Satz von Savitch gilt jedoch

$$\mathrm{NBAND}(n^{s^2}) \subseteq \mathrm{DBAND}(n^{2s^2})$$

und nach Satz 12.8

$$\mathrm{DBAND}(n^{2s^2}) \subsetneq \mathrm{DBAND}(n^{2s^2+2s}).$$

Natürlich gilt auch

$$\mathrm{DBAND}(n^{2s^2+2s}) \subseteq \mathrm{NBAND}(n^{2s^2+2s}).$$

Wenn wir diese Ergebnisse kombinieren, erhalten wir

$$\mathrm{NBAND}(n^{2s^2+2s}) \subsetneq \mathrm{NBAND}(n^{2s^2+2s}),$$

also einen Widerspruch. Wir schließen daraus, daß unsere Annahme

$$\mathrm{NBAND}(n^{(s+1)/t}) \subseteq \mathrm{NBAND}(n^{s/t})$$

falsch war. Da das Enthaltensein in der anderen Richtung offensichtlich ist, schließen wir

$$\mathrm{NBAND}(n^{s/t}) \subsetneq \mathrm{NBAND}(n^{(s+1)/t})$$

für alle positiven ganzen Zahlen s und t. □

Ähnlich dichte Hierarchien für nichtdeterministischen Speicher können für höhere Bereiche als die Polynome bewiesen werden; wir lassen diese Ergebnisse als Übungsaufgabe. Satz 12.12 kann wegen der Schlüsselrolle des Satzes von Savitch, für den kein Zeit-Analogon bekannt ist, nicht sofort auf nichtdeterministische Zeit übertragen werden. Ein Zeit-Analogon für Satz 12.12 wurde jedoch von Cook [1973a] aufgestellt.

12.6 EIGENSCHAFTEN ALLGEMEINER KOMPLEXITÄTSMASSE: DER LÜCKEN-, BESCHLEUNIGUNGS- UND VEREINIGUNGSSATZ

In diesem Abschnitt diskutieren wir einige nicht intuitive Eigenschaften von Komplexitätsmaßen. Obwohl wir sie nur für Bandkomplexität beweisen, werden wir im nächsten Abschnitt sehen, daß sie auf alle Komplexitätsmaße zutreffen.

Die Sätze 12.8 und 12.9 liefern, daß die Speicher- und Zeit-Hierarchien sehr dicht sind. In beiden Sätzen wurde jedoch verlangt, daß die Funktionen konstruierbar sind. Kann diese Bedingung aufgegeben werden? Die Antwort ist "nein": Die deterministischen Band- und Zeit-Hierarchien enthalten beliebig lange Lücken.

Wir sagen, daß eine Aussage mit dem Parameter n *fast überall (f.ü.)* wahr ist, wenn sie für alle bis auf endlich viele Werte von n wahr ist. Eine Aussage heißt *unendlich oft (u.o.)* wahr, wenn sie für unendlich viele n wahr ist. Beachten Sie, daß sowohl eine Aussage als auch ihre Negation u.o. wahr sein können.

Lemma 12.3
Wenn L von einer Turing-Maschine M akzeptiert wird, die f.ü. $S(n)$-band-beschränkt ist, dann wird L von einer $S(n)$-band-beschränkten Turing-Maschine erkannt.

Beweis:
Die endliche Kontrolle kann dazu benutzt werden, Zeichenketten der Länge n zu akzeptieren oder zu verwerfen, wobei n endlich und M nicht $S(n)$-beschränkt ist. Beachten Sie, daß die Konstruktion nicht effektiv ist, da wir ohne eine Zeit-Beschränkung nicht sagen können, welche dieser Wörter M akzeptiert. □

Lemma 12.4
Es gibt einen Algorithmus, um für eine gegebene TM M, eine Eingabe der Länge n und eine ganze Zahl m zu bestimmen, ob m die maximale Anzahl der Bandfelder ist, die M bei einer Eingabe der Länge n benötigt.

Beweis:
Für jedes m und n existiert eine Schranke t für die Anzahl der Bewegungen, die M auf einer Eingabe der Länge n machen kann, ohne mehr als m Felder eines Speicherbands zu benutzen und ohne eine Zustandsbeschreibung zu wiederholen. Wir simulieren alle Folgen von bis zu t Bewegungen, beginnend mit jeder Eingabe der Länge n. □

Satz 12.13 (*Borodins Lücken-Satz*)
Für eine gegebene total rekursive Funktion $g(n) \geq n$ gibt es eine total rekursive Funktion $S(n)$, so daß DBAND$(S(n))$ = DBAND$(g(S(n)))$. Mit anderen Worten, es existiert eine "Lücke" zwischen den Band-Beschränkungen $S(n)$ und $g(S(n))$, worin keine minimale Bandkomplexität irgendeiner Sprache liegt.

Beweis:
Sei $M_1, M_2, \ldots$ eine Aufzählung von Turing-Maschinen und $S_i(n)$ die maximale Anzahl von Bandfeldern, die M_i für eine Eingabe der Länge n benutzt. Wenn M_i immer hält, so ist $S_i(n)$ eine totale Funktion und gleich der Bandkomplexität von M_i; wenn allerdings M_i auf einer Eingabe der Länge n nicht anhält, dann ist $S_i(n)$ undefiniert.[5] Wir konstruieren $S(n)$ so, daß für jedes k entweder

1) $S_k(n) \leq S(n)$ f.ü., oder
2) $S_k(n) \geq g(S(n))$ u.o. gilt.

D.h. zwischen $S(n)$ und $g(S(n))$ liegt kein $S_k(n)$ für fast alle n.

Bei der Konstruktion von $S(n)$ für einen gegebenen Wert von n begrenzen wir unsere Aufmerksamkeit auf die endliche Menge der Turing-Maschinen $M_1, M_2, \ldots, M_n$. Der Wert für $S(n)$ ist so gewählt, daß für kein i zwischen 1 und n der Wert von $S_i(n)$ zwischen $S(n)$ und $g(S(n))$ liegt. Wenn wir den größten endlichen Wert von $S_i(n)$ für $1 \leq i \leq n$ berechnen könnten, so könnten wir $S(n)$ auf diesen Wert setzen. Da jedoch einige $S_i(n)$ undefiniert sind, können wir den größten Wert nicht berechnen. Stattdessen setzen wir anfangs $j = 1$ und sehen, ob es ein M_i in

[5] Wir identifizieren einen undefinierten Wert mit unendlich, so daß ein undefinierter Wert größer als jeder definierte Wert ist.

unserer endlichen Menge gibt, für das $S_i(n)$ zwischen $j+1$ und $g(j)$ liegt. Wenn es ein solches $S_i(n)$ gibt, dann setzen wir j auf $S_i(n)$ und wiederholen den Vorgang. Falls das nicht der Fall ist, setzten wir $S(n)$ auf j und sind fertig. Da nur eine endliche Anzahl von Turing-Maschinen zu betrachten ist, und da wir nach Lemma 12.4 sagen können, ob $S_i(n) = m$ für ein festes m gilt, wird damit schließlich ein Wert für j berechnet, so daß für $1 \leq i \leq n$ entweder $S_i(n) \leq j$ oder $S_i(n) > g(j)$ gilt. Dieser Wert von j ist $S(n)$ zuzuweisen.

Nehmen wir weiter an, daß es eine Sprache L gibt, die in DBAND$(g(S(n)))$, aber nicht in DBAND$(S(n))$ liegt. Dann gilt $L = L(M_k)$ für ein k mit $S_k(n) \leq g(S(n))$ für alle n. Nach der Konstruktion von $S(n)$ gilt $S_k(n) \leq S(n)$ für alle $n \geq k$. Folglich gilt $S_k(n) \leq S(n)$ f.ü.; daher gilt nach Lemma 12.3, daß L in DBAND$(S(n))$ liegt. Aus diesem Widerspruch schließen wir, daß DBAND$(S(n))$ = DBAND$(g(S(n)))$ gilt. □

Satz 12.13 und seine Analoga für die anderen drei Komplexitätsmaße haben diverse, keineswegs offensichtliche Folgerungen, wie etwa die folgende.

Beispiel 12.7
Es gibt eine total rekursive Funktion $f(n)$, so daß

$$\text{DZEIT}(f(n)) = \text{NZEIT}(f(n)) = \text{DBAND}(f(n)) = \text{NBAND}(f(n)).$$

Natürlich ist DZEIT$(f(n))$ in NZEIT$(f(n))$ und DBAND$(f(n))$ in NBAND$(f(n))$ enthalten. Somit ist in NBAND$(f(n))$ sowohl NZEIT$(f(n))$ als auch DBAND$(f(n))$ enthalten. Nach Satz 12.10 gilt für alle $f(n) \geq \log_2 n$, daß es für L in NBAND$(f(n))$ eine nur von L abhängige Konstante c gibt, so daß L in DZEIT$(c^{f(n)})$ ist. Deshalb gilt $L = L(M)$ für eine Turing-Maschine M, deren Zeitkomplexität f.ü. nach oben durch $f(n)^{f(n)}$ beschränkt ist. Nach dem DZEIT-Analogon zu Lemma 12.3 ist L in DZEIT$(f(n)^{f(n)})$. Schließlich garantiert das DZEIT-Analogon zu Satz 12.13 mit $g(x) = x^x$ die Existenz eines $f(n)$ mit DZEIT$(f(n))$ = DZEIT$(f(n)^{f(n)})$, was das Ergebnis beweist.

Wenn man zwei universelle Berechenbarkeitsmodelle hat, von denen das eine sehr langsam ist — beispielsweise eine Turing-Maschine, die pro Jahrhundert eine Bewegung macht — und das andere sehr schnell ist — beispielsweise eine RAM mit mächtigen eingebauten Anweisungen für Multiplikation, Exponentiation usw., die eine Million Operationen in der Sekunde ausführt — kann man leicht die Existenz einer total rekursiven Funktion $T(n)$ zeigen, für die jede in $T(n)$ Zeit auf dem einen Modell berechenbare Funktion in der gleichen Zeit auch auf dem anderen Modell berechenbar ist.

Der Beschleunigungssatz

Ein anderes kurioses Phänomen in bezug auf Komplexitätsmaße ist die Existenz von Funktionen ohne optimale Programme (Turing-Maschinen). Wir haben schon gesehen, daß jede Turing-Maschine eine lineare Beschleunigung in der Zeit und Kompression im Band erlaubt. Wir zeigen nun, daß es Sprachen ohne "optimales" Programm gibt. D.h. Erkenner für diese Sprachen können unbegrenzt beschleunigt werden. Wir werden nur mit Speicher arbeiten und zeigen, daß es eine Sprache

L gibt, so daß für jede L akzeptierende Turing-Maschine, immer eine andere TM existiert, die L akzeptiert und z.B. nur die Wurzel des Platzes benötigt, den die frühere benutzt hat. Dieser Erkenner kann natürlich durch einen noch schnelleren ersetzt werden usw. *ad infinitum.*

Die grundlegende Idee des Beweises ist ziemlich einfach. Durch Diagonalisierung konstruieren wir L, so daß L nicht schnell von einer beliebigen "kleinen" Maschine erkannt werden kann, d.h. von einer Maschine mit einem kleinen ganzahligen Index als Kodierung. Wenn der Maschinen-Index wächst, erlaubt der Diagonalisierungsprozeß schnellere und schnellere Maschinen, die L erkennen. Eine gegebene L erkennende Maschine hat einen festen Index und kann L nur entsprechend schnell erkennen; Maschinen mit größeren Indizes können L jedoch beliebig schneller erkennen.

Satz 12.14 (*Blums Beschleunigungssatz*)
Sei $r(n)$ eine total rekursive Funktion. Es existiert eine rekursive Sprache L, so daß für jede L akzeptierende Turing-Maschine M_i eine L akzeptierende Turing-Maschine M_j existiert, so daß $r(S_j(n)) \leq S_i(n)$ für fast alle n gilt.
Beweis:
O.B.d.A. nehmen wir an, daß $r(n)$ eine monoton wachsende, voll band-konstruierbare Funktion mit $r(n) \geq n^2$ ist (siehe Übungsaufgabe 12.9). Wir definieren $h(n)$ durch

$$h(1) = 2, \qquad h(n) = r(h(n-1)).$$

Dann ist $h(n)$ eine voll band-konstruierbare Funktion, was der Leser einfach zeigen kann.

Sei $M_1, M_2, ...$ eine Aufzählung aller off-line TM, analog zu der in Abschnitt 8.3 für einbändige TM. Insbesondere nehmen wir an, daß der Code für M_i die Länge $\log_2 i$ hat. Wir konstruieren L so, daß folgendes gilt:

1) Wenn $L(M_i) = L$, dann gilt $S_i(n) \geq h(n-i)$ f.ü.
2) Für jedes k existiert eine Turing-Maschine M_j, so daß $L(M_j) = L$ und $S_j(n) \leq h(n-k)$.

Die obigen Bedingungen für L sorgen dafür, daß für jede L akzeptierende TM M_i eine L akzeptierende TM M_j existiert, für die

$$S_i(n) \geq r(S_j(n)) \text{ f.ü.}$$

gilt. Um dies zu sehen, wählen wir M_j so, daß $S_j(n) \leq h(n-i-1)$. Nach (2) existiert M_j. Dann gilt nach (1)

$$S_i(n) \geq h(n-i) = r(h(n-i-1)) \geq r(S_j(n)) \text{ f.ü.}$$

Nun wollen wir $L \subseteq \mathbf{0}^*$ konstruieren, um (1) und (2) zu erfüllen: Für $n = 0, 1, 2, ...$ spezifizieren wir, ob 0^n in L ist. In diesem Prozeß werden einige M_i als "gestrichen" bezeichnet. Eine gestrichene Turing-Maschine akzeptiert sicherlich nicht L. Sei $\sigma(n)$ die kleinste ganze Zahl $j \leq n$, so daß $S_j(n) < h(n-j)$ gilt und M_j nicht durch $i = 0, 1, 2, ..., n-1$ gestrichen wird. Für n wird, falls $\sigma(n)$ existiert, $M_{\sigma(n)}$ als gestrichen bezeichnet. Dann wird 0^n genau dann in L plaziert, wenn $\sigma(n)$ existiert und 0^n nicht von $M_{\sigma(n)}$ akzeptiert wird.

Als nächstes zeigen wir, daß L der Bedingung (1) genügt: Wenn $L(M_i) = L$ gilt, dann gilt $S_i(n) \geq h(n-i)$ f.ü. Sei $L(M_i) = L$. Bei der Konstruktion von L werden alle Turing-Maschinen M_j für $j < i$ — die überhaupt je zu streichen sind — nach Betrachtung einer endlichen Anzahl n (etwa bis n_0) gestrichen. Beachten Sie, daß n_0 zwar nicht effektiv berechnet werden kann, aber trotzdem existiert. Wir nehmen an, daß $S_i(n) < h(n-i)$ für $n > \max(n_0, i)$ gilt. Bei der Betrachtung von n wird kein M_j mit $j < i$ gestrichen. Also gilt $\sigma(n) = i$, und M_i würde gestrichen, wenn es nicht schon vorher gestrichen worden ist. Aber eine Turing-Maschine, die gestrichen wurde, akzeptiert sicherlich nicht L. Also gilt $S_i(n) \geq h(n-i)$ für $n > \max(n_0, i)$, d.h. $S_i(n) \geq h(n-i)$ f.ü.

Um Bedingung (2) zu beweisen, zeigen wir, daß für ein gegebenes k eine Turing-Maschine $M = M_j$ existiert, so daß $L(M) = L$ und $S_j(n) \leq h(n-k)$ für alle n gilt. Um zu entscheiden, ob 0^n in L ist, muß M die TM $M_{\sigma(n)}$ auf 0^n simulieren. Zur Bestimmung von $\sigma(n)$ muß M bestimmen, welche M_i schon durch 0^l für $l < n$ gestrichen worden sind. Die Konstruktion der Liste gestrichener Turing-Maschinen verlangt jedoch direkt zu sehen, ob M_i mehr als $h(l-i)$ Speicher für $0 \leq l \leq n$ und $1 \leq i \leq n$ braucht. Für $i < k + l - n$ verlangt dies mehr als $h(n-k)$ Speicher.

Zwecks Lösung ist festzustellen, daß jede Turing-Maschine M_i mit $i \leq k$, die jemals gestrichen wird, bei der Betrachtung eines l, das kleiner als ein bestimmtes n_1 ist, gestrichen wird. In die endliche Kontrolle von M ist für jedes $l \leq n_1$ einzutragen, ob 0^l in L ist; außerdem ist eine Liste aller M_i zu führen, die durch ein $l \leq n_1$ gestrichen worden sind. Also braucht M überhaupt keinen Platz, falls $n \leq n_1$ gilt. Ist $n > n_1$, ist es für die Berechnung von $\sigma(n)$ und die Simulation von $M_{\sigma(n)}$ auf 0^n nur nötig, die Turing-Maschinen M_i auf der Eingabe 0^l zu simulieren (für $n_1 < l \leq n$ und $k < i \leq n$), um zu sehen, ob M_i durch l gestrichen wird.

Um zu testen, ob M_i von l gestrichen wird, brauchen wir nur M_i zu simulieren, indem wir $h(l-i)$ der Felder von M_i benutzen, was kleiner als $h(n-k)$ ist, da $l \leq n$ und $i > k$. Da $n > n_1$ gilt, muß $\sigma(n)$ — falls es existiert — größer als k sein. Also braucht die Simulation von $M_{\sigma(n)}$ auf der Eingabe 0^n gerade $h(n - \sigma(n))$ der Felder von $M_{\sigma(n)}$, was weniger als $h(n-k)$ Felder sind.

Als letztes müssen wir zeigen, daß M innerhalb eines $h(n-k)$-Bandes arbeitet: Wir brauchen nur die TM M_i für $k < i \leq n$ auf der Eingabe 0^l für $n_1 \leq l \leq n$ zu simulieren, um zu sehen, ob sie gestrichen werden; dazu werden nicht mehr als $h(n-k-1)$ Felder des Bandes von M_i für jede Simulation gebraucht. Da $i \leq n$ gilt, ist die ganzzahlige Kodierung für M_i nicht länger als $\log_2 n$. Also kann jedes Band-Symbol von M_i mit $\log_2 n$ Feldern von M kodiert werden. Wegen $r(x) \geq x^2$ gilt $h(x) \geq 2^{2^x}$. Also gilt nach Definition von h

$$h(n-k) \geq [h(n-k-1)]^2 \geq 2^{2^{n-k-1}} h(n-k-1).$$

Da $2^{2^{n-k-1}} \geq \log_2 n$ f.ü. gilt, genügt $h(n-k)$ Speicher für die Simulation fast aller n.

Zusätzlich zu dem für die Simulation der Turing-Maschine benötigten Speicher wird noch Speicher benötigt, um die Liste der gestrichenen Turing-Maschinen zu speichern. Diese Liste besteht aus höchstens n Turing-Maschinen, wovon jede eine

Kodierung hat, die höchstens $\log_2 n$ lang ist. Der $n\log n$ Speicher, der zur Speicherung der Liste der gestrichenen Turing-Maschinen benötigt wird, ist auch f.ü. kleiner als $h(n-k)$. Nach Lemma 12.3 kann M modifiziert werden, um Wörter 0^n zu erkennen, wobei $n\log_2 n < h(n-k)$ oder $2^{2^{n-k-1}} < \log_2 n$ in ihrer endlichen Kontrolle gilt. Die resultierende Turing-Maschine ist von einer Bandkomplexität $h(n-k)$ für alle n und ist die gewünschte TM M. □

Der Vereinigungssatz

Der letzte Satz in diesem Abschnitt — der Vereinigungssatz — hat mit der Benennung von Komplexitätsklassen zu tun. Durch die Einleitung wissen wir, daß jedes Polynom wie n^2 oder n^3 eine Bandkomplexitätsklasse definiert (ebenso wie Komplexitätsklassen der drei anderen Typen). Bildet jedoch polynomialer Speicher eine Komplexitätsklasse? D.h. gibt es ein $S(n)$, so daß DBAND($S(n)$) alle mit einer polynomialen Band-Beschränkung erkennbaren Mengen und keine anderen Mengen enthält? Natürlich muß $S(n)$ fast überall größer als jedes Polynom sein. Es muß aber auch klein genug sein, damit keine andere Funktion, die den Bandbedarf einer Turing-Maschine beschreibt, zwischen ihr und den Polynomen eingefügt werden kann; dabei ist "einfügen" als technischer Begriff aufzufassen, dessen Bedeutung im nächsten Satz erklärt wird.

Satz 12.15

Sei $\{f_i(n) \mid i = 1, 2, ...\}$ eine rekursiv aufzählbare Menge rekursiver Funktionen. D.h. es gibt eine TM, die eine Liste von Turing-Maschinen aufzählt, wovon die erste f_1, die zweite f_2 usw. berechnet. Außerdem gelte $f_i(n) < f_{i+1}(n)$ für jedes i und n. Dann existiert eine rekursive Funktion $S(n)$, so daß

$$\mathrm{DBAND}(S(n)) = \bigcup_{i \geq 1} \mathrm{DBAND}(f_i(n)).$$

Beweis:

Wir konstruieren eine Funktion $S(n)$, die den folgenden beiden Bedingungen genügt:

1) Für jedes i gilt $S(n) \geq f_i(n)$ f.ü.
2) Wenn $S_j(n)$ genau die Bandkomplexität einer TM M_j ist und $S_j(n) > f_i(n)$ u.o. für jedes i gilt, dann gibt es n (tatsächlich unendlich viele), für die $S_j(n) > S(n)$ gilt.

Die erste Bedingung versichert, daß

$$\bigcup_i \mathrm{DBAND}(f_i(n)) \subseteq \mathrm{DBAND}(S(n))$$

gilt.. Die zweite Bedingung gewährleistet, daß DBAND($S(n)$) nur die Mengen enthält, die für ein i in DBAND($f_i(n)$) sind. Nimmt man diese Bedingungen zusammen, so folgt

$$\mathrm{DBAND}(S(n)) = \bigcup_i \mathrm{DBAND}(f_i(n)).$$

Mit $S_n = f_n(n)$ wäre Bedingung (1) gewährleistet; diese Gleichung muß jedoch nicht Bedingung (2) genügen. Es kann eine Turing-Maschine M_j geben, deren

Bandkomplexität $S_j(n)$ größer als jedes $f_i(n)$ u.o. ist, aber kleiner als $f_n(n)$ für alle n. Also kann es Mengen in DBAND($f_n(n)$) geben, die nicht in $\bigcup_i$ DBAND($f_i(n)$) liegen. Zur Lösung dieses Problems konstruieren wir $S(n)$ so, daß es kleiner als jedes $S_j(n)$ ist, welches u.o. größer als $f_i(n)$ ist; tatsächlich wird $S(n)$ kleiner als $S_j(n)$ für unendlich viele n. Dies geschieht durch Raten eines i_j für jede TM M_j, so daß $f_{i_j}(n) \geq S_j(n)$ f.ü. gilt. Das Raten ist nicht nichtdeterministisch, sondern Gegenstand eines deterministischen Durchsuchens: Wenn wir an einem Punkt entdecken, daß das Raten nicht korrekt ist, raten wir einen größeren Wert für i_j und definieren für ein bestimmtes n, daß $S(n)$ kleiner als $S_j(n)$ ist. Wenn S_j schneller als jedes f_i wächst, wird S unendlich oft kleiner als S_j sein. Andererseits werden wir, wenn f_i fast überall größer als S_j ist, schließlich ein solches f_i raten und aufhören, Werte kleiner als S_j zuzuweisen.

In Abbildung 12.6 geben wir einen Algorithmus an, der $S(n)$ erzeugt. Es wird eine Liste von geratenen Werten verwaltet, die wir LIST nennen und die von der Form "$i_j = k$" für verschiedene ganze Zahlen j und k ist. Für jedes j gibt es zu einem Zeitpunkt höchstens eine Schätzung k auf LIST. Wie im vorliegenden Satz ist $M_1, M_2, \ldots$ eine Aufzählung aller off-line Turing-Maschinen, und $S_j(n)$ sei die maximale Menge an Speicher, die von M_j bei einer Eingabe der Länge n benutzt wird. Beachten Sie, daß $S_j(n)$ für einige Werte von n undefiniert (unendlich) sein kann.

```
        begin
1)          LIST := leere Liste
2)          for n = 1,2,3,... do
3)              if für alle "i_j = k" auf LIST f_k(n) ≥ S_j(n) gilt then
4)                  ist "i_n = n" zu LIST zu addieren
                    und S(n) = f_n(n) zu definieren
                else
                    begin
5)                      Sei "i_j = k" unter allen Schätzungen von LIST mit
                            f_k(n) < S_j(n) die Schätzung mit dem klein-
                            sten k und mit dem kleinsten j für dieses k;
6)                      es sei S(n) = f_k(n);
7)                      "i_j = k" ist durch "i_j = n" auf LIST zu ersetzen;
8)                      "i_n = n" ist zu LIST zu addieren
                    end
        end
```

Abb. 12.6: Definition von $S(n)$.

Um zu beweisen, daß

$$\text{DBAND}(S(n)) = \bigcup_i \text{DBAND}(f_i(n))$$

gilt, zeigen wir zuerst, daß $S(n)$ den Bedingungen (1) und (2) genügt. Betrachten Sie Bedingung (1): Um zu sehen, daß $S(n) \geq f_m(n)$ f.ü. für jedes m gilt, ist festzustellen, daß $S(n)$ nur in den Zeilen (4) und (6) von Abbildung 12.6 einen Wert zugewiesen erhält. Wenn $S(n)$ in Zeile (4) für $n \geq m$ definiert ist, ist der Wert von $S(n)$ mindestens $f_m(n)$. Also gilt $S(n) \geq f_m(n)$ für die in Zeile (4) definierten Werte von $S(n)$, außer für die endliche Menge der n, die kleiner als m sind. Betrachten Sie nun die in Zeile (6) definierten Werte von $S(n)$: Wenn m von n erreicht wird, wird LIST eine endliche Anzahl von Schätzungen haben. Jede dieser Schätzungen kann im folgenden verursachen, daß ein Wert von $S(n)$ für ein $n > m$ kleiner als $f_m(n)$ wird. Falls des der Fall ist, wird diese Schätzung in Zeile (7) durch "$i_j = p$" für ein $p > m$ ersetzt; diese Schätzung bewirkt bei Auswahl in Zeile (5) nicht, daß $S(n)$ kleiner als $f_m(n)$ wird, da $f_p(n) \geq f_m(n)$ gilt, wenn $p \geq m$. Also sind von Zeile (6) nur endlich viele n größer als m (höchstens soviele wie die Länge von LIST, wenn $n = m$), für die $S(n) < f_m(n)$ gilt. Da es nur eine endliche Anzahl n gibt, die kleiner als m sind, gilt $S(n) \geq f_m(n)$ f.ü.

Als nächstes müssen wir Bedingung (2) zeigen, nämlich daß $S_j(n') > S(n')$ für unendlich viel n' gilt, wenn eine Turing-Maschine M_j existiert, so daß $S_j(n) > f_i(n)$ für jedes i u.o. gilt. Zu allen Zeitpunkten nach $n = j$ wird LIST Schätzungen für i_j haben, und LIST ist immer endlich. Für $n = j$ setzen wir "$i_j = j$" auf LIST. Da $S_j(n) > f_j(n)$ u.o. gilt, wird es beliebig viele aufeinanderfolgende Werte von n geben, für die die Bedingung aus Schritt (3) nicht gilt. Dann wird jedesmal entweder unser "$i_j = j$" aus Zeile (5) gewählt oder eine andere der endlich vielen Schätzungen auf LIST für $n = j$. Im letzteren Fall wird diese Schätzung durch eine Schätzung "$i_p = q$" mit $q > j$ ersetzt. Alle zu LIST hinzugefügten Schätzungen sind auch von der Form "$i_p = q$" für $q > j$, so daß schließlich unser "$i_j = j$" bei Schritt (5) ausgewählt wird; für diesen Wert von n gilt $S_j(n) > f_j(n) = S(n)$. Also ist Bedingung (2) wahr.

Schließlich müssen wir noch zeigen, daß die Bedingungen (1) und (2) implizieren, daß

$$\mathrm{DBAND}(S(n)) = \bigcup_i \mathrm{DBAND}(f_i(n))$$

gilt. Wir nehmen an, daß L in DBAND($f_m(n)$) für ein bestimmtes m ist. Nach Bedingung (1) gilt $S(n) \geq f_m(n)$ f.ü. Also ist L nach Lemma 12.3 in DBAND($S(n)$). Nun nehmen wir an, daß L in DBAND($S(n)$) ist. Sei $L = L(M_j)$, wobei $S_j(n) \geq S(n)$ für alle n gilt. Wenn L für kein i in DBAND($f_i(n)$) ist, so gilt nach Lemma 12.3 für jedes i, daß $S_k(n) > f_i(n)$ für jede L akzeptierende Turing-Maschine M_k u.o. gilt. Also gibt es nach Bedingung (2) ein n, für das $S_k(n) > S(n)$ gilt. Nach Setzen von $k = j$ führt dies zu einem Widerspruch. □

Beispiel 12.8
Sei $f_i(n) = n^i$. Dann können wir sicher eine Folge von Turing-Maschinen $M_1, M_2, \ldots$ aufzählen, so daß M_i bei Eingabe 0^n nach Schreiben von 0^{n^i} auf ihr Band anhält. Also sagt uns Satz 12.15, daß es ein $S(n)$ gibt, so daß

$$\mathrm{DBAND}(S(n)) = \bigcup_i \mathrm{DBAND}(n^i)$$

gilt. Da ein Polynom $p(n)$ kleiner oder gleich einem n^i f.ü. ist, ist DBAND($S(n)$) die Vereinigung über alle Polynome $p(n)$ von DBAND($p(n)$). Diese Vereinigung, die wir im nächsten Kapitel mit PBAND bezeichnen, und die in der Theorie der hartnäckigen Probleme ein Schlüsselrolle spielt, wird also als deterministische Bandkomplexitätsklasse angesehen.

12.7 AXIOMATISCHE KOMPLEXITÄTSTHEORIE

Der Leser mag beobachtet haben, daß viele Sätze in diesem Kapitel nicht davon abhängen, daß wir den benötigten Speicher oder die benötigte Zeit messen, sondern von einer Quelle, die im Laufe der Berechnung verbraucht wird. In der Tat könnte man Axiome aufstellen, die solche Quellen betreffen, und darauf aufbauend eine vollständige axiomatische Entwicklung der Komplexitätstheorie angeben. In diesem Abschnitt skizzieren wir nur kurz diesen Ansatz.

Die Blum-Axiome

Sei $M_1, M_2, \ldots$ eine Aufzählung von Turing-Maschinen, die jede partiell rekursive Funktion definieren. Aus technischen Gründen betrachten wir die M_i als Berechner partiell rekursiver Funktionen ϕ_i anstatt als Erkenner von Mengen. Der Grund ist, daß es von der Notation her einfacher ist, die Komplexität als Funktion der Eingabe als als Funktion der Länge der Eingabe zu messen. Sei $\phi_i(n)$ die Funktion auf einer Variablen, die von M_i berechnet wird, und sei $\Phi_1(n), \Phi_2(n), \ldots$ eine Menge von partiell rekursiven Funktionen, die den folgenden beiden Axiomen genügen (Blum-Axiome).

Axiom 1 $\Phi_i(n)$ ist genau dann definiert, wenn $\phi_i(n)$ definiert ist.

Axiom 2 Die Funktion $R(i, n, m)$ ist als 1 definiert, falls $\Phi_i(n) = m$ gilt, und als 0 sonst; sie ist eine total rekusive Funktion.

Die Funktion $\Phi_i(n)$ gibt die Komplexität der Berechnung der i-ten Turing-Maschine auf Eingabe n an. Axiom 1 verlangt, daß $\Phi_i(n)$ genau dann definiert ist, wenn die i-te Turing-Maschine auf der Eingabe n hält. Also wäre die Anzahl der Schritte der i-ten Turing-Maschine ein mögliches Φ_i. Die Menge von verbrauchtem Speicher ist eine andere Alternative, vorausgesetzt, daß wir den Speicher als unendlich definieren, wenn die Turing-Maschine in eine Schleife eintritt.

Axiom 2 verlangt, daß wir bestimmen können, ob die Komplexität der i-ten Turing-Maschine auf der Eingabe n gleich m ist. Ist z.B. unser Komplexitätsmaß die Anzahl von Schritten in der Berechnung, dann können wir bei gegebenen i, n und m M_i auf 0^n für m Schritte simulieren und sehen, ob sie hält. Lemma 12.4 und seine Analoga behaupten, daß Axiom 2 für die vier Maße, mit denen wir uns beschäftigt haben, gilt.

Beispiel 12.9

Die deterministische Bandkomplexität genügt den Blum-Axiomen unter der Voraussetzung, daß $\Phi_i(n)$ undefiniert ist, falls M_i nicht auf der Eingabe 0^n hält, obwohl die Menge von Speicher, die von M_i auf 0^n benötigt wird, beschränkt sein könnte. Deterministische Zeitkomplexität genügt ebenso den Axiomen, wenn wir sagen, daß $\Phi_i(n)$ immer dann undefiniert ist, wenn M_i ewig läuft oder ohne 0^j auf ihrem Band anhält. Um $R(i, n, m)$ zu berechnen, ist einfach M_i für m Schritte auf der Eingabe 0^n zu simulieren.

Wir können mit Hilfe intelligenter Definitionen — darüber, was es heißt, daß eine nichtdeterministische TM eine Funktion berechnet — dafür sorgen, daß nichtdeterministische Zeit und Speicher den Axiomen genügen. Wir könnten beispielsweise sagen, daß $\phi_i(n) = j$ genau dann gilt, wenn es eine Folge von Wahlen durch M_i bei der Eingabe 0^n gibt, die mit 0^j auf dem Band anhält, sowie daß keine Folge von Wahlen zum Halten mit 0^k für $k \neq j$ auf dem Band führt.

Wenn wir $\Phi_i(n) = \phi_i(n)$ definieren, ist Axiom 2 nicht erfüllt. Wir nehmen an, daß $R(i, n, m)$ rekursiv ist. Dann gibt es einen Algorithmus, der sagt, ob M_i bei der Eingabe 0^n mit 0^m auf ihrem Band anhält. Bei einer gegebenen TM M können wir $\hat{M}$ konstruieren, um M zu simulieren. Wenn M mit einem beliebigen Band hält, löscht $\hat{M}$ ihr eigenes Band. Wenn i ein Index für $\hat{M}$ ist, dann ist $R(i, n, 0)$ genau dann wahr, wenn M auf der Eingabe 0^n hält. Wenn also $R(i, n, m)$ rekursiv wäre, könnten wir sagen, ob eine gegebene Turing-Maschine auf einer gegebenen Eingabe anhält, was aber unentscheidbar ist (siehe Übungsaufgabe 8.3).

Rekursive Beziehungen zwischen Komplexitätsmaßen

Viele der Sätze über Komplexität können nur mit Hilfe der beiden Axiome bewiesen werden. Insbesondere auf Grund der Tatsache, daß es beliebig komplexe Funktionen gibt, können der Beschleunigungs-, der Lücken- und der Vereinigungssatz so bewiesen werden. Wir beweisen hier nur einen Satz, um die Techniken zu illustrieren. Der Satz, den wir auswählen, ist der, daß alle Maße rekursiv in Beziehung stehen. D.h. bei zwei beliebigen gegebenen Komplexitätsmaßen Φ und $\hat{\Phi}$ gibt es eine total rekursive Funktion r, so daß die Komplexität der Turing-Maschine M_i in einem Maß $\hat{\Phi}_i(n)$ höchstens $r(n, \Phi_i(n))$ ist. Z.B. haben Satz 12.10 und Satz 12.11 gezeigt, daß die vier Komplexitätsmaße, mit denen wir uns beschäftigt haben, paarweise jeweils höchstens über eine exponentielle Funktion miteinander in Beziehung stehen. Also sind Funktionen, die in einem Maß "einfach" sind, auch "einfach" in einem anderen Maß, obwohl der Begriff "einfach" recht großzügig ausgelegt werden muß, da r eine sehr schnell wachsende Funktion sein kann (wie z.B. die Ackermann-Funktion).

Satz 12.16
Seien Φ und $\hat{\Phi}$ zwei Komplexitätsmaße. Dann gibt es eine rekursive Funktion r, so daß für alle i gilt

$$r(n, \Phi_i(n)) \geq \hat{\Phi}_i(n) \text{ f.ü.}$$

Beweis:
Sei

$$r(n, m) = \max_i \{\hat{\Phi}_i(n) \mid i \leq n \text{ und } \Phi_i(n) = m\}.$$

Die Funktion r ist rekursiv, da $\Phi_i(n)$ gemäß Axiom 2 überprüft werden kann. Sollte sie gleich m sein, dann müssen $\phi_i(n)$ und $\hat{\Phi}_i(n)$ auf Grund von Axiom 1 definiert sein; folglich kann das Maximum berechnet werden. Natürlich gilt $r(n, \Phi_i(n)) \geq \hat{\Phi}_i(n)$ für alle $n \geq i$, da $r(n, \Phi_i(n))$ für $n \geq i$ mindestens gleich $\hat{\Phi}_i(n)$ ist. □

Obwohl der axiomatische Ansatz elegant ist und es uns erlaubt, Ergebnisse unter allgemeineren Rahmenbedingungen zu beweisen, übernimmt er zumindest einen wichtigen Aspekt unseres intuitiven Begriffs von Komplexität nicht: Wenn wir eine TM M_k konstruieren, die zuerst M_i auf n und dann M_j auf dem Ergebnis ausführt, würden wir erwarten, daß die Komplexität von M_k auf n wenigstens so groß ist wie die von M_i auf n. Es gibt jedoch Komplexitätsmaße, für die dies nicht der Fall ist. Mit anderen Worten, indem wir zusätzliche Berechnungen ausführen, können wir die Komplexität von dem, was wir schon getan haben, reduzieren. Wir belassen die Konstruktion eines solchen Komplexitätsmaßes als Übung.

ÜBUNGEN

12.1 Der Begriff einer Kreuzungsfolge — der Folge von Zuständen, in denen die Grenze zwischen zwei Feldern überschritten wird — wurde in Abschnitt 2.6 im Zusammenhang mit zweiseitigen endlichen Automaten definiert. Der Begriff läßt sich jedoch genausogut auf einbändige Turing-Maschinen anwenden. Beweisen Sie die folgenden grundlegenden Eigenschaften von Kreuzungsfolgen:

a) Die Zeit, die eine einbändige TM M auf der Eingabe w benötigt, ist die Summe der Längen der Kreuzungsfolgen zwischen je zwei Feldern des Bands von M.

b) Sei M eine einbändige TM, die — wenn überhaupt — ihre Eingabe rechts der von der Eingabe ursprünglich beschriebenen Felder akzeptiert. Zeigen Sie, daß M dann x_1w_2 akzeptiert, wenn M die Eingabe w_1w_2 akzeptiert, deren Kreuzungsfolge zwischen w_1 und w_2 die gleiche ist wie die zwischen x_1 und x_2 bei Eingabe x_1x_2.

* **12.2** Benutzen Sie Übung 12.1, um zu zeigen, daß die Sprachen

L a) $\{wcw^R \mid w \text{ ist in } (\mathbf{a}+\mathbf{b})^*\}$

b) $\{wcw \mid w \text{ ist in } (\mathbf{a}+\mathbf{b})^*\}$

jeweils kn^2 Schritte auf einer Eingabe von genügend großer ungerader Länge n für eine Konstante $k > 0$ benötigen. Also ist die Schranke aus Satz 12.5 in gewissem Sinne die bestmögliche.

* **12.3** Der Begriff der Kreuzungsfolge kann auch an off line Turing-Maschinen angepaßt werden, wenn wir den Begriff des "Zustands" durch den Zustand, den Inhalt der Speicherbänder und die Positionen der Speicherband-Köpfe ersetzen. Satz 12.8 zur Speicher-Hierarchie ließ sich nur auf Bandkomplexitäten von mindestens $\log n$ anwenden. Beweisen Sie, daß das gleiche für voll band-konstruierbare $S_2(n)$ unter $\log n$ gilt. [*Hinweis:* Indem wir mit einem verallgemeinerten Begriff einer Kreuzungsfolge argumentieren, können wir zeigen, daß $\{wc^iw \mid w \text{ ist in } (\mathbf{a}+\mathbf{b})^* \text{ und } |w| = 2^{S_2(i+2|w|)}\}$ in DBAND $(S_2(n))$, aber nicht in DBAND$(S_1(n))$ ist.]

* **12.4** Zeigen Sie durch Argumentation mit dem verallgemeinerten Begriff der Kreuzungsfolge, daß $S(N) \geq \log\log n$ u.o. gilt, wenn L keine reguläre Menge und L in DBAND$(S(n))$ ist. Zeigen Sie das gleiche Ergebnis für nichtdeterministischen Speicher. Also gibt es für deterministischen und nichtdeterministischen Speicher eine "Lücke" zwischen 1 und $\log\log n$.

12.5 Zeigen Sie, daß das "Übertragungslemma" (Lemma 12.2) auch für
a) deterministischen Speicher,
b) deterministische Zeit,
c) nichtdeterministische Zeit
gilt.

12.6 Zeigen Sie, daß DZEIT$(2^{2^n+n}) \supsetneq$ DZEIT(2^{2^n}) gilt.

12.7 Zeigen Sie, daß NBAND$((c+\epsilon)^n) \supsetneq$ NBAND(c^n) für jedes $c > 1$ und $\epsilon > 0$ gilt.

12.8 Welche Beziehung besteht — wenn überhaupt — zwischen den folgenden Paaren von Komplexitätsklassen?
a) DBAND(n^2) und DBAND$(f(n))$, wobei $f(n) = n$ für ungerade und n^3 für gerade n ist.
b) DZEIT(2^n) und DZEIT(3^n)
c) NBAND(2^n) und DBAND(5^n)
d) DBAND(n) und DZEIT$(\lceil \log_2 n \rceil^n)$

12.9 Zeigen Sie, daß es — wenn r eine beliebige total rekursive Funktion ist — eine voll band-konstruierbare monoton wachsende Funktion r' mit $r'(n) \geq r(n)$ und $r'(x) \geq x^2$ für alle ganzen Zahlen x gibt. [*Hinweis:* Betrachten Sie die Bandkomplexität einer Turing-Maschine, die r berechnet.]

12.10 Zeigen Sie, daß es eine solche total rekursive Funktion $S(n)$ gibt, daß L genau dann in DBAND$(S(n))$ ist, wenn L für $c > 1$ von einer c^n-bandbeschränkten Turing-Maschine akzeptiert wird.

12.11 Wir nehmen an, wir hätten Axiome für die Theorie der Komplexität der Berechnungen benutzt, da sie eher zu den Sprachen als zu den Funktionen in Beziehung steht. D.h. sei $M_1, M_2, \ldots$ eine Aufzählung von Turing-Maschinen und L_i die von M_i akzeptierte Sprache. Axiom 1 ist durch

Axiom 1′ $\Phi_i(n)$ ist genau dann definiert, wenn M_i auf allen Eingaben der Länge n anhält.

zu ersetzen. Beweisen Sie Satz 12.16 erneut für die Axiome 1′ und 2.

12.12 Zeigen Sie, daß sowohl der Beschleunigungs- als auch der Lücken-Satz für NBAND, DZEIT und NZEIT gilt. [*Hinweis:* Benutzen Sie Satz 12.16 und den Beschleunigungs- sowie den Lücken-Satz für DBAND.]

12.13 Zeigen Sie, daß die folgenden Funktionen voll zeit- und band-konstruierbar sind:
a) n^2
b) 2^n
c) $n!$

12.14 Zeigen Sie, daß die folgenden Funktionen voll band-konstruierbar sind:
a) $\sqrt{n}$
b) $\log_2 n$
** **L** c) Eine Funktion, die nach oben durch $\log_2 \log_2 n$ und nach unten durch $c \log_2 \log_2 n$ für ein $c > 0$ u.o. beschränkt ist.

12.15 Zeigen Sie, daß es — wenn $T_2(n)$ zeit-konstruierbar ist und

$$\inf_{n\to\infty} \frac{T_1(n)\log T_1(n)}{T_2(n)} = 0$$

gilt — eine Sprache gibt, die von einer $T_2(n)$-zeit-beschränkten einbändigen TM akzeptiert wird, aber nicht von einer $T_1(n)$-zeit-beschränkten einbändigen Maschine. [*Hinweis:* Um eine einbändige TM M_i durch eine einbändige Maschine zu simulieren, ist die Beschreibung von M_i so zu verschieben, daß sie sich stets in der Nähe des Band-Kopfes befindet. Außerdem ist ein "Zähler" mitzuführen, der meldet, wenn M_i ihre Zeit-Beschränkung überschreitet.]

** **12.16** Zeigen Sie, daß es — wenn $T_2(n)$ zeit-konstruierbar ist und

$$\inf_{n\to\infty} \frac{T_1(n)\log^* T_1(n)}{T_2(n)} = 0$$

gilt — für alle k eine von einer k-bändigen $T_2(n)$-zeit-beschränkten Turing-Maschine akzeptierte Sprache gibt, die durch keine k-bändige $T_1(n)$-zeit-beschränkte TM akzeptiert wird; dabei sei $\log^*(m)$ die Anzahl notwendiger Anwendungen des Logarithmus zur Basis 2 auf m, um zu 1 oder weniger zu gelangen. Z.B. gilt $\log^*(3) = 2$ und $\log^*(2^{65536}) = 5$. Beachten Sie, daß aus dieser Aufgabe Übung 12.15 folgt.

* **12.17** Zeigen Sie, daß es für jedes Komplextitätsmaß Φ, das den Blum-Axiomen genügt, keine total rekursive Funktion f mit $\Phi_i(n) \leq f(n, \phi_i(n))$ geben kann. D.h. man kann die Komplexität einer Funktion nicht mit Hilfe ihres Wertes beschränken.

** **12.18** Der Beschleunigungssatz impliziert, daß wir für beliebig große rekursive Funktionen r eine Sprache L finden können, für die eine Folge von L akzeptierenden Turing-Maschinen $M_1, M_2, ...$ existiert, wobei der von M_i benötigte Speicher mindestens gleich der Anwendung von r auf den von M_{i+1} benötigten Speicher ist. Wir haben jedoch keinen Algorithmus angegeben, um eine solche Folge zu finden; wir haben lediglich bewiesen, daß eine existiert. Beweisen Sie, daß die Beschleunigung insofern nicht effektiv ist, als daß die Liste der Turing-Maschinen nicht rekursiv aufzählbar ist, wenn es für jede L akzeptierende Turing-Maschine eine TM M_i auf der Liste gibt, die weniger Speicher benötigt.

* **12.19** Welche der folgenden Maße sind Komplexitätsmaße?

a) $\Phi_i(n) =$ die Anzahl der Zustandsübergänge, die M_i auf der Eingabe n macht.

b) $\Phi_i(n) =$ die maximale Anzahl von Bewegungen, die M_i auf der Eingabe n macht, ohne den Zustand zu ändern.

c) $\Phi_i(n) = 0$ für alle i und n.

d) $\Phi_i(n) = \begin{cases} 0, & \text{falls } \phi_i(n) \text{ definiert ist,} \\ \text{undefiniert} & \text{sonst.} \end{cases}$

**** 12.20** (*Ehrlichkeitssatz für Speicher*). Zeigen Sie, daß es eine total rekursive Funktion r gibt, so daß es für jede Bandkomplexitätsklasse $\mathcal{C}$ eine Funktion $S(n)$ gibt, für die $\text{DBAND}(S(n)) = \mathcal{C}$ gilt und $S(n)$ in $r(S(n))$ Speicher berechenbar ist.

*** 12.21** Satz 12.7 zeigt, daß es bei gegebenem $S(n)$ eine Menge L gibt, so daß jede L erkennende Turing-Maschine mehr als $S(n)$ Speicher u.o. benötigt. Verschärfen Sie dieses Ergebnis, um zu zeigen, daß es eine Menge L' gibt, so daß jede L' erkennende Turing-Maschine mehr als $S(n)$ Speicher f.ü. benötigt.

**** 12.22** Sei Φ ein Komplexitätsmaß und $c(i,j)$ eine rekursive Funktion, so daß mit $\phi_i(n)$ und $\phi_j(n)$ auch $\phi_{c(i,j)}(n)$ definiert ist. Beweisen Sie, daß es eine Funktion h gibt, so daß

$$\Phi_{c(i,j)}(n) \leq h(n, \Phi_i(n), \Phi_j(n)) \text{ f.ü.}$$

**** 12.23** Zeigen Sie, daß $\text{DZEIT}(f(n) \log f(n)) \subseteq \text{DBAND}(f(n))$ gilt, wenn $f(n)$ voll band-konstruierbar ist.

12.24 Erstellen Sie eine Turing-Maschine, die eine unendliche Menge akzeptiert, die keine unendliche reguläre Teilmenge enthält.

*** 12.25** Betrachten Sie einbändige TM, die zum Ändern eines Symbols auf dem Band eine konstante Menge von Tinte benötigt.

a) Beweisen Sie einen linearen "Beschleunigungssatz" für Tinte.

b) Geben Sie eine passende Definition für eine "voll tinten-konstruierbare" Funktion an.

c) Wie sehr muß der Verbrauch von Tinte ansteigen, damit man eine neue Komplexitätsklasse erhält?

12.26 Eine Turing-Maschine heißt *unbeirrt*, wenn die Position des Kopfes zu jeder Zeiteinheit nur von der Länge der Eingabe, nicht aber von der aktuellen Eingabe selbst abhängt. Beweisen Sie, daß L dann von einer zweibändigen $T(n) \log T(n)$ unbeirrten Turing-Maschine akzeptiert wird, wenn L von einer k-bändigen $T(n)$-zeit-beschränkten TM akzeptiert wird.

*** 12.27** Sei $L \subseteq (\mathbf{0}+\mathbf{1})^*$ die von einer $T(n)$-zeit-beschränkten Turing-Maschine akzeptierte Menge. Beweisen Sie, daß es für jedes n einen Booleschen Schaltkreis mit den Eingaben $x_1, ..., x_n$ gibt, der höchstens $T(n) \log T(n)$ Gatter mit jeweils zwei Eingängen hat, und der genau dann die Ausgabe 1 erzeugt, wenn die Werte von $x_1, ..., x_n$ einer Zeichenkette in L entsprechen. Die Werte von $x_1, ..., x_n$ *entsprechen* der Zeichenkette x, wenn jedes x_i den Wert wahr hat, wenn das i-te Symbol von x gleich 1 ist, und den Wert falsch hat, wenn das i-te Symbol von x gleich 0 ist. [*Hinweis:* Simulieren Sie eine unbeirrte Turing-Maschine.]

**** 12.28** *Schleifen-Programme* bestehen aus Variablen, die ganzzahlige Werte annehmen, und Anweisungen. Eine *Anweisung* ist von einer der nachstehend beschriebenen Formen:

1) <Variable> := <Variable>

2) <Variable> := <Variable> + 1

3) **for** $i := 1$ **to** <Variable> **do** Anweisung;

4) **begin** <Anweisung> ; <Anweisung> ; ... <Anweisung> **end**;

In (3) wird der Wert der Variablen (wie in PL/I) vor Beginn der Schleife festgelegt.

a) Beweisen Sie, daß Schleifen-Programme stets terminieren.

b) Beweisen Sie, daß jedes Schleifen-Programm eine primitiv rekursive Funktion berechnet.

c) Beweisen Sie, daß jede primitiv rekursive Funktion von einem Schleifen-Programm berechnet wird.

d) Beweisen Sie, daß eine Turing-Maschine mit einer primitiv rekursiven Laufzeit nur eine primitiv rekursive Funktion berechnen kann.

* **12.29** Sei F ein formales Beweis-System, in dem wir Sätze über einbändige Turing-Maschinen beweisen können. Definieren Sie eine Komplexitätsklasse

$$C_{T(n)} = \{L(M_i) \mid \text{es gibt einen Beweis in } F \text{ dafür, daß } T_i(n) \leq T(n) \text{ für alle } n\}.$$

Kann die Zeit-Hierarchie aus Übung 12.16 für beweisbare Komplexität verschärft werden? [*Hinweis:* Ersetzen Sie die Uhr durch einen Beweis, daß $T_i(n) \leq T(n)$ gilt.]

Lösungen zu ausgewählten Übungen

12.2(a) Betrachten Sie eine beliebige Zeichenkette wcw^R der Länge n; $l_{w,i}$ sei die Länge der Kreuzungsfolge zwischen den Positionen i und $i+1$ für $1 \leq i \leq n/2$, die von einer Turing-Maschine M mit s Zuständen durchlaufen wird. Nehmen Sie an, daß $p(i)$ der Mittelwert aller $l_{w,i}$ über alle Wörter w der Länge $(n-1)/2$ ist. Dann gilt $l_{w,i} \leq 2p(i)$ für mindestens die Hälfte aller w. Die Anzahl der w ist $2^{(n-1)/2}$, so daß es mindestens $2^{(n-3)/2}$ w gibt, für die $l_{w,i} \leq 2p(i)$ gilt. Da die Anzahl der Kreuzungsfolgen mit einer Länge von höchstens $2p(i)$ gleich

$$\sum_{j=0}^{2p(i)} s^j \;\leq\; s^{2p(i)+1}$$

ist, muß es mindestens $2^{(n-3)/2}/s^{2p(i)+1}$ w geben, die die gleiche Kreuzungsfolge zwischen den Positionen i und $i+1$ haben. Es gibt $2^{(n-1)/2-i}$ Folgen von a und b, die an den Positionen $i+1$ bis $(n-1)/2$ in diesen Wörtern auftreten können; wenn

$$\frac{2^{(n-3)/2}}{s^{2p(i)+1}} \;>\; 2^{(n-1)/2-i} \tag{12.11}$$

gilt, unterscheiden sich damit zwei Wörter mit der gleichen Kreuzungsfolge irgendwo in den ersten i Positionen. Dann akzeptiert die TM M nach Übung 12.1(b) ein Wort, daß sie nicht akzeptieren sollte.

Also ist (12.11) falsch, und es gilt $s^{2p(i)+1} \geq 2^{i-1}$. Deshalb gilt

$$p(i) \;\geq\; \frac{i-1}{2\log_2 s} - \frac{1}{2}$$

Sicherlich gibt es ein Wort w so, daß M bei der Arbeit auf wcw^R zumindest die durchschnittliche Zeit braucht. Nach Übung 12.1(a) ist dieser Durchschnitt mindestens

$$\sum_{i=1}^{(n-1)/2} p(i) \;\geq\; \sum_{i=1}^{(n-1)/2} \frac{i-1}{2\log_2 s} - \frac{n-1}{4} \;\geq\; \frac{1}{4\log_2 s}\left(\frac{n-3}{2}\right)\left(\frac{n-1}{2}\right) - \frac{n-1}{4}$$

12.14(c) Wir können eine off-line Turing-Maschine mit der Bandkomplexität $S(n)$ erstellen, um für $i = 2, 3, \ldots$ zu testen, ob ihre Eingabe-Länge n durch jedes i teilbar ist. Die Maschine hält, sobald wir auf einen Wert von i treffen, der n nicht teilt. Da der Test, ob n von i geteilt wird, nur $\log_2 i$ Speicherfelder benötigt, ist $S(n)$ der Logarithmus des größten i, so daß $2, 3, \ldots, i$ alle n teilen. Wenn wir $n = k!$ setzen, wissen wir, daß $S(n) \geq \log_2 k$ gilt. Aus $k! \leq k^k$ folgt

$$\log_2 n \;\leq\; k\log_2 k$$

und

$$\log_2\log_2 n \;\leq\; \log_2 k + \log_2\log_2 k \;\leq\; 2\log_2 k.$$

Also folgt für die Werte von n, die für einige k gleich $k!$ sind, daß

$$S(n) \;\geq\; \frac{1}{2}\log_2\log_2 n$$

gilt. Wir müssen zeigen, daß $S(n) \leq 1 + \log_2\log_2 n$ für alle n gilt. Es genügt zu zeigen, daß das kleinste n, für das $S(n) \geq k$ gilt — was gerade das kleinste gemeinsame Vielfache (kgV) von $2, 3, \ldots, 2^{k-1}+1$ ist — mindestens $2^{2^{k-1}}$ ist. D.h. wir benötigen die Tatsache, daß $\text{kgV}(2, 3, \ldots, i) \geq 2^{i-1}$ gilt. Ein Beweis hierfür verlangt Ergebnisse aus der Zahlentheorie, die wir hier nicht ableiten können; insbesondere gehört dazu das Ergebnis, daß die Wahrscheinlichkeit, daß eine ganze Zahl eine Primzahl ist, asymptotisch $1/\ln i$ ist, wobei ln der natürliche Logarithmus ist (siehe Hardy und Wright [1938]). Da $\text{kgV}(2, 3, \ldots, i)$ mindestens gleich dem Produkt der Primzahlen zwischen 2 und i ist, ist eine untere Schranke von der Größenordnung e^i für das $\text{kgV}(2, 3, \ldots, i)$ für große i einfach zu zeigen.

LITERATURHINWEISE

Man kann sagen, daß die Untersuchung der Zeitkomplexität mit Hartmanis und Stearns [1965] beginnt, wo die Sätze 12.3, 12.4, 12.5 und 12.9 nachzulesen sind. Die ernsthafte Untersuchung der Bandkomplexität beginnt mit Hartmanis, Lewis und Stearns [1965] und Lewis, Stearns und Hartmanis [1965]; die Sätze 12.1, 12.2 und 12.8 stammen aus ersterem. Seiferas [1977a,b] präsentiert einige der jüngsten Ergebnisse über Komplexitätshierarchien. In einer Reihe von früheren Arbeiten wurden ähnliche Aspekte für die Berechnungen untersucht. In Grzegorczyk [1953], Axt [1959] und Ritchie [1963] finden wir Hierarchien für rekursive Funktionen. Yamada [1962] untersucht die Klasse der in Echtzeit berechenbaren Funktionen ($T(n) = n$). Rabin [1963] hat gezeigt, daß zwei Bänder in Echtzeit mehr als ein Band leisten können, ein Ergebnis, das seitdem durch Aanderaa [1974] auf k im Verhältnis zu $k-1$ Bändern verallgemeinert worden ist.

Satz 12.6, der zeigt, daß eine logarithmische Verlangsamung beim Übergang von vielen auf zwei Bänder ausreicht, stammt von Hennie und Stearns [1966]. Satz 12.11 — die quadratische Beziehung zwischen deterministischer und nichtdeterministischer Zeit — erscheint in Savitch [1970]. Die Vorarbeit für die Übertragungslemmata wurde von Ruby und Fischer [1965] geleistet, während Satz 12.12 — die nichtdeterministische Speicher-Hierarchie — auf Ibarra [1972] zurückgeht. Die nichtdeterministische Zeit-Hierarchie, auf die im Text hingewiesen wurde, stammt von Cook [1973a]. Die besten bekannten nichtdeterministischen Hierarchien sind in Seiferas, Fischer und Meyer [1973] zu finden. Book und Greibach [1970] beschreiben die Sprachen in $\bigcup_{c>0}$ NZEIT(cn).

Die Untersuchung der abstrakten Komplexitätsmaße beginnt mit Blum [1967]. Satz 12.13 (der Lücken-Satz) stammt von Borodin [1972] und (im wesentlichen) von Trakhtenbrot [1964]; eine stärkere Version geht auf Constable [1972] zurück. (Beachten Sie, daß diese und alle anderen in diesem Abschnitt erwähnten Arbeiten mit Blum'schen Komplexitätsmaßen arbeiten, und nicht nur mit Speicher, wie wir es getan haben.) Satz 12.14 (der Beschleunigungssatz) stammt von Blum [1967], und der Vereinigungssatz stammt von McCreight und Meyer [1969]. Satz 12.16 über die rekursiven Beziehungen zwischen Komplexitätsmaßen stammt von Blum [1967]. Der Ehrlichkeitssatz, den wir in Übung 12.20 erwähnt haben, stammt von McCreight und Meyer [1969]. Der vereinfachte Ansatz für abstrakte Komplexität, den wir in diesem Buch benutzt haben, basiert auf den Ideen von Hartmanis und Hopcroft [1971].

Kreuzungsfolgen, die wir in den Übungen 12.1 und 12.2 diskutiert haben, stammen von Hennie [1965]. Die Verallgemeinerung der Kreuzungsfolgen, die wir in Übung 12.3 und 12.4 benutzen, ist in Hopcroft und Ullman [1969a] entwickelt worden, obwohl Übung 12.4 für den deterministischen Fall von Hartmanis, Lewis und Stearns [1965] stammt. Übung 12.14(c) stammt von Freedman und Ladner [1975]. Übung 12.16 — eine dichtere Zeit-Hierarchie für die Beschränkung von Turing-Maschinen auf genau k Bänder — stammt von Paul [1977]. Übung 12.18, die zeigt, daß die Beschleunigung nicht effektiv durchgeführt werden kann, stammt von Blum [1971]. Übung 12.22 stammt von Hartmanis und Hopcroft [1971]. Übung 12.23 stammt von Hopcroft, Paul und Valiant [1975]. Ein Beweis dafür, daß die Methode von Hopcroft *et al.* nicht ausgeweitet werden kann, ist bei Paul, Tarjan und Celoni [1976] zu finden. Unbeirrte Turing-Maschinen und die Übungen 12.26 und 12.27 gehen auf M. Fischer und N. Pippenger zurück. Schleifen-Programme und die Übung 12.28 stammen von Ritchie [1963] und Meyer und Ritchie [1967].

Kapitel 13

HARTNÄCKIGE PROBLEME

In Kapitel 8 haben wir entdeckt, daß Probleme formulierbar sind, die auf einem Computer nicht lösbar sind. In diesem Kapitel werden wir sehen, daß es unter den entscheidbaren Problemen so schwierige gibt, daß sie in ihrer vollen Allgemeinheit für alle praktischen Zwecke nicht auf einem Computer gelöst werden können. Von einigen dieser Probleme ist bewiesen worden, daß sie, obwohl sie entscheidbar sind, für ihre Lösung exponentielle Zeit brauchen. Für andere ist es ziemlich wahrscheinlich, daß exponentielle Zeit zu ihrer Lösung notwendig ist; wenn es für sie einen schnelleren Lösungsweg als einen exponentiellen gäbe, so könnten eine große Zahl wichtiger Probleme in der Mathematik, Informatik und anderen Gebieten — Probleme, für die man über Jahre hinweg vergebens nach guten Lösungen gesucht hat — mit substantiell besseren Mitteln als den bisher bekannten gelöst werden.

13.1 POLYNOMIALE ZEIT UND POLYNOMIALES BAND

Die in deterministischer polynomialer Zeit erkennbaren Sprachen bilden eine natürliche und wichtige Klasse, nämlich die Klasse $\bigcup_{i\geq 1}$ DZEIT(n^i), die wir mit $\mathcal{P}$ bezeichnen. Intuitiv scheint $\mathcal{P}$ gerade die Klasse der effizient lösbaren Probleme zu sein. Obwohl man anführen könnte, daß ein Algorithmus in n^{57} Schritten nicht sehr effizient ist, finden wir in der Praxis, daß die Probleme in $\mathcal{P}$ gewöhnlich Lösungen in polynomialer Zeit von niedrigerem Grad haben.

Es gibt eine Reihe von wichtigen Problemen, die nicht in $\mathcal{P}$ zu sein scheinen, aber effiziente nichtdeterministische Algorithmen haben. Diese Probleme fallen in die Klasse $\bigcup_{i\geq 1}$ NZEIT(n^i), die wir mit $\mathcal{NP}$ bezeichnen. Ein Beispiel ist das Hamilton-Zyklus-Problem: Hat ein Graph einen Zyklus, in dem jeder Knoten des Graphs genau einmal auftaucht? Es scheint keinen deterministischen Algorithmus in polynomialer Zeit zur Erkennung von Graphen mit Hamilton-Zyklen zu geben. Es gibt jedoch einen einfachen nichtdeterministischen Algorithmus; dazu sind die Kanten im Zyklus zu raten und zu verifizieren, daß sie tatsächlich einen Hamilton-Zyklus bilden.

Der Unterschied zwischen $\mathcal{P}$ und $\mathcal{NP}$ ist analog zum Unterschied zwischen dem Finden eines effizienten Beweises für eine Aussage (wie etwa "dieser Graph hat einen Hamilton-Zyklus") und dem effizienten Verifizieren eines Beweises (z.B. zu überprüfen, daß ein bestimmter Zyklus ein Hamilton-Zyklus ist). Intuitiv scheint es einfacher zu sein, einen gegebenen Beweis zu überprüfen, als einen zu finden, aber wir wissen dies nicht mit Sicherheit.

Zwei andere natürliche Klassen sind

$$\text{PBAND} = \bigcup_{i\geq 1} \text{DBAND}(n^i)$$

und

$$\text{NBAND} = \bigcup_{i \geq 1} \text{NBAND}(n^i).$$

Beachten Sie, daß nach dem Satz von Savitch (Satz 12.11) PBAND = NBAND gilt, da $\text{NBAND}(n^i) \subseteq \text{DBAND}(n^{2i})$ gilt. Offensichtlich gilt $\mathcal{P} \subseteq \mathcal{NP} \subseteq$ PBAND, aber es ist noch nicht bekannt, ob eine dieser Teilmengen-Beziehungen eine echte ist. Darüber hinaus werden wir sehen, daß es unwahrscheinlich ist, daß die zur Beantwortung dieser Fragen — in der einen oder der anderen Richtung — notwendigen mathematischen Werkzeuge, schon entwickelt worden sind.

Innerhalb von PBAND gibt es zwei Hierarchien von Komplexitätsklassen:

$$\text{DBAND}(\log n) \subsetneq \text{DBAND}(\log^2 n) \subsetneq \text{DBAND}(\log^3 n) \subsetneq \ldots$$

und

$$\text{NBAND}(\log n) \subsetneq \text{NBAND}(\log^2 n) \subsetneq \text{NBAND}(\log^3 n) \subsetneq \ldots$$

Natürlich gilt $\text{DBAND}(\log^k n) \subseteq \text{NBAND}(\log^k n)$ und folglich nach dem Satz von Savitch

$$\bigcup_{k \geq 1} \text{NBAND}(\log^k n) = \bigcup_{k \geq 1} \text{DBAND}(\log^k n).$$

Obwohl man zeigen kann, daß

$$\mathcal{P} \neq \bigcup_{k \geq 1} \text{DBAND}(\log^k n)$$

gilt, ist es nicht bekannt, ob eine der Klassen eine Teilmenge der anderen ist. Trotzdem gilt

$$\text{DBAND}(\log n) \subseteq \mathcal{P} \subseteq \mathcal{NP} \subseteq \text{PBAND},$$

und zumindest eine dieser Teilmengen-Beziehungen ist echt, da nach dem Band-Hierarchiesatz $\text{DBAND}(\log n) \subsetneq$ PBAND gilt.

Beschränkte Reduzierbarkeit

Erinnern Sie sich daran, daß wir in Kapitel 8 die Unentscheidbarkeit einer Sprache L gezeigt haben, indem wir eine als nicht entscheidbar bekannte Sprache L' genommen und diese auf L *reduziert* haben. D.h. wir haben eine Abbildung g aufgestellt (berechnet von einer immer haltenden Turing-Maschine), so daß alle Zeichenketten x genau dann in L' sind, wenn $g(x)$ in L ist. Dann konnte L' bei rekursivem L erkannt werden, indem man $g(x)$ berechnet und entschieden hat, ob $g(x)$ in L ist.

Indem wir g auf eine einfache berechenbare Funktion beschränken, können wir feststellen, ob L in einer Klasse wie $\mathcal{P}$, $\mathcal{NP}$ oder PBAND enthalten ist oder nicht. Wir sind besonders an zwei Arten von Reduzierbarkeit interessiert: polynomiale Zeit-Reduzierbarkeit und logarithmische Band-Reduzierbarkeit. Wir sagen, daß L' *polynomial-zeit-reduzierbar* auf L ist, wenn es eine polynomial-zeit-beschränkte TM gibt, die für jede Eingabe x eine Ausgabe y produziert, die genau dann in L ist, wenn x in L' ist.

Lemma 13.1
L' sei polynomial-zeit-reduzierbar auf L. Dann gilt folgendes:

a) L' ist in $\mathcal{NP}$, wenn L in $\mathcal{NP}$ ist;
b) L' ist in $\mathcal{P}$, wenn L in $\mathcal{P}$ ist.

Beweis:
Die Beweise von (a) und (b) sind ähnlich; wir beweisen nur (b). Dazu nehmen wir an, daß die Reduktion $p_1(n)$-zeit-beschränkt und L in $p_2(n)$ Zeit erkennbar ist, wobei p_1 und p_2 Polynome sind. Dann kann L' wie folgt in polynomialer Zeit erkannt werden: Bei gegebener Eingabe x der Länge n ist y durch Benutzung der polynomialen Zeit-Reduktion zu produzieren. Da die Reduktion $p_1(n)$-zeit-beschränkt ist, und höchstens ein Symbol pro Bewegung geschrieben werden kann, folgt, daß $|y| \leq p_1(n)$. Dann können wir in $p_2(p_1(n))$ Zeit testen, ob y in L' ist. Also ist die Gesamtzeit, um zu sagen, ob x in L ist, gleich $p_1(n) + p_2(p_1(n))$, was polynomial in n ist. Daher ist L in $\mathcal{P}$. □

Ein *log-Band-Umwandler* (engl. log-space transducer) ist eine off-line TM, die immer hält und $\log n$ Schreibspeicher und ein "write-only" Ausgabeband hat, auf dem sich der Kopf niemals nach links bewegt. Wir sagen, daß L' *log-band-reduzierbar* auf L ist, wenn es einen log-Band-Umwandler gibt, der bei gegebener Eingabe x eine Ausgabe y produziert, die genau dann in L ist, wenn x in L' ist.

Lemma 13.2
Wenn L' log-band-reduzierbar auf L ist, dann gilt folgendes:

a) L' ist in $\mathcal{P}$, wenn L in $\mathcal{P}$ ist,
b) L' ist in NBAND($\log^k n$), wenn L in NBAND($\log^k n$) ist,
c) L' ist in DBAND($\log^k n$), wenn L in DBAND($\log^k n$) ist.

Beweis:

a) Es genügt zu zeigen, daß eine log-Band-Reduktion nicht mehr als polynomiale Zeit braucht; dann folgt das Ergebnis aus Lemma 13.1(b). Im Beweis ist zu beachten, daß der Inhalt des Ausgabebandes die Berechnung nicht beeinflussen kann, so daß das Produkt aus der Anzahl der Zustände, Speicherbandinhalte und der Positionen des Eingabe- und Speicherbandkopfes eine obere Schranke für die Anzahl der Bewegungen ist, die gemacht werden können, bevor der log-Band-Umwandler in eine Schleife übergehen muß, was der Annahme widerspräche, daß er immer hält. Wenn das Speicherband die Länge $\log n$ hat, kann man einfach sehen, daß die Schranke polynomial in n ist.

In den Beweisen von (b) und (c) ist eine Spitzfindigkeit eingebaut. Wir beweisen nur (c); der Beweis von (b) ist im wesentlichen der gleiche wie für (c).

c) Sei M_1 der log-Band-Umwandler, der L' auf L reduziert, und sei M_2 eine $\log^k n$-band-beschränkte TM, die L akzeptiert. Auf einer Eingabe x der Länge n produziert M_1 eine Ausgabe von einer durch n^c für eine Konstante c beschränkten Länge. Da die Ausgabe nicht in $\log^k n$ Band geschrieben werden kann, können M_1 und M_2 nicht simuliert werden, indem man die Ausgabe von M_1 auf ein Band speichert. Stattdessen kann die Ausgabe von M_1 direkt an M_2 weitergegeben werden, und zwar ein Symbol zu einem Zeitpunkt. Dies funktioniert, solange sich M_2 auf ihrer Eingabe nach rechts bewegt. Sollte sich M_2

nach links bewegen, muß M_1 neu gestartet werden, um das Eingabe-Symbol für M_2 zu bestimmen, da die Ausgabe von M_1 nicht gerettet wurde.

Wir konstruieren im folgenden M_3, um L' zu akzeptieren: Auf einem Speicherband von M_3 wird die Eingabe-Position von M_2 zur Basis 2^c gespeichert. Da die Eingabe-Position n^c nicht überschreiten kann, kann diese Zahl in $\log n$ Band gespeichert werden. Die anderen Speicherbänder von M_3 simulieren die Speicherbänder von M_1 und M_2. Wir nehmen an, daß zu einem Zeitpunkt der Eingabe-Kopf von M_2 in der Position i ist, und M_2 eine Bewegung nach rechts oder nach links macht. M_3 paßt ihren Zustand und die Speicherbänder von M_2 entsprechend an. Dann startet M_3 die Simulation von M_1 von vorn und wartet, bis $i-1$ oder $i+1$ Ausgabe-Symbole von M_1 produziert worden sind — je nachdem, ob sich der Eingabe-Kopf von M_2 nach rechts oder links bewegt hat. Das letzte produzierte Ausgabe-Symbol ist das neue durch den Kopf von M_2 belegte Symbol, so daß M_3 bereit ist für die Simulation der nächsten Bewegung von M_2. Als Spezialfälle betrachten wir folgende: Falls $i = 1$ gilt und M_2 sich nach links bewegt, nehmen wir an, daß M_2 als nächstes die linke Ende-Markierung liest; wenn M_1 anhält, bevor sie $i + 1$ Ausgabe-Symbole produziert hat (wenn M_2 sich nach rechts bewegt), nehmen wir an, daß M_2 als nächstes die rechte Ende-Markierung liest. M_3 akzeptiert ihre eigene Eingabe immer dann, wenn M_2 ihre simulierte Eingabe akzeptiert. Also ist M_3 eine $\log^k n$-band-beschränkte Turing-Maschine, die L' akzeptiert. □

Lemma 13.3

Die Komposition zweier log-Band-Reduktionen (bzw. Polynom-Zeit-Reduktionen) liefert eine log-Band-Reduktion (bzw. Polynom-Zeit-Reduktion).

Beweis:

Eine einfache Verallgemeinerung der Konstruktionen in Lemma 13.1 und 13.2. □

Vollständige Probleme

Wie bereits erwähnt weiß niemand, ob in $\mathcal{NP}$ Sprachen enthalten sind, die nicht in $\mathcal{P}$ sind, so daß die Frage nach der echten Teilmenge offen ist. Ein Weg, um eine Sprache in $\mathcal{NP} - \mathcal{P}$ zu finden, ist, nach einem wirklich "harten" Problem in $\mathcal{NP}$ zu suchen. Intuitiv ist eine Sprache L_0 ein hartes Problem, wenn jede Sprache in $\mathcal{NP}$ durch eine einfach zu berechnende Reduktion auf L_0 reduzierbar ist. In Abhängigkeit von der genauen Art der Reduzierbarkeit können wir bestimmte Dinge über L_0 folgern. Ist z.B. alles aus $\mathcal{NP}$ log-band-reduzierbar auf L_0, so können wir schließen, daß $\mathcal{P} = \mathcal{NP}$ gelten würde, wenn L_0 in $\mathcal{P}$ läge. Genauso würde — wenn L_0 in DBAND($\log n$) wäre — $\mathcal{NP}$ = DBAND($\log n$) gelten. Wenn alles in $\mathcal{NP}$ polynomial-zeit-reduzierbar auf L_0 wäre, dann könnten wir immer noch schließen, daß $\mathcal{P} = \mathcal{NP}$ gelten würde, wenn L_0 in $\mathcal{P}$ wäre; wir könnten aber nicht von der Aussage, daß L_0 in DBAND($\log n$) ist, darauf schließen, daß $\mathcal{NP}$ in DBAND($\log n$) ist.

Wir sehen aus den obigen Beispielen, daß der Begriff eines "harten" Problems von der Art der verwendeten Reduzierbarkeit abhängt. D.h. es kann Sprachen L_0 geben, so daß alle Sprachen in $\mathcal{NP}$ Polynom-Zeit-Reduktionen auf L_0 haben, aber nicht alle haben log-Band-Reduktionen auf L_0. Darüber hinaus sind log-Band-

und Polynom-Zeit-Reduktion nicht die einzigen Arten von Reduktionen, die wir betrachten könnten. Mit diesem im Gedächtnis definieren wir den Begriff von harten (*vollständigen*) Problemen für eine allgemeine Sprachklasse unter Berücksichtigung einer bestimmten Art von Reduktion. Natürlich kann man nachstehendes auf einen beliebigen Reduktionentyp verallgemeinern.

Sei $\mathcal{C}$ eine Sprachklasse. L ist *für* $\mathcal{C}$ *unter Berücksichtigung von Polynom-Zeit-Reduktionen* (bzw. *log-Band-Reduktionen*) *vollständig*, wenn L in $\mathcal{C}$ ist, und wenn jede Sprache in $\mathcal{C}$ polynom-zeit-reduzierbar (bzw. log-band-reduzierbar) auf L ist; L heißt *hart für* $\mathcal{C}$ *unter Berücksichtigung von Polynom-Zeit-Reduktionen* (bzw. *log-Band-Reduktionen*), wenn jede Sprache in $\mathcal{C}$ polynomial-zeit-reduzierbar (bzw. log-band-reduzierbar) auf L ist, aber L nicht notwendigerweise in $\mathcal{C}$ liegt. Zwei Spezialfälle sind von primärer Wichtigkeit, und wir führen Abkürzungen für sie ein. L ist *NP-vollständig (NP-hart)*, wenn L vollständig (hart) für $\mathcal{NP}$ unter Berücksichtigung der log-Band-Reduktionen ist.[1] L heißt *PBAND-vollständig (PBAND-hart)*, wenn L vollständig (hart) für PBAND unter Berücksichtigung von Polynom-Zeit-Reduktionen ist.

Um zu zeigen, daß eine erste Sprache L_0 NP-vollständig ist, müssen wir eine log-Band-Reduktion von jeder Sprache in $\mathcal{NP}$ auf L_0 angeben. Wenn wir einmal ein NP-vollständiges Problem L_0 haben, können wir von einer anderen Sprache L_1 in $\mathcal{NP}$ beweisen, daß sie NP-vollständig ist, indem wir eine log-Band-Reduktion von L_0 auf L_1 ausführen, da nämlich die Komposition von zwei log-Band-Reduktionen nach Lemma 13.3 eine log-Band-Reduktion ist. Dieselbe Technik wird verwendet, um vollständige Probleme auch für andere Klassen zu beweisen.

13.2 EINIGE *NP*-VOLLSTÄNDIGE PROBLEME

Die Bedeutung der Klasse der NP-vollständigen Probleme liegt darin, daß sie viele natürliche Probleme einschließt, die schon gründlich auf effiziente Lösungen hin untersucht worden sind. Für keines dieser Probleme ist eine Polynom-Zeit-Lösung bekannt. Die Tatsache, daß mit einem dieser Probleme direkt alle diese Probleme in $\mathcal{P}$ lägen, bekräftigt doch eher die Vermutung, daß die Existenz polynomialer Lösungen für diese Probleme nicht so wahrscheinlich ist. Das geht sogar so weit, daß wir — wenn wir für ein neues Problem gezeigt haben, daß es NP-vollständig ist — ebenso darauf vertrauen, daß es hart ist, wie bei den klassischen Problemen.

Das erste Problem, von dem wir zeigen, daß es NP-vollständig ist — und das zufällig auch historisch das erste solcher Probleme ist — ist die Erfüllbarkeit boolescher Ausdrücke. Wir beginnen mit einer präzisen Definition des Problems.

Das Erfüllbarkeitsproblem

Ein *boolescher Ausdruck* ist ein Ausdruck, der aus Variablen, Klammern und den Operatoren $\wedge$ (logisches UND), $\vee$ (logisches ODER) und $\neg$ (Negation) zusammengesetzt ist. Die Priorität dieser Operatoren fällt von $\neg$ nach $\wedge$ nach $\vee$. Variablen

[1] Viele Autoren benutzen den Term "*NP-vollständig*" für "vollständig für $\mathcal{NP}$ unter Berücksichtigung von Polynom-Zeit-Reduktionen" oder in einigen Fällen "unter Berücksichtigung von Turing-Reduktionen in polynomialer Zeit".

und Ausdrücke nehmen die Werte 0 (falsch) oder 1 (wahr) an. Wenn E_1 und E_2 boolesche Ausdrücke sind, dann ist der Wert von $E_1 \wedge E_2$ gleich 1, wenn sowohl E_1 als auch E_2 den Wert 1 hat, und gleich 0 sonst. Der Wert von $E_1 \vee E_2$ ist gleich 1, wenn E_1 oder E_2 den Wert 1 haben, und gleich 0 sonst. Der Wert von $\neg E_1$ ist 1, falls E_1 gleich 0 ist, und 0, falls E_1 gleich 1 ist. Ein Ausdruck heißt *erfüllbar*, wenn es eine Zuweisung von Nullen und Einsen an die Variablen gibt, die dem Ausdruck den Wert 1 gibt. Das *Erfüllbarkeitsproblem* besteht darin, zu entscheiden, ob ein gegebener boolescher Ausdruck erfüllbar ist.

Wir können das Erfüllbarkeitsproblem wie folgt als Sprache L_{erf} darstellen: Seien $x_1, x_2, ..., x_m$ die Variablen eines Ausdrucks für ein m. Wir kodieren x_i als das Symbol x gefolgt von i in Binärdarstellung. Das Alphabet von L_{erf} ist also

$$\{\wedge, \vee, \neg, (,), x, 0, 1\}.$$

Die Länge der kodierten Version eines Ausdrucks mit n Symbolen ist offensichtlich nicht größer als $\lceil n\log_2 n \rceil$. Da jedes von einer Variablen verschiedene Symbol durch ein Symbol kodiert wird, kann es nicht mehr als $\lceil n/2 \rceil$ verschiedene Variablen in einem Ausdruck der Länge n geben, und die Kodierung einer Variablen benötigt höchstens $1 + \lceil \log_2 n \rceil$ Symbole. Wir werden also von nun an die Wörter in L_{erf}, die einen Ausdruck der Länge n darstellen, so behandeln, als ob das Wort selbst die Länge n hätte. Unser Ergebnis wird nicht davon abhängen, ob wir n oder $n\log n$ für die Länge des Wortes benutzen, da $\log(n\log n) \leq 2\log n$ gilt, und wir log-Band-Reduktionen benutzen werden.

Ein boolescher Ausdruck ist in *konjunktiver*[2] *Normalform (KNF)* gegeben, wenn er von der Form $E_1 \wedge E_2 \wedge ... \wedge E_k$ ist und jede *Clause* E_i von der Form $\alpha_{i_1} \vee \alpha_{i_2} \vee ... \vee \alpha_{i_k}$ ist, wobei jedes α_{i_j} ein *Literal* ist, d.h. entweder gleich x oder gleich $\neg x$ für eine Variable x. Gewöhnlich schreiben wir $\bar{x}$ anstelle von $\neg x$. Z.B. ist $(x_1 \vee x_2) \wedge (\bar{x}_1 \vee x_3 \vee \bar{x}_4) \wedge \bar{x}_3$ eine KNF. Der Ausdruck liegt in *3-KNF* vor, wenn jeder Term genau drei verschiedene Literale hat. Das obige Beispiel ist nicht in 3-KNF, weil der erste und der dritte Term weniger als drei Literale haben.

Erfüllbarkeit ist *NP*-vollständig

Wir beginnen, indem wir eine log-Band-Reduktion von jeder Sprache in $\mathcal{NP}$ auf L_{erf} angeben.

Satz 13.1

Das Erfüllbarkeitsproblem ist NP-vollständig.

Beweis:

Der einfache Teil des Beweises ist es zu zeigen, daß L_{erf} in $\mathcal{NP}$ liegt. Um zu bestimmen, ob ein Ausdruck der Länge n erfüllbar ist, rät man nichtdeterministisch Werte für alle Variablen und wertet dann den Ausdruck aus. Also ist L_{erf} in $\mathcal{NP}$.

Um zu zeigen, daß jede Sprache in $\mathcal{NP}$ auf L_{erf} reduzierbar ist, geben wir für jede nichtdeterministische TM M, die durch ein Polynom $p(n)$ zeit-beschränkt ist,

[2] "Konjunktiv" ist ein Adjektiv, das sich auf den logischen UND-Operator (die *Konjunktion*) bezieht. Der Term *disjunktiv* wir ähnlich für das logische ODER verwendet.

einen log-Band-Algorithmus an, der als Eingabe eine Zeichenkette x nimmt und eine boolesche Formel E_x produziert, die genau dann erfüllbar ist, wenn x von M akzeptiert wird. Wir beschreiben nun E_x.

Sei $\#\beta_0\#\beta_1\#...\#\beta_{p(n)}$ eine Berechnung von M, wobei jedes β_i eine Zustandsbeschreibung ist, die genau aus $p(n)$ Symbolen besteht. Wenn nach weniger als $p(n)$ Bewegungen akzeptiert wird, so wird die akzeptierende Zustandsbeschreibung wiederholt, damit jede Berechnung genau $p(n) + 1$ Zustandsbeschreibungen hat.

In jeder Zustandsbeschreibung fassen wir den Zustand und das belegte Symbol so zusammen, daß sie ein einziges zusammengesetztes Symbol bilden. Zusätzlich enthält das zusammengesetzte Symbol der i-ten Zustandsbeschreibung noch eine ganze Zahl m, die die Bewegung angibt, durch die die $(i + 1)$-te Zustandsbeschreibung aus der i-ten folgt. Die Zahlen werden den Bewegungen zugewiesen, indem man die endliche Menge der Wahlmöglichkeiten, die M bei einem gegebenen Zustand und Bandsymbol hat, willkürlich ordnet.

Für jedes Symbol, das in einer Berechnung auftauchen kann, und für jedes i mit $0 \leq i \leq (p(n) + 1)^2$ erzeugen wir eine boolesche Variable c_{iX}, um anzuzeigen, ob X das i-te Symbol in der Berechnung ist. (Das 0-te Symbol in der Berechnung ist das # am Anfang.) Der zu konstruierende Ausdruck E_x wird für eine gegebene Zuweisung zu den c_{iX} genau dann wahr sein, wenn die c_{iX}, die wahr sind, einer gültigen Berechnung entsprechen. Der Ausdruck E_x besagt folgendes:

1) Die c_{iX}, die wahr sind, entsprechen einer Zeichenkette von Symbolen, in der für jedes i genau ein c_{iX} wahr ist.
2) Die Zustandsbeschreibung β_0 ist eine anfängliche Zustandsbeschreibung von M mit Eingabe x.
3) Die letzte Zustandsbeschreibung enthält einen Endzustand.
4) Jede Zustandsbeschreibung folgt aus der vorhergehenden durch die angezeigte Bewegung von M.

Die Formel E_x ist die logische UND-Verknüpfung der vier Formeln, die für die obigen Bedingungen stehen. Die erste Formel, die besagt, daß für jedes i zwischen 0 und $(p(n) + 1)^2 - 1$ genau ein c_{iX} wahr ist, lautet

$$\bigwedge_i \Big[\bigvee_X c_{iX} \ \wedge \ \neg\Big(\bigvee_{X \neq Y} (c_{iX} \wedge c_{iY}) \Big) \Big].$$

Für einen gegebenen Wert i erzwingt der Term $\bigvee_X c_{iX}$, daß mindestens ein c_{iX} wahr ist; $\neg(\bigvee_{X\neq Y}(c_{iX} \wedge c_{iY}))$ sorgt dafür, daß höchstens einer wahr ist.

Sei $x = a_1a_2...a_n$. Die zweite Formel — die besagt, daß β_0 eine anfängliche Zustandsbeschreibung ist — ist wiederum gleich der UND-Verknüpfung der folgenden Terme:

i) $c_{0\#} \wedge c_{p(n)+1,\#}$. Die Symbole in Positionen 0 und $p(n) + 1$ sind #.
ii) $c_{1Y_1} \vee c_{1Y_2} \vee ... \vee c_{1Y_k}$, wobei $Y_1, Y_2, ..., Y_k$ alle die zusammengesetzten Symbole sind, die ein Band-Symbol a_1, den Anfangszustand q_0 und die Nummer einer legalen a_1 lesenden Bewegung von M im Zustand q_0 darstellt. Diese Clause stellt fest, daß das erste Symbol von β_0 korrekt ist.
iii) $\bigwedge_{2\leq i\leq n} c_{ia_i}$. Das 2-te bis n-te Symbol von β_0 ist korrekt.

iv) $\bigwedge_{n<i\leq p(n)} c_{iB}$. Die verbleibenden Symbole von β_0 sind Blank.

Die dritte Formel besagt, daß die letzte Zustandsbeschreibung einen akzeptierenden Zustand hat. Sie kann geschrieben werden als

$$\bigvee_{\substack{p(n)(p(n)+1)<i \\ <(p(n)+1)^2}} \left(\bigvee_{X\in F} c_{iX} \right),$$

wobei F die Menge der zusammengesetzten Symbole ist, die einen Endzustand beinhalten.

Um die vierte Formel zu schreiben — nämlich daß jede Zustandsbeschreibung β_i mit $i \geq 1$ aus β_{i-1} durch die Bewegung folgt, die in dem zusammengesetzten Symbol von β_{i-1} auftritt — ist zu beobachten, daß wir im wesentlichen jedes Symbol von β_i aus dem entsprechenden Symbol von β_{i-1} und aus den Symbolen auf den beiden Seiten (wovon eines # sein kann) ableiten können. D.h. das Symbol in β_i ist das gleiche wie das entsprechende Symbol in β_{i-1}, außer wenn dieses oder eines der benachbarten Symbole den Zustand und die Bewegung hatte, und die Bewegung verursacht hat, daß die Kopf-Position auf das fragliche Symbol von β_i verschoben wurde. Beachten Sie, daß — falls das Symbol von β_i den Zustand darstellt — es auch eine beliebige erlaubte Bewegung von M darstellt, so daß es mehr als ein erlaubtes Symbol geben kann. Beachten Sie auch, daß, wenn die vorhergehende Zustandsbeschreibung einen akzeptierenden Zustand hat, die aktuelle und die vorhergehende Zustandsbeschreibung gleich sind.

Wir können daher einfach ein Prädikat $f(W, X, Y, Z)$ spezifizieren, das genau dann wahr ist, wenn das Symbol Z in der Position j einer Zustandsbeschreibung auftauchen könnte, unter der Voraussetzung, daß W, X und Y die Symbole in den Positionen $j-1, j$ und $j+1$ der vorhergehenden Zustandsbeschreibung sind (W ist #, falls $j = 1$, und Y ist #, falls $j = p(n)$). Es ist nützlich, auch $f(W, \#, X, \#)$ als wahr zu deklarieren; so können wir die Marken zwischen den Zustandsbeschreibungen so behandeln wie die Symbole innerhalb der Zustandsbeschreibungen. Wir können nun die vierte Formel als

$$\bigwedge_{\substack{p(n)<j \\ <(p(n)+1)^2}} \left(\bigvee_{\substack{W,X,Y,Z \text{ mit} \\ f(W,X,Y,Z)}} (c_{j-p(n)-2,W} \wedge c_{j-p(n)-1,X} \wedge c_{j-p(n),Y} \wedge c_{jZ}) \right).$$

ausdrücken. Es ist einfach, für eine gegebene akzeptierende Berechnung von M auf x Wahrheitswerte für die c_{iX} zu finden, so daß E_x wahr ist. Dazu ist lediglich c_{iX} genau dann auf wahr zu setzen, wenn das i-te Symbol der Berechnung X ist. Umgekehrt garantieren die obigen vier Formeln, daß bei einer gegebenen Zuweisung von Wahrheitswerten, so daß E_x wahr ist, eine akzeptierende Berechnung von M auf x existiert. Obwohl M nichtdeterministisch ist, garantiert die Tatsache, daß eine Bewegungsauswahl in jeder Zustandsbeschreibung eingebettet ist, daß der nächste Zustand, das nächste geschriebene Symbol und die Richtung der Kopfbewegung von einer Zustandsbeschreibung zur nächsten konsistent mit einer Wahl von M ist.

Außerdem sind die Formeln, die E_x bilden, von der Länge $O(p^2(n))$; sie sind auch hinreichend einfach, so daß eine log-Band-TM sie bei gegebenem x auf ihrer Eingabe erzeugen kann. Die Turing-Maschine braucht nur genügend Speicher, um bis zu $(p(n)+1)^2$ zu zählen. Da der Logarithmus eines Polynoms n gleich einer Konstante multipliziert mit log$n$ ist, kann dies mit $O(\log n)$ Speicher getan werden. Wir haben also gezeigt, daß jede Sprache in NP auf L_{erf} log-band-reduzierbar ist, was beweist, daß L_{erf} NP-vollständig ist. □

Wir haben gerade gezeigt, daß Erfüllbarkeit für boolesche Ausdrücke NP-vollständig ist. Das bedeutet, daß ein Polynom-Zeit-Algorithmus für das Akzeptieren von L_{erf} benutzt werden könnte, um jede beliebige Sprache in $\mathcal{NP}$ zu akzeptieren. Sei L die Sprache, die von einer $p(n)$-zeit-beschränkten nichtdeterministischen Turing-Maschine M akzeptiert wird, und sei A der log-Band-Umwandler (also Polynom-Zeit-Umwandler), der x zu E_x konvertiert, wobei E_x genau dann erfüllbar ist, wenn x von M akzeptiert wird. Dann ist A kombiniert mit dem Algorithmus für L_{erf} (wie in Abbildung 13.1 gezeigt) ein deterministischer polynomial-zeit-beschränkter Algorithmus, der L akzeptiert. Also würde die Existenz eines Polynom-Zeit-Algorithmus für dieses eine Problem — die Erfüllbarkeit boolescher Ausdrücke — implizieren, daß $\mathcal{P} = \mathcal{NP}$ gilt.

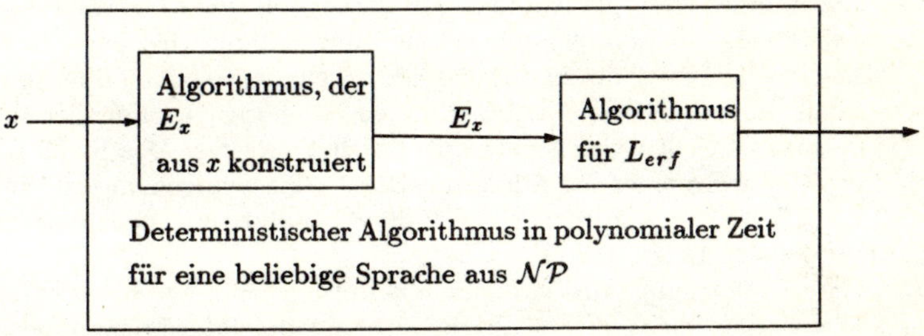

Abb. 13.1: Algorithmus für eine beliebige Menge L in $\mathcal{NP}$ bei einem gegebenen Algorithmus für L_{erf}.

Begrenzte Erfüllbarkeitsprobleme, die *NP*-vollständig sind

Erinnern Sie sich daran, daß eine boolesche Formel in konjunktiver Normalform (KNF) ist, wenn sie ein logische UND von Clausen ist, die das logische ODER von Literalen sind. Wir sagen, die Formel ist in *k-KNF*, wenn jede Clause aus genau k Literalen besteht. Z.B. ist $(x \vee y) \wedge (\bar{x} \vee z) \wedge (y \vee \bar{z})$ in 2-KNF.

Wir werden nun zwei Sprachen L_{kerf} — die Menge der erfüllbaren booleschen Ausdrücke in KNF — und L_{3erf} — die Menge der erfüllbaren booleschen Ausdrücke in 3-KNF — betrachten. Wir geben log-Band-Reduktionen für L_{erf} auf L_{kerf} und L_{3erf} an und zeigen, daß die letzten beiden Probleme NP-vollständig sind gemäß

Lemma 13.3. In jedem Fall bilden wir einen Ausdruck auf einen anderen Ausdruck ab, der nicht äquivalent sein muß, aber der genau dann erfüllbar ist, wenn der ursprüngliche Ausdruck erfüllbar ist.

Satz 13.2

L_{kerf}, das Erfüllbarkeitsproblem für KNF-Ausdrücke, ist NP-vollständig.

Beweis:

Natürlich ist L_{kerf} in $\mathcal{NP}$, da L_{erf} in $\mathcal{NP}$ ist. Wir reduzieren L_{erf} auf L_{kerf} wie folgt: Sei E ein beliebiger boolescher Ausdruck der Länge n.[3] Sicherlich übersteigt weder die Anzahl von Variablen-Auftritten in E noch die Anzahl der Operatoren n. Mit den Gleichungen

$$\begin{aligned} \neg(E_1 \wedge E_2) &= \neg(E_1) \vee \neg(E_2), \\ \neg(E_1 \vee E_2) &= \neg(E_1) \wedge \neg(E_2), \\ \neg\neg E_1 &= E_1 \end{aligned} \tag{13.1}$$

können wir E in einen äquivalenten Ausdruck E' überführen, in dem die $\neg$-Operatoren nur noch auf Variablen, nicht aber auf komplexere Ausdrücke angewendet werden. Die Gültigkeit der Gleichungen (13.1) kann überprüft werden, indem man die vier Zuweisungen der Werte 0 und 1 zu E_1 und E_2 betrachtet. Die ersten zwei dieser Gleichungen sind als die *Gesetze von DeMorgan* bekannt.

Die Umwandlung kann als Komposition zweier log-Band-Umwandlungen angesehen werden. Als ein Ergebnis der ersten Umwandlung wird jedes Negations-Symbol, das einer Variablen direkt vorausgeht, durch einen Balken über der Variable ersetzt, und jede schließende Klammer, deren zugehörender öffnender Klammer direkt ein Negationszeichen vorangeht, wird durch $)\ulcorner$ ersetzt. Das Symbol $\ulcorner$ zeigt das Ende des Bereiches einer Negation an. Diese erste Umformung ist einfach in log-Band auszuführen, indem man einen Zähler benutzt, um zueinandergehörige Klammern zu lokalisieren.

Die zweite Umformung wird von einem endlichen Automaten ausgeführt, der die Eingabe von links nach rechts abarbeitet, und die Parität (Summe modulo 2) der *aktiven* Negationen bestimmt; eine aktive Negation ist eine, deren direkt folgende öffnende Klammer schon, deren schließende Klammer aber noch nicht gesehen wurde. Ist die Parität ungerade, so wird x durch $\bar{x}$, $\bar{x}$ durch x, $\wedge$ durch $\vee$ und $\vee$ durch $\wedge$ ersetzt. Die Symbole $\neg$ und $\ulcorner$ werden gelöscht. Daß diese Umformung korrekt ist, kann mit (13.1) und einer einfachen Induktion über die Länge des Ausdrucks bewiesen werden. Wir haben nun einen Ausdruck E', in dem alle Negationen direkt auf Variablen angewendet werden.

Als nächstes erzeugen wir einen Ausdruck E'' in KNF, der genau dann erfüllbar ist, wenn E' erfüllbar ist. Seien V_1 und V_2 Mengen von Variablen mit $V_1 \subseteq V_2$. Wir sagen, eine Zuweisung von Werten zu V_2 ist eine *Erweiterung* einer Zuweisung von Werten zu V_1, wenn die Zuweisungen auf den Variablen von V_1 übereinstimmen.

---

[3] Erinnern Sie sich, daß die Länge eines booleschen Ausdrucks gleich der Anzahl der Zeichen und nicht gleich der Länge seiner Kodierung ist; dieser Unterschied ist zudem für log-Band-Reduktionen ohne Bedeutung.

Wir werden mit Induktion über der Anzahl r der $\wedge$ und $\vee$ in einem Ausdruck E', dessen Negationen alle auf Variablen angewendet werden, zeigen, daß für $|E'| = n$ eine Liste von höchstens n Clausen $F_1, F_2, ..., F_k$ über einer Menge von Variablen existiert, die die Variablen von E' und höchstens n weitere Variablen beinhaltet, so daß E' durch eine Zuweisung an seine Variablen genau dann den Wert 1 erhält, wenn es eine Erweiterung dieser Zuweisung gibt, die $F_1 \wedge F_2 \wedge ... \wedge F_k$ erfüllt.

Induktionsanfang für $r = 0$: Dann ist E' ein Literal, und wir können dieses Literal selbst in eine Clause nehmen, um die Bedingung zu erfüllen.

Induktionsschritt: Ist $E' = E_1 \wedge E_2$, so seien $F_1, F_2, ..., F_k$ und $G_1, G_2, ..., G_l$ die Clausen für E_1 bzw. E_2, die nach Induktionsannahme existieren. Wir nehmen o.B.d.A. an, daß es keine Variable gibt, die sowohl unter den F_i als auch unter den G_j auftaucht, die dann nicht auch in E' vorkommt. Dann erfüllen $F_1, F_2, ..., F_k$, $G_1, G_2, ..., G_k$ die Bedingungen für E'.

Ist $E' = E_1 \vee E_2$, so seien die F_i und G_j wie oben und y eine neue Variable. Dann erfüllt $y \vee F_1, y \vee F_2, ..., y \vee F_k, \bar{y} \vee G_1, \bar{y} \vee G_2, ..., \bar{y} \vee G_l$ die Bedingungen. Für den Beweis nehmen wir eine Zuweisung von Werten an, die E' erfüllt. Dann muß sie E_1 oder E_2 erfüllen. Erfüllt die Zuweisung E_1, dann erfüllt eine Erweiterung der Zuweisung $F_1, F_2, ..., F_k$. Jede erneute Erweiterung dieser Zuweisung um die Zuweisung $y = 0$ wird alle Clausen für E' erfüllen. Erfüllt die Zuweisung E_2, genügt ein ähnliches Argument. Umgekehrt nehmen wir an, daß alle Clausen für E' von einer Zuweisung erfüllt werden. Wenn diese Zuweisung $y = 1$ setzt, dann müssen alle $G_1, G_2, ..., G_l$ erfüllt sein, so daß E_2 erfüllt ist. Ein ähnliches Argument findet für $y = 0$ Anwendung. Der gewünschte Ausdruck E'' besteht dann aus allen Clausen von E' verknüpft mit $\wedge$.

Um zu sehen, daß die obige Umformung in log-Band ausgeführt werden kann, betrachten wir einen Ableitungsbaum für E. Sei y_i die Variable, die durch das i-te $\vee$ eingeführt wurde. Der End-Ausdruck ist das logische UND von Clausen, wobei jede Clause ein Literal des Original-Ausdrucks enthält. Wenn das Literal im linken Unterbaum des i-ten $\vee$ auftritt, enthält die Clause auch y_i. Ist das Literal im rechten Unterbaum des i-ten $\vee$, so enthält die Clause $\bar{y}_i$. Die Eingabe wird von links nach rechts abgearbeitet. Jedesmal, wenn auf ein Literal gestoßen wird, wird eine Clause ausgegeben. Um zu bestimmen, welche y_i und $\bar{y}_i$ zu der Clause hinzuzunehmen sind, benutzen wir einen Zähler der Länge $\log n$, um unseren Platz auf der Eingabe festzuhalten. Wir überlesen dann die gesamte Eingabe, und für jedes $\vee$-Symbol — z.B. das i-te von links — bestimmen wir seine rechten und linken Operanden, indem wir einen anderen Zähler der Länge $\log n$ zum Zählen der Klammern benutzen. Wenn das aktuelle Literal im linken Operanden ist, ist ein y_i zu erzeugen. Wenn es im rechten Operanden ist, ist $\bar{y}_i$ zu erzeugen; wenn es dagegen in keinem der Operanden vorkommt, so ist weder y_i noch $\bar{y}_i$ zu erzeugen.

Wir haben also jeden booleschen Ausdruck E auf einen KNF-Ausdruck E'' reduziert, der genau dann in L_{kerf} ist, wenn E in L_{erf} ist. Da die Reduktion in log-Band ausgeführt wird, impliziert die NP-Vollständigkeit von L_{erf} die NP-Vollständigkeit von L_{kerf}. □

Beispiel 13.1
Sei
$$E = \neg(\neg(x_1 \vee x_2) \wedge (\neg x_1 \vee x_3)).$$
Die Anwendung der Gesetze von DeMorgan führt zu
$$E' = (x_1 \vee x_2) \vee (x_1 \wedge \bar{x}_3).$$
Die Umwandlung in eine KNF führt Variablen y_1 und y_2 ein, und wir erhalten
$$E'' = (x_1 \vee y_1 \vee y_2) \wedge (x_2 \vee \bar{y}_1 \vee y_2) \wedge (x_1 \vee \bar{y}_2) \wedge (\bar{x}_3 \vee \bar{y}_2).$$

Satz 13.3
L_{3erf}, das Erfüllbarkeitsproblem für 3-KNF-Ausdrücke, ist NP-vollständig.
Beweis:
Natürlich ist L_{3erf} in $\mathcal{NP}$, da L_{erf} in $\mathcal{NP}$ ist. Sei $E = F_1 \wedge F_2 \wedge ... \wedge F_k$ ein KNF-Ausdruck. Wir nehmen an, daß eine Clause F_i mehr als drei Literale hat, z.B.
$$F_i = \alpha_1 \vee \alpha_2 \vee ... \vee \alpha_l \quad \text{mit } l \geq 3.$$
Dann führen wir neue Variablen $y_1, y_2, ..., y_{l-3}$ ein und ersetzen F_i durch
$$(\alpha_1 \vee \alpha_2 \vee y_1) \wedge (\alpha_3 \vee \bar{y_1} \vee y_2) \wedge (\alpha_4 \vee \bar{y}_2 \vee y_3) \wedge ...$$
$$\wedge(\alpha_{l-2} \vee \bar{y}_{l-4} \vee y_{l-3}) \wedge (\alpha_{l-1} \vee \alpha_l - 4 \vee \bar{y}_{l-3}). \qquad (13.2)$$
Dann erfüllt eine Zuweisung F_i genau dann, wenn sie auch (13.2) erfüllt. Eine Zuweisung, die F_i erfüllt, muß $\alpha_j = 1$ für ein j haben. Nehmen wir also an, daß die Zuweisung den Literalen $\alpha_1, \alpha_2, ..., \alpha_{j-1}$ den Wert 0 und α_j den Wert 1 gibt. Dann ist $y_m = 1$ für $m \leq j-2$ und $y_m = 0$ für $m \geq j-1$ eine Erweiterung dieser Zuweisung, die (13.2) erfüllt.

Umgekehrt müssen wir zeigen, daß jede Zuweisung, die (13.2) genügt, $\alpha_j = 1$ für ein j haben muß und demnach F_i erfüllt. Nehmen wir also das Gegenteil an, nämlich daß die Zuweisung allen α_m den Wert 0 gibt. Dann folgt $y_1 = 1$, da die erste Clause den Wert 1 hat. Da die zweite Clause den Wert 1 hat, muß $y_2 = 1$ sein, und durch Induktion folgt $y_m = 1$ für alle m. Doch dann hätte die letzte Clause den Wert 0, der Annahme widersprechend, daß sie erfüllt sei. Also erfüllt jede Zuweisung, die (13.2) erfüllt, auch F_i.

Die einzigen Änderungen, die nötig sind, treten auf, wenn F_i aus einem oder aus zwei Literalen besteht. Im letzteren Fall ist $\alpha_1 \vee \alpha_2$ durch $(\alpha_1 \vee \alpha_2 \vee y) \wedge (\alpha_1 \vee \alpha_2 \vee \bar{y})$ zu ersetzen, wobei y eine neue Variable ist; im ersteren Fall genügt die Einführung zweier neuer Variablen. Also kann E in einen 3-KNF-Ausdruck konvertiert werden, der genau dann erfüllbar ist, wenn E erfüllbar ist. Die Transformation kann einfach in log-Band ausgeführt werden. Wir haben also eine log-Band-Reduktion von L_{kerf} auf L_{3erf} und schließen, daß L_{3erf} NP-vollständig ist. □

Das Knoten-Überdeckungsproblem

Die 3-KNF-Erfüllbarkeit ist ebenso ein passendes Problem, das auf andere Probleme reduziert werden kann, um zu zeigen, daß diese NP-vollständig sind, wie das Post'sche Korrespondenz-Problem nützlich ist, um zu zeigen, daß andere Probleme nicht entscheidbar sind. Ein anderes NP-vollständiges Problem, das sich häufig leicht auf andere Probleme reduzieren läßt, ist das Knoten-Überdeckungsproblem. Sei $G = (Kn, Ka)$ ein (ungerichteter) Graph mit einer Knotenmenge Kn und einer Kantenmenge Ka. Eine Teilmenge $A \subseteq Ka$ nennt man eine *Knoten-Überdeckung* von G, wenn für jede Kante (v, w) in Ka zumindest v oder w in A ist. Das *Knoten-Überdeckungsproblem* lautet folgendermaßen: Gegeben sei ein Graph G und eine ganze Zahl k. Hat G eine Knotenüberdeckung der Größe kleiner oder gleich k?

Wir können dieses Problem als eine Sprache $L_{kü}$ darstellen, die aus Zeichenketten folgender Form besteht: k in Binärdarstellung, gefolgt von einer Marke, gefolgt von einer Liste von Knoten, wobei v_i durch v gefolgt von i in Binärdarstellung dargestellt wird, und einer Liste von Kanten, wobei (v_i, v_j) durch die geklammerten Kodierungen für v_i und v_j dargestellt wird. $L_{kü}$ besteht aus allen derartigen Zeichenketten, die k und G darstellen, so daß G eine Knotenüberdeckung der Größe kleiner oder gleich k hat.

Satz 13.4

$L_{kü}$, das Knoten-Überdeckungsproblem, ist NP-vollständig.

Beweis:

Um zu zeigen, daß $L_{kü}$ in $\mathcal{NP}$ ist, ist eine Teilmenge von k Knoten zu raten und zu überprüfen, daß sie alle Kanten überdeckt. Dies kann in einer Zeit proportional zum Quadrat der Länge der Problemdarstellung getan werden. Es wird im folgenden gezeigt, daß $L_{kü}$ NP-vollständig ist, indem die 3-KNF-Erfüllbarkeit auf $L_{kü}$ reduziert wird.

Sei $F = F_1 \wedge F_2 \wedge ... \wedge F_q$ ein Ausdruck in 3-KNF, wobei jedes F_i eine Clause der Form $(\alpha_{i_1} \vee \alpha_{i_2} \vee \alpha_{i_3})$ und jedes α_{i_j} ein Literal ist. Wir konstruieren einen ungerichteten Graphen $G = (Kn, Ka)$, dessen Knoten Paare (i, j) ganzer Zahlen mit $1 \leq i \leq q$ und $1 \leq j \leq 3$ sind. Der Knoten (i, j) repräsentiert das j-te Literal der i-ten Clause. Die Kanten des Graphen sind

1) $[(i, j), (i, k)]$ unter der Voraussetzung $j \neq k$ und
2) $[(i, j), (k, l)]$, falls $\alpha_{ij} = \neg\alpha_{kl}$.

Jedes Knotenpaar, das derselben Clause entspricht, wird durch eine Kante in (1) verbunden. Jedes Knotenpaar, das einem Literal und seinem Komplement entspricht, wird durch eine Kante in (2) verbunden.

G ist so konstruiert worden, daß er genau dann eine Knotenüberdeckung der Größe $2q$ hat, wenn F erfüllbar ist. Zu diesem Zweck ist anzunehmen, daß F erfüllbar ist und eine Zuweisung festzulegen, die F erfüllt. Jede Clause muß ein Literal haben, dessen Wert 1 ist. Wir wählen ein solches Literal für jede Clause; dann sind die q Knoten, die diesen Literalen entsprechen, aus Kn zu löschen. Die verbleibenden Knoten bilden eine Knoten-Überdeckung der Größe $2q$. Natürlich liegt für jedes i nur ein Knoten der Form (i, j) nicht in der Überdeckung, und folglich ist jede Kante in (1) zu mindestens einem Knoten in der Überdeckung benachbart.[4] Da die Kanten in (2) zu zwei Knoten benachbart sind — die einem Literal und seinem Komplement entsprechen — und da wir nicht sowohl ein Literal als auch sein Komplement gelöscht haben können, ist der eine oder der andere dieser Knoten in der Überdeckung. Also haben wir in der Tat eine Überdeckung der Größe $2q$.

Umgekehrt nehmen wir an, wir haben eine Knotenüberdeckung der Größe $2q$. Für jedes i muß die Überdeckung alle bis auf einen Knoten der Form (i,j) enthalten, denn wenn zwei solcher Knoten fehlen würden, könnte eine Kante $[(i,j),(i,k)]$ nicht zu einem Knoten in der Überdeckung benachbart sein. Für jedes i ist dem Literal α_{ij}, das dem nicht in der Überdeckung liegenden Knoten (i,j) entspricht, der Wert 1 zuzuweisen. Es kann keinen Konflikt geben, da zwei Knoten, die nicht in der Überdeckung sind, nicht einem Literal und seinem Komplement entsprechen können; andernfalls gäbe es eine Kante in Gruppe (2), die nicht zu irgendeinem Knoten in der Überdeckung benachbart wäre. Für diese Zuweisung hat F den Wert 1; also ist F erfüllbar. Die Reduktion kann einfach in log-Band ausgeführt werden. Wir können im wesentlichen die Variablen-Namen in der Formel F als Knoten von G benutzen und zwei Bits für die j-Komponente de Knotens (i,j) anfügen. Kanten vom Typ (1) werden direkt von den Clausen erzeugt, während die vom Typ (2) zwei Zähler verlangen, um alle Paare von Literalen zu betrachten. Also schließen wir, daß $L_{kü}$ NP-vollständig ist. □

Beispiel 13.2
Betrachten Sie den Ausdruck

$$F = (x_1 \vee x_2 \vee x_3) \wedge (\bar{x}_1 \vee x_2 \vee x_4) \wedge (\bar{x}_2 \vee x_3 \vee x_5) \wedge (\bar{x}_3 \vee \bar{x}_4 \vee \bar{x}_5).$$

Die Konstruktion aus Satz 13.4 führt zu dem Graphen aus Abbildung 13.2. $x_1 = 1$, $x_2 = 1$, $x_3 = 1$, $x_4 = 0$ erfüllen F und entsprechen der Knotenüberdeckung [1, 2], [1, 3], [2, 1], [2, 3], [3, 1], [3, 3], [4, 1] und [4, 3].

Das Hamilton-Zyklus-Problem

Das *Hamilton-Zyklus-Problem* lautet: Gegeben sei ein Graph G. Hat G einen Pfad, der jeden Knoten genau einmal besucht und dann zu seinem Ausgangspunkt zurückgeht? Das *gerichtete Hamilton-Zyklus-Problem* ist das analoge Problem für gerichtete Graphen. Wir stellen diese Probleme als Sprachen L_h und L_{gh} dar und kodieren die Graphen wie im Knoten-Überdeckungsproblem.

Satz 13.5
L_{gh}, das gerichtete Hamilton-Zyklus-Problem, ist NP-vollständig.
Beweis:
Um zu zeigen, daß L_{gh} in $\mathcal{NP}$ ist, ist eine Liste von Pfeilen zu raten und zu verifizieren, daß diese Pfeile einen einfachen Zyklus[5] durch alle Knoten bilden. Um zu zeigen, daß L_{gh} NP-vollständig ist, reduzieren wir die 3-KNF-Erfüllbarkeit auf L_{gh}.

---

[4] Eine Kante (v, w) ist *benachbart* zu v und zu w und keinem anderen Knoten.
[5] Ein *einfacher* Zyklus hat keine Knoten, die mehrfach vorkommen.

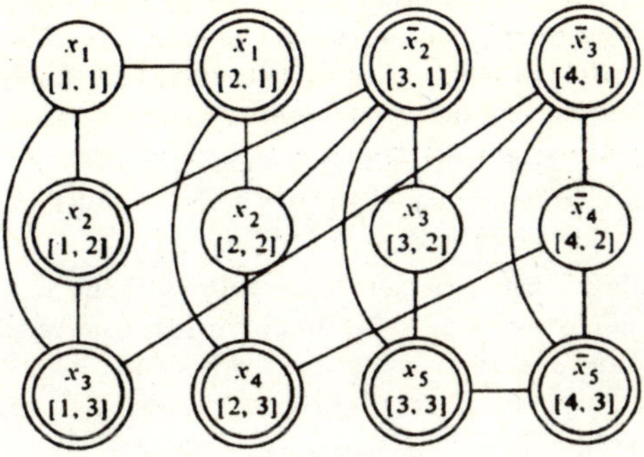

Abb. 13.2: Ein nach Satz 13.4 konstruierter Graph. Doppelte Kreise bezeichnen Knoten aus der Überdeckung.

Sei $F = F_1 \wedge F_2 \wedge ... \wedge F_q$ ein Ausdruck in 3-KNF, wobei jedes F_i eine Clause der Form $(\alpha_{i_1} \vee \alpha_{i_2} \vee \alpha_{i_3})$ und jedes α_{i_j} ein Literal ist. Seien $x_1, ..., x_n$ die Variablen von F. Wir konstruieren einen gerichteten Graphen G, der sich aus zwei Typen von Teilgraphen zusammensetzt. Für jede Variable x_i gibt es einen Teilgraphen H_i von der Form aus Abbildung 13.3(a), wobei m_i die größere Anzahl des Auftretens von x_i bzw. $\bar{x}_i$ in F ist. Die H_i sind in einem Zyklus verbunden (wie in Abbildung 13.3(b) zu sehen), d.h. es existieren Pfeile von d_i nach a_{i+1} für $1 \leq i \leq n$ sowie ein Pfeil von d_n nach a_1.

Wir nehmen an, daß wir einen Hamilton-Zyklus für den Graph aus Abbildung 13.3(b) haben. Des weiteren können wir annehmen, daß er bei a_1 startet. Wenn er als nächstes zu b_{10} geht, behaupten wir, daß er dann zu c_{10} geht; andernfalls könnte c_{10} niemals im Zyklus auftauchen. Im Beweis ist zu beachten, daß die beiden Vorgänger von c_{10} schon im Zyklus sind; damit müßte der Zyklus einen Knoten wiederholen, wenn er zu einem späteren Zeitpunkt c_{10} erreichen wollte. (Dieses Argument für Hamilton-Zyklen taucht häufig im Beweis auf. Wir werden einfach sagen, daß ein Knoten wie c_{10} "unerreichbar" wird.) Genauso können wir argumentieren, daß ein Hamilton-Zyklus, der mit a_1, b_{10} beginnt, mit $c_{10}, b_{11}, c_{11}, b_{12}, c_{12}, ...$ weitergehen muß. Wenn der Zyklus mit a_1, c_{10} beginnt, dann steigt er die Leiter aus Abbildung 13.3(a) umgekehrt hinab, weiterlaufend mit $b_{10}, c_{11}, b_{11}, c_{12}, ...$ Ähnlich können wir argumentieren, daß, wenn der Zyklus in jedes der H_i übergeht, er wiederum von a_i entweder zu b_{i0} oder zu c_{i0} gehen kann, doch dann ist sein Pfad durch H_i fest; im ersteren Fall steigt er durch Pfeile $c_{ij} \to b_{i,j+1}$ und im letzteren Fall durch die Pfeile $b_{ij} \to c_{i,j+1}$ hinab. Im folgenden hilft es anzunehmen, daß er von a_i nach b_{i0} geht, damit x_i wahr wird, während bei der entgegengesetzte Wahl x_i falsch wird. Dieses im Hinterkopf behaltend bemerken wir, daß der Graph aus Abbildung 13.3(b) genau 2^n Hamilton-Zyklen hat, die auf eine natürliche Weise den 2^n Zuweisungen zu den Variablen in F entsprechen.

Für jede Clause F_j führen wir einen Teilgraphen I_j ein (siehe Abbildung 13.3(c)). I_j hat die Eigenschaft, daß ein bei r_j betretender Hamilton-Zyklus ihn bei u_j verlassen muß; wenn er I_j bei s_j betritt, so muß er ihn bei v_j verlassen, und wenn er ihn bei t_j betritt, so muß er ihn bei w_j verlassen. Im Beweis, nehmen wir aus Symmetriegründen an, daß der Zyklus bei r_j in I_j eintritt.

ERSTER FALL: Die nächsten beiden Knoten im Zyklus sind s_j und t_j. Dann muß der Zyklus mit w_j fortfahren, und wenn er I_j bei w_j oder v_j verläßt, so ist u_j unerreichbar. Also verläßt er I_j in diesem Fall bei u_j.

ZWEITER FALL: Die nächsten beiden Knoten des Zyklus sind s_j und v_j: Wenn der Zyklus nicht als nächstes zu u_j geht, dann wird u_j unerreichbar sein. Wenn er nach u_j zu w_j geht, kann Knoten t_j nicht im Zyklus auftreten, da seine Nachfolger schon auf dem Zyklus sind. Also verläßt er I_j in diesem Fall auch bei u_j.

DRITTER FALL: Der Zyklus geht direkt zu u_j. Wenn er als nächstes zu w_j geht, kann der Zyklus nicht t_j beinhalten, da dessen Nachfolger schon gebraucht wurden. Also muß er I_j wieder bei u_j verlassen.

Beachten Sie, daß obiges Argument selbst dann gilt, wenn der Zyklus mehr als einmal in I_j eintreten könnte. Schließlich hat der Graph I_j die zusätzliche Eigenschaft, daß er, wenn er bei r_j, s_j oder t_j in I_j übergeht, alle sechs Knoten durchlaufen kann, bevor er verläßt.

Um die Konstruktion des Graphen zu vervollständigen, sind die I_j mit den H_i wie folgt zu verbinden: Wir nehmen an, daß der erste Term in F_j gleich x_i ist. Dann wählen wir ein c_{ip} aus, das bisher noch nicht mit einem I_k verbunden worden ist, und führen einen Pfeil von c_{ip} nach r_j und von u_j nach $b_{i,p+1}$ ein. Ist der erste Term $\bar{x}_i$, so wählen wir ein unbenutztes b_{ip} aus und führen Pfeile $b_{ip} \rightarrow r_j$ und $u_j \rightarrow c_{i,p+1}$ ein. Wir erstellen analoge Verbindungen mit s_j und v_j für den zweiten Term von F_j und analoge Verbindungen mit t_j und w_j für den dritten Term. Jedes H_i war hinreichend lang gewählt worden, so daß genügend Paare von b_{ij} und c_{ij} verfügbar sind, um alle Verbindungen herzustellen.

Wenn der Ausdruck F erfüllbar ist, können wir einen Hamilton-Zyklus für den Graph wie folgt finden: Der Zyklus gehe von a_i nach b_{i0}, wenn x_i in der erfüllenden Zuweisung wahr ist, und von a_i nach c_{i0} sonst. Dann haben wir, wenn wir die I_j ignorieren, einen eindeutigen Hamilton-Zyklus für den Teilgraphen aus Abbildung 13.3(b). Immer wenn nun der konstruierte Zyklus einen Pfeil $b_{ik} \rightarrow c_{i,k+1}$ oder $c_{ik} \rightarrow b_{i,k+1}$ benutzt und b_{ik} bzw. c_{ik} einen Pfeil zu einem Teilgraphen I_j hat, der noch nicht besucht worden ist, dann sind alle sechs Knoten von I_j zu besuchen und I_j ist bei $c_{i,k+1}$ bzw. $b_{i,k+1}$ zu verlassen. Die Tatsache, daß F erfüllbar ist, impliziert, daß wir I_j für alle j durchlaufen können.

Umgekehrt müssen wir zeigen, daß die Existenz eines Hamilton-Zyklus impliziert, daß F erfüllbar ist. Erinnern Sie sich, daß in jedem beliebigen Hamilton-Zyklus ein Teilgraph I_j, der entweder bei r_j, s_j oder t_j betreten worden ist, bei u_j, v_j bzw. w_j verlassen werden muß. Soweit also Pfade durch die H_i betroffen sind, sehen die Verbindungen zu einem I_j wie Pfeile aus, die parallel zu einem Pfeil $b_{ik} \rightarrow c_{i,k+1}$ oder $c_{ik} \rightarrow b_{i,k+1}$ sind. Wenn die Ausflüge zu den I_j ignoriert werden, so folgt, daß der Zyklus die H_i in einem der 2^n Wege, die ohne die I_j möglich sind, durchlaufen muß; er kann also dem Pfeil $a_i \rightarrow b_{i0}$ oder $a_i \rightarrow c_{i0}$ für $1 \leq i \leq n$

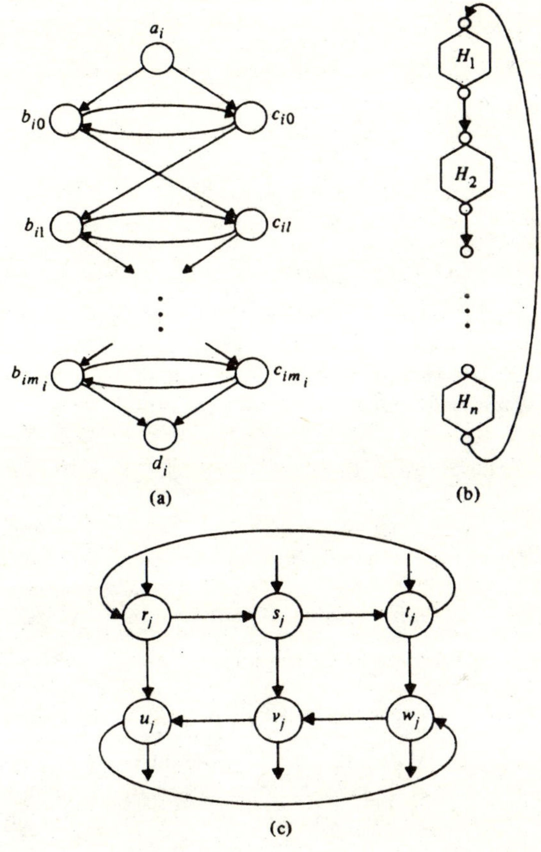

Abb. 13.3: Graphen, die gerichtete Hamilton-Zyklen darstellen.

folgen. Jede Menge von Wahlen bestimmt eine wahre Zuweisung für die x_i. Wenn eine Menge von Wahlen zu einem Hamilton-Zyklus führt, einschließlich der I_j, dann muß die Zuweisung alle Clausen erfüllen. Wenn wir z.B. I_j von b_{ik} aus im Zyklus erreichen, dann ist $\bar{x}_i$ ein Term in F_j; der Zyklus muß dann von a_i nach c_{i0} gehen, was der Wahl $x_i = 0$ entspricht. Beachten Sie, daß der Zyklus $b_{i,k+1}$ vor $c_{i,k+1}$ durchlaufen muß, wenn er von a_i nach c_{i0} geht; wir könnten I_j nicht zwischen b_{ik} und $c_{i,k+1}$ durchlaufen, da $b_{i,k+1}$ niemals in den Zyklus eingeschlossen werden könnte.

Als eine letzte Bemerkung müssen wir beweisen, daß wir eine log-Band-Reduktion haben. Bei gegebenem F können wir die Knoten und Pfeile von H_i auflisten, indem wir einfach die Anzahl des Auftretens von x_i und $\bar{x}_i$ zählen. Genauso einfach können wir die Verbindungen zwischen den H_i und den I_j auflisten. Bei einem gegebenen Term wie x_i in F_j können wir ein freies Paar von Knoten in H_i finden, um es mit I_j zu verbinden, indem das Auftreten von x_i in $F_1, F_2, ..., F_{j-1}$ gezählt wird. Da keine Zahl über die Anzahl der Variablen oder Clausen hinausgeht, genügt $\log n$ Band, wenn n die Länge von F ist. □

Beispiel 13.3
Sei F

$$(x_1 \vee x_2 \vee x_3) \wedge (\bar{x}_1 \vee \bar{x}_2 \vee x_3).$$

Der Graph, der nach Satz 13.5 aus F konstruiert wird, ist in Abbildung 13.4 gezeigt. Ein Hamilton-Zyklus, der der Zuweisung $x_1 = 1, x_2 = 0$ und $x_3 = 0$ entspricht, ist mit fetten Linien markiert.

Schließlich zeigen wir, daß das Hamilton-Zyklus-Problem NP-vollständig ist, indem wir das gerichtete Hamilton-Zyklus-Problem darauf reduzieren.

Satz 13.6
L_h, das Hamilton-Zyklus-Problem für ungerichtete Graphen, ist NP-vollständig.
Beweis:
Um zu zeigen, daß L_h in $\mathcal{NP}$ ist, raten wir eine Liste von Kanten und verifizieren, daß sie einen Hamilton-Zyklus bilden. Um zu zeigen, daß L_h NP-vollständig ist, reduzieren wir L_{gh} darauf. Sei $G = (Kn, Ka)$ ein gerichteter Graph. Wir konstruieren einen ungerichteten Graphen G' mit Knoten v_0, v_1 und v_2 in Kn und Kanten

1) (v_0, v_1) für jedes v in Kn
2) (v_1, v_2) für jedes v in Kn
3) (v_2, w_0) genau dann, wenn $v \to w$ ein Pfeil in Kn ist.

Jeder Knoten in Kn ist so auf drei Knoten ausgedehnt worden. Knoten mit Index 1 haben nur zwei Kanten, und da ein Hamilton-Zyklus alle Knoten besuchen muß, müssen die Indizes der Knoten in jedem Hamilton-Zyklus von G' in der Ordnung 0,1,2,0,1,... oder umgekehrt sein. Nehmen wir an, die Reihenfolge sei 0,1,2,...; dann entsprechen die Kanten, deren Index von 2 nach 0 geht, einem Hamilton-Zyklus in G. Umgekehrt kann ein Hamilton-Zyklus in G in einen Hamilton-Zyklus in G' konvertiert werden, indem man einen Pfeil $v \to w$ durch den Pfad von v_0 nach v_1 nach v_2 nach w_0 ersetzt. Also hat G' genau dann einen Hamilton-Zyklus, wenn G einen Hamilton-Zyklus hat. Die Reduktion von G auf G' wird einfach in log-Band ausgeführt. Also schließen wir, daß L_h NP-vollständig ist. □

Ganzzahlige lineare Programmierung

Von den meisten bekannten NP-vollständigen Problemen kann einfach gezeigt werden, daß sie in $\mathcal{NP}$ sind, und lediglich die Reduktion eines bekannten NP-vollständigen Problems ist schwierig. Wir geben nun ein Beispiel für ein Problem, bei dem das Gegenteil der Fall ist. Es ist einfach zu beweisen, daß ganzzahlige lineare Programmierung NP-hart ist, aber es ist schwer zu zeigen, daß dieses Problem in $\mathcal{NP}$ ist. Das *Problem der ganzzahligen linearen Programmierung* lautet: Gegeben

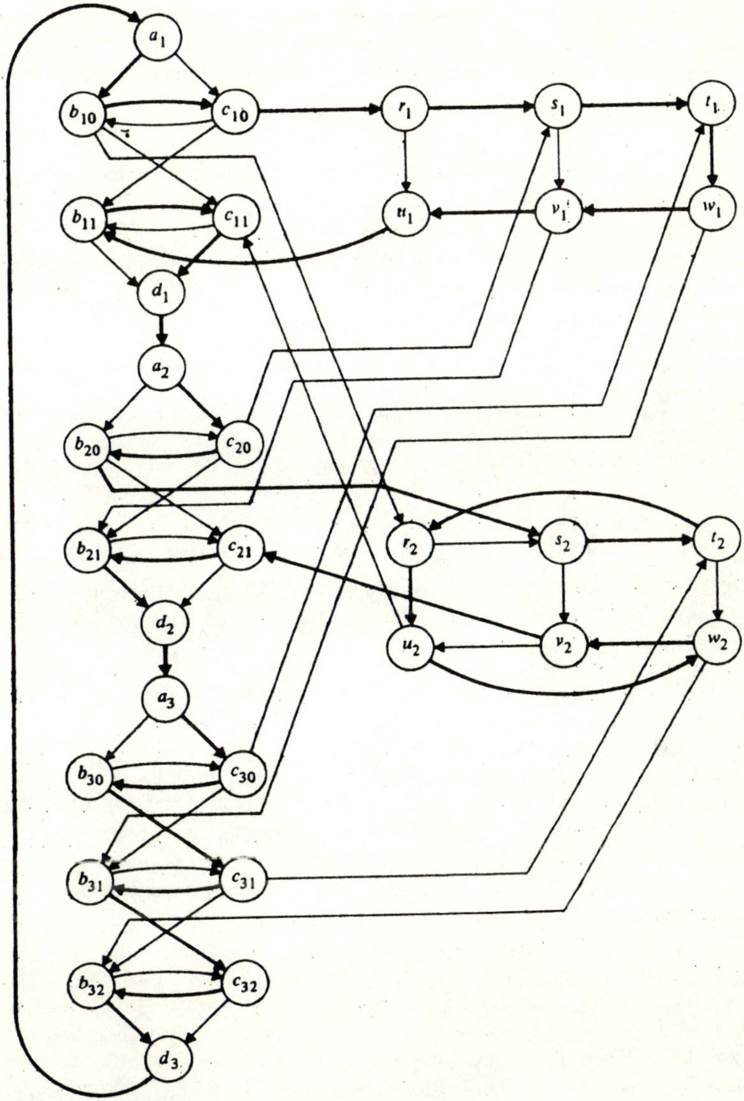

Abb. 13.4: Für Beispiel 13.4 konstruierter Graph.

ist eine $m \times n$-Matrix A ganzer Zahlen und ein Spaltenvektor $\mathbf{b}$ von n ganzen Zahlen. Gibt es einen ganzzahligen Spaltenvektor $\mathbf{x}$, so daß $A\mathbf{x} \geq \mathbf{b}$ gilt? Der Leser mag dieses Problem als eine Sprache auf naheliegende Art und Weise formalisieren, wobei die Wörter der Sprache die Elemente von A und $\mathbf{b}$ in Binärdarstellung sind.

Lemma 13.4
Ganzzahlige lineare Programmierung ist NP-hart.

Beweis:
Wir reduzieren die 3-KNF-Erfüllbarkeit auf ganzzahlige lineare Programmierung. Sei $E = F_1 \wedge F_2 \wedge ... \wedge F_q$ ein Ausdruck in 3-KNF, und seien $x_1, x_2, ..., x_n$ die Variablen von E. Die Matrix A wird eine Spalte für jedes Literal x_i und $\bar{x}_i$ mit $1 \leq x \leq n$ haben. Wir können also die Ungleichung $A\mathbf{x} \geq \mathbf{b}$ als eine Menge linearer Ungleichungen in den Literalen ansehen. Für jedes i mit $1 \leq i \leq n$ haben wir die Ungleichungen

$$\begin{array}{rlr} x_i + \bar{x}_i \geq & 1, & x_i \geq 0, \\ -x_i - \bar{x}_i \geq & -1, & \bar{x}_i \geq 0, \end{array}$$

weshalb man sagen kann, daß eines von x_i und $\bar{x}_i$ den Wert 0 und das andere den Wert 1 hat. Für jede Clause $\alpha_1 \vee \alpha_2 \vee \alpha_3$ haben wir die Ungleichung

$$\alpha_1 + \alpha_2 + \alpha_3 \geq 1,$$

die besagt, daß wenigstens ein Literal in jeder Clause den Wert 1 hat. Es ist offensichtlich, daß A und $\mathbf{b}$ in log-Band konstruiert werden können und die Ungleichungen genau dann erfüllt sind, wenn E erfüllbar ist. Also ist ganzzahlige lineare Programmierung NP-hart. □

Um zu zeigen, daß ganzzahlige lineare Programmierung in $\mathcal{NP}$ ist, können wir einen Vektor $\mathbf{x}$ raten und überprüfen, ob $A\mathbf{x} \geq \mathbf{b}$ gilt. Wenn allerdings die kleinste Lösung zu große Elemente hat, können wir $\mathbf{x}$ eventuell nicht in polynomialer Zeit schreiben. Die Schwierigkeit liegt darin, zu zeigen, daß die Elemente von $\mathbf{x}$ nicht zu groß sein müssen; dazu benötigen wir einige Konzepte aus der Linearen Algebra, insbesondere das Konzept der Determinanten quadratischer Matrizen, den Rang einer Matrix, die lineare Unabhängigkeit von Vektoren und die Cramersche Regel, um simultan lineare Gleichungen zu lösen. Wir nehmen an, daß dem Leser diese Konzepte vertraut sind.

Im folgenden nehmen wir an, daß Matrix A und Vektor $\mathbf{b}$ eine Instantiierung des ganzzahligen linearen Programmierungsproblems bilden, und daß A m Zeilen und n Spalten hat. Sei α der Betrag des größten Elementes in A oder $\mathbf{b}$. Beachten Sie, daß die Anzahl der Bits, um A und $\mathbf{b}$ zu schreiben, mindestens $mn+ \log_2\alpha$ ist; wir werden diesen Betrag als eine untere Schranke für die Eingabe-Größe benutzen. Unser nichtdeterministischer Lösungsbestimmer wird in NZEIT$(p(mn+\log_2\alpha))$ für ein polynomiales p arbeiten. Ferner definieren wir a_i für $1 \leq i \leq m$ als Vektoren der Länge n, jeweils bestehend aus der i-ten Zeile von A. Sei b_i das i-te Element von $\mathbf{b}$ und $\mathbf{x} = (x_1, x_2, ..., x_n)$ ein Vektor von Unbekannten. Wir benutzen $|i|$ für den Betrag der ganzen Zahl i und $\mathbf{det}B$ für die Determinante der Matrix B. Zunächst werden einige technische Lemmata benötigt.

Lemma 13.5

Wenn B eine quadratische Teilmatrix von A ist, dann gilt $|\mathbf{det}B| \leq (\alpha q)^q$, wobei $q = \max\,(m, n)$ ist.

Beweis:

Erinnern Sie sich, daß die Determinante einer $k \times k$-Matrix die Summe bzw. Differenz von $k!$ Termen ist, wovon jeder das Produkt aus k Elementen ist. Deshalb ist, wenn B eine $k \times k$-Matrix ist, $k!\alpha^k$ eine obere Schranke für $|\mathbf{det}B|$. Wegen $k! \leq k^k$ und $k \leq q$ gilt unser Lemma. □

Lemma 13.6

A habe den Rang r.[6] Ist $r < n$, so gibt es einen vom Nullvektor verschiedenen Vektor $z = (z_1, z_2, ..., z_n)$ ganzer Zahlen, so daß $Az = \mathbf{0}$ gilt ($\mathbf{0}$ ist der Vektor, der nur aus Nullen besteht) und kein z_j vom Betrag her größer als $(\alpha q)^{2q}$ ist, wobei $q = \max(m, n)$ ist.

Beweis:

Wir können o.B.d.A. annehmen, daß B, die $r \times r$-Teilmatrix von A in der oberen linken Ecke, eine von Null verschiedene Determinante hat. Sei C gleich den ersten r Zeilen von A und D gleich den letzten $m - r$ Zeilen von A. Da beliebige $r + 1$ Zeilen von A linear abhängig sind, und die Zeilen von C linear unabhängig sind (da die Determinante von B ungleich Null ist), kann jede Zeile in D als eine lineare Kombination von Zeilen in C ausgedrückt werden. D.h. $D = EC$ für eine $(m - r) \times r$-Matrix E. Dann gilt $A\mathbf{z} = \mathbf{0}$ genau dann, wenn $C\mathbf{z} = \mathbf{0}$ und $EC\mathbf{z} = \mathbf{0}$ gilt. Es genügt deshalb zu zeigen, daß wir $C\mathbf{z} = \mathbf{0}$ erreichen können: Wenn wir $z_n = -1$ und $z_{r+1} = z_{r+2} = ... = z_{n-1} = 0$ wählen, so gilt $C\mathbf{z} = \mathbf{0}$ genau dann, wenn $B\mathbf{y} = \mathbf{w}$ gilt, wobei $\mathbf{y}$ der Vektor $(z_1, z_2, ..., z_r)$ und $\mathbf{w}$ die n-te Spalte von C ist. Nach der Cramerschen Regel ist $B\mathbf{y} = \mathbf{w}$ erfüllt, wenn wir $z_i = \mathbf{det}B_i/\mathbf{det}B$ setzen, wobei B_i gerade B mit $\mathbf{w}$ anstelle der i-ten Spalte ist. Nach Lemma 13.5 übersteigen diese Determinanten in ihrem Betrag nicht $(\alpha q)^q$. Der resultierende Vektor $\mathbf{z}$ könnte eventuell nicht-ganzzahlige Komponenten haben; nach Multiplikation aller Komponenten mit $\mathbf{det}B$ erhalten wir aber jedenfalls ganze Zahlen, und es gilt immer noch $A\mathbf{z} = \mathbf{0}$. Wenn wir dies tun, gilt $z_n = -\mathbf{det}B$; die Beträge der ersten r Komponenten von $\mathbf{z}$ gehen nicht über $((\alpha q)^q)^2 = (\alpha q)^{2q}$ hinaus, und die Komponenten $r + 1$ bis $n - 1$ sind gleich 0. □

Es folgt, daß die Lösung $\mathbf{z}$ als eine Anzahl von Bits geschrieben werden kann, die höchstens die zweite Potenz von $mn + \log_2 \alpha$ ist, also die Größe der Problem-Aussage.

Lemma 13.7

Sei A eine Matrix mit mindestens einem von Null verschiedenen Element. Wenn es eine Lösung für $A\mathbf{x} \geq \mathbf{b}$ mit $\mathbf{x} \geq \mathbf{0}$ gibt, dann gibt es eine Lösung, in der $b_i \leq \mathbf{a}_i\mathbf{x} < b_i + \alpha$ für ein i gilt, wobei α der Betrag des größten Elements von A ist.

---

[6] Erinnern Sie sich daran, daß der Rang äquivalent definiert ist als die maximale Anzahl r linear unabhängiger Zeilen, die maximale Anzahl r linear unabhängiger Spalten und die Größe r der größten quadratischen Teil-Matrix mit einer von Null verschiedenen Determinanten.

Beweis:

Sei $\mathbf{x}_0$ eine Lösung für $A\mathbf{x} \geq \mathbf{b}$. Sei $\mathbf{a}_i\mathbf{x}_0 \geq b_i + \alpha$ für alle i. Die Addition oder Subtraktion von 1 von einer Komponente von $\mathbf{x}_0$ muß ein Produkt $\mathbf{a}_i\mathbf{x}_0$ reduzieren. Ferner kann kein Produkt um mehr als α kleiner werden. Also ist das neue $\mathbf{x}$ auch eine Lösung. Der Prozeß kann nicht unendlich oft wiederholt werden, ohne eine Lösung $\mathbf{x}$ zu erhalten, für die es ein i gibt, so daß $b_i \leq \mathbf{a}_i\mathbf{x}_0 \leq b_i + \alpha$ gilt □

Satz 13.7

Die ganzzahlige lineare Programmierung ist NP-vollständig.

Beweis:

Nach Lemma 13.4 haben wir nur zu zeigen, daß das Problem in $\mathcal{NP}$ ist. Wir beginnen, indem wir die Vorzeichen der x_i in einer hypothetischen Lösung raten und n zusätzlichen Bedingungen $x_i \leq 0$ bzw. $x_i \geq 0$ (abhängig von dem geratenen Vorzeichen) einführen. Dann raten wir eine Zeile i und eine Konstante c_i im Bereich $b_i \leq c_i < b_i + \alpha$, so daß $\mathbf{a}_i\mathbf{x}_0 = c_i$ in einer Lösung $\mathbf{x}_0$ gilt. Nehmen wir nun an, daß wir nach eventuellem Umordnen der Zeilen $c_1, c_2, ..., c_k$ richtig geraten haben, so daß folgendes gilt:

1) $b_i \leq c_i < b_i + (\alpha q)^{2q+1}$;
2) $a\mathbf{x} \geq \mathbf{b}$ hat genau dann eine nichtnegative ganzzahlige Lösung, wenn

$$\begin{aligned} \mathbf{a}_i\mathbf{x} &= c_i, \qquad 1 \leq i \leq k, \\ \mathbf{a}_i\mathbf{x} &\geq b_i, \qquad k < i \leq m, \end{aligned}$$

eine solche Lösung hat.

Sei A_k gleich den ersten k Zeilen von A und $\mathbf{c}$ der Vektor $(c_1, c_2, ..., c_k)$.

ERSTER FALL: Der Rang von A_k ist kleiner als n. Nach Lemma 13.6 gibt es einen ganzzahligen Vektor $\mathbf{z} \neq \mathbf{0}$, von dem keine Komponente einen Betrag größer als $(\alpha q)^{2q}$ hat, so daß $A_k\mathbf{z} = \mathbf{0}$. Deshalb folgt $A_k(\mathbf{x}_0 + d\mathbf{z}) = \mathbf{c}$ für eine ganze Zahl d, wenn $A_k\mathbf{x}_0 = \mathbf{c}$ gilt. Wenn außerdem $\mathbf{a}_i\mathbf{x}_0 \geq b_i + (\alpha q)^{2q+1}$ für alle $i \geq k$ gilt, dann können wir wiederholt 1 zu d addieren oder von d subtrahieren, bis $\mathbf{a}_j(\mathbf{x}_0 + d\mathbf{z})$ für ein $j > k$ kleiner als $b_j + (\alpha q)^{2q+1}$ wird. Da $\mathbf{z}$ eine Komponente ungleich Null hat, muß für die Zeile $\mathbf{a}_l$ — die einer Beschränkung $x_i \leq (\geq)0$ entspricht, und die ganz Null ist bis auf eine 1 in dieser Komponente — $l \geq k$ gelten. Also muß ein $\mathbf{a}_j(\mathbf{x}_0 + d\mathbf{z})$ für $j \geq k$ schließlich unter $b_j + (\alpha q)^{2q+1}$ fallen. Da jede Komponente von $\mathbf{z}$ im Betrag durch $(\alpha q)^{2q}$ beschränkt ist, kann das Verändern von d um 1 kein $\mathbf{a}_j(\mathbf{x}_0 + d\mathbf{z})$ um mehr als $\alpha n(\alpha q)^{2q}$ verändern, was nicht mehr als $(\alpha q)^{2q+1}$ ist. Deshalb gilt $\mathbf{a}_j(\mathbf{x}_0 + d\mathbf{z}) \geq b_j$. Nach Umordnen der Zeilen können wir $j = k + 1$ annehmen und den obigen Ablauf für $k + 1$ anstelle von k wiederholen.

ZWEITER FALL: Der Rang von A ist n. In diesem Fall gibt es ein eindeutiges $\mathbf{x}$, daß $A_k\mathbf{x} = \mathbf{c}$ erfüllt. Nach der Cramerschen Regel sind die Komponenten von $\mathbf{x}$ die Quotienten zweier Determinanten, deren Betrag nicht $q^q(\alpha + (\alpha q)^{2q+1})\alpha^{q-1}$ übersteigt, was kleiner als $(2\alpha q)^{3q+1}$ ist. Wir können überprüfen, ob $\mathbf{x}$ nur aus ganzen Zahlen besteht und $\mathbf{a}_j\mathbf{x} \geq b_j$ für $j > k$ erfüllt ist.

Der nichtdeterministische Prozeß des Ratens der c_i wiederholt sich höchstens n-mal und verlangt für jede Folge von Wahlen eine Anzahl arithmetischer Schritte, die polynomial in q ist — da die Cramersche Regel in $O(r^4)$ Schritten auf $r \times r$-Matrizen angewendet werden kann — angewendet auf ganzen Zahlen, deren Länge in Binärdarstellung polynomial in $2q$ ist. Die arithmetischen Schritte, die aus Multiplikationen oder Divisionen ganzer Zahlen bestehen, können in einer Zeit proportional zu dem Quadrat der Länge der ganzen Zahlen in Binärdarstellung[7] ausgeführt werden; Additionen und Subtraktionen können in linearer Zeit durchgeführt werden. Also braucht der gesamte Vorgang eine Zeit, die polynomial in der Länge der Eingabe ist, da diese Länge mindestens $mn + \log_2 \alpha$ beträgt. □

Andere NP-vollständige Probleme

Es gibt eine große Vielfalt anderer NP-vollständiger Probleme. Wir werden einige davon hier anführen:

1) *Das Problem chromatischer Zahlen*: Gegeben ist ein Graph G und eine ganze Zahl k. Kann G mit k Farben so gefärbt werden, daß keine zwei benachbarten Knoten dieselbe Farbe haben?
2) *Das Problem des Handlungsreisenden*: Gegeben ist ein vollständiger Graph mit Kantengewichtungen. Welches ist der Hamilton-Zyklus mit dem geringsten Gewicht? Um dieses Problem als Sprache auszudrücken, verlangen wir, daß die Gewichtungen ganze Zahlen sind und fragen, ob es einen Hamilton-Zyklus mit Gewicht kleiner oder gleich k gibt. Dieses Problem ist sogar dann NP-vollständig, wenn wir die Gewichtungen auf 0 und 1 begrenzen, wenn es also genau zum Hamilton-Zyklus-Problem wird.
3) *Das Problem der genauen Überdeckung*: Gegeben ist eine endliche Folge von Mengen S_1, S_2, ..., S_k, die alle Teilmengen einer Menge U sind. Gibt es eine "Teilfolge", deren Vereinigung U ist, so daß die Mengen dieser Teilfolge paarweise disjunkt sind?
4) *Das Partitionsproblem*: Gegeben ist eine Folge ganzer Zahlen $i_1, i_2, ..., i_k$. Gibt es eine Teilfolge, deren Summe genau $\frac{1}{2}(i_1 + i_2 + ... + i_k)$ ist. Beachten Sie, daß dieses Problem in $\mathcal{P}$ zu sein scheint, bis wir uns daran erinnern, daß die Länge einer Instantiierung nicht $i_1 + i_2 + ... + i_k$ ist, sondern die Summe der Längen der i_j in Binärdarstellung oder in Darstellung zu einer anderen festen Basis.

Unter den NP-vollständigen Problemen gibt es viele — einschließlich der in diesem Abschnitt erwähnten — für die man ernsthafte Anstrengungen unternommen hat, um polynomiale Algorithmen zu finden. Da entweder alle oder keins der NP-vollständigen Probleme in $\mathcal{P}$ ist, und bis jetzt noch von keinem gezeigt werden konnte, daß es in $\mathcal{P}$ ist, ist der Schluß naheliegend, daß keines in $\mathcal{P}$ liegt. Wenn man einem zu lösenden NP-vollständigen Problem gegenübersteht, ist es insbesondere bereits fraglich, ob man sich überhaupt auf die Suche nach einem Polynom-Zeit-Algorithmus machen sollte. Wir glauben, daß man wesentlich besser daran tut, nach heuristischen Lösungen zu suchen, die auf der besonderen Art von Instantiierungen, die man untersuchen möchte, gut arbeiten.

Erweiterte Bedeutung von NP-Vollständigkeit

Wir haben ungewollt unterstellt, daß der einzige Gesichtspunkt, unter dem man NP-vollständige Probleme betrachten kann, der ist, ob sie polynomiale oder ex-

---

[7] Tatsächlich sogar in beträchtlich weniger Zeit (siehe Aho, Hopcroft und Ullman [1974]), obwohl dies hier nicht von Interesse ist.

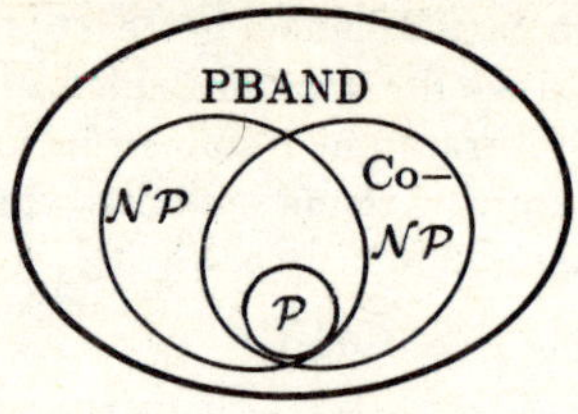

Abb. 13.5: Relationen zwischen einigen Sprachklassen.

ponentielle Zeit verlangen. Tatsächlich kann die richtige Antwort zwischen diesen Extremen liegen; z.B. könnten sie $n^{\log n}$ Zeit verlangen. Wenn alle Sprachen in $\mathcal{NP}$ log-band- oder sogar polynomial-zeit-reduzierbar auf L sind, und L z.B. in DZEIT$(n^{\log n})$ ist, dann ist jede Sprache in $\mathcal{NP}$ in DZEIT$(n^{c\log n})$ für eine Konstante c. Wenn L log-band- oder polynom-zeit-vollständig für $\mathcal{NP}$ und L in DZEIT$(T(n))$ wäre, dann würde allgemein

$$\mathcal{NP} \subseteq \bigcup_{c>0} \mathrm{DZEIT}(T(n^c))$$

gelten.

13.3 DIE KLASSE CO-$\mathcal{NP}$

Es ist unbekannt, ob die Klasse $\mathcal{NP}$ unter der Komplementbildung abgeschlossen ist. Sollte es sich herausstellen, daß $\mathcal{NP}$ unter Komplementbildung nicht abgeschlossen ist, dann gilt natürlich $\mathcal{P} \neq \mathcal{NP}$, da $\mathcal{P}$ unter Komplementbildung abgeschlossen ist. Es gibt kein NP-vollständiges Problem, von dessen Komplement man weiß, daß es in $\mathcal{NP}$ ist. Um z.B. zu bestimmen, ob eine boolesche Formel mit n Variablen unerfüllbar ist, scheint es notwendig, jede der 2^n möglichen Zuweisungen zu testen, sogar wenn der Algorithmus nichtdeterministisch ist. Wenn nun tatsächlich irgendein NP-vollständiges Problem entdeckt würde, dessen Komplement in $\mathcal{NP}$ liegt, dann wäre $\mathcal{NP}$ unter Komplementbildung abgeschlossen, wie wir in dem nächsten Satz zeigen.

Satz 13.8
$\mathcal{NP}$ ist genau dann unter Komplementbildung abgeschlossen, wenn das Komplement eines NP-vollständigen Problems in $\mathcal{NP}$ ist.

Beweis:
Die "Hinrichtung" ist offensichtlich. Für die "Rückrichtung" sei S ein NP-vollständiges Problem, und wir nehmen an, $\bar{S}$ wäre in $\mathcal{NP}$. Da jede Sprache L in $\mathcal{NP}$ log-band-reduzierbar auf S ist, ist jede Sprache $\bar{L}$ log-band-reduzierbar auf $\bar{S}$. Also ist $\bar{L}$ in $\mathcal{NP}$. □

Wir werden eine Klasse Co-$\mathcal{NP}$ als die Menge der Komplemente der Sprachen in $\mathcal{NP}$ definieren. Die Beziehung zwischen $\mathcal{P}$, $\mathcal{NP}$, Co-$\mathcal{NP}$ und PBAND wird in Abbildung 13.5 gezeigt, obwohl man nicht sicher weiß, ob diese Bereiche — außer dem mit $\mathcal{P}$ bezeichneten — nicht leer sind.

Das Problem der Primzahlen

Es ist interessant, ein Problem in $\mathcal{NP}$ wie die "Nichtprimzahlen" zu betrachten, für das es keinen bekannten Polynomial-Zeit-Algorithmus[8] gibt, und von dem man außerdem nicht weiß, ob es NP-vollständig ist.[9] Um eine ganze Zahl daraufhin zu überprüfen, ob sie nicht eine Primzahl ist, rät und überprüft man einfach einen Teiler. Die interessante Beobachtung ist, daß das komplementäre Problem in $\mathcal{NP}$ ist, was suggeriert, daß es Mengen im Schnitt von $\mathcal{NP}$ und Co-$\mathcal{NP}$ geben könnte, die nicht in $\mathcal{P}$ sind.

Wir betrachten nun einen nichtdeterministischen Polynomial-Zeit-Algorithmus, um zu testen, ob eine ganze Zahl eine Primzahl ist.

Lemma 13.8
Seien x und y ganze Zahlen mit $0 \leq x, y \leq p$. Dann gilt folgendes:
1) $x + y \pmod p$ kann in O(log p) Zeit berechnet werden.
2) $xy \pmod p$ kann in O($\log^2 p$) Zeit berechnet werden.
3) $x^y \pmod p$ kann im O($\log^3 p$) Zeit berechnet werden.

Beweis:
(1) und (2) sind offensichtlich, da eine ganze Zahl mod p nur log$p$ Bits verlangt. Für (3) berechnet man x^y durch wiederholtes Quadrieren, um $x^2, x^4, x^8, ...x^{2i}$ mod p zu erhalten, wobei $i = \lfloor \log_2 y \rfloor$ gilt; dann werden die entsprechenden Potenzen von x multipliziert, um x^y zu erhalten. □

Im folgenden werden wir uns den Fermat'schen Satz zunutze machen: $p > 2$ ist genau dann eine Primzahl, wenn es ein x der Ordnung $p - 1$ gibt; d.h. für ein x mit $1 < x < p$ gilt:
1) $x^{p-1} \equiv 1 \bmod p$;
2) $x^i \not\equiv 1 \bmod p$ für $1 \leq i < p - 1$.

Satz 13.9
Die Menge der Primzahlen ist in $\mathcal{NP}$.

Beweis:
Ist $x = 2$, so ist x eine Primzahl. Ist $x = 1$ oder eine gerade ganze Zahl größer als 2, so ist x keine Primzahl. Um zu bestimmen, ob p eine Primzahl für ungerade p größer als 2 ist, ist ein x mit $0 < x < p$ zu raten und zu verifizieren, daß folgendes gilt:
1) $x^{p-1} \equiv 1 \bmod p$;
2) $x^i \not\equiv 1 \bmod p$ für alle i mit $1 \leq i < p - 1$.

Bedingung (1) kann einfach in O($\log^3 p$) Schritten überprüft werden. Bedingung(2) können wir nicht für jedes i direkt überprüfen, da es zu viele i gibt. Stattdessen ist die Primfaktorzerlegung von $p - 1$ zu raten; diese sei $p - 1 = p_1 p_2 ... p_k$. Dann ist rekursiv zu verifizieren, daß jedes p_j eine Primzahl ist. Weiter ist zu verifizieren, daß $p - 1$ das Produkt der p_j ist, und schließlich noch, daß $x^{(p-1)/p_j} \not\equiv 1 \bmod p$

[8] Obwohl Miller [1976] für die höchstwahrscheinliche Existenz eines solchen Algorithmus gute Argumente bringt.

[9] Dies ist ein weiteres Problem, daß in $\mathcal{P}$ zu sein scheint, bis man sich daran erinnert, daß die Größe der Eingabe p gerade $\log_2 p$ und nicht p selbst ist.

ist. Beachten Sie, daß das letzte i, das $x^i \equiv 1 \bmod p$ erfüllt, $p-1$ teilen muß, wenn $x^{p-1} \equiv 1 \bmod p$ gilt. Ferner muß jedes Vielfache dieses i (z.B. ai) auch $x^{ai} \equiv 1 \bmod p$ erfüllen. Wenn es also ein i mit $x^i \equiv 1 \bmod p$ gibt, dann gilt $x^{(p-1)/p_j} \equiv 1 \bmod p$ für ein p_j.

Wir nehmen nun an, daß die nichtdeterministische Zeit, die man zur Erkennung von p als Primzahl braucht, durch $c \log^4 p$ beschränkt ist. Dann brauchen wir nur noch festzustellen, daß

$$\sum_{j=1}^{k} c\log^4 p_j + \sum_{i=1}^{k} c_1 \log^3 p_i + c_1 \log^3 p \;\leq\; c\log^4 p$$

für eine genügend große Konstante c gilt. □

13.4 PBAND-VOLLSTÄNDIGE PROBLEME

Wir zeigen nun von mehreren Problemen, daß sie vollständig für PBAND unter Berücksichtigung von polynomialer Zeit sind.

Quantifizierte boolesche Formeln

Quantifizierte boolesche Formeln (QBF) werden aus Variablen, den Operatoren $\wedge, \vee$ und $\neg$, Klammern sowie den Quantoren $\exists$ ("es gibt") und $\forall$ ("für alle") gebildet. Für die rekusive Definition der QBF ist es nützlich, gleichzeitig *freies* — auf das kein Quantor angewendet wird — und *gebundenes* Auftreten — auf das ein Quantor angewendet wird — sowie den Gültigkeitsbereich eines Quantors (Auftreten, auf die er angewendet wird) zu definieren.

1) Ist x eine Variable, dann ist x eine QBF. Das Auftreten von x ist frei.
2) Wenn E_1 und E_2 QBF sind, so sind auch $\neg(E_1), (E_1 \wedge E_2)$ und $(E_1 \vee E_2)$ QBF. Ein Auftreten von x ist frei oder gebunden in Abhängigkeit davon, ob das Auftreten von x frei oder in E_1 oder E_2 gebunden ist. Redundante Klammern können weggelassen werden.
3) Ist E eine QBF, so sind $\exists x(E)$ und $\forall x(E)$ QBF. Die Gültigkeitsbereiche von $\exists x$ und $\forall x$ sind alle freien Auftreten von x in E. (Beachten Sie, daß es auch gebundene Auftreten von x in E geben kann; diese gehören nicht zum Gültigkeitsbereich.) Freie Auftreten von x in E sind gebunden in $\exists x(E)$ und $\forall x(E)$. Alle anderen Auftreten von Variablen in E sind frei oder gebunden in Abhängigkeit davon, ob sie frei oder gebunden in E sind.

Eine QBF ohne freie Variablen hat entweder den Wert **wahr** oder den Wert **falsch**, was wir durch die booleschen Konstanten 1 und 0 bezeichnen. Der Wert einer solchen QBF wird bestimmt, indem man jeden Teilausdruck der Form $\exists x(E)$ durch $E_0 \vee E_1$ und jeden Teilausdruck der Form $\forall x(E)$ durch $E_0 \wedge E_1$ ersetzt, wobei E_0 bzw. E_1 gleich E ist mit allen Auftreten von x im Bereich der Quantoren durch 0 bzw. 1 ersetzt. Das *QBF-Problem* ist zu bestimmen, ob eine QBF ohne freie Variablen den Wert **wahr** hat.

Beispiel 13.4

$\forall x[\forall x[\exists y(x \vee y)] \wedge \neg x]$ ist eine QBF. Der Gültigkeitsbereich des inneren $\forall x$ ist das erste Auftreten von x; der Gültigkeitsbereich des äußeren $\forall x$ ist das zweite

Auftreten. Um die Wahrheit der obigen Formel zu testen, müssen wir überprüfen, daß $\forall x[\exists y(x \vee y)] \wedge \neg x$ wahr ist, wenn freie Auftreten von x (d.h. nur das zweite Auftreten) auf 0 gesetzt werden, ebenso wie wenn sie auf 1 gesetzt werden. Die erste Clause $\forall x(\exists y(x \vee y))$ wird als wahr angesehen, da wir, wenn dieses x gleich 0 oder 1 ist, $y = 1$ wählen können, um $(x \vee y)$ wahr zu machen. Allerdings wird $\neg x$ keinesfalls wahr, wenn $x = 1$ gilt, und daher ist der gesamte Ausdruck falsch.

Beachten Sie, daß ein boolescher Ausdruck E mit Variablen $x_1, x_2, ..., x_k$ genau dann erfüllbar ist, wenn die QBF $\exists x_1 \exists x_2 ... \exists x_k(E)$ wahr ist. Also ist das Erfüllbarkeitsproblem ein Spezialfall des Problems, ob eine QBF wahr ist; daher ist das QBF-Problem NP-hart. Dennoch scheint es nicht so, daß QBF in $\mathcal{NP}$ ist.

PBAND-Vollständigkeit des QBF-Problems

Lemma 13.9
QBF ist in PBAND.

Beweis:
Eine einfache rekursive Prozedur EVAL kann benutzt werden, um den Wert einer QBF ohne freie Variablen zu berechnen. Tatsächlich behandelt EVAL ein etwas allgemeineres Problem, in dem einige Variablen durch die booleschen Konstanten 0 und 1 ersetzt wurden. Besteht die QBF aus einer booleschen Konstante, so gibt EVAL eine Konstante aus. Besteht die QBF aus einem booleschen Operator, der auf eine oder mehrere Teilformel(n) angewendet wird, so wertet EVAL die Teilformeln rekursiv aus und wendet dann den Operator auf die Ergebnisse an. Ist die QBF von der Form $\exists x(E)$ oder $\forall x(E)$, dann ersetzt EVAL jedes Auftreten von x in E, das im Gültigkeitsbereich des Quantors liegt, durch 0, um E_0 zu erhalten, und wertet dann E_0 rekursiv aus. Als nächstes ersetzt EVAL jedes Auftreten von x durch 1, um E_1 zu erhalten, und wertet E_1 rekursiv aus. Im Fall von $\exists x(E)$ gibt EVAL das ODER der beiden Ergebnisse aus, im Fall von $\forall x(E)$ das UND der beiden Ergebnisse.

Da die Anzahl der Operatoren und Quantoren höchstens n für eine QBF der Länge n ist, ist die Tiefe der Rekursion höchstens n. Wenn wir ein Turing-Band für den Keller der Aktivierungssätze (wie in Satz 12.11) benutzen, sehen wir, daß das Band niemals länger wird als das Quadrat der Länge der ursprünglichen QBF. Also liegt das QBF Problem in PBAND. □

Satz 13.10
Das Problem zu entscheiden, ob eine QBF wahr ist, ist PBAND-vollständig.

Beweis:
Nach Lemma 13.9 müssen wir nur zeigen, daß die Sprache L_{qbf} von kodierten wahren QBF PBAND-hart ist. D.h. wir müssen zeigen, daß jede Sprache in PBAND polynomial-zeit-reduzierbar auf L_{qbf} ist.

Sei M eine einbändige polynomial-zeit-beschränkte deterministische Turing-Maschine, die eine Sprache L akzeptiert. Dann macht M für eine Konstante c und ein Polynom p nicht mehr als $c^{p(n)}$ Bewegungen auf Eingaben der Länge n. Wir können die Zustandsbeschreibungen von M wie in Satz 13.1 kodieren, indem wir die booleschen Variablen c_{iX} mit $1 \leq i \leq p(n)$ benutzen; dabei ist X ein Bandsymbol oder ein zusammengesetztes Symbol, das ein Symbol und den Zustand von M darstellt. Da M deterministisch ist, braucht man im zusammengesetzten Symbol keine Wahlmöglichkeit für Bewegungen zu kodieren. Unser Ziel ist es, für jedes j mit $0 \leq j \leq p(n)\log c$ eine QBF $F_j(I_1, I_2)$ zu konstruieren, wobei folgendes gilt:

1) I_1 und I_2 sind unterschiedliche Variablenmengen mit einer Variablen für jedes I mit $1 \leq i \leq p(n)$ und jedes Bandsymbol oder zusammengesetzte Symbol X analog zu dem c_{iX} aus Satz 13.1. Sei also
$$I_1 = \{c_{iX} \mid 1 \leq i \leq p(n) \text{ und } X \text{ ist ein solches Symbol } \}$$
und
$$I_2 = \{d_{iY} \mid 1 \leq i \leq p(n) \text{ und } Y \text{ ist ein solches Symbol } \}.$$
2) $F_j(I_1, I_2)$ ist genau dann wahr, wenn I_1 und I_2 Zustandsbeschreibungen β_1 und β_2 von M darstellen; d.h. für jedes i ist genau ein c_{iX} und d_{iX} wahr, und es gilt $\beta_1 \overset{*}{\vdash} \beta_2$ durch eine Folge von höchstens 2^j Bewegungen, wobei $\beta_1 = X_1X_2...X_{p(n)}$, $\beta_2 = Y_1Y_2...Y_{p(n)}$ gilt und X_i und Y_i die Symbole sind, so daß c_{iX_i} und d_{iY_i} wahr sind.

Dann können wir bei gegebenem x der Länge n eine QBF
$$Q_x = \exists I_0 \exists I_f [F_{p(n)\log c}(I_0, I_f) \wedge \text{INITIAL}(I_0) \wedge \text{FINAL}(I_f)]$$
schreiben, wobei $\exists I_0$ und $\exists I_f$ für eine Anzahl existenzquantifizierter Variablen stehen, eine für jedes Symbol X und jede ganze Zahl i mit $1 \leq i \leq p(n)$ (wie oben). INITIAL(I_0) ist eine aussagenlogische Formel, die besagt, daß die Variablen in der Menge I_0 eine anfängliche Zustandsbeschreibung von M mit der der Eingabe x darstellen, und FINAL(I_f) drückt die Tatsache aus, daß I_f eine akzeptierende Zustandsbeschreibung von M darstellt. Dann ist Q_x genau dann wahr, wenn x in $L(M)$ ist. INITIAL und FINAL können in einer in n polynomialen Zeit geschrieben werden, wobei die Techniken aus Satz 13.1 benutzt werden.

Wir zeigen nun, wie man für jedes j die Formel $F_j(I_1, I_2)$ konstruieren kann. Der Induktionsanfang für $j = 0$ ist einfach. Wenn wir die Technik aus Satz 13.1 benutzen, brauchen wir nur die folgenden Tatsachen als boolesche Formeln auszudrücken:

1) I_1 und I_2 stellen Zustandsbeschreibungen dar, z.B. β_1 und β_2; d.h. genau eine Variable für jede Position in β_1 und β_2 ist wahr.
2) Entweder gilt $\beta_1 = \beta_2$ oder $\beta_1 \vdash \beta_2$.

Für den Induktionsschritt sind wir versucht
$$F_j(I_1, I_2) = (\exists I)[F_{j-1}(I_1, I) \wedge F_{j-1}(I, I_2)]$$
zu schreiben. Wenn wir dies jedoch tun, so hat F_j ungefähr die doppelte Länge wie F_{j-1}, und die Länge von $F_{p(n)\log_2 c}$ ist mindestens $c^{p(n)}$ und kann deshalb nicht in polynomialer Zeit geschrieben werden.

Stattdessen benutzen wir einen Trick, der es uns ermöglicht, einen Ausdruck wie F_{j-1} zweimal in nur wenig mehr Band (polynomial in n) zu benutzen als für eine Benutzung benötigt wird. Der Trick ist auszudrücken, daß es J und K gibt, so daß $F_{j-1}(J, K)$ wahr sein muß, wenn $J = I_1$ und $K = I$ oder $J = I$ und $K = I_2$ gilt. Die QBF, die dieses ausdrückt, ist
$$F_j(I_1, I_2) = \exists I[\exists J[\exists K[(\neg(J = I_1 \wedge K = I)$$

$$\wedge\neg(J = I \wedge K = I_2)) \vee F_{j-1}(J, K)]]]. \tag{13.3}$$

Wir benutzen Ausdrücke wie $J = I_1$, um auszudrücken, daß für jedes Paar korrespondierender Variablen in den Mengen J und I_1 (diejenigen, die die gleiche Position und das gleiche Symbol darstellen) entweder beide wahr oder beide falsch sind. Gleichung (13.3) setzt fest, daß $F_{j-1}(J, K)$ wahr sein muß, wenn das Paar (J, K) entweder (I_1, I) oder (I, I_2) ist. Damit ist gesichert, daß sowohl $F_{j-1}(I_1, I)$ als auch $F_{j-1}(I, I_2)$ durch Benutzung nur einer Kopie von F_{j-1} wahr ist. Intuitiv wird F_{j-1} als "Unterprogramm" benutzt, das zweimal "aufgerufen" wird.

Die Anzahl der Symbole in F_j, wobei jede Variable nur einmal zählt, ist $O(p(n))$ plus die Anzahl der Symbole in F_{j-1}. Da (13.3) $O(p(n))$ Variablen (in den Mengen I, J und K) einführt, ist die Anzahl der Variablen in F_j $O(jp(n))$. Also können wir eine Variable mit $O(\log j + \log p(n))$ Bits kodieren. Es folgt durch Induktion über j, daß F_j in der Zeit $O(jp(n)\ (\log j + \log p(n)))$ geschrieben werden kann. Wenn wir $j = p(n)\log c$ setzen und beobachten, daß $\log p(n) = O(\log n)$ für jedes Polynom $p(n)$ gilt, sehen wir, daß Q_x in $O(p^2(n)\log n)$ Zeit geschrieben werden kann. Also gibt es eine Polynomial-Zeit-Reduktion von $L(M)$ auf L_{qbf}. Da M eine beliebige polynom-zeit-beschränkte Turing-Maschine ist, haben wir gezeigt, daß L_{qbf} PBAND-vollständig ist. □

Kontext-sensitives Erkennen

Ein anderes erwähnenswertes PBAND-vollständiges Problem ist folgendes: Gegeben ist eine ksG G und eine Zeichenkette w. Ist w in $L(G)$? Das Ergebnis ist überraschend, da die ksS den "Boden" von PBAND besetzen, denn sie sind genau NBAND(n) und enthalten in DBAND(n^2). Die "padding"-Technik jedoch, die in dem Übertragungslemma (Lemma 12.2) benutzt wurde, macht einen Beweis möglich.

Am Anfang wählen wir eine einfache binäre Kodierung für Grammatiken, wie wir es für Turing-Maschinen getan haben. Sei L_{ks} die Sprache, die aus allen Zeichenketten $x\#w$ besteht, wobei x die Kodierung einer ksG G_x und w eine kodierte Zeichenkette über dem Eingabealphabet von G_x ist. Wir nehmen an, daß für eine gegebene Grammatik alle Grammatik-Symbole durch Zeichenketten gleicher Länge kodiert sind. Es ist einfach, einen LBA zu erstellen, der bei gegebener Eingabe $x\#w$ eine Ableitung in G_x so rät, daß keine Satzform die Länge der durch w kodierten Zeichenkette übersteigt. Die kodierte Satzform kann auf einer zweiten Spur unterhalb der Felder, die w enthalten, gespeichert werden. Bewegungen werden durch Betrachtung des x-Teils der Eingabe bestimmt; um zu sehen, wie dies getan werden kann, ist es nützlich anzunehmen, daß ein zweites Band existiert. Wir sehen, daß L_{ks} in NBAND(n) und somit in PBAND ist.

Satz 13.11

L_{ks}, das ksG-Erkennungsproblem, ist PBAND-vollständig.

Beweis:

Wir wissen schon, daß L_{ks} in PBAND ist. Sei L ein beliebiges Element von PBAND; L werde von einer deterministischen Turing-Maschine M mit Bandkomplexität $p(n)$ akzeptiert. Wir definieren L' als $\{y\$^{p(|y|)} \mid y \in L\}$, wobei \$ ein neues Symbol ist. Es ist einfach zu überprüfen, daß L' in DBAND(n) und somit eine ksS ist. Sei G

eine ksG für L' und x die binäre Kodierung von G. Dann ist die Polynomial-Zeit-Abbildung, die y auf $x\#w$ abbildet, wobei w die Kodierung von $y\$^{p(|y|)}$ ist, eine Reduktion von L auf L_{ks}; damit ist gezeigt, daß L_{ks} PBAND-vollständig ist. □

13.5 VOLLSTÄNDIGE PROBLEME FÜR $\mathcal{P}$ UND NBAND(LOGn)

Es ist offensichtlich, daß DBAND(log$n$) $\subseteq \mathcal{P}$ nach Satz 12.10 gilt. Könnte es sein, daß $\mathcal{P}$ = DBAND(log$n$) oder vielleicht $\mathcal{P} \subseteq$ DBAND(log$^k n$) für ein k gilt? Es ist ebenfalls offensichtlich, daß DBAND(log$n$) $\subseteq$ NBAND(log$n$) gilt. Könnten diese beiden Klassen gleich sein? Wenn dies so ist, folgt durch eine Übertragung analog zu Lemma 12.2, daß NBAND(n) $\subseteq$ DBAND(n) ist, d.h. deterministische und nichtdeterministische ksS wären das gleiche.

Wir werden uns eine Sprache L_1 aus $\mathcal{P}$ aussuchen, so daß jede Sprache in $\mathcal{P}$ log-band-reduzierbar auf L_1 ist. Sollte diese Sprache in DBAND(log$^k n$) für ein k sein, dann ist $\mathcal{P}$ in DBAND(log$^k n$) enthalten. Genauso nehmen wir eine Sprache L_2 aus NBAND(log$n$), so daß jede Sprache in NBAND(log$n$) log-band-reduzierbar auf L_2 ist. Sollte L_2 in DBAND(log n) sein, dann wäre DBAND(log$n$) gleich NBAND(log$n$). Natürlich ist kein Weg bekannt, um L_1 in log$^k n$ Band zu erkennen; ebensowenig ist ein Weg bekannt, um L_2 deterministisch in log$n$ Band zu erkennen.

Sprachen, die vollständig für NBAND(log n) oder für $\mathcal{P}$ sind, sind nicht notwendigerweise schwer zu erkennen, und in der Tat sind die Sprachen L_1 und L_2 relativ einfach. Die Ergebnisse dieses Abschnitts dienen nur dazu, die Idee zu bekräftigen, daß viele Komplexitätsklassen vollständige Probleme haben. Sie suggerieren nicht "Unlösbarkeit" in der Art, wie die Ergebnisse der NP- oder PBAND-Vollständigkeit dies tun.

Kontext-freie Leere

Wir definieren L_{kfl} als eine Sprache kodierter kfG, deren Sprachen leer sind. L_{kfl} ist die Sprache L_1, die oben erwähnt wurde. Wir werden zeigen, daß $\mathcal{P}$ log-band-reduzierbar auf L_{kfl} ist.

Satz 13.12

L_{kfl}, das Leere-Problem für kfG, ist für $\mathcal{P}$ vollständig unter Berücksichtigung der log-Band-Reduktionen.

Beweis:

Wir werden eine beliebige Sprache L in $\mathcal{P}$ auf L_{kfl} reduzieren, wobei wir nur log$n$ Band benutzen; genauer werden wir einen log-Band-Umwandler M_1 erstellen. Bei gegebener Eingabe x der Länge n schreibt M_1 eine Grammatik G_x, so daß $L(G_x) = \emptyset$ genau dann gilt, wenn x in L ist. Sei $\bar{M}$ eine $p(n)$-zeit-beschränkte TM, die das Komplement von L akzeptiert. Da $\mathcal{P}$ unter Komplementbildung effektiv abgeschlossen ist, können wir $\bar{M}$ bestimmen. Intuitiv entspricht eine Ableitung von G_x einer gültigen Berechnung von $\bar{M}$ auf x. Die Variablen von G_x sind alle Symbole der Form A_{Xit}, wobei folgendes gilt:

1) X ist entweder ein Band-Symbol von $\bar{M}$, ein Paar $[qY]$, wobei q ein Zustand und Y ein Band-Symbol ist, oder das Markierungssymbol, das das Ende einer Zustandsbeschreibung bezeichnet;
2) $0 \leq i \leq p(n) + 1$;

3) $0 \leq t \leq p(n)$.

Die Absicht dabei ist, daß $A_{Xit} \overset{*}{\Rightarrow} w$ genau dann für eine Zeichenkette w gilt, wenn X das i-te Symbol der Zustandsbeschreibung von $\bar{M}$ zur Zeit t ist. Das Symbol S ist ebenfalls eine Variable von G_x; es ist das Startsymbol.

Die Produktionen von G_x sind nachstehende:

1) $S \rightarrow A_{[q_f Y]it}$ für alle i, t und Y, wobei q_f ein Endzustand ist.
2) Sei $f(X, Y, Z)$ das Symbol in Position i der t-ten Zustandsbeschreibung, wenn XYZ die Positionen $i-1, i, i+1$ der $(t-1)$-ten Zustandsbeschreibung besetzen. Da $\bar{M}$ deterministisch ist, ist $f(X, Y, Z)$ ein eindeutiges Symbol und unabhängig von i und t. Also gilt $1 \leq i, t \leq p(n)$ für jedes i und t, und für jedes Tripel X, Y, Z mit $W = f(X, Y, Z)$ haben wir die Produktion

$$A_{Wit} \rightarrow A_{X,i-1,t-1} A_{Y,i,t-1} A_{Z,i+1,t-1}.$$

3) $A_{\#0t} \rightarrow \epsilon$ und $A_{\#,p(n)+1,t} \rightarrow \epsilon$ für alle t.
4) $A_{Xi0} \rightarrow \epsilon$ für $1 \leq i \leq p(n)$ genau dann, wenn das i-te Symbol der anfänglichen Zustandsbeschreibung mit Eingabe x gerade X ist.

Eine einfache Induktion über t zeigt, daß $A_{Wit} \overset{*}{\Rightarrow} \epsilon$ für $1 \leq i \leq p(n)$ genau dann gilt, wenn w das i-te Symbol der Zustandsbeschreibung zum Zeitpunkt t ist. Natürlich wird keine Terminal-Zeichenkette außer ϵ jemals aus irgendeiner Variablen abgeleitet.

Induktionsanfang: Der Induktionsanfang für $t = 0$ folgt sofort aus Regel (4).

Induktionsschritt: Gilt $A_{Wit} \overset{*}{\Rightarrow} \epsilon$, dann muß nach Regel (2) W gleich $f(X, Y, Z)$ für ein X, Y und Z sein und jedes der $A_{X,i-1,t-1}$, $A_{Y,i,t-1}$ und $A_{Z,i+1,t-1}$ muß sich zu ϵ ableiten. Nach der Induktionsannahme sind die Symbole in der Zustandsbeschreibung zur Zeit $t-1$ in den Positionen $i-1, i$ und $i+1$ gerade X, Y, Z, so daß W nach der Definition von f das Symbol in der Position i zur Zeit t ist.

Umgekehrt gilt, wenn W das Symbol in Position i und zur Zeit $t \geq 1$ ist, dann gilt $W = f(X, Y, Z)$, wobei X, Y und Z die Symbole zum Zeitpunkt $t-1$ in den Positionen $i-1$, i und $i+1$ sind. Nach Induktionsannahme (oder nach Regel (3), wenn $i = 0$ oder $i = p(n) + 1$) gilt

$$A_{X,i-1,t-1} A_{Y,i,t-1} A_{Z,i+1,t-1} \overset{*}{\Rightarrow} \epsilon.$$

Also gilt $A_{Wit} \overset{*}{\Rightarrow} \epsilon$ nach Regel (2). Dann gilt nach Regel (1) $S \overset{*}{\Rightarrow} \epsilon$ genau dann, wenn x von $\bar{M}$ akzeptiert wird.

Schließlich müssen wir zeigen, daß die Produktionen von G_x von M_1 bei einer Eingabe x der Länge n produziert werden können. Zuerst erinneren wir uns daran, daß $\log_2 p(n) \leq c \log_2 n$ für eine Konstante c ist, da $p(n)$ ein Polynom ist. Deshalb kann M_1 in $\log n$ Schreibspeicher von $t = 0$ bis $t = p(n)$ zählen. Die Produktionen von G_x werden einfach von einer doppelten Schleife über i und t erzeugt.

Nun ist G_x genau dann in L_{kfl}, wenn x nicht von $\bar{M}$ akzeptiert wird, d.h. genau dann, wennn x in L ist. Also ist L_{kfl} vollständig für $\mathcal{P}$ unter Berücksichtigung der log-Band-Reduktionen. □

Das Erreichbarkeitsproblem

Nun geben wir ein Problem an, daß vollständig für NBAND(log$n$) unter Berücksichtigung der log-Band-Reduktionen ist. Das *Graph-Erreichbarkeitsproblem* lautet: Gegeben ist ein gerichteter Graph mit Knoten $\{1, 2, ..., n\}$. Bestimmen Sie, ob es einen Pfad von 1 nach n gibt.

Satz 13.13

Das Graph-Erreichbarkeitsproblem ist log-band-vollständig für NBAND(log$n$) unter Berücksichtigung der log-Band-Reduktionen.

Beweis:

Die Formalisierung dieses Problems als Sprache bleibt dem Leser überlassen. Zuerst zeigen wir, daß das Graph-Erreichbarkeitsproblem in NBAND(log$n$) ist. Eine nichtdeterministische Turing-Maschine M kann den Pfad Knoten für Knoten raten. Die TM M speichert den Pfad nicht, sondern verifiziert ihn stattdessen, indem sie nur den gerade erreichten Knoten speichert.

Wenn nun eine Sprache L in NBAND(log$n$) gegeben ist, reduzieren wir sie in log$n$ Band deterministisch auf eine Sprache kodierter gerichteter Graphen, für die ein Pfad vom ersten bis zum letzten Knoten existiert. Sei M eine log$n$-bandbeschränkte nichtdeterministische off-line TM, die L akzeptiert. Eine Zustandsbeschreibung von M kann durch den Speicherband-Inhalt (die Darstellung benötigt log$n$ Band), die Speicherband-Kopfposition und den Zustand (der mit dem Speicherinhalt über das zusammengesetzte Symbol $[qX]$ kodiert werden kann) sowie die Eingabekopf-Position (was log$n$ Bits verlangt) dargestellt werden.

Wir konstruieren einen log-Band-Umwandler M_1, der die Eingabe x nimmt und genau dann einen gerichteten Graphen G_x mit einem Pfad vom ersten bis zum letzten Knoten produziert, wenn x von M akzeptiert wird. Die Knoten von G_x sind die Zustandsbeschreibungen von M mit der Eingabe x (wobei hier eher die Eingabekopf-Position als x selbst einfließt) erweitert um einem speziellen Knoten, nämlich dem letzten, der für Akzeptanz steht. Der erste Knoten ist die anfängliche Zustandsbeschreibung mit Eingabe x. M_1 benutzt ihren log$n$ Speicher, um durch alle Zustandsbeschreibungen von M zu gehen. Für jede Zustandsbeschreibung I stellt M_1 ihren Eingabekopf in die korrekte Position, so daß sie das von M belegte Eingabe-Symbol sehen kann. M_1 erzeugt dann Pfeile $I \to J$ für jedes der endlich vielen J, so daß I durch eine Bewegung von M zu J werden kann. Da die TM M_1 das I auf ihrem Speicherband verfügbar hat, kann J einfach aus I konstruiert werden. Diese Erzeugung verlangt nicht mehr als log$n$ Band. Ist I eine akzeptierende Zustandsbeschreibung, so erzeugt M_1 den Pfeil $I \to v$, wobei v der spezielle Knoten ist.

Es ist einfach zu überprüfen, daß es genau dann einen Pfad in G_x von der anfänglichen Zustandsbeschreibung nach v gibt, wenn x von M akzeptiert wird. Also ist jede Sprache in NBAND(log$n$) log-band-reduzierbar auf das Erreichbarkeitsproblem. Daraus läßt sich schließen, daß das Erreichbarkeitsproblem vollständig für NBAND(log$n$) unter Berücksichtigung von log-Band-Reduktionen ist. □

13.6 EINIGE BEWEISBAR HARTNÄCKIGE PROBLEME

Bis jetzt haben wir als wesentlichen Aspekt unterstellt, daß bestimmte Probleme exponentielle Zeit brauchen, wenn man beweisen will, daß sie NP-vollständig oder PBAND-vollständig sind. Wir werden nun beweisen, daß zwei Probleme tatsächlich exponentielle Zeit verlangen: In einem Fall reduzieren wir auf unser Problem eine Sprache, die nach dem Band-Hierarchie-Satz bekannterweise exponentielles Band und demnach exponentielle Zeit verlangt. Im zweiten Fall zeigen wir, wie wir alle Sprachen in nichtdeterministisch exponentieller Zeit auf unser Problem reduzieren können und argumentieren dann mit einem nichtdeterministischen Zeit-Hierarchie-Satz [Cook 1973a], daß es unter diesen eine Sprache geben muß, die tatsächlich z.B. 2^n Band benötigt.

Wir werden nun ein Problem über reguläre Ausdrücke betrachten, das so künstlich entwickelt worden ist, daß (a) wenigstens $2^{cn/\log n}$ Band zur Lösung nötig ist, und daß (b) diese Anforderung leicht bewiesen werden kann. Danach betrachten wir ein Problem in der Logik, das insofern nicht künstlich entwickelt wurde, als daß es lange bevor seine Komplexität betrachtet wurde, analysiert worden ist; außerdem ist der Beweis für die Exponentialität alles andere als naheliegend.

Reguläre Ausdrücke mit Exponentiation

Wir wollen reguläre Ausdrücke über einem Alphabet betrachten, von dem wir aus Bequemlichkeitsgründen annehmen, daß es nicht die Symbole $\uparrow, 0$ oder 1 enthält. $r \uparrow i$ stehe für den regulären Ausdruck $rr...r$ (i-mal), wobei i in Binärdarstellung geschrieben ist. Der Ausdruck r kann den (Exponentiations-)Operator $\uparrow$ einschließen. Z.B. steht $(\mathbf{a} \uparrow 11 + \mathbf{b} \uparrow 11) \uparrow 10$ für

$$\{aaaaaa, aaabbb, bbbaaa, bbbbbb\}.$$

Wir nehmen an, daß $\uparrow$ eine höhere Priorität als alle anderen Operatoren hat. Das Problem, von dem wir zeigen werden, daß es exponentielles Band benötigt — d.h. $2^{p(n)}$ Band für ein Polynom $p(n)$ — ist, ob ein regulärer Ausdruck mit Exponentiation alle Zeichenketten über seinem Alphabet bezeichnet. (Erinnern Sie sich, daß 0, 1 und $\uparrow$ als Operatoren benutzt werden und nicht Teil des Alphabets sind.) Zuerst geben wir einen Algorithmus mit exponentiellem Bandbedarf für das Problem an.

Satz 13.14
Das Problem, ob ein regulärer Ausdruck mit Exponentiation alle Zeichenketten über seinem Alphabet bezeichnet, kann mit exponentiellem Band gelöst werden.

Beweis:
Bei einem gegebenen regulären Ausdruck der Länge n expandieren wir die $\uparrow$, um einen gewöhnlichen regulären Ausdruck zu erhalten, und zeigen, daß seine Länge höchstens $n2^n$ ist. Dann werden wir diesen Ausdruck in einen NEA von höchstens $n2^{n+2}$ Zuständen konvertieren und testen, ob dieser NEA Σ^* akzeptiert. (Beachten Sie, daß dieser letzte Schritt ohne die Konvertierung in einen DEA vollzogen werden muß, da ein DEA $2^{n2^{n+2}}$ Zustände haben könnte.) Zwecks Elimination der $\uparrow$ arbeiten wir von innen nach außen. Wir beweisen durch Induktion über j, daß ein Ausdruck, der $\uparrow$ enthält und die Länge m mit j Nullen und Einsen hat, einen

äquivalenten gewöhnlichen regulären Ausdruck mit einer Länge von höchstens $m2^j$ hat.

Induktionsanfang für $j = 0$: Das Ergebnis folgt sofort.

Induktionsschritt: Der Ausdruck r der Länge m ist von links her zu durchlaufen, bis das erste $\uparrow$ erreicht wird. Dann ist zum linken Argument r_1 des gefundenen $\uparrow$ zurückzugehen. Wir nehmen an, daß $\uparrow$ die höchste Priorität hat, so daß sein Argument ein einzelnes Symbol oder von Klammern umgeben sein muß; daher ist es einfach, es zu extrahieren. Sei der Ausdruck $r = r_2 r_1 \uparrow i r_3$; r ist durch $r' = r_2 r_1 r_1 ... r_1 r_3$ zu ersetzen, wobei r_1 i-mal geschrieben wird. Nach der Induktionsannahme hat r' einen äquivalenten gewöhnlichen regulären Ausdruck mit höchstens $(m + (i-1)|r_1|)2^{j-\log_2 i}$ Symbolen. Da $2^{j-\log_2 i} = 2^j/i$ und $|r_1| \leq m$ gilt, sehen wir, daß

$$(m + (i-1)|r_1|)2^{j-\log_2 i} = \frac{m + (i-1)|r_1|}{i} \times 2^j \quad \leq \quad m2^j$$

gilt.

Hat r die Länge n, so gilt sicherlich $m = n$ und $j \leq n$, so daß der äquivalente gewöhnliche reguläre Ausdruck eine Länge von höchstens $n2^n$ hat.

Wenn wir nun den Algorithmus aus Satz 2.3 benutzen, können wir einen äquivalenten NEA mit höchstens $4n2^n = n2^{n+2}$ Zuständen produzieren. Dazu ist nichtdeterministisch Symbol für Symbol eine Eingabe $a_1 a_2 ...$ zu raten, die der NEA nicht akzeptiert. Indem wir $n2^{n+2}$ Felder benutzen, können wir nach jedem Raten die Menge der Zustände berechnen, die eingetreten sind, nachdem der NEA die Folge der bis dahin geratenen Symbole gelesen hat. Die Eingabe muß nicht aufgeschrieben werden, da wir die Zustandsmenge, in die von dieser Menge aus beim Lesen des jeweiligen Eingabe-Symbols übergegangen wird, berechnen können. Wenn wir jemals eine Eingabe-Folge raten, bei der der NEA keinen akzeptierenden Zustand erreicht, akzeptieren wir; der ursprüngliche Ausdruck bezeichnet dann nicht Σ^*. Nach dem Satz von Savitch können wir diesen Prozeß deterministisch mit $n^2 4^n$ Band ausführen. Es ist einfach, eine Kodierung des NEA anzugeben, die in $O(n^3 2^n)$ Feldern gespeichert werden kann, da etwa n Bits genügen, um einen Zustand zu kodieren, und da das Eingabe-Alphabet nicht größer als n ist. Aus $n^2 4^n > n^3 2^n$ folgt, daß $n^2 4^n$ eine obere Schranke für den Bandbedarf ist. □

Wir werden nun eine untere Schranke von $2^{cn/\log n}$ für eine Konstante c für den Bandbedarf des obigen Problems angeben. Beachten Sie, daß der Beweis, daß eine bestimmte Menge Speicher benötigt wird, auch ein Beweis ist, daß die gleiche Menge Zeit benötigt wird (daß aber die umgekehrte Richtung nicht gilt).

Satz 13.15

Es gibt eine Konstante $c > 0$, so daß jede Turing-Maschine zur Erkennung der Sprache L_{rex} von regulären Ausdrücken mit Exponentiation, die Σ^* bezeichnen, mehr als $2^{cn/\log n}$ Band (und daher $2^{cn/\log n}$ Zeit) unendlich oft benötigt.

Beweis:

Betrachten Sie eine beliebige 2^n-band-beschränkte einbändige deterministische TM M. Für jede Eingabe x der Länge n konstruieren wir einen regulären Ausdruck mit Exponentiation E_x, der genau dann Σ^* bezeichnet (wobei Σ das Alphabet von E_x ist), wenn x nicht von M akzeptiert wird. Zu diesem Zweck bezeichne E_x alle ungültigen Berechnungen von M auf x. Σ bestehe aus allen Bandsymbolen von M, den zusammengesetzten Symbole $[qX]$ — wobei q ein Zustand und X ein Bandsymbol ist — und dem Markierungssymbol #. Wir nehmen an, daß $\uparrow$, 0 und 1 nicht zu diesen Symbolen gehören.

Eine Zeichenkette y aus Σ^* ist genau dann keine akzeptierende Berechnung von M auf x, wenn eine oder mehrere der folgenden Aussagen gelten:

1) Die anfängliche Zustandsbeschreibung ist falsch.
2) Es gibt keinen akzeptierenden Zustand.
3) Eine Zustandsbeschreibung folgt nicht durch eine Bewegung von M aus der vorhergehenden.

Im folgenden benutzen wir Symbolmengen, um einen regulären Ausdruck darzustellen, der die Summe dieser Symbole ist. Für $\Sigma = \{a_1, a_2, ..., a_n\}$ benutzen wir also Σ als ein Kürzel für den regulären Ausdruck $a_1 + a_2 + ... + a_n$. Genauso benutzen wir $\Sigma - a$ für den regulären Ausdruck, der die Summe aller Symbole aus Σ bis auf a ist.

Ein regulärer Ausdruck, der alle Zeichenketten bezeichnet, die nicht mit der anfänglichen Zustandsbeschreibung anfangen, ist durch

$$\begin{aligned}\text{START} \quad &= \epsilon + (\Sigma - \#)\Sigma^* + A_1 + A_2 + ... + A_n \\ &+ \Sigma \uparrow (n+1)(\Sigma + \epsilon) \uparrow (2^n - n - 1)(\Sigma - B)\Sigma^* \\ &+ \Sigma \uparrow (2^n + 1)(\Sigma - \#)\Sigma^*\end{aligned}$$

gegeben, wobei

$$A_1 = \Sigma \uparrow 1(\Sigma - [q_0 a_1])\Sigma^*$$

und

$$A_i = \Sigma \uparrow i(\Sigma - a_i)\Sigma^*$$

für $2 \le i \le n$ gilt. Der vorletzte Term bezeichnet Σ^{n+1}, gefolgt von bis zu $2^n - n - 1$ Symbolen, gefolgt von irgendetwas außer Blank; er bezeichnet Zeichenketten, bei denen eine Position zwischen $n + 1$ und 2^n der ersten Zustandsbeschreibung kein Blank enthält. Da n und $2^n - n - 1$ in Binärdarstellung geschrieben sind, ist die Länge dieses Terms proportional zu n. Der letzte Term bezeichnet Zeichenketten, in denen das $(2^n + 1)$-te Symbol nicht # ist; diese haben auch eine Länge proportional zu n. Die verbleibenden Terme sind in der Länge proportional zu $\log n$, und es gibt $n + 3$ solcher Terme. Also ist die Länge des Ausdrucks proportional zu $n \log n$. Kurioserweise überragt die Länge des Ausdrucks, der falsche Anfangszustandsbeschreibungen bezeichnet, die Länge der anderen Terme in E_x.

Ein gegebener regulärer Ausdruck, der die Bedingung bekräftigt, daß es keinen akzeptierenden Zustand gibt, ist gegeben durch

$$\text{FINISH} = (\Sigma - \{[qX] \mid q \text{ ist Endzustand}\})^*.$$

Dies ist ein Ausdruck konstanter Länge, der nur von M abhängt.

Schließlich bezeichne $f(X,Y,Z)$ das Symbol Z, so daß Z in der Position i der nächsten Zustandsbeschreibung ist, wenn W, X und Y in den Positionen $i-1, i$ und $i+1$ einer Zustandsbeschreibung sind. Dann sei

$$\text{MOVE} = \Sigma_{(W,X,Y)}\Sigma^* WXY\Sigma \uparrow (2^n - 1)(\Sigma - f(W,X,Y))\Sigma^*.$$

D.h. MOVE ist die Summe über die endliche Zahl von Tripeln (W,X,Y) von Symbolen aus Σ von den Zeichenketten, die W, X und Y in aufeinanderfolgenden Positionen einer Zustandsbeschreibung haben, die ein nächstes falsches Symbol 2^n Positionen weiter rechts hat. Da die Länge jedes Terms linear in n ist, ist die Länge von MOVE linear in n.

Der gewünschte Ausdruck ist E_x = START + FINISH + MOVE. Wenn x von M akzeptiert wird, dann ist die akzeptierende Berechnung nicht in E_x. Wenn eine Zeichenkette y nicht in E_x ist, so muß sie mit $\#[q_0a_1]a_2...a_nB^{2n-n}\#$ beginnen, jede Zustandsbeschreibung muß aus der vorhergehenden durch eine Bewegung von M folgen, und irgendwo unterwegs muß Akzeptanz auftauchen. Also wird x von M akzeptiert. Deshalb gilt $E_x = \Sigma^*$ genau dann, wenn x nicht von M akzeptiert wird.

Nun sei M eine Turing-Maschine, die die Sprache L akzeptiert, die in 2^n, aber nicht in $2^n/n$ Band erkannt werden kann. Der Hierarchie-Satz für Band versichert uns, daß eine solche TM M existiert. Wir nehmen an, es gäbe eine $S(n)$-bandbeschränkte TM, die die Menge L_{rex} von regulären Ausdrücken mit Exponentiation, die Σ^* bezeichnen, akzeptiert und die so passend kodiert ist, daß L_{rex} ein endliches Alphabet hat. Dann könnten wir L wie folgt erkennen:

1) Aus x der Länge n konstruieren wir E_x, dessen Länge proportional zu $n\log n$ ist. Wir können E_x in Band proportional zu $n\log n$ auf offensichtliche Weise konstruieren.
2) Wir kodieren E_x im Alphabet von L_{rex}. Da M eine endliche Zahl von Symbolen hat, ist die Länge des kodierten E_x gleich $cn \log n$ für eine Konstante c.
3) Wir bestimmen in $S(cn \log n)$ Band, ob E_x in L_{rex} ist. Falls ja, ist x zu verwerfen — falls nicht, ist x zu akzeptieren.

Die Gesamtmenge an Band ist das Maximun von $n\log n$ und $S(cn \log n)$. Da keine Turing-Maschine existiert, die weniger als $2^n/n$ Band benötigt und L akzeptiert, muß

$$n\log n + S(cn\log n) > 2^n/n \qquad \text{u.o.} \tag{13.4}$$

gelten; andernfalls könnte L in $2^n/n$ Band nach Lemma 12.3 akzeptiert werden. Es existiert eine Konstante $d > 0$, so daß (13.4) falsch wäre, wenn $S(m)$ kleiner als $2^{dm/\log m}$ für alle bis auf endlich viele m ist. Es folgt, daß $S(m) \geq 2^{dm/\log m}$ für eine Konstante d und unendlich viele m gilt. □

Korollar:

L_{rex} ist vollständig für exponentielles Band unter Berücksichtigung von Polynom-Zeit-Reduktion.

Beweis:

In Satz 13.15 haben wir eine Polynom-Zeit-Reduktion auf L_{rex} angegeben, die für jede Sprache L in DBAND(2^n) funktioniert. Dies läßt sich einfach so verallgemeinern, daß jede Sprache in DBAND$(2^{p(n)})$ für ein Polynom $p(n)$ auf L_{rex} reduziert wird. □

Wir sollten beobachten, daß die $n\log n$ Schranke für die Länge von E_x kritisch für Satz 13.15 ist, obwohl wir für sein Korollar erlauben konnten, daß die Länge ein beliebiges Polynom in $|x|$ ist. Wenn wir z.B. nur beweisen könnten, daß $|E_x| \leq |x|^2$ gilt, dann wäre unsere untere Schranke für den von L_{rex} verlangten Bandbedarf stattdessen $2^{d\sqrt{n}}$.

Komplexität für Theorien erster Ordnung

Nun werden wir ein Problem betrachten, das nichtdeterministisch mindestens 2^{cn} Zeit benötigt, und von dem bekannt ist, daß es in exponentieller und doppelt exponentieller Zeit lösbar ist. Da von diesem Problem auch gezeigt werden kann, daß es nichtdeterministisch exponentiell-zeit-hart unter Berücksichtigung von Polynom-Zeit-Reduktionen ist, würde der Beweis einer besseren unteren Schranke in bezug auf die Menge nichtdeterministischer Zeit das Ergebnis von Satz 12.10 verbessern, was aber sehr unwahrscheinlich ist.

Eine *Sprache erster Ordnung* besteht aus einem *Definitionsbereich* (z.B. die nichtnegativen ganzen Zahlen), einer Menge von *Operationen* (z.B. $+, *$), einer Menge von *Prädikaten* (z.B. $=, <$), einer Menge von *Konstanten* (aus dem Definitionsbereich) und einer Menge von *Axiomen*, die die Bedeutung der Operatoren und Prädikate definieren. Für jede Theorie können wir die Sprache der wahren Ausdrücke über den Konstanten, Operatoren, Prädikaten, Variablen, den logischen Verknüpfungen $\wedge, \vee$ und $\neg$ sowie den Quantoren $\exists$ und $\forall$ definieren.

Beispiel 13.5
$(\mathbf{N}, +, *, =, <, 0, 1)$ — wobei **N** für die nichtnegativen ganzen Zahlen steht — ist als Zahlentheorie bekannt. Gödels berühmter Unvollständigkeitssatz besagt, daß die Sprache der wahren Aussagen in der Zahlentheorie nicht entscheidbar ist. Während Gödels Ergebnis den Turing-Maschinen zeitlich vorausging, ist es nicht schwer, sein Ergebnis zu zeigen. Wenn eine Turing-Maschine nach Start auf einem leeren Band M akzeptiert, tut sie dies durch eine Berechnung, in der keine Zustandsbeschreibung länger als eine Konstante m ist. Wir können jede ganze Zahl i in Binärdarstellung als eine Berechnung von M mit Zustandsbeschreibungen der Länge m behandeln.

Die Aussage, daß ϵ von M akzeptiert wird — von der wir wissen, daß sie nicht entscheidbar ist — kann als $\exists i \exists m(E_m(i))$ ausgedrückt werden, wobei E_m ein Prädikat ist, das genau dann wahr ist, wenn i die binäre Kodierung einer Berechnung ist, die zum Erkennen von ϵ führt, und bei der keine Zustandsbeschreibung länger als m ist. (Einige Details sind für Übung 13.37 vorgesehen.) Die Zahlentheorie ist also eine nicht entscheidbare Theorie.

Es gibt eine Reihe bekannter entscheidbarer Theorien. Z.B. ist $(\mathbf{R}, +, =, <, 0, 1)$ — die *Theorie der reellen Zahlen mit der Addition* — entscheidbar, und wir werden zeigen, daß dazu nichtdeterministisch exponentielle Zeit nötig ist. Wenn die reellen Zahlen durch die rationalen Zahlen ersetzt werden, erhalten wir dieselben wahren Aussagen, da es ohne Multiplikation unmöglich ist, eine Aussage wie $\exists x(x * x = 2)$ zu finden, die für reelle Zahlen, aber nicht für rationale Zahlen wahr ist. Die Theorie der ganzen Zahlen mit Addition $(\mathbf{Z}, +, =, <, 0, 1)$ — die auch *Presburger Arithmetik* genannt wird — ist entscheidbar, und es ist bekannt, daß sie doppelt exponentielle nichtdeterministische Zeit verlangt, d.h. $2^{2^{cn}}$ ist eine untere Schranke für die nichtdeterministische Zeitkomplexität der Presburger Arithmetik.

Beispiel 13.6
Bevor wir fortfahren wollen wir einige Beispiele in der Theorie der reellen Zahlen mit Addition betrachten. $\forall x \exists y(y = x + 1)$ ist wahr: Dies besagt, daß $x + 1$ genau dann eine reelle Zahl ist, wenn x eine reelle Zahl ist.

$$\forall x \forall y \ [x = y \ \vee \ \exists z(x < z \wedge z < y) \ \vee \ \exists z(y < z \wedge z < x)]$$

ist ebenfalls wahr: Dies besagt, daß wir zwischen zwei verschiedenen reellen Zahlen eine dritte reelle Zahl finden können; d.h. die reellen Zahlen sind *dicht*. Die Aussage

$$\exists y \forall x(x < y \vee x = y)$$

ist falsch, da es zu jeder reellen Zahl y eine größere reelle Zahl gibt. Beachten Sie, daß wir nicht beschrieben haben, wie entschieden werden kann, ob eine Aussage wahr oder falsch ist; die Entscheidung hängt von der Kenntnis der Eigenschaften der reellen Zahlen ab, von denen wir annehmen, daß sie dem Leser bekannt sind.

Eine Entscheidungsprozedur für reelle Zahlen mit Addition

Wir werden unsere Untersuchung der reellen Zahlen mit Addition damit beginnen, daß wir eine Entscheidungsprozedur angeben, die exponentielles Band und doppelt exponentielle Zeit verlangt. Zu Beginn wollen wir unsere gegebene Aussage in eine pränexe Normalform umformen, in der alle Quantoren für den gesamten Ausdruck gelten. Es ist einfach, einen Ausdruck in dieser Form zu erhalten, wenn wir erst alle quantifizierten Variablen so umbenennen, daß sie eindeutig sind; dann wenden wir die Gleichungen

$$\neg(\forall x(E)) = \exists x(\neg E) \qquad \forall x(E_1) \vee E_2 = \forall x(E_1 \vee E_2)$$

an sowie vier ähnliche Regeln, die man durch Austauschen von $\forall$ und $\exists$ und/oder $\vee$ und $\wedge$ erhält. Dieser Vorgang bewirkt lediglich eine Verdopplung der Länge des Ausdrucks; die einzigen Symbole, die zum Ausdruck hinzugefügt werden können, sind ein Klammernpaar pro Quantor.[10] Nun haben wir eine Formel

$$Q_1 x_1 Q_2 x_2 ... Q_m x_m F(x_1, x_2, ..., x_m), \tag{13.5}$$

wobei die Q_i Quantoren sind und die Formel F keine Quantoren enthält. F ist daher ein boolescher Ausdruck, dessen Operanden Atome sind; dabei ist ein *Atom* eine boolesche Konstante oder ein Ausdruck der Form E_1 **op** E_2 ist, und **op** ist entweder $=$ oder $<$, und E_1 und E_2 sind Summen von Variablen und den Konstanten

[10] Technisch gesehen kann das Umbenennen der Variablen die Länge der Formel um einen Faktor $\log n$ erhöhen, wenn wir in einem festen Alphabet kodieren. Die Komplexität hängt jedoch von der ursprünglichen Zahl der Symbole und nicht von der Länge der kodierten Zeichenkette ab.

0 und 1. Wir wissen, daß F von dieser Form ist, weil keine andere Kombination von Operatoren einen Sinn ergibt. D.h. + kann nur auf Variablen und Konstanten angewendet werden, und $<$ und $=$ sind Relationen, die nur zwischen arithmetischen Ausdrücken stehen können; die booleschen Operatoren können nur sinnvoll auf Ausdrücke angewendet werden, die wahr und falsch als mögliche Werte haben.

Um die Richtigkeit oder Falschheit von (13.5) zu bestimmen, setzen wir wiederholt für den innersten Quantor eine beschränkte Quantifizierung ein, was dem logischen "oder" (anstelle von $\exists$) bzw. dem logischen "und" (anstelle von $\forall$) für eine große, aber endliche Zahl von Termen enspricht. Seien in (13.5) die Werte von $x_1, x_2, \ldots, x_{m-1}$ festgelegt. Jedes Atom, das x_m benutzt, kann in die Form x_m **op** t gebracht werden; dabei ist **op** entweder $<$ oder $=$ oder $>$, und t ist von der Form

$$c_0 + \sum_{i=1}^{m-1} c_i x_i,$$

wobei die c_i rationale Zahlen sind. Wir nehmen an, daß alle diese Atome gleich x_m **op** t_i mit $1 \leq i \leq k$ sind, wobei $t_1 \leq t_2 \leq \ldots \leq t_k$ für gegebene Werte von $x_1, \ldots, x_{m-1}$ gilt. Für jeden Wert von x_m im Bereich $t_i < x_m < t_{i+1}$ hat jedes Atom den gleichen Wahrheitswert. Also ist die Richtigkeit von (13.5) unabhängig vom aktuellen Wert von x_m in diesem Bereich. Dies führt uns zu der Beobachtung, daß die t_i die Achse der reellen Zahlen in endlich viele Segmente aufteilen; die Richtigkeit von x_m hängt nur von dem Segment ab, in dem x_m liegt, und nicht vom aktuellen Wert von x_m. Also kann man (13.5) testen, indem man einen Wert für x_m aus jedem von endlich vielen Bereichen testet, wie in Abbildung 13.6 vorgeschlagen.

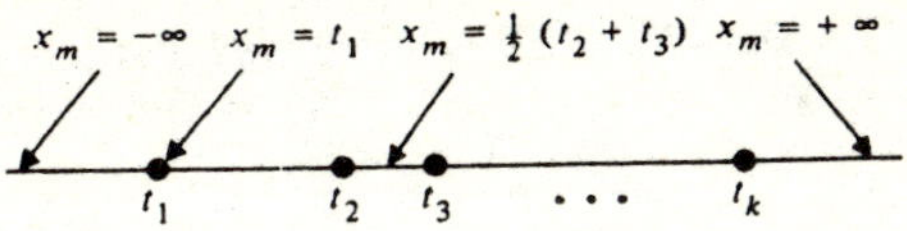

Abb. 13.6: Repräsentative Werte von x_m.

Da die Werte von $x_1, \ldots, x_{m-1}$ variieren können, kennen wir nicht wirklich die Reihenfolge der t_i. Wenn man jedoch $x_m = t_i$ für jedes i, $x_m = \frac{1}{2}(t_i + t_j)$ für jedes $i \neq j$ und $x_m = \pm\infty$ versucht,[11] wissen wir unabhängig von der Reihenfolge der t_i sicher, daß wir ein repräsentatives x_m aus jedem der Intervalle von Abbildung 13.6 haben — ebenso wie eines an den t_i selbst, wo Atome mit dem $=$-Operator wahr werden können.

Es folgt, daß $\exists x_m F(x_1, \ldots, x_m)$, falls $Q_m = \exists$, durch

$$F'(x_1, \ldots, x_{m-1}) = \bigvee_{\substack{x_m = t_i \text{ oder} \\ x_m = (1/2)(t_i + t_j) \\ \text{oder } x_m = \pm\infty}} F(x_1, \ldots, x_m) \tag{13.6}$$

[11] Für $x_m = +\infty$ sind $x_m = t$ und $x_m < t$ falsch, und $x_m > t$ ist unabhängig von t wahr. Für $x_m = -\infty$ gelten analoge Vereinfachungen.

ersetzt werden kann, d.h. durch das logische "oder" von $k(k+1)/2+2$ Termen, wovon jeder in F mit einer Substitution für x_m ist. Wenn $Q_m = \forall$ gilt, kann eine ähnliche Substitution mit $\wedge$ anstelle von $\vee$ gemacht werden.

Wenn F gerade k Atome hat, so hat F' gerade $k[k(k+1)/2+2]$ Atome, was höchstens k^3 Atome für $k \geq 3$ ergibt. Wenn die Koeffizienten in den Atomen von F jeweils aus einem Bruch ganzer Zahlen von höchstens je r Bits bestehen, können wir nach Gruppierung der Terme, Auflösen nach x_m und Bestimmung des Mittels von zwei t_i, feststellen, daß die Koeffizienten in den Atomen von F' Brüche ganzer Zahlen mit nicht mehr als $4r+1$ Bits sind. Dies folgt aus der Tatsache, daß wenn a, b, c und d ganze Zahlen mit r Bits sind,

$$\frac{a}{b}\frac{c}{d} = \frac{ac}{bd}$$

ein Bruch zweier ganzer Zahlen mit höchstens $2r$ Bits ist; ebenso ist

$$\frac{a}{b} \pm \frac{c}{d} = \frac{ad \pm bc}{bd}$$

der Bruch aus einer ganzen Zahl mit $(2r+1)$ Bits und einer ganzen Zahl mit $2r$ Bits. Für $r \geq 1$ sind dann die Koeffizienten in F' nicht mehr als fünfmal so lang wie die Koeffizienten in F.

Wenn wir obigen Prozeß wiederholen, um alle Quantoren und Variablen zu eliminieren, produzieren wir schließlich eine Formel, die nur logische Operatoren, $=$, $<$ und Konstanten enthält. Die Konstanten sind Brüche ganzer Zahlen mit höchstens $5^m r$ Bits. Die Anzahl der Atome ist höchstens

$$\underbrace{(...((k^3)^3)...)^3}_{k-\text{mal}} = k^{3^m}.$$

Da jedes Atom eine Relation zwischen Konstanten mit $5^m r$ Bits ist, und k, m und r kleiner als n sind, ist die Länge des Ausdrucks höchstens $2^{2^{cn}}$ für eine Konstante c (beachten Sie, daß $n^{3^n} \leq 2^{2^{2n}}$ gilt). Wir können ein Atom der Form $a/b < c/d$ auswerten, indem wir $ad - bc$ berechnen und es mit 0 vergleichen. Also kann der gesamte endgültige Ausdruck in dem Quadrat seiner Länge ausgewertet werden. Also braucht unsere Entscheidungsprozedur $2^{2^{dn}}$ Zeit für eine Konstante d.

Die Prozedur, so wie wir sie angegeben haben, braucht auch doppelt exponentielles Band. Wir können jedoch das Band auf einfach exponentiell reduzieren, wenn wir F rekursiv auswerten. Wir haben schon gesehen, daß wir nur eine endliche Zahl von Werten für jedes x_i betrachten. Die Werte für x_i werden durch eine Formel der Form $a_0 + \sum_{j=1}^{i-1} a_j x_j$ angegeben, wobei die a_j rationale Zahlen sind, die Brüche ganzer Zahlen mit $5^{m-j+1}r$ Bits sind, wobei r die Anzahl von Bits in der größten Konstante der ursprünglichen Formel F ist; beachten Sie, daß $r \leq \log n$ gilt. Also sind Werte für x_1 rationale Zahlen, die höchstens Brüche ganzer Zahlen mit $5^m r$ Bits sind, x_2 Brüche ganzer Zahlen mit höchstens $5^{m+1}r$ Bit usw. Also brauchen wir nur zyklisch durch Werte für jedes x_i zu gehen, die höchstens $5^{2m}r$

Bits haben. Wir benutzen eine rekursive Prozedur EVAL(G), die bestimmt, ob G wahr ist, wenn die Variablen die Werte $\pm\infty$ und beliebige Brüche ganzer Zahlen mit $5^{2m}r$ Bits annehmen.

Wenn G keine Quantoren hat, dann besteht es nur aus arithmetischen und logischen Relationen unter rationalen Zahlen, so daß die Richtigkeit direkt festgestellt werden kann. Wenn $G = \forall x(G')$ gilt, so wird EVAL(G'') von EVAL(G) für alle G'' aufgerufen, die aus G' durch Ersetzen von x durch $\pm\infty$ oder einen Bruch ganzer Zahlen mit $5^{2m}r$ Bits gebildet wurden. EVAL(G) ist wahr, wenn EVAL(G'') **wahr** für alle diese Ausdrücke G'' ausgibt. Wenn $G = \exists x(G')$ gilt, verfahren wir genauso; aber EVAL(G) gibt immer dann **wahr** aus, wenn EVAL(G'') wahr ist.

Es ist einfach zu überprüfen, daß nicht mehr als m Kopien von EVAL simultan aktiv sind: Die Argumente für die aktiven Aufrufe von EVAL können auf einem Keller gespeichert werden, und dieser Keller braucht $O(m5^{2m}r)$ Band. Wenn also F ein Ausdruck der Länge n ist, können wir F in 2^{cn} Band und $2^{2^{dn}}$ Zeit für Konstanten c und d auswerten.

Eine untere Schranke

Wir zeigen nun, daß die Theorie der reellen Zahlen mit Addition im wesentlichen nichtdeterministisch exponentielle Zeit braucht. Eine Reihe von Lemmata wird benötigt, um zu zeigen, daß Multiplikation und Exponentiation mit ganzen Zahlen beschränkter Größe durch kurze Formeln ausgedrückt werden kann.

Lemma 13.10

Es existiert ein $c > 0$, so daß es für jedes n eine Formel $M_n(x, y, z)$ gibt, die genau dann wahr ist, wenn x eine nichtnegative ganze Zahl ist, die echt kleiner als 2^{2^n} ist, und $xy = z$ gilt. Außerdem gilt $|M_n(x, y, z)| < c(n + 1)$ und $M_n(x, y, z)$ kann aus n in einer Zeit polynomial in n konstruiert werden.

Beweis:

Für $n = 0$ gilt $2^{2^0} = 2$. Also kann $M_0(x, y, z)$ als $(x = 0 \wedge z = 0) \vee (x = 1 \wedge z = y)$ ausgdrückt werden.

Induktionsschritt (Konstruktion von M_{k+1} aus M_k): Sei x eine ganze Zahl kleiner als $2^{2^{k+1}}$. Dann existieren ganze Zahlen $x_1, x_2, x_3, x_4 < 2^{2^k}$, so daß $x = x_1x_2 + x_3 + x_4$. Im Beweis sei $x_1 = x_2 = \lfloor\sqrt{x}\rfloor$. Nun kann $z = xy$ ausgedrückt werden als $z = x_1(x_2y) + x_3y + x_4y$. Also gilt

$$\begin{aligned} M_{k+1}(x, y, z) = \exists u_1 ... \exists u_5 \exists x_1 ... \exists x_4 [&M_k(x_1, x_2, u_1) \\ &\wedge\ x = u_1 + x_3 + x_4 \ \wedge\ M_k(x_2, y, u_2) \ \wedge\ M_k(x_1, u_2, u_3) \\ &\wedge\ M_k(x_3, y, u_4) \ \wedge\ M_k(x_4, y, u_5) \ \wedge\ z = u_3 + u_4 + u_5]. \end{aligned} \tag{13.7}$$

Das heißt

$$u_1 = x_1x_2, \qquad x = x_1x_2 + x_3 + x_4,$$

$$u_2 = x_2y, \qquad u_3 = x_1x_2y, \qquad u_4 = x_3y, \qquad u_5 = x_4y$$

und

$$z = x_1x_2y + x_3y + x_4y.$$

Die Bedingung, daß jedes x_i eine ganze Zahl kleiner als 2^{2^k} ist, wird dadurch verstärkt, daß jedes x_i das erste Argument einer Formel M_k ist.

Formel (13.7) enthält fünf Kopien von M_k, so daß es scheint, daß M_{k+1} wenigstens fünfmal so lang wie M_k sein muß. Dies würde die Länge von M_n exponentiell in n machen — nicht linear wie wir behauptet haben. Wir können jedoch den Trick aus Satz 13.10 benutzen, um mehrere Kopien eines Prädikats durch eine einzelne Kopie zu ersetzen. D.h. wir können

$$\begin{aligned} M_{k+1}(x,y,z) = \exists u_1 \ldots \exists u_5 \exists x_1 \ldots \exists x_4 \\ & [x = u_1 + x_3 + x_4 \ \wedge \ z = u_3 + u_4 + u_5 \\ \wedge \ & \forall r \forall s \forall t[\neg(r = x_1 \ \wedge \ s = x_2 \ \wedge \ t = u_1) \\ \wedge \ & \neg(r = x_2 \ \wedge \ s = y \ \wedge \ t = u_2) \\ \wedge \ & \neg(r = x_1 \ \wedge \ s = u_2 \ \wedge \ t = u_3) \\ \wedge \ & \neg(r = x_3 \ \wedge \ s = y \ \wedge \ t = u_4) \\ \wedge \ & \neg(r = x_4 \ \wedge \ s = y \ \wedge \ t = u_5) \\ \vee \ & M_k(r,s,t)]] \end{aligned}$$

schreiben, was eine konstante Anzahl von Symbolen mehr als M_k hat.

Ein negativer Aspekt ist, daß wir schließlich einen $\log n$ Faktor in die Länge von M_n einführen, wenn wir neue Variablennamen für jedes M_k einführen; die Variablennamen müssen nämlich in ein festes Alphabet der Sprache der wahren Formeln übersetzt werden. Die Regeln für die Gültigkeitsbereiche für quantifizierte Formeln erlauben uns jedoch, Variablen unter der Restriktion wieder zu benutzen, daß die zwölf neuen in M_k eingeführten Variablen nicht mit den freien Variablen x, y und z in Konflikt stehen. Dann verlangt M_n nur 15 unterschiedliche Variablen, und ihre kodierte Länge ist proportional zur Anzahl der Symbole. □

Beachten Sie, daß $M_n(x,0,0)$ besagt, daß x eine ganze Zahl kleiner als 2^{2^n} ist. Also können wir über kleine ganze Zahlen in der Theorie der reellen Zahlen mit der Addition durch Benutzung sehr kurzer Formeln Aussagen machen.

Lemma 13.11

Es existiert eine Konstante $c > 0$, so daß es für jedes n eine Formel $P_n(x,y,z)$ gibt, die genau dann wahr ist, wenn x und z ganze Zahlen im Bereich $0 \leq x, z < 2^{2^n}$ sind und $y^x = z$ gilt. Außerdem gilt $|P_n| \leq c(n+1)$, und P_n kann aus n in einer Zeit polynomial in n konstruiert werden.

Beweis:

Wir konstruieren durch Induktion über k eine Folge von Formeln $E_k(x,y,z,u,v,w)$, so daß in E_k sowohl Exponentiation als auch Multiplikation eingebaut ist. Wir wollen nämlich E_k mit Hilfe einiger Kopien von E_{k-1} ausdrücken und dann die universelle Quantifizierung benutzen, um E_k mit Hilfe einer Kopie von E_{k-1} auszudrücken. Wir könnten dies nicht mit P_k tun, da die Formel für P_k sowohl P_{k-1} als auch M_{k-1} enthält.

Die Formel $E_k(x,y,z,u,v,w)$ wird genau dann wahr sein, wenn x, y und u ganze Zahlen sind, und wenn $0 \leq x$, $z < 2^{2^k}$, $z = y^x$, $0 \leq u < 2^{2^n}$ und $uv = w$ gilt.

Induktionsanfang: Für $k = 0$ gilt

$$E_0 = (x = 0 \wedge z = 1) \vee (x = 1 \wedge y = 0 \wedge z = 0) \\ \vee (x = 1 \wedge y = 1 \wedge z = 1) \wedge M_0(u, v, w).$$

Induktionsschritt: Um $E_{k+1}(x, y, z, u, v, w)$ zu konstruieren, können wir die Tatsache benutzen, daß

$$E_k(0, 0, 0, u, v, w) = M_n(u, v, w)$$

gilt, um die Bedingungen für u, v, w wie in Lemma 13.10 auszudrücken. Bei Verwendung mehrerer Kopien von E_k ist gesichert, daß es ganze Zahlen x_1, x_2, x_3, x_4 im Bereich $0 \leq x_i < 2^{2^k}$ gibt, so daß

$$x = x_1 x_2 + x_3 + x_4 \text{ und } y^x = (y^{x_1})^{x_2} y^{x_3} y^{x_4}$$

gilt. Schließlich benutzen wir den "Trick" aus Satz 13.10, um E_{k+1} mit Hilfe einer Kopie von E_k und einer konstanten Anzahl zusätzlicher Symbole auszudrücken. Damit können wir schließlich

$$P_n(x, y, z) = E_n(x, y, z, 0, 0, 0).$$

schreiben. Dies stellt sicher, daß $z = y^x$ gilt, und daß x und z ganze Zahlen im Bereich $0 \leq x, z < 2^{2^n}$ sind. □

Um die Lesbarkeit des folgenden zu verbessern, benutzen wir die Abkürzungen 2 für $1+1$, $2x$ für $x+x$, $x \leq y$ für $x < y \vee x = y$ und $x \leq y < z$ für $(x < y \vee x = y) \wedge y < z$. Die Expandierung einer abgekürzten Formel erbringt höchstens eine Multiplikation der Länge mit einem konstanten Faktor. Zusätzlich zu obigen Abkürzungen werden wir Konstanten wie 2^n und Multiplikationen wie ab in den Formeln benutzen. Technisch müssen diese durch die Einführung einer existenzquantifizierten Variablen (z.B. x) und die Erklärung von $x = 2^n$ bzw. $x = ab$ durch $P_n(n, 2, x)$ bzw. $M_n(a, b, x)$ ersetzt werden. Dies kann die Länge der Formel ebenfalls um einen konstanten Faktor erhöhen.

Wir beabsichtigen, TM-Berechnungen als ganze Zahlen zu kodieren. Sei M eine 2^n-zeit-beschränkte nichtdeterministische Turing-Maschine. Wenn b die Gesamtzahl von Band-Symbolen, zusammengesetzen Symbolen und der Markierung # ist, dann ist eine Berechnung von M eine ganze Zahl x im Bereich $0 \leq x < b^{(2n+1)^2+1}$. Die Feststellung, daß eine ganze Zahl eine Berechnung ist, wird durch ein Prädikat vereinfacht, das die i-te Ziffer in der Darstellung von x zur Basis b untersucht.

Lemma 13.12

Für jedes n und b existiert eine nur von b abhängige Konstante c, so daß es eine Formel $D_{n,b}(x, i, j)$ gibt, die genau dann wahr ist, wenn x und i ganze Zahlen mit $0 \leq x < b^{(2^n+1)^2+1}$ und $0 \leq i < 2^n$ sind und die $(i+1)$-te Ziffer x_i von x (gezählt vom niederwertigen Ende der Darstellung von x zur Basis b) gleich j ist. Außerdem gilt $|D_{n,b}| \leq c(n+1)$ und $D_{n,b}$ kann aus n und b in einer Zeit polynomial in n und b konstruiert werden.

Beweis:

Für jedes b existiert eine Konstante s, so daß $b^{(2^n+1)^2+1} \leq 2^{2^{sn}}$ für alle n gilt. Also kann die Tatsache, daß x eine ganze Zahl im richtigen Bereich ist, durch $\exists m[P_{sn}((2^n+1)^2, b, m) \wedge 0 \leq x < m]$ ausgedrückt werden. (Denken Sie an unsere vorausgegangene Bemerkung über Konstanten 2^n und deren Expandierung.) Daß i eine ganze Zahl im Bereich $0 \leq i < 2^n$ ist, kann durch $M_n(i, 0, 0) \wedge (0 \leq i < 2^n)$ ausgedrückt werden. Nun hat x zur Basis b genau dann Nullen in den Positionen $1, 2, ..., i+1$, wenn es durch b^{i+1} teilbar ist. Also ist $x_i = j$ genau dann, wenn es ganze Zahlen q und r gibt, so daß $x = qb^{i+1} + r$ und $jb^i \leq r < (j+1)b^i$. Diese Tatsache läßt sich einfach unter Verwendung von P_{sn} und M_{sn} ausdrücken. □

Satz 13.16

Jeder nichtdeterministische Algorithmus zur Entscheidung, ob eine Formel in der Theorie erster Ordnung der reellen Zahlen mit Addition wahr ist, benötigt 2^{cn} Schritte für unendlich viele n, wobei c eine beliebige Konstante mit $c > 0$ ist.

Beweis:

Der Beweis ist im Ansatz ähnlich zu dem von Satz 13.1. Sei M eine beliebige 2^n-zeitbeschränkte nichtdeterministische TM. Hier bestehen Zustandsbeschreibungen in Berechnungen von M aus 2^n Symbolen im Gegensatz zu $p(n)$ bei Satz 13.1. Sei die Gesamtzahl der Bandsymbole, zusammengesetzten Symbole und # gleich b. Dann besteht eine Berechnung von M auf einer Eingabe der Länge n aus $[(2^n+1)^2+1]$ Ziffern zur Basis b. Wir können diese Berechnung als eine ganze Zahl i im Bereich $0 \leq i < 2^{2^{sn}}$ für eine Konstante s betrachten. Zur Vereinfachung nehmen wir an, daß die niederwertigen Ziffern von i am linken Ende der Berechnung stehen.

Sei x eine Eingabe der Länge n für M. Wir konstruieren eine Formel F_x, die genau dann wahr ist, wenn x von M akzeptiert wird. F_x ist von der Form $\exists i(...)$, wobei die Formel innerhalb der Klammern zusichert, daß i eine akzeptierende Berechnung von x ist. Diese Formel ist analog zu der in Satz 13.1. Die ersten $n+1$ Symbole der Berechnung sind

$$\#[q_0, a_1, m]a_2...a_n$$

unter der Annahme, daß $x = a_1a_2...a_n$, q_0 der Anfangszustand und m eine beliebige Wahl der ersten Bewegung ist. Um festzustellen, daß die ersten $n+1$ Symbole der Berechnung korrekt sind, sagen wir, daß u und j so existieren, daß der Wert von u gleich $\#[q_0, a_1, m]a_2...a_n$ für ein m ist und $i = b^{n+1}j + u$ eine ganze Zahl j darstellt.

Wir müssen diese Formel in $O(n)$ Band in einer Zeit polynomial in n schreiben. Durch Induktion über $k = 2, 3, ..., n+1$ können wir eine Formel $C_k(v)$ mit einer freien Variablen v schreiben, die gewährleistet, daß der Wert von v der numerische Wert der ersten k Symbole der Berechnung ist. Für den Induktionsanfang für $k = 2$ schreiben wir einfach eine Formel

$$C_2(v) = (v = p_1 \;\vee\; v = p_2 \;\vee\; ... \;\vee\; v = p_n),$$

wobei die p_j die ganzen Zahlen sind, die durch $\#[q_0, a_1, m]$ für die endliche Menge der Werte von m dargestellt werden. Für die Induktion gilt

$$C_k(v) = \exists w(C_{k-1}(w) \;\wedge\; v = bw + a_{k-1}),$$

wobei a_{k-1} als numerischer Wert des Bandsymbols a_{k-1} anzunehmen ist. Um die Benutzung von n Variablen zum Ausdrücken von C_{n+1} zu vermeiden, was ihre Länge auf O($n$log$n$) erhöhen würde, alternieren wir bei der Konstruktion von $C_2, C_3, ..., C_{n+1}$ zwischen zwei Variablen (wie v und w).

Die erwünschte Formel gewährleistet $C_{n+1}(u)$ und $i = b^{n+1}j + u$ für eine ganze Zahl j. Letztere Zusicherung ist ähnlich dem, was in Lemma 13.12 getan wurde, weshalb wir die Technik hier nicht wiederholen.

Um auszudrücken, daß die anfängliche Zustandsbeschreibung in Satz 13.1 richtig war, war die die Zusicherung nötig, daß "annähernd" $p(n)$ Felder das Blank-Symbol enthalten. Dies wurde durch das logische $\vee$ von $p(n)$ Elementen erreicht. Wir müssen nun zusichern, daß etwa 2^n Felder das Blank-Symbol enthalten, und dabei können wir nicht das logische $\vee$ über 2^n Formeln benutzen; dies würde eine zu lange Formel ergeben. Stattdessen benutzen wir den Quantor $\forall j$ und sichern zu, daß j eine ganze Zahl ist, die entweder nicht in dem Bereich $n + 2 < j \leq 2^n + 1$ liegt, oder das j-te Symbol Blank ist, was wir durch 0 angeben. Wir schreiben also

$$\forall j[\neg M_{sn}(j, 0, 0) \quad \vee \quad \neg(n + 2 \leq j \leq 2^n + 1) \quad \vee \quad D_{n,b}(i, j, 0)].$$

Die Formeln, die die letzte Zustandsbeschreibung zwingen, einen Endzustand zu enthalten, und die jede Zustandsbeschreibung zwingen, aus der vorhergehenden Zustandsbeschreibung aufgrund einer Wahl von Bewegungen, die in der vorhergehenden Zustandsbeschreibung eingebettet sind, zu folgen, werden ähnlich aus den Techniken aus Satz 13.1 übernommen. Danach haben wir dann eine Formel E_x, deren Länge proportional zu n ist, und die genau dann wahr ist, wenn x von M akzeptiert wird.

Nehmen wir nun an, M akzeptiere eine Sprache L in 2^n Zeit, die von keiner $2^{n/2}$-zeit-beschränkten nichtdeterministischen Turing-Maschine erkannt wird. (Die Existenz einer solchen Sprache folgt aus der NZEIT-Hierarchie von Cook [1973a], die wir nicht bewiesen haben.) Wir können L wie folgt erkennen: Bei gegebenem x der Länge n ist die Formel E_x zu produzieren, die genau dann wahr ist, wenn x in L ist. Wenn nun $T(n)$ nichtdeterministische Zeit genügt, um die Menge der wahren Formeln in der Theorie erster Ordnung der reellen Zahlen mit Addition zu akzeptieren, können wir in einer Zeit $p(n) + T(cn)$ entscheiden, ob x in L ist. Dann ist $p(n) + T(cn) > 2^{n/2}$ für unendlich viele n; andernfalls könnten wir L nach Lemma 12.3 in einer Zeit von höchstens $2^{n/2}$ für alle n erkennen. Es folgt, daß $T(n) \geq 2^{dn}$ u.o. für ein $d > 0$ gilt. □

Korollar:

Die Theorie der reellen Zahlen mit Addition ist nichtdeterministisch exponentiell-zeit-hart unter Berücksichtigung von Polynom-Zeit-Reduktionen.

Beweis:

Der Beweis ist eine einfache Verallgemeinerung der vorangegangenen Reduktion einer 2^n Turing-Maschine mit nichtdeterministischer Zeit. □

13.7 DIE $\mathcal{P} = \mathcal{NP}$ FRAGE FÜR TM MIT ORAKELN: DIE GRENZEN UNSERER FÄHIGKEIT ZU BESTIMMEN, OB $\mathcal{P} = \mathcal{NP}$ GILT

Der Leser sollte sich aus Abschnitt 8.9 unsere Diskussion über Turing-Maschinen mit Orakeln ins Gedächtnis rufen. Diese Turing-Maschinen hatten assoziierte Sprachen — Orakel genannt — und spezielle Zustände, in denen das Enthaltensein der links vom Kopf stehenden Zeichenkette in einem Schritt auf das Enthaltensein im Orakel getestet werden konnte. In einer Orakel-TM kann jedes Orakel eingebaut sein, obwohl ihr Verhalten natürlich in Abhängigkeit vom Orakel variiert. Ist A ein Orakel, so benutzen wir M^A für die TM M mit Orakel A. Die Zeit, die von einer Orakel Turing-Maschine benutzt wird, ist ein Schritt für jede Anfrage an das Orakel und ein Schritt für jede gewöhnliche Bewegung der Turing-Maschine.

Wir definieren $\mathcal{P}^A$ als die Menge der Sprachen, die in polynomialer Zeit durch deterministische Turing-Maschinen mit Orakel A akzeptiert werden. Wir definieren ebenso $\mathcal{NP}^A$ als die Menge von Sprachen, die von nichtdeterministischen Turing-Maschinen mit Orakel A in polynomialer Zeit akzeptiert werden. Wir werden beweisen, daß es Orakel A und B gibt, für die $\mathcal{P}^A = \mathcal{NP}^A$ und $\mathcal{P}^B \neq \mathcal{NP}^B$ gilt. Dieses Ergebnis hat Auswirkungen was unsere Fähigkeit betrifft, die $\mathcal{P} = \mathcal{NP}$-Frage für Turing-Maschinen ohne Orakel zu lösen. Intuitiv funktionieren alle bekannten Methoden, um die Frage auf die eine oder andere Weise bei Verwendung eines beliebigen Orakels zu lösen. Doch die Existenz von A und B sagt uns, daß es keine derartige Methode geben kann, die für beliebige Orakel funktioniert. Also reichen alle existierenden Methoden wahrscheinlich nicht aus, um festzulegen, ob $\mathcal{P} = \mathcal{NP}$ gilt. Wir werden Details für diesen Ansatz liefern, nachdem wir die Konstruktion von A und B gesehen haben.

Ein Orakel, für das $\mathcal{P} = \mathcal{NP}$ gilt

Satz 13.17
$\mathcal{P}^A = \mathcal{NP}^A$, wobei $A = L_{qbf}$, der Menge aller wahren quantifizierten booleschen Formeln (oder jedes andere PBAND-vollständige Problem).
Beweis:
Sei M^A nichtdeterministisch polynomial-zeit-beschränkt, und sei $L = L(M^A)$. Dann fragt M^A ihr Orakel eine polynomiale Anzahl von Malen für Zeichenketten, deren Längen durch ein Polynom der Länge der Eingabe für M^A beschränkt sind. Also können wir eine Orakel-Berechnung in polynomialem Band simulieren. Es folgt, daß $\mathcal{NP}^A \subseteq$ PBAND. Jede Sprache L in PBAND wird jedoch von einer deterministischen M^A akzeptiert, die L in polynomialer Zeit auf A reduziert und dann ihr Orakel befragt. Also gilt PBAND $\subseteq \mathcal{P}^A$. Natürlich gilt auch $\mathcal{P}^A \subseteq \mathcal{NP}^A$, so daß $\mathcal{P}^A = \mathcal{NP}^A$ gilt. □

Ein Orakel, für das $\mathcal{P} \neq \mathcal{NP}$ gilt

Wir zeigen nun, wie man ein Orakel $B \subseteq (\mathbf{0}+\mathbf{1})^*$ konstruiert, für das $\mathcal{P}^B \neq \mathcal{NP}^B$ gilt. B wird höchstens ein Wort von jeder Länge haben; welche Wörter das genau sind, wird später diskutiert. Wir interessieren uns für die Sprache

$$L = \{0^i \mid B \text{ hat ein Wort der Länge } i\}.$$

Wir können einfach eine nichtdeterministische Turing-Maschine mit Orakel B konstruieren, die bei gegebener Eingabe 0^i eine Zeichenkette der Länge i in $(\mathbf{0}+\mathbf{1})^*$ rät und ihr Orakel zu der geratenen Zeichenkette befragt; sie akzeptiert, wenn das Orakel "ja" sagt. Also ist L in $\mathcal{NP}^B$. Wir können jedoch B so konstruieren, daß die Zeichenkette einer jeden Länge (falls es eine gibt) so versteckt ist, daß eine deterministische TM mit Orakel B sie nicht in polynomialer Zeit finden kann.

Satz 13.18
Es gibt ein Orakel B mit $\mathcal{P}^B \neq \mathcal{NP}^B$.
Beweis:
Wir geben eine Prozedur an, um die Menge B aufzuzählen; die Menge B hat höchstens ein Wort von jeder Länge. Durch Erzeugung von B, erhalten wir eine Liste verbotener Wörter; diese Wörter werden aus der Betrachtung für ein mögliches Enthaltensein in B ausgeschlossen. Wir betrachten eine Aufzählung von deterministischen Turing-Maschinen mit Orakel und Eingabe-Alphabet $\{0,1\}$, in der jede Turing-Maschine unendlich oft auftritt; dann betrachten wir nacheinander jede TM M_i für $i = 1, 2, ...$ Wenn M_i betrachtet wird, sind bereits einige verbotene Wörter und eine Menge B_i von Wörtern, die bis dahin in B enthalten sind, erzeugt worden. Es wird höchstens je ein Wort der Länge $0, 1, ..., i-1$ in B_i enthalten sein, und keine längeren Wörter. Außerdem werden im folgenden keine Wörter, die kürzer als i sind, zu B hinzugefügt. Wir simulieren $M_i^{B_i}$ auf der Eingabe 0^i. Wenn M_i ein Wort mit einer Länge kleiner als i abfragt, konsultieren wir B_i — darin sind alle Wörter, die bisher in B sind — um zu sehen, ob das Orakel "ja" oder "nein" antwortet. Wenn M_i ein Wort y mit einer Länge kleiner oder gleich i abfragt, so nehmen wir an, daß y nicht in B ist (d.h. die Antwort ist "nein"), und um sicherzugehen, daß y nicht später noch zu B hinzugefügt wird, addieren wir y zu der Liste der verbotenen Wörter hinzu.

Die Simulation von $M_i^{B_i}$ auf 0^i geht für $i^{\log i}$ Schritte weiter. Danach — egal ob M_i hält oder nicht — treffen wir eine Entscheidung über ein Wort, das in B zu setzen ist. Wenn $M_i^{B_i}$ innerhalb von $i^{\log i}$ Schritten stoppt und 0^i verwirft, dann setzen wir ein Wort der Länge i, das nicht auf der verbotenen Liste steht, in B — vorausgesetzt, es gibt ein solches Wort. Das Wort kann willkürlich gewählt werden, beispielsweise das erste lexikographische Wort, das nicht verboten ist. Wenn $M_i^{B_i}$ nicht innerhalb von $i^{\log i}$ Schritten 0^i verwirft, dann wird kein Wort der Länge i in B plaziert.

Es gibt auch kein Wort der Länge i in B, wenn alle Wörter der Länge i verboten sind zu dem Zeitpunkt, zu dem wir die Simulation von $M_i^{B_i}$ beenden. Die Anzahl von Schritten, die für $M_j^{B_j}$ simuliert wurden, ist jedoch $j^{\log j}$, so daß die Gesamtzahl von Wörtern aller Längen, die von $M_1, M_2, ..., M_i$ verboten wurden, höchstens

$$\sum_{j=1}^{i} j^{\log j} \leq i(i^{\log i}) \leq i^{1+\log i}$$

ist. Da es 2^i Wörter der Länge i gibt, wissen wir, daß nicht alle Wörter der Länge i verboten sind, wenn $2^i > i^{1+\log i}$ gilt, d.h. wenn $i > (1+\log i)\log i$. Doch letztere

Beziehung gilt für $i > 32$, so daß nur für eine endliche Zahl kleiner i alle Wörter der Länge i verboten sein können.

Wenn wir die Simulation von $M_i^{B_i}$ auf 0^i für $i^{\log i}$ Schritte beendet haben, erzeugen wir das ausgewählte Wort (falls es eins gibt), woduch wir eine neue Menge B_{i+1} von erzeugten Wörtern erhalten. Wir sind nun in der Lage, den Vorgang für $M_{i+1}^{B_{i+1}}$ auf 0^{i+1} zu wiederholen.

Als nächstes definieren wir eine Sprache L, die in $\mathcal{NP}^B - \mathcal{P}^B$ ist. Sei

$$L = \{0^i \mid B \text{ hat ein Wort der Länge } i\}.$$

Wir können einfach eine nichtdeterministische TM mit linearer Zeit und Orakel B konstruieren, die bei gegebener Eingabe 0^i nichtdeterministisch eine Zeichenkette w der Länge i aus $(\mathbf{0}+\mathbf{1})^*$ rät, ihr Orakel über w befragt und akzeptiert, wenn das Orakel "ja" sagt. Also liegt L in $\mathcal{NP}^B$.

Wir nehmen an, daß L in $\mathcal{P}^B$ liegt. M_k^B akzeptiere L, wobei M_k^B eine deterministische polynomial-$p(n)$-zeit-beschränkte TM mit Orakel B ist. Da jede Turing-Maschine beliebig lange Kodierungen hat, können wir k so wählen, daß $k \geq 32$ und $k^{\log k} \geq p(k)$ gilt. Wenn 0^k von M_k^B akzeptiert wird, dann liegt 0^k in L, so daß B ein Wort der Länge k hat. Dies bedeutet, daß 0^k von $M_k^{B_k}$ verworfen wird. Doch M_k^B und $M_k^{B_k}$ müssen sich auf der Eingabe 0^k identisch verhalten, da B und B_k auf den Wörtern kürzer als k übereinstimmen; außerdem hat B kein Wort der Länge größer oder gleich k, das von $M_k^{B_k}$ auf 0^k abgefragt wird. Also wird 0^k von M_k^B verworfen, was ein Widerspruch ist.

Wenn 0^k von M_k^B verworfen wird und demnach 0^k nicht in L ist, dann kann 0^k nicht innerhalb von $k^{\log k}$ Schritten von $M_k^{B_k}$ verworfen werden. Dies folgt, da $k \geq 32$ gilt, und wenn 0^k von $M_k^{B_k}$ innerhalb von $k^{\log k}$ Schritten verworfen worden wäre, wäre immer noch ein Wort der Länge k nicht auf der verbotenen Liste, und dieses Wort wäre in B. Also wäre 0^k nicht in L. Also wird 0^k nicht innerhalb von $k^{\log k}$ Schritten von M_k^B verworfen. Da aber $k^{\log k} \geq p(k)$ gilt, wird 0^k überhaupt nicht von M_k^B verworfen, was ein weiterer Widerspruch ist. Daraus schließen wir, daß L in $\mathcal{NP}^B - \mathcal{P}^B$ ist. □

Die Bedeutung von Orakel-Ergebnissen

Wir wollen die in diesem Buch verwendeten Methoden betrachten, um zu zeigen, daß zwei Sprachklassen gleich oder verschieden sind; außerdem wollen wir sehen, warum die Sätze 13.17 und 13.18 nahelegen, daß diese Methoden bei der Lösung der $\mathcal{P} = \mathcal{NP}$-Frage versagen. Wir haben durch Simulation gezeigt, daß einige Klassen gleich sind. Z.B. enthält Kapitel 7 viele Simulationen eines Typs von Turing-Maschinen durch einen anderen. Kapitel 5 enthielt Simulationen von KA durch kfG und umgekehrt.

Wir nehmen an, wir könnten beliebige zeit-beschränkte nichtdeterministische Turing-Maschinen durch polynomial-zeit-beschränkte deterministische Turing-Maschinen simulieren. (Beachten Sie, daß ein gegebener Polynom-Zeit-Algorithmus für irgendein NP-vollständiges Problem in Wirklichkeit eine Polynom-Zeit-Simulation aller nichtdeterministischen Turing-Maschinen ist.) Es ist wahrscheinlich, daß die Simulation immer noch gültig wäre, wenn wir zu jeder Turing-Maschine dasselbe

Orakel hinzufügen. Z.B. sind alle Simulationen aus Kapitel 7 noch gültig, wenn wir Orakel-TM benutzen. Doch dann haben wir $\mathcal{P}^B = \mathcal{NP}^B$, wovon wir gerade gezeigt haben, daß es falsch ist.

Von anderen Sprachklassen haben wir durch Diagonalisierung gezeigt, daß sie ungleich sind. Die Hierarchiesätze 12.8 und 12.9 und der Beweis, daß L_u eine rekursiv aufzählbare Menge, aber keine rekursive Menge ist, sind erste Beispiele. Diagonalisierungen scheinen auch zu funktionieren, wenn Orakel mit einbezogen werden — zumindest in den drei zitierten Beispielen. Wenn wir über $\mathcal{P}$ diagonalisieren könnten, um zu zeigen, daß eine Sprache in $\mathcal{NP} - \mathcal{P}$ ist, dann könnte derselbe Beweis verwendet werden, um $\mathcal{NP}^A - \mathcal{P}^A \neq \emptyset$ zu zeigen. Dies würde Satz 13.17 widersprechen.

Wir haben auch Übertragungslemmata benutzt, um die Zeit- und Band-Hierarchien aus Kapitel 12 zu verfeinern. Könnten diese helfen, um $\mathcal{P} \neq \mathcal{NP}$ zu zeigen? Wahrscheinlich nicht, da die Übertragungslemmata auch gelten, wenn Orakel verwendet werden.

Schließlich können wir Abgeschlossenheitseigenschaften benutzen, um den Unterschied zwischen zwei Sprachklassen zu zeigen. Z.B. sind die dkfS, die eine Teilmenge der kfS bilden, unter Komplementbildung abgeschlossen, aber die kfS nicht. Dies beweist, daß es eine kfS gibt, die keine dkfS ist. Könnten wir eine Abgeschlossenheitseigenschaft von $\mathcal{P}$ finden, die nicht auch für $\mathcal{NP}$ gilt? Dies erscheint zunächst der vielversprechendste Ansatz zu sein. Während Beweise, daß $\mathcal{P}$ abgeschlossen unter einer Operation ist, wahrscheinlich auch zeigen, daß $\mathcal{P}^A$ unter dieser Operation abgeschlossen ist, könnte ein Ergebnis, daß $\mathcal{NP}$ unter einer Operation nicht abgeschlossen ist, nicht auf $\mathcal{NP}^A$ übertragen werden. Auf der anderen Seite beinhaltet der Beweis, daß $\mathcal{NP}$ unter einer Operation nicht abgeschlossen ist, den Beweis, daß eine bestimmte Sprache nicht in $\mathcal{NP}$ ist. Dieser Beweis könnte mit Diagonalisierung durchgeführt werden; dann würde er allerdings wahrscheinlich auf $\mathcal{NP}^A$ übergehen. Es könnte auch ein Pumping-Lemma für $\mathcal{NP}$ entwickelt werden; doch dies scheint weit über die heutigen Fähigkeiten hinauszugehen. Schließlich könnten wir ein *ad-hoc* Argument entwickeln; bisher wurden jedoch noch keine derartigen Argumente gefunden, und sie scheinen ziemlich schwer zu sein.

ÜBUNGEN

13.1 Nehmen Sie an, es gäbe eine 2^n-zeit-beschränkte Reduktion von L_1 auf L_2, und L_2 ist in DZEIT(2^n). Was können wir daraus über L_1 schließen?

13.2 Welche der folgenden booleschen Formeln ist erfüllbar?

a) $\bar{x}_1 \wedge x_3 \wedge (\bar{x}_2 \vee \bar{x}_3)$

* b) $\bigwedge_{i_1,i_2,i_3}(x_{i_1} \vee x_{i_2} \vee x_{i_3}) \wedge \bigwedge_{i_1,i_2,i_3}(\bar{x}_{i_1} \vee \bar{x}_{i_2} \vee \bar{x}_{i_3})$, wobei sich die i_1, i_2, i_3 im Bereich aller Tripel aus drei verschiedenen ganzen Zahlen zwischen 1 und 5 bewegen.

13.3 Eine *Gruppe* in einem Graph G ist ein vollständiger Teil-Graph von G, d.h. jedes Knotenpaar ist durch eine Kante verbunden. Das Gruppen-Problem ist zu bestimmen, ob ein gegebener Graph G eine Gruppe der gegebenen Größe k enthält.

a) Formulieren Sie das Gruppen-Problem als ein Sprach-Erkennungsproblem.

b) Beweisen Sie, daß das Gruppen-Problem NP-vollständig ist, indem Sie das Knoten-Überdeckungsproblem auf das Gruppen-Problem reduzieren.

[*Hinweis:* Betrachten Sie einen Graphen G und sein Komplement $\bar{G}$, wobei $\bar{G}$ genau dann eine Kante enthält, wenn G diese Kante nicht hat.]

13.4 Bei einem gegebenen Graphen G und einer ganzen Zahl k ist das *Gruppen-Überdeckungsproblem* zu bestimmen, ob es k Gruppen in G gibt, so daß jeder Knoten von G in wenigstens einer der k Gruppen ist. Beweisen Sie, daß das Gruppen-Überdeckungsproblem NP-vollständig ist, indem Sie das Knoten-Überdeckungsproblem auf das Knoten-Überdeckungsproblem für Graphen ohne Dreiecke und damit auf das Gruppen-Überdeckungsproblem reduzieren. [*Hinweis:* Betrachten Sie Graphen $G = (Kn, Ka)$ und

$$G' = (Ka, \{(e_1, e_2) \mid e_1, e_2 \text{ sind mit dem gleichen Knoten in } G \text{ verbunden}\})].$$

13.5 Hat der Graph aus Abbildung 13.7

a) einen Hamilton-Zyklus?

b) eine Knoten-Überdeckung der Größe 10?

c) eine Knoten-Färbung mit 2 Farben, so daß keine zwei benachbarten Knoten die gleiche Farbe haben?

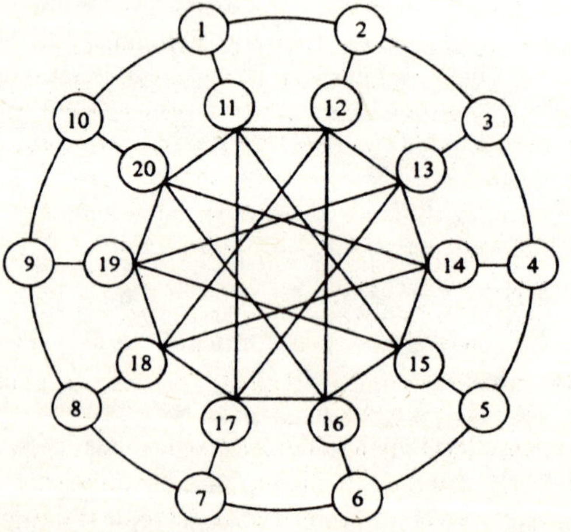

Abb. 13.7: Ein ungerichteter Graph.

13.6 Beweisen Sie, daß das Problem chromatischer Zahlen NP-vollständig ist, indem Sie das 3-KNF-Erfüllbarkeitsproblem auf das Problem chromatischer Zahlen reduzieren. [*Hinweis:* Der Graph aus Abbildung 13.8 kann als Teil-Graph in der Konstruktion benutzt werden. Beachten Sie, daß jedes v_i mit einer unterschiedlichen Farbe gefärbt sein muß, z.B. Farbe i. Der gesamte Graph kann genau dann mit $n+1$ Farben gefärbt werden, wenn für jedes i mit $1 \le i \le n$ einer von x_i und $\bar{x}_i$ mit der Farbe i und der andere mit der Farbe $n+1$ gefärbt ist.]

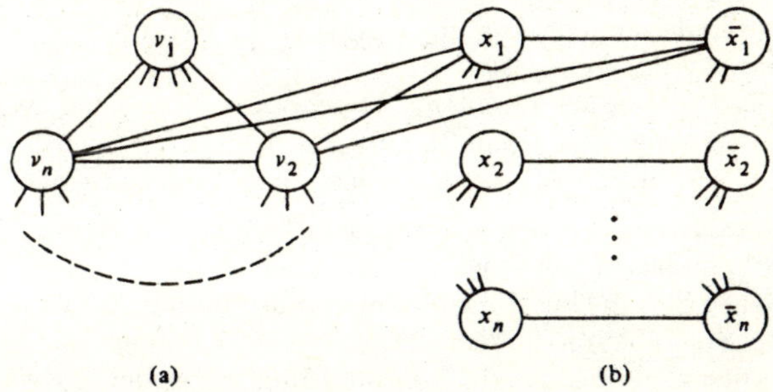

$V = \{v_i, x_i, \bar{x}_i \mid 1 \le i \le n\}$

$E = \{(v_i, v_j) \mid i \ne j\} \cup \{(x_i, \bar{x}_i) \mid 1 \le i \le n\} \cup \{(v_i, x_j), (v_i, \bar{x}_j) \mid i \ne j\}$

Abb. 13.8: Graph um zu zeigen, daß das Problem chromatischer Zahlen NP-vollständig ist: (a) vollständiger Graph mit n Knoten; (b) x_i und $\bar{x}_i$ sind mit allen v_j für $i \ne j$ verbunden.

13.7 Zeigen Sie, daß die folgenden Probleme NP-vollständig sind:

a) Gibt es bei gegebenem Graph G mit ganzzahligen Abständen auf den Kanten und zwei ganzen Zahlen f und d einen Weg, f Knoten aus G auszuwählen, auf die "Feuerwehrhäuser" so plaziert werden können, daß kein Knoten mehr als d von einem Feuerwehrhaus entfernt ist?

b) *Das Problem der Code-Generierung für Ein-Register-Maschinen.* Nehmen Sie an, daß wir einen Computer mit einem Register und folgenden Anweisungen haben:

LOAD	m	Der Wert aus Speicherplatz m ist in das Register zu holen
STORE	m	Der Wert aus dem Register ist im Speicherplatz m zu speichern
OP	m	OP — ein beliebiger binärer Operator — ist mit dem Register als linkem und dem Speicherplatz m als rechtem Argument anzuwenden; das Ergebnis verbleibt im Register

Gibt es bei einem gegebenen mathematischen Ausdruck, von dem jeder Operand einen Speicherplatz bezeichnet und bei einer gegebenen

Konstante k ein Programm, das den Ausdruck mit k oder weniger Anweisungen auswertet?

** c) *Das Scheduling-Problem.* Gegeben sei eine Menge von Aufgaben T_1, ..., T_k, eine Anzahl von Prozessoren p, eine Zeitgrenze t und eine Menge von Bedingungen der Form $T_i < T_j$, was bedeutet, daß die Aufgabe T_i vor der Aufgabe T_j auszuführen ist. Gibt es einen Schedule, d.h. eine Zuweisung von höchstens einer Aufgabe an einen Prozessor zu jeder Zeiteinheit, so daß, wenn $T_i < T_j$ eine Bedingung ist, dann T_i einer früheren Zeiteinheit als T_j zugewiesen wird, und daß innerhalb von t Zeiteinheiten jede Aufgabe einmal einem Prozessor für eine Zeiteinheit zugewiesen worden ist?

** d) *Das Problem der genauen Überdeckung.* Gibt es bei gegebener Menge S und einer Menge von Teilmengen $S_1, S_2, ..., S_k$ von S eine Teilmenge $T \subseteq \{S_1, S_2, ..., S_k\}$, so daß jedes x in S in genau einem S_i aus T ist?

13.8 *Das Spannbaum-Problem.* Bestimmen Sie, ob ein Baum T isomorph zu einem Spannbaum von G ist.

a) Geben Sie eine log-Band-Reduktion des Hamilton-Zyklus-Problems auf das Spannbaum-Problem an.

* b) Geben Sie eine direkte log-Band-Reduktion der 3-KNF-Erfüllbarkeit auf das Spannbaum-Problem an.

13.9 a) Ein *n-dimensionales Gitter* ist ein Graph $G = (Kn, Ka)$, wobei

$$Kn = \{(i_1, i_2, ..., i_n) \mid 1 \le i_j \le m_j, 1 \le j \le n\}$$

und $Ka = \{(v_1, v_2) \mid v_1$ und v_2 unterscheiden sich nur in einer Koordinate, und der Unterschied zwischen v_1 und v_2 in dieser Koordinate ist eins$\}$. Für welche Werte m_j und n hat G einen Hamilton-Zyklus?

* b) Sei G ein Graph, dessen Knoten die Felder eines 8×8 Schachbretts darstellen und dessen Kanten die legalen Bewegungen des Springers sind. Bestimmen Sie einen Hamilton-Zyklus in G.

* **13.10** Beweisen Sie, daß das Hamilton-Zyklus-Problem selbst dann NP-vollständig ist, wenn es auf ebene Graphen beschränkt wird. [*Hinweis:* Zeigen Sie zuerst, daß das Hamilton-Zyklus-Problem für ebene Graphen mit "Einschränkungen" NP-vollständig ist, indem Sie $L_{3\text{erf}}$ darauf reduzieren. Betrachten Sie insbesondere die Klasse von ebenen Graphen mit eingeschränkten Pfeilen, die bestimmte Paare von Kanten verbinden. Eingeschränkte Pfeile dürfen einander kreuzen, doch sie dürfen keine Kante des Graphen kreuzen. Zeigen Sie, daß die Existenz von Hamilton-Zyklen, die genau eine Kante von jedem Paar eingeschränkter Kanten benutzen, NP-vollständig ist. Dann sind die eingeschränkten Pfeile Stück für Stück durch Graph-Kanten mit der Substitution aus Abbildung 13.9(a) zu ersetzen. Bei diesem Prozeß kann ein eingeschränkter Pfeil eine Graph-Kante kreuzen — jedoch nur dann, wenn die Graph-Kante in einem Hamilton-Zyklus vorhanden sein muß. Diese Kreuzungen können durch die Substitution aus Abbildung 13.9(b) entfernt werden. Der Graph aus Abbildung 13.10 kann

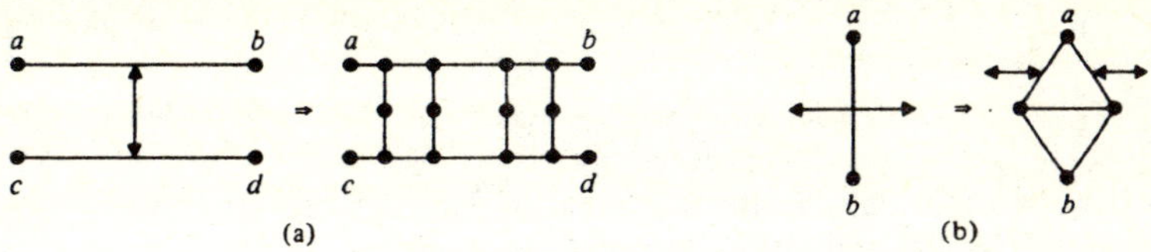

Abb. 13.9: Umformungen für Übung 13.10.

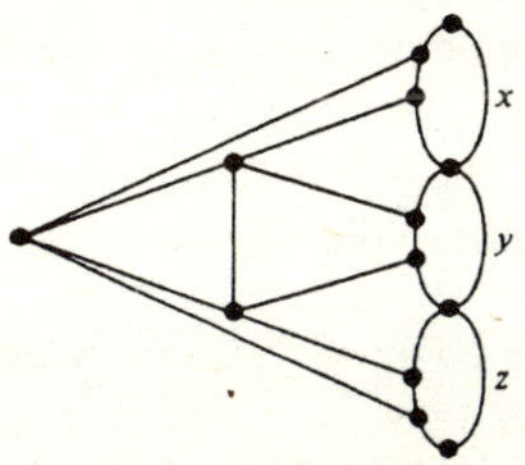

Abb. 13.10: Graph, der in der Konstruktion von Übung 13.10 benutzt wird.

beim ersten Schritt aus dem Hinweis nützlich sein, um eine Clause $x+y+z$ darzustellen.]

*** 13.11** Ein Graph ist *4-zusammenhängend*, wenn das Entfernen dreier beliebiger Knoten und der damit verbundenen Kanten den Graphen zusammenhängend läßt. Beweisen Sie, daß das Hamilton-Zyklus-Problem sogar für 4-zusammenhängende Graphen NP-vollständig ist. [*Hinweis:* Konstruieren Sie einen Teil-Graphen mit vier unterschiedlichen Knoten, die einen Knoten in einem beliebigen Graphen so ersetzen können, daß — sogar wenn weitere Kanten von den vier neuen Knoten zu anderen Knoten von G hinzugefügt werden — der resultierende Graph genau dann einen Hamilton-Zyklus hat, wenn G einen hat.]

*** 13.12** Beweisen Sie, daß das Problem zu bestimmen, ob ein lineares Gleichungssystem $A\mathbf{x} = \mathbf{b}$ eine Lösung $\mathbf{x}$ mit k Komponenten identisch null hat, NP-vollständig ist. [*Hinweis:* Wenn die x_i auf 1 oder 0 beschränkt sind, dann kann eine Ungleichung der Form $x_1+x_2+x_3 \geq 1$ durch eine Gleichung der Form $y + x_1 + x_2 + x_3 = 4$ ersetzt werden — vorausgesetzt, y ist auf die Werte 1, 2 oder 3 beschränkt. Das Gleichungssystem $y + z_1 + z_2 = 3$, $y = z_3 + z_4$ und $z_i + \bar{z}_i = 1$ für $1 \leq i \leq 4$ hat keine Lösung, in der mehr als vier Variablen null sind; außerdem hat es eine Lösung, bei der genau vier Variablen genau dann gleich null sind, wenn $y = 1, 2$ oder 3 ist.]

*** 13.13** Ein *Kern* eines gerichteten Graphen ist eine Knotenmenge, so daß folgendes gilt:

1) Es gibt keinen Pfeil von einem Knoten im Kern zu einem anderen Knoten im Kern;
2) Jeder Knoten ist entweder im Kern oder hat einen Pfeil in den Kern hinein oder aus dem Kern heraus.

Beweisen Sie, daß die Bestimmung, ob eine gerichteter Graph einen Kern hat, NP-vollständig ist. [*Hinweis:* Beachten Sie, daß ein Zyklus der Länge zwei oder drei nur einen Knoten im Kern haben kann.]

13.14 Beweisen Sie, daß das Problem des Handlungsreisenden NP-vollständig ist.

**** 13.15** Betrachten Sie Näherungslösungen für das Problem des Handlungsreisenden. Zeigen Sie, daß die Existenz eines Polynom-Zeit-Algorithmus, der eine Tour innerhalb der doppelten Kosten der optimalen Tour erzeugt, $\mathcal{P} = \mathcal{NP}$ implizieren würde.

***L 13.16** Betrachten Sie das Problem des Handlungsreisenden, wobei die Distanzen der Dreiecksungleichung genügen, d.h. folgendes gilt:

$$d(v_1, v_3) \leq d(v_1, v_2) + d(v_2, v_3).$$

Geben Sie einen Polynom-Zeit-Algorithmus an, um eine Tour zu finden, die innerhalb der doppelten Kosten der optimalen Tour liegt.

*** 13.17** Nehmen Sie an, es existiere ein Polynom-Zeit-Algorithmus, um eine Gruppe in einem Graphen zu finden, die mindestens halb so groß wie die maximale Gruppe ist.

a) Beweisen Sie, daß es dann einen Polynom-Zeit-Algorithmus gäbe, um eine Gruppe zu finden, die mindestens $1/\sqrt{2}$-mal die Größe der maximalen Gruppe hat. [*Hinweis:* Betrachten Sie das Ersetzen jedes Knotens eines Graphen durch eine Kopie des Graphen.]
b) Beweisen Sie, daß es für jedes $k < 1$ einen Polynom-Zeit-Algorithmus gäbe, um eine Gruppe zu finden, die mindestens k-mal so groß wie die maximale Gruppe ist.

*** 13.18** Beweisen Sie, daß es NP-vollständig ist zu entscheiden, ob die chromatische Zahl eines Graphen kleiner oder gleich 3 ist. [*Hinweis:* Der Graph aus Abbildung 13.11 kann als schwache Form eines ODER-Gatters benutzt werden, wenn nur drei Farben zur Verfügung stehen, und zwar in dem Sinn, daß die Ausgabe genau dann "wahr" gefärbt werden kann, wenn mindestens eine Eingabe "wahr" gefärbt ist.]

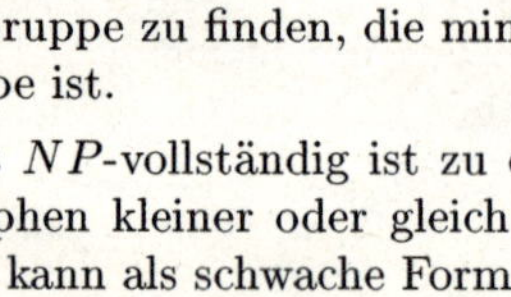

Abb. 13.11: Der in Übung 13.18 benutzte Graph.

**** 13.19** Für $n \geq 6$ sei $G_n = (Kn_n, Ka_n)$ der Graph mit

$$Kn_n = \{(i, j, k) \mid i, j, k \text{ sind unterschiedliche Elemente aus } \{1, 2, ..., n\}\},$$

$$Ka_n = \{(u, v) \mid u \text{ und } v \text{ sind in disjunkten Tripeln}\}.$$

a) Sei $X_m(G)$ die minimale Anzahl von Farben, die benötigt wird, um m verschiedene Farben so jedem Knoten von G zuzuweisen, daß keine zwei benachbarten Knoten eine Farbe gemeinsam haben. Beweisen Sie für $n \geq 6$, daß $X_3(G_n) = n$ und $X_4(G_n) = 2n - 4$ gilt.

b) Nehmen Sie an, es gäbe einen Algorithmus mit polynomialer Zeit, um einen Graph G mit höchsten der doppelten Anzahl der mindestens benötigten Farben zu färben. Beweisen Sie dann, daß damit $\mathcal{P} = \mathcal{NP}$ gelten würde. [*Hinweis:* Kombinieren Sie Teil (a) mit Übung 13.18.]

**** 13.20** Konstruieren Sie einen Algorithmus, um einen Hamilton-Zyklus in einem Graph zu finden, der unter der Annahme, daß $\mathcal{P} = \mathcal{NP}$ gilt, einen Hamilton-Zyklus immer dann in polynomialer Zeit finden wird, wenn einer existiert. Wenn kein Hamilton-Zyklus existiert, braucht der Algorithmus nicht in polynomialer Zeit zu laufen. Beachten Sie, daß es nicht ausreicht, einen nichtdeterministischen Algorithmus zu erstellen und dann die Hypothese $\mathcal{P} = \mathcal{NP}$ anzuwenden, um zu behaupten, daß es einen deterministischen Polynom-Zeit-Algorithmus gibt. Der potentielle deterministische Polynom-Zeit-Algorithmus muß tatsächlich angegeben werden.

**** 13.21** Beweisen Sie unter der Voraussetzung, daß $\mathcal{P} \neq \mathcal{NP}$ gilt, daß es für L in $\mathcal{NP}$ nicht entscheidbar ist, ob L in $\mathcal{P}$ ist.

**** 13.22** Beweisen Sie, daß die Existenz einer NP-vollständigen Teilmenge von 0^* $\mathcal{P} = \mathcal{NP}$ impliziert.

*** 13.23** Eine ganze Zahl n ist genau dann zerlegbar, wenn es ein solches a mit $1 < a < n$ gibt, daß entweder

1) $a^{n-1} \not\equiv 1 \bmod n$ gilt, oder
2) es ganze Zahlen b und i mit $n - 1 = 2^i b$ gibt und a^b und n einen gemeinsamen Teiler haben.

Wenn n zerlegbar ist, so genügt mindestens die Hälfte der ganzen Zahlen zwischen 1 und n den Bedingungen (1) oder (2). Geben Sie einen zufallsgesteuerten Algorithmus an, der mit hoher Wahrscheinlichkeit und in polynomialer Zeit bestimmen kann, ob eine Zahl eine Primzahl ist.

*** 13.24** Nehmen Sie an, es existiere eine surjektive Funktion f, die ganze Zahlen der Länge k so auf ganze Zahlen der Länge k abbildet, daß

1) f in polynomialer Zeit berechenbar ist;
2) f^{-1} nicht in polynomialer Zeit berechenbar ist.

Beweisen Sie, daß dies

$$A = \{< x, y > \mid f^{-1}(x) < y\} \text{ ist in } (\mathcal{NP} \cap \text{Co} - \mathcal{NP}) - \mathcal{P}$$

implizieren würde.

13.25 Zeigen Sie, daß die folgenden Probleme PBAND-vollständig sind:

a) Definiert ein gegebener regulärer Ausdruck (nur mit den gewöhnlichen Operatoren $\cdot$, $+$ und *) alle Zeichenketten über seinem Alphabet? [*Hinweis:* Der Beweis ist ähnlich dem von Satz 13.14.]

****L** b) *Das Shannon-Schalter-Spiel.* Gegeben ist ein Graph G mit zwei unterscheidbaren Knoten s und t; außerdem gebe es zwei Spieler KURZ und SCHNITT. KURZ beginnt, und die Spieler wählen abwechselnd Knoten von G aus, die von s und t verschieden sind. KURZ gewinnt, wenn er Knoten auswählt, die zusammen mit s und t einen Pfad von s nach t bilden. SCHNITT gewinnt, wenn KURZ keinen derartigen Pfad erzeugen kann. Kann KURZ einen Sieg auf G erzwingen, unabhängig davon, was SCHNITT macht?

** **13.26** Zeigen Sie, daß es — falls PBAND $\neq \mathcal{P}$ gilt — dafür einen Beweis durch Diagonalisierung gibt. D.h. es gibt eine Aufzählung $L_1, L_2, \ldots$ von $\mathcal{P}$, und eine berechenbare Funktion f von den ganzen Zahlen in Zeichenketten sowie eine Menge L in PBAND, so daß $f(i)$ für jedes i genau dann in L ist, wenn $f(i)$ nicht in L_i ist.

13.27 Geben Sie einen Polynom-Zeit-Algorithmus an, um eine quantifizierte boolesche Formel in pränexe Normalform $Q_1X_1Q_2X_2 \ldots Q_kX_k(E)$ zu konvertieren, wobei E ein boolescher Ausdruck in 3-KNF ist.

* **13.28** Kann eine beliebige QBF in polynomialer Zeit in eine äquivalente Formel mit höchstens zehn verschiedenen Variablen konvertiert werden?

13.29 Zeigen Sie, daß folgende Probleme vollständig für $\mathcal{P}$ unter Berücksichtigung von log-Band-Reduktionen sind:

a) Ist eine Zeichenkette x in $L(G)$ für eine kfG G?

**b) Das *Schaltkreis-Werte-Problem.* Kodieren Sie einen Schaltkreis als eine Folge $C_1, C_2, \ldots, C_n$, wobei jedes C_i eine der Variablen $x_1, x_2, \ldots$ oder $\wedge(j,k)$ oder $\neg(j)$ mit j und k kleiner als i ist. Ist die Ausgabe eines Schaltkreises bei gegebener Kodierung des Schaltkreises und einer Zuweisung von wahr und falsch an die Variablen wahr?

** **13.30** Zeigen Sie, daß die folgenden Probleme vollständig für NBAND($\log n$) unter Berücksichtigung von log-Band-Reduktionen sind:

a) Ist ein boolescher Ausdruck in 2-KNF nicht erfüllbar?

b) Ist ein gerichteter Graph streng zusammenhängend?

c) Ist $L(G)$ unendlich für eine kfG G ohne ϵ-Produktionen und nutzlose Nichtterminale?

* **13.31** Zeigen Sie, daß bei gegebenen kfG G_1 und G_2 und einer ganzen Zahl k das Problem der Bestimmung, ob es Wörter w_1 in $L(G_1)$ und w_2 in $L(G_2)$ gibt, die auf den ersten k Symbolen übereinstimmen, vollständig für nichtdeterministische exponentielle Zeit unter Berücksichtigung von Polynom-Zeit-Reduktionen ist.

** **13.32** Zeigen Sie, daß das Problem der Bestimmung, ob ein regulärer Ausdruck, in dem der Schnittmengen-Operator erlaubt ist, alle Zeichenketten in seinem

Alphabet bezeichnet, $2^{c\sqrt{n}}$ Zeit u.o. benötigt (für ein $c > 0$) und in der Zeit 2^{dn} gelöst werden kann.

13.33 a) Geben Sie eine Formel in der Theorie der ganzen Zahlen mit Addition an, die ausdrückt, daß jede ganze Zahl, die größer als 5 ist, gleich der Summe dreier verschiedener positiver ganzer Zahlen ist.

b) Geben Sie eine Formel in der Zahlentheorie an, die ausdrückt, daß d der größte gemeinsame Teiler von a und b ist.

**c) Geben Sie eine Formel in der Zahlentheorie an, die $z = x^y$ ausdrückt.

13.34 Wenden Sie die Entscheidungsprozedur aus Abschnitt 13.6 auf die Theorie der reellen Zahlen an, um zu entscheiden, ob die Formel

$$\exists y \exists x[(x + y = 14) \quad \wedge \quad (3x + y = 5)]$$

wahr ist.

** **13.35** a) Zeigen Sie, daß die Theorie der Presburger Arithmetik (die ganzen Zahlen mit +, = und <) nichtdeterministisch $2^{2^{cn}}$ Zeit u.o. für ein $c > 0$ verlangt. [*Hinweis:* Entwickeln Sie die folgenden Formeln in einer Größe proportional zu n:

1) $R_n(x, y, z)$: $0 \leq y < 2^{2^n}$ und z ist die Restklasse von x mod y.
2) $P_n(x)$: $0 \leq x < 2^{2^n}$ und x ist eine Primzahl.
3) $G_n(x)$: x ist die kleinste ganze Zahl, die durch alle Primzahlen, die kleiner als 2^{2^n} sind, teilbar ist.
4) $M_n(x, y, z)$: x, y und z sind ganze Zahlen im Bereich von 0 bis $2^{2^{2^n}} - 1$ und $xy = z$.]

b) Zeigen Sie, daß die Presburger Arithmetik in $2^{2^{cn}}$ Band und $2^{2^{2^{dn}}}$ Zeit entschieden werden kann.

c) Benutzen Sie den Algorithmus aus Teil (b), um

$$\exists y \exists x \ [(x + y = 14) \quad \wedge \quad (3x + y = 5)]$$

zu entscheiden.

** **13.36** Erweitern Sie die Presburger Arithmetik so, daß Quantifizierung über Arrays von ganzen Zahlen erlaubt ist. Damit können wir solche Formeln wie

$$\forall A \ \forall n \ \exists B \ \forall i \ [\neg(1 \leq i \leq n) \ \vee \ [\exists j(1 \leq j \leq n) \ \wedge \ A(i) = B(j)]]$$

schreiben. Zeigen Sie, daß die Theorie der Presburger Arithmetik mit Arrays nicht entscheidbar ist.

** **13.37** Um zu zeigen, daß die Zahlentheorie nicht entscheidbar ist, ist es nützlich, eine Folge $x_0, x_1, ..., x_n$ der Länge $n+1$ in einer ganzen Zahl x so zu kodieren, daß jedes x_i aus x durch eine Formel erhältlich ist.

a) Sei $m = \max \{n, x_0, x_1, ..., x_n\}$. Beweisen Sie, daß die Menge der $u_i = 1 + (i+1)m!$ für $0 \leq i \leq n$ paarweise teilerfremd sind, und daß $u_i > x_i$ gilt. Dies impliziert, daß es eine ganze Zahl $b < u_0 u_1 ... u_n$ gibt, so daß $b = x_i \bmod u_i$ für $0 \leq i \leq n$ gilt.

b) Drücken Sie Gödels β-Funktion

$$\beta(b, c, i) = b \bmod [1 + (i + 1)c]$$

als ein Prädikat aus.

c) Zeigen Sie, daß die Zahlentheorie nicht entscheidbar ist.

** **13.38** Zeigen Sie, daß es Orakel C, D und E gibt, für die folgendes gilt:

a) $\mathcal{P}^C$, $\mathcal{NP}^C$ und Co-$\mathcal{NP}^C$ sind jeweils verschieden;

b) $\mathcal{P}^D \neq \mathcal{NP}^D$, aber $\mathcal{NP}^D$ = Co-$\mathcal{NP}^D$;

c) $\mathcal{P}^E = \mathcal{NP}^E$ ist unabhängig von den Axiomen der Zahlentheorie.

* **13.39** Zeigen Sie, daß $\mathcal{P} = \mathcal{NP}$ genau dann gilt, wenn $\mathcal{P}$ eine ASF ist.

Lösungen zu ausgewählten Übungen

13.16 Konstruieren Sie einen Spannbaum mit minimalen Kosten, indem Sie die Kanten nach aufsteigenden Kosten sortieren; wählen Sie dann Kanten aus, indem Sie mit der Kante mit den niedrigsten Kosten beginnen, und alle Kanten, die einen Zyklus bilden, ausschließen. T_{opt} seien die minimalen Kosten eines Hamilton-Zyklus, und T_s seien die Kosten des Spannbaums mit minimalen Kosten. Natürlich gilt $T_s \leq T_{opt}$, da der Spannbaum aus einem Hamilton-Zyklus hervorgeht, indem man eine Kante löscht. Konstruieren Sie einen Pfad durch alle Knoten des Graphen, indem Sie den Spannbaum transversieren. Der Pfad ist kein Hamilton-Zyklus, da jede Kante des Spannbaums zweimal durchlaufen wird. Die Kosten dieses Pfades sind höchstens $2T_s \leq 2T_{opt}$. Durchlaufen Sie den Pfad bis zu einer Kante e_1, die zum zweiten Mal zu einem Knoten führt. Sei e_2 die Kante, die im Pfad direkt auf e_1 folgt. Ersetzen Sie den Teil des Pfades, der aus e_1 und e_2 besteht, durch eine einzige direkte Kante. Nach der Dreiecksungleichung kann dies nicht die Kosten erhöhen. Wiederholen Sie diesen Prozeß des Ersetzens von Kantenpaaren durch eine einzelne Kante, bis ein Hamilton-Zyklus entstanden ist.

13.25b Zuerst zeigen wir, daß das Shannon-Schalter-Spiel in PBAND ist. Betrachten Sie einen Spielbaum: Die Wurzel zeigt die anfängliche Spielstellung an. Nehmen Sie an, daß KURZ den ersten Zug macht. Die Söhne der Wurzel entsprechen jeder möglichen Spielstellung nach einem Zug von KURZ. Allgemein entspricht ein Knoten im Baum den bisher durchgeführten Zügen (die die Lage des Spiels bestimmen), und die Söhne eines Knotens korrespondieren zur Brettstellung nach jedem der möglichen weiteren Züge.

Eine Stellung ist eine Gewinnstellung, wenn KURZ von dieser Stellung aus in jedem Fall gewinnt. Damit ist ein Blatt nur dann eine Gewinnstellung, wenn KURZ einen Pfad von s nach t hat. Wir können Gewinnstellungen wie folgt rekursiv definieren: Wenn der Knoten v kein Blatt ist und einer Stellung entspricht, in der KURZ am Zug ist, dann ist v eine Gewinnstellung, wenn es einen Sohn gibt, der eine Gewinnstellung ist. Wenn SCHNITT am Zug ist, so ist v nur dann eine Gewinnstellung, wenn alle Söhne Gewinnstellungen sind. Da der Baum höchstens die Tiefe n — die Anzahl der Knoten in G — hat, benötigt ein rekursiver Algorithmus zur Bestimmung, ob die Wurzel eine Gewinnstellung ist, höchstens n Band. Also liegt das Problem in PBAND.

Um zu zeigen, daß das Shannon-Schalter-Spiel PBAND-vollständig ist, reduzieren wir das Problem der quantifizierten booleschen Formeln auf dasselbe. Betrachten Sie eine quantifizierte boolesche Formel und nehmen Sie o.B.d.A. an, daß die Quantoren alternieren. (Andernfalls fügen wir Füll-Quantoren und Variablen ohne Bedeutung ein.)

$$\exists x_1 \forall x_2 \exists x_3 ... \forall x_{n-1} \exists x_n F(x_1, ..., x_n)$$

Betrachten Sie den Graph — den wir als Leiter bezeichnen — in Abbildung 13.12, wobei $n = 3$ gilt. Es gibt noch zusätzliche Kanten (siehe die gestrichelten Linien); doch diese sind für unsere ersten Beobachtungen ohne Bedeutung. KURZ spielt als erster. Er muß irgendwann $x_1(1)$ oder $\bar{x}_1(1)$ auswählen. Dies entspricht der Wahl eines Wertes für die existenzquantifizierte Variable x_1 durch KURZ. Die nächsten vier Bewegungen sind vorbestimmt und enden damit, daß KURZ $x_1(1)$, $x_1(2)$ und $\exists x_1$ und SCHNITT $\bar{x}_1(1)$ und $\bar{x}_2(2)$ gewählt hat, oder damit, daß KURZ $\bar{x}_1(1)$, $\bar{x}_1(2)$ und $\exists x_1$ und SCHNITT $x_1(1)$ und $x_2(2)$ gewählt hat. Wenn KURZ nicht eines der $x_1(1)$, $\bar{x}_1(1)$, $x_1(2)$, $\bar{x}_1(2)$ oder $\exists x_1$ wählt, so gewinnt SCHNITT. Wenn KURZ $\exists x_1$ wählt, so erhält SCHNITT den Vorteil, $x_1(1)$ oder $\bar{x}_1(1)$ zu wählen. Der Zweck des Knotens $\exists x_1$ ist, eine zusätzliche Bewegung von KURZ zu verbrauchen und damit SCHNITT die erste Wahl aus der Menge $\{x_2(1), \bar{x}_2(1), x_2(2), \bar{x}_2(2)\}$ zu erlauben. Dies bedeutet, daß SCHNITT den Wert für die allquantifizierte Variable x_2 auswählt, usw.

Wenn die Werte für $x_1, x_2, ..., x_n$ einmal bestimmt worden sind, kommt der gestrichelte Teil des Graphen ins Spiel, der den nicht quantifizierten Teilen der Formel entspricht. O.B.d.A. können wir annehmen, daß $F(x_1, ..., x_n)$ in konjunktiver Normalform vorliegt. Es sei $F = F_1 \wedge F_2 \wedge ... \wedge F_n$, wobei jedes F_i eine Clause ist. Konstruieren Sie den Baum aus Abbildung 13.13. Identifizieren Sie die Wurzel 1 mit dem Knoten $\exists x_1$ in Abbildung 13.12. Vom Knoten F_i fügen wir eine Kante zum Knoten $x_j(1)$ oder $\bar{x}_j(1)$ hinzu, wenn x_j bzw. $\bar{x}_j$ in F_i vorkommt. Beobachten Sie nun, wie KURZ den Knoten 1 wählt: SCHNITT kann dann entweder F_1 oder 2 wählen, und KURZ wählt den jeweils anderen. Natürlich kann KURZ einen Pfad zu mindestens einem F_i bilden, und SCHNITT kann KURZ dazu zwingen, nur ein F_i zu erreichen und bestimmen, welches F_i dies ist. Nun hat KURZ einen Pfad von s nach t, wenn F_i mit einem $x_j(1)$ oder einem $\bar{x}_j(1)$, das "den Wert eins" hat, verbunden ist; d.h. KURZ hat $x_j(1)$ oder $\bar{x}_j(1)$ gewählt.

Beachten Sie, daß — wenn die quantifizierte Formel wahr ist — KURZ dann die existenzquantifizierten Variablen spezifizieren kann, so daß F unabhängig von den Wahlen von SCHNITT für die allquantifizierten Formeln wahr ist. Also ist, unabhängig davon, zu welchem F_i KURZ gezwungen wurde, dieses F_i wahr und damit mit einem ausgewählten x_j oder $\bar{x}_j$ verbunden. Also kann KURZ gewinnen.

Andererseits kann SCHNITT, wenn die quantifizierte boolesche Formel falsch ist, die allquantifizierten Variablen so auswählen, daß F für die Zuweisung an die x falsch wird. Dann sorgt SCHNITT dafür, daß KURZ nur ein F_i erreichen kann, und zwar insbesondere ein F_i, das für die Zuweisung falsch ist. Also vervollständigt KURZ den Pfad nicht, und SCHNITT gewinnt. Somit hat KURZ genau dann die

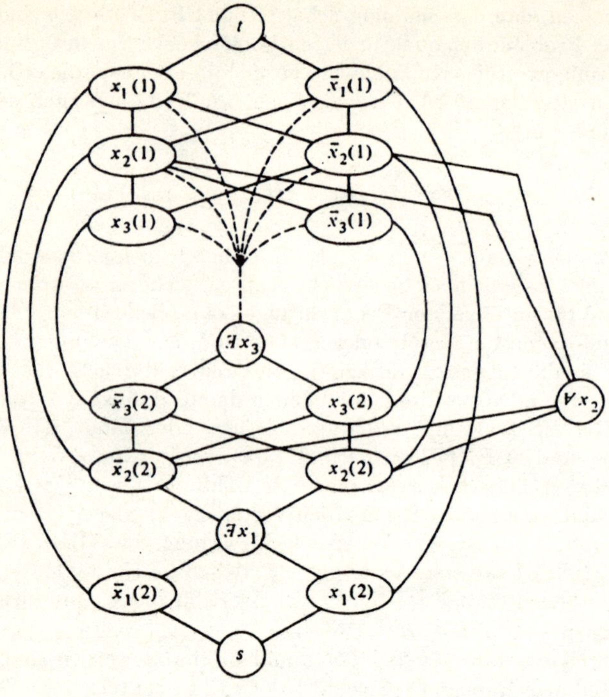

Abb. 13.12: Eine Leiter für das Shannon-Schalter-Spiel.

Garantie zu gewinnen, wenn die quantifizierte boolesche Formel wahr ist; folglich ist das Shannon-Schalter-Spiel auf Knoten vollständig für PBAND.

LITERATURHINWEISE

Cobham [1964] war der erste, der seine Aufmerksamkeit auf die Klasse $\mathcal{P}$ lenkte. Die ersten NP-vollständigen Probleme, einschließlich der Versionen des Erfüllbarkeitsproblems in den Sätzen 13.1, 13.2 und 13.3, wurden von Cook [1971b] eingeführt. Karp [1972] gab eine große Vielfalt NP-vollständiger Probleme an und hat die Wichtigkeit dieses Ansatzes deutlich aufgezeigt. Zu diesen Problemen gehören das Knoten-Überdeckungsproblem (Satz 13.4), das Gruppen-Überdeckungsproblem (Übung 13.4), das Problem der genauen Überdeckung (Übung 13.7d), das Problem der chromatischen Zahlen (Übung 13.6), das Hamilton-Zyklus-Problem (Satz 13.6) und das Problem des Handlungsreisenden sowie die Teilungsprobleme, die wir in Abschnitt 13.2 erwähnt haben. Das Gruppen-Problem (Übung 13.3) stammt von Cook [1971]. Satz 13.7 — die NP-Vollständigkeit der ganzzahligen linearen Programmierung — geht unabhängig auf Gathen und Sieveking [1976] bzw. Borosh und Treybig [1976] zurück. Der angegebene Beweis stammt von Kannan und Monma

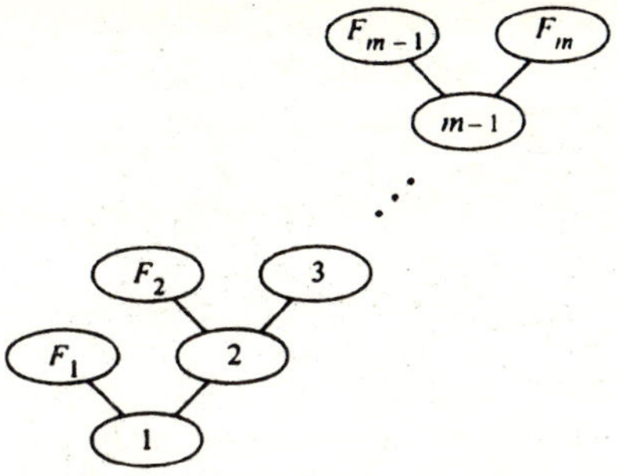

Abb. 13.13: Der Baum für die Formel $F = F_1F_2...F_m$.

[1978].

Von einer enormen Zahl von Problemen wurde seitdem gezeigt, daß sie NP-vollständig sind, und diese Probleme stammen aus vielen unterschiedlichen Gebieten. Garey und Johnson [1978] haben versucht, solche Probleme schematisch aufzulisten; wir werden hier nur einen kleinen Teil der geleisteten Arbeit und der abgedeckten Gebiete erwähnen. Sethi [1975] und Bruno und Sethi [1976] decken Code-Generierungsprobleme ab (Übung 13.7b erscheint im letzteren). Scheduling-Probleme werden in Coffman [1976] und Ullman [1975] betrachtet; die Lösung zu Übung 13.7(c) kann in beiden gefunden werden. Garey, Johnson und Stockmeyer [1976] sowie Garey, Graham und Johnson [1976] stellten eine Reihe mächtiger Ergebnisse zur Verfügung, die sich hauptsächlich auf Graph-Probleme beziehen. Papadimitriou [1976] bzw. Papadimitriou und Steiglitz [1977] untersuchen Pfad-Probleme in Graphen. Übung 13.18 stammt aus Stockmeyer [1973], Übung 13.10 stammt von Garey, Johnson und Tarjan [1976], und Übung 13.12 stammt von J.E. Hopcroft.

Eine Reihe von Ergebnissen, die große Klassen NP-vollständiger Probleme zeigen, erscheint in Hunt und Szymanski [1976], Hunt und Rosenkrantz [1977], Kirkpatrick und Hell [1978], Lewis [1978], Schaefer [1978] sowie Yannakakis [1978].

Unter den vielversprechenden Ansätzen, die sich mit NP-vollständigen Problemen beschäftigen, findet sich die Idee, *approximierende Algorithmen* für die Optimierungsversionen von Problemen zu betrachten. Diese Algorithmen laufen in polynomialer Zeit, gelangen jedoch garantiert in einen spezifizierten Bereich um das Optimum. Johnson [1974] betrachtete Annäherungsalgorithmen für einige der NP-vollständigen Probleme, die in Karp [1972] auftauchen. Sahni und Gonzalez [1976] waren die ersten, die bewiesen haben, daß die Approximierung NP-vollständiger Probleme selbst NP-vollständig ist (Übung 13.15); Garey und Johnson [1976] haben gezeigt, daß das Problem NP-vollständig ist, bis auf weniger als einen Faktor zwei an die chromatische Zahl eines Graphen heranzukommen (die Anzahl der benötigten "Farben", um sicherzustellen, daß jeder Knoten anders als seine benachbarten Knoten gefärbt ist). Übung 13.17 über die Verbesserung einer

Annäherung für eine maximale Gruppe stammt ebenfalls von Garey und Johnson [1976]. Rosenkrantz, Stearns und Lewis [1977] haben Annäherungen für das Problem des Handlungsreisenden untersucht (Übung 13.16). Christofides [1976] hat ihre Ergebnisse verbessert.

In einer Reihe von Arbeiten wurde versucht, die Struktur von $\mathcal{NP}$ unter der Voraussetzung $\mathcal{P} \neq \mathcal{NP}$ zu erforschen. Ladner [1975] zeigt z.B., daß es — wenn $\mathcal{P} \neq \mathcal{NP}$ gilt — Probleme gibt, die weder in $\mathcal{P}$ sind noch NP-vollständig. Adleman und Manders [1977] zeigen, daß gewisse Probleme die Eigenschaft haben, daß sie genau dann in $\mathcal{P}$ sind, wenn $\mathcal{NP} =$ Co–$\mathcal{NP}$ gilt. Book [1974,1976] zeigt die Ungleichheit zwischen bestimmten Komplexitätsklassen wie DZEIT(n^k) oder DBAND($\log^k n$). Übung 13.39, wo die Frage $\mathcal{P} = \mathcal{NP}$ mit der ASF-Theorie in Verbindung gebracht wird, stammt von Book [1970]. Berman und Hartmanis untersuchten die Reduktionen eines Problems auf ein anderes, die die Dichte erhalten. Übung 13.22 stammt von Bergman [1978] und Übung 13.20 stammt von Levin [1973].

Besondere Aufmerksamkeit wurde der Komplexität der Primzahlerkennung gewidmet. Es ist einfach zu zeigen, daß die Nicht-Primzahlen (in Binärdarstellung) in $\mathcal{NP}$ sind; doch es war bis zu Pratt [1975] nicht bekannt, daß die Primzahlen in $\mathcal{NP}$ liegen. Wenn also die Erkennung der Primzahlen NP-vollständig ist, dann gilt nach Satz 13.8 $\mathcal{NP} =$ Co–$\mathcal{NP}$. Miller [1976] beweist einleuchtend, daß die Erkennung der Primzahlen in Binärdarstellung in $\mathcal{P}$ liegt. Übung 13.23, wo ein effizienter Test aufgezeigt wird, der mit hoher Wahrscheinlichkeit bestimmt, ob eine Zahl eine Primzahl ist, stammt von Rabin [1977]. Übung 13.24 stammt von Brassard, Fortune und Hopcroft [1978].

Die ersten PBAND-vollständigen Probleme wurden von Karp [1972] eingeführt. Hierunter fallen auch die ksS-Erkennung (Satz 13.11) und "$= \Sigma^*$" für reguläre Ausdrücke (Übung 13.25a). Die PBAND-Vollständigkeit quantifizierter boolescher Formeln ist von Stockmeyer [1974] gezeigt worden. Übung 13.25(b) — die PBAND-Vollständigkeit des Shannon-Schalter-Spiels — stammt von Even und Tarjan [1976]. Stockmeyer [1978] gibt unter der Annahme, daß $\mathcal{NP} \neq$ PBAND gilt, eine Hierarchie von Problemen zwischen $\mathcal{NP}$ und PBAND an.

Probleme, die für $\mathcal{P}$ unter Berücksichtigung von logarithmischen Band-Reduktionen vollständig sind, sind von Cook [1973b], Cook und Sethi [1976], Jones [1975], Jones und Laaser [1976] (einschließlich Satz 13.12) sowie Ladner [1975b] (Übung 13.29b) betrachtet worden. Probleme, die für NBAND($\log n$) unter Berücksichtigung von log-Band-Reduktionen vollständig sind, werden in Savitch [1970] (einschließlich Satz 13.13 über Erreichbarkeit), in Sudborough [1975a,b], Springsteel [1976] sowie Jones, Lien und Laaser [1976] betrachtet. Übung 13.30 stammt von Jones, Lien und Laaser [1976].

Das erste Problem, von dem gezeigt wurde, daß es exponentiell viel Zeit (eigentlich Band) benötigt, wurde von Meyer und Stockmeyer [1973] präsentiert. Das Problem ist von der Idee her ähnlich zu dem aus Satz 13.15. Die unteren Schranken für die Komplextität der Theorie der reellen Zahlen mit Addition (Satz 13.16) und der Presburger Arithmetik (Übung 13.35) stammen von Fischer und Rabin [1974]. Die oberen Schranken für diese Probleme stammen von Cooper [1972], Ferrante und

Rackoff [1975] sowie Oppen [1973]. Bermann [1977] und Bruss und Meyer [1978] haben für diese Probleme in einem gewissen Sinne (außerhalb der gewöhnlichen Zeit-Band-Hierarchien) präzisere Schranken gefunden. Die Unentscheidbarkeit der Presburger Arithmetik mit Arrays stammt von Suzuki und Jefferson [1977].

Die Literatur weist eine Reihe von Arbeiten auf, die sich mit der Komplexität einer Vielzahl von Problemen und deren Spezialfällen beschäftigen, wobei diese Probleme in Gruppen aufgeteilt werden. In der Regel sind dies folgende Gruppen: polynomial, NP-vollständig, PBAND-vollständig und beweisbar exponentiell. Zu den Beispielen für die abgedeckten Gebiete gehören diophantische Gleichungen in Adleman und Manders [1976], asynchrone Berechnungen in Cardoza, Lipton und Meyer [1976], Probleme über reguläre Ausdrücke in Hunt [1975] (einschließlich Übung 13.32), Hunt, Rosenkrantz und Szymanski [1976] sowie Stockmeyer und Meyer [1973]; des weiteren gehören dazu Probleme über kontextfreie Grammatiken in Hunt und Rosenkrantz [1974,1977], Hunt und Szymanski [1975,1976] sowie Hunt, Szymanski und Ullman [1975] (einschließlich Übung 13.31) und die Spieltheorie in Schaefer [1976].

Die Ergebnisse aus Abschnitt 13.7 und Übung 13.38 über die $\mathcal{P} = \mathcal{NP}$-Frage in der Gegenwart von Orakeln stammen von Baker, Gill und Solovay [1975]. Kozen [1978] liefert jedoch eine andere Blickweise; Übung 13.26 stammt von dort. Ladner, Lynch und Selman [1974] untersuchten die verschiedenen Arten beschränkter Reduzierbarkeit wie die "many-one"-, Turing- oder Wahrheitstafel-Reduzierbarkeit. Ein weiterer Angriff auf die $\mathcal{P} = \mathcal{NP}$-Frage war die Entwicklung von Modellen, deren deterministische und nichtdeterministische zeit-beschränkte Versionen äquivalent sind. Die Vektor-Maschinen (Pratt und Stockmeyer [1976]) waren die ersten Modelle; andere Modelle wurden von Chandra und Stockmeyer [1976] sowie von Kozen [1976] vorgeschlagen. Der Leser sollte auch die Äquivalenz für band-beschränkte Versionen der "Hilfs-KA" beachten, wie sie in Abschnitt 14.1 diskutiert werden.

Kapitel 14

WESENTLICHE ASPEKTE ANDERER WICHTIGER SPRACHKLASSEN

In der Literatur sind zahlreiche Modelle und Klassen von Sprachen eingeführt worden. Dieses Kapitel stellt einige derjenigen dar, die am interessantesten erscheinen.

In Abschnitt 14.1 werden Hilfskellerautomaten diskutiert, die KA mit zweiseitiger Eingabe und einem zusätzlichen Allzweck-Speicher in Form eines band-beschränkten Turing-Bandes sind. Die interessante Eigenschaft der HKA ist, daß für eine feste Menge von zusätzlichem Speicher die deterministische und die nichtdeterministische Version in ihrer Sprach-Erkennungsfähigkeit gleich sind; die durch einen HKA mit gegebener Band-Beschränkung akzeptierte Sprachklasse ist äquivalent zu der Sprachklasse, die von Turing-Maschinen mit in dieser Band-Beschränkung exponentieller Zeitkomplexität erkannt wird.

Abschnitt 14.2 behandelt Stack-Automaten; dieses sind KA mit dem Privileg, den Stack unterhalb des obersten Symbols bearbeiten zuu können — allerdings nur in einem schreibgesperrten Modus. Sprachen, die durch Varianten des zweiseitigen Stack-Automaten erkannt werden, entpuppen sich als Zeit- oder Bandkomplexitätsklassen.

Abschnitt 14.3 ist indizierten Sprachen gewidmet, da diese in verschiedenen Zusammenhängen auftauchen und eine Verallgemeinerung der kfS zu sein scheinen. Schließlich führt Abschnitt 14.4 Entwicklungssysteme ein, die versuchen, bestimmte biologische Wachstumsmuster zu modellieren.

14.1 HILFSKELLERAUTOMATEN

Ein *$S(n)$-Hilfskellerautomat (HKA)* ist in Abbildung 14.1 dargestellt. Er besteht aus

1) einem schreibgesperrten Eingabe-Band, umgeben von den Ende-Markierungen ¢ und \$;
2) einer endlichen Zustandskontrolle;
3) einem Lese/Schreib-Speicherband der Länge $S(n)$, wobei n die Länge der Eingabe-Zeichenkette w ist;
4) einem Keller.

Eine Bewegung des HKA ist bestimmt durch den Zustand der endlichen Kontrolle zusammen mit den Symbolen, die vom Eingabe-, Speicherband- und Keller-Kopf gelesen werden. In einer Bewegung führt der HKA etwas (oder alles) vom folgenden aus:

1) Änderung des Zustands;

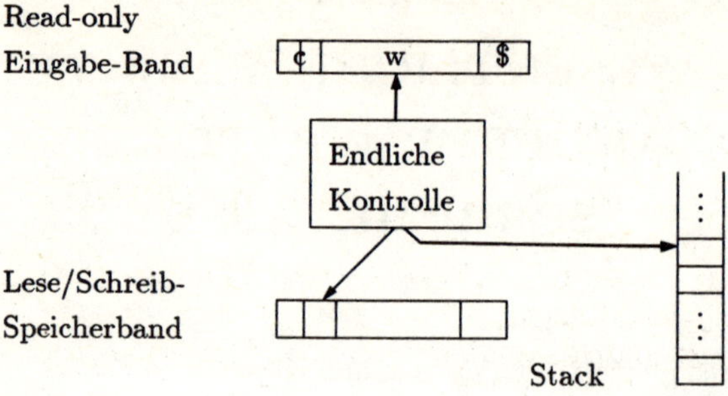

Abb. 14.1: HKA.

2) Bewegung des Eingabe-Kopfs um eine Position nach links oder rechts, aber nicht über die Eingabe hinaus;
3) Schreiben eines Symbol in das Feld, das vom Speicherband-Kopf belegt wird, und Bewegung dieses Kopfs um eine Position nach rechts oder links;
4) Setzen eines Symbols auf den Keller oder Entfernen des oberstes Symbols vom Keller.

Wenn der Automat nichtdeterministisch ist, hat er eine endliche Zahl von Wahlmöglichkeiten vom oben beschriebenen Typ. Anfangs befinden sich die Bandköpfe am linken Ende des Eingabe- und des Speicherbandes, und die endliche Kontrolle befindet sich in einem als Anfangszustand ausgezeichneten Zustand; der Keller besteht aus einem als Startsymbol ausgezeichneten Symbol. Akzeptiert wird durch den leeren Keller.

Äquivalenz der deterministischen und nichtdeterministischen HKA

Das Interesse an HKA rührt von der Entdeckung her, daß deterministische und nichtdeterministische HKA mit derselben Band-Beschränkung äquivalent sind, und daß $S(n)$ Band auf einem HKA äquivalent ist zu $c^{S(n)}$ Zeit auf einer Turing-Maschine. D.h. die drei folgenden Aussagen sind äquivalent:

1) L wird von einem deterministischen $S(n)$-HKA akzeptiert.
2) L wird von einem nichtdeterministischen $S(n)$-HKA akzeptiert.
3) L ist in DZEIT($c^{S(n)}$) für eine Konstante c.

Diese Tatsachen werden in den nachfolgenden Lemmata bewiesen.

Lemma 14.1
Wenn L von einem nichtdeterministischen $S(n)$-HKA A mit $S(n) \geq \log n$ akzeptiert wird, dann ist L in DZEIT($c^{S(n)}$) für eine Konstante c.
Beweis:
A habe s Zustände, t Speichersymbole und p Kellersymbole. Bei einer gegebenen Eingabe der Länge n gibt es $n + 2$ mögliche Eingabekopf-Positionen, s mögliche

Zustände, $S(n)$ mögliche Speicherband-Kopfpositionen und $t^{S(n)}$ mögliche Speicherband-Inhalte für insgesamt

$$\hat{s}(n) = (n+2)sS(n)t^{S(n)}$$

mögliche Konfigurationen.[1] Da $S(n) \geq \log n$ gilt, gibt es eine Konstante d, so daß $\hat{s}(n) \leq d^{S(n)}$ für alle $n \geq 1$ gilt.

Wir konstruieren eine Turing-Maschine M, die die folgenden Operationen auf einer Eingabe w der Länge n ausführt:

1) M konstruiert einen KA P_w, der bei einer ϵ-Eingabe alle Bewegungen von A auf der Eingabe w simuliert.
2) M wandelt P_w durch den Algorithmus aus Satz 5.4 in eine kfG G_w um.

Für ein festes A ist P_w für jedes w ein anderer KA, wobei der Zustand und der Inhalt des Eingabe- und des Speicherbandes von A im Zustand von P_w kodiert sind. $N(P_w)$ ist $\{\epsilon\}$ oder $\emptyset$ in Abhängigkeit davon, ob w von A akzeptiert wird oder nicht.

P_w hat höchstens $\hat{s}(n) \leq d^{S(n)}$ Zustände und p Keller-Symbole. Daher hat G_w höchstens $pd^{2S(n)}+1$ Variablen. Da A nur ein Symbol auf den Keller setzen kann, hat keine rechte Seite einer Produktionen in G_w mehr als zwei Variablen, so daß es höchstens $rd^{S(n)}$ Produktionen für jedes Nichtterminal in G_w gibt, wobei r die maximale Zahl von Wahlmöglichkeiten ist, die A in irgendeiner Situation hat. Also benötigt der Test aus Satz 6.6, der angibt, ob $L(G_w)$ leer ist, eine Zeit proportional zu höchstens $rp^2d^{5S(n)}$. Da r, p und d Konstanten sind, gibt es eine Konstante c, so daß M in einer Zeit von höchstens $c^{S(n)}$ bestimmen kann, ob $L(G_w)$ nichtleer ist, d.h. ob w von A akzeptiert wird. □

Lemma 14.2
Wenn L in DZEIT$(T(n))$ ist, dann wird L in einer Zeit $T^4(n)$ von einer einbändigen Turing-Maschine M erkannt; diese durchläuft ihr Band, indem sie es jedesmal vollständig in einer Richtung abarbeitet, die Richtung ändert, wenn sie das erste noch nicht bearbeitete Feld erreicht, und diesen Prozeß wiederholt. Dieser Prozeß ist in Abbildung 14.2 dargestellt.

Beweis:
Nach Satz 12.3 und 12.5 wird L von einer $\frac{1}{2}T^2(n)$-zeit-beschränkten einbändigen Turing-Maschine M_1 akzeptiert. M simuliert M_1, indem sie auf einer zweiten Spur die Kopfposition von M_1 und die Felder speichert, die M_1 schon bearbeitet hat. Solange sich der Kopf von M_1 in die gleiche Richtung wie der Kopf von M bewegt, kann M eine Bewegung von M_1 mit jeweils einer ihrer eigenen Bewegungen simulieren. Wenn sich M_1 in die entgegengesetzte Richtung bewegt, verläßt M die Kopf-Markierung, vervollständigt ihre eigene Abarbeitung und simuliert diese Bewegung auf dem Rückweg. Also simuliert M wenigstens eine Bewegung von M_1 pro Durchlauf, was zu höchstens $\sum_{i=0}^{(1/2)T^2(n)} n+i \leq T^4(n)$ Schritten führt, um die Simulation von M_1 zu vervollständigen. □

---

[1] Beachten Sie, daß eine Konfiguration im hiesigen Sinn nicht den Keller-Inhalt einschließt.

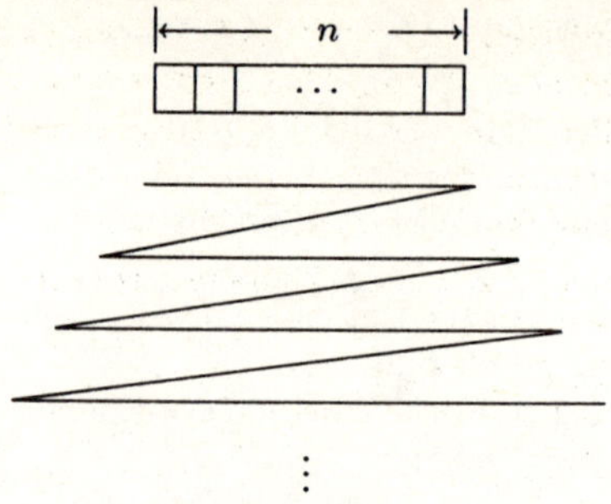

Abb. 14.2: Durchlauf-Muster der Turing-Maschine M.

Lemma 14.3
Wenn L in DZEIT$(c^{S(n)})$ für eine Konstante c liegt, dann wird L von einem deterministischen $S(n)$-HKA akzeptiert.
Beweis:
Nach Lemma 14.2 wird L von einer $c^{4S(n)}$-zeit-beschränkten einbändigen Turing-Maschine M mit dem Durchlauf-Schema aus Abbildung 14.2 erkannt. Wir definieren $d = c^4$, so daß M $d^{S(n)}$-zeit-beschränkt ist. Das Tripel (q, Z, t) stehe für die Aussage, daß M sich zum Zeitpunkt[2] t im Zustand q befindet und das Symbol Z bearbeitet, wobei $t \leq d^{S(n)}$. Beachten Sie, daß das zum Zeitpunkt t bearbeitete Feld einfach aus t berechnet werden kann, da die Kopfbewegung von M datenunabhängig ist.

Das Herz der Konstruktion eines deterministischen $S(n)$-HKA A, der L akzeptiert, ist die rekursive Prozedur TEST aus Abbildung 14.3, die dem Tripel (q, Z, t) genau dann den Wert wahr zuweist, wenn eine der folgenden Aussagen gilt:

1) $t = 0$, q ist der Anfangszustand und Z ist das Symbol im ersten Bandfeld von M;
2) M bearbeitet ein Feld zum ersten Mal zum Zeitpunkt t, Z ist das ursprüngliche Symbol in diesem Bandfeld, und es gibt ein Tripel $(p, X, t-1)$, das wahr ist, und das impliziert, daß M nach einer Bewegung in den Zustand q übergeht;
3) M hat das Feld, das sie zum Zeitpunkt t belegt, schon vorher bearbeitet, und es gibt wahre Tripel $(p_1, X_1, t-1)$ und (p_2, X_2, t'), so daß das erste Tripel impliziert, daß nach einer Bewegung in den Zustand q überzugehen ist, und das zweite Tripel impliziert, daß Z auf dem Bandfeld zurückgelassen wurde, als dieses das letzte Mal bearbeitet wurde. Denken Sie daran, daß die Kopfbewegung von M einheitlich ist, und daß so der Zeitpunkt t', zu dem das Feld zuletzt besucht wurde, einfach aus t berechnet werden kann.

---

[2] "Zum Zeitpunkt t" bedeutet "nachdem t Bewegungen durchgeführt worden sind", so daß anfangs $t = 0$ gilt.

Da TEST sich selbst nur mit kleineren dritten Argumenten aufruft, wird es schließlich terminieren. Der $S(n)$-HKA A wertet TEST aus, indem er die Argumente auf den Speicherbändern speichert. Wenn TEST sich selbst aufruft, setzt A die alten Argumente auf den Keller, und wenn TEST zurückkehrt, entfernt A diese vom Keller und setzt sie zurück auf das Speicherband.

Der vollständige Algorithmus, den A ausführt, lautet folgendermaßen:

for jedes Tripel (q, Z, t), so daß q ein akzeptierender Zustand ist
  und $0 \leq t \leq d^{S(n)}$ **do**
  if TEST (q, Z, t), **then akzeptiere** □

```
procedure TEST (q, Z, t);
begin
  if t = 0, q ist der Anfangszustand von M und Z ist das
     erste Eingabe-Symbol then return wahr;
  if 1 ≤ t < n und Z ist das t-te Eingabe-Symbol oder
     t = in + i(i − 1)/2 für eine ganze Zahl i ≥ 1 und Z = B then
     for jeden Zustand p und jedes Symbol X do
        if M geht in Zustand q über, wenn sie das Symbol X im
           Zustand p bearbeitet und TEST (p, X, t − 1) then return wahr;
  /* Die Zeitpunkte in + i(i − 1)/2 sind genau die Zeitpunkte,
     zu denen M ein neues Feld bearbeitet */
  if t ≥ n und t ≠ in + i(i − 1)/2 für eine ganze Zahl i ≥ 1 then
     begin
        sei t' der vorhergehende Zeitpunkt, an dem M dasselbe Feld
           wie zum Zeitpunkt t bearbeitet hat;
        for alle Zustände p1 und p2 und Symbole X1 und X2 do
           if M geht in Zustand q über, wenn sie X1 im Zustand p1
              bearbeitet, und M schreibt Z, wenn sie X2 im Zustand p2
              bearbeitet und TEST (p1, X1, t − 1)
              und TEST (p2, X2, t') then return wahr;
     end
  return falsch
end
```

Abb. 14.3: Die Prozedur TEST.

Satz 14.1
Folgende Aussagen sind äquivalent für $s(n) \geq \log n$:

1) L wird von einem deterministischen $S(n)$-HKA akzeptiert.
2) L wird von einem nichtdeterministischen $S(n)$-HKA akzeptiert.
3) L ist in DZEIT$(c^{S(n)})$ für eine Konstante c.

Beweis:
Es ist offensichtlich, daß (2) aus (1) folgt. Lemma 14.1 besagt, daß (3) aus (2) folgt, und Lemma 14.3 besagt, daß (1) aus (3) folgt. □

Korollar:
L ist genau dann in $\mathcal{P}$, wenn L von einem log n-HKA akzeptiert wird.

14.2 STACK-AUTOMATEN

Der *Stack-Automat (SA)* ist ein KA mit den folgenden zusätzlichen Eigenschaften:

1) Die Eingabe ist eine zweiseitige schreibgesperrte Eingabe mit Ende-Markierungen.
2) Der Stack-Kopf kann, zusätzlich zu den Hinzufügens- und Löschbewegungen am oberen Stackende, in einen schreibgesperrten Modus übergehen und den Stack hinauf und hinunter wandern, ohne ein Symbol zu überschreiben.

Ein Stack-Automat im schreibgesperrten Modus ist in Abbildung 14.4 gezeigt.

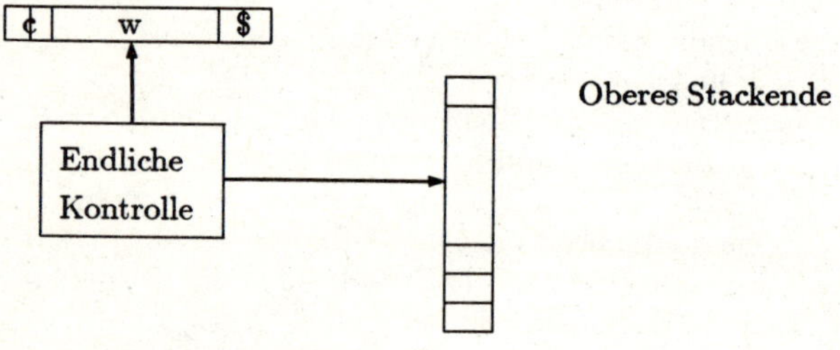

Abb. 14.4: Ein Stack-Automat.

Eine Bewegung eines SA ist bestimmt durch den Zustand, die Eingabe, die bearbeiteten Stack-Symbole und dadurch, ob oder ob nicht das obere Stackende vom Stack-Kopf bearbeitet wird. In jedem Fall kann sich durch eine Bewegung der Zustand ändern und der Eingabe-Kopf eine Position nach rechts oder nach links bewegen. Wenn sich der Stack-Kopf nicht am oberen Stackende befindet, kann eine Bewegung auch eine Stackkopf-Bewegung einschließen — eine Position nach oben oder nach unten auf dem Stack. Wenn sich der Stack-Kopf am oberen Stackende befindet, so sind die erlaubten Stack-Aktionen nachstehende:

1) Hinzufügen eines Symbols auf dem Stack ("push");
2) Entfernen des obersten Symbols vom Stack ("pop");
3) Bewegung um eine Position nach unten, ohne ein Symbol hinzuzufügen oder zu entfernen.

Bei den Aktionen (1) und (2) bleibt der Stack-Kopf am oberen Stackende; in Aktion (3) verläßt er das obere Stackende und geht in einen schreibgesperrten Modus über, den er nur verlassen kann, indem er zum oberen Stackende zurückkehrt.

Anfangs befindet sich der Eingabe-Kopf am linken Ende, die endliche Kontrolle ist in einem als Anfangszustand ausgezeichneten Zustand, und der Stack besteht aus einem einzigen als Startsymbol ausgezeichneten Symbol. Akzeptiert wird durch einen Endzustand.

Wenn es nie mehr als eine Bewegung in jeder Situation gibt, ist das Gerät deterministisch (ein DSA); wenn es in jeder Situation eine endliche Zahl von Wahlmöglichkeiten für Bewegungen gibt, so ist der Automat nichtdeterministisch (ein NSA). Wenn das Gerät niemals ein Symbol entfernt, so ist es *nicht-löschend* (ein NLDSA oder NLNSA). Wenn sich der Eingabe-Kopf niemals nach links bewegt, handelt es sich um einen *einseitigen* Stack-Automaten (ein 1DSA oder 1NLNSA usw.). Wenn nichts anderes angegeben ist, gehen wir davon aus, daß ein SA zweiseitig und deterministisch ist und Löschen erlaubt.

Beispiel 14.1

Sei $L = \{0^n 1^n 2^n \mid n \geq 1\}$. Wir erstellen einen SA, der L akzeptiert, wie folgt: Der Eingabe-Kopf bewegt sich bei jeder Bewegung nach rechts. Solange er auf Nullen trifft, werden diese auf den Stack über die Markierung Z_0 (Start-Symbol) für das untere Ende gesetzt. Der Stack-Kopf verbleibt am oberen Ende des Stacks im Lese/Schreib-Modus. Abbildung 14.5(a) zeigt die Situation, nachdem Nullen gelesen wurden. Wenn die erste Eins gesehen wurde, bewegt sich der Stack-Kopf nach unten und geht in den schreibgesperrten Modus über. Solange sukzessive Einsen gelesen werden, bewegt sich der Stack-Kopf für jede gelesene Eins um eine Position nach unten; wenn jedoch die erste Zwei nicht zum selben Zeitpunkt gesehen wird, zu dem der Stack-Kopf die untere Ende-Markierung erreicht, gibt es keine nächste Bewegung, und der SA akzeptiert nicht. Die Situation, in der sich der SA dann befindet, ist in Abbildung 14.5(b) dargestellt. Wenn Zweien auf der Eingabe abgearbeitet werden, bewegt sich der Stack-Kopf für jede Zwei um eine Position nach oben. Eine Bewegung in einen akzeptierenden Zustand ist nur dann erlaubt, wenn sich der Stack-Kopf am oberen Stackende befindet und \$ auf der Eingabe bearbeitet wird — wie in Abbildung 14.5(c). Natürlich kann der Zustand, von dem aus diese Bewegung gemacht werden kann, nur erreicht werden, nachdem Zweien gelesen wurden, so daß wir nicht Eingaben wie ¢\$ oder ¢00\$ akzeptieren können.

Beachten Sie, daß der beschriebene SA ein deterministischer nicht-löschender einseitiger SA ist.

Übergangstabellen

Für den Rest dieses Abschnitt werden wir Beweis-Skizzen für eine Reihe grundlegender Ergebnisse angeben, die die von den vielfältigen SA akzeptierten Sprachen charakterisieren. Eine der zentralen Ideen ist die Simulation von Stack-Automaten durch andere Geräte mit den Mitteln einer Übergangstabelle, die eine knappe Darstellung eines Stacks (tatsächlich der Stack ohne das oberste Symbol) ist. Wir nehmen an, daß sich ein deterministischer Stack-Automat im Zustand q befindet mit dem Eingabe-Kopf in Position i und dem Stack-Kopf auf dem zweit-obersten Symbol. Dann befindet sich der SA im schreibgesperrten Modus und der Stack kann sich nicht verändern, solange der Stack-Kopf nicht das obere Ende erreicht. Für eine bestimmte Folge von Stacksymbolen wird der Stack-Kopf niemals das obere Ende erreichen; ansonsten wird er dort erstmalig in einem Zustand p mit dem Eingabe-Kopf in Position j ankommen. Für jedes q und i gibt die Übergangstabelle an, ob sich der Stack-Kopf jemals ganz nach oben bewegt; falls dies der Fall ist, gibt sie

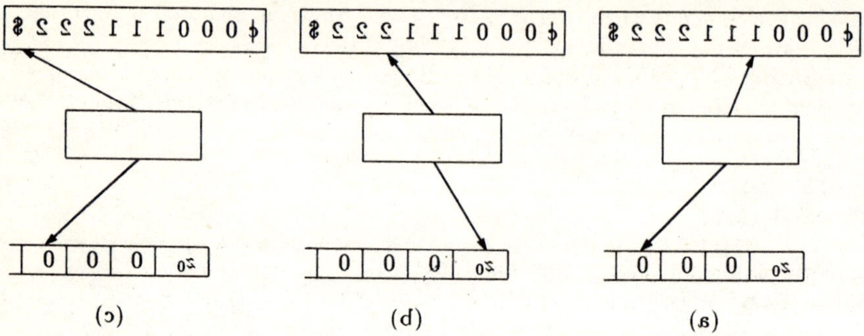

Abb. 14.5: Zustandsbeschreibungen eines Stack-Automaten.

den Zustand p und die Eingabekopf-Position j bei Erreichen des oberen Endes an. Also charakterisiert die Übergangstabelle vollständig die Wirkungsweise der Folge der Stack-Symbole unterhalb des obersten Symbols — vorausgesetzt, daß keine Akzeptanz auftritt, während sich der Stack-Kopf innerhalb des Stacks befindet.

Die Anzahl der unterschiedlichen Übergangstabellen für einen SA mit einer Eingabe der Länge n (ohne die Ende-Markierungen) und mit s Zuständen ist also $[s(n+2)+1]^{s(n+2)}$. Mit binär kodierten Eingabekopf-Positionen benötigt eine Übergangstabelle nur $cn \log n$ Bits für eine Konstante c, die von der Anzahl der Zustände im gegebenen SA abhängt.

Ist der SA nichtdeterministisch, dann muß die Übergangstabelle für jedes q und i die Menge von Paaren (p, j) angeben, so daß nach Start im Zustand q mit Eingabekopf-Position i und mit dem Stack-Kopf auf dem zweit-obersten Symbol das obere Stackende im Zustand p und mit dem Eingabe-Kopf auf Position j erreicht werden kann. Die Anzahl der möglichen Übergangstabellen für einen NSA mit s Zuständen für eine Eingabe der Länge n ist $[2^{s(n+2)+1}]^{s(n+2)} \leq 2^{cn^2}$, so daß eine derartige Übergangstabelle in cn^2 Bits kodiert werden kann, wobei c nur von der Anzahl der Zustände des NSA anbhängt.

Charakterisierung von Stack-Sprachen durch Zeit- und Bandkomplexitätsklassen

Wir werden zeigen, daß ein deterministischer SA durch einen $n \log n$-HKA simuliert werden kann, und daß umgekehrt ein $n \log n$-HKA durch einen DSA simuliert werden kann; dies beweist die Äquivalenz zwischen DSA und $n \log n$-HKA. Auf ähnliche Art und Weise beweisen wir die Äquivalenz zwischen einem NSA und einem n^2-HKA. Für nicht-löschende SA beweisen wir die Äquivalenz von NLDSA und DBAND($n \log n$) sowie die Äquivalenz von NLNSA und NBAND(n^2). Dazu sind einige Lemmata nötig.

Lemma 14.4
Jeder Typ von Stack-Automaten ist äquivalent zu einem vom selben Typ, der nur am oberen Ende des Stacks akzeptiert.
Beweis:
Wir modifizieren einen gegebenen SA so, daß er in jedem akzeptierenden Zustand seinen Stack-Kopf den Stack hinauf bewegt, bis das obere Ende erreicht ist. □

Lemma 14.5
Wenn L von einem NLDSA erkannt wird, dann wird L in DBAND($n \log n$) erkannt.
Beweis:
Für einen gegebenen NLDSA A, der nur am oberen Stackende akzeptiert, konstruieren wir eine Turing-Maschine M, die A simuliert, indem sie den Zustand, die Eingabekopf-Position, das oberste Stack-Symbol und die Übergangstabelle von A für den Teil des Stacks unter dem obersten Symbol verfolgt. Die anfängliche Übergangstabelle ist die Tabelle, die mit der leeren Zeichenkette assoziiert wird ("undefiniert" für alle q und i). Wir brauchen nur zu erklären, wie die Übergangstabelle T' konstruiert wird, die mit der Stack-Zeichenkette $X_1X_2...X_m$ bei gegebener Tabelle T für $X_1X_2...X_{m-1}$ assoziiert wird.

Für jeden Zustand q und jede Eingabe-Position i ist der Algorithmus aus Abbildung 14.6 auszuführen. Der Algorithmus verfolgt die Folge von Zustand/Eingabeposition-Paaren (p, j), in denen X_m bearbeitet wird. Jedesmal, wenn sich der Stack-Kopf auf X_{m-1} bewegt, wird T zu Rate gezogen, um das nächste Zustand/Position-Paar zu finden, im dem X_m wieder bearbeitet wird, wenn ein solches existiert. Die Variable COUNT überprüft, daß die Länge der Folge der (p, j) nicht das Produkt aus der Anzahl s der Zustände und der Anzahl $n+2$ der Eingabe-Positionen übersteigt. Wenn dies geschieht, befindet sich A sicherlich in einer Schleife, so daß der Wert von $T'(q, i)$ "undefiniert" ist.

Beachten Sie, daß der Algorithmus aus Abbildung 14.6 für ein gegebenes (q, i) nur O(log$n$) Band benötigt, um den Wert von COUNT zu speichern. Also kann T' aus T und X_m in dem Band berechnet werden, das benötigt wird, um T und T' zu speichern; dies ist gerade $n \log n$. Dann braucht die TM M nur noch direkt A zu simulieren, wenn sich der Stack-Kopf am oberen Stackende befindet; die aktuelle Übergangstabelle ist zu befragen, wenn der Stack-Kopf das obere Ende verläßt, und eine neue Übergangstabelle ist zu berechnen (und die alte wegzuwerfen), wenn ein Symbol dem Stack hinzugefügt wird. Da die Stack-Symbole niemals gelöscht werden, brauchen wir den Stack nicht zu sichern. □

Lemma 14.6
Wenn L von einem NLNSA akzeptiert wird, dann ist L in NBAND(n^2).
Beweis:
Der Beweis verläuft ähnlich zu dem des vorhergehenden Lemmas, bis auf die Tatsache, daß n^2 Band benötigt wird, um die Übergangsmatrix zu speichern, und daß die Simulation nichtdeterministisch sein muß. □

Lemma 14.7
Wenn L von einem DSA akzeptiert wird, dann wird L von einem $n$log$n$-HKA akzeptiert.

```
begin
    COUNT := 0;
    (p, j) := (q, i);
    while COUNT < s(n + 2) do
        begin
            COUNT := COUNT +1
            A befinde sich im Zustand p, bearbeite das Stack-
               Symbol X_m, gehe an der Eingabe-Position j in den
               Zustand r über, wobei der Eingabe-Kopf auf Position
               k und der Stack-Kopf in Richtung D bewegt wird;
            if D = "aufwärts" then return (r, k);
            if D = "bleiben" then (p, j) := (r, k);
            if D = "abwärts" then
                if T(r, k) = "undefiniert" then return "undefiniert"
                   else (p, j) := T(r, k)
        end
    return "undefiniert"
end
```

Abb. 14.6: Algorithmus zur Berechnung der Übergangstabelle für einen NLDSA.

Beweis:

Der Beweis ist wiederum ähnlich zu dem von Lemma 14.5. Der HKA benutzt seinen Keller (den er natürlich nicht im schreibgesperrten Modus betritt), um den Stack des DSA zu speichern. Zwischen jedem DSA-Stack-Symbol speichert der HKA eine Übergangstabelle. Die Übergangstabelle oberhalb eines bestimmten Keller-Symbols entspricht dem gesamten Keller von unten bis zu und einschließlich dieses bestimmten Symbols. Das oberste Keller-Symbol und die Tabelle für den Keller unterhalb dieses Symbols werden auf dem Speicher-Band abgelegt. Wenn der DSA ein Symbol zum Stack hinzufügt, setzt der HKA die Tabelle, die sich auf seinem eigenen Speicher-Band befindet, zusammen mit dem ehemaligen obersten Stack-Symbol auf seinen eigenen Keller, und berechnet wie in Lemma 14.5 eine neue Tabelle. Wenn der DSA ein Symbol vom Stack entfernt, verwirft der HKA das oberste Keller-Symbol und setzt dann die oberste Tabelle auf sein Speicher-Band.□

Lemma 14.8

Wenn L von einem NSA akzeptiert wird, dann wird L von einem n^2-HKA akzeptiert.

Beweis:

Der Beweis ist eine Kombination der Ideen aus Lemma 14.6 und 14.7. Beachten Sie, daß der HKA gemäß Satz 14.1 deterministisch gemacht werden könnte. □

Wir wenden uns nun der Simulation von band-beschränkten Geräten durch Stack-Automaten zu. Die Schlüssel-Idee ist hier, daß der SA seine Eingabe der Länge

n benutzen kann, um n Symbole oder "Blöcke" von Symbolen in seinem Stack hinabzuzählen. Eine Folge von Zustandsbeschreibungen, die eine Berechnung eines band-beschränkten Gerätes darstellt, wird auf dem Stack konstruiert, indem man sukzessive die oberste Zustandsbeschreibung auf den Stack kopiert und dabei die Veränderungen durchführt, die durch eine Bewegung des band-beschränkten Gerätes dargestellt werden. Die Fähigkeit, n Symbole oder "Blöcke" von Symbolen nach unten zu zählen, erlaubt dem SA, die aktuelle Zustandsbeschreibung Symbol für Symbol auf den Stack zu kopieren.

Betrachten Sie als ein einfache Einführung die Simulation des deterministischen, linear beschränkten Automaten M durch einen NLDSA A. Bei gegebener Eingabe $w = a_1 ... a_n$ wird $[q_0 a_1]a_2 \ ... \ a_n\#$ von A auf seinen Stack gesetzt, wobei q_0 der Start-Zustand und $\#$ eine spezielles Symbol ist, das die einzelnen Zustandsbeschreibungen voneinander trennt. Der Zustand wird mit dem gelesenen Symbol kombiniert, so daß eine Zustandsbeschreibung immer genau n Symbole lang ist. Wir nehmen an, daß A einen Keller konstruiert hat, der eine Folge von Zustandsbeschreibungen einschließlich der ersten i Symbole der nächsten Zustandsbeschreibung ist:

$$\cdots \# X_1 X_2 \cdots X_n \# X_1 X_2 \cdots X_i.$$

(Tatsächlich können sich ein oder zwei der X in der konstruierten Zustandsbeschreibung von den entsprechenden Symbolen in der Zustandsbeschreibung unterhalb unterscheiden, was durch die Bewegung, die M gemacht hat, bewirkt wird.) Wenn A am linken Ende der Eingabe beginnt, bewegt sich A wiederholt auf der Eingabe um eine Position nach rechts und auf dem Stack um eine Position nach unten, bis die rechte Ende-Markierung auf der Eingabe erreicht ist. Zu diesem Zeitpunkt ist der Stack-Kopf von A gerade $n + 1$ Symbole vom oberen Stackende entfernt und bearbeitet das X_{i+1} der letzten vollständigen Zustandsbeschreibung. A schaut ein Symbol oberhalb und unterhalb von X_{i+1} nach, um zu sehen, ob X_{i+1} sich in der nächsten Zustandsbeschreibung aufgrund der Bewegung von M verändert. A bewegt sich dann an das obere Stackende und setzt entweder X_{i+1} oder das Symbol auf den Stack, das in der nächsten Zustandsbeschreibung X_{i+1} gemäß der Bewegung von M ersetzt. A akzeptiert genau dann, wenn M in einen akzeptierenden Zustand übergeht.

Eigentlich kann ein Stack-Automat durch klügeres Ausnutzen der Eingabe Geräte simulieren, deren Zustandsbeschreibungen länger als n sind. Insbesondere kann ein DSA Zustandsbeschreibungen der Länge $n\log n$ manipulieren, und ein NSA kann Zustandsbeschreibungen der Länge n^2 manipulieren. Der nichtdeterministische Fall ist einfacher, so daß wir diesen zuerst darstellen.

Lemma 14.9
Wenn L in NBAND(n^2) ist, dann wird L von einem NLNSA akzeptiert.
Beweis:
Da n^2 größer als n ist, können wir annehmen, daß L von einer einbändigen Turing-Maschine anstatt von einer off-line TM akzeptiert wird. Eine Zustandsbeschreibung der Länge n^2 wird dargestellt, in dem die Band-Symbole aufgelistet werden, wobei der Zustand mit dem vom Band-Kopf gelesen Symbol kombiniert wird. Eine Markierung $*$ wird nach n Band-Symbolen eingefügt; die n Symbole zwischen den

$*$ bilden einen *Block*. Sukzessive Zustandsbeschreibungen werden gemäß obiger Beschreibung des LBA auf den Keller plaziert. Wir nehmen an, daß j Blöcke und i Symbole des $(j+1)n$-ten Blocks bereits kopiert worden sind. Das Eingabe-Band wird benutzt, um n-mal $*$ den Stack hinab bis zum $(j+1)n$-ten Block der vorausgegangenen Zustandsbeschreibung zu messen. Eine Position k mit $1 \leq k \leq n$ im $(j+1)n$-ten Block wird geraten. Durch Überprüfen eines Symbols oberhalb und unterhalb läßt sich bestimmen, ob das Symbol von der Bewegung der Turing-Maschine betroffen ist. Ist dies der Fall, wird eine Bewegung geraten — vorausgesetzt, daß nicht schon vorher eine Bewegung für diese Zustandsbeschreibung geraten worden ist; anderenfalls wird das Symbol im Zustand des SA gespeichert. Das Eingabe-Band wird dann benutzt, um k zu speichern, indem abwechselnd der Eingabe-Kopf um ein Symbol nach links (beginnend am rechten Ende) und der Stack-Kopf um ein Symbol nach unten bewegt wird, bis ein $*$ angetroffen wird. Als nächstes bewegt sich der Stack-Kopf an das obere Stackende und vergleicht k mit i, der Anzahl von Symbolen aus dem j-ten Block, die schon kopiert worden sind. Gilt $k \neq i+1$, so "stirbt" diese Folge von Wahlmöglichkeiten. Gilt $k = i+1$, so wird das nächste Symbol der neuen Zustandsbeschreibung auf den Stack plaziert. Die Eingabe wird dann benutzt, um zu bestimmen, ob $i+1 = n$ gilt. Ist dies der Fall, so wird ein $*$ geschrieben und dann überprüft, ob $j+1 = n$ gilt. Im Fall $j+1 = n$ wird ein $\#$ auf den Keller gesetzt, was das Ende einer Zustandsbeschreibung anzeigt. Akzeptanz tritt auf, wenn das kopierte Symbol einen Endzustand enthält; andernfalls wird das nächste Symbol kopiert.

Nebenbei gesagt, ist es wichtig, daß eine während des Kopierens einer Zustandsbeschreibung geratene Bewegung nicht mehr abgeändert werden kann, wenn ein nachfolgendes Symbol in diese Zustandsbeschreibung kopiert wird. Andernfalls könnte eine ungültige Nachfolge-Zustandsbeschreibung konstruiert werden. □

Satz 14.2

Die Sprachfamilie, die von einem nichtdeterministischen, nicht löschenden Stack-Automaten akzeptiert wird, ist genau NBAND(n^2).

Beweis:

Der Beweis folgt sofort aus den Lemmata 14.6 und 14.9. □

Satz 14.3

Die Sprachfamilie, die von einem nichtdeterministischen Stack-Automaten akzeptiert wird, ist genau $\bigcup_{c>0}$ DZEIT(c^{n^2}).

Beweis:

Nach Satz 14.1 ist L genau dann in $\bigcup_{c>0}$ DZEIT(c^{n^2}), wenn L von einem n^2-HKA akzeptiert wird. Nach Lemma 14.8 wird L von einem deterministischen n^2-HKA akzeptiert, wenn L von einem NSA akzeptiert wird. Also genügt es zu zeigen, daß ein deterministischer n^2-HKA A von einem NSA S simuliert werden kann.

Wir nehmen an, daß die Eingabe von A auf dem Speicherband und nicht auf dem schreibgesperrten Eingabe-Band gespeichert wird, da n^2 größer als n ist. Der Stack von S wird den Keller von A sowie eine Folge von Zustandsbeschreibungen speichern, die das Speicherband von A darstellen. Wir nehmen an, daß S den gegenwärtigen Inhalt des Speicherbandes von A am oberen Stackende trägt, und daß A ein Symbol auf den Keller setzt. S rät den Band-Inhalt von A, wenn dieses

Symbol wieder entfernt wird und setzt diesen geratenen Band-Inhalt auf den Stack. Dann fügt S das von A hinzugefügte Symbol ebenfalls dem Stack hinzu und erzeugt den neuen aktuellen Band-Inhalt von A aus dem alten (wie in Lemma 14.9 beschrieben). Die dazwischenliegende geratene Zustandsbeschreibung wird ignoriert, während der Stack hinauf und hinunter gewandert wird; ihre Symbole können aus einem gesonderten Alphabet gewählt werden, so daß S über sie hinweggehen kann.

Falls A ein Symbol vom Keller entfernt, überprüft S, daß die geratene Zustandsbeschreibung unter diesem Symbol korrekt ist, d.h. die geratene Zustandsbeschreibung ist gerade das Speicher-Band von A nach der Löschbewegung. Die aktuelle Zustandsbeschreibung von A am oberen Stackende von S wird Symbol für Symbol entfernt, und jedes entfernte Symbol wird mit dem entsprechenden Symbol der geratenen Zustandsbeschreibung gemäß einer Methode ähnlich zu der aus Lemma 14.9 verglichen. War die Schätzung richtig, wird die aktuelle Zustandsbeschreibung zum Speicherband-Inhalt von A, und die Simulation von A geht weiter; war sie nicht richtig, so "stirbt" diese Folge von Wahlmöglichkeiten von S. S akzeptiert genau dann, wenn A seinen Keller leert. □

Korollar:
L wird von einem NSA genau dann akzeptiert, wenn L von einem n^2-HKA akzeptiert wird.

Beweis:
Die "*Hinrichtung*" wurde in Lemma 14.8 gezeigt. Die "*Rückrichtung*" folgt sofort aus Satz 14.1 und Satz 14.3. □

Im deterministischen Fall wird die Funktion n^2 durch $n \log n$ in den Analoga zu Satz 14.2 bzw. 14.3 ersetzt. Der Grund dafür ist, daß in der Konstruktion von Lemma 14.9 der NSA essentiellen Gebrauch von seinem Nichtdeterminismus gemacht hat, indem er die Zustandsbeschreibungen der Länge n^2 kopiert hat. Ein DSA kann nur Zustandsbeschreibungen der Länge $n \log n$ kopieren.

Lemma 14.10
Wenn L in DBAND($n$log$n$) ist, dann wird L von einem NLDSA akzeptiert.

Beweis:
L werde von einer Turing-Maschine M akzeptiert, die genau $n$log$n$ Felder benötigt. Sei t die Anzahl von Symbolen der Form X oder $[qX]$, wobei X ein Band-Symbol und q ein Zustand ist. Diese Symbole werden mit den Ziffern 1,2,...,t zur Basis $t+1$ identifiziert. Zeichenketten von $\lfloor \log_{t+1}(n) \rfloor$ solcher Symbole von M sind als Blöcke kodiert, die aus 0 bis $(n-1)$ Nullen bestehen. Es gibt eine nur von M abhängige ganze Zahl c, so daß eine Zustandsbeschreibung von M in cn Blöcken von Nullen dargestellt werden kann, wobei jeder Block $\lfloor \log_{t+1}(n) \rfloor$ Symbole kodiert, wenn $n > t$ gilt.

Wir entwickeln einen Stack-Automaten S, um eine Folge von Zustandsbeschreibungen von M zu konstruieren, wobei jede Zustandsbeschreibung eine Folge von cn Blöcken ist, die aus 0 bis $(n-1)$ Nullen bestehen und durch Markierungen $*$ getrennt sind. Blöcke werden auf den Stack kopiert, indem die Eingabe benutzt wird, um cn-mal $*$ den Keller abwärts zu zählen; dann ist die Länge des auf die Eingabe zu kopierenden Blocks zu messen und an das obere Stackende zurückzugehen und eine gleiche Anzahl von Nullen auf den Stack zu setzen.

Bevor ein neuer Block auf den Stack gesetzt wird, ist es nötig zu bestimmen, welche Symbole (falls überhaupt welche) sich ändern. Zu diesem Zweck ist 0^k durch wiederholtes Teilen durch $t+1$ zu kodieren, wobei die aufeinanderfolgenden Reste die aufeinanderfolgenden Symbole der Zustandsbeschreibung sind. Die Division wird durchgeführt, indem k auf der Eingabe gemessen wird und dann die Eingabe zurück zur Ende-Markierung bewegt wird, wobei ein X für jeweils $t+1$ Positionen, um die sich der Eingabe-Kopf bewegt, auf den Keller gesetzt wird. Die X sind nicht Teil einer Zustandsbeschreibung. Die endliche Kontrolle berechnet $k \bmod (t+1)$, und die resultierende Ziffer wird oberhalb der X plaziert. Der Block der X wird dann auf der Eingabe gemessen und dieser Prozeß wird wiederholt, bis der Block der X die Länge Null hat. Die Ziffern, die auf dem Keller zwischen den Blöcken der X geschrieben wurden, bilden den gewünschten Block der Zustandsbeschreibung.

S überprüft, ob der Kopf ein Symbol im Block bearbeitet, und merkt sich auch, ob der Kopf sich in einen benachbarten Block bewegt. Die Blöcke werden wieder in Zeichenketten von 0 bis $(n-1)$ Nullen kodiert, wobei die nötigen Veränderungen gemacht werden, um die Bewegung von M wiederzugeben. Dieser Vorgang ist der umgekehrte des soeben beschriebenen. Beachten Sie, daß S niemals die X und Ziffern auf seinem Stack los wird, da S nicht-löschend ist; sie werden in den nachfolgenden Berechnungen einfach ignoriert. Vor dem Kopieren eines Blocks muß S den Block oberhalb dekodieren, um zu sehen, ob der Kopf von M sich nach links in den aktuellen Block bewegt.

S initialisiert seinen Stack, indem er seine eigene Eingabe als eine Zustandsbeschreibung von M kodiert. Die Details dieses Prozesses werden weggelassen. S akzeptiert, sobald er entdeckt, daß M in einen akzeptierenden Zustand übergeht. □

Satz 14.4
L wird von einem deterministischen nicht-löschenden Stack-Automaten genau dann akzeptiert, wenn L in DBAND($n \log n$) ist.
Beweis:
Direkt aus Lemma 14.5 und 14.10. □

Satz 14.5
L wird genau dann von einem deterministischen Stack-Automaten akzeptiert, wenn L in $\bigcup_{c>0}$ DZEIT(n^{cn}) ist.
Beweis:
Beachten Sie, daß $n^{cn} = 2^{cn\log n}$ gilt. Nach Satz 14.1 ist L genau dann in $\bigcup_{c>0}$ DZEIT(n^{cn}), wenn L von einen $n \log n$-HKA akzeptiert wird. Nach Lemma 14.7 gilt, daß L von einem deterministischen $n \log n$-HKA akzeptiert wird, falls L von einem DSA akzeptiert wird. Es genügt also zu zeigen, daß L von einem DSA S akzeptiert wird, falls L von einem deterministischen $n\log n$-HKA A akzeptiert wird. Wir nehmen wieder an, daß das Eingabe-Band von A mit seinem Speicher-Band kombiniert ist. Der Beweis ist analog zu dem von Satz 14.3 und benutzt die Techniken aus Lemma 14.10, um die Speicher-Bänder von A darzustellen und die Bewegungen von A zu simulieren. Wenn jedoch A ein Symbol X auf seinen Keller setzt, kann S — da er deterministisch ist — nicht den Speicherband-Inhalt von A raten, wenn A dieses X schließlich wieder entfernt. Stattdessen durchläuft

S systematisch alle möglichen Zustandsbeschreibungen. Wenn er eine falsche Wahl gemacht hat, erzeugt er die nächste mögliche Zustandsbeschreibung und startet die Simulation von A erneut von dem Zeitpunkt an, zu dem X von A auf den Keller gesetzt wurde. Die Tatsache, daß A seinen Keller zum Akzeptieren leert, gewährleistet, daß — wenn A akzeptiert — S schließlich eine Möglichkeit einer richtigen Wahl bekommt. □

Korollar:
L wird von einem DSA genau dann akzpetiert, wenn L von einem $n \log n$-HKA akzeptiert wird.

Beweis:
Die "*Hinrichtung*" wurde in Lemma 14.7 gezeigt. Die "*Rückrichtung*" folgt sofort aus Satz 14.1 und 14.5. □

Einseitige Stack-Automaten sind nicht mächtig genug, um band-beschränkte Geräte zu simulieren. Es gibt jedoch eine wichtige Teilmengen-Beziehung, die wir ohne Beweis angeben.

Satz 14.6
Wenn L von einem 1NSA akzeptiert wird, dann ist L in DBAND(n).

14.3 INDIZIERTE SPRACHEN

Von den vielen vorgeschlagenen Verallgemeinerungen für kontextfreie Grammatiken erscheint eine als "indiziert" bezeichnete Klasse insofern als die natürlichste, als daß sie in vielfältigen Zusammenhängen auftritt. Wir geben hier eine Grammatik-Definition an. Andere Definitionen der indizierten Sprachen sind in den Literaturhinweisen zitiert.

Eine indizierte Grammatik ist ein Quintupel (V, T, I, P, S), wobei V eine Menge von Variablen, T eine Menge von Terminalen, I eine Menge von Indizes, S aus V das Startsymbol und P eine endliche Menge von Produktionen der Form

1) $A \rightarrow \alpha$
2) $A \rightarrow Bf$
3) $Af \rightarrow \alpha$

ist, wobei A und B Variablen aus V sind, f aus I und α aus $(V \cup T)^*$ ist.

Die Ableitungen in indizierten Grammatiken gleichen denen einer kfG, bis auf die Tatsache, daß Variablen von eine Kette von Indizes gefolgt sein können. (Terminale können nicht von Indizes gefolgt sein.) Wenn eine Produktion wie $A \rightarrow BC$ angewendet wird, wird die Kette der Indizes für A sowohl an B als auch an C angehängt. Diese Eigenschaft bewirkt, daß viele Teile einer Satzform untereinander in Relation stehen, indem sie eine gemeinsame Index-Kette haben.

Formal definieren wir die Relation $\Rightarrow$ für *Satzformen* — Zeichenketten in $(VI^* \cup T)^*$ — wie folgt: Seien β und γ aus $(VI^* \cup T)^*$, δ aus I^* und X_i aus $(V \cup T)$.

1) Wenn $A \rightarrow X_1X_2...X_k$ eine Produktion vom Typ (1) ist, dann gilt

$$\beta A\delta\gamma \Rightarrow \beta X_1\delta_1X_2\delta_2...X_k\delta_k\gamma,$$

wobei $\delta_i = \delta$, falls X_i aus V ist, und $\delta_i = \epsilon$, falls X_i aus T ist. Wenn eine Produktion vom Typ (1) angewendet wird, verteilt sich die Index-Kette δ über alle Variablen auf der rechten Seite.

2) Wenn $A \rightarrow Bf$ eine Produktion vom Typ (2) ist, dann gilt $\beta A\delta\gamma \Rightarrow \beta Bf\delta\gamma$. Hier wird f zum ersten Index der Zeichenkette, die auf die Variable B folgt, die A ersetzt.
3) Wenn $Af \rightarrow X_1X_2...X_k$ eine Produktion vom Typ (3) ist, dann gilt

$$\beta Af\delta\gamma \;\Rightarrow\; \beta X_1\delta_1X_2\delta_2...X_k\delta_k\gamma,$$

wobei $\delta_i = \delta$, falls X_i aus V ist, und $\delta_i = \epsilon$, falls X_i aus T ist. Der erste Index auf der Liste für A wird verarbeitet, und die verbleibenden Indizes verteilen sich wie in (1) über die Variablen. Wie gewöhnlich bezeichne $\overset{*}{\Rightarrow}$ die reflexive und transitive Hülle von $\Rightarrow$, und $L(G)$ sei als $\{w \mid S \overset{*}{\Rightarrow} w \text{ und } w \in T^*\}$ definiert.

Beispiel 14.2
Sei $G = (\{S, T, A, B, C\}, \{a, b, c\}, \{f, g\}, P, S)$, wobei P aus folgenden Produktionen besteht:

$$\begin{array}{lll} S \rightarrow Tg, & Af \rightarrow aA, & Ag \rightarrow a, \\ T \rightarrow Tf, & Bf \rightarrow bB, & Bg \rightarrow b, \\ T \rightarrow ABC, & Cf \rightarrow cC, & Cg \rightarrow c. \end{array}$$

Eine Beispiel-Ableitung in dieser indizierten Grammatik ist nachstehende:

$$\begin{aligned} S \Rightarrow Tg \Rightarrow Tfg &\Rightarrow AfgBfgCfg \\ &\Rightarrow aAgBfgCfg \Rightarrow aaBfgCfg \Rightarrow aabBgCfg \\ &\Rightarrow aabbCfg \Rightarrow aabbcCg \Rightarrow aabbcc. \end{aligned}$$

Allgemein gilt

$$S \overset{*}{\Rightarrow} Tf^ig \Rightarrow Af^igBf^igCf^ig \overset{*}{\Rightarrow} a^{i+1}b^{i+1}c^{i+1}.$$

Da die einzige Freiheit in der Ableitung von G in trivialen Variationen in der Reihenfolge der Ersetzungen und in der Wahl, wie oft man $T \rightarrow Tf$ anwendet, besteht, sollte es klar sein, daß

$$L(G) = \{a^nb^nc^n \mid n \geq 1\}$$

gilt. Diese Sprache ist natürlich nicht kontextfrei.

Wir stellen nun ohne Beweis zwei der wichtigsten Ergebnisse über indizierte Sprachen vor.

Satz 14.7
(a) Wenn L von einem einseitigen nichtdeterministischen Stack-Automaten akzeptiert wird, dann ist L eine indizierte Sprache. (b) Wenn L eine indizierte Sprache ist, dann ist L eine kontextsensitive Sprache.

Tatsächlich kann (a) verstärkt werden, indem man eine Verallgemeinerung eines Stack-Automaten — den sogenannten "geschachtelten Stack-Automaten" — definiert, dessen einseitige nichtdeterministische Versionen gerade die indizierten Sprachen charakterisieren. Der geschachtelte SA hat die Fähigkeit, einen neuen Stack erzeugen zu können, wenn sich der Stack-Kopf innerhalb seines Stacks im schreibgesperrten Modus befindet. Dieser Stack muß jedoch zerstört werden, bevor sich der Stack-Kopf im ursprünglichen Stack nach oben bewegen kann. Der Prozeß der Erzeugung neuer Stacks ist rekursiv und erlaubt die Erzeugung neuer Stacks mit beliebiger Verschachtelungstiefe.

14.4 ENTWICKLUNGSSYSTEME

Die Anwendung von Grammatiken in Studien über das Wachstum in Zell-Organismen hat neue Grammatikfamilien — sogenannte L-Systeme — eingeführt. Diese Grammatikfamilien unterscheiden sich von Chomsky-Grammatiken insofern, als

1) keine Unterscheidung zwischen Terminalen und Nichtterminalen getroffen wird, und
2) in jedem Schritt einer Ableitung eine Produktion auf jedes Symbol und nicht nur auf ein Symbol oder eine kurze Teilkette von Symbolen angewandt wird.

Die Modellierung von Organismen durch L-Systeme erlaubt das Testen von Hypothesen, die Mechanismen betreffen, die hinter bestimmten beobachtbaren biologischen Phänomenen stehen. Hier bescheiden wir uns damit, nur die grundlegendste Familie dieser Grammatiken anzugeben, die $0L$-Systeme genannt werden. (Die 0 steht in diesem Zusammenhang für null Symbole; das L ist Arvid Lindenmeyer gewidmet, der diese Grammatiken als erster für die Untersuchungen über das Wachstum von Organismen benutzt hat.)

Eine $0L$-Grammatik ist ein Tripel $G = (\Sigma, P, \alpha)$, wobei Σ ein endliches Alphabet ist, das *Vokabular* genannt wird; α ist eine Zeichenkette aus Σ^+ und wird als *Start-Zeichenkette* bezeichnet, und P ist eine Menge von Produktionen der Form $a \rightarrow \beta$, wobei a aus Σ und β aus Σ^* ist. Die Relation $\Rightarrow$ ist definiert durch

$$a_1 a_2 ... a_n \;\Rightarrow\; \alpha_1 \alpha_2 ... \alpha_n,$$

wenn $a_i \rightarrow \alpha_i$ für $1 \leq i \leq n$ in P ist. Beachten Sie, das $a_i \rightarrow a_i$ eine Produktion sein kann, wodurch wir Substitutionen für a_i umgehen können; andernfalls müßte für jedes Symbol eine Substitution gemacht werden. Die Substitutionen für verschiedene Auftreten desselben Symbols müssen nicht dieselben sein. Die Relation $\overset{*}{\Rightarrow}$ ist die reflexive und transitive Hülle von $\Rightarrow$, und $L(G)$ ist als $\{\beta \mid \alpha \overset{*}{\Rightarrow} \beta\}$ definiert.

Beispiel 14.3

Sei $G = (\{a, b\}, P, a)$, wobei P aus $a \rightarrow b$ und $b \rightarrow ab$ besteht. In diesem Fall gibt es für jedes Symbol nur eine Produktion, so daß es wirklich nur eine (unendlich lange) Ableitung gibt, und jedes Wort der Sprache in dieser Ableitung auftaucht. Die Ableitung ist

$$a \;\Rightarrow\; b \;\Rightarrow\; ab \;\Rightarrow\; bab \;\Rightarrow\; abbab \;\Rightarrow\; bababbab \;\Rightarrow\; ...$$

Beachten Sie, daß die Längen der Wörter in $L(G)$ genau den Fibonacci-Zahlen entsprechen, die durch $f_1 = f_2 = 1$ und $f_i = f_{i-1} + f_{i-2}$ für $i \geq 3$ definiert sind. Man kann durch Induktion über $i \geq 3$ beweisen, daß das i-te Wort der Ableitung aus f_{i-1}-mal b und f_{i-2}-mal a besteht, was insgesamt f_i Symbole ergibt.

Beispiel 14.4

Die Sprache $\{a, aa\}$ ist keine $0L$-Sprache. Wir nehmen an, es gelte $L(G) = \{a, aa\}$, wobei $G = (\{a\}, P, \alpha)$. Dann müßte α gleich a oder gleich aa sein. Nun sind alle Produktionen von der Form $a \to a^i$ für ein $i \geq 0$. Nehmen wir nun an, daß $\alpha = a$ gilt. Sicherlich kann es keine Produktion $a \to a^i$ für ein $i \geq 3$ geben. Also muß es eine Produktion $a \to aa$ geben; andernfalls könnte aa niemals erzeugt werden. Doch dann würde $a \Rightarrow aa \Rightarrow aaaa$ gelten, was ein Widerspruch ist. Als nächstes nehmen wir an, es gelte $\alpha = aa$. Dann muß es eine Produktion $a \to \epsilon$ geben, da andernfalls alle Zeichenketten in $L(G)$ die Länge zwei oder größer hätten. Doch dann würde $aa \Rightarrow \epsilon$ gelten, so daß wiederum $L(G) \neq \{a, aa\}$ gelten würde.

Ein grundlegendes Ergebnis über $0L$-Sprachen ist das folgende:

Satz 14.8

Wenn L eine $0L$-Sprache ist, dann ist L eine indizierte Sprache.

Beweis:

Sei $G_1 = (\Sigma, P_1, \alpha)$ eine $0L$-Grammatik. Wir definieren eine indizierte Grammatik $G_2 = (V, \Sigma, \{f, g\}, P_2, S)$, wobei

$$V = \{S, T\} \cup \{A_a \mid a \in \Sigma\}$$

gilt und P_2 folgende Produktionen enthält:

$$\begin{array}{rcl} S & \to & Tg, \\ T & \to & Tf, \\ T & \to & A_{a_1}A_{a_2}...A_{a_k}, \text{ falls } \alpha = a_1a_2...a_k \\ A_a f & \to & A_{b_1}A_{b_2}...A_{b_j}, \text{ für jede Produktion } a \to = b_1b_2...b_j \text{ in } P_1 \\ A_a g & \to & a \text{ für jedes } a \text{ aus } \Sigma. \end{array}$$

Informell zählt die Zeichenkette aus f die Anzahl der Schritte in einer Ableitung aus G_1, und der Index g markiert das Ende einer Index-Kette, wobei das Ersetzen einer Variablen durch das Terminal, das sie darstellt, erlaubt ist. Eine einfache Induktion über die Länge einer Ableitung zeigt, daß

$$S \stackrel{*}{\Rightarrow} Tf^ig \stackrel{*}{\Rightarrow} A_{b_1}f^{i-1}gA_{b_2}f^{i-1}g...A_{b_k}f^{i-1}g$$

genau dann in G_2 ist, wenn $\alpha \stackrel{*}{\Rightarrow} b_1b_2...b_k$ durch eine Ableitung mit j Schritten in G_1 ist. Also gilt

$$S \stackrel{*}{\Rightarrow} A_{b_1}gA_{b_2}g...A_{b_k}g \stackrel{*}{\Rightarrow} b_1b_2...b_k$$

genau dann, wenn $\alpha \stackrel{*}{\Rightarrow} b_1b_2...b_k$. □

14.5 ZUSAMMENFASSUNG

Abbildung 14.7 zeigt die verschiedenen Äquivalenzen und Teilmengen-Beziehungen, die in diesem Kapitel bewiesen oder aufgestellt worden sind — zusammen mit anderen, die direkt aus den Definitionen folgen. Teilmengen-Beziehungen sind durch nach oben gerichtete Kanten markiert.

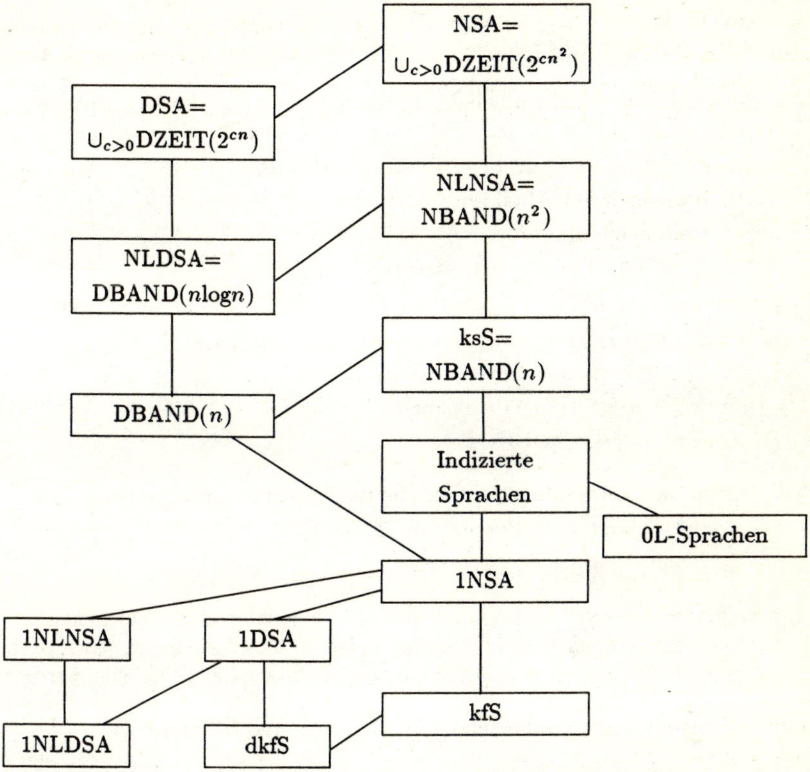

Abb. 14.7: Teilmengen-Beziehungen zwischen Sprachklassen.

ÜBUNGEN

14.1 a) Bestimmen Sie einen einseitigen DSA, der die Sprache $\{0^n 1^{n^2} \mid n \geq 1\}$ erkennt.

b) Bestimmen Sie einen einseitigen NSA, der die Sprache $\{ww \mid w \text{ ist in } (\mathbf{0}+\mathbf{1})^*\}$ akzeptiert.

* **14.2** Erstellen Sie einen zweiseitigen DSA, um die Menge der binären Zeichenketten zu erkennen, deren Wert — als ganze Zahl betrachtet — eine Potenz von 3 ist.

** **14.3** Da jede kfS in polynomialer Zeit durch den CYK-Algorithmus erkannt werden kann, impliziert das Korollar zu Satz 14.1, daß jede kfS von einem deterministischen $\log n$-HKA erkannt wird. Geben Sie eine direkte Konstruktion eines solchen HKA aus einer kfG an.

14.4 Zeigen Sie, daß die Familie der 1NSA-Sprachen und die der 1NLNSA-Sprachen volle ASF bilden.

14.5 Zeigen Sie, daß die Familien der 1DSA-Sprachen und der 1NLDSA-Sprachen abgeschlossen sind unter

a) Schnittbildung mit einer regulären Menge;

b) inversen VSM-Abbildungen;

**c) Komplementbildung;

**d) Quotientenbildung mit einer regulären Menge.

14.6 Geben Sie indizierte Grammatiken an, die die folgenden Sprachen erzeugen:

L a) $\{0^n \mid n \text{ ist ein perfektes Quadrat}\}$

b) $\{0^n \mid n \text{ ist eine Potenz von } 2\}$

c) $\{0^n \mid n \text{ ist keine Primzahl}\}$

d) $\{ww \mid w \text{ ist in } (\mathbf{0}+\mathbf{1})^*\}$

14.7 Geben Sie $0L$-Grammatiken an, die die folgenden Sprachen erzeugen:

a) $\{a^n \mid n \text{ ist eine Potenz von } 2\}$

b) $\{wcw^R \mid w \text{ ist in } (\mathbf{0}+\mathbf{1})^*\}$

***L 14.8** Geben Sie eine $0L$-Grammatik an, bei der jede erzeugte Zeichenkette eine Länge hat, die ein perfektes Quadrat ist, und außerdem für jedes perfekte Quadrat wenigstens eine Zeichenkette mit dieser Länge erzeugt wird.

*** 14.9** Wieviele der acht Teilmengen von $\{\epsilon, a, aa\}$ sind $0L$-Sprachen?

**** 14.10** Zeigen Sie, daß die Familie der $0L$-Sprachen unter keiner der ASF-Operationen abgeschlossen ist.

**** 14.11** Zeigen Sie, daß es entscheidbar ist, ob die von einer indizierten Grammatik erzeugte Sprache leer ist.

*** 14.12** Zeigen Sie, daß der Satz von Greibach (Satz 8.14) auch für die 1NLDSA-Sprachen gilt, und daß "$= \Sigma^*$" für diese Klasse nicht entscheidbar ist.

**** 14.13** Zeigen Sie, daß es nicht entscheidbar ist, ob zwei $0L$-Sprachen äquivalent sind.

Lösungen zu ausgewählten Übungen

14.6a) Wir benutzen die Tatsache, daß das n-te perfekte Quadrat die Summe der ersten n ungeraden ganzen Zahlen ist. Die indizierte Grammatik mit den Produktionen

$$\begin{aligned} S &\to Ag \\ A &\to Af \\ A &\to B \\ B &\to CD \\ Df &\to B \\ Dg &\to \epsilon \\ Cf &\to 00C \\ Cg &\to 0 \end{aligned}$$

erzeugt $\{0^n \mid n \text{ ist ein perfektes Quadrat}\}$. Die Ableitungen sind triviale Variationen der folgenden Ableitung:

$$\begin{aligned} S &\Rightarrow Ag \overset{*}{\Rightarrow} Af^{n-1}g \Rightarrow Bf^{n-1}g \\ &\Rightarrow Cf^{n-1}gDf^{n-1}g \;\Rightarrow\; Cf^{n-1}gBf^{n-2}g \\ &\Rightarrow Cf^{n-1}gCf^{n-2}gDf^{n-2}g \\ &\Rightarrow Cf^{n-1}gCf^{n-2}gBf^{n-3}g \Rightarrow \cdots \\ &\Rightarrow Cf^{n-1}gCf^{n-2}g \cdots CfgCgDg \\ &\Rightarrow Cf^{n-1}gCf^{n-1}g \cdots CfgCg \\ &\overset{*}{\Rightarrow} 0^{2n-1}Cf^{n-1}g \cdots CfgCg \overset{*}{\Rightarrow} \cdots \\ &\overset{*}{\Rightarrow} 0^{2n-1}0^{2n-3} \cdots 0^3 0^1 = 0^{n^2} \end{aligned}$$

14.8 Wir benutzen wieder die Tatsache, daß das n-te perfekte Quadrat gleich der Summe der ersten n ungeraden ganzen Zahlen ist. Betrachten Sie die $0L$-Grammatik $(\{a, b, c\}, \{a \to abbc,\ b \to bc,\ c \to c\}, a)$. Eine einfache Induktion zeigt, daß die n-te erzeugte Zeichenkette aus einem a, $2(n-1)$-mal b und $(n-1)^2$-mal c besteht. Also ist die Länge der n-ten Zeichenkette $1 + 2(n-1) + (n-1)^2$ oder n^2.

LITERATURHINWEISE

Der HKA und Satz 14.1 stammen von Cook [1971a]. Schon vorher hatte Mager [1969] "schreibende Keller-Akzeptoren" betrachtet, die n-HKA sind. Stack-Automaten wurden zuerst von Ginsburg, Greibach und Harrison [1967a,b] betrachtet. Die Sätze 14.2 und 14.4 — die nicht-löschende Stack-Automaten und Bandkomplexitätsklassen verbinden — stammen von Hopcroft und Ullman [1967a], obwohl die Tatsache, daß die ksS in den NLDSA-Sprachen enthalten sind, schon aus Ginsburg, Greibach und Harrison [1967a] bekannt war. Die Sätze 14.3 und 14.5, die die Kellersprachen zu HKA und Zeitkomplexitätsklassen in Beziehung setzen, stammen von Cook [1971a].

Ginsburg, Greibach und Harrison [1967b] behandeln die grundlegenden Entscheidbarkeits- und Abgeschlossenheitseigenschaften einseitiger Stack-Sprachen. Die Übung 14.5(d) — die Abgeschlossenheit von 1DSA-Sprachen unter Quotientenbildung mit einer regulären Menge — stammt von Hopcroft und Ullman [1968b]. Satz 14.6 — die Teilmengen-Beziehung zwischen 1NSA-Sprachen und DBAND(n) — stammt von Hopcroft und Ullman [1968c]. Ogden [1969] gibt ein "Pumping-Lemma" für einseitige Stack-Sprachen an. Beeri [1975] zeigt, daß die zweiseitigen SA äquivalent zu den zweiseitigen geschachtelten Stack-Automaten sind.

Indizierte Grammatiken wurden zuerst von Aho [1968] untersucht. Satz 14.7(b) — die Teilmengen-Beziehung zu ksS — stammt von dort sowie die Entscheidbarkeit der Leere aus Übung 14.11. Eine Vielzahl anderer Charakterisierungen der indizierten Sprachen sind bekannt. Aho [1969] diskutiert einseitige geschachtelte Stack-Automaten, also eine Automaten-Darstellung. Fischer [1968] diskutiert Makro-Grammatiken, Greibach [1970] stellt eine weitere Automaten-Darstellung zur Verfügung — ein Gerät mit einem Stack aus Stacks — und Maibaum [1974] präsentiert eine algebraische Charakterisierung. Diese alternativen Formulierungen lassen die Idee, daß die indizierten Sprachen eine "natürliche" Klasse bilden, glaubwürdig erscheinen. Hayashi [1975] gibt ein "Pumping-Lemma" für indizierte Sprachen an.

L-Systeme haben ihren Ursprung in Lindenmayer [1968], und die $0L$-Systeme, auf die wir uns konzentriert haben, wurden in Lindenmayer [1971] betrachtet. Übung 14.10 über die Nicht-Abgeschlossenheit dieser Sprachen stammt von Herman [1974]. Übung 14.13 — die Unentscheidbarkeit der Äquivalenz von $0L$-Sprachen — wird von einem stärkeren Ergebnis von Blattner [1973] impliziert, und zwar von dem Ergebnis, daß es nicht entscheidbar ist, ob die von zwei kfG erzeugten Mengen von Satzformen gleich sind. Über dieses Thema ist viel geschrieben worden, und der interessierte Leser sollte sich bei Salomaa [1973] bzw. Herman und Rozenberg [1975] informieren.

Wir haben nur einen kleinen Teil der Vielfalt der Arten von bisher untersuchten Automaten und Grammatiken gestreift. Rosenkrantz [1969] ist ein Repräsentant eines weiteren frühen Schritts in diese Richtung, und Salomaa [1973] beschreibt eine Reihe von Klassen, um die wir uns hier nicht gekümmert haben.

LITERATUR

Aanderaa, S.O. [1974]. "On k-tape versus $(k-1)$-tape real time computation", *Complexity od Computation* (R.M. Karp, Hrsg.). Proceedings of SIAM-AMS Symposium in Applied Mathematics.

Adleman, L., und K.Manders [1976]. "Diophantine complexity", *Proc. Seventeenth Annual IEEE Symposium on Foundations of Computer Science*, S. 81–88.

Adleman, L., und K.Manders [1977]. "Reducibility, randomness and intractability", *Proc. Ninth Annual ACM Symposium on the Theory of Computing*, S. 151–163.

Aho, A.V. [1968]. "Indexed grammars — an extension of context-free grammars. *J. ACM* **15**:4, 647–671.

Aho, A.V. [1969]. "Nested stack automata", *J. ACM* **16**:3, 383–406.

Aho, A.V., und M.J. Corasick [1975]. "Efficient string matching: an aid to bibliographic search", *Comm. ACM* **18**:6, 333–340.

Aho, A.V., J.E. Hopcroft und J.D. Ullman [1968]. "Time and tape complexity of pushdown automaton languages", *Information and Control* **13**:3, 186–206.

Aho, A.V., J.E. Hopcroft und J.D. Ullman [1974]. *The Design and Analysis of Computer Algorithms*, Addison-Wesley, Reading, Mass.

Aho, A.V., und S.C. Johnson [1974]. "LR parsing", *Computing Surveys*, **6**:2, 99–124.

Aho, A.V., und J.D. Ullman [1970]. "A characterization of two-way deterministic classes of languages", *J. Computer and Systems Sciences* **4**:6, 523–538.

Aho, A.V., und J.D. Ullman [1972]. *The Theory of Parsing, Translation and Compiling*, Vol. I:*Parsing*, Prentice Hall, Englewood Cliffs, N.J.

Aho, A.V., und J.D. Ullman [1973]. *The Theory of Parsing, Translation and Compiling*, Vol. II:*Compiling*, Prentice Hall, Englewood Cliffs, N.J.

Aho, A.V., und J.D. Ullman [1977]. *Principles of Compiler Design*, Addison-Wesley, Reading, Mass.

Arbib, M.A. [1970]. *Theories of Abstract Automata*, Prentice Hall, Englewood Cliffs, N.J.

Arden, D.N. [1960]. "Delayed logic and finite state machines", *Theory of Computing Machine Design*, S. 1–35, Univ. of Michigan Press, Ann Arbor, Mich.

Axt, P. [1959]. "On a subrecursive hierarchy and primitive recursive degrees", *Trans. AMS* **92**, 85–105.

Backus, J.W. [1959]. "The syntax and semantics of the proposed international algebraic language of the Zürich ACM-GAMM conference", *Proc. Intl. Conf. on Information Processing*, S. 125–132, UNESCO.

Baker, B.S., und R.V. Book [1974]. "Reversal bounded multipushdown machines", *J. Computer and Systems Sciences* **8**:3, 315–332.

Baker, T., J. Gill und R. Solovay [1975]. "Relativizations of the $P = ?NP$ question", *SIAM J. Computing* **4**:4, 431–442.

Bar-Hillel, Y., M. Perles und E. Shamir [1961]. "On formal properties of simple phrase structure grammars", *Z. Phonetik. Sprachwiss. Kommunikationsforsch.* **14**, 143–172.

Bauer, M., D. Brand, M.J. Fischer, A.R. Meyer und M.S. Paterson [1973]. "A note on disjunctive form tautologies", *SIGACT News* **5**:2, 17–20.

Beeri, C. [1975]. "Two-way nested stack automata are equivalent to two-way stack automata", *J. Computer and Systems Sciences* **10**:3, 317–339.

Beeri, C. [1976]. "An improvement on Valiant's decision procedure for equivalence of deterministic finite-turn pushdown automata", *Theoretical Computer Science* **3**:3, 305–320.

Berman, L. [1977]. "Precise bounds for Presburger arithmetic and the reals with addition", *Proc. Eighteenth Annual IEEE Symposium on Foundations of Computer Science*, S. 95–99.

Berman, L., und J. Hartmanis [1977]. "On isomorphisms and density of NP and other complete sets", *SIAM J. Computing* **6**:2, 305–322.

Berman, P. [1978]. "Relationship between densitiy and deterministic complexity of NP-complete languages", *Fifth International Symposium on Automata, Languages, and Programming*, Udine, Italien.

Bird, M. [1973]. "The equivalence problem for deterministic two-tape automata", *J. Computer and Systems Sciences* **7**:2, 218–236.

Blattner, M. [1973]. "The unsolvability of the equality problem for sentential forms of context-free grammars", *J. Computer and Systems Sciences* **7**:5, 463–468.

Blum, M. [1967]. "A machine-independent theory of the complexity of recursive functions", *J. ACM* **14**:2, 322–336.

Blum, M. [1971] "On effective procedures for speeding up algorithms", *J. ACM* **18**:2, 290–305.

Boasson, L. [1973]. "Two iteration theorems for some families of languages", *J. Computer and Systems Sciences* **7**:6, 583–596.

Book, R.V. [1972]. "On languages accepted in polynomial time", *SIAM J. Computing* **1**:4, 281–287.

Book, R.V. [1974]. "Comparing complexity classes", *J. Computer and Systems Sciences* **9**:2, 213–229.

Book, R.V. [1976]. "Translational lemmas, polynomial time and $(\log n)^j$ space", Theoretical Computer Science, **1**:3, 215–226.

Book, R.V., und S.A. Greibach [1970]. "Quasi-realtime languages", *Math. Systems Theory* **4**:2, 97–111.

Book, R.V., S.A. Greibach und B. Wegbreit [1970]. "Time- and tape-bounded Turing acceptors and AFL's", *J. Computer and Systems Sciences* **4**:6, 606–621.

Borodin, A. [1972]. "Computational complexity and the existence of complexity gaps", *J. ACM* **19**:1, 158–174.

Borosh, I., und L.B. Treybig [1976]. "Bounds on positive integral solutions of linear Diophantine equations", *Proc. AMS* **55**, 299–304.

Brainerd, W.S., und L.H. Landweber [1974]. *Theory of Computation*, John Wiley and Sons, New York.

Bruno, J.L., und R. Sethi [1976]. "Code generation for a one-register machine", *J. ACM* **23**:3, 502–510.

Bruss, A.R., und A.R. Meyer [1978]. "On time-space classes and their relation to the theory of real addition", *Proc. Tenth Annual ACM Symposium on the Theory of Computing*, S. 233–239.

Brzozowski, J.A. [1962]. "A survey of regular expressions and their applications", *IEEE Trans. on Electronic Computers* **11**:3, 324–335.

Brzozowski, J.A. [1964]. "Derivatives of regular expressions", *J. ACM* **11**:4, 481–494.

Bullen, R.H., Jr., und J.K. Millen [1972]. "Microtext — the design of a microprogrammed finite-state search machine for full text retrieval", *Proc. 1972 Fall Joint Computer Conference*, 479–488, AFIPS Press, Montvale, N.J.

Cantor, D.C. [1962]. "On the ambiguity of Backus systems", *J. ACM* **9**:4, 477–479.

Cardoza, E., R.J. Lipton und A.R. Meyer [1976]. "Exponential space complete problems for Petri Nets and commutative semi-groups: preliminary report", *Proc. Eighth Annual ACM Symposium on the Theory of Computing*, S. 50–54.

Chandler, W.J. [1969]. "Abstract families of deterministic languages", *Proc. First Annual ACM Symposium on the Theory of Computing*, S. 21–30.

Chandra, A.K., annd L.J. Stockmeyer [1976]. "Alternation", *Proc. Seventeenth Annual IEEE Symposium on Foundations of Computer Science*, S. 98–108.

Chomsky, N. [1956]. "Three models for the description of language", *IRE Trans. on Information Theory* **2**:3, 113–124.

Chomsky, N. [1959]. "On certain formal properties of grammars", *Information and Control* **2**:2,137–167.

Chomsky, N. [1962]. "Context-free grammars and pushdown-storage", *Quarterly Prog. Rept. Nr. 65*, S. 187–194, MIT Res. Lab. Elect., Cambridge, Mass.

Chomsky, N. [1963]. "Formal properties of grammars", *Handbook of Math. Psych.*, Vol. 2, S. 323–418, John Wiley and Sons, New York.

Chomsky, N., und G.A. Miller [1958]. "Finite state languages", *Information and Control* **1**:2,91–112.

Chomsky, N., und M.P. Schutzenberger [1963]. "The algebraic theory of context free languages", *Computer Programming and Formal Systems*, S. 118–161, North Holland, Amsterdam.

Christofides, N. [1976]. "Worst case analysis of a new heuristic for the traveling salesman problem", *Algorithms and Complexity: New Directions and Recent Results* (J. Traub, Hrsg.), S. 441, Academic Press, New York.

Church, A. [1936]. "An unsolvable problem of elementary number theory", *Amer. J. Math.* **58**, 345–363.

Church, A. [1941]. "The Calculi of Lambda-Conversion", *Annals of Mathematics Studies* **6**, Princeton Univ. Press, Princeton, N.J.

Cobham, A. [1964]. "The intrinsic computational difficulty of functions", *Proc. 1964 Congress for Logic, Mathematics, and Philosophy of Science*, S. 24–30, North Holland, Amsterdam.

Coffman, E.G., Jr. (Hrsg.) [1976]. *Computer and Job Scheduling Theory.* John Wiley and Sons, New York.

Cole, S.N. [1969]. "Pushdown store machines and real-time computation", *Proc. First Annual ACM Symposium on the Theory of Computing*, S. 233–246.

Constable, R.L. [1972]. "The operator gap", *J. ACM* **19**:1, 175–183.

Conway, J.H. [1971]. *Regular Algebra and Finite Machines*, Chapman and Hall, London.

Cook, S.A. [1971a]. "Characterizations of pushdown machines in terms of time-bounded computers", *J. ACM* **18**:1, 4–18.

Cook, S.A. [1971b]. "The complexity of theorem proving procedures", *Proc. Third Annual ACM Symposium on the Theory of Computing*, S. 151–158.

Cook, S.A. [1971c]. "Linear time simulation of deterministic two-way pushdown automata", *Proc. 1971 IFIP Congress*, S. 75–80, North Holland, Amsterdam.

Cook, S.A. [1973a]. "A hierarchy for nondeterministic time complexity", *J. Computer and Systems Sciences* **7**:4, 343–353.

Cook, S.A. [1973b]. "An observation on time-storage trade off", *Proc. Fifth Annual ACM Symposium on the Theory of Computing*, S. 29–33.

Cook, S.A., und R.A. Reckhow [1973]. "Time bounded random access machines", *J. Computer and Systems Sciences* **7**:4, 354–375.

Cook, S.A., und R. Sethi [1976]. "Storage requirements for deterministic polynomial time recognizable languages", *J. Computer and Systems Sciences* **13**:1, 25–37.

Cooper, C.D. [1972]. "Theorem proving in arithmetic without multiplication", *Machine Intelligence 7* (Melzer and Mitchie, Hrsg.), S. 91–99, John Wiley and Sons, New York.

Cremers, A., und S. Ginsburg [1975]. "Context-free grammar forms", *J. Computer and Systems Sciences* **11**:1, 86–117.

Cudia, D.F. [1970]. "General problems of formal grammars", *J. ACM* **17**:1, 31–43.

Cudia, D.F., und W.E. Singletary [1968]. "Degrees of unsolvability in formal grammars", *J. ACM* **15**: 4, 680–692.

Davis, M. [1958]. *Computability and Unsolvability*, McGraw-Hill, New York.

Davis, M. (Hrsg.) [1965]. *The Undecidable*, Raven Press, New York.

De Remer, F.L. [1969]. "Generating parsers for BNF grammars", *Proc. 1969 Spring Joint Computer Conference*, S. 793–799, AFIPS Press, Montvale, N.J.

De Remer, F.L. [1971]. "Simple LR(k) grammars", *Comm. ACM* **14**:7, 453–460.

Earley, J. [1970]. "An efficient context-free parsing algorithm", *Comm. ACM* **13**:2, 94–102.

Eilenberg, S., und C.C. Elgot [1970]. *Recursiveness*, Academic Press, New York.

Even, S., und R.E. Tarjan [1976]. "A combinatorical problem which is complete in polynomial space", *J. ACM* **23**:4, 710–719.

Evey, J. [1963]. "Application of pushdown store machines", *Proc. 1963 Fall Joint Computer Conference*, S. 215–227, AFIPS Press, Montvale, N.J.

Ferrante, J., und C. Rackoff [1975]. "A decision procedure for the first oder theory of real addition with order", *SIAM J. Computing* **4**:1, 69–76.

Fischer, M.J. [1968]. "Grammars with macro-like productions", *Proc. Ninth Annual IEEE Symposium on Switching and Automata Theory*, 131–142.

Fischer, M.J. [1969]. "Two characterizations of the context-sensitive languages", *Proc. Ninth Annual IEEE Symposium on Switching and Automata Theory*, S. 157–165.

Fischer, M.J., und M.O. Rabin [1974]. "Super-exponential complexity of Presburger arithmetic", *Complexity of Computation* (R.M. Krap, Hrsg.). Proceedings of SIAM-AMS Symposium in Applied Mathematics.

Fischer, P.C. [1963]. "On computability by certain classes of restricted Turing machines", *Proc. Fourth Annual IEEE Symp. on Switching Circuit Theory and Logical Design*, S. 23–32.

Fischer, P.C. [1965]. "On formalisms for Turing machines", *J. ACM* **12**:4, 570–588.

Fischer, P.C. [1966]. "Turing machines with restricted memory access", *Information and Control* **9**:4, 364–379.

Fischer, P.C., A.R. Meyer und A.L. Rosenberg [1968]. "Counter machines and counter languages", *Math. Systems Theory* **2**:3, 265–283.

Fischer, P.C., A.R. Meyer und A.L. Rosenberg [1972]. "Real-time simulation of multihead tape units", *J. ACM* **19**:4, 590–607.

Floyd, R.W. [1962a]. "On ambiguity in phrase structure languages", *Comm. ACM* **5**:10, 526–534.

Floyd, R.W. [1962b]. "On the nonexistence of a phrase structure grammar for ALGOL 60", *Comm. ACM* **5**:9, 483–484.

Floyd, R.W. [1964]. "New proofs and old theorems in logic and formal linguistics", Computer Associates Inc., Wakefield, Mass.

Floyd, R.W. [1967]. "Nondeterministic algorithms", *J. ACM* **14**:4, 636–644.

Freedman, A.R., und R.E. Ladner [1975]. "Space bounds for processing contentless inputs", *J. Computer and Systems Sciences* **11**:1, 118–128.

Friedman, A. [1975]. *Logical design of Digital Systems*, Computer Science Press, Potomac, Md.

Friedman, E.P. [1976]. "The inclusion problem for simple languages", *Theoretical Computer Science* **1**:4, 297–316.

Friedman, E.P. [1977]. "The equivalence problem for deterministic context-free languages and monadic recursion schemes", *J. Computer and Systems Sciences* **14**:3, 344–359.

Gabriellian, A., und S. Ginsburg [1974]. "Grammar schemata", *J. ACM* **21**:2, 312–326.

Garey, M.R., R.L. Graham und D.S. Johnson [1976]. "Some *NP*-complete geometric problems", *Proc. Eighth Annual ACM Symposium on the Theory of Computing*, S. 10–22.

Garey, M.R., und D.S. Johnson [1976]. "The complexity of near-optimal graph coloring", *J. ACM* **23**:1, 43–49.

Garey, M.R., und D.S. Johnson [1978]. *Computers and Intractability: A Guide to the Theory of NP-Completeness*, H. Freeman, San Francisco.

Garey, M.R., D.S. Johnson und L.J. Stockmeyer [1976]. "Some simplified NP-complete problems", *Theoretical Computer Science* **1**:3, 237–267.

Garey, M.R., D.S. Johnson und R.E. Tarjan [1976]. "The planar Hamilton circuit problem is *NP*-complete", *SIAM J. Computing* **5**:4, 704–714.

Gathen, J., und M. Sieveking [1976]. "A bound on the solutions of linear integer programs", unveröffentlicht.

Ginsburg, S. [1962]. "Examples of abstract machines", *IEEE Trans. on Electronic Computers* **11**:2, 132–135.

Ginsburg, S. [1966]. *The Mathematical Theory of Context-Free Languages.* McGraw Hill, New York.

Ginsburg, S. [1975]. *Algebraic and Automata-Theoretic Properties of Formal Languages.* North-Holland, Amsterdam.

Ginsburg, S., und S.A. Greibach [1966a]. "Deterministic context-free languages", *Information and Control* **9**:6, 563–582.

Ginsburg, S., und S.A. Greibach [1966b]. "Mappings which preserve context-sensitive languages", *Information and Control* **9**:6, 563–582.

Ginsburg, S., und S.A. Greibach [1969]. "Abstract families of languages", *Studies in Abstract Families of Languages*, S. 1–32, Memoir Nr. 87, American Mathematical Society, Providence, R.I.

Ginsburg, S., und S.A. Greibach [1970]. "Principal AFL", *J. Computer and Systems Sciences* **4**:3, 308–338.

Ginsburg, S., S.A. Greibach und M.A. Harrison [1967a]. "Stack automata and compiling", *J. ACM* **14**:1, 172–201.

Ginsburg, S., S.A. Greibach und M.A. Harrison [1967b]. "One-way stack automata", *J. ACM* **14**:2, 389–418.

Ginsburg, S., und J.E. Hopcroft [1970]. "Two-way balloon automata and AFL", *J. ACM* **17**:1, 3–13.

Ginsburg, S., und H.G. Rice [1962]. "Two families of languages related to ALGOL", *J. ACM* **9**:3, 350–371.

Ginsburg, S., und G.F. Rose [1963a]. "Some recursively unsolvable problems on ALGOL-like languages", *J. ACM* **10**:1, 29–47.

Ginsburg, S., und G.F. Rose [1963b]. "Operations which preserve definability in languages", *J. ACM* **10**:2, 175–195.

Ginsburg, S., und G.F. Rose [1966]. "Preservation of languages by transducers", *Information and Control* **9**:2, 153–176.

Ginsburg, S., und E.H. Spanier [1963]. "Quotients of context-free languages", *J. ACM* **10**:4, 487–492.

Ginsburg, S., und E.H. Spanier [1966]. "Finite turn pushdown automata", *SIAM J. Control* **4**:3, 429–453.

Ginsburg, S., und J.S. Ullian [1966a]. "Ambiguity in context-free languages", *J. ACM* **13**:1, 62–88.

Ginsburg, S., und J.S. Ullian [1966b]. "Preservation of unambiguity and inherent ambiguity in context free languages", *J. ACM* **13**:3, 364–368.

Graham, S.L. [1970]. "Extended precedence languages, bounded right context languages and deterministic languages", *Proc. Eleventh Annual IEEE Symposium on Switching and Automata Theory*, S. 175–180.

Graham, S.L., M.A. Harrison und W.L. Ruzzo [1976]. "On-line context-free language recognition in less than cubic time", *Proc. Eighth Annual ACM Symposium on the Theory of Computing*, S. 112–120.

Gray, J.N., M.A. Harrison und O. Ibarra [1967]. "Two-way pushdown automata", *Information and Control* **11**:1–2, 30–70.

Greibach, S.A. [1963]. "The undecidability of the ambiguity problem for minimal linear grammars", *Information and Control* **6**:2, 117–125.

Greibach, S.A. [1965]. "A new normal form theorem for context-free phrase structure grammars", *J. ACM* **12**:1, 42–52.

Greibach, S.A. [1966]. "The unsolvability of the recognition of linear context-free languages", *J. ACM* **13**:4, 582–587.

Greibach, S.A. [1968]. "A note on undecidable properties of formal languages", *Math. Systems Theory* **2**:1, 1–6.

Greibach, S.A. [1970]. "Full AFL's and nested iterated substitution", *Information and Control* **16**:1, 7–35.

Greibach, S.A. [1973]. "The hardest context-free language", *SIAM J. Computing* **2**:4, 304–310.

Greibach, S.A., und J.E. Hopcroft [1969]. "Independence of AFL operations", *Studies in Abstract Families of Languages*, S. 33–40, Memoir Nr. 87, American Mathematical Society, Providence, R.I.

Greibach, S.A., und J.E. Hopcroft [1969]. "Scattered context grammars", *J. Computer and Systems Sciences* **3**:3, 233–247.

Griffiths, T.V. [1968]. "The unsolvability of the equivalence problem for Λ-free nondeterministic generalized machines", *J. ACM* **15**:3, 409–413.

Gross, M. [1964]. "Inherent ambiguity of minimal linear grammars", *Information and Control* **7**:3, 366–368.

Grzegorczyk, A. [1953]. "Some classes of recursive functions", *Rosprawy Matematyczne* **4**, Instytut Matematyczne Polskiej Akademie Nauk, Warschau, Polen.

Haines, L. [1965]. "Generation and recognition or formal languages", Dissertation, MIT, Cambridge, Mass.

Hardy, G.H., und E.M. Wright [1938]. *An Introduction to the Theory of Numbers*, Oxford Univ. Press, London.

Hartmanis, J. [1967]. "Context-free languages and Turing machine computations", *Proc. Symposia in Applied Math.* **19**, American Mathematical Society, Providence, R.I.

Hartmanis, J. [1968]. "Computational complexity of one-tape Turing machine computations", *J. ACM* **15**:2, 325–329.

Hartmanis, J. [1969]. "On the complexity of undecidable problems in automata theory", *J. ACM* **16**:1, 160–167.

Hartmanis, J., und J.E. Hopcroft [1968]. "Structure of undecidable problems in automata theory", *Proc. Ninth Annual IEEE Symposium on Switching and Automata Theory*, 327–333.

Hartmanis, J., und J.E. Hopcroft [1971]. "An overview of the theory of computational complexity", *J. ACM* **18**:3, 444–475.

Hartmanis, J., und J.E. Hopcroft [1976]. "Independence results in computer science", *SIGACT News* **8**:4, 13–23.

Hartmanis, J., P.M. Lewis II und R.E. Stearns [1965]. "Hierarchies of memory limited computations", *Proc. Sixth Annual IEEE Symposium on Switching Circuit Theory and Logical Design*, S. 179–190.

Hartmanis, J., und H. Shank [1968]. "On the recognition of primes by automata", *J. ACM* **15**:3, 382–389.

Hartmanis, J., und R.E. Stearns [1965]. "On the computational complexity of algorithms", *Trans. AMS* **117**, 285–306.

Hayashi, T. [1973]. "On derivation trees of indexed grammars — an extension of the *uvwxy* theorem", *Publications of the Research Institute for Mathematical Sciences* **9**:1, S. 61–92.

Hennie, F.C. [1964]. "Fault detecting experiments for sequential circuits", *Proc. Fourth Annual IEEE Symposium on Switching Circuit Theory and Logical Design*, S. 95–110.

Hennie, F.C. [1965]. "One-tape off-line Turing machine computations", *Information and Control* **8**:6, 553–578.

Hennie, F.C. [1977]. *Introduction to Computability*, Addison-Wesley, Reading, Mass.

Hennie, F.C., und R.E. Stearns [1966]. "Two-tape simulation of multitape Turing machines", *J. ACM* **13**:4, 533–546.

Herman, G.T. [1974]. "Closure properties of some families of languages associated with biological systems", *Information and Control* **24**:2, 101–121.

Herman, G.T., und G. Rozenberg [1975]. *Developmental Systems and Languages*, North Holland, Amsterdam.

Hibbard, T.N. [1974]. "Context-limited grammars", *J. ACM* **21**:3, 446–453.

Hogben, L. [1955]. *The Wonderful World of Mathematics*, Garden City Books, Garden City, N.Y.

Hopcroft, J.E. [1971]. "An $n \log n$ algorithm for minimizing the states in a finite automaton", *The Theory of Machines and Computations* (Z. Kohavi, Hrsg.), S. 189–196, Academic Press, New York.

Hopcroft, J.E., W.J. Paul und L.G. Valiant [1975]. "On time versus space and related problems", *Proc. Seventeenth Annual IEEE Symposium on Foundations of Computer Science*, S. 57–64.

Hopcroft, J.E., und J.D. Ullman [1967a]. "Nonerasing stack automata", *J. Computer and Systems Sciences* **1**:2, 166–186.

Hopcroft, J.E., und J.D. Ullman [1967b]. "An approach to a unified theory of automata", *Bell System Technical J.* **46**:8, 1763–1829.

Hopcroft, J.E., und J.D. Ullman [1968a]. "Decidable and undecidable questions about automata", *J. ACM* **15**:2, 317–324.

Hopcroft, J.E., und J.D. Ullman [1968b]. "Deterministic stack automata and the quotient operator", *J. Computer and Systems Sciences* **2**:1, 1–12.

Hopcroft, J.E., und J.D. Ullman [1968c]. "Sets accepted by one-way stack automata are context-sensitive", *Information and Control* **13**:2, 114–133.

Hopcroft, J.E., und J.D. Ullman [1969a]. "Some results on tape-bounded Turing machines", *J. ACM* **16**:1, 168–177.

Hopcroft, J.E., und J.D. Ullman [1969b]. *Formal Languages and Their Relation to Automata*, Addison-Wesley, Reading, Mass.

Huffman, D.A. [1954]. "The synthesis of sequential switching circuits", *J. Franklin Institute* **257**:3–4, 161–190, 275–303.

Hunt, H.B., III [1973]. "On the time and tape complexity of languages", *Proc. Fifth Annual ACM Symposium on the Theory of Computing*, S. 10–19.

Hunt, H.B., III, und D.J. Rosenkrantz [1974]. "Computational parallels between the regular and context-free languages, " *Proc. Sixth Annual ACM Symposium on the Theory of Computing*, S. 64–74.

Hunt, H.B., III, und D.J. Rosenkrantz [1977]. "On equivalence and containment problems for formal languages", *J. ACM* **24**:3, 387–396.

Hunt, H.B., III, D.J. Rosenkrantz und T.G. Szymanski [1976]. "On the equivalence, containment and covering problems for regular expressions", *J. Computer and Systems Sciences* **12**:2, 222–268.

Hunt, H.B., III, und T.G. Szymanski [1975]. "On the complexity of grammar and related problems", *Proc. Seventh Annual ACM Symposium on the Theory of Computing*, S. 54–65.

Hunt, H.B., III, und T.G. Szymanski [1976]. "Complexity metatheorems for context-free grammar problems", *J. Computer and Systems Sciences* **13**:3, 318–334.

Hunt, H.B., III, T.G. Szymanski und J.D. Ullman [1975]. "On the complexity of LR(k) testing", *Comm. ACM* **18**:12, 707–715.

Ibarra, O.H. [1972]. "A note concerning nondeterministic tape complexities", *J. ACM* **19**:4, 608–612.

Ibarra, O.H. [1977]. "The unsolvability of the equivalence problem for free GSM's with unary input (output) alphabet", *Proc. Eighteenth Annual IEEE Symposium on Foundations of Computer Science*, S. 74–81.

Johnson, D.S. [1974]. "Approximation algorithms for combinatorical problems", *J. Computer and Systems Sciences* **9**:3, 256–278.

Johnson, S.C. [1974]. "YACC — yet another compiler compiler", CSTR 32, Bell Laboratories, Murray Hill, N.J.

Johnson, W.L., J.H. Porter, S.I. Ackley und D.T. Ross [1968]. "Automatic generation of efficient lexical analyzers using finite state techniques", *Comm. ACM* **11**:12, 805–813.

Jones, N.D. [1975]. "Space-bounded reducibility among combinatorial problems", *J. Computer and Systems Sciences* **11**:1, 68–85.

Jones, N.D. [1973]. *Computability Theory: an Introduction*, Academic Press, New York.

Jones, N.D., und W.T. Laaser [1976]. "Complete problems for deterministic polynomial time", *Theoretical Computer Science* **3**:1, 105–118.

Jones, N.D., E. Lien und W.T. Laaser [1976]. "New problems complete for nondeterministic log space", *Math. Systems Theory* **10**:1, 1–17.

Jones, N.D., und S.S. Muchnick [1977]. "Even simple programs are hard to analyze", *J. ACM* **24**:2, 338–350.

Kannan, R., und C.L. Monma [1977]. "On the computational complexity of integer programming problems", Report 7780-0R, Inst. für Operations Research, Univ. Bonn, Bonn.

Karp, R.M. [1972]. "Reducibility among combinatorial problems", *Complexity of Computer Calculations*, S. 85–104, Plenum Press, N.Y.

Karp, R.M. [1977]. "The probabilistic analysis of some combinatorial search algorithms", *Algorithms and Complexity: New Directions and Recent Results* (J. Traub, Hrsg.), S. 1–20, Academic Press, New York.

Kasami, T. [1965]. "An efficient recognition and syntax algorithm for context-free languages", *Scientific Report AFCRL-65-758*, Air Force Cambridge Research Lab., Bedford, Mass.

Kasami, T., und K. Torii [1969]. "A syntax analysis procedure for unambiguous context-free grammars", *J. ACM* **16**:3, 423–431.

Kirkpatrick, D.G., und P. Hell [1978]. "On the completeness of a generalized matching problem", *Proc. Tenth Annual ACM Symposium on the Theory of Computing*, S. 240–245.

Kleene, S.C. [1936]. "General recursive functions of natural numbers", *Mathematische Annalen* **112**, 727–742.

Kleene, S.C. [1952]. *Introduction to Metamathematics*, D. Van Nostrand, Princeton, N.J.

Kleene, S.C. [1956]. "Representation of events in nerve nets and finite automata", *Automata Studies*, S. 3–42, Princeton Univ. Press, Princeton, N.J.

Knuth, D.E. [1965]. "On the translation of languages from left to right", *Information and Control* **8**:6, 607–639.

Knuth, D.E., J.H. Morris, Jr. und V.R. Pratt [1977]. "Fast pattern matching strings", *SIAM J. Computing* **6**:2, 323–350.

Kohavi, Z. [1970]. *Switching and Finite Automata Theory*, McGraw-Hill, New York.

Krenjak, A.J. [1969]. "A practical method for constructing LR(k) processors", *Comm. ACM* **12**:11, 613–623.

Korenjak, A.J., und J.E. Hopcroft [1966]. "Simple deterministic languages", *Proc. Seventh Annual IEEE Symposium on Switching and Automata Theory*, S. 36–46.

Kosaraju, S.R. [1974]. "Regularity preserving functions", *SIGACT News* **6**:2, 16–17.

Kosaraju, S.R. [1975]. "Context free preserving functions", *Math. Systems Theory* **9**:3, 193–197.

Kozen, D. [1976]. "On parallelism in Turing machines", *Proc. Seventeenth Annual IEEE Symposium on Foundations of Computer Science*, S. 89–97.

Kozen, D. [1978]. "Indexing of subrecursive classes", *Proc. Tenth Annual ACM Symposium on the Theory of Computing*, S. 287–295.

Kuroda, S.Y. [1964]. "Classes of languages and linear bounded automata", *Information and Control* **7**:2, 207–223.

Ladner, R.E. [1975a]. "On the structure of polynomial time reducibility", *J. ACM* **22**:1, 155–171.

Ladner, R.E. [1975b]. "The circuit value problem is log-space complete for P", *SIGACT News* **7**:1, 18–20.

Ladner, R.E., N. Lynch und A. Selman [1974]. "Comparison of polynomial time reducibilities", *Proc. Sixth Annual ACM Symposium on the Theory of Computing*, S. 110–121.

Landweber, P.S. [1963]. "Three theorems on phrase structure grammars of type 1", *Information and Control* **6**:2, 131–136.

Landweber, P.S. [1964]. "Decision problems of phrase structure grammars", *IEEE Trans. of Electronic Computers* **13**, 354–362.

Leong, B., und J. Seiferas [1977]. "New real-time simulations of multihead tape units", *Proc. Ninth Annual ACM Symposium on the Theory of Computing*, S. 239–240.

Lesk, M.E. [1975]. "LEX — a lexical analyzer generator", CSTR 39, Bell Laboratories, Murray Hill, N.J.

Levin, L.A. [1973]. "Universal sorting problems", *Problemi Peredachi Informatsii* **9**:3, 265–266.

Lewis, J.M. [1978]. "On the complexity of the maximum subgraph problem", *Proc. Tenth Annual ACM Symposium on the Theory of Computing*, S. 265–274.

Lewis, P.M., II, D.J. Rosenkrantz und R.E. Stearns [1976]. *Compiler Design Theory*, Addison-Wesley, Reading, Mass.

Lewis, P.M., II, und R.E. Stearns [1968]. "Syntax directed transduction", *J. ACM* **15**:3, 465–488.

Lewis, P.M., II, R.E. Stearns und J. Hartmanis [1965]. "Memory bounds for recognition of context-free and context-sensitive languages", *Proc. Sixth Annual IEEE Symposium on Switching Circuit Theory and Logical Design*, S. 191–202.

Lindenmayer, A. [1968]. "Mathematical models for cellular interactions in development, parts I and II", *J. Theor. Biol.* **18**, 280–315.

Lindenmayer, A. [1971]. "Developmental systems without cellular interaction, their languages and grammars", *J. Theor. Biol.* **30**, 455–484.

Matchey, M., und P.R. Young [1978]. *An Introduction to the General Theory of Algorithms*, North Holland, New York.

Mager, G. [1969]. "Writing pushdown acceptors", *J. Computer and Systems Sciences* **3**:3, 276–319.

Maibaum, T.S.E. [1974]. "A generalized approach to formal languages", *J. Computer and Systems Sciences* **8**:3, 409–439.

McCreight, E.M., und A.R. Meyer [1969]. "Classes of computable functions defines by bounds on computation", *Proc. First Annual ACM Symposium on the Theory of Computing*, S. 79–88.

McCulloch, W.S., und W. Pitts [1943]. "A logical calculus of the ideas immanent in nervous activity", *Bull. Math. Biophysics* **5**, 115–133.

McNaughton, R., und H. Yamada [1960]. "Regular expressions and state graphs for automata", *IEEE Trans. on Electronic Computers* **9**:1, 39–47.

Mealy, G.H. [1955]. "A method for synthesizing sequential circuits", *Bell System Technical J.* **34**:5, 1045–1079.

Meyer, A.R., und R. Ritchie [1967]. "The complexity of loop programs", *Proc. ACM Natl. Conf.*, S. 465–469.

Meyer, A.R., und L.J. Stockmeyer [1973]. "The equivalence problem for regular expressions with squaring requires exponential space", *Proc. Thirteenth Annual IEEE Symposium on Switching and Automata Theory*, S. 125–129.

Miller, G.L. [1976]. "Rieman's hypothesis and tests for primality", *J. Computer and Systems Sciences* **13**:3, 300–317.

Minsky, M.L. [1961]. "Recursive unsolvability of Post's problem of 'tag' and other topics in the theory of Turing machines", *Annals of Math.* **74**:3, 437–455.

Minsky, M.L. [1967]. *Computation: Finite and Infinite Machines*, Prentice Hall, Englewood Cliffs, N.J.

Minsky, M.L., und S. Papert [1966]. "Unrecognizable sets of numbers", *J. ACM* **13**:2, 281–286.

Moore, E.F. [1956]. "Gedanken experiments on sequential machines", *Automata Studies*, S. 129–153, Princeton Univ. Press, Princeton, N.J.

Moore, E.F. (Hrsg.) [1964]. *Sequential Machines: Selected Papers*, Addison-Wesley, Reading, Mass.

Myhill, J. [1957]. "Finite automata and the representation of events", WADD TR-57-624, S. 112–137, Wright Patterson AFB, Ohio.

Myhill, J. [1960]. "Linear bounded automata", WADD TR-60-165, S. 60–165, Wright Patterson AFB, Ohio.

Naur, P. *et al.* [1960]. "Report on the algorithmic language ALGOL 60", *Comm. ACM* **3**:5, 299–314, überarbeitet in *Comm. ACM* **6**:1, 1–17.

Nerode, A. [1958]. "Linear automaton transformations", *Proc. AMS* **9**, S. 541–544.

Oettinger, A.G. [1961]. "Automatic syntatic analysis and the pushdown store", *Proc. Symposia in Applied Math.* **12**, American Mathematical Society, Providence, R.I.

Ogden, W. [1968]. "A helpful result for proving inherent ambiguity", *Math. Systems Theory* **2**:3, 191–194.

Ogden, W. [1969]. "Intercalation theorems for stack languages", *Proc. First Annual ACM Symposium on the Theory of Computing*, S. 31–42.

Oppen, D.C. [1973]. "Elementary bounds for Presburger arithmetic", *Proc. Fifth Annual ACM Symposium on the Theory of Computing*, S. 34–37.

Papadimitriou, C.H. [1976]. "On the complexity of edge traversing", *J. ACM* **23**:3, 544–554.

Papadimitriou, C.H., und K. Steiglitz [1977]. "On the complexity of local search for the traveling salesman problem", *SIAM J. Computing* **6**:1, 76–83.

Parikh, R.J. [1966]. "On context-free languages", *J. ACM* **13**:4, 570–581.

Paull, M.C., und S.H. Unger [1968]. "Structural equivalence of context-free grammars", *J. Computer and Systems Sciences* **2**:4, 427–468.

Paul, W.J. [1977]. "On time hierarchies", *Proc. Ninth Annual ACM Symposium on the Theory of Computing*, S. 218–222.

Paul, W.J., R.E. Tarjan und J.R. Celoni [1976]. "Space bounds for a game on graphs", *Proc. Eighth Annual ACM Symposium on the Theory of Computing*, S. 149–160.

Plaisted, D.A. [1977]. "Sparse complex polynomials and polynomial reducibility", *J. Computer and Systems Sciences* **14**:2, 210–221.

Post, E. [1936]. "Finite combinatory processes-formulation, I", *J. Symbolic Logic* **1**, 103–105.

Post, E. [1943]. "Formal reductions of the general combinatorial decision problem", *Amer. J. Math.* **65**, 197–215.

Post, E. [1946]. "A variant of a recursivley unsolvable problem", *Bull. AMS* **52**, 264–268.

Pratt, V.R. [1975]. "Every prime has a succinct certificate", *SIAM J. Computing* **4**:3, 214–220.

Pratt, V.R., und L.J. Stockmeyer [1976]. "A characterization of the power of vector machines", *J. Computer and Systems Sciences* **12**:2, 198–221.

Rabin, M.O. [1963]. "Real-time computation", *Israel J. Math.* **1**:4, 203–211.

Rabin, M.O. [1976]. "Probabilistic algorithms", *Algorithms and Complexity: New Directions and Recent Results* (J. Traub, Hrsg.), S. 21–40, Academic Press, New York.

Rabin, M.O., und D. Scott [1959]. "Finite automata and their decision problems", *IBM J. Res.* **3**:2, 115–125.

Rackoff, C. [1978]. "Relativized questions involving probabilistic algorithms", *Proc. Tenth Annual ACM Symposium on the Theory of Computing*, S. 338–342.

Reedy, A., und W.J. Savitch [1975]. "The Turing degree of the inherent ambiguity problem for context free languages", *Theoretical Computer Science* **1**.1, 77–91.

Rice, H.G. [1953]. "Classes of recursively enumerable sets and their decision problems", *Trans. AMS* **89**, 25–59.

Rice, H.G. [1956]. "On the completely recursively enumerable classes and their key arrays", *J. Symbolic Logic* **21**, 304–341.

Ritchie, R.W. [1963]. "Classes of predictably computable functions", *Trans. AMS* **106**, 139–173.

Rogers, H., Jr. [1967]. *The Theory of Recursive Functions and Effective Computability*, McGraw-Hill, New York.

Rosenkrantz, D.J. [1967]. "Matrix equations and normal forms for context-free grammars", *J. ACM* **14**:3, 501–507.

Rosenkrantz, D.J. [1969]. "Programmed grammars and classes of formal languages", *J. ACM* **16**:1, 107–131.

Rosenkrantz, D.J., und R.E. Stearns [1970]. "Properties of deterministic top-down grammars", *Information and Control* **17**:3, 226–256.

Rosenkrantz, D.J., R.E. Stearns und P.M. Lewis, II [1977]. "An analysis of several heuristics for the traveling salesman problem", *SIAM J. Computing* **6**:3, 563–581.

Rounds, W.C. [1970]. "Mappings and grammars on trees", *Math. Systems Theory* **4**:3, 257–287.

Ruby, S. and P.C. Fischer [1965]. "Translation methods and computational complexity", *Proc. Sixth Annual IEEE Symposium on Switching Circuit Theory and Logical Design*, S. 173–178.

Sahni, S. [1974]. "Computationally related problems", *SIAM J. Computing* **3**:4, 262–279.

Sahni, S., und T. Gonzalez [1976]. "*P*-complete approximation problems", *J. ACM* **23**:3, 555–565.

Sakoda, W.J., und Sipser, M. [1978]. "Nondeterminism and the size of two-way finite automata", *Proc. Tenth Annual ACM Symposium on the Theory of Computing*, S. 275–286.

Salomaa, A. [1966]. "Two complete axiom systems for the algebra of regular events", *J. ACM* **13**:1, 158–169.

Salomaa, A. [1973]. *Formal Languages*, Academic Press, N.Y.

Savitch, W.J. [1970]. "Relationships between nondeterministic and deterministic tape complexities", *J. Computer and Systems Sciences* **4**:2, 177–192.

Savitch, W.J. [1972]. "Maze recognizing automata", *Proc. Fourth Annual ACM Symposium on the Theory of Computing*, S. 151–156.

Schaefer, T.J. [1976]. "Complexity of decision problems based on finite two-person perfect information games", *Proc. Eighth Annual ACM Symposium on the Theory of Computing*, S. 41–49.

Schaefer, T.J. [1978]. "The complexity of satisfiability problems", *Proc. Tenth Annual ACM Symposium on the Theory of Computing*, S. 216–226.

Scheinberg, S. [1960]. "Note on the Boolean properties of context-free languages", *Information and Control* **3**:4, 372–375.

Schutzenberger, M.P. [1963]. "On context-free languages and pushdown automata", *Information and Control*, **6**:3, 246–264.

Seiferas, J.I. [1974]. "A note on prefixes of regular languages", *SIGACT News* **6**:1, 25–29.

Seiferas, J.I. [1977a]. "Techniques for separating complexity classes", *J. Computer and Systems Sciences* **14**:1, 73–99.

Seiferas, J.I. [1977b]. "Relating refined complexity classes", *J. Computer and Systems Sciences* **14**:1, 100–129.

Seiferas, J.I., M.J. Fischer und A.R. Meyer [1973]. "Refinements of nondeterministic time and space hierachies", *Proc. Fourteenth Annual IEEE Symposium on Switching and Automata Theory*, S. 130–137.

Seiferas, J.I., und R. McNaughton [1976]. "Regularity preserving relations", *Theoretical Computer Science* **2**:2, 147–154.

Sethi, R. [1975]. "Complete register allocation problems", *SIAM J. Computing* **4**:3, 226–248.

Shannon, C.E. [1956]. "A universal Turing machine with two internal states", *Automata Studies*, S. 129–153, Princeton Univ. Press, Princeton, N.J.

Shannon, C.E., und J. McCarthy (Hrsg.) [1956]. *Automata Studies*, Princeton Univ. Press, Princeton, N.J.

Sheperdson, J.C. [1959]. "The reduction of two-way automata to one-way automata", *IBM J. Res.* **3**:2, 198–200.

Solovay, R., und V. Strassen [1977]. "A fast Monte Carlo test for primality", *SIAM J. Computing* **6**:1, 84–85. Korrektur ebd. **7**:1, S. 118.

Springsteel, F.N. [1076]. "On the pre-AFL of [log$n$] space and related families of languages", *Theoretical Computer Science* **2**:3, 295–304.

Stanley, R.J. [1965]. "Finite state representations of context-free languages", *Quarterly Prog. Rept. Nr. 76*, 276–279, MIT Res. Lab. Elect., Cambridge, Mass.

Stearns, R.E. [1967]. "A regularity test for pushdown machines", *Information and Control* **11**:3, 323–340.

Stearns, R.E., und J. Hartmanis [1963]. "Regularity preserving modifications of regular expressions", *Information and Control* **6**:1, 55–69.

Stockmeyer, L.J. [1973]. "Planar 3-colorability is polynomial complete", *SIGACT News* **5**:3, 19–25.

Stockmeyer, L.J. [1974]. "The complexity of decision problems in automata theory and logic", MAC TR–133, Project MAC, MIT, Cambridge, Mass.

Stockmeyer, L.J. [1976]. "The polynomial time hierachy", *Theoretical Computer Science* **3**:1, 1–22.

Stockmeyer, L.J., und A.R. Meyer [1973]. "Word problems requiring exponential space", *Proc. Fifth Annual ACM Symposium on the Theory of Computing*, S. 1–9.

Sudborough, I.H. [1975a]. "A note on tape-bounded complexity classes and linear context-free languages", *J. ACM* **22**:4, 499–500.

Sudborough, I.H. [1975b]. "On tape-bounded complexity classes and multihead finite automata", *J. Computer and Systems Sciences* **10**:1, 62–76.

Suzuki, N., und D. Jefferson [1977]. "Verification decidability of Presburger array programs", *A Conference on Theoretical Computer Science*, S. 202–212, Univ. of Waterloo, Waterloo, Ont., Canada.

Taniguchi, K., und T. Kasami [1976]. "A result on the equivalence problem for deterministic pushdown automata", *J. Computer and Systems Sciences* **13**:1, 38–50.

Thompson, K. [1968]. "Regular expression search algorithm", *Comm. ACM* **11**:6, 419–422.

Trakhtenbrot, B.A. [1964]. "Turing computations with logarithmic delay", *Algebra i Logika* **3**:4, 33–48.

Turing, A.M. [1936]. "On computable numbers with an application to the Entscheidungsproblem", *Proc. London Math. Soc.*, **2**:42, 230–265. Korrektur ebd., **43**, 544–546.

Ullman, J.D. [1975]. "NP-complete scheduling problems", *J. Computer and Systems Sciences* **10**:3, 384–393.

Valiant, L.G. [1973]. "Decision procedures for families of deterministic pushdown automata", *Theory of computation* — Report Nr. 1, Univ. of Warwick, Coventry, Großbritannien.

Valiant, L.G. [1974]. "The equivalence problem for deterministic finite-turn pushdown automata", *Information and Control* **25**:2, 123–133.

Valiant, L.G. [1975a]. "General context-free recognition in less than cubic time", *J. Computer and Systems Sciences* **10**:2, 308–315.

Valiant, L.G. [1975b]. "Regularity and related problems for deterministic pushdown automata", *J. ACM* **22**:1, 1–10.

Valiant, L.G., und M.S. Paterson [1975]. "Deterministic one-counter automata", *J. Computer and Systems Sciences* **10**:3, 340–350.

Wang, H. [1957]. "A variant to Turing's theory of computing machines", *J. ACM* **4**:1, 63–92.

Wegbreit, B. [1969]. "A generator of context-sensitive languages", *J. Computer and Systems Sciences* **3**:3, 456–461.

Wise, D.S. [1976]. "A strong pumping lemma for context-free languages", *Theoretical Computer Science* **3**:3, 359–370.

Yamada, H. [1962]. "Real-time computation and recursive functions not real-time computable", *IEEE Trans. on Electronic Computers* **11**:6, 753–760.

Yannakakis, M. [1978]. "Node and edge deletion NP-complete problems", *Proc. Tenth Annual ACM Symposium on the Theory of Computing*, S. 253–264.

Yasuhara, A. [1971]. *Recursive Function Theory and Logic*, Academic Press, New York.

Younger, D.H. [1967]. "Recognition and parsing of context-free languages in time n^3", *Information and Control* **10**:2, 189–208.

INDEX

ORACLE

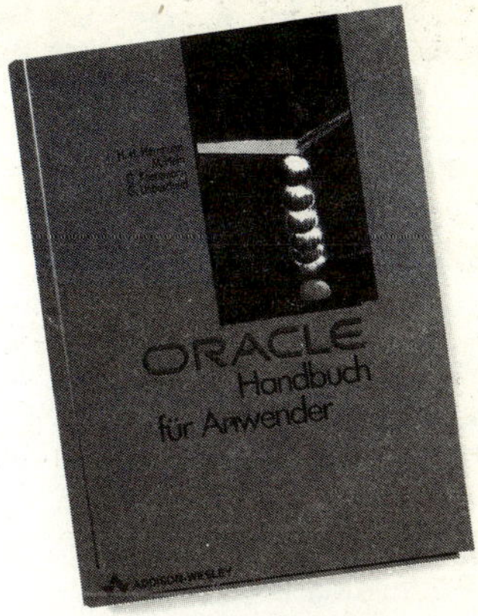

ORACLE-Handbuch für Anwender

**H. H. Herrmann/M. Hein/
G. Keeremann/G. Unbescheid**

In dieser Einführung werden ORACLE und seine Werkzeuge aus Anwendersicht beschrieben.
ca. 330 Seiten, 1990, ISBN 3-89319-280-8

ORACLE - Datenbank-Management professionell

Design, Realisierung und Optimierung

Hans D. Wilke

Der Autor liefert alle erforderlichen theoretischen und praktischen Hintergrundinformationen zum Entwurf und der Realisierung eines professionellen Datenbanksystems.
256 Seiten, 1990, ISBN 3-89319-261-1

Effiziente Systementwicklung mit ORACLE

Ein Handbuch für die Praxis des Anwendungsentwicklers

Claus Rautenstrauch/Mahmoud Moazzami

Auf konzeptioneller Ebene werden hier die Möglichkeiten und Grenzen der ORACLE-Entwicklungswerkzeuge aufgezeigt.
ca. 330 Seiten, 1990, ISBN 3-89319-281-6

Systematischer Einsatz von SQL/ORACLE

Entwurf und Realisierung eines Informationssystems

**Hermann Finkenzeller/Ulrich Kracke/
Michael Unterstein**

Anhand einer Fallstudie zur „Auftragsbearbeitung" wird die Entwicklung eines Informationssystems ausführlich beschrieben.
512 Seiten, 1989, ISBN 3-89319-117-8

ADDISON-WESLEY